W0235787

Über den Verfasser

Gary Taylor, Jahrgang 1953, der neun Jahre lang
an der neuen «Oxford Shakespeare»-Ausgabe
mitgearbeitet hat, dabei 1989 als Haupt-
herausgeber, lehrt als Associate Professor an der
Brandeis University in Boston (USA).

Gary Taylor

Shakespeare –
Wie er euch gefällt

Eine Kulturgeschichte
von der Restauration bis zur Gegenwart

Aus dem Englischen von
Helga Schwalm

rowohlts enzyklopädie

rowohlts enzyklopädie
Herausgegeben von Burghard König

Dieses Buch ist
Rebecca Germonprez gewidmet

Durchgesehene Taschenbuchausgabe
Veröffentlicht im Rowohlt Taschenbuch Verlag GmbH,
Reinbek bei Hamburg, November 1994
Copyright © 1992 by Kellner GmbH & Co
Verlags KG, Hamburg
Titel der Originalausgabe:
Reinventing Shakespeare – A Cultured History from the
Restoration to the Present. The Hogarth Press, London 1990
Copyright © 1989 by Gary Taylor
Umschlaggestaltung Jens Kreitmeyer
Satz Bembo (Linotronic 500)
Gesamtherstellung Clausen & Bosse, Leck
Printed in Germany
3490-ISBN 3 499 55530 1

Inhalt

Einleitung

Eine Zeitlang erfand Shakespeare sich beinahe jeden Tag neu. Als Schauspieler mußte er das. Die elisabethanische Aufführungspraxis verlangte häufig, daß er an sechs aufeinanderfolgenden Abenden in sechs verschiedenen Stücken spielte. Oft probte er morgens ein Stück und führte am Nachmittag desselben Tages ein anderes auf. Wahrscheinlich gab es kaum einen Tag, an dem er nur einen Charakter darstellte: Elisabethanische Schauspieler spielten doppelte, dreifache, vierfache Rollen; ihre Vielseitigkeit trug dazu bei, die Kosten gering zu halten.

Wenn er nicht in einem Stück spielte, war er dabei, eines zu schreiben. Wie für die Schauspieler galt es auch für die elisabethanischen Dramatiker, ihr Anpassungsvermögen unter Beweis zu stellen. In der Zeit um die Jahrhundertwende verfaßte Shakespeare in weniger als 24 Monaten *Viel Lärmen um nichts, Das Leben von König Heinrich V., Die Tragödie von Julius Cäsar, Wie es euch gefällt* und *Die Tragödie von Hamlet, des Prinzen von Dänemark* – wahrscheinlich in dieser Reihenfolge und wahrscheinlich unmittelbar nacheinander. Noch bevor er ein Stück fertiggestellt hatte, war das nächste schon geplant oder gar halb geschrieben; für den Schlußteil von *Heinrich V.* machte er Anleihen bei genau den Stellen in Plutarchs Werk, die ihm später auch als Quellenmaterial für *Julius Cäsar* dienen sollten. Auf der Bühne mußte er sich pro Tag lediglich in zwei bis drei Charaktere verwandeln; als Bühnenautor spielte er im Geist sämtliche Rollen durch und erschuf sich selbst in ihren wechselnden Bildern jeweils für einen Augenblick noch einmal. Er jonglierte mit Identitäten.

Das tat er auch außerhalb des Theaters. «Die ganze Welt ist Bühne»[1], schrieb er, ebenso wie: «so wird mein ganzes Wesen schier entweiht / Von seinem Handwerk, wie des Färbers Hand»[2]. Und wie die Welt selbst immer eine Bühne war, so konnte er selbst nie etwas anderes als ein Schauspieler sein. Gleich seinen Figuren spielte er bei Familienanlässen, bei Beerdigungen und Hochzeiten seine Rolle; er verlieh Geld, erwarb Grundbesitz, investierte in riskante Geschäfte, strengte Prozesse an, trat vor Gericht als Zeuge auf. Auf einer Freilichtbühne in der Vorstadt entzückte er sein bürgerliches Publikum, bei Hofe beugte er sich dem Geschmack der johlenden Menge im Saal. Seine Verpflichtungen in der Metropole London und der Provinzstadt Stratford-upon-Avon verknüpfte er miteinander wie zwei Rollen in einem Stück, wie Haupt- und Nebenhandlung, wie Kunst und Natur. Er verkörperte eine geradezu proteische Wandlungsfähigkeit.

Doch allmählich verlangsamte sich die rasche Folge seiner Metamorphosen. Irgendwann in der Zeit zwischen 1603 und 1610 gab er offensichtlich die Schauspielerei auf. Nach 1606 schrieb er weniger und arbeitete zusehends häufiger mit anderen Autoren zusammen. Nach 1608 verbrachte er immer weniger Zeit in London. Nach 1613 hörte er auf zu schreiben und zwischen den Städten zu pendeln; in geographischer wie in künstlerischer Hinsicht wurde seine Welt enger. Am 23. April 1616 hörte er schließlich ganz auf, sich selbst zu erfinden. zwei Tage später wurde er beerdigt.

Seitdem sind wir es, die ihn täglich neu erfinden.

Spätestens seit Mitte der 70er Jahre ist die Shakespeare-Forschung in Aufruhr. Was er schrieb, wie er es schrieb, was es zu seiner Zeit bedeutete und was es in unserer bedeutet, wird von Wissenschaftlern neu definiert. Deutungen werden variiert, alte Geschichten mit neuen Wendungen erzählt; unser kollektives Bild des Menschen und Dichters Shakespeare löst sich auf und formt sich neu. Das vorliegende Buch ist zugleich Produkt und Chronik dieser Krise, in der auch ich eine Rolle gespielt habe. Die Revolution der letzten Zeit wird allerdings erst ab Kapitel 6 beschrieben; würde ich mich auf die Darstellung dieser jüngsten Krise beschränken, gliche sie der Erzählung eines Jugendlichen von seiner Rebellion gegen die elterliche Autorität – sicherlich eine wahre, sogar eine dramatische Geschichte, die von erbitterten Auseinandersetzungen markiert wird und mit der geglückten Unabhängigkeit ihren Höhepunkt erreicht. Ich mag solche Geschichten: Ich habe sie selbst gelebt, erzählt und an sie geglaubt. In der Tat ereignete sich eine der denkwürdigsten Episoden der besagten Krise während eines Seminars im April 1980 in Cambridge (Massachusetts), als einer der in Ehren ergrauten Vertreter der orthodoxen Lehre, der im Konferenzsaal den Gegner unerwartet in der Überzahl fand, davor warnte, den Streit als Kampf der Jungtürken gegen die alte Garde darzustellen. Er wisse nur zu gut, welchen Ausgang dieses Drama stets nehme. Die Art, wie hier Geschichte manipuliert werde, gefalle ihm nicht.

In seinem besonderen Rahmen war dieser Protest ein vergeblicher Versuch, durch Spott einer intellektuellen Herausforderung zu begegnen, der man nicht länger ausweichen oder standhalten konnte. Doch aus einer weitergefaßten historischen Perspektive wird deutlich, daß die neue Hypothese, das neue Shakespeare-Bild (wie auch das neue Geschichtsbild bzw. das neue Weltbild) aus einem alten hervorgegangen ist und, ob bewußt oder unbewußt, einige Merkmale dieses alten Bildes in sich aufgenommen hat. Wie jedes Kind seinen Eltern ähnelt, trägt es Züge der Vergangenheit, die es ablehnt und ablöst. Diese Genealogie von Shakespeare-Bildern läßt sich bis in die Mitte des 17. Jahrhunderts zurückverfolgen.

Ein Blick auf die Wandlungen des Shakespeare-Bilds von der Mitte des 17. Jahrhunderts bis zum späten 20. Jahrhundert eröffnet neue Perspektiven auf den Fortschritt, den Standort und die Inhalte von Literaturwissenschaft und -kritik. Die wesentlichen Fragen, die auch außerhalb des geschlossenen Zirkels von Shakespeare-Spezialisten von Belang sind, betreffen nicht die Bedeutung einzelner Wörter oder die Motive bestimmter Figuren, sie betreffen vielmehr die schlichte Tatsache seiner kulturellen Vorherrschaft. Wann wurde Shakespeare zum größten englischen Dramatiker erkoren? Zum größten englischen Dichter? Zum größten Dichter aller Zeiten? Wer traf diese Entscheidung? Welche Vorurteile und Überzeugungen beeinflußten diejenigen, die sie trafen? Mit welchen Beweisen, mit welcher Begründung rechtfertigten sie ihr Urteil? Wie überzeugten sie andere davon? Wie diskreditierten sie Shakespeares Rivalen? Und wie wurde die Vormachtstellung Shakespeares aufrechterhalten, nachdem sie einmal erlangt worden war?

Die Frage nach dem Wert, der Shakespeares Werken beigemessen wird, kann nicht getrennt werden von der Frage nach den Werten, die eine Generation in den Werken selbst gefunden hat. Die Tatsache, daß Shakespeare zu verschiedenen Zeiten unterschiedlich gedeutet worden ist, dürfte kaum überraschen. Aber aus welchen Gründen wurde eine vorherrschende Deutung von einer anderen abgelöst? Wann und warum wandte man sich von einer bestimmten Frage ab und einer neuen zu? Shakespeare bietet wohl das beste Beispiel im englischsprachigen Raum, wenn nicht eines der besten Beispiele überhaupt, für die Erforschung des Mechanismus, der literarische Größe hervorbringt.

Fragen wie diese können nicht anhand einer Geschichte der Shakespeare-Biographien, der Aufführungen seiner Stücke oder der kritischen Deutungen seines Werkes beantwortet werden. Obgleich jede dieser historischen Darstellungen für sich genommen notwendig ist, vermitteln sie dennoch jeweils nur einen Teil der Geschichte. Die ganze Geschichte besteht aus all diesen Untersuchungen und vielen weiteren. Welche Werke zu einer bestimmten Zeit Shakespeare zugeschrieben werden, wie sie herausgegeben und kommentiert werden, ob und in welche Sprachen die Werke übersetzt, wie oft sie zitiert werden, wie ihre Titel (und der Name ihres Autors) geschrieben werden, wie sie in Szene gesetzt werden und ihr Autor bildlich dargestellt wird – gemeinsam bestimmen diese Entscheidungen, was Shakespeare in einer bestimmten Zeit für diese Zeit bedeutet. Und die Schwerpunkte der einschlägigen Untersuchungen verlagern sich ständig. In manchen Zeiten, in denen das Theater im Vordergrund steht, assoziiert man mit Shakespeare stets unwillkürlich eine großartige Aufführung eines beliebten Stücks. Zu anderen Zeiten wird der Dramatiker Shakespeare vom Dichter Shakespeare verdrängt. Die Geschichte des wachsenden Shakespeare-Ruhms muß deshalb die Annalen der Shakespeare-Kritik, des Theaters und vieler anderer Bereiche einbeziehen. Das gesamte Fach ist so umfassend, daß es dafür keinen Namen gibt. Da wir einen Namen brauchen, taufen wir es ‹Shakespearotik›. Es umfaßt alles, was eine Gesellschaft im Namen Shakespeares, wie auch immer sie ihn schreiben mag, tut.

Aber um solche Tätigkeit überhaupt deuten zu können, müssen wir wissen, was diese Gesellschaft sonst noch tut. Es ist nicht möglich, die Geschichte des Theaters, des Verlagswesens, der Zensur und des Journalismus, des Erziehungswesens, der Moral und Sexualität zu schreiben, ohne sich auf die Komplexität der Gesellschaft einzulassen, die all diese Bereiche beherbergt, auf ihre Ökonomie, Politik und Ideologie, auf ihre umfassende soziale und materielle Struktur. Und deshalb muß die Geschichte der Shakespearotik gleichzeitig eine Kulturgeschichte der letzten vier Jahrhunderte sein.

KAPITEL 1

Die Restauration

Der König geht ab

Am 10. Januar 1642 trennte sich König Karl I. wegen unvereinbarer Gegensätze vom Parlament, verließ London und begann, politische Unterstützung in Mittel- und Nordengland zu suchen. Am 22. August hißte er als Kopf des königstreuen Heers das Kriegsbanner auf dem Schloßberg von Nottingham; am 23. Oktober wurde in Edgehill im Süden der Grafschaft Warwickshire die erste richtige Schlacht geschlagen: Der englische Bürgerkrieg hatte offiziell begonnen. Währenddessen hatte das Parlament am 2. September durch einen einstweiligen Erlaß die Aufführung von Schauspielen verboten mit der Begründung, öffentliche Unterhaltung vertrage sich nicht mit öffentlichem Unglück, «öffentliche Bühnenstücke» aber seien nicht mehr als «Vergnügungsschauspiele, die allzuoft Heiterkeit und Leichtigkeit zum Ausdruck bringen»[1]. Das Globe Theatre, in dem seit 1599 Shakespeares Stücke aufgeführt worden waren, wurde geschlossen; 19 Monate später wurde es «am 15. April 1644 von Sir Mathew Brand abgerissen, um an der Stelle Wohnhäuser zu bauen»[2].

Doch nicht der Abriß eines leeren Theaters oder eine Schlacht ohne Sieger führten die Entscheidung herbei. Die Königstreuen und die Theater verloren einen langen Zermürbungskrieg. Je länger die Kampfhandlungen sich hinzogen, desto mehr litten der König und seine Getreuen darunter, von der Hauptstadt London abgeschnitten zu sein, wo Kreditgeber, Handel, Marine und Bevölkerung konzentriert waren. Und je länger die Theater geschlossen blieben, desto mehr litten die Schauspieler und Bühnenautoren darunter, von der Hauptstadt London abgeschnitten zu sein, wo Publikum, Theater und Reichtum im Überfluß vorhanden waren, die ein Unterhaltungsgewerbe erst ermöglichten. Die parlamentarische Verordnung vom 22. Oktober 1647 machte offiziell aus dem angeblich einstweiligen Erlaß ein unbefristetes Theaterverbot. Am 30. Januar 1649 wurde König Karl I. auf Anordnung eines parlamentarischen Tribunals öffentlich enthauptet. Auch früher schon sind Könige ermordet worden, nie jedoch wurden sie von einer gewählten Versammlung angeklagt, verurteilt und hingerichtet. Karls Tod war der Höhepunkt der ersten republikanischen Revolution des modernen Europa. Außerdem war er das spektakulärste und denkwürdigste Schauspiel seiner Regierungszeit. Fast alle Zeitgenossen, ob sie dem König freundlich oder feindlich gesonnen waren, beschrieben seine Hinrichtung in der Sprache und Symbolik ‹öffentlicher Bühnenstücke›:

> ... thence the Royal Actor born
> The Tragick Scaffold might adorn:
> While round the armed Bands
> Did clap their bloody hands.
> He nothing common did or mean
> Upon that memorable scene... [3]

In deutscher Übersetzung etwa:

> ...da wurde der königliche Schauspieler hereingetragen,
> die tragische Plattform zu schmücken
> während drumherum die bewaffneten Scharen
> in ihre blutigen Hände klatschten.
> Er dacht oder tat nichts Niedriges
> auf dieser denkwürdigen Bühne...

Als Andrew Arvell im Sommer des Jahres 1650 diese Zeilen schrieb, wußte er, daß «Plattform» sich entweder auf ein Schafott oder eine Bühne beziehen konnte; er wußte, daß Theaterstücke, wenn sie überhaupt erlaubt waren, in der Regel nur auf Freilichtbühnen aufgeführt wurden, vor überfüllten Rängen, wo viele der Zuschauer aus allen Gesellschaftsschichten stehen mußten; ebenso wußte er, daß Karl I. in den 30er Jahren des 17. Jahrhunderts im Schloß von Whitehall in höfischen Maskenspielen mitgewirkt hatte. Und schließlich wußte er, daß seine Zeitgenossen die doppelte Bedeutung von ‹born› (geboren / getragen) sofort verstehen würden und daß seine Worte nahelegten, Karl I. sei, ‹zum Tode auf dem Schafott› geboren, ein geborener Schauspieler.

In der vermutlich ersten Aufführung am Globe-Theater hatte Shakespeare sich 50 Jahre zuvor für seine eigene ‹unwürdige Bühnenplattform› entschuldigt und sich gewünscht: «Ein Reich zur Bühne, Prinzen drauf zu spielen, Monarchen, um der Szene Pomp zu schauen!» [4] Im Jahre 1649 wurde Shakespeares Wunsch in einer Weise wahr, die er kaum vorausgesehen haben kann und die ihn wahrscheinlich entsetzt hätte. Aber Shakespeare wurde, zumindest von einigen Zeitgenossen, für das Schicksal des Königs mitverantwortlich gemacht. In einer anonymen Rechtfertigung der Hinrichtung hieß es, diese wäre niemals notwendig gewesen, «hätte [Karl] nur halb soviel die Heilige Schrift gelesen, wie er Ben Jonson oder Shakespeare gelesen hatte» [5]. Tatsächlich hatte sich der eingekerkerte Karl I. in den Wochen vor seinem Tod mit den Schauspielen Shakespeares und Ben Jonsons beschäftigt. [6] Und kein geringerer als John Milton verwies bei seinem Angriff auf die vermeintliche Frömmigkeit des Königs auf «einen Mann, der, wie wir sehr gut wissen, [König Karl] in den einsamen Stunden in seiner Kammer Gesellschaft leistete, nämlich William Shakespeare». Milton zitierte *Richard der Dritte*, um zu zeigen, auf welch vorhersagbare Weise die «frommen Worte» aus «dem Munde eines... Tyrannen» flossen. [7] Milton fand offensichtlich Gefallen daran, Shakespeare gegen Karl auszuspielen; man kann die Anspielung kaum übersehen, Karl habe seine vollendete Heuchelei und «anderes dieser Art» von Shakespeare gelernt. Die englische Monarchie und das englische Theater gingen gemeinsam unter. Auch ihre Wiedergeburt erlebten sie gemeinsam. Unmittelbar nach der Hinrichtung von Karl I. setzten Königstreue eine Gedenkmedaille in Umlauf, die das Bild des Phönix trug, jenes mythischen Vogels, dessen Nachkommen aus seiner Asche aufsteigen. Dieses Bild prophezeite, daß ein neuer König aus dem Blut des alten hervorgehen werde. Am 25. Mai 1660 landete der Sohn und Erbe des toten Königs, Karl II., in Dover, von pompösen Fanfaren und lautem Beifall begrüßt. Am 21. August, weniger als drei Monate nach der Restauration der Monarchie, sanktionierte Karl II. offiziell die Restauration des englischen Dramas, indem er zwei Höflingen die Lizenz erteilte, «zwei Schauspielertruppen aufzubauen, die aus von ihnen gewählten und ernannten Personen bestehen, und gemäß ihrer eigenen Entscheidung und auf ihre Kosten zwei Häuser oder Theater zu kaufen, zu bauen und einzurichten oder zu pachten, um dort Tragödien, Komödien, Bühnenstücke, Opern und alle anderen Formen dieser Unterhaltung in geeigneten Örtlichkeiten aufzuführen» [8]. Aber schon bevor der König dieses Recht gewährte, sind die ersten alten Bühnenstücke wieder öffentlich gespielt worden, in einem alten Theater in der Drury Lane, bekannt als der Phönix. Shakespeare war zurückgekommen – zusammen mit der Monarchie, dem Oberhaus und der anglikanischen Kirche.

Die Restauration war ein Akt kollektiver, willentlicher Amnestie. Der Beginn der Herrschaft von Karl II. wurde rückwirkend mit dem Tod seines Vaters elf Jahre zuvor angesetzt. Nur Parlamentsbeschlüsse, die Karl I. bestätigt hatte, wurden als rechtsgültig angesehen, alle anderen für nichtig erklärt. Die Gesetzgebung von 18 Jahren verschwand aus den Gesetzbüchern. Ein Teil der Vergangenheit wurde auf legale Weise abgeschafft, als hätte man ein Stück Zeit säuberlich herausgeschnitten, ohne daß auch nur eine Spur von dem Bruch zeugte. Ein entscheidender Akt der Gesetzgebung, die die Rückkehr von Karl II. vorbereitete, war ganz wörtlich *An Act of Indemnity and Oblivion*, der die entsprechende Straffreiheit zusicherte.

Diese kollektive Amnesie war natürlich nur eine schöne Fiktion; aber wie alle Fiktionen erfüllte sie eine psychologische und gesellschaftliche Funktion. Verbitterte Königstreue beklagten sich, daß die Restauration «ein Beschluß der Indemnität für des Königs Feinde und des Vergessens seiner Freunde» sei.[9] Um jedoch eine Wiederholung bzw. Fortführung der alten sozialen und politischen Spaltung zu vermeiden, mußte der König den früheren Feinden der Krone vergeben und ihre früheren Freunde vergessen. Loyalität konnte er nicht übermäßig belohnen, Rebellion nicht allzu systematisch bestrafen: In beiden Fällen hätte er die fanatischen Kräfte neu beflügelt, die seinen Vater gestürzt hatten. Für den König war das Vergessen eine politische Notwendigkeit, für seine Untertanen eine psychologische. Schließlich hatte die überwiegende Mehrheit der Bevölkerung aktiv oder passiv, kontinuierlich oder gelegentlich mit der puritanischen Revolution kollaboriert. Wie die Franzosen nach 1945 wollten die Engländer nach 1660 vorgeben, sie alle (eine kleine, unheilvolle Minderheit ausgenommen) hätten den Widerstand unterstützt.

Wenn auch die politische Amnesie vorgetäuscht war, so war doch das fehlende Erinnerungsvermögen, was die Mehrzahl der Shakespeare-Texte betraf, nur allzu wirklich. Die Ausgabe seiner gesammelten Dramen ist seit 1632 nicht mehr nachgedruckt worden. Während der 18 Jahre zwischen der offiziellen Schließung und der Wiedereröffnung der Theater ist eine große Anzahl von Bühnenstücken veröffentlich worden, die Francis Beaumont und John Fletcher zugeschrieben wurden, darunter eine umfangreiche und teure Ausgabe ihrer Werke; nur drei Dramen Shakespeares hingegen sind je nachgedruckt worden

(*Der Kaufmann von Venedig* im Jahre 1652, *Othello* und *König Lear* 1655). Außerdem erschien 1655 seine Verserzählung *Lucretia* in einem Band gemeinsam mit John Quarles' *The Banishment of Tarquin: or, the reward of lust.*

Trotz des gesetzlich verfügten Schauspielverbots hatte es während der 40er und 50er Jahre des 17. Jahrhunderts sporadisch heimliche oder private Aufführungen gegeben. Wir wissen von erfolgreichen und erfolglosen Versuchen, Beaumonts und Fletchers *The Scornful Lady, A King and no King, The Bloody Brother* und *Wit without Money* auf die Bühne zu bringen, ebenso Jonsons *Sejanus*, das alte anonyme Bühnenstück *Mucedorus* und verschiedene einzelne Werke von Thomas Killigrew, James Shirley, Lodowick Carlell, Sir Thomas Berkeley, Sir William Davenant und anderen Autoren, die dem heutigen Leser gleichermaßen unbekannt sind.[10] Doch all diese verstreuten Zeugnisse geben uns keinerlei Hinweis darauf, daß ein vollständiges Stück von Shakespeare auch nur für eine einzige Aufführung vorgesehen gewesen oder auf die Bühne gelangt wäre. Seine Werke überlebten nur als Possen, als vereinfachte Adaptionen von Teilen alter Stücke, die fahrende Schausteller auf Marktplätzen, in Sälen und Wirtshäusern spielten. 26 solcher Possen wurden gesammelt und 1662 veröffentlicht[11]; drei davon (kein sonderlich beeindruckender Anteil) stammten aus Szenen von Shakespeare-Stücken: «The Merry Conceits of Bottom the Weaver» (nach *Ein Sommernachtstraum*), «The Bouncing Knight» (nach *Heinrich IV.*) und «The Grave Makers» (nach *Hamlet*) – alles Hanswurstereien.

Über Shakespeares Leben wußte die Leserschaft der Restaurationszeit fast nichts. Nur ein einziges verbürgtes Bild seiner äußeren Erscheinung war allgemein zugänglich: der Kupferstich, der zum erstenmal auf der Titelseite der Werkausgabe aus dem Jahre 1623 und in zunehmend schlechterer Qualität auch in den folgenden Ausgaben erschien. Von dem Stück wurden zwei – mangelhafte – Miniaturkopien angefertigt und 1640 und 1655 gedruckt; keine von beiden scheint sich großer Bekanntheit erfreut zu haben. Ein bemerkenswert ungenauer Stich des Shakespeare-Denkmals in Stratford wurde 1656 in *Antiquities of Warwickshire* abgedruckt, einem Buch, das wohl kaum einem großen Teil der Shakespeare-Leserschaft bekannt gewesen sein dürfte.[12] Zu Lebzeiten muß Shakespeare Hunderte von Manuskripten geschrieben oder unterschrieben haben, doch bereits 1660 waren sie sämtlich zerstört, beschädigt oder sind in dem unkatalogisierten und ungesichteten Chaos privater und öffentlicher Archive verlorengegangen. Die Leser der Restaurationszeit konnten ja nicht ahnen, daß er gewöhnlich mit der orthographischen Variante seines Namens, nämlich «Shakspere», unterschrieben hatte.

Die Restauration vollzog sich 44 Jahre nach Shakespeares Tod. In Anbetracht dessen, was wir über die Lebenserwartung im 17. Jahrhundert wissen[13], können nur wenige Zeitgenossen Shakespeare noch als Erwachsene gekannt haben, nicht einmal in den letzten Jahren seines Lebens. Die erste gesammelte Ausgabe seiner Stücke, der 1623 veröffentlichte Folioband seiner *Comedies, Histories, and Tragedies,* enthält die Namen der wichtigsten Schauspieler, die die Stücke gespielt hatten. Das Verzeichnis führt 26 Schauspieler auf; kein einziger von ihnen war 1660 noch am Leben. Von Shakespeares zwei überlebenden Kindern starb Susanna 1649 und Judith 1662; beide hatten ihr Leben im Abseits der provinziellen Marktstadt Stratford-upon-Avon verbracht. Sein einziges Enkelkind (zum Zeitpunkt seines Todes, 1616, acht Jahre alt), der letzte direkte Nachfahre, starb kinderlos im Jahre 1670. Zweifelsohne gab es Leute, die sich an Shakespeare erinnerten, aber mit jedem Jahr mußten diese Zeugnisse weniger und unzuverlässiger werden. Die kleine Zahl an Stratford-Erinnerungen, die uns aus der zweiten Hälfte des 17. Jahrhunderts vorliegen, sind oft entstellt, unplausibel oder in sich widersprüchlich. In jedem Fall blieb solche Information privat, sie stand, wenn überhaupt, irgendwo in Heften oder Tagebüchern. Eine Biographie war nicht erschienen – und sollte auch noch ein weiteres halbes Jahrhundert auf sich warten lassen.

Selbst von einem gebildeten Leser oder Zuschauer konnte man im Jahre 1660 nicht mehr erwarten, als daß er höchstens drei Dinge über Shakespeares Leben wußte: daß er ein Schauspieler war, daß er in Stratford geboren war und daß er von niedriger Bildung war, gemessen an den Standards der Hochkultur der Restauration (er verfügte über «small Latine, and lesse Greek» – wenig Latein und noch weniger Griechisch). Bemerkenswerterweise ließen sich all diese Informationen aus dem Folio von 1623 oder dem Nachdruck von 1632 zusammentragen, und sie alle stammten von Ben Jonson oder sind von ihm bestätigt worden.

Überdies war Shakespeare 1660 noch nicht zum Gegenstand der Literaturkritik (im heutigen Sinne) geworden. Bisweilen hatten andere seine Werke plagiiert, nachgeahmt oder zitiert; die Ausgaben seiner gesammelten Dramen und Gedichte waren mit gereimten Waschzetteln versehen; knappe Beurteilungen einzelner Werke oder des ganzen

Kanons fanden sich bisweilen in veröffentlichter oder privater Dichtung oder Prosa. Aber der erste längere kritisch-analytische Prosatext, der Shakespeare zum Thema hatte, erschien 1664.

Fast keine Veröffentlichung, fast keine Aufführung, fast keine Biographie, fast keine Kritik: 1659 könnte als Tiefpunkt von Shakespeares postumer Geschichte gelten. Die gesamte folgende Geschichte der Shakespeare-Kritik, -Forschung, -Deutung und -Aufführung ist eine Geschichte der Wiedergewinnung, der Analyse und Synthese dessen, was 1659 bereits verloren schien.

Diese Wiedergewinnung geschah keinesfalls zwangsläufig. Nicht jedes Werk wird gerettet, das dem Dunkel des Vergessens anheimfällt. Selbst wenn wir die dubiose optimistische Regel ‹Größe wird ans Licht kommen› akzeptieren, so sagt sie uns doch nichts darüber, wann oder wie ‹Größe› erkannt werden wird. Um Shakespeares kulturelle Spannkraft zu verstehen, müssen wir verstehen, warum er zu jener Zeit wieder ans Licht kam. Das Jahr 1660 erlebte zwei Revolutionen – eine politische und eine literarische –, die die Kultur des gesamten englischen Sprachraums geprägt haben. Die Gründe für die Restauration Shakespeares lagen in den sozialen und psychologischen Bedingungen dieser Ära. Shakespeare und Jonson, die bevorzugte Lektüre von Karl I., kehrten wie alle anderen Gefolgsmänner und Günstlinge mit Karl II. aus dem Exil zurück. Ihre relative Vernachlässigung während der Jahre zuvor galt als Interregnum, als Bruch, den die ‹Heimkehrer› und beinahe alle späteren Kritiker als nicht weniger bedauernswert und unnatürlich ansahen als sein politisches Pendant. Und jede folgende Epoche wiederholte diesen Prozeß einer korrektiven Nostalgie. Die erste wissenschaftliche Monographie (im Jahre 1726), die sich ausschließlich mit Shakespeare befaßte, trug den Titel *Shakespeare Restored* – Die Restauration Shakespeares. Zweieinhalb Jahrhunderte später verteidigte einer der angesehensten und geachtetsten Shakespeare-Forscher seine eigene Werkausgabe in einem Artikel; der Titel lautete *Shakespeare Restored – Once Again*: Die Restauration Shakespeares – ein weiteres Mal.[14] Der Prozeß der Restitution kommt nie zum Ende.

Der König ist tot, lang lebe der König.

Von der einen Seite kommt Killigrew,
von der anderen Davenant

Shakespeares Restauration begann auf dem Theater und wurde das folgende halbe Jahrhundert vom Theater dominiert. Rasch erteilte Karl II. zwei neuen Truppen die offizielle Spielgenehmigung. Die Leitung hatte jeweils ein Bühnendichter des Hofs, dessen Karriere während der Regierungszeit von Karl I. ihren Anfang genommen hatte. Thomas Killigrew, der Sohn von Königin Henriettas zweitem Großkämmerer, hatte eine der Hofdamen der Königin geheiratet; während er in den 30er Jahren des 17. Jahrhunderts seinen verschiedenen Pflichten am Hof nachkam, schrieb er gelegentlich Bühnenstücke, die in der Regel die Schauspieltruppe der Königin aufführte. William Davenant hingegen war der Sohn eines Wirtshausbesitzers in Oxford, doch bereits 1638 hatte er Ben Jonson als Poeta laureatus abgelöst; er verfaßte Bühnenstücke für öffentliche wie für private Theater. Seiner Feder entstammte das letzte in Whitehall aufgeführte königliche Maskenspiel vor dem Ausbruch des Bürgerkriegs. Während des Kriegs blieben beide Männer Karl I. treu, und beide leiteten während des öffentlichen Theaterverbots gelegentlich private Aufführungen von Stücken. Die königliche Lizenz vom August 1660 belohnte ihre Standhaftigkeit: Sie zog für ihre beiden Truppen, den King's Men (unter Killegrew) und den Duke's Men (unter Davenant), ein baldiges Monopol auf dem Theater nach sich. Die Vergangenheit der beiden Direktoren schien zu versprechen, daß die Theater der 1660er die politische und zugleich die dramatische Tradition der 1630er wiederbeleben.

Andere Aspekte verhießen die gleiche nostalgische Rückbindung. Die neuen Truppen wetteiferten darin, sich als Reinkarnation von vergangenem dramatischem Ruhm auszuweisen. Killigrews Ensemble, das zum großen Teil aus Schauspielern bestand, die zu den verschiedenen florierenden Truppen in der Zeit vor Schließung der Theater gezählt hatten, übernahm selbst den Namen seines berühmtesten Vorgängers, «The King's Men». Davenants Truppe rekrutierte sich überwiegend aus jüngeren Schauspielern. Sie kompensierte dies damit, daß sie die Authentizität ihrer Produktionen besonders betonte. Der Mann, der Davenants Schauspieler zusammengebracht hatte, war «Mr. Rhodes», ein ehemaliger «Garderobenverwalter der Komödiantentruppe Karls des Ersten im Black-Friars»[15]. Davenant selbst hatte «Mr. Taylor aus der alten Black-Fryars Truppe» die Tittelrolle in

Hamlet spielen sehen; Taylor hatte seine «Anweisungen vom Autor Mr. Shakespeare»; Davenant, der Taylor gesehen hatte, unterwies seinerseits «Mr. Betterton in allen seinen Einzelheiten». Die königliche Linie verlief so direkt von Shakespeare zu Betterton. Als Betterton *König Heinrich VIII.* spielte, erhielt er wiederum «seine Anweisungen von Sir William, der seine von dem alten Löwen hatte, den Shakespeare persönlich unterwiesen hatte» [16].

Die fragwürdige Genauigkeit der Berichte tritt hinter der offenkundigen Bedeutung der Authentizität zurück. Und in beiden Fällen war der Mittler dieser Authentizität Davenant. Auf seinen Reisen zwischen Stratford-upon-Avon und London wohnte Shakespeare in dem Wirtshaus in Oxford, das Davenants Vater gehörte. Robert Davenant, Williams Bruder, erinnerte sich, wie Shakespeare ihm als Kind «einhundert Küsse gab». Shakespeare war William Davenants Pate – und einem Gerücht zufolge, dem Sir William nicht widersprach, ja das er vielleicht ermutigte, sein leiblicher Vater obendrein. [17] Die King's Men mochten über mehr ältere Schauspieler verfügen, doch die Duke's Men hatten, zumindest was Shakespeare betraf, eine einzigartige Verbindung zum Autor geerbt.

Diese Konkurrenz um Authentizität nahm ihren Anfang in der kommerziellen Rivalität der beiden Truppen, die auch die Entwicklung des Bühnen-Repertoires entscheidend beeinflußte. Killigrews Truppe hatte sich offenbar die Rechte für die meisten der Stücke gesichert, die die damaligen King's Men schon vor 1642 aufgeführt hatten. Die alten Schauspieler besaßen noch immer die alten Stücke. Im Gegensatz dazu gehörte Davenants Truppe anfänglich kaum ein Stück. Davenant reagierte auf diese Situation, indem er mit Erfolg um ein paar alte Stücke bat. Die meisten, die er erhielt, waren von Shakespeare; und er bekam sie, zumindest teilweise, weil sie als frei verfügbar galten. Sie waren älter und weniger beliebt als die von Beaumont und Fletcher, und selbst im Rahmen des Shakespeare-Kanons zählten sie nicht zu den lukrativsten oder begehrtesten. Davenant erhielt die zweitrangigen Stücke eines zweitrangigen Bühnenautors. Letztlich sollte dieses Arrangement Shakespeare zum Vorteil gereichen, denn Davenant war als Direktor tatkräftiger und innovativer. Mit jungen Schauspielern und nur einigen wenigen alten Stücken konnte er nur dann ein Publikum gewinnen, wenn er auf das Theater der Zukunft setzte. Dabei gelang es ihm, selbst die alten Stücke wie neu aussehen zu lassen.

Zunächst führte er ein bewegliches Bühnenbild ein. Er benutzte in

Schienen gleitende bemalte Stellwände oder Seitenflügel, zusammen mit bemalten Vorhängen oder einer nach hinten abschließenden Holzkonstruktion. Auf diese Weise konnte er für jeden Teil der Handlung einen neuen visuellen Hintergrund schaffen. In einer Inszenierung seines eigenen Stücks *The Siege of Rhodes* im Juni 1661 verwendete Davenant solche Kulissen; er muß jedoch die Technik auch sofort für ältere Stücke genutzt haben, denn am 24. August wohnte Samuel Pepys einer Aufführung von *Hamlet* bei, die «sehr gut, mit Kulissen» arbeitete. Die King's Men konnten, bis sie zwei Jahre später in ein neues Theater umzogen, Davenants Neuerung nicht für sich übernehmen; wie Pepys bereits im Juli 1661 berichtete, litt Killigrews Theater, in dem sich zuvor das Publikum «gedrängt hatte», sehr unter dem Erfolg von Davenants Truppe.[18] Selbst wenn sie gewollt hätten, dem Druck des Marktes, mit den neuen visuellen Reizen mitzuhalten, hätten die Konkurrenten nicht länger widerstehen können.

Bis zu diesem Zeitpunkt wurden Shakespeares Stücke von reich kostümierten Schauspielern in prunkvollen Theatern aufgeführt, aber auf Bühnen, die keinerlei bildliche Darstellung von Ort oder Zeit des dramatischen Geschehens vermittelten. Die Handlung fand statt auf einer staubigen, in den Zuschauerraum hineinragenden Spielfläche zwischen dem ‹Himmel› darüber (einem Dachgeschoß über der Plattform, mit Himmelssymbolen bemalt) und der ‹Hölle› darunter (einer über eine Klappe erreichbaren unsichtbaren Versenkung). Der Ort der Handlung war, wenn überhaupt, gekennzeichnet durch dreidimensionale funktionale Requisiten, zum Beispiel einen Thron, nicht jedoch durch ein zweidimensionales unbewegliches Bühnenbild. Diese Definition des Raums ist zugleich kosmisch und menschlich: ‹wo wir sind›, bestimmen theologische Architektur und tragbares Zubehör. Die Definition des Raums in der Post-Restaurationszeit war im Gegensatz dazu cartesianisch und newtonianisch: Er gab keinen theologischen Rahmen, nur eine Folge von räumlichen Kategorien – einen ‹Vorrat› von nicht-individuellen Versatzstücken, von typischen Wäldern oder Gärten, Marktplätzen oder Innenräumen –, eine neoklassische Allgemeinheit des Orts gewissermaßen, die den Rahmen bildete für sich wiederholende Situationen in verschiedenen Stücken.

Davenants veränderbares Bühnenbild hatte einen grundlegenden Wandel der Geschichte der Shakespeare-Aufführungen, -Kritik und -Ausgaben zur Folge. Zuallererst erfand er die Tradition des Bühnen-Anachronismus. Von nun an sollte jede Neuerung oder Verbesserung, was die Aufführungspraxis betraf, rückwirkend für die Stücke Shakespeares und anderer nicht mehr lebender Dramatiker verwertet werden. Obgleich uns dieses Verfahren nur natürlich scheint, war es nicht zwingend. Das Nō- und Kabuki-Theater in Japan wie auch über weite Strecken ihrer Geschichte die Comédie Française zeigen, daß man eine lebendige Theatertradition durch gewissenhafte Reproduktionen vergangener Inszenierungen aufrechterhalten kann. Davenant jedoch beharrte darauf, daß alte Texte auf eine neue Weise aufzuführen seien: alter Stoff in einem neuen Kleid.

Im Falle Shakespeares führte das veränderbare Bühnenbild Zuschauern und Kritikern die häufigen Szenenwechsel vor Augen. Seine Verletzung der Regel der Einheit von Raum und Zeit tauchte in der Kritik des nächsten Jahrhunderts immer wieder als Thema auf; sie lag den zahllosen – opologetischen oder anklagenden – Anspielungen auf seinen Mangel an ‹Kunst› zugrunde. Eine Aufführung auf einer kulissenlosen Bühne erlaubt dem Publikum in der Regel nur ein Mindestmaß an Bewußtheit, was Szenenwechsel betrifft; Davenants Kulissen hingegen dienten als unübersehbares, wiederholtes Reizmittel, das den Zuschauern einen Aspekt Shakespeares vor die Nase hielt, der ihnen mißfiel.

Das neue Bühnenbild ging einher mit einer neuen Art von Bühne und Zuschauerraum. Beide Truppen bauten zunächst alte Tennishallen zu Theatern um, wobei Davenants Konstruktion eine radikalere Abkehr von den bisherigen architektonischen Normen darstellte. Beide Theater waren geschlossene Bauten, die über einen nur kleinen Zuschauerraum verfügten. Sie mußten deshalb hohe Eintrittspreise verlangen. In dieser Beziehung ähnelten sie eher den sogenannten privaten Theatern der Vorkriegszeit, nicht den großen öffentlichen Freilichttheatern wie dem Red Bull oder dem Globe. Beide Direktoren taxierten den potentiellen Markt ihres Unternehmens: Seine Größe war, so schlußfolgerten sie, nicht zu groß zu schätzen; außerdem würde er sich überwiegend aus dem oberen Teil der gesellschaftlichen Pyramide rekrutieren. Ob nun diese geschäftliche Voraussage selbst genau das bewirkte, was sie prophezeite, läßt sich nicht sagen, denn die beiden Truppen hatten, was Theaterproduktionen betraf, ein Monopol und zielten auf den gleichen Markt. Die Folge war, daß das englische Drama aristokratischer wurde; um überhaupt zu überleben, müßte Shakespeare als Dramatiker der oberen Schicht überleben.

Die Klientel veränderte sich zum Teil aufgrund der neuen Gestaltung des Zuschauerraums, zum Teil jedoch, weil sich das Verhältnis zwischen den Theatern und dem Hof gewandelt hatte. Anders als ihre Vorgänger waren die neuen Direktoren Höflinge, und Karl II. besuchte fast jeden Tag die Theater, wenn er in London residierte. Den Bühnendichtern der Restaurationszeit machte er Vorschläge für Szenarien; mit den Schauspielerinnen der Restaurationszeit hatte er Affären. Vor 1642 kamen die Theaterstücke zum Monarchen, nach 1660 kam der Monarch zu den Theaterstücken. Königin Elisabeth, Jakob I. und Karl I. hatten alle – in unterschiedlichem Maß – Theatervorstellungen besucht, jedoch nie in öffentlichen Theatern; die Aufführungen fanden speziell für sie am Hofe statt. Als Karl II. öffentlich Theater frequentierte, brachte er damit zwangsläufig ein Gefolge mit sich, das mehr daran interessiert war, den König zu Gesicht zu bekommen als das Stück zu sehen. Und die neue Leitung, gesegnet mit der Schirmherrschaft von König wie auch Höflingen, tat jeweils ihr Bestes, um Produktionen auf die Bühne zu bringen, die denen am Hofe in den 1630er Jahren glichen. Diese früheren königlich anbefohlenen Aufführungen hatten, besonders in Form des höfischen Maskenspiels, eine verschwenderische, kunstvoll gestaltete sykophantische Mischung aus Dichtung, Malerei und Musik dargeboten, die in nichts den alten öffentlichen Theatern glich. Die neuen Theater lösten sich allmählich von der geheimnisvollen symbolischen Substanz der Maskenspiele, bemühten sich jedoch, deren bildliche und musikalische Form nachzuahmen oder gar zu übertreffen. Die Maskenspiele der 1630er wurden zu den Opern der 1660er Jahre.

‹Oper› bedeutete für das Publikum der Restaurationszeit nicht, was es für uns bedeutet. Opern wurden in der Regel nicht durchweg gesungen; ein Kritiker des 18. Jahrhunderts nannte sie «Semi-Opern, denn sie bestanden zur Hälfte aus Musik und zur Hälfte aus Drama»[19], aus gesprochenem Dialog und Lied, beides überdeckt von auffälligem visullem Prunk. In *The Fairy Queen*, einer mit viel Spektakel arbeitenden Opernadaption vom *Sommernachtstraum*, wurde entsprechend Shakespeares Text gesprochen, nicht gesungen; Henry Purcells Musik war begrenzt auf eingeschobene neue Episoden. Einige Werke ähnelten weniger der italienischen Oper des 19. Jahrhunderts als vielmehr dem Broadway-Musical des 20. Jahrhunderts. Einige der Shakespeare-Stücke ließen sich leicht im Sinne der neuen Konventionen adaptieren; *Macbeth* und *Der Sturm* wurden zwei der beliebtesten Musicals jener Zeit. Die Bühnenanweisung am Anfang der opernhaften Inszenierung von 1674 vermittelt eine Ahnung von Shakespeares neuem Aussehen:

«Das Vordere der Bühne ist offen, und das Orchester aus 24 Violinen, Spinetten und Baßlauten, welche die Singstimmen begleiten, befindet sich zwischen Parkett und Bühne. Während die Ouvertüre erklingt, hebt sich der Vorhang und gibt den Blick frei auf ein neues Proszenium, das mit den großen Säulen auf jeder Seite der Bühne verbunden ist. Das Proszenium stellt einen edlen Bogen dar, getragen von großen kranzumwundenen Säulen der korinthischen Art; Rosen umranken und einige fliegende Amouretten verschönern diese Säulen. Auf dem Sims, gerade über dem Kapitell, sitzt auf jeder Seite eine Figur mit einer Trompete in einer Hand und einem Palmenzweig in der anderen. Sie verkörpern den Ruhm. Ein bißchen weiter, zu jeder Seite des Ringgiebels liegen ein Löwe und ein Einhorn, die Figuren des königlichen Wappens von England. In der Mitte des Bogens sind mehrere Engel zu sehen, welche das königliche Wappen halten, als stellten sie es in die Mitte des Ringgiebels. Dahinter befindet sich das Bühnenbild, das einen dicht bewölkten Himmel zeigt, eine recht felsige Küste und eine stürmische See in beständiger Aufruhr. Dieser Sturm (der von Zauberhand gemacht sein soll) birgt viele schreckliche Dinge und mehrere Geister von schauerlicher Gestalt, die sich inmitten der Matrosen tummeln und sich dann wieder in die Lüfte schwingen. Und als das Schiff sinkt, wird der ganze Saal dunkel und eine Feuersbrunst fällt auf sie. Blitze und Donnerschläge begleiten dies, bis der Sturm endet.»

Ein Orchester, ein falscher Proszeniumsbogen, verziert mit dem Bilderschmuck des Klassizismus und des englischen Königshauses, visuelles Spektakel, fliegende Geister, Donner, Blitz und Poesie – unwiderstehlich, damals so wie heute. Zweifelsohne donnerte der Applaus mit dem Unwetter um die Wette.

Drängte der Einfluß des Hofes das Drama der Restaurationszeit in Richtung des Maskenspiels, so hatte er ebenfalls eine unmittelbare praktische Auswirkung auf die Zusammensetzung der Schauspielertruppen. In der Vergangenheit hatten Knaben sämtliche Frauenrollen gespielt; nach der Restauration übernahmen erstmals Schauspielerinnen die weiblichen Parts.

Diese Revolutionierung der Bühnenpraxis hatte ebenso viele Ursachen wie Konsequenzen. Frauen erschienen zum Teil erstmals auf der Bühne, um die alten puritanischen Einwände gegen Transvestitentum (‹Männer in Frauengewand›) zu entkräften.[20] Außerdem brachte die Einführung von Frauen das englische Theater in Einklang mit der französischen Praxis; während der Jahre im Exil auf dem Kontinent hatten Karl II. und seine Gefolgten Schauspielerinnen auf der Bühne gesehen und dies durchaus zu schätzen gewußt. Darüber hinaus sprachen praktische Gründe für den Einsatz von Frauen: Die lange Unterbrechung des Schauspiels hatte den Nachwuchs abgeschnitten, so daß 1660 den neuen Truppen kein Bestand an Knabenschauspielern zur Verfügung stand, die für Frauenrollen ordentlich ausgebildet waren.

Was immer die Gründe waren, die Einführung von Schauspielerinnen wirkte sich auf die Stücke Shakespeares aus wie auf die anderen Autoren. Viele Zuschauer applaudierten der Neuerung, doch die Gründe ihres Urteils mögen sexueller, nicht kritischer Natur gewesen sein. Was zum Beispiel das schauspielerische Können einer Schauspielerin betraf, so notierte Samuel Pepys typischerweise nur: «das schönste Paar Beine, das ich je sah, es gefiel mir sehr» – wobei das Pronomen «es» sich ambivalent entweder auf die Darbietung des Stücks oder des weiblichen Fleisches beziehen konnte. Wenn die Schau auf der Bühne ihm nicht genügte, konnte Pepys, wie jeder andere Gentleman, die Garderoben der Schauspielerinnen aufsuchen. Nell Gwyn, wie sie sich «ankleidete» und «nicht zurechtgemacht war», fand er «hübscher, als ich gedacht hatte»[21].

Frauen betraten zur gleichen Zeit die englischen Bühnen, als Pornographie in englischen Buchläden auftauchte.[22] Die erste englische Übersetzung von Pietro Aretinos *Ragionamenti* wurde 1658 veröffentlicht; danach entwickelten sich heimische Pornos wie auch Übersetzungen zu einem festen Bestandteil des Londoner Buchhandels. Während der Jahre, als er das Theater besuchte, kaufte Pepys auch eine Übersetzung von *L'Escholle des filles*, las das Buch, masturbierte und verbrannte es dann.[23] Dieser Markt für verbale Erotika existierte natürlich gemeinsam mit einem Markt für die visuellen Äquivalente, und beide gesetzlich geschützten Theater lockten nach 1660 ihr Publikum mit einem sexuellen Köder. Die Zahl der Schauspielerinnen der Restaurationszeit, die die Geliebte von Karl II. und / oder von Angehörigen der Aristokratie wurden, verstärkt den Eindruck, den männliche wie weibliche Zuschauer gewannen, nämlich daß das Theater als Schaufenster für Dirnen diente. Nell Gwyn, die berühmteste Schauspielerin dieser Epoche, verdankte ihren Ruf weniger ihren Rollen auf der Bühne als ihrer Rolle im Bett von Karl II.

Der Einsatz von Schauspielerinnen scheint die Würdigung der weiblichen Shakespeare-Figuren von seiten der Kritiker oder des Publikums nicht gefördert zu haben. In seinen Reminiszenzen an das Restaurationstheater notierte John Downes nur ein einziges Detail, was die Leistung einer Schauspielerin in einer Shakespeare-Rolle, in einer Adaption von *Romeo und Julia*, betraf: «Mrs. Holden» hatte die Entsprechung von Lady Montague gespielt, und während des «Fechtens und Raufens» in der ersten Szene «trat» sie «in Eile auf», um ihren Gatten zurückzuhalten. Als sie ihn anrief, versprach sie sich eines Abends versehentlich auf eine obszöne Weise, «die das Haus in solches Gelächter versetzte, daß London Bridge bei Ebbe im Vergleich dazu ruhig war»[24].

Das Publikum der Restaurationszeit fand Shakespeares Männer um vieles wirkungs- und eindrucksvoller als seine Frauen; Rollen, die für Knaben geschrieben waren, konnten sich mit weiblichen Rollen in neuen Stücken, die für Schauspielerinnen geschrieben waren, nicht messen. Shakespeares Vorliebe, Knaben Frauen, die sich als Knaben verkleiden, spielen zu lassen, verlor einen Teil seiner ironischen Pointe damit, daß Schauspielerinnen diese Rollen übernahmen. Statt dessen gewannen ‹Hosenrollen› einen einfacheren Reiz, als Gelegenheit für Frauen nämlich, in männlichen Kleidern aufzutreten, in Kleidern also, die ihre Beine vorteilhafter zur Schau stellten als zeitgenössische weibliche Gewänder. Es kann kaum ein Zufall sein, daß *Was ihr wollt*, wo Viola fast das ganze Stück über Hosen trägt, die erste Shakespeare-Komödie war, die Davenant wieder aufgriff, und die einzige von Shakespeares romantischen Komödien, der überhaupt ein gewisser Grad von Bekanntheit zuteil wurde. *Der Widerspenstigen Zähmung* wurde zwar populär, doch nicht in der ursprünglichen Form; der Komödienschauspieler John Lacey schrieb sie zu großen Teilen um. Dabei nutzte er den Umstand, daß ihm Schauspielerinnen zur Verfügung standen: Er fügte eine «Schlafkammer»-Szene hinzu, in der ein männlicher Bediensteter (den Lacey selbst spielte) von Petruchio den Befehl erhält, Kate – vor dem Publikum – zu entkleiden, und dann auch den Versuch dazu unternimmt.[25] Nichts bei Shakespeare bot einen solchen Reiz. Ebenso konnte keine der weiblichen Rollen bei Shakespeare mit einer ähnlich intelligenten sexuellen Offenheit aufwarten, die Wycherleys, Etheregs und Behns Figuren auszeichnete. Als Shakespeares Stücke für das Publikum der Restaurationszeit adaptiert wurden, fügten die Bearbeiter entsprechend häufig neue Frauenrollen hinzu und füllten die ursprünglichen stärker aus.

Solche Adaptionen – Laceys *Zähmung*, Davenants *Macbeth, Der Sturm* von Davenant/Dryden, Nahum Tates *König Lear*, um nur die erfolgreichsten zu nennen – galten den späteren Kritikern als der offenkundigste und beklagenswerteste Aspekt dessen, wie das Restaurationstheater mit Shakespeare verfuhr. Die Adaptionen fügten Figuren und Episoden hinzu und ließen andere aus, wobei sie den Dialog in einem mehr oder weniger großen Maße umgestalteten. Die Zahl solcher Adaptionen nahm zu, von einem halben Dutzend in den 1660ern, bis sie den größten Teil von Shakespeare-Wiederaufführungen in den 1690ern ausmachten. Doch solche Umdichtungen waren nur das offenkundige Zeichen einer allgemeinen Entwicklung. Selbst wenn der Wortlaut bestehen blieb, wurde Shakespeares Text für neue Theater adaptiert, für neue szenische Konventionen, für ein neues Geschlechtsbewußtsein, für ein neues Publikum, für eine neue Gesellschaft. Unvermeidlich wandelte sich die Bedeutung der Worte, selbst wenn die Worte die gleichen blieben. Die Restauration unterschied sich von den folgenden Zeiten nur in dem Maße, in dem dieser Prozeß der Adaptierung bewußt war – bewußt, offen und schamlos. Auch spätere Epochen sollten auf ihre Art Shakespeare neu erfinden; sie sollten jedoch – anders als die ehrlich-scheinheilige Restauration – schlicht abstreiten, daß sie ihn adaptierte. Die Restauration wußte zumindest, was sie tat.

Das Repertoire tritt auf

Was in den 1660ern auf dem Theater geschah, isoliert und verdeutlicht auf ungewöhnlich klare Weise einen Prozeß, der Kunstwerke und überhaupt Erzeugnisse des Geistes zu jeder Zeit bestimmt. Jedes Jahr kommen neue Werke hinzu, doch nur eine kleine Zahl davon wird auch im folgenden Jahr noch geschätzt. Dieser Prozeß kultureller Selektion ahmt das Verhalten des menschlichen Gedächtnisses nach. Jeden Augenblick registrieren unsere Sinne eine wahre Enzyklopädie von Einzelheiten, doch nur einen Bruchteil dieser Eindrücke bewahrt das Gedächtnis für den späteren Gebrauch; der größte Teil fällt unmittelbar dem Vergessen anheim.

Das Repertoire ist das Gedächtnis des Theaters, und als solches kann es als nützliches Modell dessen dienen, was Literaturkritiker als ‹Kanon› der großen Literatur bezeichnen. Die Werke eines Repertoires kommen immer wieder auf die Bühne; das Publikum lernt sie allmählich aufs genaueste kennen, wartet auf sie, findet Gefallen an ihrer Wiederholung. Gleichzeitig beurteilt es die Aufführenden solcher Stücke nach Maßstab der kollektiven Erinnerung früherer Aufführungen.

Können sie an frühere Interpretationen heranreichen oder diese gar übertreffen? Können sie neue Aspekte des geliebten Werks entdecken und offenlegen?

Die Definition eines neuen Bühnenrepertoires im Jahr 1660 war ein kritischer Moment in der Geschichte der Shakespeare-Rezeption. Die Direktoren und Schauspieler der neuen Truppen mußten sich entscheiden, wie sie den Anteil von alten und neuen, zeitgenössischen Stücken gewichten wollten, welcher Anteil den verschiedenen Dramatikern, darunter Shakespeare, zukommen sollte und welche Stücke eines Dramatikers als seine denkwürdigsten und wichtigsten auszuwählen waren. Diese Entscheidungen, die das Repertoire der Restaurationszeit bestimmten, sollten eine enorme Wirkung zeitigen, nicht nur im Bereich des Theaters, sondern auch darüber hinaus.

Im Frühling 1660, etliche Monate bevor sie die königliche Lizenz erhielten, führten in der Hauptstadt zwei Schauspielgruppen bereits in aller Öffentlichkeit Stücke auf. Eine Truppe, die aus den «zerstreuten Überresten» von verschiedenen Truppen aus der Zeit vor 1642 hervorgegangen war, spielte im Red Bull, einem 1603 erbauten, beliebten Freilichttheater. Ein Verzeichnis von 20 Stücken, die «von den Red Bull-Schauspielern aufgeführt wurden» – vermutlich in dieser ersten Saison –, enthält Shakespeares *Heinrich IV., Die lustigen Weiber von Windsor* und *Othello*, dazu neun Stücke aus dem Beaumont- und Fletcher-Kanon, drei von James Shirley und jeweils ein Werk von George Chapman, Ben Jonson, Thomas Middleton, William Davenant und Thomas Killigrew.[26] Eine andere Truppe, die offenbar aus jüngeren Schauspielern bestand, spielte im Phoenix in der Drury Lane, einem kleineren, geschlossenen Theaterbau, der aus dem Jahr 1616 stammte. Zu ihrem Repertoire zählten unter anderem acht Dramen aus dem Beaumont- und Fletcher-Kanon, Shakespeares *Perikles* und einzelne Werke von Philip Massinger, Thomas Middleton und William Rowley, William Davenant und John Suckling.[27]

Die meisten Stücke, die 1660 ausgewählt worden waren, überdauerten die folgenden Saisons, eines jedoch überlebte nicht. *Perikles*, das einzige Shakespeare-Stück, von dem man weiß, daß es von der Phoenix-Truppe aufgeführt wurde, widersprach sämtlichen Regeln des Geschmacks der Royalisten und der Restauration. Schon 1631 hatte sich Ben Jonson abfällig über seinen «schalen Geschmack» geäußert.[28] 1672 verzeichnete John Dryden es unter den Stücken, die mit «einer lächerlichen, unzusammenhängenden Geschichte immer wieder die

Sache einer Epoche sich zu eigen machten»[29]. Bis 1854 gelangte es in keiner Form mehr auf die Londoner Bühnen, die der ursprünglichen Fassung ansatzweise entsprach. Dennoch zählte *Perikles* zu der auserwählten Gruppe der vier ersten Shakespeare-Stücke, die 1660 mit den Theatern wiederauferstanden, und zwar in einer immerhin so denkwürdigen Inszenierung, daß sie ein halbes Jahrhundert später in John Downes «Historical Review of the Stage» (1708) Erwähnung fand.

Zwei Ursachen lassen sich für diese scheinbare Widersprüchlichkeit benennen. Die eine war Thomas Betterton, der größte Schauspieler der zweiten Hälfte des 17. Jahrhunderts. «Der damals zweiundzwanzigjährige Mr. Betterton», so erinnerte sich Downes, «erhielt enormen Applaus für sein Spiel in all diesen Stücken [des Rhodes-Repertoires], aber ganz besonders für [fünf Stücke, darunter] *Perikles*.»[30] Auch Rhodes rechnet Perikles zu Bettertons 16 größten Rollen. *Perikles* konnte sich auf dem Theater der Restaurationszeit behaupten, weil es einem hervorragenden Schauspieler viele Möglichkeiten für die Gestaltung der Hauptrolle bot.

In der Tat muß Bettertons Spiel eine *tour de force* gewesen sein, wohl besonders, was die Aspekte des Stücks betraf, an denen Dryden und andere Anstoß nahmen. «Einer, der wie Perikles, der Prinz von Tyre, im ersten Akt als junger Mann auf die Bühne kommt», wie Dryden 1695 klagte, «kann schwerlich im fünften Akt mit seiner Tochter Inzest begehen.»[31] Der 22 jährige Betterton mußte Perikles nicht nur als «jungen Mann» darstellen, sondern mit der gleichen Überzeugungskraft auch als alten, gealtert nicht nur durch die Zeit, sondern durch extremes Leiden.

Bettertons Perikles verdeutlicht zu Beginn dieser Epoche, in welchem Maße das Spiel eines einzigen Schauspielers ein Stück zum Bestandteil des Repertoires machen kann. Diese Verbindung zwischen dem Erfolg eines bestimmten Schauspielers und der Fortüne des Stücks im Repertoire beschränkte sich nicht auf Betterton oder die Restaurationszeit. Das gleiche geschah im 18. Jahrhundert, als der vierundzwanzigjährige David Garrick sich selbst und gleichzeitig *Richard III.* auf den Gipfel des Ruhms katapultierte. Eine Rolle ist der Punkt, der Schauspieler und Stück verbindet; wenn der Schauspieler einen Triumph feiert, dann tut dies auch das Stück.

Obgleich Bettertons Leistung erklären kann, warum *Perikles* vorübergehend Fuß im Repertoire des Restaurationstheaters fassen konnte, vermag sie doch nicht zu erklären, warum das Stück überhaupt für eine Wiederaufführung vorgesehen wurde. *Perikles* und sein Held paßten jedoch besonders gut zu den ersten Monaten des Jahres 1660. Das Stück erzählt die Geschichte eines jungen und bewundernswerten Herrschers, der, zu Unrecht aus seinem Land getrieben, an einer Stelle gar die Kleider eines armen Fischers anlegen muß, am Ende jedoch Glück und Macht wiedergewinnt. Wie es im Epilog heißt:

> In Perikles, der Königin, seinem Kind [sahet ihr],
> Wie sie vom Glück auch scharf bedränget sind,
> Die Tugend nicht dem wilden Sturm erliegen,
> Der Himmel schützt, krönt endlich mit Vergnügen.

Keinem Publikum wäre 1660 die Bedeutung dieses Schlusses bzw. der ganzen Fabel in bezug auf Karl II. entgangen. Sogar einzelne Episoden des Stücks ließen sich als Parallele verstehen zur Geschichte der «schmerzlichen Abenteuer» des gerade wiedereingesetzten Monarchen. Nach dessen triumphalem Einzug von Dover nach London konnte sich jedes Londoner Publikum leicht vorstellen,

> . . . wie mit Chorgesang,
> Zu König Perikles' Empfang,
> Mit Prunk und Festen ohne End'
> Von Mytilene der Regent
> Ihn feierte.[32]

In der berühmtesten und gefährlichsten Episode seines Kampfs um die Rückkehr zur Macht hatte Karl II. nach der Niederlage seines Heeres in der Schlacht von Worcester sein Gefolge zurückgelassen und sich zu Fuß nach London aufgemacht. Um seine Identität zu verbergen, trug er kurze Haare, Beinkleider aus grauem Tuch, ein ledernes Wams, eine grüne Jacke und «einen schmutzigen grauen weichen Hut ohne Band oder Linnen»[33]. In der Geschichte wie im Bühnenstück erfüllen uns solche Episoden mit einem Gefühl der Befriedigung, weil sie die Gleichheit von König und Bürger zugleich bestätigen und verneinen. Karl, der bei Worcester eine Niederlage erfuhr, Perikles, der Schiffbruch erlitt und an die Küste von Pentapolis gespült wurde – beide mischen sich unerkannt unters Volk. Mögen auch die Menschen, denen sie begegnen, sich täuschen lassen, so wissen wir doch die ganze Zeit, daß sie Könige sind, daß Könige keine Bürger sind und daß sie ihre richtigen Kleider und ihre Macht zurückgewinnen werden. Ihre

Fähigkeit, aus solchen Tiefen emporzusteigen, bestätigt in der Tat erst ihr Recht zu herrschen.

Die Dramatiker und Zuschauer der Restaurationszeit deuteten Bühnenstücke stets in bezug auf die aktuelle Politik. Viele neue Werke gewannen ihre Bedeutung erst durch die implizierten Parallelen zwischen Figuren und Geschehen auf der Bühne und ihren Entsprechungen im wirklichen Leben jener Epoche. Die gleiche Begeisterung für Parallelisierungen kennzeichnete die Adaptionen von Shakespeare-Stücken. Als sich Sir William Davenant und John Dryden daran machten, den *Sturm* zu adaptieren (1667), fanden sie bei Shakespeare bereits eine Nebenhandlung vor, in der drei gemeine, tölpelhafte, betrunkene Gestalten (Caliban, Stephano und Trinculo) sich verschworen, den Monarchen der Insel zu ermorden. Es bedurfte nur weniger Vorstellungskraft, um die Figuren in unverkennbare Parodien der Parlamentarier zu verwandeln, die Karl I. gestürzt hatten. Thomas Shadwells Adaption von *Timon von Athen* (1678) betonte Parallelen zwischen Alkibiades' Attacken gegen den athenischen Senat und den Attacken des reformerischen Herzogs von Buckingham gegen das englische Unterhaus. Von 1679 bis 1681 – den Jahren der sogenannten Exclusion Crisis, als Karl II. mit dem Parlament über die Frage seines Thronnachfolgers im Streit lag – wurden mindestens sieben Shakespeare-Stücke wiederaufgeführt, in neuen Adaptionen, die ihre Bedeutung vor allem in bezug auf die politische Situation gewannen. Edward Ravencrofts Fassung von *Titus Andronicus* machte sich die Hysterie zunutze, die der ‹Popish Plot› ausgelöst hatte. Mit ihrem Portrait eines «ausschweifenden, unbelehrbaren [Königs], der der Bequemlichkeit und dem Luxus» frönte, legte Nahum Tates Adaption von *König Richard II.* dem Publikum den Vergleich mit Karl II. so offenkundig nahe, daß sie verboten wurde, noch bevor sie auf die Bühne kam. John Crownes Umgestaltung von *Heinrich VI.* betonte den Schrecken und die Heuchelei des Aufstandes.

Wie andere Stücke gelangte *Perikles* durch einen glücklichen Zufall auf die Bühnen der Restaurationszeit: durch den Zufall in Gestalt von Thomas Betterton und durch den Zufall seiner politischen Implikationen für die Restauration. Solche Zufälle bilden die Konstanten der Theatergeschichte, und Shakespeares Stücke haben – mit ihren starken Rollen für herausragende Schauspieler und ihrem politischen Gehalt – Zufälle mit ungewöhnlicher Häufigkeit und Regelmäßigkeit angelockt.

Wenn auch die Gründe, weshalb *Perikles* die Aufmerksamkeit des Theaters erregen konnte, ganz gewöhnliche sind, bleibt doch das Stück selbst im weiteren Rahmen des Repertoires der Restaurationszeit ein Sonderfall. Andere Aspekte der Theatersaison 1659/60 wiesen offenkundiger in die Zukunft. Zunächst – und dies scheint uns am auffälligsten – enthält die bekannte Liste der aufgeführten Stücke kein einziges neues Werk. In den drei Jahren, die der Wiederaufnahme eines normalen Theaterlebens im Jahr 1660 folgten, führten die Londoner Theatertruppen anscheinend mehr als 80 alte, aber nur neun neue Stücke auf.[34] (Im Gegensatz dazu brachten die Truppen in den drei Jahren vor der Schließung der Theater mindestens 50 neue Stücke auf die Bühne – und wahrscheinlich noch wesentlich mehr.[35]) Zu Beginn der Restaurationszeit dominierte die Vergangenheit des Theaters seine Gegenwart ganz und gar.

Dieses Phänomen ist auf schlichte, ökonomische Gründe zurückzuführen. Alte Stücke gab es viele an der Zahl, und ihre Verfasser mußten für ihre Arbeit nicht bezahlt werden. Im Gegensatz dazu verlangten neue Stücke lebende Dramatiker, die ihrerseits damit ihren Lebensunterhalt bestreiten mußten. Seit zwei Jahrzehnten gab es keine Nachfrage, was neue Stücke betraf; entsprechend gab es keinen Markt für Bühnenautoren und deshalb auch keine Bühnenautoren. Die ersten neu erscheinenden Stücke waren Übersetzungen oder Werke von Adeligen, die nicht darauf angewiesen waren, damit Geld zu verdienen. Kein Dramatiker konnte in den ersten fünf Jahren nach der Restauration vom Theater leben, und erst 1669 wurde der berufliche Status eines lebenden Bühnendichters vertraglich anerkannt.

Die Situation 1669 unterscheidet sich außerordentlich von der im Jahr 1576, einem anderen Wendepunkt in der Geschichte des englischen Dramas. Damals wurde das erste als solches geplante öffentliche Freilichttheater gebaut; ein zweites folgte 1577. Es gab jedoch noch kein nennenswertes Repertoire, auf das man hätte zurückgreifen können. Die Theater, die Schauspieler und das Publikum, sie alle benötigten Stücke; als Folge entstand eine Klasse professioneller Bühnenautoren, die diesem Bedarf nachkam. Mitte der 1590er Jahre verbrauchte ein Londoner Theater allein durchschnittlich 18 neue Stücke pro Jahr, diese konkurrierten mit Stücken, die zwischen ein und zehn Jahren ‹alt› waren, wobei das größere Gewicht auf dem jüngeren Ende des Spektrums lag. zwischen 1576 und 1642 waren es nie weniger als zwei, oft aber mehr als fünf florierende Theater, die um die wöchentlichen Zuschauerzahlen zwischen 18000 und 24000 wetteiferten.[36] In dieser ökonomischen Situation waren Bühnenstücke eine wertvolle Ware. Der permanente Bedarf an neuen Stücken brachte die Theater dazu, Vorschüsse zu zahlen; diese schufen ihrerseits feste Termine; Zeitdruck zwang die Bühnendichter, zu zweit oder zu mehreren zusammenzuarbeiten, und diese Zusammenarbeit fungierte als eine Art Lehre für neue Autoren. Oft adaptierten die neuen Autoren alte Stücke für ihre Wiederaufführung. Die Bühnenautoren produzierten gemeinsam im Rahmen eines sich ständig erneuernden Repertoires. Diese Arbeitssituation in einer lebendigen Gemeinschaft, einer locker definierten Zunft, verlieh ihrer Rivalität und Kooperation ein besonderes Gewicht.

Als Shakespeare Stücke zu schreiben begann – in den 1580ern –, waren das Repertoire frei verfügbar und der Bühnenautor unentbehrlich; als John Dryden – Mitte der 1660er – Stücke zu schreiben begann, war er als Bühnenautor frei verfügbar. Mehrere vor 1642 gebaute Theater standen 1660 noch; genügend Schauspieler lebten noch bzw. tauchten nun auf und bildeten kleine Truppen (die vielleicht während des Interregnums – gelegentlich und unerlaubt – gespielt hatten); und aus alten Anhängern oder interessierten Neulingen ließ sich ein Publikum aus den Massen Londons gewinnen. Die künstlerische Reife eines gänzlich neuen Geschlechts von Bühnenautoren ließ sich jedoch nicht über Nacht bestellen. Die Schauspieler, Direktoren und das Publikum konnten nicht auf die Produktion von neuen Stücken warten; sie begannen mit den alten. Sie wollten auch tatsächlich gerade die alten; denn die Präsentation so vieler alter, beliebter Stücke trug zu der wohligen gemeinschaftlichen Illusion bei, daß die Vergangenheit eine Restauration erlebte. Erst nachdem das anfängliche Bedürfnis, die Vergangenheit wiederauferstehen zu lassen, gestillt war, fragte man allmählich nach neuen Stücken.

In einem Theatersystem, das auf einen hohen Umsatz von Stücken basiert, überleben in der Regel die wenigsten der auf die Bühne gebrachten Texte von einem Jahr zum nächsten. Wenn ein junger Bühnendichter die dramatische Landschaft überblickt, empfindet er für weniges Bewunderung, aber für vieles Geringschätzung, und diese Geringschätzung schafft ausreichend Raum für neue Werke. Als die Theater jedoch 1660 wieder öffneten, hielten sich die Schauspieler verständlicherweise an die Stücke aus der Zeit vor 1642, denen am meisten Popularität, Erfolg und Lob zuteil geworden war. Dieses kaum überraschende Vorgehen vermittelte jedoch einen gänzlich falschen Eindruck des allgemeinen künstlerischen Niveaus der früheren Epoche. In den 1660ern mußten die Bühnenautoren zum erstenmal nicht mit Zeitgenossen konkurrieren, sondern mit der Vergangenheit und – schlimmer noch – mit einer künstlich selektierten, stürmisch begrüßten geballten Anthologie der Besten der Vergangenheit.

Die institutionelle Vorherrschaft der alten Stücke muß für die neuen Bühnenautoren frustrierend und entmutigend gewesen sein, Shakespeare hingegen profitierte offensichtlich davon. Je mehr alte Stücke auf die Bühne kamen, desto größer waren seine Chancen, in das neue Repertoire aufgenommen zu werden. Die neu gegründeten King's Men spielten die gleichen drei Stücke, die vorher das Red Bull geboten hatte (*König Heinrich IV.*, *Die lustigen Weiber* und *Othello*). Gegen Ende des Jahres 1660 suchte Davenant um das Recht nach, «einige der ältesten Stücke, die im Blackfriers gespielt wurden, zu verbessern und sie für die Schauspielertruppe unter seiner Leitung aufzuarbeiten»[37]. Am 12. Dezember gewährte der Lord Chamberlain* Davenants Truppe entsprechend dieser Bitte eine Lizenz für die Aufführung von neuen Shakespeare-Stücken, von John Websters *The Duchess of Malfi*, John Denhams *The Sophy* und von allen eigenen Stücken Davenants. Außerdem erhielt Davenant für zwei Monate die vertraglichen Rechte für sechs Stücke, die der Rhodes-Truppe gehört hatten (darunter *Perikles*).

Shakespeare nimmt in diesem Verzeichnis einen wesentlich größeren Platz ein, als er tatsächlich in dem früheren Repertoire von Davenants Truppe innehaben sollte. In der Tat konnte der Beaumont- und Fletcher-Kanon in den 1660ern und für noch weitere 40 Jahre eine eindeutig größere Bühnenpopularität erringen.[38] Laut Buchführung aus der Zeit der Restauration hatte Shakespeare beinahe so viele Stücke wie Beaumont und Fletcher geschrieben, doch wurde er seltener aufgeführt, sowohl auf die einzelnen Jahre als auf den gesamten Zeitraum gesehen.** Wie Dryden 1668 behauptete, waren die Beaumont- und

---

* Anm. d. Ü.: Der Lord Chamberlain ist der Haushofmeister, dem auch die königlichen Theater unterstehen.
** In den Londoner Theaterarchiven können für diese vier Jahrzehnte 25 Theaterstücke von Shakespeare ausgemacht werden: Das sind insgesamt weniger als die von Beaumont und Fletcher. Dazu muß man bei dieser Zahl von einem wesentlich höheren Anteil von Stücken ausgehen, die von Bühnenautoren der Restaurationszeit mit großen Veränderungen, in einigen Fällen bis zur

Fletcher-Stücke «nun die nettesten und häufigsten Darbietungen auf der Bühne; zwei von ihnen, das ganze Jahr über gespielt, stehen gegen eines von Shakespeare oder Jonson»[39].

In ihrem eigenen Leben nahmen Beaumont und Fletcher den Typus des galanten Kavaliers der Restauration vorweg, eine Figur, die wir nur allzu gut aus der Komödie der Restaurationszeit und des 18. Jahrhunderts kennen – und von der Persönlichkeit einiger der Autoren, die diese Komödien verfaßten. Weiter verkörperten sie unverkennbar den Gentleman, und diese Eigenschaft wurde später ein wesentlicher Bestandteil ihres Ruhms. In einem Vergleich ihrer Stücke mit Shakespeares hob Dryden zum Beispiel hervor, «daß sie die Unterhaltung eines Gentleman viel besser verstanden und nachahmten; dessen wilde Ausschweifungen, Witz und Schlagfertigkeit hat kein Dichter vor ihnen* wie sie zu zeichnen vermocht»[40]. Ähnlich erwähnte 1675 Edward Phillips besonders Fletchers «höfische Eleganz und angestammte stilistische Ungezwungenheit». James Drake räumte 1699 ein, daß «Shakespeare... der Kunst Jonsons und der Gesprächskunst Beaumonts und Fletchers nicht gleich kam»[41]. Diese Zeitzeugen kannten den Typus und die Form des Verhaltens genau; ihre Beschreibung entsprach dem, was in ihrer Kultur eine herausragende Rolle spielte. Sie wußten außerdem, daß Fletcher oder, allgemeiner formuliert, der Beaumont- und Fletcher-Kanon jene Spannbreite menschlichen Verhaltens besser zu erhellen vermochte als Shakespeare.

In einem *The Comedies and Tragedies of Francis Beaumont and John Fletcher* vorangestellten Lobgedicht beschrieb 1647 Sir John Denham Fletcher, Shakespeare und Jonson als «das Triumvirat des Witzes»; in Denhams Darstellung wie auch in seinen vielen Nachahmungen und Reaktionen ist Fletcher der Erste unter Gleichen. Den größten Teil des 17. Jahrhunderts maßen die meisten Kritiker Shakespeares

Unkenntlichkeit, adaptiert wurden. Weil, wie man meinte, sie deren weniger bedurften, wurden Beaumont und Fletcher seltener und in weniger drastischem Maße bearbeitet. Shakespeares Stücke wagten sich gleichsam eins nach dem anderen vor das Publikum, und die meisten fielen, so wie sie waren, erst einmal durch.

* 1668 hatte Dryden ursprünglich «kein Dichter vermag jemals» geschrieben; als er 1684 diese Äußerung zu «kein Dichter vor ihnen» umschrieb, verdeutlichte er ihre Überlegenheit gegenüber Shakespeare und ihre neue Entwicklung einer Form, die Dryden und seine Generation unbedingt für sich anstrebten.

Stücken einen geringeren Wert bei als denen John Fletchers – und auch denen Ben Jonsons.

Verglichen mit Shakespeares, wurden Jonsons Stücke öfter erwähnt, öfter zitiert und öfter gelobt. Geht man von zeitgenössischen Erwähnungen aus, dann schätzte die literarische Intelligenz sechs von Jonsons Komödien und Tragödien sowie seine Gedichte und Maskenspiele höher als jeden Text Shakespeares. Gemäß solcher Kriterien war Shakespeares berühmtestes Werk *Der Sturm*, das seine herausragende Stellung fast gänzlich der Dryden/Davenant-Adaption verdankte.[42] Doch wie James Joyce in unserem Jahrhundert war Ben Jonson in seinem Jahrhundert der Liebling der kulturellen Elite, nicht der des allgemeinen Publikums; Fletcher und Shakespeare übertreffen beide Jonson, was die Zahl der Produktionen und Ausgaben ihrer Werke betrifft, und dies mißt die öffentliche Gunst in der gleichen Weise, wie ihre Erwähnung die Wertschätzung der Kritiker mißt.[43] So verkündete Aphra Behn: «Wir alle wissen gut, daß die unsterblichen Shakespeare-Stücke... der Welt besser gefallen haben als Jonsons Werke.»[44]

Die erste Saison 1660 gibt Aufschluß darüber, welche der Shakespeare-Stücke nun am meisten «der Welt gefallen» haben. Wenn wir *Perikles* als Sonderfall ausklammern, dann wählte das neue Repertoire vor allem drei Stücke aus: den ersten Teil von *Heinrich IV.*, *Die lustigen Weiber von Windsor* und den *Mohr von Venedig*. Alle drei sollten weiterhin kritisches Lob und Beifall ernten. Wenn wir Adaptionen ausklammern, dann wurden im 17. Jahrhundert *Othello, Der Mohr von Venedig* und der erste Teil von *König Heinrich VI.* häufiger zitiert oder erwähnt als jeder andere Text Shakespeares. John Downes ordnete sie zusammen mit *Julius Cäsar* dem «Bestand der wichtigen alten Stücke» zu und verzeichnete *Die lustigen Weiber von Windsor* unter den alten Stücken, die «der Stadt genügten»[45]. Seine Auflistung von *Cäsar* wird durch andere Belege bestätigt: *Cäsar* und *Othello* wurden von allen Shakespeare-Stücken am häufigsten wiederaufgelegt; laut so verschiedener Kritiker wie Thomas Rymer, Aphra Behn und Charles Gildon zählten sie zu den «erlesensten und am meisten gefeierten englischen Tragödien dieser letzten Epoche»[46]. Im Gegensatz zu den zwei Tragödien verdankten *Heinrich IV.* und *Die lustigen Weiber* ihren Ruf weitgehend Falstaff, dem berühmtesten und beliebtesten Geschöpf Shakespeares. Dryden bezeichnete ihn als «die beste der komischen Figuren»; die Rolle «erntete in Aufführungen unweigerlich Beifall»[47].

Von den vier beliebtesten Stücken gelangten drei fast unmittelbar nach der Wiedereröffnung der Theater auf die Bühne; offensichtlich schätzten die King's Men die Zuschauerwünsche richtig ein. Sie übersahen nur *Julius Cäsar*, das anscheinend erst ab 1669 zum Repertoire zählte. Diese Auslassung erklärt sich jedoch eher durch die aktuelle Politik als durch den Theatergeschmack. 1660 hätten Schauspieler und Zuschauer nicht so einfach einem Stück applaudiert, das die Ermordung Cäsars durch seine republikanischen Gegner schilderte.

Die Duke's Men unter Davenant konnten nicht mit Shakespeares sichersten Erfolgen beginnen; statt dessen mußten sie aus den Stücken Erfolge machen, die ihnen Ende 1660 überlassen worden waren. Downes zählte *Die Tragödie von Hamlet, Romeo und Julia, Was ihr wollt, König Heinrich VIII.* zu dem, «wie wir es nennen, Bestand der wichtigen Stücke» der ersten fünf Jahre der Truppe. Ihrem Repertoire von Schlagern fügte die Truppe später Davenants Adaption von *Die Tragödie von Macbeth* hinzu, die «die Ausgaben doppelt wieder einspielte» und 1708 «immer noch ein geschätztes Stück» war, sowie Shadwells Opernbearbeitung der Davenant-Drydenschen Bearbeitung vom *Sturm*, die so «bewundernswert gut aufgeführt wurde, daß keine nachfolgende Oper mehr Geld einbrachte».

Solche historischen Belege des Restaurationsgeschmacks werden aus subjektiverer Sicht bestätigt durch das Zeugnis eines einzigen erfahrenen Theaterbesuchers. Bei etwa 350 Theaterbesuchen zwischen 1660 und 1669 wohnte Samuel Pepys nur 15 Aufführungen von Shakespeare-Stücken bei und weiteren 27 Aufführungen von mehr oder weniger stark umgearbeiteten Shakespeare-Adaptionen. Im Vergleich dazu besuchte er 76 Aufführungen von Beaumont- und Fletcher-Stücken, nur eine Handvoll davon in adaptierter Fassung. Von den auf Shakespeare zurückgehenden Stücken schätzte er besonders Davenants Adaption von *Macbeth* (die er neunmal sah) sowie Davenants und Drydens Adaption vom *Sturm* (achtmal). *Hamlet*, von Davenant weniger stark verändert, sah er fünfmal mit anhaltendem Vergnügen. Ebenso sah er *Heinrich IV.* fünfmal, größtenteils jedoch mit wenig Begeisterung; bei zwei Besuchen blieb er noch nicht einmal bis zum Ende. Die Vorrangstellung von Davenants Truppe und seinen adaptierten Stücken ist nicht zu übersehen. Pepys jedenfalls genoß seinen Shakespeare nicht gerne pur.

Im späten 17. Jahrhundert wurde Shakespeare am meisten bewundert für den *Mohr von Venedig, Julius Cäsar,* den ersten Teil von *Heinrich IV., Die lustigen Weiber, Romeo und Julia, Was ihr wollt* (für kurze

Zeit), *König Heinrich VIII., Macbeth* und den *Sturm.* Diese Liste der beliebtesten Stücke stimmt überraschend genau mit dem allgemeinen Urteil späterer Epochen überein. Sie enthält außer *König Lear* sämtliche der berühmtesten Tragödien, sie erkennt die Großartigkeit der Figur Falstaffs an, und von den Komödien gibt sie *Was ihr wollt* (vorübergehend) und dem *Sturm* (in stark veränderter Fassung) den Vorzug. Eigenwillig wirkt höchstens ihre Hervorhebung der *Lustigen Weiber von Windsor* und von *König Heinrich VIII.* Aber damals wie in späteren Epochen verdankte das letztere von beiden seinen Erfolg überwiegend dem publikumswirksamen Spektakel. Die Kritiker schätzten das Stück weniger; wie Shakespeares andere Historienstücke schien es unzusammenhängend und episodenhaft. Im Gegensatz dazu applaudierten damals Kritiker und Theaterpublikum den *Lustigen Weibern von Windsor* mehr als in jeder anderen Epoche. Es entsprach ungewöhnlich genau den Regeln der Restaurationszeit für eine Komödie: Dryden pries es zweimal als Shakespeares «regelmäßigstes» und «am genauesten gestaltetes» Stück, denn es folgte der zeitgenössischen Vorliebe der Kritiker für die klassische Einheit von Zeit, Ort und Handlung.[49] Mit seiner Anhäufung von leicht erkennbaren exzentrischen Charakteren kam es mehr als alles andere im Shakespeare-Kanon der während der Restauration so geschätzten Komödie von Jonson gleich.

Das Publikum der Restaurationszeit hatte nicht viel übrig für Shakespeares unzusammenhängende Historien oder sentimentale, romantische Komödien, und es mochte Shakespeare genauso oft lieber à la Davenant (bzw. Dryden oder Tate oder sonst wer) wie *au naturel.* So schrieb Dryden in seinem Prolog zur Adaption vom *Sturm*: «Shakespeares Macht ist so heilig wie die eines Königs»[50], doch selbst in England stand der König nicht über dem Gesetz. Wie andere verkündete Dryden in auffälliger Manier die Souveränität des Königs, während er diese in der Praxis auf die Grenzen beschränkte, die der nationale Konsens gesetzt hatte.

Kommt lesend

Die ersten Aufführungen 1660 bilden insofern ein Muster, das der Rest des Jahrhunderts bestätigt, als die wiederholte Darbietung auf dem Theater zwangsläufig die Nachfrage nach Leseausgaben stimulierte. Unmittelbar nach dem Wiederbeginn von Theatervorstellungen kursierten neun Raubdruckausgaben der Beaumont- und Fletcher-Stücke auf dem Markt – ein untrügliches Zeichen der kommerziellen Vitalität der Stücke.[51] In den vier Jahrzehnten zwischen der Restauration und dem Ende des Jahrhunderts wurden über 30 Ausgaben von einzelnen Beaumont- und Fletcher-Stücken veröffentlicht.

Shakespeare war für Raubdrucke offenbar nicht populär genug, nach einer Pause von 31 Jahren erschien aber 1663 ein weiterer Nachdruck seiner gesammelten Werke. Eine zweite Auflage dieser Ausgabe aus dem Jahr 1664 verkündete auf der Titelseite, daß «dieser Druck um sieben Stücke ergänzt wurde, die noch nie in einer Folio-Ausgabe erschienen sind». Diese sieben Stücke, die nun den ursprünglichen, 1623 zusammengetragenen 36 hinzugefügt wurden, waren *Perikles, Locrine, The First Part of Sir John Oldcastle, Thomas Lord Cromwell, The London Prodigal, The Puritan* und *A Yorkshire Tragedy*. Davon dürfte dem modernen Leser nur *Perikles* bekannt sein, denn es ist als einziges in moderne Ausgaben übernommen worden. Früher in diesem Jahrhundert wurden jedoch auf den Titelseiten und Buchhandelsverzeichnissen veröffentlichter Stücke diese sieben Dramen Shakespeare zugeschrieben. Und die Leser der Restaurationszeit behandelten sie überwiegend nicht anders als die bekannten 36.

Keines der Stücke, die in dieser Epoche den Shakespeare-Kanon erweiterten, kann dem Ruf des Autors zuträglich gewesen sein. Mehrere davon sind nach Maßstab jeder Epoche mangelhaft; keines dürfte dem Geschmack der Restaurationszeit entsprochen haben. *Die beiden edlen Vettern* (1634 als Gemeinschaftsproduktion Shakespeares und Fletchers veröffentlicht) ist in dramatischer und stilistischer Hinsicht gelungener als die anderen, doch 1679 erschien es in der Beaumont und Fletcher-Werkauswahl, und von da an fehlte es drei Jahrhunderte lang in den Shakespeare-Ausgaben. *Perikles*, das weiterhin Shakespeare zugeschrieben wurde, blieb nur als Text von verblüffender Holprigkeit erhalten. Insgesamt stärkten die hinzugefügten Stücke zwangsläufig den Eindruck, daß sein Lebenswerk ein einziges Durcheinander war, eine Ansammlung ‹unverdauter› Stücke, in denen sich Genie und Dummheit aufs Geratewohl mischten.

Die Leser der Restaurationszeit konnten *Heinrich IV.* nicht von *Sir John Oldcastle, The London Prodigal* nicht von *Ende gut, alles gut* unterscheiden. Sie besaßen keine Karte, die ihnen hätte helfen können, das topographische Feld von Shakespeares Einbildungskraft zu erschließen. Ihre Werkausgaben unterschieden weder zwischen echten und falschen Stücken noch zeigten sie Shakespeares Anteil an dramatischen Gemeinschaftsproduktionen oder verzeichneten gar, welche Stücke in Gemeinschaftsarbeit entstanden waren. Die Ausgaben des 17. Jahrhunderts gaben keine Entstehungsdaten an und nahmen dem Leser damit die Möglichkeit, eine Entwicklung von Shakespeares Lehrjahren zur künstlerischen Reife zu erkennen. Dryden war – fälschlicherweise, wie wir heute wissen – der Meinung, daß sowohl *Troilus und Cressida* als auch *Perikles* zu Shakespeares frühesten Werken zählten.[52]

Die erweiterte Werkausgabe von 1664 wurde 1685 nachgedruckt; was das Aussehen betrifft, konnte sich der elegante und lesbare Band durchaus messen mit den besten Produkten der Buchdruckkunst auf dem europäischen Kontinent oder der englischen Buchfertigung des 18. Jahrhunderts. Von den Dramatikern der Zeit vor der Restauration wurden im späten 17. Jahrhundert nur Shakespeare, Beaumont und Fletcher sowie Jonson mit einer Folio-Ausgabe ihrer Werke geehrt. Solche Ausgaben bezeugen das kulturelle Prestige dieser Dramatiker; dieses kulturelle Prestige jedoch folgte wiederum teilweise aus der Veröffentlichung von Werkausgaben in der ersten Hälfte des Jahrhunderts. Die Stücke von Marlowe, Middleton, Dekker, Heywood, Chapman, Webster, Massinger und Ford existierten noch nicht in gesammelter Form; ihre Produkte waren deshalb verstreut in längst nicht mehr erhältlichen Einzelausgaben, oft ohne Angabe des Autors. Selbst wer nicht alle Stücke von Shakespeare, Fletcher oder Jonson las, konnte doch allein aus dem Inhaltsverzeichnis der Folio-Ausgaben im 17. Jahrhundert die Breite und Vielfalt ihres Werks ersehen; dagegen hatte der Leser nicht die leiseste Ahnung von Marlowes Fähigkeiten und weder Anreiz noch die Möglichkeit, sich die verschiedenen Ausprägungen der künstlerischen Vielfalt Middletons zu erschließen und sie zu vergleichen.

Obwohl die Existenz von Werkausgaben entscheidend dazu beitrug, den Ruf eines Autors zu begründen und aufrechtzuerhalten, konnte sich doch nicht jeder eine teure Folio-Ausgabe von Shakespeare leisten. Über den öffentlichen Geschmack und den Einfluß des Theaters sagten die kleineren, billigeren Quarto-Ausgaben von einzelnen Stücken mehr aus: *Othello* (1681, 1687, 1695, 1705), *Julius Cäsar* (sechs Ausgaben zwischen 1684 und 1691) und *Heinrich IV*. Diese Ausgaben gaben, so behaupteten sie, den Text wieder ‹wie er jetzt gespielt wird› an einem der zeitgenössischen Theater. Historiker bezeichnen sie in der Regel als die ‹Schauspieler-Quartos›. Von anderen Ausgaben dieser

Epoche unterscheiden sie sich nur insofern, als ihre Textfassungen relativ wenige Adaptionen durchlaufen haben. Einem zeitgenössischen potentiellen Kunden in einer Buchhandlung jedoch, der sie nicht mit den früheren Ausgaben des 17. Jahrhunderts verglich, wäre bei der *Othello*-Ausgabe von 1681 kein großer Unterschied aufgefallen zur *Hamlet*-Ausgabe von 1676 (in der Bearbeitung von Davenant), obwohl diese stärker umgestaltet und gekürzt worden war, oder zur *Macbeth*-Ausgabe (in der Bearbeitung von Davenant) von 1674, die tiefgreifende Änderungen aufwies. Keine der Adaptionen verzeichnet Davenants Name.

Andere Bearbeiter zeigten ihre Mitwirkung an, aber in der Regel unterschieden sie nicht zwischen den Dialogen Shakespeares und ihren eigenen Zusätzen und Änderungen. Wenn die Leser nicht im Besitz einer Folio-Ausgabe waren und die ursprünglichen Texte ungewöhnlich gut kannten, konnten sie kaum oder gar nicht wissen, was von Shakespeare war und was nicht. In der Annahme, es wären Shakespeares eigene, zitierten viele Autoren des 18. Jahrhunderts Passagen, die tatsächlich von Davenant oder anderen Bearbeitern stammten. [53] Als David Garrick 1744 ankündigte, er werde *Macbeth* wieder in der Form auf die Bühne bringen, «wie Shakespeare es ursprünglich geschrieben hat», entgegnete James Quin, ein älterer, an die Davenant-Adaptionen gewöhnter Konkurrent: «Was meint er damit? Spiele ich *Macbeth* nicht, wie Shakespeare es geschrieben hat?» [54] In dieser Hinsicht verwischten Quarto-Ausgaben ebenso wie ihre Folio-Pendants zunehmend die Unterscheidung zwischen ‹Shakespeare› und einem ‹Pseudo-Shakespeare›. Doch dieses Merkmal der gedruckten Ausgaben hatte, genau wie schon die Nachfrage nach ihnen, seinen Ursprung im Theater. Bei der Restaurierung des Ansehens von Shakespeare folgten die Verleger den Schauspielern; die Schauspieler führten an.

Der Kritiker tritt auf,
unzufrieden

Nach den Schauspielern und Verlegern, nach den Verlegern die Kritiker: Die englische Theaterkritik ist von Beginn an gekennzeichnet durch ihre eigene Verspätung, ihre Nach-Faktizität. Die großen Worte der französischen Kritik gingen einher mit den großen Werken des französischen Dramas oder gingen ihnen voraus, aber noch ein halbes

Jahrhundert nach Shakespeares Tod existierte keine bedeutende bzw. längere englische Dramakritik. Die englische Kritik hinkte nicht nur dem englischen Drama, sondern auch der französischen Kritik hinterher. Thomas Rymer, der erste englische Berufskritiker, begann 1674 seine Karriere mit einer Übersetzung von René Rapins *Réflexions sur la Poétique*. Vom Erfolg seiner Übersetzung ermutigt, veröffentlichte Rymer 1677 seine eigene kritische Studie, *The Tragedies of the Last Age*, in der er vor allem drei Stücke von Beaumont und Fletcher aufs Korn nahm. 16 Jahre später machte er schließlich in *A Short View of Tragedy* Shakespeare zur Zielscheibe seiner Kritik.

Was Rymer unter anderem mißfiel, war Shakespeares sprachliche Extravaganz. Das *Othello*-Zitat

> Oh, furchtbare Stunde!
> Nun, dächt' ich, müßt' ein groß Verfinstern sein
> An Sonn' und Mond, und die erschreckte Erde
> Sich auftun vor Entsetzen[55]

kommentierte er sarkastisch: «Es wäre unhöflich, Flamstead zu fragen, ob Sonne und Mond beide zusammen überhaupt zu irgendeiner Stunde so verfinstert sein können. Ebensowenig dürften die Zuschauer des Gresham College fragen, ob ein Körper natürlicherweise erschreckt ist, bis er sich wieder auftut.»* Ähnlich fragte er rhetorisch, als er das «schwülstige Gerede» von Cassius in *Julius Cäsar* monierte, was «Sir Will. Petty»** von solcher «Verzückung» halten würde.[56]

Rymers Anspielungen auf zeitgenössische Naturwissenschaftler innerhalb seiner textbezogenen Kritik bestimmter Passagen von Shakespeare-Stücken führt uns noch einmal vor Augen, daß die englische literaturkritische Prosa erst nach der naturwissenschaftlichen Revolution in der Mitte des 17. Jahrhunderts einsetzt. Die Royal Society, Englands erste offizielle naturwissenschaftliche Institution, veranstaltete ihre Gründungsversammlung sechs Monate nach der Einsetzung von Karl II.; Rymer gehört zur Epoche von Isaac Newton, Robert Boyle

---

* John Flamstead wurde 1675 zum ersten königlichen Astronom ernannt; im Gresham College war die Royal Society, die Königlich Britische Akademie der Naturwissenschaften, beheimatet.
** William Petty, ein Gründer der Royal Society, war experimenteller Naturwissenschaftler, Mathematiker und Sprachreformer, der ein «Dictionary of Sensible Words» zusammenstellen wollte.

und Robert Hooke. Für die naturwissenschaftlichen Genies des 17. Jahrhunderts spielte Shakespeare keine Rolle. An keiner Stelle findet er Erwähnung in den umfangreichen privaten und beruflichen Papieren von Newton oder Boyle oder in den 13 Bänden von Henry Oldenburgs Korrespondenz als Sekretär der Royal Society; um ein Haar taucht er in Hookes Tagebuch auf – «Heute *Sturm* gesehen. 3 Schilling bezahlt» –, doch der Preis der Theaterkarte verdrängt jeglichen Hinweis auf den Autor des *Sturms*, den Hooke in jedem Fall in einer vollkommen umgestalteten Opernfassung sah.[57] Shakespeare war noch nicht zu einem festen Bestandteil des geistigen Rüstzeugs eines jeden gebildeten Engländers geworden.

Obgleich die Naturwissenschaftler der Restaurationszeit keine Zeit auf Shakespeare verschwendeten, faszinierte und frustrierte sie doch das Wesen der Sprache. Am 7. Dezember 1664 gründete die Royal Society ein Komitee zur «Verbesserung der englischen Sprache», zu dessen Mitgliedern die Dichter Abraham Cowley, Edmund Waller und John Dryden zählten. In seiner *History of the Royal Society* zollte Thomas Sprat 1667 der Gesellschaft Beifall für ihren «unbeirrbaren Entschluß, allen Übertreibungen, Abschweifungen und Aufblähungen des Stils eine Absage zu erteilen» und statt dessen eine «mathematische Schlichtheit» zu befürworten.[58] Die größten englischen Philosophen des Jahrhunderts, Thomas Hobbes und John Locke, erwähnen Shakespeare mit keinem Wort, sie ringen jedoch mit dem trügerischen Wesen der Sprache. Hobbes widmet zwei Kapitel seines 1651 veröffentlichten *Leviathan* einer Kritik des Stils, besonders dem «Gebrauch von Metaphern und bildlichen Ausdrücken an Stelle eigentlicher Wörter»[59], und eines der vier Bücher von John Lockes *Essay Concerning Human Understanding* (1689) plagt sich ausgiebig mit den heiklen Eigenschaften «von Worten».

Sprat unterrichtet den Leser, die Royal Society gebe «der Sprache von Handwerkern, Bauern und Kaufmännern den Vorzug gegenüber der von geistreichen oder gelehrten Männern»[60]. Wie ein Kaufmann solle man sprechen, wenn man Erscheinungen der Natur schildere; «in einem Stück sollte man wie ein Geschäftsmann sprechen», hieß es bei Rymer. In *Othello* wird der Soldat Cassio in einem zyprischen Hafen nach der Ankunft eines Schiffes befragt; er antwortet darauf:

Die Stürme selbst, die Strömung, wilde Wetter,
Gezackte Klippen, aufgehäufter Sand –
Unschuld'gen Kiel zu fährden leicht verhüllt –,
Als hätten sie für Schönheit Sinn, vergaßen
Ihr tödlich Amt und ließen ungekränkt
Die holde Desdemona durch.[61]

Rymer zitiert dies, um dann abschätzig zu fragen: «Ist dies die Sprache der Börse oder des Versicherungsbüros?» Wie Sprat und der neue Empirismus, dessen Position er vertritt, verlangt Rymer einen Dialekt der Praxis, das Idiom eines Unternehmers: Geschäftsenglisch oder zumindest geschäftsähnliches Englisch. Bei Shakespeare findet er das nicht.

Was er findet, ist genau der Stil, den Sprat und andere Reformer kritisierten. Klagen über den «Luxus und die Überfülle der Sprache» und Kritik an der «verwerflichen Weitschweifigkeit im Ausdruck, diesem Blendwerk von Metaphern, dieser Fertigkeit der Zunge, die so viel Getöse in der Welt macht»[62], ließen sich bei beiden und vielen anderen zitieren. Zu Shakespeares Lebzeiten wurden Autoren am meisten für ihren Wortreichtum bewundert, für ihre Fähigkeit, die gleiche Aussage auf viele Weisen umzuformulieren: schnell zu vervielfältigen, am stärksten auszudehnen.

In *Venus und Adonis*, seinem ersten veröffentlichten Werk, benötigte Shakespeare 1194 Verse, um die gleiche Geschichte zu erzählen, für die Ovid 75 benötigt hatte. Diese erbarmungslose Weitschweifigkeit ärgert Rymer schlicht. Als Othello sich an den Venezianischen Senat wendet – «Erw'ürd'ger, mächt'ger und erlauchter Rat» –, und das 19 Zeilen lang, erinnert Rymer mit knappen Worten: «All das ist nur Präambel, um dem Hof zu sagen, daß er das Wort ergreifen möchte.»[63] Auch Brabantios «Sprache fließt weitschweifend»; «kein Butterweib könnte geschwätziger sein». An solchen Stellen gleite Shakespeare von einem pragmatischen, disziplinierten bürgerlichen Englisch in des unkontrollierbare Geschnatter der niederen Schichten ab. Desdemona spricht wie «jedes beliebige Stubenmädchen», Brabantio wird des «Gepöbels einer Schurkensprache» bezichtigt; die Sprache des Stücks könnte höchstens einer Bartholomäusposse genügen oder einer Aufführung auf dem Southwark-Jahrmarkt, wo vor Analphabeten im Jahrmarktgedränge derbe Unterhaltung geboten wurde. Für Rymer ist es nur noch ein kurzer Schritt von der untersten Stufe der Menschheit zur Stufe des ‹sprachlichen› Ausdrucksvermögens von

Tieren: «Im Wiehern eines Pferdes oder im Knurren einer Dogge ist eine Bedeutung, ein lebendiger Ausdruck und, so kann man sagen, um vieles mehr Menschlichkeit als in den tragischen, eloquenten Höhenflügen Shakespeares.»[64]

Wenn der Sprachreformer William Petty wie Rymer von einem «Wort-Gepöbel» schreibt[65], dann verknüpft er bewußt stilistische Unordnung mit einem lärmenden Pöbel. Für die Kritiker der Restaurationszeit ruft ein lärmender Pöbel zwangsläufig Erinnerungen an die puritanische Revolution und das Commonwealth wach. Für «das Abweichen von der Staatskirche christlicher Prinzen, den Mangel an Religionsausübung und dergleichen» macht Sprat den zweideutigen, unklaren und extravaganten Mißbrauch von Sprache verantwortlich, und er wendet sich gegen die «vielen phantastischen Begriffe, die von unseren religiösen Sekten eingeführt wurden» während «unserer letzten Bürgerkriege»[66]. Ähnlich vergleicht Rymer in seiner Beschreibung von *Julius Cäsar* die lauten, exzessiven Teile der dramatischen Handlung mit der Handlungsweise von puritanischen Regimentern:

«Donner und Blitz, Geschrei und Gefecht und Aufruhr durchs ganze Stück mögen das Publikum durchaus wachhalten; ansonsten wäre keine Predigt ein solch starkes Opiat. Doch seit dem denkwürdigen Geschehen von den Putney Pikes, der Hammersmith Brigade und den Chelsey Cuirassiers könnte man denken, daß man sich in einer bescheidenen Nation nicht mehr herausnehmen würde, noch einmal ein Gefecht auf eine Bühne zu bringen...»[67]

Die Puritaner hatten für 18 Jahre die Theater geschlossen und Shakespeares Stücke verboten, doch aus der Perspektive der Restauration hatten Shakespeare und die Puritaner zwei Dinge gemein: Beide waren sie laut und ungesittet. Beide mischten Clowns unter die Gesellschaft von Königen. Der Streit über den Stil ließ sich nicht trennen vom Streit über Politik und Religion. Joseph Glanvill, der einflußreiche Apologet der anglikanischen Kirche und ebenfalls Mitglied der Royal Society, klagte darüber, daß in der Zeit des Interregnums jeder «Bauer und Handwerker» Predigten beurteilte und in der Folge

«die flachsten und wirrsten Prediger im allgemeinen die beliebtesten waren: und diejenigen, die am meisten mit Wortgeklingel und Getöne hermachten, mit Metaphern, vulgären Gleichnissen, mit wirren Ausdrücken und phantastischen Formulierungen, die auf gefälligen Vergleichen und schmelzenden Tönen beruhten, auf Lautheit und Heftigkeit; dies waren jetzt die einflußreichen und hochgeschätzten Männer, obwohl ihre Rede noch nie so belanglos und albern war.»[68]

Wie bei so vielen seiner bedeutenden Zeitgenossen deutet nichts bei Glanvill auf eine Lektüre von oder Beschäftigung mit Shakespeare, doch seine Kritik der ‹Begeisterung› der puritanischen Prediger ist Teil einer weitverbreiteten Ablehnung eines Stils, den Shakespeare mit diesen gemein hatte. Jemand, der keine Wortspiele mochte, keine Metaphern, vulgären Gleichnissen, phantastischen Formulierungen und kein übertriebenes Gefühl, konnte an Shakespeare keinen großen Gefallen finden.

Weil sie einen fehlgeschlagenen puritanischen Aufstand gegen Karl II. angeführt hatten, wurde Rymers Vater hingerichtet, der ältere Bruder ins Gefängnis geworfen; 1692, ungefähr zu der Zeit, als seine Shakespeare-Kritik erschien, avancierte Rymer selbst zum königlichen Geschichtsschreiber unter Wilhelm und Maria. Der Sohn eines puritanischen Aufständischen wurde zu einem Whig*-Historiker. Rymer betonte wiederholt, daß das Shakespeare-Drama auf die religiösen Schauspiele des Mittelalters zurückging, in denen «die Truppe, die die Leidensgeschichte Christi oder das Alte Testament spielte, aus Zimmermännern, Schustern und ungebildeten Gesellen bestand, die merkten, daß die Possen und die Narrheiten, die sie einbauten, den Pöbel anlockten... so daß dieser Handel ihnen Geld einbrachte.»

Wie jeder Puritaner ging er davon aus, daß die Leser entsetzt wären angesichts dieser Profanisierung oder angesichts des Bildes der Jungfrau Maria, die von einer «spreizbeinigen Magd» gespielt wurde, «mit Strohhut, wehender Schürze und großem Bauch», «mit ihrer Unbefleckten Empfängnis bis zum Kinn». Gleichzeitig jedoch beharrte er wie jeder Edelmann auf der käuflichen Ungebildetheit dieser gotteslästerlichen Bauerntölpel. Und «unser Shakespeare war zweifelsohne ein großer Meister dieses Handwerks. Diese Zimmermänner und Schuster wiesen ihm die Richtung. Und so ist es kein Wunder, daß es so viel Farce und apokryphen Stoff in seinen Tragödien gibt.» [69] Wie viele puritanische Kritiker vor und nach seiner Zeit klagte Rymer, daß «die Schau, das äußere Geschehen und die Aussprache die Beurteilung eines Stücks durch das Publikum gänzlich bestimmten»; die Szene, in der Jago Othello zum ersten Mal eifersüchtig macht, war zur «allerersten Szene geworden, zu der Szene, die Othello über alle anderen Tragödien auf unseren Theatern hob», lediglich aufgrund von «Mimik und

---

* Anm. d.Ü.: Die Partei der Whigs hielt Wilhelm für den legitimen König, im Unterschied dazu sahen die Tories in Wilhelm nur einen Statthalter der Stuarts.

Mienen, von Grimassen, Grinsen und Gestikulation» der Schauspieler.[70]

Rymer ist ein Puritaner und ist es nicht; er verschreibt sich der neuen naturwissenschaftlichen Ethik und tut es auch wiederum nicht. Während Naturwissenschaftler damit beschäftigt sind, Aristoteles als Beobachter der natürlichen Welt zu stürzen, verteidigt Rymer seine Autorität als Beobachter der literarischen Welt. Doch Rymer übernimmt den Ton und überwiegend auch den Stil der neuen Naturwissenschaft. Wie die Royal Society greift er den Aberglauben an. Er reißt falsche Idole nieder (Fletcher, Shakespeare); er bittet seine Leser, sich nicht von den Gefühlen leiten, sich nicht von trügerischem Schein in die Irre führen und sich nicht von einem Schwall lauten, aber leeren Geredes überwältigen zu lassen; traditionelle Urteile weist er zurück und appelliert statt dessen an die Natur und die Vernunft. Seiner verspäteten Kritik verschafft er Autorität, indem er die Autorität einer bewunderten Vergangenheit zerstört. Schließlich, und das ist von allem das Wichtigste, wiederholt oder formuliert Rymer nicht einfach allgemeine Gesetze der Ästhetik, sondern analysiert das Besondere bestimmter Texte. Wie die ‹Experimental-Philosophen› seiner Zeit steckt er den Text unter das Mikroskop, betrachtet ihn im Detail und schildert das, was er sieht.

Dank einer solch genauen Untersuchung entdeckte Rymer als erster die peinliche Widersprüchlichkeit des zeitlichen Ablaufs in *Othello*. Shakespeare kann sich nicht entscheiden, ob «der zeitliche Umfang des Dritten Aktes einen Tag beträgt oder sieben Tage oder sieben Jahre oder alles zusammen»[71]. Sieht man sich die Hinweise auf den Verlauf der Zeit im Dialog genauer an, dann wird deutlich, daß Othello und Desdemona ihre Ehe in der ersten Nacht in Zypern vollziehen und daß er sie in der zweiten Nacht ermordet in dem Glauben, sie habe «wohl hundertmal» Ehebruch mit Cassio begangen. Mit dem Begriff ‹doppeltes Zeitschema› bekleiden moderne Kritiker diese Unmöglichkeit mit einem schöneren und neutralen Namen; tatsächlich läßt sich eine solche zweifache Zeit in den meisten Shakespeare-Stücken finden. Dieser Fehler wird am häufigsten damit entschuldigt, daß das Publikum ihn nie bemerkt; man kann ihn preisen – und in diesem Sinn habe ich das selbst getan – als Beleg für Shakespeares technischen Einfallsreichtum, mit dem er gleichzeitig die Plausibilität einer längeren Dauer und die Eindringlichkeit einer gedrängten Folge von Ereignissen nutzt. Doch Rymer hatte Recht, als er den durch diese Inkohärenzen entstehenden, radikalen Bruch entdeckte, eine Doppelung der Zeitebenen, die sich nicht wegsynthetisieren läßt. Unwirklichkeit ist in den Text eingeflochten; alle realistischen Deutungen verlieren sich früher oder später im Irrgarten angewandter Fiktion.

Rymer beanstandete außerdem, daß Desdemona sich nicht verhielt, wie es einer Venezianerin von Adel ziemte, und daß Jago sich nicht verhielt, wie es einem Soldaten ziemte. Es liegt nahe, eine solche Kritik mit dem Argument von der Hand zu weisen, Rymer habe eine unnötig beschränkte Vorstellung von menschlichem Verhalten besessen, oder er habe dem Drama eine ideologische Definition vom Verhalten bestimmter gesellschaftlicher Klassen auferlegen wollen.

Doch Rymers Einwand basiert auf der grundlegenden Annahme, daß jedes Publikum eine dramatische Figur zwangsläufig als Repräsentanten eines gesellschaftlichen Typus deutet; denn warum sollten wir uns für das Verhalten einer dramatischen Figur interessieren, wenn sie nicht irgendwie repräsentativ ist? Die Einwände gegen Shakespeares Stücke von seiten feministischer und marxistischer Kritiker im 20. Jahrhundert, ihre Einwände gegen *Othello* im besonderen oder jüdische Kritik am *Kaufmann von Venedig* fußen auf genau der Argumentation, deren Rymer sich im 17. Jahrhundert bediente: daß das Publikum Shylock als typischen Juden verstehen muß, Othello als typischen Schwarzen und Desdemona als typische Frau. Rymer wettert gegen Othello:

«Bei uns würde ein schwarzer Mohr vielleicht zum Trompeter aufsteigen; Shakespeare jedoch macht ihn zu nichts geringerem als einem Feldherr. Bei uns würde ein Mohr vielleicht ein kleines Flittchen heiraten oder eine Grus-Magd; Shakespeare gab ihm die Hand seiner Tochter und Erbin eines großen Edelmanns oder Staatsrats: Und die ganze Stadt sollte das für eine gute Partie halten.»[72]

Aus Rymers Sicht war Shakespeare nicht bigott genug; aus unserer war er zu bigott. Doch beide Sichtweisen erkennen an, daß man Rollen in einem Stück als Muster versteht, daß man Repräsentationen als repräsentativ versteht und daß man sie entsprechend kritisieren kann, wenn sie gesellschaftlich in die Irre führen.

Hamlet wird entdeckt

Sucht man ein einzelnes Beispiel für die Shakespeare-Wirkung in der Restauration, dann nehme man das Stück *Hamlet*: Davenant adaptierte, Betterton spielte, Pepys feierte und Dryden kritisierte es. Es zählte zu den Stücken, die Davenants Truppe im Dezember 1660 überlassen wurden; am 24. August 1661 ging Pepys «in die Oper, wo es *Hamlet, Prinz von Dänemark* gab, sehr gut». Nicht alle Zuschauer reagierten so. Am 26. November jenes Jahres notierte John Evelyn in einem weniger berühmten Tagebuch, er habe «eine Aufführung von *Hamlet, Prinz von Dänemark* gesehen; doch inzwischen fing dieses alte Stück an, diese kultivierte Zeit anzuekeln, da seine Majestät so lange im Ausland war»[73].

Bereits zu Beginn der Epoche war Shakespeare manchen altmodisch erschienen; an ihrem Ende erschien er anderen sittlich anstößig. In seinem heute unbekannten, damals einflußreichen *Short View of the Immorality, and Profaneness of the English Stage* von 1698 erwähnte Jeremy Collier *Hamlet* nur, um Shakespeares «lüsterne» und «unsinnige» Charakterisierung von Ophelia zu monieren: In ihrem Wahn singt die «Jungfrau Ophelia» obszöne Lieder, die «ihren Ruf beflecken», und «wie eine junge Katze ertränkt» Shakespeare «die Dame» danach grob.[74]

Zeitlich genau zwischen Evelyn und Collier, im Jahre 1679, zitiert John Dryden in seiner einzigen expliziten Anspielung auf das Stück eine Passage aus *Hamlet* als typischen Beleg für den Shakespeareschen Bombast. Er wählt zwei Ausschnitte aus der Szene, in der Hamlet die Truppe von umherstreifenden Schauspielern willkommen heißt; der erste besteht aus «einem Ausruf gegen Fortuna»[75]:

> Pfui, Metze du, Fortuna! All ihr Götter
> Im großen Rat, nehmt ihre Macht hinweg;
> Brecht alle Speichen, Felgen ihres Rades,
> Die runde Nabe rollt vom Himmelsberg
> Hinunter bis zur Hölle!

Der zweite beschreibt die «schlotterichte Königin» Hekuba von Troja, gerade nachdem ihr alter und wehrloser Gatte König «Priam vor ihren Augen getötet wurde»*:

---

* Anm. d. Ü.: Die von Dryden zitierte Ausgabe weicht von der heute etablierten Textfassung ab.

Wie barfuß sie umher lief und den Flammen
Mit Tränengüssen drohte; einen Lappen
Auf diesem Haupte, wo das Diadem
Vor kurzem stand; und an Gewandes Statt
Um die von Weh'n erschöpften magern Weichen
Ein Laken, in des Schreckens Hast ergriffen:
Wer das gesehen, mit gift'gem Schelten hätte
Der an Fortunen Hochverrat verübt.
Doch wenn die Götter selbst sie da gesehen
Als sie den Pyrrhus argen Hohn sah treiben,
Zerfetzen mit dem Schwert des Gatten Leib;
Der erste Ausbruch ihres Schreies hätte
(Ist ihnen Sterbliches nicht gänzlich fremd)
Des Himmels glüh'nde Augen taun gemacht
Und Götter Mitleid fühlen.[76]

Drydens Diskussion dieser Passage kann als typisch für diese Epoche
gelten. Er schreibt mit analytischem Vergnügen – und analytischer Genauigkeit und Intelligenz – über die Mängel des Textes als ein Stück
Poesie.

«Welch ein Gewirr herrscht hier, um unbedeutende Gedanken vorzubringen.
Würde man nicht denken, daß der Dichter für seinen ersten Schwall in der
Lehre bei einem Stellmacher war? Und im zweiten einem Lumpensammler
wegen des Lappens und des Lakens gefolgt war?»

Dichter, besonders diejenigen, die danach streben, Tragödien zu
schreiben, sollten nichts mit Stellmachern und Lumpensammlern zu
tun haben. So unverfroren wie Rymer bringt Dryden die Klassen-
vorurteile zum Ausdruck, die der Ästhetik der Restauration unterliegen.

«Fortuna ist auf ein Rad gemalt; und deshalb läßt der wütende Dichter allen
Teilen der Maschine poetische Gerechtigkeit widerfahren: Danach rollt er die
Nabe vom Himmelsberg hinunter in die Hölle (eine unwahrscheinlich lange
Strecke, sollte man denken); es ist nur gut, daß keine festen Himmelskörper
im Weg liegen und kein Element des Feuers, sie zu verzehren; aber als sie auf
der Erde ankam, mußte sie ungeheuer schwer gewesen sein, um den Boden
bis in ihr Innerstes hinein zu durchbohren.»

Dichtung muß wahrscheinlich sein; diese Passage ist ‹unwahrscheinlich›. Die Royal Society, der Dryden bald nach ihrer Gründung beige-
treten war, empfahl die öffentliche Durchführung von Experimenten,

damit so viele Mitglieder wie möglich die Ergebnisse mit eigenen Augen sehen konnten. Heute ist die Gültigkeit eines Experiments erst dann nachgewiesen, wenn es wiederholt werden kann; damals ließ sich die Gültigkeit bestätigen, indem man möglichst viele Beobachter ein einzelnes Ereignis verfolgen ließ. Ein Experiment galt als Bühnendemonstration der Naturgesetze, wobei der Experimenteur den Bühnendichter und die Royal Society das Publikum spielten. Wie auch Dryden selbst waren viele der Zuschauer durchaus keine Naturwissenschaftler, denn die Royal Society war keine Berufsorganisation. Statt dessen, so beklagten sich die strengen Experimentatoren, glich sie einem modischen Londoner Club, der jedermann offenstand, der nur genügend Neugierde besaß, genügend Geld, um die Mitgliedsgebühren zu zahlen, und genügend Eitelkeit, um sich von dem intellektuellen Prestige und der königlichen Schirmherrschaft anziehen zu lassen. Diese interessierten Zuschauer waren genau die Art Leute, die das Restaurationstheater frequentierten, und viele kamen zu den Treffen «nur wie zu einem Stück, um sich für eine Stunde oder so zu amüsieren» [77]. Evelyn und Pepys, die 1661 Aufführungen von *Hamlet* besuchten, gehörten zum Beispiel beide der Royal Society an. Wer ein Experiment und dann am folgenden Abend *Hamlet* sah, konnte Shakespeares Stück im Vergleich nur zu leicht als zweifelhafte, unlautere oder fehlgeschlagene Demonstration der Naturgesetze ansehen.

Solche Schwierigkeiten spüren moderne Leser in der von Dryden zitierten Passage meist nicht – doch nur deshalb nicht, weil wir die Kosmologie der Epoche Drydens (oder Shakespeares) nicht ernst nehmen. Wir finden diese Passage einfach deshalb nicht mehr schwierig, weil für uns ein Teil ihres kulturellen Kontextes verloren ist, ein Kontext, der Dryden noch zugänglich war. Wenn die Passage uns vernünftig erscheint, dann nicht, weil wir sie besser verstünden, sondern weil wir sie weniger verstehen.

«Daß er den glüh'nden Augen des Himmels Milch entlockte*, war ebenfalls eine beachtliche Leistung, und ich glaube, kein Mensch hat je Milch aus Augen gewonnen, doch um das Wunder noch größer zu machen, glühten diese Augen. Solch ein Anblick war tatsächlich genug, um der Götter Mitleid zu erregen, doch um das zu entschuldigen, erzählt er, daß sie es vielleicht nicht sahen.

* Anm. d. Ü.: Shakespeares «made milch the burning eyes of Heav'n...» übersetzen Schlegel/Tieck mit «taun»; vgl. S. 49.

Weise Männer fänden allzugern ein wenig Verstand hinter all diesen pompösen Worten; Bombast ist allgemein ein großes Vergnügen für das Publikum, das Poesie liebt, aber nicht versteht.»

Mit dieser Attacke auf «das Publikum» hat Dryden zwei Dinge gleichzeitig im Visier. Zum einen spielt er auf den weitverbreiteten Glauben an, daß viele Barbareien der Shakespeare-Stücke sich mit den Barbareien des damaligen Publikums erklären ließen; zum anderen bringt er aus der Perspektive eines arbeitenden Bühnendichters eine ebenso scharfe – und ebenso banale – Klage vor über den Gefallen an Prahlerei, der leider bei einem gewissen Anteil des Publikums der Restaurationszeit ausgemacht werden könne. Damit schafft er es, seinen Zeitgenossen in einem Satz zu schmeicheln und zugleich eine Rüge zu erteilen. (Schließlich war er der größte Satiriker des 17. Jahrhunderts.)

Doch was Dryden über «das Publikum» am Beginn und am Ende seines Jahrhunderts sagt, ließe sich ebensogut über das Publikum in unserem eigenen Jahrhundert sagen: «Bombast ist allgemein ein großes Vergnügen für das Publikum, das Poesie liebt, aber nicht versteht.» Wie heute jeder Schauspieler weiß, gibt es in jedem beliebigen Shakespeare-Stück Passagen, die einem beträchtlichen Teil jedes beliebigen Publikums unverständlich bleiben. Besonders zeitgenössische britische Schauspieler, die auf dem Theater mit Shakespeare groß werden und dabei mehr Zuschauer anziehen als alle anderen Schauspieler auf der Welt, sind oft belustigt über die Massen von scheinbar für Poesie wenig empfänglichen amerikanischen und japanischen Touristen, die während der Sommersaison gehorsam in die Theater strömen, voller achtungsvoller Verständnislosigkeit. Doch die Zuschauer bleiben nie aus; sie zahlen die Rechnungen, sie halten die Theater offen. Dieses moderne Publikum liebt Shakespeare, ohne daß es ihn immer versteht.

Auf sich allein gestellt, würden die meisten modernen Leser ihn ebensowenig verstehen. Shakespeare, so klagt Dryden, «verschleiert oft die Bedeutung seiner Worte und macht sie bisweilen unverständlich». Für die von Dryden zitierte Passage* bedürfte ein moderner Leser – zumindest gehen moderne Ausgaben davon aus – einer Anmerkung zu ‹nave› (‹Radnabe›), ‹mobbled› (‹verhüllt, gedämpft›), ‹bis-

---

* Anm. d. Ü.: Die Schlegel / Tieck-Übersetzung ist hier offensichtlich freier. In der Tat scheint auf die deutsche Übersetzung dieser Passage der oft gegen Schlegel / Tieck erhobene Vorwurf der ‹Glättung› zuzutreffen.

son› (‹blind› oder ‹fast blind›), ‹rheum› (‹Körperausfluß›, hier ‹Tränen›), ‹o’re-teemed› (‹von Geburten erschöpft›), ‹milch› (‹Milchgebend›) und ‹passion› (‹überwältigende Trauer›). Um die Passage ganz zu verstehen, bedürfen wir außerdem einer Erläuterung oder Erinnerung, daß Fortuna eine allegorische Göttin war, in der Renaissance oft als Hure versinnbildlicht, ein Rad haltend oder auf einem Rad stehend. Die Zeile über Hekubas von Geburten erschöpfte Lenden ergibt nur dann einen Sinn, wenn wir wissen, daß Priam 50 Söhne hatte; Shakespeare hat vielleicht nicht angenommen, daß Hekuba davon alle geboren hatte, doch selbst wenn er oder sein Publikum gewissenhaft nach der Zahl ihrer Sprößlinge gefragt hätte, man hätte ihr kaum weniger als 20 zugeschrieben. Wenn überhaupt, dann verstehen wir Shakespeare nur dank der jahrhundertelangen Arbeit der Kommentatoren. Dryden und seine Zeitgenossen mußten, so gut es ging, den Sinn von Shakespeares schwerer und veralteter Sprache ergründen, und das ohne die Hilfe von Erläuterungen; abgesehen davon mußten sie den Sinn von Texten ergründen, die nachlässige Nachdrucke über Jahrzehnte verdorben hatten. In der von Dryden zitierten Textstelle waren ‹fellies› (‹Felgen›) zu unsinnigen ‹falleys› und ‹move› (‹bewegen›, ‹anrühren›) zu einem verwirrenden ‹meant› (‹bedeutet›) geworden.*

Dryden analysiert diese Passage auf charakteristisch zweideutige Weise. Einerseits nimmt er eine kaltblütige kritische Autopsie vor, indem er die Rede als totes Stück Poesie behandelt, deren Leiche er zerlegen muß, um zu zeigen, wie krank sie war. Andererseits gibt er vor, Shakespeare durchaus nicht zu verurteilen. Da er sich «gezwungen fühlt, ein Beispiel zu nennen», was die von ihm kritisierten Mängel betrifft, erläutert er:

«...damit ich es mit Achtung vor Shakespeare tun kann, werde ich nichts von ihm nehmen: Es ist ein Ausruf gegen Fortuna, zitiert nach seinem Hamlet, doch von einem anderen geschrieben.»

Dryden zitiert Hamlet, behauptet jedoch, er zitiere nicht «Shakespeare». Doch Hamlet bittet die Wanderschauspieler, eine Rede aus «ein[em] vortreffliche[n] Stück», das er einst gesehen hat, aufzuführen; im Handlungszusammenhang weist sich die von Dryden zitierte

---

* Anm. d. Ü.: Die deutsche Übersetzung von ‹move› lautet schwächer: ‹nicht gänzlich fremd sein› – «Ist ihnen Sterbliches nicht gänzlich fremd».

Passage aus als Zitat aus einem anderen Text. Shakespeare ‹zitierte› in seinen Stücken manchmal Lieder aus der Feder anderer; manchmal gab er kaum oder nicht veränderte Ausschnitte aus seinen historischen Quellen von sich; *Hamlet* selbst basierte auf einem gleichnamigen verlorengegangenen Stück, das wahrscheinlich von Thomas Kyd stammte.[78] Wir können einfach nicht davon ausgehen, daß Shakespeare uns täuschte, wenn er behauptete, er habe die Rede einem anderen Stück entnommen.

Obgleich Drydens Skeptizismus, was die Autorenschaft betrifft, lobenswert ist, ist doch seine Auswahl dieser Passage in anderer Hinsicht unaufrichtig. Der erste Teil des Absatzes, der zu diesem Zitat und der Analyse hinführt, ist ganz Shakespeare gewidmet; Dryden endet die Analyse von *Hamlet* mitten im Absatz: Er bricht mit einem Zugeständnis ab – «Doch Shakespeare [schreibt] nicht oft solchen [Bombast]» –, um dann mit einer Besprechung von *Julius Cäsar* fortzufahren. Das «Doch Shakespeare», auf schlaue Weise zweideutig gehalten, kann man entweder als Gegensatz zu dem anonymen Verfasser der kritisierten Passage verstehen oder aber als Zugeständnis, daß Shakespeare sonst nicht so schlecht schrieb. Außerdem steht diese Diskussion in Drydens Vorwort zu seiner eigenen Adaption von *Troilus und Cressida*, das sich von allen Shakespeare-Stücken am meisten hervortut durch die gewundene Künstlichkeit seines «aufgeblasenen, gebauschten Stils». Als Dryden Shakespeares gelegentliche Schwäche für eine übertriebene Sprache beklagte, arbeitete er und dachte (auch im Hinblick auf seine Leser) an *Troilus und Cressida*.

Dryden spricht von «HAMLET», meint aber *Troilus und Cressida*; er kritisiert Shakespeare, behauptet aber, daß er jemand anders kritisiert. Mit dem, was er tut, verwirft er seinen großen Vorgänger, dabei bekunden seine Worte «Achtung»; er preist Shakespeare, imitiert aber Fletcher. Solche Abwehr kennzeichnet die ganze Epoche. Manche Leser haben daraus gefolgert, daß die Kritik Drydens konventionell, sein Lob aber ehrlich war; andere schließen daraus, daß sein Lob heuchlerisch, sein negatives Urteil aber echt war. Ich vermute eher, daß eine ehrliche Bewunderung mit einer ehrlichen Verachtung Hand in Hand ging und daß diese beiden Meinungen sich gegenseitig bis an Drydens Lebensende behinderten. 1668 konnte Dryden «Ich liebe Shakespeare»[79] sagen und das tatsächlich meinen – so wie ein Jugendlicher auf abstrakte Weise ehrlich «Ich liebe meine Eltern» sagen und sie doch zugleich die meiste Zeit hassen kann. Es war Dryden, der gerne glauben wollte und andere glauben ließ, daß er Shakespeares Bastard war; aber Dryden war es auch, der sich wie ein Sohn – oder vielmehr eine Waise – benahm, wie ein postumes Kind ungewisser Vaterschaft, das sich beständig am Bilde des toten Vaters maß, der seine Legitimität an seinem Erfolg prüfte, der sich selbst als mangelhaft befand, ‹Achtung› bekundete und gleichzeitig um eine Form von Unabhängigkeit rang, der haßte, was er liebte, und sich selbst dafür haßte.

Unmittelbar nach dem Vorwort zu *Troilus und Cressida* steht Drydens Prolog zu seiner eigenen Adaption, gesprochen vom «schrecklichen Geist» Shakespeares selbst, der fragte:

Nun, wo sind die Erben meines Namens?
Was bringen sie, des Dichters Ruhm zu füllen?
Schwache, kurzlebige Söhne einer armen Zeit,
kaum die Bühnenweih' haben sie erlebt.

Thomas Betterton, der den Prolog sprach, war vor allem für seine Hamlet-Interpretation berühmt; Hamlet erschien seines Vaters Geist, wie nun dem Bühnenstück Drydens der Geist Shakespeares erscheint; Shakespeares Stück geht Drydens voraus, empfiehlt und verurteilt es gleichzeitig.

Diese lähmende und zugleich schöpferische zwiespältige Verpflichtung war keine persönliche Marotte von Dryden oder gar eine universelle Konstante der Psyche eines Künstlers. Sein Ursprung lag in der unvermittelten Wiederaufnahme des Theaterlebens im Jahr 1660, das notwendigerweise über Nacht ein Repertoire der besten Stücke aus der früheren Epoche etablierte, einen Kanon, der die Theater beherrschte, in denen Dryden und die anderen jungen Bühnenautoren versuchten, einen Platz und eine Identität für sich zu finden. Dryden, der erste Dichter und Kritiker seiner Generation, verstand, erkannte und formulierte die Situation schlicht besser als jeder andere:

«Aber es weckt den Neid der Lebenden, sie mit den Toten zu vergleichen. (Ben Jonson, Fletcher und Shakespeare) werden von uns angebetet und bewundert, wie sie es verdienen... Gewähren Sie mir, so viel zu sagen, ohne ihrer Asche Unrecht zu tun, daß wir nicht nur niemals an sie heranreichen werden, sondern daß auch sie niemals an sich selbst heranreichen würden, lebten und schrieben sie noch einmal. Wir erkennen sie als unsere geistigen Väter an, aber der Boden war verdorben, bevor er in die Hände der Kinder überging.»[80]

Bereits 1668 wußte Dryden, daß er und seine Zeitgenossen gezwungen waren, «entweder überhaupt nicht zu schreiben oder einen anderen Weg zu beschreiten». In seinem Prolog zu *Aureng-Zebe* gesteht er 18 Jahre später:

> Doch trotz seines Stolzes, eine geheime Scham
> dringt in seine Brust bei Shakespeares heiligem Namen:
> Voller Ehrfurcht, wenn er seine göttergleichen Römer wüten hört –
> dann verließ er in gerechter Verzweiflung die Bühne.

Durch eine kleine Verschiebung war Shakespeare der Vater zum Gottvater geworden. Immer häufiger erhält Shakespeare die Attribute «Unsterblich», «Gottähnlich» und «Göttlich».[81]

Jener geistige Trend in der Restauration, der Shakespeare als künstlerischen Gott pries, konnte *Hamlet* kaum so unfeierlich verunglimpfen wie Evelyn oder Collier oder sich in den emotionalen Doppeldeutigkeiten Drydens verheddern. 1695 fochten die beiden Londoner Theatertruppen einen besonders bitteren Konkurrenzkampf, indem sie einander mit *Hamlet* bekriegten. Lincoln's Inn Fields verkündeten eine Vorführung für Dienstag; prompt verkündete darauf Drury Lane eine für Montag; Lincoln's Inn Fields verschob die Aufführung auf Montag; Drury Lane trat zurück.[82] Ein solcher Konkurrenzkampf geht von einem großen öffentlichen Interesse für das Stück aus. Als Robert Gould seine eigene Reaktion beschrieb, sprach er zweifelsohne auch für viele seiner Zeitgenossen:

> Wenn ich *Othello* oder *Hamlet* lese,
> gefriert mein Blut, mein Haar sträubt sich zur Höhe,
> und Furcht und Mitleid mehr'n der Sorgen Größe,
> bis zwischen beiden ich beinah vergehe.[83]

Der Graf von Shaftesbury nannte *Hamlet* «das Stück [unseres alten dramatischen Dichters], das die englischen Herzen wohl am meisten gerührt hat und das man von allen, die auf unsere Bühne gekommen sind, wohl am häufigsten gespielt hat»[84].

Auch die Publikationsgeschichte erlaubt Mutmaßungen über *Hamlets* Popularität. Außer in den Ausgaben der gesammelten Dramen von 1664 und 1685 wurde es einzeln in fünf Quarto-Ausgaben veröffentlicht (zwei im Jahre 1676, weitere 1683, 1695 und 1703), die den Text wiedergaben, «wie er heute im Theater seiner Hoheit des Herzogs von York gespielt wird». Diese Textfassung, die Davenants Truppe spielte, stammte offenbar von Davenant selbst; sie stellt vermutlich die Bühnenversion dar, die seit Beginn der Aufführungen im Jahre 1661 verwendet wurde.[85]

Gemessen am Standard der bekannteren Adaptionen der Epoche, wirkt Davenants *Hamlet* kaum adaptiert; Davenant fügt weder neue Figuren oder Episoden hinzu noch ändert er die Handlungsstruktur. Doch er nimmt über 300 geringfügige Änderungen des Wortlauts vor, von denen einige unsere Deutung der Handlung oder der Figuren beeinflussen. Als Shakespeares Hamlet im Dritten Akt Claudius allein vor sich sieht, sagt er «Jetzt könnt ich's tun, bequem, er ist im Beten»; Davenants Hamlet sichert sich erst die moralische Geneigtheit des Publikums, indem er fragt: «Wo ist der Mörder» und dann (sarkastisch oder überrascht) bemerkt: «Er kniet und betet.»[86]

Doch die meisten dieser kleinen Änderungen verfolgen keinen so offenkundigen kritischen Zweck. Durch einige werden Flüche oder Gotteslästerungen eliminiert; denn die Lizenz aus dem Jahr 1660 hatte von den neuen Truppen verlangt, daß sie die Stücke von allem bereinigen würden, was das gottesfürchtige Publikum als anstößig empfinden mochte. (Schließlich hatten die Gottesfürchtigen in der jüngsten Vergangenheit die Theater geschlossen und Karl I. hingerichtet; Karl II. wollte sie nicht unnötig vor den Kopf stoßen.) Viele Änderungen regulieren die unregelmäßige Grammatik des elisabethanischen Englisch oder gleichen Shakespeares häufig abweichende Satzstellung der Norm an. Andere beschneiden die Körperlichkeit, die Eigentümlichkeit, die schamlose Vulgarität und krasse, hartnäckige Fremdheit der Sprache, die damit unmittelbar verständlich und leicht verdaulich wurde:

Shakespeare:	*Davenant:*
Perpend	Consider
coated	met
bray out	proclaim
In hugger mugger	Obscurely
Affront	meet
buzzers	whispers

In Hamlets berühmtestem Monolog, wo bei Shakespeare die menschliche Entschlußkraft durch «des Gedankens Blässe angekränkelt»

wird, «zeigt» sie sich bei Davenant lediglich «krank und blaß vor Gedanken»[87]. All diese Formulierungen, von denen Davenant glaubte,
daß sein Publikum sie nicht verstehen würde, gelten auch bei modernen Herausgebern als für Leser unverständlich. Ihre Anmerkungen
wiederholen bisweilen unfreiwillig Davenants Änderungen. Was
spätere Herausgeber und Kommentatoren in Fußnoten setzen – Para-
phrasen, die Shakespeares Bedeutung erläutern –, steckt Davenant in
den Dialog selbst. Die Anmerkung verschiebt den Text.

Außerdem kürzte Davenant kaum überraschend den Text von
Shakespeares längstem Stück, das «zu lang war, um sich gut spielen zu
lassen». Er nahm sich zunächst die Textfassung der vorherigen Quartos und strich die meisten Passagen, die im Folio gestrichen worden
waren. Viele dieser Kürzungen wurden zum Standard und überlebten
bis Ende des 19. Jahrhunderts als Teil der Bühnentradition. Den Stoff,
der von Norwegen handelte, stutzte er drastisch zurecht, wobei er die
Parts von Valtemand und Cornelius, ebenso wie Fortinbras' Szene im
Vierten Akt, ganz herausnahm. Er strich den größten Teil von Laertes'
brüderlichem Rat an Ophelia, von Polonius' väterlichem Rat an Laertes, Polonius' gewundenem Rat an Reynaldo und Hamlets die Aufführung betreffenden Rat an die Schauspieler. Allgemein schnitt Davenant sämtliche Schnörkel heraus und straffte und beschleunigte damit
die Handlung des Stücks. Auch die Figur des Helden wurde gradlini-
ger, weniger von Ziellosigkeit und moralischer Zweideutigkeit bela-
stet. Mit der Kürzung des Monologs am Ende von Akt Zwei, Szene
Zwei («Oh, welch ein Schurk' und niederer Sklav' bin ich!»[88]) schuf
Davenant einen praktischeren Hamlet, der sich kurz und bündig für
sein Aufschieben schilt und dann sofort einen Plan ausheckt, nach dem
er handeln will.

Die Umformung von *Hamlet* genügt der neoklassischen Vorliebe
für unzweideutige Helden und Schurken, sowohl um der sittlichen als
auch der strukturellen Klarheit und Kontrastierung willen. Doch diese
ästhetischen Motive wurden noch durch politische verstärkt. 1661 bot
Davenants Truppe dem Restaurationspublikum ein Stück über einen
bösen Usurpator, der den wahren König ermordet hatte und dessen
Verbrechen seine heuchlerischen Gebete Lügen straften. Dieser Usurpator versucht ebenso, den Sohn des alten Königs zu ermorden, und
vertreibt ihn aus dem Königreich, aber am Ende kehrt besagter Sohn
zurück und straft den Schurken. In einem Szenarium, das eindeutige
Parallelen zur englischen Politik zwischen 1642 und 1660 durchschei-

nen läßt, galt es, den Held so gradlinig, göttlich und bewundernswert wie möglich zu gestalten. Indem er bestimmte Aspekte des Stücks strich, verlieh Davenant dem, was er beibehielt, größeres strukturelles Gewicht. Die Totengräber-Szene im Fünften Akt nahm er nicht heraus; diese Szene, die selbst das Interregnum als ‹Posse› überdauert hatte, war zu beliebt, um geopfert zu werden. Ebenso ließ er Osrick stehen, dessen Geziertheit vermutlich dem Restaurationsgeschmack entsprach. Die Vorliebe für Komödiantisches läßt sich auch an der Behandlung von Polonius ersehen, den James Noke spielte, ein Komödien-Schauspieler, der für die «lächerliche Feierlichkeit seines Gesichtsausdrucks» bekannt war: «Er machte kaum einmal seinen ersten Auftritt in einem Stück, ohne daß er mit... allgemeinem Gelächter begrüßt wurde, das schon allein sein Anblick weckte und das die Natur nicht zurückhalten konnte; doch je lauter das Lachen, desto ernster blickte er darauf drein...»[89]

Der *Hamlet*, wie ihn die Restaurationstheater aufführten, war anders als das Stück, wie wir es heute kennen. Absichtliche Kürzungen und Umformulierungen hatten ihn verändert – manchmal in drastischem, manchmal in kaum bemerkbarem Maß. Aber in verschiedener Hinsicht unterschied er sich auch von dem *Hamlet* der Ausgaben von 1676, 1683 und 1695. Die Passagen, «die auf der Bühne weggelassen werden», fehlen dort zum Beispiel nicht einfach; statt dessen erscheinen sie in Anführungsstriche gesetzt. Im Theater verschwinden solche Passagen; die Textausgabe enthält sie und enthält sie zugleich vor und bietet damit den Lesern ein umfassendes Bild von Shakespeares Stück. Buch und Aufführung stehen Seite an Seite und kommentieren einander.

In dieser Hinsicht bieten die Restaurationsausgaben uns mehr als eine Bühnenversion von *Hamlet*, in anderer Hinsicht bieten sie uns weniger. Von Pepys wissen wir, daß das Stück bereits 1661 «mit Kulissen» aufgeführt wurde; die gedruckten Texte geben uns keinerlei Hinweis auf ihre Existenz oder ihre Art. Glücklicherweise vermittelt uns ein zeitgenössischer Druck eine dunkle Ahnung, wie eine einzelne Kulisse von *Hamlet* auf der Restaurationsbühne ausgesehen haben mag; wir können vermuten, daß andere Szenen durch ein typisches Schloß und einen typischen Kirchhof illustriert worden sind. Ähnlich unterteilen die Texte – zum erstenmal in einer gedruckten Fassung – das Stück in fünf Akte, eine Unterteilung, die alle folgenden Ausgaben von Shakespeares Werken übernahmen; aber sie sagen uns nichts darüber, wie es hingegen ein zeitgenössisches Theaterprogramm tut, daß das Stück für die Aufführung «von sehr hübschen Tänzen zwischen den Akten ausgeschmückt und verziert wurde»[90].

Auch Bettertons Spiel können die gedruckten Texte nicht wiedergeben. *Perikles* hatte er mit seiner Interpretation der Titelrolle vorübergehend einen Platz im Repertoire der Restauration verschafft; mit dem Prinzen von Dänemark hatte er eine ähnliche, aber länger währende Wirkung auf das Geschick von *Hamlet*. So überraschend es heute auch scheinen mag, wenn sie an Shakespeare dachten, kam den Lesern des 17. Jahrhunderts weder die Figur Hamlet noch das Stück *Hamlet* als erstes in den Sinn. Unter den Stücken von Shakespeare und Jonson rangierte es an dreizehnter Stelle, wenn man die Wirkung an der Zahl zeitgenössischer Erwähnungen bemißt; unter den Figuren rangierte Hamlet nach Falstaff und Brutus an dritter Stelle.[91] Bezugnahmen auf das Stück wie auch die Figur häufen sich in den späteren Jahrzehnten des Jahrhunderts; wahrscheinlich spiegelt dies die Wirkung von Bettertons Spiel. Pepys zum Beispiel sah *Hamlet* fünfmal, und dreimal davon kommentierte er hauptsächlich Bettertons Leistung. Am 24. August 1661 sah er «*Hamlet, Prinz von Dänemark*, sehr gut, mit Kulissen. Betterton spielt den Prinzen unvergleichlich gut.» Am 28. Mai 1663 besuchte er das Theater, «wo es *Hamlet* gab, mit Betterton, dem besten Schauspieler aller Zeiten»; am 31. August 1668 sah er «*Hamlet*, sehr zufrieden mit Stück und Aufführung. Betterton ist in dieser Rolle unübertroffen.» Mit seinem Urteil stand Pepys nicht allein. John Downes, der von 1662 bis 1706 als Buchhalter und Souffleur von Bettertons Truppe arbeitete, notierte, daß Betterton seiner «genauen Darbietung von [*Hamlet*] Wertschätzung und Reputation verdankte, von keinem anderen Stück übertroffen... Über Jahre hinaus brachte kein Stück der Truppe mehr Reputation oder Geld ein.»[92]

Für die Restauration war Bettertons Hamlet der Hamlet schlechthin; die zwei waren unauflösbar miteinander verbunden. Auch wenn wir sein Spiel nicht wieder zum Leben erwecken können, können wir uns doch anhand der zeitgenössischen Beschreibungen zumindest ansatzweise vorstellen, welche Wirkung es auf die Zuschauer ausübte. Colley Cibber, der der nächsten Generation von Schauspielern angehörte, erzählt uns, daß Betterton, als er dem Geist von Hamlets Vater begegnete, «den Geist für den Zuschauer ebenso schrecklich wie für sich selbst machte!».

«Die Leidenschaft steigt nie mehr als zu atemloser Überraschung oder Ungeduld, von der Ehrerbietung des Sohnes in Grenzen gehalten... [die Szene] begann mit einem Moment schweigenden Staunens! Langsam erhob sie sich dann
zu einer ernsten, bebenden Stimme... und in dem beschreibenden Teil der
natürlichen Gefühle, die die schreckliche Vision ihm eingab, war seine Rede
immer noch von Anstand beherrscht, einem männlichen, aber nicht herausfor-
dernden Anstand; seine Stimme erhob sich nie zu einer scheinbaren Wut oder
einem wilden Trotz gegenüber dem, was er als naturgegeben ehrte.»[93]

30 Jahre nach Bettertons Tod erinnerte sich ein anderer Zeuge noch
immer an das Mienenspiel des Schauspielers und an den Rhythmus
seiner Stimme; er sah

«[Bettertons] Gesicht (das von Natur aus frisch und gerötet war) in dieser
Szene des Vierten Aktes, wo seines Vaters Geist erscheint, wie es im Angesicht
seines Vaters Geist von dem heftigen und plötzlichen Gefühl des Staunens und
Entsetzens augenblicklich fahl wie sein Halstuch wird, wie jeder Teil seines
Körpers von einem unaussprechlichen Beben ergriffen wird... und als Hamlet
diesen Satz sagt, da der Geist die Bühne verläßt... ‹Ha, seht nur hin! Seht, wie
es weg sich stiehlt! /... Seht, wie er eben zu der Tür hinausgeht!›: So verstummt das ganze Publikum für beinahe eine Minute in tiefstes Schweigen,
und dann – als ob sich alle mit einem Mal ganz von ihrem Erstaunen erholten,
fallen sie wie ein Mann zusammen in allgemeinen donnernden Applaus.»[94]

Betterton stützte seine Rolle auf Berichte über Aufführungen vor der
Schließung der Theater. Dabei spielte er einen adaptierten Text, der
kurz nach der Restauration entstanden war. Er koppelte in seiner Interpretation von Hamlet die zwei Imperative von Authentizität und Neuheit. Sein Spiel wirft auch ein Licht darauf, in welchem Ausmaß das
Shakespeare-Bild während der Restaurationszeit aus dem Theater her-
vorging und stets zu ihm zurückkehrte. In diesem Sinn sagte Nicholas
Rowe am Ende von Bettertons Karriere: «Ich kann nicht aus *Hamlet*
gehen, ohne den Gewinn zu bemerken, mit dem wir sehen konnten,
wie sich dieses Meisterwerk von Shakespeare durch Bettertons hervor-
ragendes Spiel auf der Bühne auszeichnen konnte.»[95] Bettertons Spiel
beherrschte die zeitgenössische Vorstellung von *Hamlet*, weil es in der
Tat «hervorragend» war, aber zum Teil auch schlicht wegen der Langlebigkeit dieses Interpreten. Beinahe fünf Jahrzehnte lang spielte er die
Rolle, von 1661 bis 1709. Im Jahr 1709 begann eine neue Epoche, und
Nicholas Rowe meldete sich als erster zu Wort.

KAPITEL 2

1709

Am 12. April 1709 veröffentlichte Richard Steele die erste Nummer von *The Tatler*. Am 2. Mai erschien Alexander Popes Dichtung erstmals im Druck, und am 2. Juni lag Nicholas Rowes Ausgabe der *Works of Mr. William Shakespeare* vor. Dazu wurde im selben Monat das alte Dorset Garden Theatre abgerissen und das alte Drury Lane vorübergehend geschlossen; am 20. September spielte Thomas Betterton dann zum letztenmal den Hamlet. Ein alliiertes Heer unter Befehl des Herzogs von Marlborough schlug die Franzosen in Tournai (am 5. September), Malplaquet (am 11. September) und Mons (am 20. Oktober). Am 12. Dezember begann das Parlament die Beratungen über den «Erlaß zur Förderung von Bildung», eine historische Neubestimmung des Copyright-Gesetzes. Alle zusammen sollten die Ereignisse des Jahres 1709 das öffentliche Bild von Shakespeare im 18. Jahrhundert tiefgreifend verändern.

Ein einziger Mann, ein Buchhändler namens Jacob Tonson, hatte dabei überall seine Hände im Spiel, der in jenem Jahr als «Haupthändler der Musen» beschrieben wurde [1], unterzeichnete zusammen mit 15 anderen wohlhabenden Druckern und Buchhändlern eine Petition an das Parlament, mit der sie ein neues Copyright-Gesetz forderten. [2] Tonson hatte auch den berühmten Kit-Cat-Club gegründet, eine einflußreiche geheime Versammlung von Persönlichkeiten aus dem politischen und literarischen Leben, zu denen Steele wie auch Rowe zählten. Im Dezember 1709 nahm der Club Marlborough als «außerordentliches Mitglied» auf und wies Tonson an, dem Herzog eine im Erscheinen begriffene Ausgabe von Julius Cäsars *Commentar II* zu widmen. [3] Und derselbe Tonson schließlich veröffentlichte Rowes Shakespeare-Ausgabe, die Anthologie, mit der Pope beim Lesepublikum bekannt wurde; später wird er die Herausgeberschaft von *The Tatler* übernehmen. Er hatte Bühnenstücke veröffentlicht, die Betterton adaptiert hatte, und Betterton wiederum hatte Tonsons Vergil-Ausgabe subskribiert; wie die meisten aus dem Kit-Cat-Club frequentierte Tonson häufig und in auffälliger Weise die Theater und hatte sich für Bettertons Benefizvorstellung von *The Humours of Sir John Falstaff* gemeinsam mit anderen Mitgliedern eine Loge besorgt. In der Tat enthielt der Prolog zu dieser Veranstaltung, den Matthew Prior, ein anderes berühmtes Mitglied dieses Clubs und ein anderer Klient Tonsons, verfaßt hatte, Anspielungen auf die stattliche Person des Verlegers selbst: In der Rolle des Jack Falstaff beschrieb Betterton Tonson als den «alten, fetten Jack in Miniaturausgabe»[4].

Der Mann, der mehr als jeder andere die Shakespeare-Bilder der Restauration prägte, war Sir William Davenant gewesen: Königstreuer, Höfling, Bühnenautor, Theatermanager, Adapteur von Texten, Shakespeares angeblicher unehelicher Sohn, Bettertons Tutor und Ko-Autor Drydens. Dryden, Davenants berühmtester Schützling, wurde Tonsons berühmtester Klient. Jacob Tonson – Verleger Drydens, Bettertons und Shakespeares, kein Produzent, sondern ein Konsument des Theaters, kein Schriftsteller, sondern ein Leser, kein Königstreuer, sondern ein Whig, kein Höfling, sondern ein Unternehmer –, dieser Mann wurde für die erste Hälfte des 18. Jahrhunderts das, was Davenant für die zweite Hälfte des 17. gewesen war: Schöpfer und zugleich Inbegriff eines neuen Shakespeare.

Ein Theater

Thomas Betterton hatte seinen letzten öffentlichen Auftritt am 2. Mai 1710, als er in Westminster Abbey zu Grabe getragen wurde. Mit ihm ging eine Epoche der Theatergeschichte zu Ende. Der neuen Epoche fehlten die Kraft und das Prestige der vorausgehenden. Die Bühne ging langsam unter, während der Aufstieg des Buchhandels begann. Dieser Niedergang kam nicht unerwartet in Form einer völligen Umwälzung; er hatte sich bereits seit Jahrzehnten angekündigt. Eine politische und ökonomische Strömung, der es nicht entrinnen und die es nicht kontrollieren konnte, zog das Theater mit sich in die Tiefe. Doch obgleich dieses langsame Ertrinken weniger dramatisch verlief als der plötzliche Todesstoß, den man dem Theater 1642 versetzt hatte, waren die Auswirkungen auf das Ansehen Shakespeares enorm.

Bereits 1676, 14 Jahre nach der Restauration, spielten beide Londoner Theatertruppen in prächtigen neuen, speziell für diesen Zweck gebauten neoklassischen Theatern. Doch der neue Wohlstand währte nicht lang. Die führenden Männer der King's Men – die Schauspieler, die ihre Karriere vor dem Bürgerkrieg begonnen hatten und die einzig noch die Kontinuität der Theatertradition verkörperten – traten im folgenden Jahrzehnt alle entweder von der Bühne oder aus dem Leben. 1682 erlitten die King's Men Schiffbruch, und unter der Leitung von Betterton schlossen sich die Duke's Men mit den Überbleibseln der aufgelösten King's zu einer United Company am Drury Lane Theatre zusammen. Von 1682 bis 1694 besaß London nur ein Theater und nur eine Schauspieltruppe: Dieser Mangel an Konkurrenz drückte das Niveau und minderte die Chancen für neue Schauspieler.

Äußere Schwierigkeiten komplizierten diese internen Probleme zusätzlich. 1685 starb Karl II., unter dessen Schutzherrschaft das Theater während des letzten Vierteljahrhunderts wieder aufgelebt war, und der von ihm getragene politische Konsens zerbrach. Sein Nachfolger Jakob II. unternahm einen ungeschickten Versuch, England der katholischen Kirche zu sichern, aber er erreichte lediglich, daß es der Stuart-Dynastie erst einmal verlorenging. Drei Jahre politischer Umwälzung gipfelten in der ‹Glorious Revolution› von 1688. Die Geburt des Sohns von Jakob II. stellte seinen Untertanen eine endlose Folge von katholischen Königen in Aussicht; sie reagierten mit einem Staatsstreich, der beinah ganz ohne Blutvergießen verlief: Sie setzten Jakob II. ab und an seine Stelle das protestantische Paar Wilhelm und Maria auf den Thron. Zweimal innerhalb von 50 Jahren hatte das englische Volk eine ungeliebte Regierung gestürzt. Doch die protestantischen Parlamentarier, die Jakob II. absetzten – vorsichtiger und erfahrener als jene, die Karl I. abgesetzt hatten, und weniger verbittert, weil sie weniger gelitten hatten –, schafften weder die Monarchie noch das Theater ab; statt dessen wurden beide Institutionen zum Gegenstand eines neu definierten Gesellschaftsvertrags. Keine von beiden konnte ungeschoren den nationalen moralischen Konsens verletzen. Im Falle der Monarchie war dieser Gesellschaftsvertrag in der neuen ‹bill of rights› gesetzlich verankert; das Theater mußte sich ihm nach und nach beugen, wurde allmählich von den neuen Werten durchdrungen. Die neuen Monarchen duldeten das Drama, ohne jedoch die demonstrative Begeisterung von Karl II. zu teilen. Der daraus folgende Verlust der königlichen Protektion bedeutete für das Theater einen Aderlaß an künstlerischem Talent und an Unterstützung durch den Adel. Es trat damit in eine Phase der Richtungslosigkeit und zögernden Neubestimmung.

Das neue Monopol und die neue Monarchie gaben dem Theaterrepertoire zwangsläufig eine neue Gestalt. Anfänglich genossen Betterton und seine Kollegen die Möglichkeit, populäre alte Rollen zu übernehmen, wozu auch die meisten von Shakespeare zählten, die sich vorher im Besitz der Konkurrenz befunden hatten. Entsprechend kam die United Company in den ersten fünf Jahren ihres neuen Monopols lediglich auf drei neue Stücke pro Jahr. Nachdem sie die Bühnendichter ein halbes Jahrzehnt hatte verhungern lassen, erkannte die Truppe endlich, daß sie diese brauchte, und erwartete, daß der verkümmerte Baum immer noch Früchte trug. Nach der Krise 1688 wandten sich die Schauspieler mit wachsender Häufigkeit und Verzweiflung neuen Stücken zu, auf angestrengter Suche nach neuen Rezepten, mit denen mehr Publikum anzulocken war. [5] Doch die herausragenden Dramatiker der Zeit vor 1682, William Wycherley, Sir George Etherege und Thomas Otway, schrieben oder lebten 1685 nicht mehr; Aphra Behn starb Anfang 1689, nachdem sie in den letzten fünf Jahren ihres Lebens ihre Energie auf die Erzählende Literatur konzentriert hatte. Die neuen Rezepte mußten von neuen Autoren kommen, und das ging nicht so schnell.

Das neue Publikum – Wilhelm und Maria waren zugleich Vorbild für und Inbegriff von dessen langweiliger Rechtschaffenheit – fand immer weniger Gefallen an der erotisch-frivolen Gesellschaftskomödie (innerhalb und außerhalb des Theaters) der 1660er und 1670er Jahre. Nach 1688 nahm diese Abneigung stetig zu. Colliers nonkonformistische protestantische Attacke auf die *Immorality and Profaneness of the English Stage* erzielte im Jahr 1698 drei Auflagen. Der Krieg der Flugschriften, den Collier angezettelt hatte, dauerte ein Jahrzehnt und sparte auch Shakespeare nicht aus. In einem Artikel in der dreimal pro Woche erscheinenden Zeitschrift *A Review of the State of the English Nation* formulierte Daniel Defoe einen typischen Einwand gegen eine Aufführung von *Heinrich IV.* in Oxford: «Ist dieses Stück nicht genauso voller weltlicher, unsittlicher und einiger gotteslästerlicher Stellen wie die meisten heutigen Schauspiele? Wird in ihnen nicht mit der Religion gescherzt, die Kirche lächerlich gemacht und unser Schöpfer beleidigt?» [6]

Auch schon bevor Colliers Flugschrift Furore machte, hatten die Behörden neue Anweisungen erteilt, daß «Obszönitäten und anderes skandalöses Material» aus Bühnenstücken zu streichen seien. [7] Im Mai 1698 versuchten eifrige Reformer, gegen Congreve und einen weiteren

Bühnenautor Anklage zu erheben wegen des Verfassens anstößiger Stücke, gegen die Schauspieler, weil sie diese gespielt, und gegen Jacob Tonson und einen weiteren Buchhändler, weil sie diese gedruckt hatten. Selbst die erneute Schließung der Theater, wie im Jahr 1642, wurde wieder in Betracht gezogen.[8] Die Theater mußten sich entweder dem Geschmack des protestantischen Bürgertums gefällig erweisen oder schließen – wenn nicht infolge eines gesetzlichen Verbots, dann infolge einer kommerziellen Aushungerungstaktik. So bewegten sich die Theaterstücke in die Richtung, die das Theaterpublikum vorgab: von sexueller Stimulation zu stimulierter Sittlichkeit.

Dieser Charakterwandel des Publikums verstärkte den Wandel, den das Theater in Fragen des Eigentums, der Finanzierung und des Managements durchlief, einen Wandel, den die Unwägbarkeiten des Risikokapitalismus auslösten. Als Folge einer sich als katastrophal erweisenden geschäftlichen Investition verlor Betterton 1692 sein beträchtliches Privatvermögen. 1693 ging Davenants Sohn bankrott, und entsprechend wechselte das königliche Patent der United Company aus seinem Besitz in die Hände von Christopher Rich, einem Geldverleiher und Finanzmanipulator, der für ästhetische Werte wenig Interesse und für Schauspieler keinen Respekt aufbrachte. 1694 versuchte Rich, Einsparungen vorzunehmen, indem er die Stars aus der Truppe drängte und diese durch jüngere Künstler ersetzte, die für geringere Gagen spielten. Der nunmehr notleidende Betterton konnte es sich nicht leisten, auf diese Weise abgeschoben zu werden, und zettelte 1694 die Abwanderung von einem Teil der Schauspieler an. London hatte nun wieder zwei Theater, und das zu einer Zeit, da das öffentliche Interesse kaum eines zu tragen vermochte.

Daß die geschäftliche Konkurrenz in einem ungünstigen wirtschaftlichen Klima wieder auflebte, machte es noch notwendiger festzustellen, wo ein Stammpublikum zu gewinnen war, und sich dieses zu sichern. Während des nächsten Jahrzehnts verfügte Rich praktisch über ein Monopol im Bereich der Schauspiel-Oper, für die er Virtuosen des Gesangs und des Tanzes aus dem Ausland importierte; seine Konkurrenz versuchte er aus dem Geschäft zu drängen, indem er den Geschmack, den die Öffentlichkeit an musikalischen und märchenhaften Schauspielformen gefunden hatte, unterstützte und entwickelte. Auf diese Zeit geht eine Praxis zurück, die dann in den 1720ern florierte, nämlich das Spektrum der Unterhaltungsformen, die ein Besuch des Theaters bot, auszuweiten. 1600 konnte Hamlet für das ganze folgende

Jahrhundert sagen «the play is the thing» – das Stück ist die Sache*; im 18. Jahrhundert war das Stück nicht mehr länger «die Sache», sondern nur noch ein Teil der ‹ganzen Schau›, die das Publikum anlockte. Es war schlicht zu einem ‹Kernstück› geworden, vorher, zwischendrin und hinterher gab es andere Darbietungen: Musik, Tanz, Puppen, Pantomime, Kunststücke, Akrobatik, Ouvertüren und Nachspiele.

Der Druck der andauernden Wirtschaftskrise führte zu einem Umdenken, in welchen Räumen man die Stücke Shakespeares oder anderer Bühnenautoren aufführen konnte. Betterton und die anderen Rebellen erkannten bald, daß Rich sehr gut ohne sie zurechtkam, daß sie aber nicht endlos in dem engen und veralteten Theater in Lincoln's Inn Fields überleben konnten. Am 15. Juni 1703 schilderte Sir John Vanbrugh in einem Brief an Tonson seine Pläne für ein neues Theater[9]; nach vielen Verzögerungen zog Bettertons Truppe dann vorübergehend in das noch nicht fertiggestellte Gebäude. Doch die neue Bühne löste nicht die alten Probleme. Sie muß zunächst eine akustische Katastrophe gewesen sein, wo die Stimmen der Schauspieler klangen «wie das Geplapper genauso vieler Leute im hohen Schiff einer Kathedrale»[10].

In den 1690ern hatte Rich schon fast die Akustik von Drury Lane ruiniert. Um die Sitzkapazität – und den finanziellen Gewinn – zu steigern, hatte er die Vorderbühne verkürzt und Bühnenlogen an die Stelle der vorderen Proszeniumstüren gesetzt. Diese Umgestaltung drängte die Aufführenden gut drei Meter nach hinten und veränderte damit grundlegend den Charakter der räumlichen und psychologischen Beziehung von Schauspieler und Publikum, die das Theater des ganzen 17. Jahrhunderts geprägt hatte. 1740 kann Cibber sich noch nicht der historischen Implikationen dieser Abkehr von den Spielbedingungen der Shakespeare-Zeit bewußt gewesen sein; er klagte vielmehr einfach aus der Perspektive eines arbeitenden Schauspielers:

«Als die Schauspieler für ihre Bewegungen den vorderen Raum nutzen konnten, war die Stimme mehr im Zentrum des Saals, so daß noch jedes Ohr im entferntesten Winkel sicher und problemlos vernehmen konnte, was mit schwächster Stimme gesprochen wurde: Alle Dinge erschienen so den Sinnen näher ... jedes reiche oder edelfarbene Gewand hatte einen lebendigeren Glanz. Auch nicht das kleinste Mienenspiel ging ... je verloren, so wie es häufig aus zu großer Entfernung der Fall sein muß.»[11]

* Anm. d. Ü.: Die Schlegel/Tieck-Übersetzung lautet anders: «das Schauspiel sei die Schlinge».

Allein durch die Konstruktion der Bühnen hatten sich die Schauspieler im 17. Jahrhundert inmitten des Publikums befunden, in verletzbarer und gewissermaßen handgreiflicher Position; im 18. Jahrhundert zogen sie sich zunehmend in die Kulissen der Hinterbühne zurück. Die alten Theater schufen Intimität, die neuen Perspektive und Distanz (in visueller und emotionaler Hinsicht).

Als der Bürgerkrieg der Theater zu Ende ging, hatte er unschätzbaren Schaden angerichtet, was Schauspieler, Bauten und das weniger greifbare, aber dauerhaftere Beziehungsnetz betraf, das zwischen dem Theater als Tätigkeitsfeld und der Gesellschaft besteht. Auf Beschwerden der Schauspieler hin schloß der Lord Chamberlain schließlich am 6. Juni 1709 Drury Lane und ließ Rich damit ohne Truppe und ohne Lizenz. Nach Bettertons Tod im folgenden Jahr übernahm ein neues Triumvirat von Schauspieler-Managern (darunter auch Colley Cibber) Drury Lane und leitete es die nächsten beiden Jahrzehnte. Die Epoche von Betterton war vorbei, und die Epoche von Cibber hatte begonnen.

Cibber selbst war kein großartiger Shakespeare-Interpret. In dieser und anderer Hinsicht war er ein typischer Vertreter seiner Generation. Als Richard der Dritte erinnerte er einen der Zuschauer an die «verzerrten Bewegungen einer noch nicht ausgeschlüpften Raupe»[12]:

«Als er Lady Anna den Hof macht, sieht er mit seinen Bewegungen und Grimassen aus wie ein Taschendieb, der es mehr auf ihre Geldbörse als auf ihr Herz abgesehen hat, und seine Rede entspricht der Form seines Tuns. In Bosworth-Field sieht er nicht mehr wie König Richard aus, als König Richard wie Falstaff aussieht. Er stolziert umher, brüllt und schnaubt mit der Stimme und dem Tonfall eines Nachtwächters statt der eines Helden und Prinzen.»[13]

Cibber war im komischen Fach besser als im tragischen, genauso wie das 18. Jahrhundert bessere Komödien als Tragödien hervorbrachte; dennoch versuchte er sich sein ganzes Leben lang beharrlich in tragischen Rollen, für die er entsetzlich ungeeignet war, genauso wie die Bühnendichter sich immer wieder bemühten, Tragödien zu ersinnen. Den Komödien von Farquhar, Vanbrugh und Gay kann diese Epoche allerhöchstens Rowes pseudoshakespearesche *Jane Shore* und Addisons pseudoklassischen *Cato* gegenüberstellen. Dieser Niedergang der zeitgenössischen Tragödie, der mit Drydens *All for Love* (1677) und Otways *Venice Preserv'd* (1682) einsetzte, trug allein schon zu Shakespeares wachsendem Ansehen bei. Die meisten Kritiker stimmten darin überein, daß «seine größte Begabung und der Hauptgenuß in seiner Tragödie lag».[14] In der Zeit zwischen 1700 und 1728 waren Shakespeares beliebteste Stücke der Reihenfolge nach: *Hamlet*, die adaptierte Opernfassung von *Macbeth, Julius Cäsar*, die adaptierte Opernfassung vom *Sturm*, die adaptierte *Geschichte von König Lear*, der erste Teil von *Heinrich IV.* und *Othello, der Mohr von Venedig*.[15] Bezeichnenderweise sind fünf der sieben Dramen Tragödien; von den beiden Ausnahmen überlebte *Der Sturm* als Musik-Schauspiel, und *Heinrich IV.* verdankte seinen anhaltenden Erfolg Falstaff. Außerdem dramatisieren die ersten drei jeweils den erfolgreichen Sturz eines Usurpators oder Tyrannen, nach der Glorious Revolution zwangsläufig ein populäres Thema.

Shakespeares Tragödien behaupteten ihren Platz im Repertoire, weil kein neues ernsthaftes Drama entstand, das ihren Platz hätte einnehmen können. In diesem Sinne bemerkte ein Kritiker: «Die Tragödien von Shakespeare... sind die große Stütze unseres Theaters.»[16] Von den 20 beliebtesten Stücken der Zeit 1700 bis 1728 waren nur Rowes *Tamerlane* (an 16. Stelle) und Addisons *Cato* (an 20.) als zeitgenössische Tragödien vertreten; dagegen enthielt die Liste Komödien von Vanbrugh, Farquhar, Gay, Dryden, Congreve, Cibber und anderen. Nach 1660 hatte das englische Theater weiterhin neue Komödien produziert, denen die Öffentlichkeit und die Kritiker den Vorzug gegenüber denen Shakespeares gaben, aber nur wenige der Tragödien konnten sich einen festen Platz erobern. Für eine gute Tragödie mußte man schon auf Shakespeare zurückgreifen – selbst wenn es ein recht ‹gemästeter› und hergerichteter Shakespeare war. Und das Repertoire, besonders so, wie es sich um die Jahrhundertwende entwickelte, brauchte Tragödien. Die neuen Unterhaltungsformen, die nun eine Vorstellung füllten, die Zwischen- und Nachspiele, waren in extremem Maße possenhafter, musikalischer und spektakulärer Natur oder alles drei zusammen; um ein ausgewogenes Bühnen-Menü aufzutischen, wurde auch ein wenig ernste Nahrung benötigt. Shakespeare blieb im Programm, weil er die einzig ernste Speise war, die sie zuzubereiten verstanden.

Obgleich Cibber im komischen Fach besser war als im tragischen, eignete sich seine Begabung doch nicht vollkommen für Shakespeares Komödien. Betterton schuf den größten Falstaff seiner Zeit und zugleich den größten Hamlet; Cibbers denkwürdigste Shakespeare-Rolle war Schaal, der Friedensrichter auf dem Lande, in *Heinrich IV.*

«Cibbers Übergang davon, wie er den Preis eines Ochsen erfragt, zu platten, aber ernsten Reflexionen über die Sterblichkeit war so natürlich und untermalt mit einem solch dummen Rollen seiner kleinen Schweinsäuglein und begleitet von solch einem wichtigen ‹Tick! Tick! Tick!›, nicht lauter als das Pendel eines Nachtwächters, daß ich daran zweifle, ob je ein Schauspieler die Schöpfung und den Ausdruck einer solch feierlichen Unbedeutendheit übertraf.»[17]

Wie brillant Cibber ihn auch spielen mochte, Schaal blieb doch eine kleine Rolle in einem Stück, das nur selten wieder auf die Bühne kam. Falstaff ist eine in die Breite angelegte Person, Schaal hingegen ein geschrumpftes Format, nur ein Abglanz des strahlenden Sterns Falstaff. Falstaff ist intellektuell berstend, nicht unterzukriegen; Schaal ist... nun, eben schal.

Andere Star-Schauspieler dieser Zeit bewiesen ein ebenso beschränktes Können. James Quin zum Beispiel spezialisierte sich auf theatralische Wutanfälle. In der berühmten Streitszene zwischen Cassius und Brutus im Vierten Akt von *Julius Cäsar*...

«...verliert [Quin] in der Gestalt des sanften Patrioten Brutus alle Beherrschung und allen Anstand; nein, so lächerlich ist sein und Cassius' Benehmen bei diesem Gespräch, wie sie Fuß an Fuß setzen, sich angrinsen, gleich zwei aufgebrachten Schustern sich mit ihren Linken gegeneinanderwerfen mit wiederholten Stößen, daß die Hefte ihrer Schwerter zur Unterhaltung des Publikums rasseln...»[18]

Kaum jemand empfand diese Jahrzehnte als große Ära des englischen Schauspiels.

Zum Teil spiegelt dieser Niedergang die Geldgier, die die englische Gesellschaft zunehmend prägte. Cibber war notorisch gewinnorientiert; die Äußerung eines Kritikers, *Richard III.* habe es «auf [Lady Annas] Geldbörse abgesehen», war auch als Satire auf die Moral des Schauspielers gemeint, nicht nur auf sein Spiel. Die Profitgier hatte 1695 die Spaltung der United Company herbeigeführt, und innerhalb wie außerhalb des Theaters zeichnete sich ein wachsender Egoismus ab. So klagte 1735 ein Kritiker, zeitgenössische Schauspieler ließen sich,

«sobald eine Rede in ihrem eigenen Part vorbei ist, zurückfallen in eine abwesende Unaufmerksamkeit gegenüber dem, was ein anderer antwortete; sie blicken umher und sehen sich die Versammlung der Zuschauer an, nur mit einem Ohr dabei, um das nächste Stichwort mitzubekommen, auf das hin sie wie Soldaten auf Kommando wieder ihre Haltung annehmen, mit wenig anregendem Klang ihre Sätze aufsagen, um sich dann (wie eine Raupe, die sich bei der Berührung eines Zweiges aufgerichtet hat) wieder zusammenzuziehen, zurück in ihre Schlaffheit und Bewegungslosigkeit, und sich ihres Wohlbehagens bis zum nächsten Aufwachen zu erfreuen.»[19]

Dieser Disziplinverfall spiegelt vermutlich die Verhältnisse wider, in denen die Schauspieler arbeiten mußten: Sie waren vom Publikum weg hinter den Proszeniumsbogen verdrängt worden, sie bewegten sich nicht länger im Vordergrund, sondern auf einer Ebene mit den Kulissen, wetteiferten zunehmend mit den mehr ans Auge appellierenden Elementen und den musikalischen Einlagen und Untermalungen um die Aufmerksamkeit der Zuschauer – nur zu leicht konnte das Spiel eines Schauspielers zu nichts mehr als einem anderen Versatzstück werden, zu einer zusammenhanglosen Demonstration von Beredtheit, die nicht mehr Bezug zum Rest des Stücks besaß als die Kunststücke oder der Seiltanz, die es umrahmten.

Oratorium und Oper taten ihr übriges, solche Tendenzen noch zu verschlimmern. Diese Kunstformen waren im 18. Jahrhundert beliebter als jemals danach in England, so beliebt, daß es eine Weile so aussah, als könnten sie das gesprochene Theater aus dem Geschäft verdrängen. In formaler, musikalischer und dramatischer Hinsicht isolierte *da capo*-Arien beherrschten die zeitgenössischen Opern; sie boten wenig Möglichkeiten zum Zusammenspiel, und in der Regel verließ der Sänger bzw. die Sängerin nach seiner oder ihrer Arie sofort die Bühne. Wenn Sänger einfach ihre Parts sangen, warum sollten Schauspieler nicht einfach ihre eigenen Sätze mit soviel ‹Stimme› sprechen, mit so viel mühelosem *glissando* und *éclat*, wie sie nur aufbringen konnten? Shakespeares Stücke leisteten einer solchen Behandlung besonders Vorschub, darin waren sich die Kritiker einig, weil sie so ungleichmäßig waren, ein solch wirres Durcheinander von Erhabenem und Albernheiten. Ein Schauspieler wie Barton Booth war natürlich versucht, das zu tun, wofür er Applaus erhielt: Er glitt «wenn er eine Rolle spielte, mit einer Art eleganten Nachlässigkeit [über] die unschicklichen Stellen, während er dagegen mit voller Kraft bei den schönen verweilte, als bemühte er einen schlummernden Geist, den er für eine solche Gelegenheit aufgespart hatte»[20].

Das Beispiel von Arien und Rezitativen förderte vermutlich auch eine übertriebene Betonung des Rhythmus. Ein Zeitzeuge bemerkte, daß Quins «Sprache wie ein durchgehender Singsang» sei, «wie liturgische Gesänge, und sein Spiel erinnert an das Wuchten von Ballast in den Laderaum eines Schiffes». «Die Art des Sprechens in Tragödien auf unseren Theatern ist nicht natürlich», bemängelte 1716 ein Theaterbesucher, «... Leute nennen es theatralisch und meinen damit etwas Steifes und Geziertes.»[21] Diese Steifheit der Darbietung entspricht der sprachlichen Geschwollenheit der zeitgenössischen Tragödien, wobei diese Wirkung in beiden Fällen durch eine künstlerisch behindernde, übertriebene Vorstellung von der angemessenen Würde solcher Themen entstand.

Cibber besaß keinerlei Würde. Er begann, Stücke zu schreiben, um sich selbst als Schauspieler Rosinen in den Theaterkuchen zu backen. Seine Adaption von *Richard III.* (1699–1700) ordnete notorisch alles andere im Drama der Figur Richards unter – den selbstverständlich Cibber spielte. Die große Epoche der Adaptionen war vorüber, und obwohl sich weiterhin einige Autoren an Shakespeare-Adaptionen versuchten, war doch keiner erfolgreich, und immer weniger Kandidaten traten an. In dieser und anderer Hinsicht gab sich das Theater des frühen 18. Jahrhunderts offenbar damit zufrieden, den Shakespeare von gestern noch einmal erklingen zu lassen. Die beliebtesten Adaptionen waren Davenants *Hamlet* (1661?) und *Macbeth* (1664), Shadwells Opernversion vom Davenant/Drydenschen *Sturm* (1672) und Tates *König Lear* (1681), von denen die meisten im Jahr 1720 so alt waren wie die Originale zum Zeitpunkt ihrer Adaption. Die Publikumslieblinge waren immer noch die gleichen fünf Tragödien; die erfolgreichsten Komödien waren nach wie vor *Der Sturm* und *Die lustigen Weiber von Windsor*, die einzigen erfolgreichen Historien immer noch *Heinrich IV.* (wegen Falstaff) und *Heinrich VIII.* (wegen des optischen Spektakels).

Das Theater schonte seinen Geldbeutel, doch zunächst nur auf Kosten seines Ansehens. Der Verlust der königlichen Theaterbegeisterung in der Zeit zwischen dem Tod von Karl II. und der Thronbesteigung von Georg I. (1714) zwang die Schauspieler dazu, ein neues Publikum im Bürgertum zu gewinnen; aber ihre Wirkung bei dieser volkstümlicheren Klientel provozierte Verachtung und Entsetzen bei der kulturellen Elite, die ein Jahrhundert lang das Theater mit Talenten und Beifall versorgt hatte. In den letzten vier Jahrzehnten des 17. Jahrhunderts hatten Englands bedeutendste Autoren ganz natürlich dem Theater zugestrebt: Dryden, Etherege, Wycherley, Otway, Behn, Congreve, Vanbrugh. Congreve setzte sich 1700 vorzeitig zur Ruhe;

71

Vanbrugh setzte seine besten Kräfte bald für die Architektur ein. Von den wichtigeren Autoren der ersten vier Jahrzehnte des neuen Jahrhunderts machten sich Addison und Steele ihren Namen als Essayisten, nicht als Dramatiker; Swift und Pope boykottierten praktisch das Theater, und Defoe setzte sich aktiv für seine Abschaffung ein. In der Widmung seiner Shakespeare-Ausgabe von 1709 klagte Rowe: «Die gegenwärtige Epoche ist für die dramatische Dichtung in der Tat eine unglückliche, sie ist der Verfolgung durch Fanatismus ausgesetzt und von ihren Freunden verlassen, ja selbst von der Musik, ihrer Schwester und Verbündeten, die ihr früher als Hilfe und Stütze zur Seite stand.»[22] Ein Jahrzehnt später war Rowe selbst, der bedeutendste tragische Dramatiker des Jahrhunderts, tot, und ein zeitgenössischer Kritiker jammerte zu Recht: «... es ist eine traurige Sache, sich vor Augen zu führen, daß es gegenwärtig nicht einen vielversprechenden Geist oder vielversprechenden Schauspieler gibt, der für die Bühne heranwächst.»[23] Das Zentrum der englischen Kultur verlagerte sich von der Bühne zum Buch – und auch Shakespeare ging diesen Weg.

Ein Kaffeehaus

Shakespeare erscheint in der allerersten und in der letzten Nummer von *The Tatler*, und zwischendrin taucht er häufiger auf als jede andere literarische Persönlichkeit.[24] Richard Steeles neue, beliebte und einflußreiche Zeitschrift pries sich selbst für ihre «Mäßigung», eine gleichermaßen politische wie stilistische Tugend, und wie sie mit Shakespeare umging, kann als typisch für diese Strategie gelten. Mit Shakespeare konnte Steele das englische Theater verteidigen, ohne die angeblich unmoralischen und atheistischen Werke der Wüstlinge der Restaurationszeit gutzuheißen, aber auch ohne sich scheinbar ganz den französischen oder klassischen Vorbildern zu beugen. Shakespeare war ein englischer Autor, modern und (größtenteils) sittlich zu verantworten.

Zwei Wochen nach dem ersten Erscheinen der Zeitschrift kontrastierte Steele Shakespeares Dramen ausdrücklich mit Edward Ravenscrofts Komödie *The London Cuckolds* (1682), diese «Ausgeburt von Absurdität und Lasterhaftigkeit». Er versicherte seinen Lesern, das «niedere Vergnügen» der Restaurationskomödie ließe sich nur von der Bühne verbannen, wenn «hochgestellte Persönlichkeiten» sich daranmachten, «die Darstellung edler Charaktere zu fördern, Charaktere, wie Shakespeare und andere sie gezeichnet haben, die uns nie ohne einen starken Eindruck von Ehre und Güte nach Hause gehen lassen»[25]. Größtenteils zitiert Steele Restaurationsdramen nur, um sie zu verdammen. Bettertons Hamlet war ein beispielhafter Held, vom Schauspieler so gespielt und als dramatische Figur; der Held von Etheredges *The Man of Mode* (1676) hingegen ist, «was seine Absichten betrifft, ein Schuft und, was seine Sprache betrifft, ein Possenreißer». Das Stück selbst steht in direktem Widerspruch zu «ordentlichen Manieren, ordentlichem Verstand und dem, was allgemein als ehrlich gilt»[26]. Außerdem habe, «wie viele Passagen seiner Stücke belegen», die Zeit, in der Shakespeare lebte, einen «wesentlich stärkeren Tugendsinn als die Gegenwart» besessen.[27] Wenn sie solche Schlußfolgerungen bezweifelten, müßten Steeles Leser sich nur umschauen, um zu sehen, wie «Leitertänzer, Seiltänzer, Jongleure und Scharlatane... auf dem Platz von Shakespeares Helden herumstolzierten»[28].

Mit Shakespeare konnte man sich auf die Seite der Vergangenheit schlagen und die Gegenwart beschämen. Ben Jonson, dessen Komödien von ausgefallenen Sittlichkeitsverstößen strotzten, und John Fletcher, der Vorläufer und Förderer des Restaurationskavaliers, konnten dagegen diesem reformerischen Impuls kaum dienen. Weder *The Tatler* noch sein Nachfolger *The Spectator* schenkten ihnen viel Aufmerksamkeit. Was das ‹Triumvirat› der großen englischen Dramatiker gewesen war, verkleinerte sich, wie das oft bei Triumviraten der Fall ist, zu einem einzigen dominierenden starken Mann: zu Shakespeare, der «Helden» erschaffen hatte, Bilder menschlicher Vortrefflichkeit, deren Verhalten man in feiner Gesellschaft für jeden erkennbar zitieren konnte.

Die Literatur- und Theaterkritiker des 17. Jahrhunderts hatten Shakespeare mit Lob und Schmäh bedacht, immer wieder auf ihn angespielt, *The Tatler* jedoch zitierte ihn vor allem. Der sittliche Feldzug des *Tatler* basierte auf dem Zitieren in dieser oder jener Form. Am Tag von Bettertons letzter Aufführung des Hamlet erwähnte die Zeitschrift besonders das Schöne in Hamlets Verhalten (seinen gefeierten Monolog «Sein oder nicht sein», seinen Wortwechsel mit seiner Mutter, seine edle Leidenschaft angesichts des väterlichen Geistes, seinen tiefen Schmerz angesichts des Todes von Ophelia); am Tag von Bettertons Begräbnis erwähnte *The Tatler* besonders das Schöne von Bettertons Darstellung des Othello («Die wunderbare Seelenqual... als er das Taschenbuch untersucht», «die reizende Stelle... wo er erzählt, wie er die Gunst seines Weibes gewann» [29]). In der gleichen Art zitierte er wiederholt die schönen Stellen in Shakespeares Dichtung – so passend poetische und profunde Arien wie Cäsars «Der Feige stirbt schon vielmahl, eh’ er stirbt» [30] oder den Monolog Richards III. «Ein andres Pferd! Verbindet meine Wunden!» [31] oder Hamlets ersten Monolog «Dazu mußt’ es kommen! Zwei Mond erst tot!» [32] oder Macbeths letzten «Morgen, und morgen, und dann wieder morgen» [33] oder Othellos «Fahr’ wohl, des Herzens Ruh’! Fahr’ wohl, mein Friede! / Fahr’ wohl, du wall’nder Helmbusch, stolzer Krieg» [34]. In jedem Fall – sei es Hamlets Verhalten, Bettertons Spiel oder Shakespeares Dichtung – ließen sich die besten Beispiele einzeln herausgreifen und zitieren, zur Bewunderung, zur Kontemplation und zur Nachahmung.

The Tatler zitierte nicht beliebig. Insbesondere gefielen ihm Momente bürgerlicher Schlichtheit:

«Wir sehen, daß in tragischen Darstellungen es nicht der Pomp der Sprache oder die Großartigkeit der Kleider... ist, was empfängliche Gemüter anrührt, sondern etwas von schlichter und einfacher Natur, das unsere Seele überwältigt auf Grund jenes Mitgefühls, das uns gegeben ist für unsere gegenseitige Gefälligkeit und Hilfe.»

Um diese Aussage zu verdeutlichen, zitiert Steele zwei exemplarische Momente bei Shakespeare: aus *Julius Cäsar* Brutus’ stoische Offenbarung «Portia! / Sie ist tot» * und aus *Macbeth* MacDuffs gequälten Schrei «Was! All die holden Küchlein, samt der Mutter, / Mit einem wilden Griff?» *. Beide Helden erleiden solch familiäres Unglück, weil sie mannhaft Widerstand leisten gegen eine absolutistische politische Tyrannei. Zeitgenössische Bühnendichter hingegen «sind stark auf das Gefolge [eines] Helden angewiesen, um ihn großartig zu machen». Sie glaubten, es genüge, ihm «Wächter und Heeresleute, Höflinge, Bürger und Edelmänner voranmarschieren zu lassen». Aber das sei ein Irrtum, belehrt uns *The Tatler*: «Die Persönlichkeit des Helden muß durch seine Gefühle und Empfindungen zum Ausdruck gebracht werden, nicht durch seinen Besitz oder seine Equipage... Shakespeare [sollte dafür] das Vorbild sein. In der Tragödie von *Cäsar* führt er seinen Helden im Nachtkleid ein... ohne sich zu bemühen, sein Publi-

---

* Anm. d. Ü.: Davenants Adaption weicht im Wortlaut etwas vom Shakespeareschen Original ab; die deutschen Zitate sind die unveränderten Schlegel / Tieck-Übersetzungen.

kum mit eitler Schau und nichtssagendem Pomp schon einzustimmen.»[36]

Auch heute noch werden wir alle solchen demokratisch kritischen Empfindungen zustimmen. Obgleich Shakespeare Julius Cäsar tatsächlich im Nachtkleid auf die Bühne bringt, geschieht dies doch leider erst in Akt Zwei. In Akt Eins marschiert er an der Spitze eines angemessen großartigen Gefolges auf, darunter Marcus Antonius, Culpurnia, Portia, Decius, Cicero, Brutus, Cassius, Casca, Murellus, Flavius, ein Haufen Bürger und ein Wahrsager; Fanfaren und Beifall begleiten offenbar ihren Aufzug. Mit einer so aufwendigen und großartigen Begleitung stattet Shakespeare auch Cäsars letzten Auftritt in Akt Drei aus. Er rahmt so die häusliche Nachtkleid-Szene mit zwei öffentlichen Toga-Szenen ein. Einen Blick auf Cäsar im Schlafgewand gewährt er uns erst, nachdem er «sein Publikum mit eitler Schau und nichtssagendem Pomp schon [eingestimmt hat]». Als Beschreibung des Shakespeare-Stücks kann die Lobrede von *The Tatler* nicht dienen. Als Tadel der nur auf Schau bedachten, lauten Inhaltslosigkeit der Bühne des 18. Jahrhunderts jedoch, als eine Bejahung des literarischen Vorrangs einer «schlichten und einfachen» bürgerlichen Menschlichkeit erfüllte sie ihren Zweck.

The Tatler war keine ausschließlich oder überwiegend literarische Zeitschrift, seine gelegentliche kritische Auseinandersetzung mit Shakespeare und anderen Autoren diente einem größeren sozialen und politischen Unterfangen. Richard Steele, ihr Herausgeber und der Mann, der die meisten Beiträge verfaßte, war ein offener Anhänger der politischen Partei der Whigs, einer Partei, die so englisch, modern und von sittlichen Überzeugungen durchdrungen war wie Shakespeare. Wie Joseph Addison, der mit ihm den *Tatler* und den Nachfolger *The Spectator* machte, und wie auch der Verleger Jacob Tonson war er Mitglied des Kit-Cat-Club, dem zwischen 1688 und 1714 viele Vorsitzende der Whigs angehörten. Horace Walpole sprach von ihrer politischen Leistung, nicht ihrer literarischen, als er die Clubmitglieder beschrieb als «die wirklichen Patrioten, die Britannien retteten»[37]. Denn die Whigs waren die Architekten und Wächter der Glorious Revolution von 1688, die Englands katholischen König Jakob II. absetzte und ihn ins Exil nach Frankreich trieb. Die Revolution machte aus dem Verbündeten Frankreich einen Feind, und bis zu Beginn des 20. Jahrhunderts sollte es nun Englands geopolitischer Rivale bleiben. Den größten Teil des 18. Jahrhunderts spielte diese Feindschaft den politischen und religiösen Absolutismus gegen den englischen politischen und religiösen Kompromiß aus.

Die Whigs waren die Ideologen des Kompromisses. Sie schlossen einen Kompromiß zwischen Königsmord und Unterwerfung, als sie den unerwünschen König einfach vertrieben und vorgaben, er hätte abgedankt. Sie schlossen einen Kompromiß zwischen Royalisten und Parlamentariern, indem sie eine eingeschränkte Monarchie mit einem in seiner Machtausübung eingeschränkten Parlament verbanden. Sie schlossen einen Kompromiß zwischen dem radikalen Puritanismus und dem hochkirchlichen Anglikanismus, indem sie die institutionelle nationale Kirche bewahrten, sie jedoch unwiderruflich schwächten, als sie Abweichungen von der Staatskirche formell anerkannten. Für die Verteidigung der Monarchie schafften sie sich einen Monarchen vom Halse, für die Verteidigung des Nationalgefühls setzten sie Ausländer auf ihren Thron, und für die Verteidigung des staatlichen Protestantismus legalisierten sie die Religionsfreiheit. Der Kompromiß war das Instrument des Konsens, und der Konsens war das Fundament einer stabilen Macht.

Die pragmatische Mäßigung der Whigs läßt sich deutlich erkennen an der Einstellung des *Tatler* zum Theater, die irgendwo zwischen dem mißmutigen Protestantismus Jeremy Colliers und dem aristokratischen Libertinismus von Karl II. angesiedelt war. Man wollte das Theater nicht in einer Pauschalabrechnung verdammen oder gutheißen, sondern (gewissermaßen in Einzelabrechnung) reformieren, so daß es den Standards der kaufmännischen Moral und des kaufmännischen Geschmacks entsprach: nicht zu heiß, nicht zu kalt, sondern gerade richtig. (In der Praxis bedeutete dies lau – wie Steeles und Addisons eigene Stücke zeigen.) Was Shakespeare betraf, nun, einerseits hatte er seine schönen Stellen, andererseits hatte er seine Schwächen. Diese Formel taucht wieder auf bei Addison, im Vorwort zu Rowes Ausgabe der Shakespeare-Dramen, im Vorwort zu Popes Ausgabe und bei jedem weniger bedeutenden Kritiker; sie überdauert bis in die zweite Hälfte des 18. Jahrhunderts, um bei Dr. Johnsons ästhetischem und sprachkritischem Balanceakt ihren Höhepunkt zu finden. Obgleich nicht alle diese Leute Whigs waren, waren sie doch alle beeinflußt durch das allgegenwärtige Konsensstreben, das die Glorious Revolution in Gang gesetzt hatte. Dieses Abwägen des Für und Wider findet sich auch bei einigen früheren Kritikern, doch in den Jahrzehnten nach 1688 wurde dieses beständige Ausgleichen zur Norm.

Shakespeare ließ sich nicht vom Problem der Literaturtheorie trennen, und das Problem der Literaturtheorie ließ sich nicht vom französischen Problem trennen. Aus Frankreich, dem inzwischen militärischen und ideologischen Feind, kamen auch die elaborierteste Kulturtheorie jener Zeit und die überzeugendsten Alternativen zur einheimischen dramatischen Praxis. Die Kritiker, die auf den (französischen) «mechanischen Regeln» bestehen, vergleicht Steele mit den «Untertanen eines willkürlichen Prinzen»; das andere Extrem seien Kritiker, «die Kunst und Methode verschmähen», die einen «Zustand barbarischer Anarchie» repräsentieren; genau dazwischen stehe «wie ein freier Brite der freie Kritiker» (ein Whig), «der nur den Gesetzen unterworfen ist, die er selbst wählt, dessen Freiheit nur den Beschränkungen der Wahrheit und der Monarchie richtiger Vernunft unterliegen».[38]

Das englische Ringen gegen die französische Macht verkörperte «der Held der Epoche»[39], John Churchill, Herzog von Malborough. *The Tatler* verglich ihn mit Heinrich V., denn beide zogen gegen Frankreich in den Krieg («Dann käm, sich selber gleich, der tapfre Heinrich, in Mars' Gestalt») und mit Shakespeares Julius Cäsar («mit des Herrschers Ton / ‹Mord!› rufen und des Krieges Hund' entfesseln»).[40] Als wollte er diesen Bezug bestätigen, behauptete Marlborough von sich, er habe seine gesamte Kenntnis der englischen Geschichte von Shakespeare erworben.[41] Gegen die absolutistische Kunst Corneilles und Racines konnten sich die Engländer künstlerisch nur mit Shakespeare verteidigen, zumindest bis eine bessere Waffe gefunden war.

Die klassizistischen Kritiker kennzeichnet, daß sie Kompromisse schlossen. In dieser und anderer Hinsicht kann Addison als beispielhaft gelten (nicht zuletzt deshalb, weil er seine Whig-Kompromisse bisweilen so weit trieb, daß er Tory-Werte übernahm). Wie die Franzosen kritisiert er die Tragikomödie – hält aber die englische Verwendung einer doppelten Fabel für zulässig, vorausgesetzt, die Nebenhandlung würde geschickt gewählt.[42] Er verspottet die Begeisterung des englischen Theaters für Donner, Blitz, Alarmglocken und Geister, «um das Publikum in Schrecken zu versetzen» – gesteht aber zu, daß es «eine rechte Zeit für diese verschiedenen Schrecken» geben mag.[43] Shakespeare lobt er dafür, daß er mit seiner Dramatisierung von «verschiedenen Geister-Spezies» «alle anderen unvergleichlich übertroffen» habe – eine Gabe, die ihn auf einzigartige Weise tauglich mache, «den schwachen, abergläubischen Teil der Einbildungskraft des Lesers» zu nutzen.[44] Einerseits... andererseits: stets trachtet man nach Ausgewogenheit.

Die früheste Beschreibung von Addisons kritischer Methode ist noch immer die beste: Ihr Kennzeichen war, daß er «mit schwachem Lob verurteilte... einen Fehler nur andeutete und Mißfallen zögernd äußerte; mit Gleichem lobte oder tadelte er»[45]. Addison war, wie Pope erkannte, Literaturpolitiker. *The Tatler* und *The Spectator* waren Partei-Zeitschriften, und nie parteiischer, als wenn sie auf ihrer Unparteilichkeit bestanden.

Doch im Format war Steeles und Addisons Kritik an Shakespeare und dem englischen Drama so einflußreich wie in ihrer Substanz. Die Häufigkeit und Kurzlebigkeit der Veröffentlichungen vermittelte ein Gefühl der Spontaneität; der Stil und die sorgfältig gestaltete Figur des vermeintlichen Herausgebers, «Mr. Bickerstaff», trugen zu der Illusion bei, daß eine persönliche Stimme einen bestimmten Leser anspreche. Die Wochenschrift behauptete, den größten Teil ihres Stoffs aus den zahllosen Kaffeehäusern Londons zu schöpfen, die ihrerseits ihre wichtigsten Abonnenten und Verteiler waren. *The Tatler* wurde ganz im wörtlichen Sinne ein Teil der Unterhaltung von Londons gebildeten Schichten. Er schuf sich selbst ein ‹Publikum›, gleich dem Publikum im Theater, und hielt damit die Illusion einer gemeinsamen mündlichen Volkskultur aufrecht, obgleich er in Wirklichkeit den Übergang zu einer fragmentarisierten Buch- und Zeitschriftenkultur herbeiführte.[46]

The Tatler wurde bekannt als «Der Zensor von Großbritannien»[47]. Steeles Organ der Konformität war zugleich Richter und Musterbild feinen Benehmens, und Literatur behandelte es als Unterabteilung feinen Benehmens. Exzentrik galt es zu vermeiden; Spezialisierung war eine Form von Exzentrik; ein Gentleman war ein Amateur, der über jedes Thema Kaffeehaus-Konversation treiben konnte, sich aber nie pedantisch an einem festhielt. Bewandert in allen Künsten, doch keiner verschrieben. Und der literarische Ausdruck eines solchen sozialen Ideals war der Zeitschriften-Essay: nicht defensiv, wie ein Prolog oder Vorwort der Restaurationszeit, wo die kritischen Ansichten des Autors den Eingang zu seinem Werk bewachten; nicht schlecht gelaunt und langatmig wie die gebildeten Monographien von Thomas Rymer und Jeremy Collier über die Theorie des Dramas, sondern angenehm, geschmackvoll und leicht verdaulich. Die literarische

Entsprechung des Sandwich: ein Kompromiß zwischen einer richtigen Mahlzeit und einem leeren Magen.

The Tatler war nicht die erste englische Wochenschrift, aber sie entwickelte ein besonders einflußreiches und einträgliches Rezept für ‹vermischten› literarischen Journalismus. Sie erzeugte unmittelbar Massen von Nachahmern und Rivalen, Tonson und andere druckten sie in Sammelausgaben nach; andere vergleichbare Zeitschriften folgten, von denen *The Spectator* nur die berühmteste und erfolgreichste war – zu den Verlegern zählte unter anderem auch Tonson.

Der Einfluß dieser Wochenschriften läßt sich unter anderem ermessen an der Geschichte von Addisons Tragödie *Cato* und Steeles Komödie *The Conscious Lovers*, den ersten Nutznießern journalistischer Schiebung: Für beide Stücke machten die eigenen (‹neutralen›) Zeitschriften der Autoren schon vorher so erfolgreich Werbung, daß sie in aller Munde waren, bevor überhaupt in Drury Lane die Premiere stattgefunden hatte. Im frühen 17. Jahrhundert bestimmte der Bühnenerfolg eines Stücks, ob und mit wie vielen Auflagen es jemals in den Druck kommen würde; bereits im frühen 18. Jahrhundert konnte die vorausgehende Rezeption eines gedruckten Stücks seinen Bühnenerfolg bestimmen.

Die vierte «Auflage» von Addisons *Cato*, von Tonson veröffentlicht, wurde nur 25 Tage nach der ersten Aufführung des Stücks angekündigt; im Vergleich dazu erreichte Shakespeares *Julius Cäsar* die Leserschaft erst 24 Jahre, nachdem es sich erstmals dem Publikum präsentiert hatte. Dieser Unterschied spiegelt den Wandel in der Beziehung zwischen Theatern und Verlegern im dazwischenliegenden Jahrhundert. Während der Blütezeit des englischen Renaissancetheaters stieg die Zahl der Erstausgaben von Bühnenstücken ungleichmäßig von nur 14 in den 1580ern auf 145 in den 1630ern [48], nicht etwa, weil mehr Stücke geschrieben worden wären, sondern weil ein zunehmender Anteil gedruckt wurde. Nach der Restauration verkürzte sich der durchschnittliche Zeitraum zwischen Aufführung und Veröffentlichung allmählich. [49] Im 18. Jahrhundert erwarben Buchhändler nach und nach die Rechte an Dramen, bevor sie überhaupt auf der Bühne zu sehen waren – um das große, aber in der Regel nur vorübergehende Leseinteresse, das das Theater erzeugen konnte, auf diese Weise besser zu nutzen. [50] Erfolgreiche Stücke konnten für die Verleger so lukrativ sein wie für die Theater. Und Erfolg war, wie Addison und Steele zeigten, zum großen Teil eine Frage des Marketing.

Während des größten Teils seiner Laufbahn veröffentlichte Jacob Tonson Theaterstücke. Sein Imprint erschien erstmals 1678, als er 23 Jahre alt war. Bereits in diesem Jahr schlossen seine Projekte die Werke beliebter Dramatiker ein. Im folgenden Jahr war er an der Veröffentlichung von Drydens *Troilus and Cressida* beteiligt, und den Rest des Jahrhunderts blieb er dann Drydens Verleger. 1701, ein Jahr nach Drydens Tod, brachte er gemeinsam mit zwei anderen Verlegern eine zweibändige Folio-Ausgabe von Drydens gesammelten *Comedies, Tragedies, and Operas* heraus. Tonson machte solche prestigeträchtigen literarischen Sammelausgaben zu seiner Spezialität. Rowes Shakespeare-Ausgabe, 1709 zweimal und 1714 erneut aufgelegt, ist heute die berühmteste, aber nur, weil Shakespeare aus unserer Sicht die meisten anderen von Tonson publizierten Autoren in den Schatten stellt; aus Tonsons Sicht stellte Shakespeare weder in finanzieller noch in künstlerischer Hinsicht etwas Besonderes dar. Bereits 1681 hatte Tonson einen Anteil an *The Works of Mr. Abraham Cowley* gekauft, später sicherte er sich die alleinigen Rechte. 1683 erwarb er die Hälfte der Rechte an *Paradise Lost*; die neue Ausgabe erschien erst 1688, doch die Verzögerung erwies sich als einträglich, denn im Jahr der Glorreichen Revolution waren Miltons parlamentarische Sympathien wieder in Mode gekommen, und binnen dreier Jahre brachten Tonson und sein Partner eine andere Ausgabe heraus. 1695 veröffentlichte Tonson in eigener Regie *The Poetical Works of Mr. John Milton*. Weitere Ausgaben folgten, und Tonson machte eigenen Angaben zufolge mit Milton mehr Gewinn als mit jedem anderen Autor. [51] 1693 veröffentlichte er eine Sammelausgabe von Juvenal- und Persius-Übersetzungen, die von Dryden herausgegeben war, danach Drydens Übertragung von *The Works of Virgil* 1697, die zu Recht berühmteste Übersetzung des ganzen 17. Jahrhunderts. 1709 verlegte er Sammelausgaben von – außer Shakespeare – Mathew Prior, Sir John Denham und Sir John Suckling. Im nächsten Jahrzehnt erschienen vergleichbare Sammlungen von Congreve, Beaumont und Fletcher, Waller, Otway, Spenser und Ovid, zusammen mit weiteren Autoren, die schon zu Tonsons Repertoire zählten.

Tonsons erfolgreiche Autorenliste wurde möglich durch die Copyright-Gesetze, die zu seiner (wie zu Shakespeares) Zeit galten. Das Copyright lag nicht bei den Autoren, sondern bei den Mitgliedern der

Zunft der Stationarii, des Handelskartells von Verlegern und Buchhändlern, die diese Rechte auf unbegrenzte Dauer besaßen und sie wie jeden beliebigen Grundbesitz kaufen oder verkaufen konnten. Deshalb konnte ein junger Buchhändler wie Tonson nach dem Tod der Autoren einen Teil der Veröffentlichungsrechte für Cowleys Gedichte oder für *Paradise Lost* erwerben. Als er später über mehr Investitionskapital verfügte, konnte er seine Partner aufkaufen, damit die alleinigen Rechte erwerben und von nun an den gesamten Gewinn von weiteren Ausgaben und Nachdrucken einstreichen. 93 Jahre nach Shakespeares Tod besaß Tonson ein Monopol für die Veröffentlichung seiner Stücke. Sein Shakespeare-Geschäft hielt der Tonson-Verlag bis 1772 aufrecht, als der Enkel des Neffen von Jacob Tonson starb und die Familien-Copyrights versteigert wurden. Die Tonsons verlegten allein oder zusammen mit anderen alle großen Shakespeare-Ausgaben der ersten zwei Drittel des 18. Jahrhunderts: die von Rowe (1709), Pope (1725), Theobald (1733), Warburton (1747), Johnson (1765) und Capell (1768). Wer Shakespeare herausgab, das bestimmten die Tonsons genau während der Zeit, die die Form aller zukünftigen Werkausgaben prägen sollte.

Die Tonsons trafen diese Entscheidungen nicht danach, wer sich am besten dafür eignete, Shakespeare herauszugeben, sondern sie wollten Herausgeber, die schon berühmt waren. Für die erste Shakespeare-Ausgabe wählte Tonson Nicholas Rowe, weil Rowe der beste tragische Dramatiker seiner Generation war. Shakespeare verdankte sein Ansehen hauptsächlich seinen Tragödien; vermutlich aus diesem Grund fiel Tonsons Wahl auf Rowe statt zum Beispiel auf den bewunderten komischen Dramatiker Congreve, einen anderen Klienten Tonsons, der für ihn die *Dramatick Works of John Dryden* herausgab. Jacob Tonson Jr. wählte später Alexander Pope für die Arbeit an einer neuen Ausgabe, die Rowes ablösen sollte, weil Pope zu diesem Zeitpunkt bereits als Dichter und Übersetzer zu beneidenswertem und beneidetem Ansehen gekommen war. Jacob Jr. wählte dann Lewis Theobald als Nachfolger Popes, hauptsächlich weil Theobald mit seinen Angriffen auf Pope großes Interesse bei den Kritikern und der Öffentlichkeit geweckt hatte. Der Geistliche William Warburton wiederum, der ursprünglich als Popes Fürsprecher und Vertrauter große Beachtung gefunden hatte, löste Theobald ab. 1745 unterbreitete ein wenig bekannter Journalist und Dichter namens Samuel Johnson einen Vorschlag für eine neue Shakespeare-Ausgabe, die ein Konkurrent verlegen sollte –

ein taktisch unkluger Vorstoß, den die Tonsons sofort vereitelten. Doch zehn Jahre später war Johnson durch sein historisches *Dictionary of the English Language* und seine Wochenschrift *The Rambler* berühmt geworden, und Tonson nahm seinen erneuten Vorschlag für eine Shakespeare-Ausgabe an.

Die Herausgeber wurden nach ihrem Marktwert ausgewählt, der ihre Namen für das Lesepublikum so wichtig machte wie der Shakespeares. Der Wert eines bekannten Namens läßt sich an der gängigen Praxis ersehen, die Namen verschiedener Mitherausgeber überhaupt nicht zu erwähnen. Für den Nachdruck von Rowes Ausgabe im Jahr 1714 zahlte Tonson beispielsweise John Hughes 28 Pfund und 7 Schilling; Hughes' herausgeberische Tätigkeit muß beträchtlich gewesen sein, um eine solche Summe zu rechtfertigen, aber nur Rowes Name erschien auf den gedruckten Bänden. Mehrere Freunde und Philologen, darunter John Gay, halfen Pope bei seiner Ausgabe und erhielten dafür ein Honorar, aber laut Impressum war Pope der alleinige Herausgeber. [52] Solche Taktik läßt sich noch deutlicher an Warburtons Ausgabe erkennen, die veröffentlicht wurde, als wäre sie «von Mr. Pope und Mr. Warburton» gemeinsam herausgegeben worden. George Steevens überarbeitete 1773 und 1778 Samuel Johnsons Ausgabe von 1765 und gab dabei vor, dies ganz und gar in Zusammenarbeit mit dem berühmten Johnson getan zu haben. Während des ganzen 18. Jahrhunderts haben die Namen anderer Männer Shakespeare dem Lesepublikum zugeführt.

Mit seiner Art, einen bestimmten Nachdruck mit einem bekannten zeitgenössischen Autor zu verknüpfen, wandte Tonson nur als erster eine Marketing-Strategie auf Shakespeare an, die er auch schon bei früheren Ausgaben erfolgreich eingesetzt hatte. Auf die gleiche Weise hatte er Drydens Reputation als Mitarbeiter und Herausgeber verwertet, um die optische Auffälligkeit und den Verkauf seines Gedichtbandes *Miscellanies* sowie seiner Ausgaben von Plutarch, Juvenal und Persius voranzutreiben. Wegen der Langlebigkeit von Tonsons Einfluß bewirkte diese Strategie in Shakespeares Fall eine Folge von Ausgaben, die unauflöslich mit den *dramatis personae* der englischen Literatur des 18. Jahrhunderts verbunden waren. Es gibt nichts Vergleichbares in der Editionsgeschichte anderer englischer oder ausländischer Autoren. Die während der Restauration begonnene Adaptionspraxis des Theaters, gekoppelt mit Tonsons Technik, Namen zeitgenössischer Autoren für seine Zwecke zu nutzen, bedeutete, daß mehr als ein Jahrhundert lang die besten Fachleute der englischen Sprache, von Dryden bis Pope und Johnson, zur öffentlichen Umgestaltung und Überlieferung der Shakespeare-Dramen beitrugen, während er seinerseits zur stilistischen Entwicklung eines jeden von ihnen beitrug; denn sie vertieften sich über Jahre in die kleinsten Feinheiten seiner Texte, während sie an ihren Adaptionen oder Editionen arbeiten. Am Ende des Jahrhunderts war Shakespeare auf solche Weise unbemerkt in das feine Netzwerk der englischen Literatur eingewoben worden; er ließ sich nicht mehr herauslösen, ohne eineinhalb Jahrhunderte des nationalen Kanons gleich mit herauszureißen.

Pope folgte auf Rowe, Theobald folgte auf Pope, ein Herausgeber folgte auf den anderen – aus einer Perspektive ein ordentlicher und linearer Verlauf, aus einem anderen Blickwinkel ein ungeduldig-sprunghaftes Fortschreiten, mit dem beißenden Rauch brennender Namen darüber. Eine kurzlebige Dynastie von Herausgebern wurde von der nächsten gestürzt, wobei jede neue sich über eine verachtungsvolle Opposition zur unmittelbaren Vorgängerin definierte. Ihre Unsichtbarkeit hatte die Herausgeber des 17. Jahrhunderts gegen persönliche Angriffe unverwundbar gemacht; wer keinen Namen hat, der hat auch keinen zu verlieren, oder: Wen der Verleger nicht namentlich nennt, den kann die Konkurrenz nicht diskreditieren. Im Gegensatz dazu machte gerade die für den Verleger so nützliche Prominenz der Herausgeber im 18. Jahrhundert diese zu deutlichen Zielscheiben gegnerischer Kritik.

Solche Angriffe erfolgten unmittelbar. Auf Rowes Ausgabe der Dramen von 1709 folgte 1710 eine Ausgabe der Gedichte, die sich als siebter Band von Rowes Ausgabe ausgab; doch einen großen Teil seiner Einleitung verwandte der Herausgeber Charles Gildon darauf, Rowe zu schelten. Pope kritisierte seine Vorgänger nicht namentlich, sein gesamtes Vorwort und editorisches Verfahren jedoch verkündete die Unzulänglichkeit aller vorherigen Ausgaben – selbstverständlich inklusive der von Rowe, mit der Popes eigene Leser am meisten vertraut waren. Doch Popes implizite Kritik seines Vorgängers war die eines Gentlemans, verglichen mit dem Benehmen aller seiner Nachfolger. Popes Text erschien 1725; im nächsten Jahr zerpflückte Theobald ihn in dem Buch *Shakespeare Restored: Or, a Specimen of the many Errors, as well Committed, as Unamended by Mr. Pope in his late Edition of this Poet*, das seine Argumentation verbrämt mit Verunglimpfungen von Popes Katholizismus, sarkastischen Bemerkungen über seine Rechtschaffenheit und Zweifeln an seiner Ehrlichkeit. Warburton sagt, seine zwei Vorgänger, diese «dummen Herausgeber» Theobald und Hammer,

«ließen ihren Autor in zehnmal schlechterer Verfassung zurück als sie ihn vorgefunden hatten... der eine wurde mir als armer Mann anempfohlen, der andere als armseliger Kritiker... Was Mr. Theobald betrifft, der Geld wollte, so erlaubte ich ihm zu drucken, was ich ihm zu seinem eigenen Gewinn gab... Was er las, das konnte er abschreiben, aber was er dachte, wenn er überhaupt je dachte, konnte er nur schlecht ausdrücken... [Hanmer], der Oxforder Herausgeber, war vollkommen unbewandert in der Kunst der Kritik, wie auch in der Dichtung jener Zeit und in der Sprache des Autors.»[53]

1748, ein Jahr nach ihrer Veröffentlichung, wurde Warburtons eigene Ausgabe ganz und gar durch einen Band relativiert, der von sich behauptete, «eine Ergänzung zu Mr. Warburtons Shakespeare-Ausgabe zu sein... und geeignet mit ihr zusammengebunden zu werden»[54]. Der Vorgang wiederholt sich mit jeder neuen Ausgabe.

Das editorische Gift des 18. Jahrhunderts sickerte nicht einfach durch die Risse einiger mit Mängeln behafteter Einzelpersönlichkeiten, vielmehr rührte es aus der Situation, in der die Herausgeber sich befanden. Einfache Nachdrucke bedurften schließlich keiner Verteidigung; sie befriedigten eine kontinuierliche öffentliche Nachfrage. 1685 war die Werkausgabe lediglich vergriffen, nicht veraltet. Aber neue Ausgaben mit laut angekündigten neuen Herausgebern ließen sich nur rechtfertigen, wenn der neue Herausgeber etwas zu tun hatte, das schon vorher hätte getan werden können und sollen. Wir brauchen Rowe, Pope oder Johnson nicht, es sei denn, jeder von ihnen vermag etwas Neues zu versprechen. Tonsons Marketing-Strategie beruhte darauf, den Kunden ‹Shakespeare mit Rowe› oder ‹Shakespeare mit Pope› zu bieten, eine Taktik, die die Herausgeber wiederum zwang, den reklamierten Anteil an der Gemeinschaftsarbeit zu zeigen und zu legitimieren. Das konnten sie nur, wenn sie die Arbeit ihrer Vorgänger bemängelten – mit soviel Feingefühl oder Grobheit, wie sie aufbringen konnten. Das System diente dem Verleger – und Shakespeare – auf Kosten einer Folge von beliebig verfügbaren Herausgebern, die sich gegenseitig ablösten.

Tonsons Marketing-Technik machte sich intuitiv den neuen Konkurrenzhunger der Öffentlichkeit zunutze. Die konstitutionelle Regelung von 1689 verlangte alle drei Jahre Parlamentswahlen, und das nächste Vierteljahrhundert erlebte die Geburt des politischen Zweipar teiensystems, in dem die Whigs gegen die Tories antraten in Wahlen, die so stürmisch wie häufig waren. 1695 ließ man das Lizenzgesetz verstreichen und gewährte so durch ein Versäumnis die Pressefreiheit, was eine Hochkonjunktur für häufig unverschleiert politische Zeitschriften zur Folge hatte. In gewissem Sinn kann man den Krieg der Flugschriften, der 1698 mit Jeremy Colliers Attacke gegen die Bühne begonnen hatte, im Rahmen jener Zeit der häufigen Wahlen als Teil einer laufenden politischen Debatte sehen, in der es um die Sittlichkeit des Theaters und des öffentlichen Lebens ging. Ganz allgemein zeigt die Kontroverse das Ausmaß, in dem der Aufstieg des Journalismus den Charakter von Literaturkritik veränderte: Sie nahm einen kämpferischen Ton an, und den behielt sie auch bei. Thomas Rymers *A Short View of Tragedy* (1693) provozierte Entgegnungen von Dennis, Dryden und Gildon; Collier (1698) provozierte Entgegnungen von Dennis, Dryden, Drake, Congreve, Vanbrugh und anderen; Steeles wiederholte Verteidigung des Theaters in *The Tatler* (1709-10) provozierte Defoe; Addisons Verteidigung einiger Konventionen des einheimischen Dramas gegen die scharfe Kritik von Neoklassizisten des Kontinents (1711–12) provozierte Dennis – und so weiter und so fort, eine Kritik erzeugte sofort eine Gegenkritik. Ästhetische Parteien kämpften um die Unterstützung der Öffentlichkeit, genau wie die politischen, und auf beiden Schauplätzen bestimmten nur wenige Regeln den Stil des Wettkampfs. Die Geschichte der Theater in dieser Zeit muß als zum gleichen ökonomischen und gesellschaftlichen Klima gehörend gesehen werden. Als die alte United Company unter Betterton sich 1695 auflöste, wurde die mörderische Rivalität zwischen den beiden daraus hervorgehenden Truppen in einer Weise persönlich, bitter und böse, wie es die faire Konkurrenz zwischen Davenants und Killigrews Truppen in den 1660ern nie gewesen war.

Doch obwohl Tonsons Taktik ein neues ökonomisches Ökosystem verkörpert, beruhte doch sein Erfolg teilweise auf einem anachronistischen Fortleben restriktiver Praktiken. Im 17. Jahrhundert waren die Copyright-Rechte im wesentlichen Monopole, kontrolliert von einem sich selbst regulierenden Handelskartell. Diese Monopole konnten gekauft, verkauft und geerbt werden; wer im Besitz der lukrativsten Rechte war, besaß damit enorme Macht.[55] Das 1709 vom Parlament verabschiedete Copyright-Gesetz suchte den Wettbewerb im Verlagsgewerbe zu liberalisieren und schaffte das ‹Mammon-Monopol› eines zeitlich unbegrenzten Copyrights ab. In diesem Geiste beschränkte das

Statut von 1709 neue Rechte auf eine Dauer von 14 Jahren, um weitere 14 Jahre verlängerbar, wenn der Autor noch am Leben war. Aber die Verlagslobby, in der Tonson eine prominente Rolle spielte, kämpfte für und erreichte einen verhängnisvollen Kompromiß: Rechte, die bereits bei jemandem lagen, wurden für weitere 21 Jahre verlängert, was alle schon existierende Monopole Tonsons bis 1730 sicherte. Die Gesetzgebung von 1709 (für die Addison, ein Mitglied des Parlaments, stimmte[56]) sollte auf lange Sicht zu einem Sieg der Liberalisierungsbestrebungen führen; auf kurze Sicht aber war sie ein Rückschlag, und während dieser kurzen Zeit verwandelten die Tonsons die Shakespeare-Landschaft.

Shakespeares Kopf

Jacob Tonsons Shakespeare-Ausgabe von 1709 verhielt sich zu früheren Ausgaben wie eine Opernadaption der Restaurationszeit zu einer ursprünglichen Aufführung: Sie war eine spektakuläre neue Wiedergabe, für den zeitgenössischen Geschmack aufbereitet. Sie besaß eine Ouvertüre: Rowes ausgedehntes Vorwort mit der ersten wirklichen Shakespeare-Biographie, die bis jetzt veröffentlicht worden war. Sie enthielt einen Satz Bilder, nämlich einen Kupferstich auf dem Titelblatt jedes Stücks. Damit war sie die früheste illustrierte Ausgabe von Shakespeares Werken. Das erste solche Titelblatt zeigte die erste Szene vom *Sturm*, wobei deutlich die Opernversion von 1674 als Vorlage für den Stich diente. Wie in der Aufführung symbolische Huldigungen der Stuart-Dynastie das erste Bühnenbild zierten, so zierte Tonsons Ausgabe eine vorangestellte Widmung an Charles Seymour, den sechsten Herzog von Somerset, ein prominentes Mitglied des Kit-Cat-Club und der Partei der Whigs. Und genau wie musikalische Unterbrechungen oder Zwischenspiele ein Stück in der Aufführung in fünf Teile unterteilten, so unterteilte Tonson die Werke, indem er die riesigen, schweren und klobigen einbändigen Folios des 17. Jahrhunderts durch einen leichter zu handhabenden Satz von sechs Bänden mit je acht Stücken ersetzte. Unbeabsichtigt kam sogar eine Art Nachspiel dazu, als Edmund Curll in *Volume the Seventh*, in dem «Siebten Band» also, Shakespeares Gedichte veröffentlichte mit «kritischen Bemerkungen zu seinen Stücken [und] einem Essay über die Kunst, die Entstehung und Entwicklung des Theaters in Griechenland, Rom und

England». Hinsichtlich seines Formats und seiner Bindung war der Band, der im *Tatler* bald nach der Veröffentlichung von Tonsons Ausgabe angekündigt wurde, absichtlich nicht von den sechs Bänden Tonsons zu unterscheiden.

War solche Dekoration bei Shakespeare neu, so war sie dies für Tonson nicht. Sowohl was die Qualität der Stiche als den Umfang des Kommentars anging, übertrafen Tonsons frühere Milton-Ausgaben seinen Shakespeare bei weitem. Rowe lieferte fast keine erläuternden Anmerkungen zu den Stücken; die Stiche stellten ein Wirrwarr der Einbildungskraft dar, die man nur selten noch als mittelmäßig bezeichnen konnte. Nur als materielle Objekte, als Produkte der Buchmacherkunst betrachtet, reichen Tonsons Shakespeare-Bände von ihrer Seitengestaltung, Bildung oder Typographie nicht an die Rokoko-Eleganz seiner Ausgaben von Milton, Vergil, Ovid oder Racine heran.

Auch Rowes Vorwort, sein dauerhaftester Beitrag zur Shakespeare-Forschung, hatte bei Tonson Vorläufer. Die Biographie des Dichters wurde in allen Tonson-Ausgaben von Abraham Cowley nachgedruckt, und für die Übersetzung von Plutarchs *Große Griechen und Römer* von 1683 gab Tonson Drydens substantielles «Das Leben Plutarchs» in Auftrag. Wie Rowes mischten beide Vorworte Biographie mit Kritik und kamen dem aufkommenden, sich durch alle Schichten ziehenden Interesse der Restauration an der Geschichte von Privatleben nach.

Tonsons Gespür für die Marktlage brachte ihn dazu zu verlangen, die Ausgabe von 1709 müsse «eine Darstellung des Lebens usw. von Mr. William Shakespeare» enthalten. Frühere einleitende biographische Skizzen von literarischen Persönlichkeiten dienten Rowe als Vorlage, die sowohl seine Vorstellung prägte, was eine solche Biographie zu enthalten hatte, als auch, wie sie zu schreiben war. Obgleich er fast ein Jahrhundert nach dem Tod Shakespeares schrieb, sammelte Rowe als erster eine Menge von erhaltenem mündlichem und dokumentiertem Material. Einige Geschichten, die er gehört haben muß, aber nicht weitertragen wollte (wie Shakespeares angeblicher Ehebruch mit Davenants Mutter), ließ er weg, die übrigen verstreuten Informationsfetzen baute er zu einer richtigen Biographie aus, die ein Jahrhundert lang in jeder folgenden Ausgabe von Shakespeares Werken wieder abgedruckt werden sollte.

An die Stelle des alten Stichs von Shakespeare, der jede Ausgabe der gesammelten Dramen im 17. Jahrhundert einleitete, setzte Rowe zwei neue Stiche: ein Bild auf der Titelseite nach dem sogenannten Chandos-Portrait und dann im Vorwort eine Illustration des Grabmals in Stratford. Die unverhältnismäßige, dümmliche Gesetztheit, die aus dem Stich von 1623 sprach, wich in diesen Bildern zwei reizvollen Alternativen. In der Monumentalität des Stratford-Bildes erscheint jeglicher Eindruck der individuellen Gesichtszüge des Dichters dem klassischen ikonischen und architektonischen Rahmen untergeordnet – der Dichter auf seinem Sockel, sozusagen, sein gesellschaftlicher Rang deutlich ersichtlich aus dem prominenten Wappenschild. Auf der anderen Seite stellte und stellt das Chandos-Portrait noch immer das reizvollste und gelungenste Bild dar, das überhaupt Anspruch auf Authenzität erheben kann. Der puritanische Kontrast seines schwarzen Wamses mit dem weißen Kragen bot dem bürgerlichen Betrachter des 18. Jahrhunderts außerdem dieses «Etwas einer schlichten und einfachen Natur», die Steele an manchen Stellen von *Julius Cäsar* und *Macbeth* so bewunderte. Das dominierende Schwarz des Bildes war einem großen, tragischen Dramatiker angemessen; die wache Aufmerksamkeit des Gesichts verhieß eine rechtschaffene moralische Ernsthaftigkeit. (Und der nur angedeutete Ohrring wirkte gerade exotisch genug – ja fast dekadent –, um das Portrait nicht in Schablonenhaftigkeit abgleiten zu lassen.) Es überrascht kaum, daß sich das Chandos-Portrait als das beliebteste erwies; es wurde das ganze Jahrhundert regelmäßig in Bildern und Stichen kopiert. Ein Abkömmling des Chandos-Portraits wurde 1710 zu Tonsons Firmenzeichen, das er wahrscheinlich auch als Schild für «Shakespeares Kopf», seinen neuen Buchladen in der Londoner Straße The Strand, benutzte. Das Titelblatt der Rowe-Ausgabe setzt das Chandos-Bild in die Mitte einer prachtvollen Allegorie, die direkt aus der Corneille-Ausgabe von Rouen (1660) übernommen war[57]: Shakespeare, geschmückt mit französischem Gütezeichen.

Die beiden Bilder, die durch Tonson erstmals massenhaft in Umlauf kamen, beherrschten die Vorstellung des 18. Jahrhunderts vom Gesicht des Dichters, genauso wie Rowes Vorwort die Darstellungen seines Lebens prägte. Die biographischen Leckerbissen, die er gerade noch dem gierigen Schlund des Vergessens entreißen konnte (und wollte), befriedigten den Appetit der zeitgenössischen gesellschaftlichen und literarischen Kritik durchaus. In der Tat rechtfertigt Rowes erster Absatz sein Bemühen darum, die Einzelheiten von Shakespeares Leben aufzuzeichnen, indem er behauptet, daß «die Kenntnis des Autors manchmal einem besseren Verstehen des Buches förderlich sein» könne. Die Art seiner Biographie entspricht seiner verkündeten ästhetischen Intention. Rowes kursorische Darstellung von Shakespeares Geburt und Abstammung dient zum Beispiel nur als Vorspiel zu der Aussage: «Sein Vater hatte eine so große Familie... daß er, obgleich [William] sein ältester Sohn war, ihm keine bessere Bildung zukommen lassen konnte als seine eigene Beschäftigung»[58], ein Umstand, der Shakespeare daran gehindert habe, eine «Fertigkeit» im Lateinischen zu erwerben. Diese kurze biographische Erklärung führt natürlich – ja zwangsläufig für einen Autor des 18. Jahrhunderts – in eine ausgedehnte Diskussion der Folgen von Shakespeares mangelhafter Bildung für seine Kunst.

Nach diesem kritischen Exkurs kehrt Rowe zur biographischen Erzählung zurück. Er handelt Shakespeares Ehe in zwei Sätzen ab, bevor er mit der Schilderung fortfährt, warum Shakespeare sich von einem Stratforder Geschäftsmann in einen Londoner Bühnendichter verwandelte:

«Durch ein bei jungen Männern nicht gerade seltenes Unglück war er in schlechte Gesellschaft geraten; einige darunter, die sich auf Wild-Diebstahl verlegt hatten, nahmen ihn mehrfach zum Wildern in einen Park mit, der Sir Thomas Lucy von Cherlecot, nahe Stratford, gehörte. Dafür wurde er von diesem Gentleman gerichtlich verfolgt, etwas zu hart, wie er meinte; und um sich für diese schlechte Behandlung zu rächen, verfaßte er eine Ballade auf ihn. Und obwohl dieser wahrscheinlich erste dichterische Versuch von ihm verloren ist, war er, wie es heißt, so bitter, daß sich deshalb die Anklage gegen ihn verdoppelte bis zu einem Maße, daß er gezwungen war, das Geschäft und seine Familie für einige Zeit in Warwickshire zurückzulassen und Schutz in London zu suchen.»[59]

Diese Geschichte mag nicht wahr sein; einige der Details sind unmöglich, und moderne Forscher neigen dazu, die ganze Sache anzuzweifeln. Doch ob nun im wesentlichen wahr oder falsch, damit paßte Shakespeare wunderbar ins Empfinden des 18. Jahrhunderts, und sie wurde für den Rest des Jahrhunderts entsprechend wiederholt und ausgeschmückt. Sie gibt Shakespeare eine ausreichende Entschuldigung für sein sehr unbürgerliches Verhalten, das er an den Tag legte, als er seine Familie verließ. Außerdem zeigt sie ihn als Könner, was die auf Personen zielende Verssatire angeht, und gesellt ihn damit zu allen Dichtern des späten 17. Jahrhunderts und frühen 18. Jahrhunderts, die etwas auf sich halten – eine Rolle, die bestätigt wird von Rowes Bericht über Shakespeares spöttische Pseudo-Grabschrift für einen Nachbarn in Stratford, John Combe. Auch eine moralische Botschaft bietet sie: die Gefahren «schlechter Gesellschaft», für die doch die Jugend so anfällig scheint. Und schließlich formt sie die ganze Begebenheit zu einem Beispiel dieses tröstendsten aller Erzählmuster, zum ‹glücklichen Fall›: Was als der schlimmste Moment erschien, stellt sich im Nachherein als bester heraus. Shakespeares Wechsel von Beruf und Wohnort war die Folge eines Vorfalls, der, «obgleich er zunächst wie ein Schandmal auf seinem guten Benehmen und als Unglück für ihn schien, sich danach glücklicherweise als die Gelegenheit erwies, die erst das größte Genie hervorbrachte, das die dramatische Dichtung je kannte»[60]. O wahrhaft glückliche Sünde!

An anderen Stellen ist noch durchsichtiger, wie die Bedingungen der Zeit auf Rowes Erzählung wirkten. «Königin Elisabeth ließ mehrere von [Shakespeares] Stücken aufführen und gewährte ihm zweifelsohne viele Zeichen ihrer Gunst.» Rowe hat, wie sein versichernder Zusatz «zweifelsohne» eingesteht, keinerlei Beweise für solche Zeichen ihrer Gunst; aber er möchte Shakespeare, dessen Kunst durch königliche Anerkennung gefördert wurde, den Dramatikern von Rowes eigener Generation gegenüberstellen, die unter der Nichtbeachtung oder offenen Feindseligkeit der Monarchie erstickten. Königin Elisabeth hatte Shakespeare sogar «beauftragt... [Falstaff] als Verliebten zu zeigen» und damit die Schöpfung von den *Lustigen Weibern von Windsor*, Shakespeares beliebtester Komödie, veranlaßt. Shakespeares Königin Elisabeth hatte, anders als Rowes Königin Anne, tatsächlich Schauspiele gewissermaßen in Auftrag gegeben. Auch die elisabethanische Aristokratie hatte Shakespeares Genie erkannt und unterstützt: «Er hatte die Ehre, viele große und ungewöhnliche Zeichen der Gunst und Freundschaft vom Grafen von Southampton zu empfangen», der «ihm 1000 Pfund schenkte». Diese Geschichte dürfte kaum der Wahrheit entsprechen, aber Rowe erwähnt sie als Illustration einer «sehr großartigen und zu jeder Zeit seltenen Gabe, die fast der reichen Großzügigkeit gleichkommt, die die gegenwärtige Epoche gegenüber französischen Tänzern und italienischen Eunuchen gezeigt hat». Der hier durchweg implizierte Gegensatz zwischen den Bedingungen für das Theater in Shakespeares und denen in Rowes Zeit wird so im letzten Satz angesprochen und gewinnt dann im folgenden Absatz noch an Deutlichkeit, als Rowe versichert: «Jeder, der Qualität zu würdigen wußte und Menschenkenntnis besaß, empfand eine rechte Wertschätzung und Achtung für» Shakespeare, selbst zu seinen Lebzeiten.[61]

(Das waren die guten alten Tage! Die Leute erkannten ein Genie, wenn sie eines sahen! Aber heute...)

Als Beleg zitiert Rowe mehrere Strophen eines Gedichts von Edmund Spenser über das Thema «unser heit'rer Willy». Rowe gesteht zwar unmittelbar ein, daß gegen die Behauptung, mit dem bewußten Willy sei Shakespeare gemeint, Einwände erhoben worden seien; schließlich sagt Spenser doch «unser heit'rer Willy, ach, ist nun nicht mehr», und Spencer starb 1599, lange vor Shakespeare. Aber Rowe hat eine Erklärung für diesen Widerspruch.

«Mr. Spencer meint nicht, daß [Shakespeare] damals wirklich nicht mehr war, sondern daß er sich aus der Öffentlichkeit zurückgezogen hatte, daß er sich vom Schreiben zurückgezogen hatte aus Ekel, den er empfand für den in der Stadt herrschenden schlechten Geschmack und den erbärmlichen Zustand der Bühne.»[62]

Dieser Shakespeare erinnert auffallend an Rowes Freund und Kit-Cat-Kollege William Congreve, der sich 1700 «aus der Öffentlichkeit zurückgezogen» hatte, nachdem *The Way of the World* nicht die Anerkennung gefunden hatte, die es seiner Meinung nach verdiente.

Nach Rowes Ansicht regt eine Biographie zu einer Auseinandersetzung zwischen Vergangenheit und Gegenwart an; ebenso kann sie jedoch zwischen den Rivalen der Vergangenheit schlichten. Rowe geht nie ausdrücklich auf die in der Restaurationszeit weitverbreitete Überzeugung ein, Beaumont und Fletcher hätten mit ihrer Darstellung von «Gentlemen» und vornehmer «Konversation» Shakespeare übertroffen; statt dessen betont er, daß Shakespeares Familie aus «Gentlemen» bestand und daß Shakespeare selbst ein «höchst angenehmer Gesell» war, der «sich vertraut machte mit der vornehmsten Konversation jener Zeit»[63]. Jonson hingegen mußte er frontal angehen: Beaumont und Fletcher mochten Shakespeare die Lorbeeren streitig machen oder kürzlich streitig gemacht haben, doch Jonson war nicht nur ein Dramatiker von enormem Ansehen, sondern auch die bekannteste Quelle für Informationen über Shakespeare. Deshalb konnte Rowe ihn nicht einfach ignorieren.

«[Shakespeares] Bekanntschaft mit Ben Jonson begann mit einem bemerkenswerten Beispiel von Güte und Freundlichkeit. Mr. Jonson, der zu dieser Zeit der Welt gänzlich unbekannt war, hatte den Schauspielern eines seiner Stücke zur Aufführung angeboten; und nachdem sie es unachtsam und verächtlich durchgeblättert hatten, wollten es die Leute, in dessen Hände es geraten war,

gerade mit einer unfreundlichen Antwort, es sei für sie nicht geeignet, zurück-
geben. Da warf Shakespeare glücklicherweise einen Blick darauf und fand
etwas so Gutes darin, daß er das Stück ganz durchlas und danach Mr. Jonson
und seine Werke der Öffentlichkeit empfahl. Von nun an sahen sie sich als
Freunde, obwohl ich nicht weiß, ob der andere ihm diese Freundlichkeit und
Redlichkeit je mit Gleichem zurückzahlte. Ben war von Natur aus stolz und
anmaßend und... konnte jemandem, der offenbar sein Konkurrent war, nicht
ohne schlechte Gedanken begegnen.» [64]

Diese Anekdote mag im Kern wahr sein, Rowe jedoch war sie außerdem sehr nützlich bei der Absicht, Jonson als Kritiker von Shakespeare
zu diskreditieren. Denn der theoretische Streit zwischen Kritikern über
den Wert der Kunst im Gegensatz zur Natur, der künstlerischen Technik gegenüber der Intuition hatte sich in der Restaurationszeit in einen
Zweikampf zwischen Ben Jonson (der für die Kunst antrat) und William Shakespeare (der die Natur vertrat) verwandelt. Rowes Verteidigung von Shakespeare durch das ganze Vorwort zieht entsprechend
eine ausgesprochene oder unausgesprochene Herabsetzung von Jonson nach sich.

Einen großen Teil der Information über Shakespeares Leben hatte
Rowe von Thomas Betterton, dessen «Ehrung des Gedenkens Shakespeares... ihn eine Reise nach Warwickshire unternehmen ließ, um
dort zusammenzutragen, was von einem Namen übriggeblieben war,
der für ihn einen so großen Wert besaß» [65]. Auch die meisten der editorischen Neuerungen in seinem Text verdankte er dem Theater. Er unterteilte alle Dramen in fünf Akte. Mit dieser Gliederung, die bis jetzt
gefehlt hatte, brachte er die Texte mit der Bühnenpraxis in Einklang.
Selbst Rowes Entscheidung, wo er die Zäsuren setzte, erfolgte unter
dem Einfluß der Adaptionen der Restaurationszeit. Deren gründliches
Umschreiben der Texte machte eine strukturelle Entsprechung oft unmöglich; dennoch begann Rowe zum Beispiel den Vierten Akt von
Timon von Athen an genau der Stelle, die Shadwell (durchaus nicht
zwangsläufig) gewählt hatte [66], und die Unterteilungen in Akte, die er
am *Hamlet* unternahm, entsprechen alle der Bühnenpraxis der Restauration. Dazu unterteilte Rowe jeden Akt in Szenen (was frühere Ausgaben sehr viel seltener getan hatten), und in einigen Stücken ordnete
er den Szenen einen Schauplatz zu. So beginnt *Maß für Maß* mit der
Angabe *«SZENE in einem Palast»*, für die weiteren Teile der Handlung heißt es *«Straße»*, *«Ein Nonnenkloster»*, *«Ein Gefängnis»* oder
«Felder außerhalb der Stadt». Diese editorischen Neuerungen spiegeln

zweifellos die szenischen Konventionen, die Davenant nach der Restauration eingeführt hatte. Sowohl der allgemeine, typische Charakter von Rowes Schauplätzen als auch das völlige Fehlen einer spezifischen Lokalisierung ahmen die Bühnenpraxis nach. Wie die bemalten Stellwände lieferten Rowes Notizen zu den Szenen nur vereinzelte optische Anhaltspunkte, wo die Handlung spielte.

Rowes eigene praktische Theatererfahrung hatte ihn gelehrt, wie wichtig Bühnenanweisungen waren, besonders für Abgänge und Auftritte, die in früheren Ausgaben oft unzureichend oder irreführend angegeben waren. Ebenso erkannte er, wie praktisch Manuskripte waren, die die Figuren durchgängig mit einem einzigen Namen identifizierten, anstelle der manchmal verwirrenden Bandbreite der Nomenklatur in den Texten des 17. Jahrhunderts. Als natürliche Folge solcher Standardisierung der Namen übernahm er eine andere Praxis, die in den Ausgaben zeitgenössischer Stücke gebräuchlich war: Er stellte jedem Text eine hilfreiche Liste der *dramatis personae* voran. Die Titelblatt-Stiche spiegelten oft, wie grob auch immer, die zeitgenössische Bühnenpraxis. Beim Korrigieren der Dialoge selbst verfuhr Rowe manchmal eher wie die Bearbeiter der Restaurationszeit als wie die zukünftigen Herausgeber, denn er verbesserte systematisch Shakespeares Grammatik und behob einfach an einer Stelle einen peinlichen Anachronismus. In *Troilus und Cressida* erwähnt Hektor von Troja Aristoteles, der erst Jahrhunderte nach Hektors Tod geboren wurde; Drydens Adaption strich diesen anstößigen Satz, und Rowes Ausgabe setzte an die Stelle der unpassend genauen Angabe «Aristoteles» das gnädig unverfänglich allgemeine «größere Weisen»[67].

Eine private Grotte

Rowes Whig-Ausgabe blickte zurück auf die Bühne; Popes Tory-Ausgabe blickte nach vorn auf das Buch. Wie Rowe kannte Pope Betterton, ja der Schauspieler war für ihn ein Held seiner Jugendzeit gewesen.[68] Und wie Rowe bezog sich Pope in seinem Vorwort tatsächlich auf Betterton als Informationsquelle:

«Es war und ist eine verbreitete Ansicht, daß Ben Jonson und Shakespeare in gegenseitiger Feindschaft lebten. Betterton hat mir oft versichert, daß dem nicht so war.»[69]

Entsprechend verwandte Pope einen ganzen Absatz darauf, nachhaltig seine Zweifel an der traditionellen Entgegensetzung von Jonson und Shakespeare zu formulieren, an jener gewohnheitsmäßigen Einschätzung der beiden Autoren durch die Kritiker, die deren persönliche und künstlerische Differenzen übertrieben hatten. Aber anders als Rowe in seinem Vorwort erwähnt Pope Betterton mit keinem Wort; die oben zitierten Sätze stammen nicht aus der Shakespeare-Ausgabe, sondern aus Popes Gesprächen. Rowe, der Bühnenautor, verkündete öffentlich seine Bekanntschaft mit und Bewunderung für den Schauspieler; Pope, der Dichter, unterschlug sie.

Pope unterschlug auch noch anderes. Zweimal hatte Rowe in seinem Vorwort verächtlich auf den Kritiker Thomas Rymer Bezug genommen, auf den Autor der einflußreichsten aller Attacken gegen Shakespeares künstlerisches Können. Pope druckte Rowes Vorwort in seiner eigenen Ausgabe ab, schnitt diese zwei Stellen jedoch stillschweigend heraus mit dem Ergebnis, daß sie für das ganze 18. Jahrhundert aus den Nachdrucken von Rowes Vorwort verschwanden.

Das gleiche Schicksal ereilte Rowes verächtliche Kommentare über Jonson.[70] Pope verzichtete außerdem auf die Titelblatt-Stiche zu den einzelnen Dramen, die den Text in plumper, effekthaschender Weise verbildlichten. Er warf als erster die sieben Stücke herraus, die 1664 den gesammelten Werken hinzugefügt worden waren. Aus den übrigen 36 strich er 1560 Verse, die seiner Meinung nach nicht autoritativ waren, ganz oder verbannte sie nach unten auf die Seite: In ihrem Authentizitätsanspruch ‹niedere› Passagen wurden nach ‹unten› verbannt. In stärkerem Maße als Rowe entfernte Pope, wo er nur konnte, aus dem verbleibenden Dialog schlechte Grammatik, schlechte Logik, schlechte Metrik und schlechte Manieren.

Allgemeiner formuliert, unterdrückte Pope die theatralische Aufführungsqualität der Stücke zugunsten ihrer Lektürequalität. Als materielle Objekte, als Gegenstände in persönlichem Besitz wirkten Popes Bände auf das Auge und in der Hand eleganter als Rowes und sind dank ihrer Typographie leichter zu lesen. Ein Glossar, das erste überhaupt und auf der Grundlage der besten Quellen erstellt, machte den Text verständlicher. Pope wies den Lesern den Weg zu Shakespeares bester Dichtung, indem er die, wie er sie nannte, «glänzendsten Passagen» anzeigte und durch auffällige Doppelstriche am linken Rand optisch hervorhob. Wenn eine ganze Szene ein solches Lob verdiente, verkündete er ihre «Schönheit» mit einem Stern. Rowe hatte in seinem

Vorwort die Aufmerksamkeit auf solche verstreuten Juwelen gelenkt bzw. wieder gelenkt, wie es auch Addison und Steele in ihren neuen literarischen Wochenschriften getan hatten, aber Pope machte diese kritische Hervorhebung in systematischerer und logischerer Weise zu einem Bestandteil der Textstruktur selbst. Damit spiegelte und bildete er zugleich den zeitgenössischen Geschmack. Weiterhin fertigten seine Mitarbeiter mehrere analytische Register an, eines für «Benehmen und Gefühle» und ihre «Äußerungen und Wirkungen», ein anderes für «Gedanken und Empfindungen» und ein begleitendes «Verzeichnis der bedeutendsten [Reden] bei Shakespeare». Mit Hilfe solcher Ergänzungen konnte der Leser Reflexionen finden über Themen wie «Das Mißgeschick, die Vorzüge davon» und «Die Frau, ihre Natur». Beide Verfahren, das Register und die besondere Markierung, betonten beschreibende, sentenzenhafte, narrative, undramatische Passagen, rhetorische Glanzstücke.[71] Sie zersplitterten jedes Stück in ein Forum für ein paar bewunderte Gedichte.

Während die Originalität von Rowes Ausgabe in der kreativen Übertragung von Bühnenkonventionen auf den gedruckten Text bestand, verdankte Pope seine Originalität den Büchern. Rowe hatte es gereicht, seinen Text auf die Sammelausgabe von 1685 zu stützen, auf die aus historischer Perspektive am stärksten verfälschte Ausgabe. Von den Quarto-Ausgaben der einzelnen Dramen machte er für seinen Text praktisch keinen Gebrauch; es ist typisch, daß er, als er diese konsultierte – bei *Hamlet* und *Othello* –, stillschweigend Material aus den Ausgaben des späten 17. Jahrhunderts einarbeitete, die den Text anscheinend so wiedergaben, wie er auf dem Theater der Restaurationszeit gespielt worden war; im Falle von *Hamlet* druckte er Zeilen als Shakespeares ab, die Davenant bearbeitet hatte.[72] Pope hingegen sammelte 24 frühe Quarto-Ausgaben der Dramen[73], suchte nach weiteren und trug sie mit Hilfe von Kollegen zusammen, wobei er sie mit Rowes Text verglich. Auf diese Weise war er in der Lage, Hunderte von Fehlern zu korrigieren, die sich während des 17. Jahrhunderts angehäuft hatten, und Wörter, Sätze und manchmal ganze Passagen einzufügen, die ohne Zweifel von Shakespeare stammten, aber den Lesern seit der Restauration nicht zugänglich gewesen und in manchen Fällen seit mehr als einem Jahrhundert nicht mehr in den Druck gelangt waren. Anders als Rowe machte Pope weiterhin auf die Stellen aufmerksam, wo er auf Varianten in früheren Texten zurückgriff.

Popes Gebrauch dieser Bücher entschlüsselte zumindest teilweise auch das große Rätsel, das Kritiker seit Jahrzehnten verwirrte: die stilistischen Unausgewogenheiten bei Shakespeare. In seinem Vorwort – Pope stützte sich auf einen Hinweis Bettertons – wandte er sich gegen die Tradition, die Shakespeare und Jonson als Inbegriff der gegensätzlichen Pole von Natur und Kunst kontrastierte. Er führte diese befreiende kritische Neubewertung fort, indem er einen großen Teil der Schuld an Shakespeares unverdienter Reputation für seinen «Mangel an Bildung» den «vielen Schnitzern und Druckfehlern der ersten Verleger seiner Werke» zuschrieb, die mit ihrer «Unwissenheit auf fast jeder Seite glänzen». In einer Schlußfolgerung, die von fast der ganzen folgenden Forschung bestätigt wurde, erkannte er, daß Shakespeare auch nicht den Druck der Dramen überwacht hatte, die zu seinen Lebzeiten veröffentlicht worden waren; folglich leiden die frühen Quarto-Ausgaben so sehr an einem «maßlosen Mangel an Sorgfalt im Druck... daß es offensichtlich ist, daß es entweder überhaupt keinen Korrektor für den Druck gab oder daß er des Lesens und Schreibens nicht mächtig war». Popes Meinung über die Männer, die Shakespeares Stücke druckten, ist hier deutlich geprägt von seiner Erfahrung mit skrupellosen Verlegern in der Zeit der Klassik, wie dem berühmten Edmund Curll.

Allerdings war die Verfälschung nicht hauptsächlich auf die Drucker zurückzuführen, sondern auf «die Ignoranz der Schauspieler, sowohl als Darstellende als auch als Herausgeber». Popes Textausgaben überzeugten ihn davon, daß es an der Bühne lag, daß Shakespeares Genie nicht in vollem Licht erstrahlte, was er, wie er bekundete, beheben wollte, indem er «jene zahllosen Fehler» ausmerzte, die die Schauspieler verschuldet hatten. Sobald er nur der Zusätze der Schauspieler entkleidet war, würde ein Shakespeare sichtbar werden, der dem Geschmack des Lesepublikums des 18. Jahrhunderts stärker entsprach.

Pope machte sich daran, Shakespeare vor dem Theater zu retten. Da er fast nichts darüber wußte, wie das Theater zu Shakespeares Lebzeiten ausgesehen hatte, gründete er sein Urteil über den Schauspielerstand auf das Beispiel seiner eigenen Zeitgenossen. Entsprechend war es für ihn naheliegend, ja vielleicht unausweichlich, den Schauspielern die Schuld zu geben für «das Hinzufügen von belanglosen und schwülstigen Stellen... niedrigen Witzen und Zoten» und die enorme Ausdehnung von «niederen Szenen voller Pöbel, Plebejer und Possenreißer». Dieselben Übeltäter ließen oft «schöne Stellen» aus, nur auf Grund einer «Geneigtheit, einige Szenen zu kürzen». Gleich Prokrustes machten sie sich daran, «einen Autor passend für die Bühne zurechtzustutzen oder in die Länge zu ziehen». Ähnlich wurden «in Ermangelung einer ausreichenden Zahl fähiger Schauspieler Figuren vermengt und vermischt»; dann kam es vor, daß «ein führender Schauspieler eine besonders schöne Stelle einem Untergebenen von den unwürdigen Lippen riß, um diese aus dem eigenen Munde erklingen zu lassen». Die Gliederung in Akte war nicht nach Prinzipien der Vernunft erfolgt, sondern danach, wann den Schauspielern «es beliebte, [die Vorstellung] für Musik, Maskenspiele oder Ungeheuer zu unterbrechen». Derlei Mutmaßungen lassen keinen Zweifel daran, daß Pope, so wie Rowe, die Bühne seiner Zeit im Sinn hatte, als er über das elisabethanische Pendant schrieb.

Pope gab vor, jegliche Implikation dieser Art abzustreiten, und im Hinblick auf jemanden wie Betterton mag dies durchaus ehrlich gemeint gewesen sein. Genauso jedoch, wie Rowe es getan hatte, ging er leicht über in eine Satire auf den Schwachsinn zeitgenössischer Patronage. Im Gegensatz zu den Schauspielern zu Shakespeares Zeiten kamen die «Gentlemen vom Theater» jetzt «am Tisch der Lords oder im Ankleidezimmer der Ladies zu sitzen» – und diese Sätze vom Autor von *Therape of the Lock*! Anders als ihre Vorgänger genossen die Schauspieler folglich jetzt die Vorzüge einer Bekanntschaft «mit der Unterhaltung im Kreise unseres Adels und eines vertrauten (um nicht zu sagen innigen) Umgangs mit Leuten ersten Ranges». Die Förderung des Theaters durch König Georg I. bestand aus seiner besonderen Vorliebe für Musik, Maskenspiele, Ungeheuer und Possenreißer; der «vertraute (um nicht zu sagen innige) Umgang» zwischen Schauspielern und Aristokraten zeigte sich besonders in Form von skandalösen Liaisons zwischen Schauspielerinnen und den Lords. Die vornehme Anmaßung der erfolgreicheren Angehörigen des Schauspielerstandes allein war gesellschaftlich Konservativen wie Pope schon ein Dorn im Auge. So klagte der Autor einer Flugschrift entrüstet: «Ist es Ihnen angenehm, daß Schauspieler sich wie Lords kleiden... ihre Stadt- und Landhäuser besitzen und in jeder Wirtschaft und jedem Kaffeehaus, das sie betreten, den Ton angeben? Dies tun viele von ihnen bereits.» [74] In Popes Augen war der Aufstieg der Schauspieler zur gesellschaftlichen Respektabilität nur ein weiteres Symptom für den Verfall des kulturellen Standards.

Pope, der erste Shakespeare-Herausgeber, der dem Theater so feindlich gesonnen war, war auch der erste, der in großem Umfang von abweichenden früheren Ausgaben Gebrauch machte. Er gab das Beispiel dafür vor, wie diese in den nächsten zweieinhalb Jahrhunderten interpretiert werden sollten. Die meisten der größeren Unterschiede zwischen ihnen führte er auf eine Verfälschung durch das Theater zurück. Die Quarto-Ausgabe von der *Geschichte von König Lear* aus dem Jahre 1608 las er nicht als das eine Kunstwerk und die Folio-Ausgabe von der *Tragödie von König Lear* aus dem Jahr 1623 als ein anderes; statt dessen schaute er sich flüchtig Teile der Ausgabe von 1608 an und zog sie gelegentlich zu Rate, um den Text seines unmittelbaren Vorgängers (Rowe, dessen Text auf dem Folio basierte) zu ergänzen oder zu verbessern. Pope betrachtete beide frühen Textfassungen des Stücks nur als Rohmaterial, aus dem er seine eigene Version eines verlorenen idealen Originals rekonstruieren konnte. Er benutzte sie beide, um jeweils die Autorität und Integrität des anderen zu untergraben.

Natürlich enthalten alle Texte Fehler, in jeder Überlieferung geht etwas verloren, und jeweils eine Überlieferung mag uns helfen, die Fehler in der anderen zu korrigieren. Aber Pope verkündete, daß alle frühen Textfassungen von Shakespeare von Entstellungen strotzten. Nur eine Adaption in großem Umfang könne sie noch retten. wie Davenants *Law Against Lovers* Material aus *Maß für Maß* und *Viel Lärmen um nichts* verknüpfte, wie Cibbers Adaption von *Richard II.* Passagen aus *Richard II.*, *Heinrich IV.*, *Heinrich V.* und *Heinrich VI.* enthielt, so verknüpfte Popes *König Lear* freizügig Shakespeare-Dialoge aus zwei verschiedenen Quellen. Mit einer Geste, die für sein editorisches Verfahren vollkommen typisch ist, verschmolz der Shakespeare-Stich in Popes Ausgabe zwei frühe Bilder: Er setzte das Chandos-Gesicht auf das Stratford-Denkmal. Das gleiche machte Pope mit frühen Texten: Er verpflanzte Quarto-Szenen und -Dialoge in übergeordnete Folio-Strukturen.

Gleich Rowe und Davenant wünschte und behauptete Pope, sowohl Authentizität als auch Neuheit zu bieten. Mit seiner Nutzung von elisabethanischen und jakobäischen Büchern entwickelte er ein Verfahren, das beide Zwecke erfüllte. Anscheinend konnte die Textkritik aus dem philologischen Dilemma führen, das durch die verwirrend unvollkommenen Texte eines bewunderten Autors entstanden war.

Was die Textkritik nicht vermochte, schaffte die Übersetzung. Pope machte sich an seine Shakespeare-Ausgabe unmittelbar nach dem künstlerischen und kommerziellen Triumph seiner Übersetzung von Homers *Ilias* – auch heute noch die beste Übertragung dieses Gedichts ins Englische, wo wie Drydens Übersetzung noch heute die überzeugendste Wiedergabe von Vergils *Aeneis* in dieser Sprache ist. Pope wich oft bewußt von dem ab, was Homer seines Wissens geschrieben hatte; denn er wußte auch, daß seine eigenen Leser das, was Homer geschrieben hatte, nicht verstehen oder schätzen würden. Wie jede vorherige Ausgabe von Shakespeares gesammelten Dramen (einschließlich der ersten) modernisierte Popes Text die Orthographie, Interpunktion und Grammatik seiner Vorgänger – er übersetzte frühes Neuenglisch in Neuenglisch. Das galt selbst für die Schreibweise des Nachnamens des Dichters: Da der Name offensichtlich ein Kompositum aus einem geläufigen Verb (*shake* – schütteln) und einem geläufigen Substantiv (*speare* – Speer) war, schrieben die Drucker ihn so wie die Wörter, aus denen er sich zusammensetzte. Die Ausgabe der *Comedies, Histories, and Tragedies* von 1685 änderte durchgängig die veraltete Schreibweise der zweiten Silbe (*speare*) zu der damals bevorzugten zeitgenössischen Form (*spear*)*; in den nächsten 40 Jahren sollte sie sich fast vollständig durchsetzen. Rowe akzeptierte sie und auch Pope; Jonathan Swift witzelte, daß «zur Regierungszeit Königin Elisabeths» die Engländer zunächst versuchten, «to deal in tragedy» – sich mit Tragödien zu beschäftigen – und «began to *Shake Speares*» – Speere zu schütteln begannen.[75] Pope ging mit seinem Modernisierungsprozeß einen Schritt weiter, indem er nicht nur Orthographie, Interpunktion und Bühnenanweisungen, sondern auch den Dialog selbst freizügig korrigierte, um ihn dem Empfinden des 18. Jahrhunderts genehm zu machen. Pope konnte sich in Shakespeares Fall nicht entscheiden, ob er Herausgeber oder Übersetzer war; er wollte etwas, was unmöglich war, nämlich modernisieren und gleichzeitig restaurieren.

Popes Methode wurde zwangsläufig und unmittelbar gegen ihn gekehrt. Dies wäre auch geschehen, wenn Lewis Theobald nie geboren worden wäre. Pope hatte ein Tor geöffnet, das nun nicht mehr zu schließen war. Er hatte mehr alte Ausgaben angeschaut als jeder vor ihm; aber er hatte nicht alle angeschaut oder alles daraus verwendet. Auf der Grundlage der frühesten gedruckten Texte kehrte Theobald zum Beispiel zur Form «Shakespeare» zurück; damit fordert sein Buch Pope schon mit dem allerersten Wort des Titels heraus (*Shakespeare*

* Diese Änderungen der Schreibweise hatte die Titelseite der Ausgabe von 1664 vorweggenommen (damit begann die «Shakespeare»-Mode); dennoch ließ diese Ausgabe auf den Eingangsseiten Shakespeare ansonsten noch intakt.

Restored). Theobald hatte mehr Ausgaben zur Verfügung als Pope und prüfte sie genauer; andere Herausgeber sollten ihrerseits noch mehr Ausgaben noch genauer prüfen als Theobald. Und warum die Suche auf alte Bücher mit Shakespeares Namen darauf beschränken? Oft ließ sich sein Text bzw. dessen Bedeutung anhand von Büchern seiner Zeitgenossen erhellen. Die Worte eines Autors ergeben nur als Teil eines ganzen Sprachsystems einen Sinn, als Teil des verbalen und gesellschaftlichen Kodes von Ort und Zeit, in denen er lebt. Die Bedeutungsfülle einer individuellen Äußerung läßt sich nur im Kontext all dessen erkennen, was in der Sprache dieser Äußerung gesagt wurde oder sagbar war. Deshalb ist die Erkenntnis der ganzen Bedeutungsfülle Shakespeares immer gerade außer Reichweite und wird verschoben, bis wir noch ein anderes altes Buch lesen können, das uns einen neuen Aspekt dessen klar machen würde, was Shakespeare sagte oder – was genauso signifikant ist – absichtlich zu sagen unterließ. Shakespeares ganze Bedeutung, sein wahrer Text ist in der neuen von Pope eingeläuteten Epoche immer etwas Zukünftiges.

Wir entdecken Shakespeares Bedeutung, indem wir in Bezug setzen, was er hier sagte und was er dort sagte, oder was er sagte und was andere sagten, oder was dieses Buch sagt und was jenes Buch darüber sagte, was er sagte. Aber solche Differenzen, mit denen fertigzuwerden schon schwer genug ist, werden noch verdoppelt, ja gestalten sich noch verworrener durch die Differenzen zwischen zwei beliebigen Herausgebern oder Interpreten. Bisweilen zweifelte Theobald Popes Text an, nicht weil er Zugang zu weiteren Informationen hatte, sondern weil er nach Prüfung der Quellen, die auch Pope vorgelegen hatten, andere Schlüsse daraus zog.

Popes Ausgabe war ein zwangsläufiges Opfer der Logik der Sprache, der Falle zwischen ihren Funktionen des Unterscheidens und Aufschiebens, dieses tödlichen Abgrunds, der jede folgende Ausgabe verschlungen hat. Der räuberische Jäger Theobald sah das Opfer Pope unten in der Grube, sprang auf ihn rauf und verwandelte sich in diesem Prozeß in das nächste Opfer, das in der Falle sitzt, in der Gewalt des nächsten räuberischen Herausgebers, der über den Rand nach unten spähte und der wiederum...

Am Ende seines Textes verzeichnete Pope 27 frühe Ausgaben von Shakespeare, die er «herangezogen und verglichen» hatte; acht Jahre später konnte Theobalds Liste 43 davon aufweisen.[76] Zum erstenmal hatten einzelne Leute begonnen, große Sammlungen von Shakespeariana zu erwerben.

Beide Sammlungen wurden zumindest teilweise vom Tonson-Verlag finanziert, der jedem Herausgeber einen für damalige Begriffe lukrativen Vorschuß zahlte. Allgemein spiegelte das Wachsen solcher privater Bibliotheken den zunehmenden Anteil an Englands nationalem Vermögen, der in die Herstellung und den Erwerb von Gedrucktem floß. Das Tonson-Unternehmen gedieh, weil mehr Leute mehr Geld und Muße für Bücher zur Verfügung hatten. Die Nachfrage nach Büchern führte zu einem Boom von privaten wie öffentlichen Bibliotheken. 1718 waren in und außerhalb Londons bereits einige Leihbibliotheken eingerichtet worden, und jedes folgende Jahrzehnt erlebte einen Zuwachs, was die Zahl solcher Sammlungen betraf, ihre geographische Verteilung, die Größe ihres Bestands und die Zahl derer, die sie nutzten.

Die anhaltende Theaterpopularität von einem halben Dutzend seiner Dramen, gekoppelt mit Tonsons Marketing-Geschick, sicherte Shakespeare einen Platz in diesen neuen Bibliotheken. Welchen Platz er dort einnahm, war damit jedoch noch nicht bestimmt. Unten in der Masse tummelten sich Garten- und Kochbücher, Fibeln, die rührselige Erzählliteratur und die dramatischen Eintagsfliegen – wie mach ich was, ach, und wer ist wer; oben an der Spitze schwebten die griechischen, lateinischen und hebräischen Klassiker, Milton und Newton. Shakespeares Status würde davon abhängen, auf welches Regal man ihn stellte.

Im Jahr 1715 erwarb die Universitätsbibliothek Cambridge zum erstenmal ein Exemplar von Shakespeares gesammelten *Comedies, Histories, and Tragedies*.[77] Im Vorwort zu einer neuen Ausgabe von Shakespeares Gedichten klagte George Sewell ein Jahrzehnt später, «Männer von Bildung und Muße» hätten sich «gewöhnlich in den Nachdruck der Werke von gefeierten alten Autoren der griechischen und lateinischen Sprache vertieft»; solch philologische Arbeit wäre besser gerichtet auf «unsere eigenen Schriftsteller im Bereich der Prosa und der Dichtung», denn solche Schriftsteller «sind bis zu einem gewissen

Grad unsere Klassiker»[78]. Dem stimmte Theobald wenige Monate später am Anfang von *Shakespeare Restored* zu: «*Shakespeare* hat oder sollte zumindest den Rang eines klassischen Schriftstellers haben.»[79] In beiden Fällen erwartete man, daß die Definition von Shakespeare als Klassiker sich auf die Edition seiner Werke auswirken würde. Theobald leitete daraus ab, daß Shakespeares Text «dem eines verfälschten Klassikers glich und folglich seine Restauration eine ähnliche Umsicht erfahren sollte»[80].

Theobald war stolz darauf, die Ähnlichkeit zwischen seiner eigenen Textmethode und der des großen klassischen Philologen Dr. Richard Bentley zu betonen. Bentley selbst legte die Parallele zwischen der Edition klassischer Werke und der einheimischer Klassiker nahe, als er eine neue Ausgabe von Miltons *Paradise Lost* anfertigte, die Tonson und andere 1732 veröffentlichten. Darin behauptete er, die erste Ausgabe sei «verdorben von solch ungeheuren Fehlern, die in keinem anderen Buch ihresgleichen finden», und schlug «etliche Hunderte» an neuen Korrekturen vor.[81] Bentley und Theobald verfochten beide die Ansicht, daß ein englischer Klassiker durch «einen schlechten Drucker und einen noch schlechteren Herausgeber»[82] allerorts verfälscht worden war, daß «unechte Verse» von einem «Freund oder Bekannten» des Autors fälschlich eingefügt[83] und Texte «mangelhaft mündlich überliefert»[84] worden waren und daß der Autor «die Korrekturfahnen der ersten Ausgabe nie selbst gelesen» bzw. vorgelesen bekommen hatte.[85] Es war jeweils «kein authentisches Manuskript vorhanden», und die Werke der Autoren waren jeweils lange Zeit «nach fehlerhaften Vorlagen ohne die Mitarbeit eines verständigen Herausgebers neu veröffentlicht worden, was bei vielen klassischen Schriftstellern ähnlich der Fall gewesen ist»[86].

Von Pope bis Jonson teilten Shakespeares Herausgeber die meisten dieser Ansichten. Doch die Stücke der großen Dramatiker Athens hatten über 22 Jahrhunderte diese Textverfälschung erlitten; die frühesten erhaltenen Abschriften der Texte waren ein Jahrtausend oder mehr nach dem Tod des Autors entstanden. Shakespeares Texte hingegen waren kaum mehr als ein Jahrhundert alt; Ausgaben, die zu seinen Lebzeiten oder kurz danach gedruckt wurden, waren immer noch zu finden. Diese Unterschiede im zeitlichen Maßstab wurden ignoriert, weil es im Interesse der Shakespeare-Herausgeber lag, sie nicht zu sehen. Wie die großen Humanisten der Renaissance, die die klassische Literatur aus dem finsteren Mittelalter herübergerettet hatten, so sollten die

Shakespeare-Herausgeber des 18. Jahrhunderts einen englischen Klassiker aus der finsteren Zeit des 17. Jahrhunderts retten.

Wenn Shakespeare ein Klassiker war, dann hatten die Herausgeber ihn wie einen Klassiker zu behandeln – und ebenso die Kritiker. Aber die Regeln des Aristoteles oder Horaz ließen sich nicht leicht mit seiner Praxis in Einklang bringen, und die Kritiker konnten ihn nur dann beurteilen, wenn sie eine geeignete Alternative zu Aristoteles und Horaz fanden.

Diese Alternative bot Longinus, ein geheimnisumwitterter griechischer Philosoph aus dem ersten Jahrhundert, der im Mittelalter und der Renaissance unbekannt war, bis 1554 in Basel sein einzig erhaltenes Werk, *Peri Hupsous*, erschien. Ein weiteres Jahrhundert blieb er für die englischen Leser unsichtbar; selbst der ungeheuer gebildete Ben Jonson erwähnte ihn nie, und erst 1652 erschien eine englische Übersetzung – die kein Mensch gelesen zu haben scheint. Aber 1674 veröffentlichte der Kritiker und Dichter Nicolas Boileau, ein internationaler Mittler des Neoklassizismus, eine französische Übersetzung *(Le Traité du Sublime ou du Merveilleux dans le Discours)*, und Longinus wurde sofort zum festen Bestandteil des Instrumentariums der europäischen Literaturkritik. Dryden zum Beispiel, der Longinus vor 1674 nie erwähnt hatte, tat dies danach achtmal. Eine neue englische Fassung, die 1680 erschien, wurde, wie auch die folgenden Übersetzungen, «übersetzt nach Boileaus Übersetzung» [87].

Longinus wurde nicht sofort zum Dienst an Shakespeare herangezogen. Dryden setzte Longinus nicht ein, um Shakespeare zu verteidigen, ebensowenig taten dies Rowe, Pope, *The Tatler* oder John Dennis, obwohl dieser wegen seines übermäßigen Interesses an dem griechischen Philosophen verspottet wurde. [88] Addison ließ Longinus für seine These antreten, Milton sei «der größte Dichter, den unsere Nation oder auch jede andere hervorgebracht hat». Dennoch zählte er Shakespeare zu denen, die «ein falsches Erhabenes» praktizierten, und als er Shakespeares Wortspiele verurteilte, rief er Longinus als Zeugen der Anklage auf. [89]

Leonard Welsted jedoch – ein entschieden geringerer Autor als Addison, ein unbedeutender Dichter und Kritiker, über den sich Dennis wie auch Pope lustig machten – veröffentlichte im gleichen Jahr, in dem Addisons Essay erschien, also 1712, seine Übersetzung von *A Treatise of the Sublime*. In einem beigefügten Essay illustrierte er die Longinusschen Regeln anhand von Passagen aus Shakespeare. Diesem

Beispiel folgte William Smith, ein klassischer Philologe und Geistlicher; um 1730 schrieb und 1739 veröffentlichte er eine gänzlich neue und einflußreiche Übersetzung, die direkt auf dem griechischen Text basierte. Shakespeare spielt in Smiths Kommentar eine herausragende Rolle. Zusammen festigten diese beiden Übersetzungen bei zahllosen Lesern des 18. Jahrhunderts eine Assoziation von Shakespeare mit Longinus.

Diese Assoziation stellte den englischen Parteigängern von Shakespeare einen angesehenen Verbündeten vom Mittelmeer zur Seite; Shakespeares künstlerisches Verfahren wurde in der Rückschau von einem Kritiker der Antike bestätigt, von dem er nie gehört hatte. Doch so, wie sie es mit der Editionspraxis getan hatte, leitete diese klassische Assoziation auch die einheimische Shakespeare-Kritik in bestimmte Kanäle. Wenn Longinus der einzige klassische Kritiker war, der einigermaßen zur Verteidigung von Shakespeare taugte, dann mußte die Verteidigung Shakespeares auf dem Boden erfolgen, den Longinus bereitet hatte.

Aristoteles war hauptsächlich an einer klassifizierenden Beschreibung interessiert gewesen; er identifizierte die charakteristische Struktur verschiedener literarischer Genres, genau so, wie er es mit verschiedenen Genera bei Tieren getan hatte. Die klassische Kritik der dramatischen Struktur berief sich fast immer direkt oder indirekt auf Aristoteles, und da Aristoteles' Beschreibungen nicht auf Shakespeares Schöpfungen paßten, waren die Kommentare zur Gesamtform der Stücke meist ablehnenden Tenors. Longinus jedoch interessierte der Genius, nicht das Genus: Er nahm Beispiele, wo immer er sie fand – in der Epik, im Drama, in der Rhetorik oder der Bibel. Shakespeares bunte Kreuzungen von Gattungen ist dann kein Problem mehr, wenn jede Gattung Beispiele unvermittelter Brillanz enthält. Smith sucht sich Erhabenes aus *Cymbeline* wie aus *Julius Cäsar*, Welsh zitierte *König Johann* zusammen mit *Othello*. Longinus lieferte Shakespeares Fürsprechern einen Präzedenzfall dafür, wie man den dramatischen Bau vollkommen außer acht ließ. Und weil Longinus seine Argumentation typischerweise mit kurzen Zitaten veranschaulichte, förderte er die Tendenz, das Stück in kleine Häppchen aufzuteilen. Entsprechend versprach das Vorwort zu William Dodds Anthologie der *Beauties of Shakespeare*, die zwischen 1752 und 1893 39 Auflagen erlebte, «viele schöne Stellen», die «im Gewand der Erhabenheit erstrahlen» und denen das «Lob von Longinus zuteil» geworden wäre.[90]

Longinus diente den Shakespeare-Kritikern als Legitimation, die strukturellen Schwächen zu ignorieren und sich auf die schönen Stellen zu konzentrieren; außerdem ließ er sie Shakespeares eklatante Mängel in ein Merkmal von Größe kehren:

«Ich weiß nun wohl, daß große Naturen keineswegs fehlerfrei sind; Korrektheit nämlich in allem birgt die Gefahr, kleinlich zu werden. Im Großen aber muß, wie bei Reichtum im Übermaß, auch etwas sein, was vernachlässigt wird; und vielleicht muß es sogar so sein, daß... das Große eben durch seine Größe strauchelt.»[91]

Diese Sätze zitierten die Verteidiger Shakespeares mehr als einmal.[92] Schon vorher waren sie zu einem Allgemeinplatz der klassischen Kritik geworden: Pope versicherte, «große Geister vermögen manchmal wahrlich groß die Regel zu verletzen»[93]. Sowohl was die Verfälschung seiner Texte als auch was die Mängel seines Stils anbelangt, bestätigten gerade die Schwächen von Shakespeares Dramen seinen Status als Klassiker.

Doch obwohl Shakespeare in den Bibliotheken des 18. Jahrhunderts einen Platz neben Longinus, Sophokles und *Paradise Lost* fand, landete er doch ebenso oft auf anderen Regalen für ein anderes Lesepublikum. Die kritische und editorische Tätigkeit, die ihn betont als Klassiker auswies, wurde von Männern ausgeübt, die einen Großteil ihres Lebens damit verbrachten, ihn mit anderen männlichen Autoren zu vergleichen; viele der Shakespeare-Leser des 18. Jahrhunderts waren jedoch weiblich, und ihre Begeisterung für sein Werk trug entscheidend dazu bei, seinen Status als populärer Autor zu begründen und aufrechtzuerhalten.

Frauen hatten Shakespeare von Anfang an gelesen. Bereits 1605 sah sich in Thomas Middletons *A Mad World, My Masters* ein eifersüchtiger Ehemann genötigt, seinem jungen lüsternen Weib «all ihre liederliche Lektüre» wegzunehmen – darunter auch *Venus und Adonis*.[94] In einem Manuskript, das aus dem Jahr 1635 stammt, hören wir von einer jungen vornehmen Dame, die, «nachdem sie die Werke von Shakespeare gelesen hatte», mehr über Falstaff wissen wollte.[95] In einem Brief an eine Freundin vom 21. Januar 1639 bedauerte Ann Merricke ihren Mangel an anderen Formen «gepflegter Entspannung»: «Ich muß mich hier mit dem Studium Shakespeares und der Geschichte von Frauen zufriedengeben.»[96]

In der zweiten Hälfte des 17. Jahrhunderts wuchs die Zahl der

Frauen, die lesen und schreiben konnten: In der Zeit zwischen Shakespeares Tod und dem Erscheinen der Pope-Ausgabe sank die weibliche Analphabetenrate von 91 auf 44 Prozent. Shakespeare hatte Ophelia vor Augen gehabt, wie sie auf ihrem Zimmer «näht'»; in Davenants Adaption 60 Jahre später verbringt die junge Tochter des Hofmannes ihre Mußestunden damit zu «lesen»[97]. 1713 erklärte ein männlicher Essayist die Leseleidenschaft der Frauen mit der Behauptung, daß die weibliche Hälfte der Bevölkerung «mehr freie Zeit zur Verfügung hat und ein ruhigeres Leben führt»; da sie ihre Arbeit oft gemeinsam taten, konnte eine Frau «lesen, während die anderen bei der Arbeit sind»[98]. Eliza Haywood empfahl, daß eine Dame «sich von einer Zofe vorlesen lassen sollte, während sie sich ankleidet»[99]. Was immer die Ursachen waren, Frauen bildeten einen wichtigen und unübersehbaren Sektor auf dem Lektüremarkt.

Wir wissen weniger darüber, was sie lasen; denn ein Großteil der Zeugnisse stammt von männlichen Zeitgenossen, deren Vorurteile häufig offenkundig sind. In *The Spectator* gab Addison vor, eine «Damenbibliothek» zu beschreiben, wobei er deren Existenz allein als «große Kuriosität» behandelte; er nutzte die Gelegenheit zu einer Satire auf die Lesegewohnheiten von Frauen, auf ihre Vernachlässigung moralischer Abhandlungen und praktischer Handbücher zugunsten von Romanzen, modernen Romanen und englischen «Schauspielen aller Art»[100]. In seinem einseitigen Katalog der Bücher einer fiktiven Dame nennt Addison keine Titel von Shakespeares «Stücken aller Art», in den Bibliotheken wirklicher Damen jedoch war Shakespeare zu finden. Die Herzogin von Marlborough besaß zwei Exemplare von seinen Werken.[101] Die berühmt-berüchtigte Lady Mary Wortley Montagu, die vom Kit-Cat-Club geehrt wurde, als sie erst sieben Jahre alt war, besaß eine Folio-Ausgabe der Stücke aus dem 17. Jahrhundert, und ihr Exemplar von Theobalds Ausgabe war «offenkundig viel gelesen»; als sie auf dem Lande war, außer Reichweite ihrer Londoner Bibliothek, borgte sie von Pope einen «Band von Shakespeares Schauspielen»[102]. 1696 versicherte *An Essay in Defence of the Female Sex*, «von einer Dame geschrieben», eine Frau könne alles, was sie wissen müsse, von englischen Autoren lernen, ohne auf die griechischen und lateinischen Klassiker zurückgreifen zu müssen, denn «wer hat uns ein edleres oder wahreres Bild der Natur gegeben als Shakespeare?»[103]. 1709 stellte *The Female Tatler*, «geschrieben von einer Vereinigung von Damen», Shakespeare neben Ben Jonson[104], spielte beiläufig auf seine berühmtesten Figuren und Stücke an und klagte, daß selbst der «unsterbliche Shakespeare» nicht immer den Standard «erschrieb», den seine besten Werke gesetzt hatten («zur nicht geringen Enttäuschung» seiner Bewunderinnen).[105]

Doch obgleich viele Frauen Shakespeare lasen, blieb die aktive öffentliche Diskussion seines Werkes fast gänzlich Männern überlassen. Den ersten kritischen Prosatext über Shakespeare verfaßte 1664 allerdings eine Frau, Margaret Cavendish, Herzogin von Newcastle, die Julius Cäsar, Ovid und Shakespeare als die «drei toten Männer» bezeichnete, die sie seit ihrer Kindheit liebte.[106] Aphra Behn, die erste englische Frau, die mit Schreiben ihren Lebensunterhalt verdiente, erwähnte Shakespeare mehr als einmal in Vorworten zu ihren Dramen. Lady Montagu zog *Julius Cäsar* Addisons *Cato* vor wegen der Einheit der Handlung («Cäsars Tod war das, was [Shakespeare] im Sinn hatte, und wir hören von keinen Episoden, die nicht damit zu tun haben»[107]). Aber Montagus Essay blieb unveröffentlicht, Cavendish wurde höflich ignoriert, und die ungehemmte Mrs. Behn war eine peinliche Figur. Im Vergleich zum *Tatler* hatte *The Female Tatler* zu Shakespeare wenig zu sagen, und was er sagte, war bald vergessen, da er, anders als sein aufsehenerregend einflußreicher männlicher Konkurrent, niemals nachgedruckt wurde.

Dennoch ergriff in den späten 1730ern eine Gruppe von weiblichen Lesern öffentlich Partei für Shakespeares Status als englischer Klassiker. Im Winter 1736/37 wurde ein «Shakespeare-Damenclub» gegründet; wir wissen nicht, wer seine Mitglieder waren, doch «mehrere Damen von Rang» organisierten eine «Subskription... für die Wiederaufführung von Shakespeares Schauspielen»[108]. In jener Theatersaison veranlaßten sie die erste Aufführung von *Cymbeline* seit 17 Jahren, die erste Aufführung von *König Johann* im 18. Jahrhundert und eine neue Bearbeitung von *Viel Lärm um nichts*. Die nächste Saison erlebte Inszenierungen von *Richard II.*, *Heinrich V.* und dem ersten Teil von *Heinrich VI.*, die alle seit mehr als 40 Jahren nicht mehr in Originalfassung aufgeführt worden waren, sowie eine neue Bearbeitung von *Perikles*. Ganz allgemein stieg in diesen beiden Jahren der Anteil von Londoner Aufführungen, die Shakespeare gewidmet waren, von 14 auf 22 Prozent.[109] So verkündete ein Zeitgenosse: «Einige Damen haben in der Tat einen wahren Öffentlichkeitsgeist bewiesen, indem sie den bewunderungswürdigen, doch fast vergessenen Shakespeare davor retteten, ganz in Vergessenheit zu fallen.»[110] Shakespeare bedurfte kaum der Rettung, doch eine Gruppe von Frauen setzte sich erfolgreich für ihn ein und überredete die Theaterleitungen, dem Londoner Publikum mehr und eine größere Bandbreite von Shakespeare anzubieten. Da diese Frauen die Aufführung von Dramen förderten, die jahrzehntelang nicht auf der Bühne zu sehen gewesen waren, konnte ihre Kenntnis dieser Werke nur vom Lesen stammen.

Im 17. Jahrhundert hatte die Popularität von Shakespeares Dramen beim Publikum die Veröffentlichung von Leseausgaben angeregt. Im 18. Jahrhundert regte ihre Popularität bei den Lesern neue Inszenierungen an. Die Schauspieler folgten, die Verleger führten.

Eine gähnende Ruine

Wer ein einzelnes typisches Beispiel für die Einstellung zu Shakespeare in der ersten Hälfte des 18. Jahrhunderts sucht, der nehme *The Dunciad*: Von Pope geschrieben, von Warburton zum Teil herausgegeben, war es eine Satire auf Theobald, auf Cibber, auf den neuen literarischen und politischen Journalismus, auf die Verleger und die, die von ihnen verlegt wurden. Im Text und in den Anmerkungen drängen sich fast alle unbedeutenden und bedeutenden Figuren, die zum Shakespeare-Bild in der Epoche Cibbers beitrugen – selbstverständlich einschließlich Jacob Tonson, der «befruchtende Jakob», der Lohnschreiber zum Schreiben schlechter Dichtung für Geld anregt, «der großartige Jakob», dessen «schnellen Schritt» andere Verleger nachzuahmen suchten.[111] «Ich singe die Bücher, und den Mann»[112], so Pope, Bücher, die jetzt kommerzielle Artikel sind, kostbare Ausstattung auf Regalen, aus Gründen erworben, die nichts mit ihrem Inhalt zu tun haben. Und zu diesem Gruppenbild von Büchern und Bücherleuten strömten die kleinen *literati*: «An dem Tag, da das Buch zum erstenmal verkauft wurde, belagerte eine Horde von Autoren den Laden... um das Erscheinen von *The Dunciad* zu verhindern; auf der anderen Seite gaben sich die Buchhändler und Höker ebenso große Mühe, das Buch zu liefern.»[113] Die Geschichte des Gedichts selbst verdeutlicht exemplarisch die kulturelle Lage, die es beschreibt.

Popes Shakespeare-Ausgabe wurde 1725 veröffentlicht; Theobalds scharfe Kritik erschien 1726; 1727 wurde Theobalds Stück *Double Falshood* aufgeführt, das sich als seine Adaption einer unveröffentlichten Tragikomödie von Shakespeare und Fletcher ausgab. 1728 erschien eine zweite Auflage von Popes Shakespeare, die «eine *Double Falshood*» genannte Sache unter «jene erbärmlichen Stücke» gruppierte, die man fälschlicherweise Shakespeare zugeschrieben hatte.[114] Doch Popes wirkliche Antwort auf Theobald erfolgte in der skandalös populären *Dunciad*, im gleichen Jahr mit dem «tändelnden Tibald»[115] als führendem Dummkopf veröffentlicht. Die erste Auflage gab vor, ein Raubdruck zu sein; ihr folgte 1729 eine offizielle *«Dunciad Variorum»*, mit einem ausführlichen Kommentar – beginnend mit einer witzigen Anmerkung zu Theobalds peinlich genauer «Erhaltung eben dieses Buchstaben ‹e›, wenn er den Namen seines beliebten Autors buchstabiret [Shakespeare]». Nach ausgedehnten Verhandlungen unterzeichneten Tonson und Theobald 1731 schließlich einen Vertrag für eine neue Shakespeare-Ausgabe, die 1733 erschien. In seinem Vorwort sprach Theobald Pope nicht nur jegliche Redlichkeit und Fähigkeit als Herausgeber ab; einen ganzen Absatz widmete er außerdem den «Verleumdungen» der *Dunciad*, wo er sagt, daß «es Provokationen gibt, die ein Mensch niemals ganz vergessen kann», und droht: «Ich werde willig einen Teil meines Lebens dem ehrlichen Bemühen widmen, ihm dies zurückzuzahlen.»[116] Theobalds Ausgabe war in gewissem Sinn eine Antwort auf die *Dunciad* aus der Sicht des Herausgebers, des Verlegers und der Öffentlichkeit. Doch obgleich Theobald mit seiner Prophezeiung Recht hatte, daß die «unparteiische Nachwelt» sich auf seine Seite stellen würde, konnte seine philologische Arbeit damals wenig Boden gegenüber Popes Dichtung gewinnen.

Als er ihn vernichtet hatte, verlor Pope das Interesse an Theobald. Colley Cibber hatte Pope bereits 1717 mit seinen Angriffen gegen Katholiken beleidigt; 1730 stieg Cibber auf zum Poeta laureatus, eine Ernennung, die er eher politischer Förderung als seinem Talent verdankte. In den 1730ern faßte Cibber in seiner Person die englische Kultur zusammen: Bühnenautor, Dichter, Schauspieler, zwei Jahrzehnte lang Direktor des Drury Lane, ein Sykophant der korrupten Walpole-Regierung. 1740 griff Cibber dann in mehreren Passagen seiner *Autobiography* Pope direkt an; zwei Jahre später wurde er noch beleidigender mit einer Flugschrift, in der er eine vernichtende Anekdote sexuellen Inhalts über Pope verbreitete. Pope antwortete mit der Komposition einer neuen Version der *Dunciad*, in der er Theobald absetzte und Cibber als neuen Anti-Helden des Gedichts einsetzte. Diese überarbeitete *Dunciad* erschien 1743, 14 Jahre nach dem Original. Die Spanne zwischen den beiden Versionen war eine Folge des Copyright-

Gesetzes, das das Parlament 1709 verabschiedet hatte; dadurch, daß er wartete, bis das alte Copyright verstrichen war, konnte Pope einen weiteren Gewinn für sein Gedicht einstreichen, indem er es in einer «neuen und verbesserten» Fassung verkaufte.

The Dunciad ist ein Meisterstück (richtiger: zwei Meisterwerke) eines bedeutenden Shakespeare-Interpreten, das zwei andere bedeutende Shakespeare-Interpreten angreift. Popes Gedicht handelt nicht von Gedichten oder Bühnenstücken, es handelt von «Büchern», von der Materialität der Kunst einschließlich der eigenen. Pope hatte ja der Optik seiner eigenen Veröffentlichungen besondere Aufmerksamkeit geschenkt und gleichzeitig mehr alte Exemplare von Shakespeare-Texten untersucht als jeder Herausgeber zuvor. Er verstand, daß die editorische Tätigkeit eine bestimmte Art Buch in eine andere verwandelte; Korrekturen einzelner Buchstaben oder Wörter zeitigten dabei weniger Wirkung als die totale Umwandlung der Physiognomie des Werks. Etwas Ähnliches geschah auf dem Theater, wo der Text jetzt, selbst wenn er unbearbeitet war, in einer radikal neuen Umgebung gespielt wurde.

Shakespeare selbst hat ein paar formelle Auftritte in The Dunciad, immer als Gegenpol zur degenerierten Kultur des 18. Jahrhunderts. In der allerersten Anmerkung zur Version von 1743 erwähnt Pope das neue «Denkmal in Westminster Abby», Shakespeare zu Gedenken errichtet. Pope war Mitglied des erlauchten Komitees, das dieses 1741 schließlich aufgestellte Denkmal plante. Wie andere politische und kulturelle Konservative verband er Shakespeare mit dem Ruhm einer verlorenen Vergangenheit, versinnbildlicht in der Sammlung königlicher Gebeine, die in der Abtei lagen. Neben einer lebensgroßen Statue von Shakespeare bestand das marmorne Denkmal aus Büsten von Königin Elisabeth I. und zwei der vielen Könige, die er beschrieb (Heinrich V. und Richard III.). Shakespeare war selbst ein Königstreuer und illustrierte die im Rückblick unkomplizierte einheimische königstreue Tradition, die nun hochgehalten wurde in einem fiktiven Gegensatz zur korrupten Langlebigkeit von Robert Walpoles Whig-Regierung (1721–42). Die konservative Opposition zu Walpole versuchte natürlich, Shakespeare als kulturellen Verbündeten auf ihrer Seite einzusetzen. Eine Oppositionszeitschrift pries Heinrich VIII., denn «eine solche Darstellung wie diese, von einem so großen Meister, lenkt einen Blick zurück auf unsere Vorfahren». Insbesondere konzentriert sich der Verfasser auf Shakespeares Portrait des «bösen Ministers» Wolsey:

«Der Charakter dieses ehrgeizigen, schlechten Ministers ist durch die Worte Shakespeares beschrieben; denkende Menschen können diesem Bild entnehmen, wie gleich die menschliche Natur in ihrer Handlungsweise zu allen Zeiten ist.»[117]

Die anonyme Kritik benutzt Shakespeare, um Walpole zu geißeln; Pope benutzt ihn, um die Ungebildetheit der Walpole-Ära zu geißeln.

Pope verwendet die gleiche künstlerische Strategie, als er Shakespeare und Cibber nebeneinanderstellt:

«Darauf fing er an, seine Augen über seine Bücher herumzurollen, mit angenehmer Erinnerung alles dessen, war er stohl, wie er hieraus einen Zug that, dort heimlich plünderte, und alles besog, wie eine ämsige Wanze. Hier lagen des armen Fletchers halb gegessene Sienen, und die Lappen des gekreuzigten Molière; dort wünschte der unglückliche Shakespear, noch wund vom Tibbald, daß er sich selbst ausgestrichen hätte.»[118]

Pope selbst kommentierte diese Stelle in einer Anmerkung dazu:

«Es war ein lächerliches Lob, welches die Schauspieler dem Shakespear gaben, daß er niemals eine Zeile ausstriche. Ben Johnson [sic!] wünschte aufrichtig, daß er tausend ausgestrichen haben möchte; und Shakespear würde gewiß eben das gewünschet haben, wenn er so lange gelebt hätte, daß er die Veränderungen in seinen Werken hätte sehen können, welche nicht nur die Schauspieler, und vornehmlich der kühne Held dieses Gedichtes, auf dem Schauplatz, sondern auch die eingebildeten Kunstrichter unserer Tage, in ihren Ausgaben gemacht haben.»

Popes eigene Ausgabe war eine der anmaßendsten aller Zeiten, und was er über andere sagt, ließe sich mit dem gleichen Recht auf ihn selbst beziehen – eine Ironie, die zu würdigen er die Leser nicht abhalten konnte, jetzt, da seine Ausgabe bereits 18 Jahre alt war. Die Anmerkung wiederholt seine Kritik der «Schauspieler», die als erste Shakespeares Werke gesammelt und veröffentlicht hatten, und sie setzt die Schauspieler in Shakespeares Zeit unmittelbar mit denen in seiner eigenen gleich. Shakespeare hätte, denkt man näher darüber nach, viele der Zeilen, die er schrieb, «ausstreichen» sollen; weil er das nicht tat, eröffnete er Bearbeitern / Schauspielern wie Cibber und Bearbeitern / Herausgebern wie Theobald die Möglichkeit, seinen Text mit ihren eigenen Änderungen zu entstellen («auszustreichen»). Pope setzt eine Adaption für das Theater mit dem editorischen Aufpolieren gleich, indem er sie beide als Formen des Diebstahls behandelt – oder vielleicht sollte man sagen: als Kannibalismus. Shakespeare wünscht nun, er hätte «sich selbst ausgestrichen»; Pope hat daraus gelernt und besorgt seine eigene Edition, bevor jemand anders dazu die Möglichkeit bekommt. Die Macht des Herausgebers, zum Guten oder zum Schlechten, war zum Thema nicht nur der Shakespeare-Kritik geworden, sondern auch der Literatur überhaupt.

Doch hinter dem offenkundigen Spott an Cibber und Theobald verbirgt sich ein indirekter Tadel an Shakespeare: Er hätte diese Zeilen vor langer Zeit streichen sollen, und auf gewisse Weise hat er nur sich selbst vorzuwerfen, was jetzt geschehen ist. Die gleiche Ambivalenz ist in der ursprünglichen Version des Gedichts zu hören, wo Shakespeare wiederum als Muster an Vortrefflichkeit dient, im Gegensatz zu seinen unredlichen Interpreten; doch gleichzeitig tritt Shakespeare selbst als Beispiel unredlicher Vortrefflichkeit in Erscheinung. Deshalb spricht Theobald zur Göttin der Langeweile:

«Hier rette ich durch meinen Fleiß unglückliche Neuere, lasse keinen Fehler bey seinem Vater im Grabe schlafen, stelle alte Wortspiele wieder her, suche verlohrnes Gewäsche wieder auf, und kreuzige den Shakespear alle Wochen einmal.»[119]

Das Reimpaar, das Wortspiele erwähnt, enthält selbst eines: Shakespeare wird von seinen Interpreten «crucified», gekreuzigt, aber auch «cruxified», zur Krux gemacht, da sie in den literarischen Wochenschriften Anmerkungen zu den philologischen «Cruxes» (oder Kreuzen) in seinen Stücken veröffentlichen. Doch während diese Sätze Theobald verspotten, verspotten sie auch Shakespeare mit seinen notorischen Wortspielen und peinlichen Anachronismen. Daß Theobald diese Makel übertrieben genau wiederherstellt, ist nicht geschmackloser als die Tatsache, daß Shakespeare sie produziert hatte. Und wenn die Göttin der Langeweile den «neugeborenen Unsinn» der zeitgenössischen Dichterlinge betrachtet, klingen deren Schöpfungen verdächtig wie Shakespeares eigene – mit Hunderten von Wortspielen, «buntscheckigen Bildern», «einer Rotte von Metaphern» und das «Blendlingsgeschlecht» der Tragikomödie und einer selbstzufriedenen blöden Nichtbeachtung der Einheit von Ort und Zeit.[120] Als Beispiel für die Absurditäten in der beschreibenden Dichtung («On cold December fragrant chaplets blow» – «Im kalten Dezember duftend' Rosenkränze weh'n») imitiert Pope unverkennbar *Ein Sommernachtstraum* («an old [winter's] chin and icy crown / An od'rous chaplet of sweet summer buds» – «Indes ein würz'ger Kranz von Sommerknospen

Auf [des Winters] Kinn und der beeisten Scheitel».[121] In einem Bild, das Politik und Kultur komprimiert, verkündet Pope in der ersten Zeile des Gedichts, daß «Duns der zweyte immer wie Duns der erste herrschet»: Vom dummen König Georg I. zum dummen König Georg II. wird Englands Krone wie ein Salzstreuer weitergereicht, während in der Literatur die Fackel gepriesener Mittelmäßigkeit von der Hand einer zeitgenössischen Null zur anderen wandert. Doch in einem bestimmten, vielleicht dem wichtigsten Sinn ernennt Pope Lewis Theobald auch zum Erben (als Dramatiker) und zum Nachlaßverwalter (als Herausgeber) von Shakespeares Mängeln. Shakespeare war schließlich – so haben ihn Dryden und viele andere seitdem gepriesen – der wahre «König» der englischen Literatur. Und in der überarbeiteten Fassung des Gedichts kann Cibber – als Dramatiker, Schauspieler und Bearbeiter der Bühnenstücke anderer Männer – auch für sich in Anspruch nehmen, Shakespeares Nachfolger zu sein.

Zu Popes Lebzeiten machte sich die englische Macht auf dem europäischen Kontinent in wachsendem Maße bemerkbar; und wo England anführte, folgte Shakespeare. Pope hatte 1726, zwischen der Veröffentlichung seiner Shakespeare-Ausgabe und der *Dunciad*, einen Besuch von Voltaire erhalten, und diese beiden Männer, die in ihrer Person die englische und französische Kultur im 18. Jahrhundert verkörperten, teilten eine tiefe Ambivalenz gegenüber dem König der englischen Literatur. 1733 schrieb Voltaire die erste französische Übersetzung aus dem Werk Shakespeares überhaupt, eine Version von «Sein oder nicht sein»; er führte ihn in Europa als wichtigen Dichter ein, voller Momente von Genie. Im gleichen Atemzug verdammte er Shakespeares Tragödien als «monströse Farcen»[122]. Für Voltaire wie für Pope war Shakespeare am besten dargestellt anhand von «glänzender Passagen» – und selbst die bedurften der Übersetzung in ein feineres Idiom.

Cibber und Theobald hingegen verfeinerten Shakespeare nicht, sondern vergröberten ihn. In Popes Augen personifizierten sie zwei gegensätzliche, aber in gleichem Maße stumpf machende Tendenzen, die die Kultur der Vergangenheit trivialisierten. Auf der Bühne können Dramen zu Tode ausgeschmückt werden, während Zuschauer sich drängen, um «ein verlegenes, geflicktes, künftiges, altes, aufgewärmtes, neues Stück»[123] zu sehen, und die sich «bekriegenden Theater» wetteifern miteinander, spektakuläre Nichtigkeiten in Szene zu setzen. Ein verdorbenes Theater, das für ein verdorbenes Publikum spielt, kann jedes Drama, das es anrührt, nur verderben.

Doch auch Philologen können ein Drama zunichte machen. *The Dunciad Variorum* kann sich ihres Vorspanns an Empfehlungen und ihrer Einleitung rühmen, ihrer voluminösen erläuternden Anmerkungen, ausführlichen Untersuchungen der Orthographie, der Errata-Listen, Anhänge und Register, die dem Text wie Nachspiele folgen – selbstverständlich alles Schwindel, doch an sich nicht mehr Schwindel als die Sache, um die es geht. In der Tat kann Popes künstlicher philologischer Apparat für sich in Anspruch nehmen, weniger Schwindel zu sein als die Realität, die er parodiert; denn seine Anmerkungen sind so literarisch, ironisch, spielerisch und unterhaltsam wie das Gedicht, unter dem sie stehen und das sie verständlich machen. Theobald hingegen, dessen Bühnenstücke uns schon in Schlaf versetzen, ist kaum der geeignete Mann, uns aufzuwecken, wenn er zu bloßem Kommentar übergeht.

Pope gab einen modernen Klassiker heraus, übersetzte einen griechischen Klassiker und schrieb mehr als einen Klassiker der englischen Dichtung, aber es waren Theobald und Cibber, die in die Zukunft wiesen. Ohne die Kommentare dazu wären Popes eigene Gedichte heute teilweise unverständlich. Im frühen 18. Jahrhundert war Shakespeare seit einem Jahrhundert tot, und ein immer größer werdender Teil der Bedeutung seiner Texte ließ sich nur wiedergewinnen, wenn man bereit war, stundenlang über den verblichenen Bagatellen der Überbleibsel einer Kultur zu brüten. Moderne Herausgeber und Leser verdanken nach wie vor manches den rätselhaften Anmerkungen Theobalds und den selbstgefälligen Theatermemoiren Cibbers. Popes Register, seine hervorgehobenen und degradierten Passagen, seine Bemühungen, Shakespeare in die Sprache der Klassik zu übersetzen, haben sie vergessen. Ob Pope mit ihrer Macht nun einverstanden war oder nicht, ohne den Pedanten und den Schauspieler konnte Shakespeare nicht überleben. Und sein Überleben sollte unauflösbar verknüpft sein mit der Macht dessen, der auf Georg II. folgte: *Dunce the Third* – Duns der Dritte.

KAPITEL 3

1790

Am 14. Juli 1789 stürmten Aufständische Londons drei berüchtigte Strafanstalten, das Fleet-, Newgate- und King's Bench-Gefängnis, setzten sie in Brand und befreiten Tausende von armen Häftlingen. Wie *The Times* berichtete, nahm das «wilde Gesindel» den Leiter und den Kommandanten der Besatzung gefangen, «köpfte sie, spießte ihre Köpfe auf Zeltstäbe und zog damit im Triumph durch die Straßen» – eine Strafe, die später am gleichen Tag auch den «Lord Mayor», den Oberbürgermeister, ereilte.[1] Noch Jahre danach konnte sich Jane Austen mit lebhaftem Schrecken ausmalen, «wie sich der Pöbel, wenigstens dreitausend Mann stark, im St.-Georgs-Feld zusammenrottet, die Bank angreift, den Tower bedroht und wie die Straßen von London im Blut schwimmen»[2]. Charles James Fox, Führer der parlamentarischen Opposition, applaudierte dem Tun des Pöbels, doch Richard Sheridan warnte die anderen Mitglieder des Unterhauses, daß, wenn das Komplott der Revolutionäre Erfolg hätte, «unsere ganze Verfassung zugrunde gerichtet und die königliche Familie ermordet werden würde»[3]. Nicht lange danach beschrieb Edmund Burke, wie am 6. Oktober «eine Bande grausamer Schurken und Mörder... in die Kammer der Königin eilten und mit Hunderten von Bajonett- und Dolchstößen das Bett durchbohrten, von dem die Gepeinigte gerade noch rechtzeitig halb nackt hatte entfliehen können; und sie entkam auf den Mördern unbekannten Wegen, um Schutz zu suchen zu Füßen ihres Königs und Gemahls, der in diesem Augenblick seines eigenen Lebens nicht sicher war»; der König und die Königin wurden dann im Triumph nach London – zu Fuß – zurückgeführt; ihr parodistischer königlicher Einzug wurde von «scheußlichem Gebrüll, schrillen Schreien, wilden Tänzen, infamen Beschimpfungen und all den unaussprechlichen Scheußlichkeiten der Höllenfurien» verkündet und begleitet.[4] Die Revolution, die die Häftlinge befreit hatte, nahm die königliche Familie gefangen. Am 21. Januar 1793 wurde der König, wie Karl I. vor ihm, öffentlich enthauptet. Am 1. Februar erklärte Frankreich England den Krieg. Thomas Paines *Rights of Men*, die berühmteste der vielen Flugschriften, die die Revolution verteidigten, wurde in einer billigen Ausgabe gedruckt, die bewußt auf einen Massenmarkt zielte, und 1793 waren bereits 200 000 Exemplare davon verkauft. Doch nach diesen frühen Erfolgen folgte eine Zeit brutaler Repression, von Zeitgenossen als «Schreckensherrschaft» beschrieben. Paine selbst wurde verhaftet, vor Gericht gestellt und zu Gefängnis verurteilt; dann kam der Bericht des geheimen Rats, die Suspendierung der Habeas Corpus Akte, eine Folge von Prozessen wegen Verrats im Jahr 1794 und 1795 das Hochverratsgesetz. Die nächsten zwei Jahrzehnte ließ die Nation ihr Geld, ihr Blut und ihre Kraft in das Betreiben eines weltweiten Kriegs gegen ihre Feinde fließen, der 1815 in dem entscheidenden Sieg einer reaktionären royalistischen Koalition bei Waterloo gipfelte.

Erstes Buch

Ganz so geschah es nicht, aber so hätte es geschehen können. Wie Shakespeare für seine Historien, habe ich Material aus verschiedenen Quellen frei kombiniert und Begebenheiten beschrieben, die zeitlich und geographisch weit auseinander liegen. Die einwöchigen Gordon-Aufstände im Jahr 1780, wozu auch die populistischen Angriffe auf Londoner Gefängnisse zählten, lösten keine Revolution aus. Der Reporter der *Times* beschrieb 1789 Ereignisse in Paris, nicht in London; Jane Austen verschmolz phantasiereich die Gordon-Aufstände (in ihrem Land) mit dem Sturm auf die Bastille (im Ausland), um den atemlosen, schaurig-romantischen Alptraum einer unreifen Engländerin zu parodieren. Die königliche Familie, die gefangen und dann hingerichtet wurde, gehörte dem Haus der Bourbonen an, nicht dem Hannoverschen. Die Franzosen spielten die Revolution durch; die Engländer schauten zu, übten sich in Furcht und Mitleid (oder trieben es sich aus), moralisierten über das Spektakel und – um *Hamlet* zu zitieren – «tat[en] nichts». – Ich übertreibe. Die Engländer taten doch etwas. Sie zitierten *Hamlet*.

Seinen eigenen Worten zufolge war «Hamlet das Schauspiel oder besser gesagt die Figur, mit deren Begreifen und Erläutern» Coleridge 1798 erstmals seine Gabe für «philosophische Kritik» unter Beweis stellte.[5] Drei Jahrzehnte später gestand er: «Ich habe selbst eine Spur von Hamlet in mir, wenn ich das so sagen darf.»[6] Der Hamlet, von dem Coleridge eine «Spur» besaß, war eine Figur, die eine «Abneigung zu handeln» kennzeichnete und die

«... ganz Besinnung ist, ganz Entschlußkraft, soweit es sich um Worte dreht, aber ganz Zögern und mangelnde Entschlußkraft, wenn es zu handeln gilt, so daß er, als er alles zu tun beschließt, tatsächlich nichts tut. Er ist voll festen Willens, doch ihm fehlt gänzlich die geistige Eigenschaft, die ihn zur rechten Zeit seinen Willen in die Tat umsetzen ließe... der große Entschluß des Lebens wird dadurch besiegt, daß er beständig den Entschluß faßt zu handeln, doch nichts tut, außer einen Entschluß zu fassen.»[7]

Man würde dieser Beschreibung kaum entnehmen, daß Hamlet sich vom Hof absondert, indem er in auffälliger Weise weiterhin Trauer trägt, oder daß er dem Geist allein entgegentritt, Polonius ermordet, einen Hinrichtungsbefehl für Rosencrantz und Guildenstern fälscht und von seinem Schiff springt, um allein gegen die Piraten zu kämpfen, Mann gegen Mann, daß er in Ophelias Grab springt, Laertes im Duell besiegt und Claudius tötet. Ob nun Coleridge selbst eine Spur von Hamlet in sich hatte oder nicht – der Hamlet, den er beschrieb, hatte mehr als eine Spur von Coleridge, Wordsworth und Southey, von den literarischen Intellektuellen, die mit der Revolution liebäugelten, sich aber nicht «zur rechten Zeit» festlegen konnten.

Coleridges Hamlet-Deutung hielt die politische Unentschlossenheit seiner eigenen Generation auf Distanz und idealisierte sie. Coleridge projizierte diese kollektive mangelnde Entscheidungsfreude auf Hamlet und machte dann einen künstlerischen Fetisch aus seiner eigenen Schwäche; selbst als er sie kritisierte, ließ er die Tatenlosigkeit shakespearehaft, heroisch und tragisch erscheinen. Und als ob er sicherstellen wollte, daß wir diese Bedeutungsanteile nicht übersehen, zwängte Coleridge seiner Diskussion des Dramas selbst politische Parallelen auf. In einigen Notizen zu einer Vorlesung über *Hamlet*, 1813 geschrieben, pries er Shakespeares «Empfindsamkeit, was allen unschuldigen Aberglauben angeht»; Shakespeare erspare uns «Tom Paines Verkündungen und aufgeblasene Philosophie». Coleridge wollte die Vorlesung damit beenden, daß er über «den ehrlichen Stolz unserer Engländer – Milton, Shakespeare, Bacon, Newton – und jetzt Wellington» sprach.[8] An anderer Stelle zollte Coleridge «Shakespeares wunderbaren Unvoreingenommenheit in politischen Dingen» Beifall; diese Formulierung ist seitdem von zahllosen kleinen Coleridges wiederholt worden, die meist nicht bemerken, daß er im nächsten Satz behauptet, Shakespeare habe sich «dem Patriotismus ganz verschrieben»[9]. Für Coleridge bedeutete «Unvoreingenommenheit in politischen Dingen», Thomas Paines *Rights of Man*, die Verfechtung des Gleichheitsgedankens, abzulehnen zugunsten der Siege des Herzogs von Wellington für die Monarchie.

In denselben Bemerkungen zitiert Coleridge, als er Hamlets «Abneigung zu handeln» beschreibt, die erste Zeile der denkwürdigsten Rede in Wordsworths Versdrama *The Borderers*:

> Eine Tat ist vergänglich, ein Schritt, ein Stoß –
> Die Bewegung eines Muskels – in dieser oder jener Richtung –
> Es ist getan – und in der Leere danach
> staunen wir über uns wie Betrogene.[10]

Der Held der Tragödie ist ein nobler, junger, zaudernder, angeekelter Idealist; insgesamt imitiert der Text wiederholt bewußt oder unfreiwillig *Hamlet* (und Shakespeares andere Tragödien). Wordsworth arbeitete von 1796 bis 1799 an *The Borderers*, und seinen eigenen Worten zufolge entsprang das Stück seinem «langen Aufenthalt in Frankreich, während die Revolution sich rasch dem Äußersten an Schlechtigkeit näherte»[11], die berühmte Rede spricht eine Figur, die nach einem englischen Jakobiner benannt und gestaltet ist, der sich gleichzeitig mit Wordsworth im revolutionären Paris aufhielt.

Wie die ältere Generation, für die Coleridge und Wordsworth stehen, zitierte John Keats *Hamlet* öfter als jedes andere Drama. Indem er es zitierte, deutete er es auch. Als erstes ließe sich die Titelfigur mit Shakespeare selbst identifizieren, mit

«... ein[em] unglückliche[n] und große[n] Dichter des menschlichen Herzens. Die mittleren Jahre Shakespeares waren alle getrübt, seine Tage waren nicht glücklicher als Hamlets, der in seinem gewöhnlichen, alltäglichen Leben vielleicht mehr wie Shakespeare selbst ist als jede andere seiner Figuren –»[12]

Als zweites ließe sich die Titelfigur mit Keats selbst identifizieren:

«Hamlets Herz war so voller Unglück wie das meine, als er zu Ophelia sagte: ‹Geh deines Wegs zum Kloster!› Tatsächlich gäbe ich die Sache gern sofort auf – ich stürbe gern. Die seelenlose Welt ekelt mich an, mit der du lachst. Ich hasse Männer und Frauen noch mehr.»[13]

Keats = Hamlet = Shakespeare. Kürzt man das Mittelglied weg, dann ergibt sich Keats = Shakespeare. Doch die Kürzung verdunkelt die Art der behaupteten Identität der beiden Dichter. Sie sind identisch, weil sie unglücklich und verliebt sind. Hamlets politischer Auftrag und gesellschaftlicher Status sind bei Keats einfach verschwunden; Shakespeare ist zum Dichter der Liebe und Melancholie geworden. Coleridge und sein Hamlet rangen erfolglos um eine entscheidende politische Tat; Keats und sein Hamlet dankten ab und zogen sich in eine bewußt entpolitisierte private Welt zurück.

Charles Lamb zieht sich noch weiter zurück, in die Sicherheit einer gewählten Bedeutungslosigkeit:

> Man mag mich
> Für meine Größe
> Kean gegenüberstellen.
>
> Aber in einer großen tragischen Szene
> Bin ich nichts.
> Es würde eine Art Haß erregen.
> Mich Hamlet spielen zu sehen.
> Viele Flüche ließe man
> Fliegen
> Angesichts meiner Anmaßung
> Versuchte ich nur
> Kein Mann des Witzes zu sein. [14]

Er hat, darauf beharrt Lamb, die winzige Statur, doch nicht das Talent des Schauspielers Edmund Kean; Lamb kann weder auf dem Theater noch in der politischen Welt eine Rolle spielen; er kann nicht einmal Hamlet spielen, geschweige denn Hamlet sein; ihm fehlt der «Mumm», selbst um die Rolle einer Figur zu übernehmen, die – in der vorherrschenden Deutung der Romantik – ihr Leben damit verbringt, nicht zu handeln. Die Keckheit seiner Reime signalisiert Lambs Pose gewollter Trivialität. Den Hamlet Lambs könnte Kean spielen, oder vielleicht jemand anders, aber nicht Lamb selbst; den Hamlet William Hazlitts könnte keiner spielen:

«Wir sehen die Bühnenstücke unserer Dichter nicht gerne auf der Bühne, und *Hamlet* am wenigsten. Kein anderes Schauspiel nimmt solchen Schaden, wenn es aufgeführt wird. Hamlet selbst scheint sich kaum spielen zu lassen... Mr. Kemble spielt ihn wie ein Mann in voller Rüstung, mit einem bestimmten, hartnäckigen Willen, in einer schnurgeraden Linie, die von jeglicher natürlicher Anmut und feinen Empfindsamkeit des Charakters so weit entfernt ist wie die scharfen Kanten und plötzlichen Bewegungen, mit denen Mr. Kean die Rolle füllt. Mr. Keans Hamlet ist so mürrisch und verdrossen, wie Mr. Kembles zu gewollt und steif ist.»

Keine Darstellung könnte Hazlitts Vorstellung der Figur entsprechen, und wenn er keine perfekte Darbietung bekommen kann, will er gar keine. Mit dieser Einstellung ähnelt der Kritiker seinem Hamlet, dem «Prinzen der philosophischen Grübler», der, «weil er seine Rache gemäß der ausgeklügeltsten Idee, die sein williger Geist sich ausdenken konnte, nicht perfekt bekommen kann, sie gänzlich verwirft». Hamlet läßt sich nicht spielen, weil Hamlet im Grunde nicht auf die Bühne gehört, sondern ins Publikum. «Wir sind es, die Hamlet sind» (man beachte Hazlitts geselliges «wir» anstelle von Coleridges egoistischem «ich»); wer «in ein Schauspiel geht als das beste Mittel, das Schlechte im Leben einen Schritt weiter wegzuschieben durch eine Pseudo-Darstellung von diesem Schlechten – der ist der wahre Hamlet». Hamlet ist jeder, der sich ein Schauspiel ansieht (wie *Hamlet*), statt dem «Bösen im Leben» zu begegnen und Widerstand zu leisten, besonders dem Bösen einer korrupten und illegitimen politischen Macht. «Wir sind es», sagt Hazlitt seinen Lesern 1817, «wir sind es», die, wenn wir «am meisten zu handeln angehalten sind», «verwirrt, unentschlossen und zweiflerisch» bleiben und unseren Entschluß vertrödeln, «bis die Gelegenheit vertan ist» [15]. Hazlitt definiert sich und seine Zeitgenossen als Zuschauer einer – immer unzulänglichen – Aufführung eines Schauspiels über eine Figur, die lieber zusehen als handeln würde, weil zu handeln immer unzulänglich ist und weil ein Schauspiel zu sehen eine Alternative dazu ist, die Welt zu verändern. In Shakespeares Text trägt das eingefügte «Mausefalle»-Schauspiel zur Handlung bei; in Hazlitts Text ist das eingefügte *Hamlet*-Schauspiel eine Alternative dazu, eine Handlung zu ersinnen.

«Wir lieben Hamlet wie uns selbst»; aus Byrons Mund wird die romantische Glorifizierung Hamlets zugleich zur Satire auf ihre letztendliche Selbstzufriedenheit. Byron hingegen verkündet: «Oh, ich habe diesen lahmen und schwachen Helden satt» – sagt ‹Oh› und schläft ein.[16] Der körperlich Lahme hat die Lahmheit satt; der politisch Schwache hat die Tatenlosigkeit satt. Er hätte ebenso sagen können: «Ich hasse Hamlet so, wie ich mich selbst hasse.» Er macht diese Äußerungen zu Beginn des Jahres 1822 in Pisa. Da ist er bereits tief in die revolutionäre italienische Politik verwickelt; ein Jahr später wird er Italien verlassen, um physisch und finanziell (und mit tödlichem Ausgang) seinen Teil zum Kampf für die griechische Unabhängigkeit beizutragen.

Diese Deutungen von Hamlet, so verschiedenartig und sogar widersprüchlich sie selbst sein mögen, gehören alle zur romantischen Obsession, Werke nicht zu vollenden, ihre Vollendung auf die Zukunft zu verschieben: Selbst Wordsworths Epos, entsprechend der Definition des Titels ein einfaches *Prelude*, ein Vorspiel also, wurde durch endlose Revisionen immer wieder aufgeschoben; oder Byrons unvollendeter und unvollendbarer *Don Juan*, in der Form mannigfaltig-promiskuitiv, ein ‹Selbstläufer›, von dem Wissen durchdrungen, daß keine Episode oder kein Orgasmus definitiver sein kann als die oder der vorherige; Coleridges Bände von Fragmenten, Aufzeichnungen, Gesprächen, Plänen – darunter Pläne für eine Shakespeare-Ausgabe; Keats' aufgegebener *Hyperion*, sein *Fall of Hyperion* ist mitten im Satz abgebrochen; schließlich Edmond Malones Shakespeare-Biographie, Ziel und Mittelpunkt eines lebenslangen philologischen Unternehmens, postum veröffentlicht, ein unfertig-ungeschliffenes Fragment. (Diese Erfahrung – sogar Verherrlichung – künstlerischer Unabgeschlossenheit führt in der nächsten Generation natürlich zur Vorstellung, daß eines von Shakespeares eigenen Stücken, *Timon von Athen*, unvollendet blieb.[17]) Abgeschlossenheit, das Abgerundete einer künstlerischen Leistung, ist ein ästhetisches und geistiges Gebot – Wordsworth beschreibt seine Muse in einer von Shakespeare übernommenen Formulierung, der sie für den Geist von Hamlets Vater gebraucht hatte[18] – aber künstlerische und gesellschaftliche Ganzheit scheint unerreichbar.

Statt dessen haben die Romantiker nur Fragmente. Sie schaffen Fragmente, wie Coleridges *Kubla Khan*, und sie verwandeln Shakespeare in eine Schatzkammer verrstreuter Puzzle-Stücke. 1814 bricht Edmund Kean mit einer Serie von Darstellungen von Shylock, Richard III., Hamlet, Othello und Jago über das Londoner Theater herein; jedermann bemängelt seinen Stil als «unbeständig, grell» und «sprunghaft»[19], doch diese Unausgewogenheit läßt sich nicht trennen von neuen und unwiderstehlichen Augenblicken in seinem Mienenspiel, die eine «elektrisierende Wirkung» auf das Publikum hatten. Als Kean zum Ende einer der berühmtesten rhetorischen Wendungen Shylocks gelangt («Ein andermal hießt Ihr mich einen Hund: / Für diese Höflichkeit will ich Euch / Die und die Gelder leihen»), endet sein «Ringen zwischen äußerer Demut und innerem Wüten auf dem Wort ‹Gelder›* mit einem unheimlichen, langen Lachen, das plötzlich ver-

* Anm. d. Ü.: Im englischen Original endet der betreffende Satz auf ‹moneys›.

stummt, während das Gesicht, verzerrt in krampfhafter Unterwerfung, eine Zeitlang maskengleich bleibt, bewegungslos, während daraus das böse Auge drohend und mörderisch starrt» – jenes Auge, das Zeugen als «einen wunderbaren Blitz, eine feurige Flamme» beschrieben.[20] Keans Richard III. steht am Schlachtfeld von Bosworth, ohne die Menschen um sich herum wahrzunehmen, «einige Augenblicke in Träumerei verhangen, und malt Figuren in den Sand» mit der Spitze seines Schwerts.[21] Kean spielen zu sehen war «wie Shakespeare beim Lichte von Blitzen zu lesen»[22].

Als Schauspieler konnte Kean einen Moment – einen Satz, eine Geste – aus dem Kontext springen lassen, um Aufmerksamkeit (und Applaus) zu erheischen. Das Publikum schätzte diese Offenbarungen, weil es die Stücke bereits kannte und wußte, wie andere sie gespielt hatten. Wann immer Kean etwas Neues tat, erkannte sein Publikum es als solches und konnte dessen Bedeutung für die ganze Figur erfassen. Auf die gleiche Weise konnten Autoren davon ausgehen, daß Leser Zitate aus Shakespeare erkennen und Vergnügen an einer treffenden Anspielung oder einer neuen Deutung finden würden. Shakespeare war genau deshalb zitierbar, weil man bereits mit ihm vertraut war. William Blake konnte ein Bild mit «jocund day» – «der muntre Tag» oder mit «fiery Pegasus» – «Pegasus»* betiteln und davon ausgehen, daß das kurze Zitat seinen Kontext in *Romeo und Julia* oder *Heinrich IV.* vor Augen rufen würde.[23] Der Geistliche Thomas Ford konnte in *The Gentleman's Magazine* 150 Parodien von Shakespeare-Reden, darunter 22 allein aus *Hamlet*, veröffentlichen und davon ausgehen, daß seine Leser merken und schätzen würden, wie er jeweils das Original verwandelte.[24] Wie John Poole in seinem Vorwort zu *Hamlet Travestie*, einer populären Burleske aus dem Jahr 1810, erläuterte, war, «um die Lektüre einer Travestie... unterhaltend zu finden... eine Vertrautheit mit dem Original unverzichtbar»[25]. Mit keinem englischen Autor war man vertrauter als mit Shakespeare, mit keinem Bühnenstück vertrauter als mit *Hamlet*.

Mit ihren Zitaten aus *Hamlet* und allen anderen Dramen und Gedichten integrierten die Romantiker Bruchstücke von Shakespeare in ihr Leben und ihre Briefe, in ihre Essays und Gedichte. Die Hauptfigur von John O'Keefes *Wild Oates*, einem Theaterschlager von 1791 bis 1793, ist ein «lustwandelnder Gentleman» namens Rover, der Zitate

---

* Anm. d. Ü.: In der Schlegel/Tieck-Übertragung ist *fiery* nicht übersetzt.

aus Shakespeare zu jeder Gelegenheit anbringen und abwandeln kann. Hazlitt zitiert Shakespeare über 2400 Male (und über ein Fünftel dieser Zitate stammen aus *Hamlet*).[26] Keats bekundet, er schaue bei der Lektüre von Shakespeare und Milton «wie ein Liebhaber auf schöne Formu-lierungen»[27], dabei stellt er vermutlich den «Liebhaber» einem implizierten «Pedanten» gegenüber, anders als die Shakespeare-Herausgeber von Theobald bis Malone zerlegt Keats den poetischen Text nicht in Proben für eine philologische Untersuchung. Doch obgleich Keats den Liebhaber und den Pedanten als antithetisch sieht, löst er wie Hazlitt den Text in winzige sprachliche Bestandteile auf. Der Herausgeber trennt unverständliche Formulierungen, Keats schöne Formulierungen heraus; beide betonen Fragmente um den Preis der Kontinuität. Diese Vorgehensweise kann man nicht nur an der Zitierwut von Hazlitts Essays und Keats' Briefen sehen, sondern auch an Keats' Unterstreichungen von Wörtern und Formulierungen in den Shakespeare-Ausgaben, die er las.

The Tatler hatte zu Beginn des 18. Jahrhunderts ganze dramatische Reden zitiert; die Romantiker zitierten nur noch einzelne Verse und Wendungen. In seiner Ausgabe von Shakespeare hatte Pope die «glanzvollsten Stellen» optisch hervorgehoben und ein Register für Sentenzen beigefügt; doch diese Stellen wurden später ganz aus dem Dramentext herausgenommen und in enorm beliebten und einflußreichen Sammelausgaben abgedruckt, wie in William Dodds *The Beautis of Shakespeare* (1752 erstmals erschienen), in William Enfields *The Speaker; or, Miscellaneous Pieces, Selected from the best English Writers* (1774), Elizabeth Griffiths *The Morality of Shakespeare's Drama Illustrated* (1775) und Vicesimus Knox' *Elegant Extracts: or, Useful & Entertaining Passages in Poetry* (1798). Lord Kames' *Elements of Criticism* (1762) verdankte viel seiner Popularität den «zahlreichen Illustrationen und Zitaten aus Shakespeare», die seine Argumentation stützten und sein Buch zu einer weiteren handlichen Anthologie der Glanzstücke machten.[28] All diese Bücher wurden immer wieder nachgedruckt.

Das ganze 17. Jahrhundert hindurch waren Shakespeares Dramen ‹Handlung› gewesen. Sie geschahen, sie handelten von einer Geschichte in einer zeitlichen Abfolge; von Anfang bis Ende handelten darin bestimmte Personen; ihr Handeln wiederum wirkte auf ein Publikum, das sich zu einer bestimmten Zeit an einem bestimmten Ort versammelt hatte. Im 18. Jahrhundert wurden die Dramen zu

Gegenständen; sie wurden in erster Linie zu Büchern. Bücher sind räumlich, nicht zeitlich organisiert; jeder Leser kann zurück- oder vorspringen, eintauchen, aussteigen, innehalten, etwas wiederholen. Bücher kann man auseinandernehmen und wieder zusammensetzen, die Zeit nicht. Die Verwandlung von Shakespeares Handlungen in Bücher erlaubte und förderte deshalb ihre Auflösung in Ansammlungen zitierbarer Fragmente. Anders als ein zeitlicher Augenblick läßt sich außerdem der physische Raum eines Buches systematisch ausdehnen; und im Verlauf des 18. Jahrhunderts umgaben die Shakespeare-Ausgaben den Text mit einem immer breiteren Saum aus Anmerkungen, einem Untertext aus Kommentaren, der immer wieder die Lektüre des Obertextes unterbricht. Der Kommentar unterhalb des Textes ist eine Art visualisiertes Geflüster, wie eine Unterhaltung am Nebentisch, hörbar, aber nicht verständlich, bis wir anhalten, um zuzuhören, unsere Augen von Shakespeare nehmen, um sie auf jemand anderen zu richten. Im späten 18. Jahrhundert war die Erfahrung, *Hamlet* zu lesen, eine Erfahrung vorgeführter, immer wieder unterbrochener Handlung, hingehalten von den Strudeln untergeordneter Meditation. Bücher machen einen Text abstrakt und unpersönlich, sie idealisieren; was eine Interaktion zwischen Mitwirkenden und Zuschauern gewesen war, wurde nun eine Art Botschaft, die ein unerreichbarer Autor für jeden und alle möglichen Leser zurückgelassen hatte. Der Text wurde zu einem Gegenstand, einem vollkommen zeitlosen Gegenstand, und jeder Versuch, ihn in eine Handlung zurückzuverwandeln, wurde nun als Regelverstoß angesehen; jede Verwirklichung schmälert das Ideal, indem sie es auf einen bestimmten Ort und eine bestimmte Zeit begrenzt. «Handlung, Handlung, Handlung», hatte Garrick vom Drama gefordert.[29] Die Romantiker erwiderten «Eine Tat ist vergänglich», «wir sehen unsere Dichter nicht gerne auf der Bühne».

Die Französische Revolution setzte die Philosophie der Aufklärung in Handlung, in Taten um: Sie verwandelte Bücher in Taten, Ideale zurück in greifbare besondere Momente. Sie stellte Gedanken dar, und die Darstellung war – wie vorauszusehen war – unzulänglich. Edmund Burke, Politiker und Ästhetiker, hatte von seinem Sitz jenseits des Kanals einen hervorragenden Blick auf die Handlung und war zunächst gepackt von «Erstaunen angesichts des wunderbaren Schauspiels... was für Zuschauer, und was für Schauspieler!»[30]. Doch binnen eines

Jahres verurteilte er die ganze «ungeheuerlich tragikomische Szene»[31]. Ungeheuerlich war sie für Burke zum Teil deshalb, weil sie «tragikomisch» war; in einer ironischen Umkehr der Perspektiven schalt der englische Kritiker die französischen Schauspieler dafür, das neoklassische Dekorum aufgegeben zu haben und dramatische Gattungen zu vermischen.

Auch Burke zitierte *Hamlet*, obgleich dieses Drama sich kaum einem Kritiker empfiehlt, der so verächtlich über die Tragikomödie denkt. Wie Keats zitiert er es in seinem Briefwechsel häufiger als jedes andere Shakespeare-Drama. Als er 1790 über die Ereignisse in Frankreich schreibt, verkündet er in Hamlets Worten: «Es ist nicht, und es wird auch nimmer gut.»[32] In dem, was die berühmteste Passage in *Reflections on the Revolution in France* werden sollte, verurteilte Burke die französischen Revolutionäre wegen ihres Mangels an «Ritterlichkeit» gegenüber Marie-Antoinette. Burkes langjähriger Freund und politischer Verbündeter Philip Francis, der die Fahnen des Buchs sah, wandte insbesondere ein, diese Verteidigung Marie-Antoinettes sei «reine Ziererei». Burke antwortete darauf:

«Was, sind denn nicht hoher Rang, die Großartigkeit der Abstammung, große perrsönliche Eleganz und äußere Vorzüge ausschlaggebend für das Interesse, das wir für das Unglück von Menschen empfinden? Diejenigen, die nicht so empfinden, haben noch nicht einmal vom dramatischen Gesichtspunkt her recht. ‹Was ist ihm Hekuba, was ist er ihr, / Daß er um sie soll weinen?› Weil sie Hekuba war, die Königin von Troja, die Frau von Priamus, und am Ende ihres Lebens tausend Schmerzen litt. Ich fühlte auch mit Hekuba, als ich die feine Tragödie von Euripides über ihre Geschichte las...»[33]

Die zitierten Sätze aus *Hamlet* in der Mitte dieser Diatribe waren (und sind) so bekannt, daß Burke sie noch nicht einmal ausweisen muß. Sie gehören zu dem Monolog, wo Hamlet sich Vorwürfe wegen seiner kalten Tatenlosigkeit macht, die er der «Leidenschaft» gegenüberstellt, die ein Schauspieler auf eine Fiktion verschwendet. Das Zitat kam Burke in den Sinn, weil ihm – wie so vielen seiner Zeitgenossen – die englische Tatenlosigkeit keine Ruhe ließ. Hamlet versucht, sich dazu zu bringen, einen König zu töten; Burke versuchte, das englische Volk dazu zu bringen, einen König zu verteidigen.

Doch Burkes Zitat illustrierte selbst das Ausmaß, in dem Shakespeares Verse bereits frei von ihrem ursprünglichen Text- und Sinnzusammenhang ‹in der Luft› lagen; denn im Kontext findet Hamlet es «monstrous», «ungeheuerlich»* – das Wort, das Burke für die Revolution gebrauchen würde –, daß die Leidenschaft, «alles das um nichts!» ist: «Um Hekuba! / …Hätte er / das Merkwort und den Ruf zur Leidenschaft / Wie ich: was würd' er tun?»[34] So, wie Burke dieses Zitat braucht, wird das betreffende «er» in einen Zuschauer verwandelt, einen Leser, keinen Schauspieler, diejenigen, die Euripides' Drama oder Burkes Buch nicht bewegt, reagieren als Zuschauer nicht so, wie sie es tun sollten. Hamlets Ungläubigkeit angesichts einer übertriebenen gefühlsmäßigen Reaktion ist zu Burkes Tadel einer Reaktion (Philip Francis' oder des englischen Volkes) geworden, die nicht übermäßig oder emotional genug ist. Burke vertritt die Ansicht, wir sollten in der Tat um die ferne Hekuba weinen, und folglich sollten wir um so mehr um Marie-Antoinette weinen und sie verteidigen, ungeachtet ihrer Schuld oder Unschuld.

Burkes Anspielung auf *Hamlet* konkurriert hier mit einer Anspielung auf Euripides; in seinem Werk insgesamt zählt Shakespeare neben Milton, Vergil, Cicero und der Bibel zu den ehrwürdigen Relikten einer Kultur, die von der irrationalen Kraft des Wandels bedroht ist. 1790 schenkte Edmond Malone seinem irischen Landsmann Edmund Burke ein Freiexemplar seiner Ausgabe der *Plays and Poems of William Shakespeare*; Burke seinerseits schenkte Malone ein Exemplar einer «Schrift, die ich kürzlich veröffentlicht habe», *Reflections on the Revolution in France*.[35] Im Vorwort zu seiner Ausgabe beschrieb Malone Den Sehr Ehrenwerten Edmund Burke als einen «großen Redner, Philosophen und Staatsmann», der sich mit Dr. Johnson als «glänzendste Zierde des achtzehnten Jahrhunderts» messen konnte.[36] Einige Leser von Burkes *Reflections* verglichen den Autor explizit mit dem Autor von *Hamlet* («Shakespeare selbst ist wiedergekommen!»).[37] Als Burke 1796 Malone zu seiner philologischen Arbeit beglückwünschte, beglückwünschte er ihn auch zu seiner Politik: «Ihre Bewunderung für Shakespeare paßte tatsächlich schlecht, wenn Ihr Geschmack (um von nichts anderem zu sprechen) Sie nicht zu einer vollkommenen Abscheu vor der Französischen Revolution und all ihren Werken führte.»[38] Für Burke und Malone sind Shakespeares *Works* natürliche Feinde der «Werke» der französischen Revolutionäre.

Daß in den Jahrzehnten nach 1789 die englischen Kritiker und Dichter *Hamlet* zitierten, ist nicht nur Ausdruck ihrer Obsession, was politi-

---

* Anm. d. Ü.: Schlegel / Tieck übersetzen hier weniger kraß «erstaunlich».

sche Tatenlosigkeit und künstlerisches Scheitern betrifft, sondern ist an sich schon eine Form kultureller Trägheit. Wie Jane Austen bemerkte, sind Shakespeares «Gedanken, die Schönheiten seiner Dichtung... so allgemein verbreitet, daß man überall auf sie stößt, man besitzt sie instinktiv... Seine geflügelten Worte werden von jedermann zitiert. Wir finden sie in jedem zweiten Buch, das wir zur Hand nehmen, und wir alle reden wie Shakespeare, bedienen uns seiner Gleichnisse und verwenden seine Beschreibungen», folglich «lernt man Shakespeare kennen, ohne recht zu wissen wie. Er liegt jedem Engländer im Blut»[39] – er ist ein Teil der «constitution», der physischen Verfassung, jedes Engländers. *Constitution* war natürlich ein Wort, das mit politischer Bedeutung befrachtet war. Anders als die neuen amerikanischen oder französischen Alternativen war die Verfassung eines jeden Engländers genauso wenig ein ausweisbares Stück Papier, ein rationales Gebilde, wie die generelle körperliche Verfassung eines Engländers in nur einem bestimmten Körperorgan lokalisiert werden kann. Statt dessen, so mußte man glauben, existierte diese mystische Entität irgendwie organisch, als ein Ausfluß des Ganzen. «Organisch» war das Adjektiv, mit dem Coleridge sowohl das englische Klassensystem als auch die Dichtung Shakespeares beschrieb und verteidigte. Shakespeares Dramen wurden in Fragmente zergliedert und dann durch das arterielle Netz der englischen Gesellschaft verbreitet – Tropfen von Dichtung, in einer stabilen kulturellen Lösung suspendiert. Am Ende des 18. Jahrhunderts war Shakespeare zu einem festen Bestandteil der englischen Verfassung geworden.

Wie ihre vielen Zitate aus *Hamlet* zeigen, schafften es die Engländer, in ihren literarischen Institutionen eine Revolution genauso sicher zu vermeiden, wie sie diese in ihren politischen Institutionen vermieden hatten. In den 40 Jahren nach dem Sturm auf die Bastille schrieben Blake, Wordsworth, Coleridge, Byron, Keats und Shelley ihre Meisterwerke, eines nach dem anderen, und starben einer nach dem anderen oder gingen auf romantische Weise zugrunde. Doch Shakespeare und Milton, die beiden gekrönten Monarchen der Literatur Großbritanniens – die königliche Familie der englischen Dichtung –, regierten noch immer am Ende dieser 40 Jahre – wenn überhaupt möglich, dann noch unantastbarer in ihrer herausragenden Stellung, nicht länger nur einfach auf dem Thron, sondern auch oben auf «den Ruhm-beschienenen Gipfeln des Parnaß»[40]. Die postrevolutionäre Romantik in Frankreich stürzte – zumindest vorübergehend – Racine und Corneille; in

Deutschland, Rußland und Osteuropa riß die Romantik den Klassizismus nieder und errichtete ein neues einheimisches Pantheon; in Italien kanonisierte sie den lange unbeachteten Dante. Doch in England hatten die literarischen Loyalitäten Bestand. Shakespeare und Milton saßen noch immer auf der Spitze des Kegels, ganz oben und zugleich im Zentrum.

Es sollte uns überraschen, daß die literarischen Schichten Englands Shakespeare die Treue hielten. Schließlich hatte Hazlitt erkannt, als er 1818 die Schriftsteller seiner eigenen Generation beschrieb, daß die neue englische Dichtung

«ihren Ursprung in der Französischen Revolution hatte oder besser gesagt in den Gesinnungen und Meinungen, die die Französische Revolution herbeiführten... Der Wandel in den *belles lettres* war so vollständig und für viele so überraschend wie der Wandel in der Politik, mit dem er einherging... alles sollte natürlich und neu sein. Nichts Bestehendes sollte geduldet werden».

Shakespeare war natürlich eines dieser «bestehenden» Dinge, die nicht hätten geduldet werden sollen, und Hazlitt zitiert ihn mehrfach in seinem Katalog all dessen, was die neuen Dichter ablehnten:

«Von diesen stürmischen Reformern und Diktatoren der literarischen Republik ließe sich kaum sagen, ‹es trugen ihre Farben Krone wie Fürstenhut; gleich Münzen fielen ihnen aus der Tasche Königreich und Inseln› [zitiert aus *Antonius und Cleopatra*]... Sie schmähten ‹Abstand, Rang und Würdigkeit, Beziehung, Jahreszeit, Form, Verhältnis, Raum, Amt und Gewohnheit in der Ordnung Folge› [zitiert aus *Troilus und Cressida*]... Ihre Dichtung... hat ‹Gestalten nicht noch Phantasien› [zitiert aus *Julius Cäsar*]... keine ‹törichten Gedanken› [zitiert aus *Hamlet*]... ‹nicht... des Marschalls Stab, des Richters Amtsgewand› [zitiert aus *Maß für Maß*]; weder Tradition, Ehrerbietung, Förmlichkeit, die ‹das Mächtige verherrlicht› [zitiert aus *Maß für Maß*].»

Hazlitt verurteilt solche «Versballaden-Krämer» (zitiert aus *Heinrich IV. Erster Teil*) und schlußfolgert, daß der typische romantische Dichter «Prosa haßt; er haßt alle Poesie, seine eigene ausgenommen, und er haßt den Dialog bei Shakespeare» [41].

Hazlitt kommt von der Prosa über die Poesie zu Shakespeares Mischung aus Prosa und Poesie. In politischer Hinsicht wurde, wie Burke es sieht, der lange, kostspielige und blutige Krieg unternommen, um die Ordnung wiederherzustellen; Shakespeare gleichwohl, der Prosa und Poesie, Könige und Possenreißer vermengte, war der notorischste aller Nichtachter der ästhetischen Ordnung. Shakespeare war ein Bühnendichter; die englischen Romantiker erlangten ihre Größe im Bereich von Epik und Essays, von Versen, Vorlesungen und Briefen, nicht Bühnenstücken, Shakespeare starb nicht jung, hinterließ keine Fragmente, verzweifelte nicht, widmete seine Dichtung nicht der prophetischen Verkündigung oder spirituellen Autobiographie. Nur ein geringer Anteil seiner Verse neigte zu oder schwang sich zu Naturschilderungen auf; er ließ sich kaum als exemplarisches Beispiel des egoistischen oder geographischen Erhabenen feiern. Die Romantiker schätzten Originalität weit höher, als es ihre Vorgänger getan hatten; Shakespeare hatte einen großen Teil seines Materials von anderen geraubt. Er konnte nicht als Exponent der stilistischen Schlichtheit gelten, die Coleridge und Wordsworth in ihrem Vorwort zu den *Lyrical Ballads* verfochten; jede Generation von Kritikern seit seiner eigenen hatte ihn verurteilt wegen seiner Abweichung von der Schlichtheit, wegen seiner verbalen Korpulenz und den stilistischen Verrenkungen. Wenn Hazlitt sagt, in der neuen Dichtung seien «Könige und Königinnen abgesetzt worden von ihrem Rang oder Stand in der rechtmäßigen Tragödie oder epischen Dichtung, wie sie andernorts enthauptet wurden»[42], definierte er die «rechtmäßige Tragödie» fast sicher im Sinne Shakespeares.

Wie Hazlitts Bild verdeutlicht, gingen ästhetische und politische Einwände gegen Shakespeare Hand in Hand. John Philip Kembles einfühlsames Coriolan-Portrait war eine der erfolgreichsten Theateraufführungen der Epoche, und laut Hazlitt war «die ganze dramatische Moral von *Coriolan*... daß diejenigen, die wenig haben, noch weniger haben werden, und daß diejenigen, die viel haben, alles nehmen werden, was andere zurückgelassen haben». Er folgerte, daß Shakespeare selbst «der despotischen Seite der Figuren zugeneigt» gewesen sei, «vielleicht aus einem Gefühl der Verachtung für die eigene Herkunft»[43]. Noch grundlegender argumentierte Hazlitt, die Tragödie selbst sei ein absolutistisches Genre, und die Dichtung und das Theater idealisierten und romantisierten beinahe zwangsläufig Tyrannen wie Coriolan oder Heinrich V. Ähnlich verurteilte Tom Paine, der Fürsprecher eines demokratischen *common sense* in Amerika und Frankreich, Burkes *Reflections on the Revolution* als «eine dramatische Darbietung» voller «theatralischer Übertreibungen»; für Paine war das Theater ein Spielplatz aristokratischer Falschheit, und «Mr. Burke sollte sich daran erinnern, daß er Geschichte, nicht Bühnenstücke schreibt»[44]. Wenn Paine überhaupt auf Shakespeare anspielte, dann verknüpfte er ihn mit dem *ancien régime*; Burkes Pamphlet und das Regierungssystem, das dieser darin verteidigte, werde bald in «die Familiengruft all der Capulets» verschwinden; in Englands korruptem Parlament schließe «*Die Komödie der Irrungen*... mit der Pantomime von Hush»[45]. William Cobbett, der einflußreichste englische Agitator der Epoche, mißbilligte Shakespeares «Schwulst und Wortspiele und Zoten» und charakterisierte seine Dramen als Gebräu von «zügelloser und unwahrscheinlicher Einbildung, schlechten moralischen und politischen Grundsätzen, unklarer Bedeutung, schwülstiger Sprache»; «Hunderttausende Pfund», klagte er, «sind ausgegeben worden zum Schmucke seiner Werke; [und] zahlreiche Kommentatoren und Kunststecher und Maler und Buchhändler haben sich mit diesem Handel ein fettes Pölsterchen erworben». Cobbetts Erklärung für Shakespeares Reputation ist ebenso verurteilend im Ton. Er fragt: «Was kann ein Publikum in London veranlassen, dazusitzen, einer Sache unter dem Namen Shakespeares zuzuhören und sogar zu applaudieren, die sie sonst augenblicklich mit Gejohle von der Bühne jagen würden, träte sie unter anderem Namen auf?» Und seine Antwort lautet: «Es ist Mode. Diese Bücher sind in Mode. Jedermann schämt sich, nicht mit der Mode zu gehen.» *Hamlet* und *König Lear* sind wie gastronomische Launen; es ist «Mode, die Vorzüge von Kartoffeln zu preisen, so wie es Mode ist, die Werke von Milton und Shakespeare zu preisen»[46].

Shakespeare hätte genauso wie Georg III. vom Thron gestoßen werden können, aber aus irgendeinem Grund geschah dies nie. Warum überlebte Shakespeares Vorherrschaft, ja konnte sich während einer revolutionären Epoche noch ausdehnen, da in ganz Europa alte Idole durch neue ersetzt wurden? Es ist, als hätte Hamlet Claudius zu töten versäumt.

Doch bevor wir erklären können, warum die englischen Romantiker es versäumten, Shakespeare vom Gipfel zu stürzen, müssen wir zunächst klären, wann und wie Shakespeare dorthin gelangt war. Das ‹Wann› ist leicht zu bestimmen. Alle sind sich einig, daß Shakespeares Krönung als König der englischen Dichter nach einem langsamen, aber stetigen Aufstieg schließlich Mitte des 18. Jahrhunderts erfolgte, irgendwann zwischen dem Tod Alexander Popes (1744) und der Geburt William Wordsworths (1770), oder, um es anders zu formulieren, zwischen der zweiten jakobitischen Rebellion (1745) und dem ersten Jahr der Regierung von Lord North (1770), die den Krieg in Amerika anzetteln und dann verlieren sollte. 1751 bis 1756 hielt William Hawkins, Professor für Dichtung in Oxford, die ersten akademischen Vorlesungen (in lateinischer Sprache) über «Shakesperio» an einer britischen Universität.[47] Am Sonntag vor Weihnachten 1772 hörte Mrs. Hester Thrale «zum erstenmal Shakespeares-Schauspiele auf der Kanzel zitiert, die Sätze stammten aus *Hamlet*»[48]. Zwischen 1751 und 1772 hatte Shakespeare Academia wie Ecclesia erobert.

Will man unbedingt ein Jahr festlegen, dann tut es 1760 so gut wie jedes andere. 1760 verkündete ein Professor für Griechisch an der Universität Cambridge öffentlich, die hervorragenden Qualitäten von Aischylos, Sophokles und Euripides seien «in dem unsterblichen und unnachahmlichen Shakespeare alle vereint und übertroffen». In einem Vergleich der «zwei großen dramatischen Genies Frankreichs und Englands» befand *The British Magazine* 1760 Corneille «um vieles geringer als Shakespeare»; *The Critical Review* bemerkte 1760, «unser unsterblicher Shakespeare» besitze «riesige Kräfte als tragischer Schriftsteller, [die] nicht ihresgleichen haben». Die erste größere Ausstellung zeitgenössischer englischer Kunst schließlich enthielt fünf Gemälde mit Szenen oder Figuren aus Shakespeare. Ein Mitglied des Oberhauses verkündete 1760 in einem Buch, das so beliebt war, daß es in einem Jahr allein durch drei Auflagen ging: «Wäre die menschliche Natur ganz vernichtet, so daß kein Denkmal von ihr bliebe außer [Shakespeares] Werken, dann könnten andere Wesen aus seinen Werken erkennen, was der Mensch war.»[49] Es wäre nicht gänzlich abwegig, zu behaupten, daß William Shakespeare und Georg III. 1760 zusammen den englischen Thron bestiegen.

Zweites Buch

Nach jedem Maßstab für materiellen Wohlstand – Reichtum, militärische Macht, politische Stabilität, Bevölkerungswachstum, gesellschaftliche Mobilität nach oben, industrielle Erneuerungen – meinte es das 18. Jahrhundert gut mit England. Die Theater blühten. Zwischen 1747 und 1776 leitete David Garrick in der Doppelfunktion von führendem Schauspieler und dem, was wir heute als Intendant bezeichnen würden, das Drury Lane, und das mit beachtlichem Gewinn für ihn selbst und das Theater. Während dieser Zeit ließ er mehrfach Verbesserungen und Veränderungen am Gebäude vornehmen: Die Kapazität stieg von ungefähr 1200 Plätzen Mitte des Jahrhunderts auf beinah 2300 in den 1780ern an. Während Garricks Amtszeit konnte das Konkurrenztheater in Covent Garden beinahe 2200 Zuschauer unterbringen; 1782 wurde es erneut um 300 Plätze vergrößert. Während der frühen Jahre der Französischen Revolution vergrößerten sich die beiden Theater noch einmal: 1792 fanden in Covent Garden 3013 Zuschauer Platz, und das Drury Lane konnte nach einem großen Sprung im März 1794 seine Tore für mehr als 3600 Menschen öffnen. Zur gleichen Zeit, da in London die Zuschauerräume größer wurden, entstanden in der Provinz neue Theater. Bath errichtete 1705 ein neues Theater, York leistete sich ab 1730 seine eigene regelmäßig auftretende Repertoire-Truppe, und Norwich besaß ab 1740 eine eigene; Birmingham, Bristol, Liverpool, Portsmouth – jede englische Stadt von Größe oder Dünkel verfügte über ihr eigenes Theater. Außerhalb Londons war England im 18. Jahrhundert mit Theatern besser ausgestattet als im 20. Jahrhundert. Die Nachfrage, die solche Vergrößerungen rechtfertigte, wie auch das Kapital, das sie finanzierte, belegen die kommerzielle Vitalität des Unterhaltungsgewerbes.

Künstlerische Vitalität war eine gänzlich andere Sache. Der expandierende Theatermarkt steigerte die Nachfrage nach Bühnenstücken: Zwischen 1750 und 1800 entstanden zweimal so viele Dramen wie in den vorausgegangenen 50 Jahren.[50] Aber im Jahrhundert nach John Gays *The Beggar's Opera* (1728) produzierten die englischen Theater nur dreieinhalb neue Dramen, die in den Kanon späterer Generationen Eingang fanden: Goldsmiths *She Stoops to Conquer* (1773), Sheridans *The Rivals* (1775) und *The School for Scandal* (1777) sowie sein kurzes komisches Nachspiel *The Critic* (1779). Bemerkenswerterweise waren dies alles Komödien; mehr noch als zu Anfang des Jahrhunderts dominierte Shakespeare das ernste Repertoire aus Mangel an neuen Werken. In den drei Jahrzehnten von Garricks Amtszeit am Drury Lane waren zum Beispiel sechs der sieben beliebtesten Shakespeare-Dramen Tragödien; alle sechs zählten zu den 20 am häufigsten aufgeführten Dramen der Zeit.[51] Im letzten Viertel des 18. Jahrhunderts waren bis auf vier sämtliche der beliebtesten dramatischen Unterhaltungsstücke Komödien, darunter viele musikalische Komödien; die vier die Ausnahme bildenden ernsten Dramen stammten alle von Shakespeare.[52]

Die ganze Epoche hindurch stießen sich viele Kritiker an der grellen Kitschigkeit der neuen Dramen. Burke zum Beispiel klagte, die Bühne sei «ganz nach unten... gesunken, in Hinsicht auf den Schund, meine ich, der dort dargeboten wird». Er gab jedoch nicht dem «Geschmack des Publikums» die Schuld für diesen Niedergang, denn wenn Shakespeare gespielt wurde, dann waren «die Logen, das Parkett und die Ränge voll»[53]. Die Begeisterung für Shakespeare war *per definitionem* der Beweis guten Geschmacks, selbst wenn der Geschmack des Publikums in jeder anderen Hinsicht abscheulich schien.

Während das zeitgenössische Drama im Sinken begriffen war, klammerten sich die Theaterdirektoren an das Wrack vergangener Erfolge, und Shakespeare war der sicherste Dramatiker im Repertoire. Sie verwandten ihren Einfallsreichtum auf den Versuch, größeren Nutzen aus einem Produktnamen zu ziehen, der in der Vergangenheit Kunden angelockt hatte, und durchforsteten den Kanon auf der Suche nach in früheren Jahrzehnten relativ vernachlässigten Dramen, die sich für eine Wiederaufführung oder Adaption eigneten. So machte sich Garrick seinen Namen mit (Cibbers Adaption von) *Richard III.*; in seiner Produktion wurde es zum drittbeliebtesten Bühnenstück der Epoche. Schon früher im selben Jahr (1741) hatte Charles Macklin in der Rolle des Shylock den *Kaufmann von Venedig* in eine spannende Tragikomödie verwandelt, die er fast ein halbes Jahrhundert lang weiterspielte.

In der gleichen Inszenierung spielten Kitty Clive Portia und Hannah Pritchard Nerissa. Auch Schauspielerinnen suchten nach neuen Rollen, und sie fanden viele davon in Shakespeares Komödien. 1740/41 gelangten *Was ihr wollt, Wie es euch gefällt, Das Wintermärchen* und *Ende gut, alles gut* erstmals im 18. Jahrhundert wieder auf die Bühne; die letzten drei Stücke waren offenbar seit der Schließung der Theater 1642 nicht mehr gespielt worden. Alle vier bieten starke weibliche Hauptrollen, und ihr erfolgreiches Revival auf den Londoner Bühnen spiegelt die Begabung, den Ehrgeiz und das Vermögen einer neuen Riege von professionellen Schauspielerinnen wider. Clive und Pritchard taten sich als Celia und Rosalind zusammen, als Olivia und Viola oder als Katherine und Bianca. Clive spielte außerdem die Celia zur Rosalind von Peg Woffingten, die besonders berühmt war für ihre ungezügelte Vitalität auf und hinter der Bühne. Sie spezialisierte sich auf Hosenrollen und spielte schließlich die meisten von Shakespeares großen komischen Heldinnen. Als Mrs. Cibber in *Maß für Maß*, das 1738 zum erstenmal wieder auf die Bühne kam, in der Rolle der Isabella auftrat, berührte «die Eleganz ihrer Figur, die musische Wehmütigkeit ihrer Stimme und die Sanftheit ihres Benehmens» das Publikum ebenso sehr wie Angelo.[54] Obgleich seine Figur Falstaff immer Anklang gefunden hatte, war Shakespeare doch seit der Restauration in erster Linie als tragischer Dramatiker gefeiert worden. Diese Schauspielerinnen verhalfen nun den romantischen Komödien ins Repertoire. Garrick hingegen spielte keine Rolle in den Komödien, die Mitte des Jahrhunderts zu Shakespeares beliebtesten avanciert waren (*Der Kaufmann von Venedig, Wie es euch gefällt* und *Die lustigen Weiber von Windsor*).[55]

Romeo und Julia, eine romantische Tragödie, die vor Mitte des Jahrhunderts (selbst in adaptierter Form) selten gespielt wurde, war noch erfolgreicher. Sie wurde 1744 wieder aufgeführt, und Eliza Haywood pries sie als «die allerbeste und ansprechendste aller Tragödien» von Shakespeare.[56] Wie in anderen Dramen, die das Repertoire in dieser Zeit beherrschten, stand eine starke weibliche Hauptrolle einer starken männlichen gegenüber, und das Publikum interessierte sich lebhaft dafür, welcher der beiden beliebten Darsteller den anderen ausstechen würde. Es war die Verlagerung der Kräfteverhältnisse, die für einen großen Teil der Aufregung sorgte, als Pritchard und Garrick als Beatrice und Benedikt oder Lady Macbeth und Macbeth in die Schlacht zogen. Die Konkurrenz zwischen den männlichen und weiblichen Hauptrollen entsprach der Konkurrenz zwischen den Theatern. Zwölf Abende hintereinander boten das Drury Lane und Covent Garden alternative Inszenierungen von *Romeo und Julia*, mit Garrick und Anne Bellamy gegen Spranger Barry und Susanna Cibber in den konkurrierenden Programmen; von da an hatte dieses Schauspiel einen festen Platz in der Londoner Saison. Außerdem konkurrierten die beiden Theater noch mit verschiedenen Adaptionen von *Cymbeline*.

In Anbetracht des einzigartigen Werts, der dem Shakespeare-Kapital im festen Repertoire zukam, konnte jedes der beiden Theater einen beträchtlichen geschäftlichen Vorteil über das andere gewinnen, wenn es in den Köpfen der die Theater frequentierenden Öffentlichkeit seinen eigenen Namen erfolgreich mit dem William Shakespeares verknüpfte. Solche direkte Konkurrenz bei der Vermarktung Shakespeares wurde erst in den 1740ern wichtig. Den großen Teil des 17. Jahrhunderts hatten Shakespeares Dramen entweder der einen oder der anderen Truppe gehört. Als die United Company 1695 in zwei Teile zerbrach, beanspruchten beide Seiten Shakespeare für sich, ohne daß sich daraus eine anhaltende Konkurrenz entwickelte, und von 1707 bis in die 1730er Jahre hinein hatte das Drury Lane praktisch ein Monopol im Bereich des ernsten Dramas, während seine Rivalen sich der Oper oder der Pantomime widmeten. Covent Garden, 1732 eröffnet, legte über mehrere Jahre seinen Schwerpunkt auf das musikalische Theater; doch in den 1740ern befanden sich die beiden Theater dann in unmittelbarer Konkurrenz um die gleichen Schauspieler und Zuschauer.

Obwohl diese rivalisierenden Theater beide dem ausgewiesenen Willen des Publikums, Geld für Shakespeare auszugeben, Genüge tun wollten, hatte zum ersten Mal keines einen rechtlichen Vorsprung oder einen sonstigen offensichtlichen Vorteil, was jeweils die besondere Eignung für Shakespeare betraf. Von den beiden Leitungen erwies sich die des Drury Lane als geschickter darin, von dem Nationaldramatiker Besitz zu ergreifen. Garrick wurde 1747 zum Partner in der Drury Lane-Leitung. In jenem Herbst eröffnete das Theater, um 250 Plätze vergrößert, mit dem *Kaufmann von Venedig*, mit Macklin in der Rolle des Shylock und Clive als Portia sowie mit einem Prolog, den Samuel Johnson geschrieben hatte und den Garrick sprach.

Als der Bildung Triumph über ihre barbarischen Feinde
zuerst die Bühne schuf, erhob sich der unsterbliche Shakespeare;
jeden Wechselfall des vielfarb'nen Lebens zeichnete er auf
erschöpfte Welten, und erfand sie dann neu. [57]

Garricks Bewunderer sollten später verkünden, er habe Shakespeare beinahe allein von Generationen währenddem Vergessen errettet.

Aber Garrick tat nie etwas allein. Die Eröffnung der Saison 1747 am Drury Lane hing typischerweise ab von den vereinten Talenten von unter anderen Macklin, Clive, Johnson und Garrick. Diese Saison brachte zum erstenmal Garrick, Clive, Pritchard und Mrs. Cibber zusammen, und das Trio der großen Schauspielerinnen war für den Erfolg von Garricks Leitung enorm wichtig. Als Henry Fielding bemerkte, «daß bei den feinsten Pinselstrichen eines Shakespeare... dem Leser einige Schattierungen der Natur entgehen werden, die ihm die geistvolle Schauspielkunst eines Garrick, einer Cibber oder einer Clive übermitteln kann» [58], behandelte er Cibber und Clive als Garricks Gleichgestellte – und an anderer Stelle fügte er der Liste «Mrs. Woffington» hinzu. [59] In Fieldings Augen war Clive für das Schauspiel, was Shakespeare für die Dichtung und Hogarth für die Malerei waren: «Für wahre Komik» war sie «die größte Schauspielerin, welche die Welt je gesehen hat» [60]. In 652 Aufführungen trat Pritchard als Garricks Partnerin auf, und Hester Thrale «hielt Pritchard immer für besser als

Garrick; das tat er in einer Szene von *Hamlet*, einer von *Macbeth*... als der ganze spontane Beifall des Hauses ihr galt»[61]. Garrick hörte auf, Macbeth zu spielen, als Pritchard sich zur Ruhe setzte.

Doch Garrick war nicht nur Darsteller, sondern auch ein Mann und der Direktor; ein Vierteljahrhundert prägte er Drury Lane, das wiederum Shakespeare prägte. Während Garricks Amtszeit stellte Shakespeare 27 Prozent der Tragödien und 16 Prozent der Komödien am Drury Lane.[62] Als Schauspieler wurde Garrick mit wachsender Häufigkeit als Shakespeares «bester Kommentator» gefeiert.[63] Als Regisseur behauptete er mehrfach, er bringe die ursprünglichen Fassungen zurück, zum erstenmal führte er ein Schauspiel auf, «wie Shakespeare es geschrieben hatte» oder «mit Rekonstruktionen getreu nach Shakespeare». Tatsächlich rekonstruierte er durchgängig viele Details der Sprache Shakespeares. Hinsichtlich einzelner Deutungen zog er zeitgenössische Herausgeber zu Rate, von Warburton und Johnson für *Macbeth* (1744) bis Edward Capell für *Antonius und Cleopatra* (1758). Außerdem sammelte er eine bewundernswerte Privatbibliothek von frühen Textfassungen Shakespeares und seiner Zeitgenossen zusammen, die von großem Wert für die Herausgeber seiner und späterer Zeiten war.

Was zu sehen war, spielte für den Schauspieler Garrick eine ebenso große Rolle wie das, was gesprochen wurde. 1755 baute er einen «Tempel des Shakespeare» auf dem Boden seines Grundbesitzes in Hampton; 1758 stellte er darin eine speziell in Auftrag gegebene lebensgroße Marmorstatue des Dichters auf, die von Louis François Roubiliac stammte, dem bedeutendsten Bildhauer im England des 18. Jahrhunderts. Garricks Statue sollte die in Westminster Abbey übertreffen, und das einmütige Urteil lautet, daß sie das tut. Garrick selbst posierte angeblich als Shakespeare. Garrick wurde, was Alexander Pope vor ihm gewesen war: Englands am meisten gemalte, gezeichnete und in Stein gehauene Figur des kulturellen Lebens. Viele dieser Bilder zeigen ihn in Shakespeareschen Rollen. 1769 malte Gainsborough Garrick, wie er an einer Shakespeare-Büste lehnt – und sie mit derselben Gebärde besitzergreifend in der Beuge seines rechten Arms hält. Im selben Jahr gelang Garrick sein Meisterwerk im Marketing, ein «Shakespeare-Jubiläum» in Stratford-upon-Avon. Dieses Jubiläum, über das die Zeitungen in ganz Europa berichteten, setzte Stratfords Tourismusindustrie in Gang und war Anlaß für Garricks in Gedenken an den Dichter entstandenes musikalisches Nachspiel, *The Jubilee*, das am Drury Lane 152mal aufgeführt wurde – und dadurch, auf die ganze

Epoche gesehen, beliebter wurde als alle bis auf drei von Shakespeares eigenen Dramen.

Ohne Zweifel war Garricks Bewunderung für Shakespeare so echt wie die eines jeden anderen. Indem er jedoch für Shakespeare warb, warb er immer auch für sich und seine Truppe. Seine populärste Rolle war Benedikt in *Viel Lärmen um nichts*.[64] Er spielte diese Figur zum erstenmal kurz nach seiner eigenen Heirat; die ganze Ironie des anfänglichen Beharrens des Mannes darauf, daß er nie heiraten werde, und die ganze Satire auf «Benedikt, de[n] verheiratet[n] Mann», erinnerte das Publikum an David Garrick den Schauspieler unter der Figur Benedikt. Beide wurden auf köstlichste Art lebendig.

Neben Josiah Wedgwood und William Hogarth zählte Garrick zu den schlauesten Unternehmern im Kulturgeschäft des 18. Jahrhunderts. Wie die meisten Behauptungen im Dienste des Marketing vor und nach ihm waren die seinen irreführend, wenn nicht sogar bewußt unwahr. Shakespeare braucht keinen Garrick, um ihn vor dem drohenden Vergessen zu retten. Was seine Aufführung des ursprünglichen Shakespeare-Textes anging, so bedeutete das im Falle von *Macbeth*, daß er die Textfassung von 1623 um ein Achtel kürzte, wobei er einige von Davenants szenischen und musikalischen Ausschmückungen der Hexenszene beibehielt und einen neuen Todesmonolog für Macbeth (gespielt von Garrick) schrieb. Garricks *Macbeth* war zweifelsohne dem Shakespeareschen näher als Davenants Adaption, aber immer noch weit entfernt von dem Schauspiel, «wie Shakespeare es geschrieben hat». Ähnlich verkündete Garrick seine «Absicht, keinen Tropfen dieses unsterblichen Mannes zu verlieren» – und das im Prolog zu einer Adaption von *Das Wintermärchen*, die drei von fünf Akten wegließ. Unter all den Oden und Ovationen zum Shakespeare-Jubiläum wurde kein Wort Shakespeares gesprochen. Garrick adaptierte zwar nicht alle Dramen Shakespeare, das jedoch hatte keiner je getan. Wie seine Vorgänger adaptierte er manche Dramen, aber andere nicht, und manche adaptierte er stärker als andere.

Mit seinem selbstverkündeten Authentizitätsstreben griff Garrick schlicht auf die Strategie zurück, welche schon die Lizenztruppen der Restaurationszeit verfolgt hatten. Wie Davenant verband er Authentizität mit Neuheit: der Neuheit neuer Adaptionen, der Wiederaufführung von Schauspielen, die zuvor nicht auf der Bühne zu sehen gewesen waren, und der ganzen Neuheit von Garricks eigener Interpretation seiner Rollen. Die Werbung für *Macbeth* stellte die Behauptung «wie Shakespeare es geschrieben hat» neben das Versprechen, er zeige «die Figuren in neuem Gewand».

Solche Innovationen sollten uns den grundlegenden Konservativismus von Garricks Strategie nicht vergessen lassen. Obwohl er eine Reihe von Veränderungen an der Physiognomie des Theaters vornahm – er verdrängte die Zuschauer allmählich von der Bühne und verbesserte die Bühnenbeleuchtung sowie die künstlerische Wirkung der Kulissen –, reformierten und verfeinerten diese doch alle nur den Geist des frühen 18. Jahrhunderts, ohne eine radikal neue Richtung einzuschlagen. Garrick gab dem Theater – und das Publikum begrüßte dies – nicht viel Neues, sondern mehr vom Alten und in besserer Qualität. Der Aufstieg Shakespeares fiel zusammen mit dem Ursprung des kulturellen Konservativismus.

Er fiel auch mit dem aufwallenden Nationalismus und expandierenden Imperialismus zusammen. Während Garrick Drury Lane leitete, kämpfte Großbritannien im Siebenjährigen Krieg siegreich gegen Frankreich. Nach Jahren in der politischen Wüste gewannen die Tories wieder ein gewisses Maß an Einfluß am Hofe. Samuel Johnson, der exponierteste literarische Tory der Nation, erhielt eine Pension, und eine Folge von Regierungen versuchte, den amerikanischen Kolonien den britischen Willen aufzuzwingen. 1753 hieß es in einer leidenschaftlichen Antwort auf Voltaires Shakespeare-Kritik, in Großbritannien sei «Shakespeare... eine Art etablierter Religion in der Dichtkunst»[65]. 1756 schalt Joseph Warton das «ekelerregende Geschwätz» von französischen und französisierten Kritikern, die Shakespeare «unkorrekt» fanden.[66] 1760 feierte eine «Ode an die Musen» Shakespeares *Heinrich V.*:

> ... wie sehr hat Heinrichs rächende Lanze
> den hohen Stolz Frankreichs gedemütigt,
> mit triumphierenden Waffen erschütterte er den überheblichen Staat
> und hißte sein Banner auf dem besiegten Land.[67]

Während der 1760er Jahre wetteiferten die Autoren förmlich darin, Shakespeare als den größten Dramatiker und Dichter der Welt zu propagieren. Der Tenor solcher Lobpreisungen war fast immer nationalistisch und oft speziell gegen Frankreich gerichtet. 1768 beschrieb Capells Edition Shakespeares Werke als «Teil der Reichtümer des Königreichs», von denen man «sprach, wann immer der Name Britanniens fällt, das heißt (dank unserer jüngsten Anwälte), wo immer Menschen sind»[68]. Beim Jubiläum im folgenden Jahr – haargenau zwischen dem Krieg gegen Frankreich und dem Krieg gegen Amerika – verkündete Garrick: «England kann sich zu Recht der Ehre rühmen, den größten dramatischen Dichter der Welt hervorgebracht zu haben.»[69] (Diese Rede wurde vermutlich von Burke für Garrick geschrieben.)

Wie die Kritiker gaben sich auch die Theater unverhohlen chauvinistisch. Die von den Franzosen unterstützte pro-katholische, jakobitische Rebellion von 1745 inspirierte erfolgreiche Wiederaufführungen von Cibbers anti-katholischer Satire *The Non-Juror* und von Shakespeares *Heinrich V.* «mit dem rühmlichen Sieg der Engländer gegen die Franzosen in der Schlacht von Agincourt». Auf Covent Gardens *Papal Tyranny in the Reign of King John* (Cibbers Adaption von *König Johann*) antwortete Drury Lane mit der Wiederaufführung des Shakespeareschen Schauspiels. Im gleichen Jahr begannen die Theater mit jener Praxis, die zwei Jahrhunderte andauern sollte, nämlich jede Vorstellung mit «God Save the King» zu beginnen. *Heinrich V.* wurde während des Siebenjährigen Kriegs jedes Jahr neu aufgeführt; im Jahr 1761 kam es mit einer eingeflochtenen Wiedergabe der Krönungsprozession von Georg III. auf phänomenale 24 Vorführungen in sechs Wochen. Während seiner Herrschaft besuchte Georg III. mit seiner Gemahlin regelmäßig die Theater. In den 1790ern produzierte Sadler's Wells eine ganze Reihe musikalischer Glorifizierungen der englischen Siege gegen Frankreich. Sie gipfelten 1804 in der Konstruktion eines großen wassergefüllten Behälters für das Nachspielen von Seeschlachten in Miniatur. Die Lizenztheater antworteten mit einer spektakulären Produktion von *Heinrich V., oder die Eroberung Frankreichs* und mit periodischen Wiederaufführungen von *König Johann*. Heinrich V. war eine der erfolgreichsten Rollen John Philip Kembles; seine Schwester Mrs. Siddons bekam sogar noch mehr Applaus für ihre Darstellung von Konstanze in *König Johann*, die französische Perfidität in den Wahnsinn und Tod treiben.

Englands Sieg im Siebenjährigen Krieg war ein entscheidendes Ereignis im wachsenden Widerstand gegen die politische und kulturelle Vorherrschaft Frankreichs, und Shakespeare war der hauptsächliche Nutznießer dieses Widerstands. Der aufkommende literarische Nationalismus und die Romantik definierten sich beinahe zwangsläufig im Gegensatz zu den dominanten klassischen Vorbildern – zunächst in Deutschland und dann immermehr auch in anderen Teilen des südlichen und östlichen Europa. In politischer Hinsicht war die einzig sichtbare Alternative zum französischen Absolutismus die englische Freiheit, wie sie die gemischte englische Verfassung garantierte. In ästhetischer Hinsicht war die einzig sichtbare Alternative zu den Vorschriften der französischen Akademie die Betonung der Praxis des englischen Genies, eine Freiheit von den willkürlichen poetischen Regeln, wie sie exemplarisch in der Mischung von Stilhöhen, Genres und gesellschaftlichen Ständen in den Schauspielen von «Sachespir» zu finden waren.[70] Die Engländer feierten Shakespeare als das größte und charakteristischste Genie, als Paragidma künstlerischer Freiheit, und das in genau dem Jahrzehnt, da England sich selbst und anderen als sicherstes und erfolgreichstes Experiment in politischer und gesellschaftlicher Freiheit galt. Im gleichen Jahrzehnt pries Lessings *Hamburgische Dramaturgie* den Geist in *Hamlet* und spottete über den Geist in Voltaires *Semiramis*; als Norm der Dramatisierung von Liebe und Eifersucht wählte Lessing *Romeo und Julia* bzw. *Othello* und tadelte Voltaires Behandlung eines ähnlichen Stoffs in seinem berühmtesten Schauspiel, *Zaire*.

Die meisten der politischen Revolutionen des späten 18. Jahrhunderts waren Versuche entrechteter Völker – von Siedlern der amerikanischen Kolonien, einheimischer Iren, kolonialisierter Italiener, haitischer Sklaven, des Dritten Standes in Frankreich –, jene Freiheiten für sich einzufordern, die die Engländer längst genossen. Eine dieser beneidenswerten englischen Freiheiten war das Recht und die Entschlossenheit, ihre eigene einheimische Literatur zu feiern, der Tatsache trotzend, daß sie sich nicht dem vorherrschenden internationalen ästhetischen System fügte. Jeder europäische Kritiker, der die Fahne für Dante oder Cervantes oder die mittelalterliche Romanze hochhalten wollte, konnte Trost bei der englischen kulturellen Unabhängigkeit finden. Die Opposition zwischen Shakespeares Praxis und der französischen ästhetischen Theorie – ein Jahrhundert lang Brennpunkt der kritischen Überlegungen – wurde zum Fundament von Shakespeares wachsender internationaler Reputation. Shakespeare wurde zum Musterbeispiel literarischer Freiheit, zum Meister eines jeden, der ein überkommenes System der Kritik umwerfen wollte.

Diese wechselseitige Durchdringung von ästhetischen und politischen Werten läßt sich deutlich an Pierre Le Tourneurs Vorwort zur ersten vollständigen französischen Übersetzung von Shakespeares Dramen ersehen. Angeregt hatten die Übersetzung zweifelsohne

Garricks Paris-Besuche in den Jahren von 1763 bis 1765 und ebenso die internationale Publizität, die dem Jubiläum 1769 zuteil wurde. Der erste Band erschien zufällig 1776. Le Tourneur macht in seinem Vorwort erklärtermaßen nicht mehr, als Auszüge aus den Vorworten bereits vorliegender englischer Ausgaben von Rowe bis Johnson aneinanderzureihen. Als er jedoch zu Popes Äußerung kommt, «Shakespeare nach den Regeln des Aristoteles zu beurteilen» sei «wie einen Mann nach den Gesetzen eines Landes zu richten, der unter denen eines anderen handelte», wandelt er sie um in «condamner Shakespeare d'après ces regles, c'est juger un Républicain sur les loix d'une Monarchie étrangère»[71]. Popes neutrale Entgegensetzung zweier Länder übersetzt Le Tourneur in das Bild eines englischen Republikaners, der nach den Gesetzen einer (französischen) Monarchie verurteilt wird – einer Monarchie, die unter die Zweideutigkeit von *étrangère* nicht nur als «ausländisch» (aus Shakespeares Perspektive), sondern auch als «fremd, unnatürlich» (aus jeder Perspektive) definiert wird.

Englands Wohlstand im 18. Jahrhundert gründete sich zum Teil auf seinen Erfolg als Handelsnation, und Shakespeare war eines seiner erfolgreichsten kulturellen Exportgüter. Die englische Wirtschaft schlägt noch heute einen beträchtlichen Profit aus dem internationalen Markt für Shakespeare, den die Unternehmer des 18. Jahrhunderts erschlossen. Und sobald der Markt wirklich international geworden war, konnte die ausländische Nachfrage als periodischer Anreiz für heimische Produktionen wirken. Der *Hamlet* der englischen romantischen Kritik stand zum Beispiel tief in der Schuld von Goethes *Wilhelm Meisters Lehrjahre* (1795/96) und August Wilhelm Schlegels *Vorlesungen über dramatische Kunst und Literatur* (1809–11). Es war Goethe, der das Schauspiel denkwürdiger als jeder englische Autor beschrieb als die Geschichte «eine[r] große[n] Tat auf eine Seele gelegt, die der Tat nicht gewachsen ist», eine Geschichte, in der «ein Eichbaum in ein köstliches Gefäß gepflanzt, das nur liebliche Blumen in seinen Schoß hätte aufnehmen sollen; die Wurzeln dehnen sich aus, das Gefäß wird vernichtet»[72]. Coleridges Aneignung Schlegels und anderer deutscher Kritiker ließe sich als nationalistische Enteignung ausländischer Technologien rechtfertigen, wie der amerikanische Diebstahl der englischen Feinspinnmaschine (*spinning jenny*) – Enteignungen, die den heimischen Markt für die heimischen Produzenten sichern sollten. Auf das Deutsche «unser Shakespeare» antwortete Coleridge mit «our Shakespeare»; er machte sich die deutschen kritischen Innovationen zu eigen und entwickelte sie weiter, um Englands gefährdete Vorherrschaft auf dem Shakespeare-Markt zu sichern.

Im späten 18. Jahrhundert exportierte England Shakespeare; ebenso exportierte es Drucke. Englische Stiche, insbesondere Karikaturen, waren um die Jahrhundertwende die beliebteste Kunstform. Englands erfolgreichster Exporteur von Drucken war Alderman John Boydell. Wie Garrick unternahm es auch Boydell, Shakespeare, den Patriotismus und das Profitmotiv zu verbinden. Das muß ihm als natürliche Kombination erschienen sein, weil Shakespeare in den Werken der englischen Stecher bereits die populärste Quelle von Anspielungen und Bildunterschriften war.[73]

In den späten 1780ern organisierte Boydell eine Ausstellung von speziell in Auftrag gegebenen Gemälden von Shakespeare-Szenen, die dann die Grundlage für eine Folio-Ausgabe von großen Stichen bildeten. Diesem ehrgeizigen Projekt – wie auch Boydell selbst – brachte Englands Krieg mit Frankreich den kommerziellen Ruin, denn damit verlor Boydell die lebenswichtigen Märkte auf dem Kontinent. Obgleich in fast jeder Hinsicht die wachsende Verknüpfung Shakespeares mit dem englischen Nationalismus seine europäische Rezeption unterstützte, schuf sie in Frankreich eine verständliche Ablehnung, die bis weit ins nächste Jahrhundert hinein andauerte: Noch 1822 verhinderte ein französisches Publikum, das in Shakespeare «un lieutenant de Wellington» erkannte, eine Aufführung von *Othello*.[74]

Doch das kommerzielle Scheitern von Boydells «Shakespeare-Galerie» mindert nicht ihre kulturelle Bedeutung. Unter anderem sollte sie die Entwicklung einer «englischen Schule historischer Malerei»[75] kommerziell ermutigen; Shakespeare wurde ausgewählt als das «eine große nationale Thema, über das es keine zwei Meinungen geben würde».[76] Boydells neue Pall Mall-Galerie öffnete am 4. Mai 1789 und zeigte, was ein Rezensent als einen «Schatz von bildlicher Vortrefflichkeit, der im höchsten Maße dem britischen Genie zuzurechnen ist»[77] pries.

Zusammen mit Milton hatte Shakespeare bereits entscheidend zur Entwicklung einer bewußt englischen Kultur beigetragen. Hogarth, der erste heimische bildende Künstler, der internationalen Ruhm erlang, stellt in einem Selbstportrait seine Palette emblematisch auf die Werke Shakespeares, Miltons und Swifts. Shakespeare lieferte den Stoff und den Stil, der als Inbegriff des Englischen galt; für das georgianische England definierte sich seine künstlerische Identität in Opposition zu kontinentaleuropäischen Traditionen. Er war überdies die Quelle einer spezifisch englischen Mythologie, die die Künstler bei jedem gebildeten Betrachter voraussetzen konnten. Im England Georgs III. zitierten Samuel Rowlandsons und James Gilrays satirische Drucke Shakespeare mit derselben Selbstverständlichkeit und Gewißheit, wie es Thomas Sheridans Parlamentsreden und Horace Walpoles Briefe taten.

Die Figur Shakespeares beherrschte ebenso natürlich die beiden kulturellen Formen, die das Muster für die heimische Schule der Malerei lieferten: Bücher und Theater. Stiche ließen sich als Buchillustrationen verwenden oder getrennt als Drucke verkaufen; oft diente derselbe Stich beiden Zwecken, und beide Darstellungen waren im selben Geschäft zu kaufen. Gleichzeitig lieferte das Theater ein neues, spezifisch englisches und zeitgenössisches Modell für die Organisation des bildlichen Raums. Hogarth definierte seine eigene Kunst explizit in Begriffen des Theaters: «Mein Bild war meine Bühne und Männer und Frauen meine Schauspieler, die mittels bestimmter Handlungen und Ausdrucksweisen eine Pantomime darstellten.» [78] Populäre Schauspieler und Szenen aus populären Schauspielen zählten zu den populärsten Themen für populäre Drucke. Und in einer Zeit, in der die englische Kunst so viel ihrer Inspiration aus dem Theater zog, zog das Theater wiederum selbst viel seiner Inspiration aus Shakespeare.

Englische Künstler galten und empfanden sich als besonders geschickt in der Portraitkunst; seit der Restauration war auch Shakespeare besonders gepriesen worden für seine Charakterisierung von Individuen; entsprechend boten sich den georgianischen Künstlern seine Figuren als Themen an.

Portraitmalerei und ihre jüngere häßliche Schwester, die politische Karikatur, brachten eine allgemeine Faszination der Georgianer für Individualität zum Ausdruck, eine Faszination, die mit den triumphalen Energien des expandierenden Unternehmerkapitalismus in Zusammenhang stand, mit dem zunehmend nach oben gerichteten Druck, was die politische Befreiung in vielerlei Hinsicht anging, mit dem Aufstieg der Methodistenbewegung und weniger bedeutender spiritualistischer Sekten. Garrick gab in jenem Jahr eine letzte Shakespeare-Vorstellung, da das Recht jedes Individuums auf «Leben, Freiheit und Eigentum» (so die erste Fassung) bzw. auf «Leben, Freiheit und Streben nach Glück» (so die revidierte Fassung) verankert wurde. Diese Epoche erlebte außerdem die Geburt des englischen Exzentrikers, und

Shakespeares Apotheose fiel in die acht Jahre, in denen die größte literarische Verherrlichung von Exzentrik in Fortsetzungen erschien, jene unberechenbare Berühmtheit des Jahrhunderts, *Tristram Shandy*. (Einer der in diesem Roman gefeierten Exzentriker, Pfarrer Yorick, stammt – tatsächlich oder fiktiv – von «Hamlets Yorick, in unserem Shakespeare» ab.) [79]

Wie die Geburt der politischen Karikatur zeigt, bedeutet dieses generelle Gefühl der Faszination für Individualität nicht unbedingt deren uneingeschränkte Bejahung. Das Stück *Richard III.*, das man als Exorzismus eines habgierigen egozentrischen Schurkentums deuten kann, wurde, nachdem es ein Jahrhundert nicht beachtet worden war, eine der populärsten Tragödien Shakespeares; die Titelrolle spielte David Garrick, dieser leicht verletzbare kleine Emporkömmling. *Der Kaufmann von Venedig*, diese Anklage von erbarmungslosem finanziellem Schurkentum, wurde nun erstmals eine der populärsten Komödien Shakespeares; die Hauptrolle spielte mit düsterer Intensität Macklin. Doch ob Shakespeares Inszenierung von materialistischem Egoismus die georgianischen Zuschauer nun entsetzte oder entzückte – oder oft auch beides zusammen –, diese Inszenierungen befriedigten auf jeden Fall einen jüngst erstarkten Wissensdrang, was die Natur von Individualität anging. Der Ehrgeiz der Portrait-Künstler, die Shakespeares Dramen ins Bild setzten, führte und trug bei zu einem in wachsendem Maße ausschließlichen Interesse daran, Charaktere zu definieren. Kommentatoren und Illustratoren von Shakespeares Schauspielen mögen schwach in der Gesamtkomposition und -struktur gewesen sein, aber sie hatten einen scharfen Blick für Gesichter.

Solche Interessenschwerpunkte prägten auch die Textausgaben, die die Leser des 18. Jahrhunderts lasen. Rowes Ausgabe von 1709 hatte nicht nur erstmals ein Verzeichnis der *dramatis personae* und eine durchgängige Bezeichnung jeder Figur in den Regieanweisungen. Manchmal hatte er die generischen Bezeichnungen der Originaltexte durch Personennamen ersetzt. Rowes Nachfolger führten diesen Prozeß der Namensgebung weiter und räumten allmählich mit allen Überbleibseln generischer Bezeichnungen auf, die er noch hatte stehen lassen. Der «Bastard» in *König Lear* wurde zu Edmund, der «Bastard» in *König Johann* wurde zu Falconbridge, der «Bastard» in *Viel Lärmen um nichts* zu Don Juan, der «Possenreißer» in *Wie es euch gefällt* wurde zu Touchstone, in *Maß für Maß* wurde er zu Pompey, in *Liebes Leid und Lust* zu Costard. Der «König» der ganzen englischen Historien und eines halben Dutzends Komödien und Tragödien wurde jeweils zu einer individuellen Figur ausgestaltet. Solange eine Figur wenigstens einmal im Text mit Namen genannt wurde, konnten die Herausgeber den Namen überall im Stück einsetzen. Die Theaterdirektoren konnten noch weiter gehen und eine individuelle Bezeichnung für Figuren erfinden, denen Shakespeare selbst überhaupt keinen Namen gegeben hatte. Auf den guten, alten schottischen Kosenamen «Raby» taufte Philip Kemble in *Heinrich IV. Erster Teil* den Redner, der zu Heißsporns Diensten in Szene 7 (2.4) spricht, den Boten, der Heißsporn in Szene 12 (4.1) berichtet, und den Boten, der Heißsporn in Szene 17 (5.2) berichtet. Damit schuf er eine vollkommen plausible Nebenfigur. In *Ende gut, alles gut* ordnete Kemble das Gewirr von weniger wichtigen französischen Adelsherren zu Lewis, Biron, Jaquez und Tourville. *Et cetera.*

Die jeweilige Zuordnung der dramatischen Rede zu einer Figur wurde systematisch verändert, um die Individualität aller Shakespeareschen Figuren zu betonen; bestimmte Anweisungen wurden außerdem gesondert zur Korrektur vorgenommen, um den Text den gängigen Vorstellungen des Charakters anzupassen. Ein Beispiel von vielen: In allen Ausgaben von Shakespeares Dramen zwischen 1623 und 1732 hatte Miranda Caliban als «Abhorred Slave» – «abscheuliche[n] Sklave[n]» – angesprochen und ihn dann weitere elf Verse kräftig beschimpft[80]; Theobalds Ausgabe übertrug 1733 – den Adaptionen Drydens und Davenants folgend – diese Worte an Prospero, der sie für zwei Jahrhunderte behielt.* Die Grobheit dieser Worte entsprach nicht den Vorstellungen der Herausgeber von weiblichem Anstand.

Die Individualisierungswut der Herausgeber beschränkte sich nicht auf die Zuordnung von Figuren und dramatischer Rede. Pope legte ein alphabetisches Verzeichnis der Namen von Shakespeares (historischen und fiktionalen) Charakteren an, wobei er einige von ihnen in ausführlichen analytischen Skizzen ihrer wichtigeren Ansichten und Taten untergliederte. Johnsons Kommentar unterschied sich auf deutlichste und denkwürdigste Weise von dem seiner Vorgänger dadurch, daß er der kritischen Charakterdeutung besondere Aufmerksamkeit schenkte. In *Heinrich V.* zum Beispiel provozierte der Tod Falstaffs hinter der Bühne eine lange Anmerkung (vier Absätze) zu seinem Cha-

---

* Anm. d. Ü.: Auch Schlegel/Tieck schreiben diese Worte Prospero zu, allerdings zu «lügnerische[m] Sklav'» abgemindert.

rakter, ebenso provozierte die Hinrichtung Bardolphs hinter der Bühne eine andere und der letzte Abgang Pistols noch eine weitere; eine Analyse des Charakters von König Heinrich ist einer Werbungsszene von ihm um Katharinas Gunst angehängt; Johnsons abschließende Anmerkung zu dem Stück verwendet zwei der fünf Sätze auf eine zusammenfassende Kritik des Charakters von König Heinrich und Pistol.

Die Faszination für den Charakter der Figuren beschränkt sich nicht auf Shakespeare-Herausgeber. 1774 veröffentlichte William Richardson, Professor für Literatur an der Universität Glasgow, *A Philosophical Analysis and Illustration of some of Shakespeare's Remarkable Characters*, dem bald andere einflußreiche Werke folgten wie *An Essay on the Dramatic Character of Sir John Falstaff* von dem Regierungsbeamten Maurice Morgann (1777) und *Remarks on some of the Characters of Shakespeare* von dem Parlamentsmitglied Thomas Whatelay (1767–69 geschrieben, 1785 veröffentlicht). Auszüge aus diesen und ähnlichen Werken gingen bald in die editorischen Kommentare ein. Zu Johnsons Ausgabe steuerte Edmund Burke eine Anmerkung zu *Timon von Athen* bei, ein Lob von Shakespeares sorgfältiger Differenzierung zwischen Apemantus' und Timons Misanthropie[81]; zu den späteren Ausgaben Edmund Malones und George Stevens' legte Sir Joshua Reynolds Beobachtungen zu den Portraits Macbeths, Lears und anderer bei.[82] Obgleich wir diese Ausgaben in der Regel mit den Namen Johnsons, Steevens', Malones oder Boswells versehen, vermengten ihre Kommentare doch in Wirklichkeit die eigenen Beobachtungen des Herausgebers, die früherer Herausgeber und die einer immer größeren gebildeten Leserschaft. Im Falle von Steevens gehörten dazu außerdem Anmerkungen, die der Herausgeber verfaßt hatte, aber witziger- oder bösartigerweise anderen in den Mund legte. Diese Kommentare und Texte waren sicherlich bis zu einem gewissen Grad von ihren namentlichen Herausgebern geprägt, ebenso jedoch vom gesellschaftlichen Charakter einer ganzen Epoche.

Eine Sache, die der Shakespeare-Galerie Boydells Antrieb gab, war eine neue Shakespeare-Ausgabe, mit kleinen Drucken illustriert und herausgegeben von jenem allgegenwärtigen Shakespearianer George Steevens. Obwohl von keinerlei Bedeutung für die Editionsgeschichte, trug diese Ausgabe zur Flut von Shakespeare-Texten bei, die während des 18. Jahrhunderts weiter anschwoll. Das Veröffentlichen jeder Art – von Büchern, Zeitschriften, Zeitungen und Drucken – war eines der einträglichsten Gewerbe jener Zeit; für Buchhandlungen wie Theater war Shakespeare eine sichere Investition. Genauso, wie die Zuschauer-Kapazität der Theater wuchs, wuchs auch die Zahl von Shakespeare-Werkausgaben.[83] In den 100 Jahren bis 1708 hatte es vier gegeben; bis 1808 schnellte die Zahl auf 65 hoch.

Die Theater suchten nach neuen Shakespeare-Bühnenstücken für die Aufführung und nach neuen Aufführungsformen; die Verleger suchten nach neuen Formen, in die sie alte Produkte verpacken konnten. 1709 wechselte Tonson von einer einbändigen Folio- zu einer mehrbändigen Oktavausgabe. In seiner *Collection of the best English Plays*, die er 1711/12 herauszugeben begann, kopierte Thomas Johnson die Shakespeare-Version aus Tonsons Ausgabe aus dem Jahr 1709, druckte sie aber «in kleinen Bänden, die in die Tasche passen»; sie waren einzeln zu kaufen, aber auch als Satz von «10 hübschen Bänden».* Taschen-Bücher und Veröffentlichungen in Fortsetzungen wurden zwei der einträglichsten Innovationen im Buchgewerbe des 18. Jahrhunderts. Tonson antwortete mit einem eigenen Taschen-Shakespeare; der Nachdruck von Rowes Ausgabe 1714 erschien in einem kleinen Zwölftelbogenformat. 1725 brachte Tonson die sechs Bände von Popes Ausgabe in großen, eleganten Quartos heraus, zwei Jahre später gefolgt von einer zweiten Ausgabe in handlicherem Zwölftelbogenformat. 1744 veröffentlichte Sir Thomas Hanmer in Oxford eine Ausgabe in Quarto-Bänden, die noch kostspieliger als die Popes war. 1773 konnten die Leser *Bell's Edition of Shakespeare's Plays, as they are now Performed at the Theatres Royal in London; Regulated from the Prompt Books of each House, by Permission* kaufen. 1784 kam die seit einem Jahrhundert erste neue einbändige Ausgabe auf den Markt. 1795/96 konnten die amerikanischen Leser eine Ausgabe erstehen, die auf ihrer Seite des Atlantik gedruckt worden war.

Doch diese Vermehrung von Ausgaben sollte nicht den Blick auf die Kontinuität und den Konservativismus der Lesetradition verstellen. Die editorische Erbfolge verlief von Rowe über Pope und Theobald, Hanmer, Warburton, Johnson, Steevens und Reed zu Malone. Andere Ausgaben trugen zu der Vermarktung Shakespeares in der ganzen eng-

---

* Obgleich er ein englischer Verleger/Buchhändler war, der einen englischen Markt bediente, betrieb Johnson seine Arbeit von den Niederlanden aus, um das Copyright-Gesetz von 1709 zu umgehen; seine Raubdrucke von Tonsons Text waren deshalb legal.

lischsprechenden Welt und darüber hinaus bei; doch nur diese kontinuierliche zentrale Tradition bestimmte den Text, den andere dann verbreiten sollten. Überdies war diese Tradition in der zweiten Hälfte des Jahrhunderts homogener, als sie es in der ersten gewesen war. Anders als seine Vorgänger suchte Johnson seinen Nachfolger aus, Steevens, der seinerseits Reed und Malone wählte. Steevens und Malone sollten sich dann zerstreiten, aber beide huldigten weiterhin Johnson, indem sie ihn höflich und stillschweigend korrigierten. Johnson wurde so retrospektiv eine zentrale Stellung zuteil, die die Qualität seiner editorischen Tätigkeit kaum verdiente. Anders als ihre Vorgänger arbeiteten Steevens, Reed und Malone an jeweils mehr als einer größeren Ausgabe, so daß sie zusammen von 1773 bis 1821 die Shakespeare-Edition vollkommen dominierten. Und jede der Ausgaben in dieser legitimen Linie basierte ganz wörtlich auf ihrem Vorgänger: Jeder Herausgeber schuf seine eigene neue Ausgabe, indem er sich eine Kopie der vorherigen vornahm, einige der Kommentare seines Vorgängers strich, seine eigenen hinzufügte, Korrekturen hinzufügte oder herausnahm und dann dieses Palimpsest dem Drucker übergab. Johnson institutionalisierte die – in geringerem Maß schon von Theobald und Warburton begonnene – Praxis, die Anmerkungen früherer Herausgeber aufzunehmen, selbst wenn er nicht mit ihnen übereinstimmte. Von nun an betrieben alle wichtigen Ausgaben diese erbarmungslose Einverleibungsstrategie mit der Folge, daß sie im Umfang von den acht Bänden Johnsons 1765 auf die 21 Bände Boswells 1821 anwuchsen.

Die Shakespeare-Ausgaben wuchsen organisch, wie die englische Verfassung, wie das englische Gesetz: durch ‹korporative Inkorporation›, wenn man so will, durch einen langen und gemeinsamen Prozeß der Akkumulation und Integration. Überdies erschienen neben den neuen weiterhin die alten Ausgaben. Thomas Hanmers Text von 1744 tauchte zum Beispiel in den Jahren 1745, 1747, 1748, 1751, 1760, 1761 und 1771 wieder auf; die erste amerikanische Ausgabe von 1795/96 war schlicht eine Reinkarnation von Johnsons erster Ausgabe, die drei Jahrzehnte früher erschienen war; auf den Titelseiten der Nachdrucke prangten bis 1864 weiterhin die Namen von Steevens und Malone. Gleich verkümmerten Organen gingen die veralteten Ausgaben in die Konstitution Shakespeares ein.

Die Form, in der sich diese Ausgaben reproduzierten, war konservativ; die Materiallast, die aus der Vergangenheit mitgeschleppt wurde, ließ das kommentatorisch Neue der jeweiligen Ausgabe gering erscheinen. Die Herausgeber wollten soviel wie möglich aus der Vergangenheit bewahren. Die materiellen und intellektuellen Relikte des elisabethanischen Englands waren an sich für sie von Interesse, unabhängig davon, inwieweit sie für die Gegenwart brauchbar waren. Diese Privilegierung der Vergangenheit machte sich bald von jeglicher Frage nach der unmittelbaren Textangemessenheit unabhängig. Malones weitschweifige Erkundungen der Shakespeareschen Biographie und der englischen Bühnengeschichte beschränkten sich nicht auf Fragestellungen, die die Bestimmung oder Erläuterung des Textes beeinflussen mochten. Malone gehörte einer Gesellschaft an, die sich in wachsendem Maße des Unterschieds zwischen ihren Gewohnheiten und denen vergangener Epochen bewußt und die in wachsendem Maße wißbegierig war, was die Realitäten vergangener Kulturen betraf. Schließlich erschien zwischen 1776 und 1788 Edward Gibbons *History of the Decline and Fall of the Roman Empire* in Fortsetzungen; der Autor war Mitglied von Dr. Johnsons literarischem Club, zu dem auch Malone gehörte sowie der beste Praktiker und Theoretiker der englischen Schule der historischen Malerei, Sir Joshua Reynolds.

Angesichts dieses geistigen Klimas ist es nicht verwunderlich, daß Shakespeares Historien populärer wurden als je zuvor, in England wie auch anderen Orts. 1768 schrieb Lessing, Shakespeares Historien verhielten sich «zu den Tragödien französischen Geschmacks ungefähr wie ein weitläufiges Freskogemälde zu einem Miniaturbildchen für einen Ring». Friedrich Schiller, dessen Dramatisierung deutscher Geschichte von Shakespeares Beispiel inspiriert und geleitet war, verdiente von 1789 bis 1791 seinen Lebensunterhalt als Universitätslehrer für Geschichte. A. W. Schlegel beschrieb Shakespeares Zyklus englischer Chroniken als «historisches heroisches Gedicht in dramatischer Form»[84]; von den 17 Dramen, die er zwischen 1797 und 1810 übersetzte, waren neun englische Historien. Und der Brite des 19. Jahrhunderts, der am häufigsten mit Shakespeare verglichen wurde, war nicht Keats oder ein anderer der romantischen Dichter, sondern Sir Walter Scott, der die Entwicklung des englischen Romans in eine andere Richtung lenkte, indem er das ungeheuer populäre Genre des historischen Romans begründete.

Der neue Historismus des 18. Jahrhunderts brachte, wie Scotts Romane belegen, eine neue ästhetische Wertschätzung alles Alten hervor. Die Werke der Alten wurden natürlich lange schon geschätzt, doch frühere Kritiker hatten sie zu einer Allgemeingültigkeit erhoben, die den Fluß der Zeit transzendierte. Im Gegensatz dazu machte jetzt gerade die Sichtbarkeit des Flusses der Zeit einen Teil des Reizes aus. *A Discourse on Ancient and Modern Learning* erkannte, daß modernen Lesern vieles der Bedeutung eines alten Werks entgeht, dafür aber solche Werke, so die Überlegung, «uns in der Herrlichkeit und Förmlichkeit von Fremden erscheinen», geschmückt mit «mancherlei Reizen, die erst dadurch entstehen, daß der Autor einer vergangenen Zeit angehört»[85]. ‹Altsein› wurde zu einer reizvollen Eigenschaft. Die Epoche, die die Serie großer Shakespeare-Ausgaben von Johnson bis Malone hervorbrachte, war auch die Epoche, die Ruinen feierte und sogar konstruierte, die zahllose aus dem Maulbeerbaum, den Shakespeare in Stratford gepflanzt hatte, geschnitzte Raritäten erwarb; die begierig *The Castle of Otranto* las, den ersten Schauerroman, der angeblich auf einem alten Manuskript basierte, die der alte gaelische Bastard Ossian bis ins Innerste anrührte und die die Dichtung Thomas Rowleys, eines Mönchs in Bristol im 15. Jahrhundert, entdeckte und pries.

Die Epoche der alten Kunstwerke war – zwangsläufig – ebenso eine Epoche der Fälschungen. Rowleys Gedichte, Ossians Epik und *The Castle of Otranto* wurden allesamt von Autoren des 18. Jahrhunderts geschrieben, die bewußt die angemessen verblichenen Zeugnisse einer imaginierten Vergangenheit schufen und damit das Verlangen nach Altem besser stillten als die wirklich alten Kunstwerke. Dieser Anreiz, eine literarische Vergangenheit zu erschaffen, jene Manuskripte zu erfinden, die hätten geschrieben werden sollen, verbreitete sich in ganz Europa, von Britannien nach Böhmen, von Rußland nach Rumänien. Zu dieser Epoche gehören auch die berühmtesten aller Shakespeare-Hochstapeleien, eine von William Henry Ireland gefälschte Reihe von Dokumenten, Gedichten und Bühnenstücken, die bei vielen Lesern Bewunderung fanden, bis sie von Malone entlarvt wurden.

Es ist kein Zufall, daß der Aufstieg des Historismus mit der Hochkonjunktur für literarische Fälschungen zusammenfiel. In der historischen Wertschätzung hing der Wert eines Gegenstands nicht länger von der Beurteilung seiner ästhetischen Qualität ab, sondern von der Bestimmung seines Ursprungs. Mit dem Preisschild auf allem Alten schuf dieses Bewertungssystem einen Markt für falsches Vergangenes und mußte daher ein kritisches Verfahren entwickeln, um das Echte vom Unechten unterscheiden zu können. Malone begann seine Karriere als Shakespeare-Herausgeber mit einer Ausgabe der sieben apokryphen Dramen, die 1664 im Shakespeare-Kanon gelandet waren und die Pope 1725 mit Entschiedenheit wieder herausgenommen hatte. Malones Schlußfolgerung lautete im Kern, daß Pope bei sechs der sieben Dramen (bei allen bis auf *Perikles*) Recht hatte, aber seine Methode unterschied sich radikal von der Popes. Pope hatte sein Vorgehen gerechtfertigt mit seiner Beurteilung «aller charakteristischen Merkmale von [Shakespeares] Stil, seiner Art zu denken und zu schreiben»[86]; Malone dokumentierte diese stilistischen Eindrücke und untersuchte gleichzeitig die Zuverlässigkeit der Dokumente, die die fraglichen Dramen Shakespeare zugeordnet hatten.

Das Streben nach dokumentarischer Authentizität trug zu der wachsenden Unzufriedenheit der Kritiker mit den Aufführungen von Shakespeares Stücken bei. Selbst als im 18. Jahrhundert Garricks Anhänger ihn als den «besten Kommentator» Shakespeares priesen, verkündeten sie unbewußt den Vorrang des Buchs; Schauspieler wurden als Kommentatoren beurteilt, als marginale Diener des gedruckten Textes. Was die Rezensenten die «neuen Deutungen» der Darsteller nannten, wurde genauso kritisch bewertet wie die neuen Anmerkungen der Herausgeber. Und meistens, wenn das Theater «nach dem Buch» beurteilt wurde, wurde es für mangelhaft befunden. Einerseits machte das Theater weiterhin von adaptierten Fassungen Gebrauch und brachte so Passagen auf die Bühne, die «unecht» waren (weil jemand anders als Shakespeare sie geschrieben hatte), und ließ andere aus, die «echt» waren (weil Shakespeare sie geschrieben hatte). Andererseits waren die Inszenierungen hinsichtlich ihrer Kostüme und Kulissen nicht historisch getreu. Entsprechend lautete Boydells «erste Anweisung» an die an seiner Shakespeare-Galerie beteiligten Künstler, «wenn möglich zu vergessen, daß sie die Schauspiele Shakespeares je gesehen hatten, so wie sie auf absurde Weise in modernen Theatern ausgeschmückt sind». Warum? Unter anderem deshalb, weil «ein Schauspielhaus allzu leicht Anachronismen einschleichen läßt, indem nicht zusammenpassende Vorrichtungen und moderne Waffen häufig mit alten Abzeichen und Waffen, die bestimmten, weit voneinander entfernten Nationen und Zeiten eigentümlich sind, verbunden werden»[87]. Das Theater war nicht authentisch; der authentische Shakespeare war hingegen nur in Büchern oder Gemälden zu finden, in unveränderlichen historischen Idealisierungen.

Wir verlassen uns immer noch auf Dokumente, die zuerst Malone, Steevens und ihre Zeitgenossen entdeckten; die spätere Forschung hat ihre Schlußfolgerungen hinsichtlich vieler Fragen der historischen Varianten bestätigt. Doch die Geisteshaltung, die jene Entdeckungen hervorbrachte, brachte auch die politische Philosophie Edmund Burkes hervor. Burke bewertete die Ereignisse in Frankreich nach der heimischen kanonischen Norm, die die Glorreiche Revolution von 1688 gesetzt hatte, ein Paradigma, das gekennzeichnet war von einem begrenzten, auf einem Gentleman-Konsens und dem ungeschriebenen Gewohnheitsrecht gegründeten Programm. Die Französische Revolution folgte diesem Muster nicht; statt dessen stand wie immer die chaotische Vielfalt der Gegenwart in quälendem Widerspruch zur anscheinend vollkommenen Ordnung und Abgeschlossenheit der Vergangenheit. Burke und Malone beurteilten die Französische Revolution, als wäre sie ein neues literarisches Werk oder eine neue editorische Verbesserung, die Einlaß in den Kanon begehrte. Sie lehnten die Revolution ab, weil sie wie das französische Drama darauf beharrte, daß eine logische, strenge, erbarmungslose, formal ausgearbeitete Sammlung intellektueller Ideale die kulturelle Praxis regieren sollte. Was die Glorreiche Revolution für die Politik war, war Shakespeare für die Literatur: ein heimisches *ad hoc*-Modell, das – voller Verachtung für *a priori*-Grundsätze – die anerkannte nationale Praxis adoptierte und adaptierte, das auch von den folgenden Generationen immer wieder gutgeheißen wurde. Was Malones Behandlung Shakespeares wie Burkes Behandlung der Französischen Revolution kennzeichnet, ist folgendes Prinzip: Was vollkommen neu ist, ist per Definition unecht; die Vergangenheit erklärt für gültig, die vergangene Autorität ist Bürge gegenwärtiger Taten. Die einflußreichsten Herausgeber und Interpreten Shakespeares teilten Burkes komplexe Treue zur Vergangenheit, die Tom Paine in *Rights of Man* in Frage stellte:

«Die Umstände in der Welt verändern sich laufend, und die Meinung der Menschen verändert sich ebenso; und so, wie eine Regierung für die Lebenden und nicht für die Toten da ist, sind es einzig die Lebenden, die ein Recht darauf haben. Das, was in einer Epoche für richtig und passend befunden wird, mag in einer anderen für falsch und unrichtig befunden werden. Wer soll in solchen Fällen entscheiden, die Lebenden oder die Toten?» [88]

Malone und Burke hätten einstimmig geantwortet: «die Toten». Shakespeare war ein Teil dieser Vergangenheit, die sie vor einer radikalen Zukunft beschützen wollten, ein Teil der Vergangenheit, mit der sie England vor einer Revolution beschützen wollten.

Drittes Buch

Weder Shakespeare noch Georg III. wurden 1789 gestürzt. Dieser Höhepunkt, den es nie gab, war der Gipfel einer Serie von gescheiterten kulturellen Revolutionen, die sich auf das Verständnis und die Rezeption Shakespeares während des ganzen 18. Jahrhunderts bis ins 19. hinein auswirkten.

Der erste Möchtegern-Rebell gegen Shakespeares ästhetische Souveränität war Thomas Rymer gewesen, den dann die Shakespeare-Kritik von Dryden bis Coleridge verfolgte. In *The Tragedies of the Last Age* (1677) versetzte er mit seiner vernichtenden und gründlichen Kritik von *A King and no King, Rollo Duke of Normandy* und *The Maid's Tragedy* dem Ansehen von Beaumont und Fletcher einen Schlag, von dem sich das Autorengespann nie mehr erholen sollte. Ursprünglich hatte er für denselben Band eine ähnliche Analyse von *Othello, Julius Cäsar* und *Catiline* geplant, das aber dann auf eine andere Gelegenheit verschoben. Der versprochene zweite Band erschien erst 16 Jahre später, so daß die Beaumont und Fletcher-Kritik unwiderruflich von der Shakespeares getrennt wurde. So konnte erstere akzeptiert, letztere jedoch abgelehnt werden, obgleich beide sich der gleichen kritischen und rhetorischen Strategie bedienten. Im Gegensatz zu seinem ersten Buch war *A Short View of Tragedy* (1693) schlecht geschrieben und schlecht aufgebaut; die meiste Aufmerksamkeit schenkte es *Othello*, den er in übermäßigem Umfang zu beackern schien. Weil er wenig über *Julius Cäsar* sagte, weil er eine Kritik von Jonsons *Catiline* aufnahm, weil er den zunehmend populären *Hamlet* nicht diskutierte, konnte Rymer die Intensität seiner Argumentation und den langen Atem seines Angriffs, die seine Neudeutung Beaumonts und Fletchers so überzeugend gemacht hatten, nicht durchhalten. Shakespeares Bewunderer konnten seine Kritik einfach damit parieren, daß sie *Othello* als untypisch mangelhaftes Werk behandelten. Obgleich es weiterhin aufgeführt wurde, verlor es die Vorrangstellung unter Shakespeares Tragödien, die es fast das ganze 17. Jahrhundert lang genossen hatte. Kurz bevor *A Short View* erschien, war Rymer zum königlichen Historiographen ernannt worden, eine Verpflichtung, die ihn für den Rest seines Lebens in Anspruch nehmen sollte; so hatte er weder die Zeit noch den Wunsch, seine Shakespeare-Kritik weiter zu verfolgen. Fünf Jahre später griff schließlich Jeremy Collier Rymers Argumente in seiner pauschalen Aburteilung des englischen Theaters auf, die jeder, der sich dem Theater verbunden fühlte, mit ganzer Kraft zurückweisen mußte. Die Kritik einer bestimmten dramatischen Praxis fiel so einem Angriff auf die Praxis des Dramas an sich zum Opfer.

Überdies hatte Rymer zwischen *The Tragedies of the Last Age* und *A Short View* sein eigenes mittelmäßiges Bühnenstück *Edgar* veröffentlicht, aber nicht zur Aufführung bringen können; die Unzulänglichkeit seiner eigenen schöpferischen Bemühungen machten ihn zum leichten Opfer einer auf seine Person zielenden Satire (besonders bei erfolgreichen Dramatikern). Dryden gab zu: «Beinah alle Mängel, die er entdeckt hat, sind wahrhaftig da; und dennoch: Wer will Mr. Rymer lesen – beziehungsweise nicht Shakespeare lesen?»[89] Addison kündigte scherzhaft an, die «Schauspiele vieler erfolgloser Dichter» würden «künstlich zerschnitten und in Fetzen zerrissen», um daraus Bühnenschneegestöber zu machen: «Mr. Rymers *Edgar* wird in der nächsten Darbietung von *König Lear* als Schnee auf die Bühne fallen, um die Seelenpein des unglückseligen Prinzen zu erhöhen oder vielmehr zu erleichtern und wird so das Schauspiel schmücken, gegen das der große Kritiker geschrieben hat.»[90]

Unter diesen Umständen ist es kaum verwunderlich, daß es Rymer nicht gelang, Shakespeares Ansehen zu untergraben; er war ein kauziger Außenseiter, dessen Argumente durch Mängel in Stil, Gliederung und Darstellung geschwächt wurden. Dennoch war seine Herausforderung so eindrucksvoll, daß er sofort zum dauerhaften Buhmann der Shakespeare-Vergötterung wurde. In nationalistischem Ton bezichtigte Dryden Rymer des Versuchs, «unsere poetische Kirche und unseren poetischen Staat zu zerstören»[91]. Rowe schrieb, da er nicht beabsichtige, eine große und vollständige Kritik Shakespeares zu unternehmen, könne man von ihm nicht erwarten, «den gestrengen Äußerungen, die Mr. Rymer schon früher über ihn gemacht hat, Beachtung zu schenken». Trotz seiner Weigerung, sich im Detail mit Rymers Argumenten zu befassen, verwandte er einen Absatz darauf, über Rymers Motive für seinen Angriff auf Shakespeare zu spekulieren – war es «Eitelkeit» oder «Verstimmtheit»? Selbstverständlich erwähnte Rowe Rymers eigenen «dramatischen Versuch»; er verwehrte sich gegen die «Tyrannei der Pedanten», «die Schönheiten von Shakespeares Dichtung» seien in einer Diskussion der Mängel ebenfalls zu erwähnen. An anderer Stelle wandte Rowe wiederum ein, er wolle «nicht vorgeben, Mr. Rymers Äußerungen zu *Othello* auf ihre Angemessenheit zu befragen», er wünsche sich aber, er hätte «auch einige

der Schönheiten der Dichtung Shakespeares wahrgenommen»[92].
Theobald im Jahr 1733, Warburton 1747, Johnson 1765 – sie hielten es
alle für nötig, Rymer zu beschimpfen.

Die Kritiker des 18. Jahrhunderts, die Rymers gesellschaftliche Vorurteile größtenteils nicht in Frage stellten, konnten seinen Angriff nicht
über seine kritischen Kategorien zurückweisen; statt dessen wiesen sie
ihn mit der Behauptung zurück, Shakespeare habe über Kategorien
hinaus geschaut. Johnsons Kritik Rymers gab den Ausschlag. Sein berühmtes Vorwort steuerte kein originelles Argument zur Debatte über
den Klassizismus bei, faßte diese jedoch maßgeblich zusammen und
bekräftigte die verstreuten Erkenntnisse geringerer Kritiker. Was er
sagte, spielte weniger eine Rolle als die Tatsache, daß er es sagte – mit
all der sprachlichen und kulturellen Autorität des anerkannten konservativen Kritikers der englischen Aufklärung. Wenn selbst Johnson
klassizistische Regeln aufgab, dann waren sie offensichtlich nicht länger zu verteidigen. So antwortete Johnson in einer oft zitierten Passage
auf «Rymer... und Voltaire», indem er Shakespeares Erhabenheit
über «eine zufällige Unterscheidung von Land und Umstand» hervorhob:

«Seine Geschichte erfordert Römer oder Könige, aber er denkt nur an Menschen... er wollte einen Usurpator und einen Mörder als nicht nur hassens-
wert, sondern verachtenswert zeigen; deshalb gab er ihm zu den anderen
Eigenschaften Trunkenheit, wohlwissend, daß Könige wie andere Männer
Wein lieben und daß Wein seine natürliche Macht auch über Könige hat. Dies
sind die kleinen Nörgeleien kleiner Geister.»[93]

Eigentlich beweisen diese Sätze nicht, daß Shakespeare sich über soziale Kategorien hinwegsetzte; sie beweisen lediglich, daß die Figur des
Claudius in *Hamlet* der Kategorie «mörderischer Usurpator» und nicht
der Kategorie «König» angehört. Einen in der Erbfolge rechtmäßigen
König – wie Jakob I. – hat Shakespeare niemals als Trunkenbold gezeigt. Doch die Verteidigung von Johnson und vergleichbaren anderen
trug, wie unlogisch sie auch war, den Sieg davon und zeugte den Mythos, daß Shakespeare menschliche Erfahrung unmittelbar betrachte,
nicht im Rahmen ästhetischer Vorbilder oder epistemologischer Kategorien. Rymers kritischer Aufstand gegen Shakespeare wurde so
schließlich niedergeschlagen.

Das England des 18. Jahrhunderts vereitelte ebenso zwei Revolu-
tionsversuche auf dem Theater, was auf lange Zeit Folgen für Shakespeares kulturelle Vormachtstellung hatte. Die erste begann während

der 20er Jahre, als die Lizenzpraxis, die Vorzensur von Schauspielen, allmählich löchrig wurde. Während der gleichen Zeit wurde die recht-liche Monopolstellung der zwei Lizenztruppen mit wachsender Regel-mäßigkeit mißachtet, so daß in den 30er Jahren in London bereits fünf Truppen gleichzeitig Bühnenstücke aufführten. Diese neue, ungere-gelte Wettbewerbssituation brachte eine beträchtliche Anzahl dramati-scher Experimente hervor, von denen viele direkt satirisch auf die Walpole-Regierung zielten. Im Juni 1737 rächte sich die Walpole-Re-gierung mit einem neuen Lizenzgesetz. Diese unverhohlene Strafge-setzgebung kehrte die revolutionäre Entwicklung auf dem Theater um, die seit einem Jahrzehnt im Gange war. Sie stellte das alte Mono-pol der beiden Theater wieder her und bestätigte erneut die exklusiven königlichen Lizenzen des Drury Lane und Covent Garden-Theaters. Sie verfügte außerdem, daß alle neuen Bühnenstücke und Ergänzun-gen zu alten der Genehmigung durch einen amtlichen Lizenzgeber be-durften. Beide Vorgaben wurden durchgesetzt. Wäre das Gesetz ein Jahrzehnt früher verabschiedet worden, hätte *The Beggar's Opera* mit großer Wahrscheinlichkeit niemals eine Lizenz bekommen. Die neue Gesetzgebung trieb den Theaterdirektor Henry Fielding aus dem Ge-schäft und verwandelte ihn per Parlamentsakt von einem Dramatiker in einen Romancier. Was auf sichtbare und besondere Weise mit Fiel-ding geschah, geschah allerorts auf weniger sichtbare Weise mit jedem literarischen Talent. Die Presse war ein geschäftiger Marktplatz, wo konkurrierende Händler die literarischen Arbeiter eifrig ausbeuteten; das Theater war ein künstliches Duopol, das neuen Produkten nur sehr eingeschränkte Absatzmöglichkeiten bot.

Das Lizenzgesetz zielte nicht auf Shakespeare, beeinflußte aber auf verschiedenerlei Weise seine Stellung. Indem es literarischen Talenten eine Karriere auf dem Theater erschwerte, minderte es die Chancen, daß ein zeitgenössischer Künstler vergleichbaren Genies Shakespeares Werk ablösen konnte. Indem es Experimente erschwerte, beschränkte es tendenziell neue Werke auf eine müde oder hysterische Wiederho-lung von Mustern, die Dramatiker in der Vergangenheit schon mit Frische und Sicherheit gebraucht hatten. Indem das Gesetz die Qualität neuer Werke minderte, ließ es das Alte um so stärker erscheinen. Des-halb stärkte das Gesetz ein Jahrhundert lang Shakespeares Vormacht-stellung am englischen Theater. In diesem Sinn bemerkte Eliza Hay-wood: «Wenn die Stadt keine neuen Schauspiele sehen kann, gehen die Leute eben in alte.» Theaterdirektoren (die den Profit nicht mit lebenden Dramatikern teilen mußten) und Schauspieler (die sich nicht die «Mühe» machen mußten, «neue Rollen einzustudieren») bevorzugten alte Bühnenstücke.[94]

Außerdem unterstützte und beschleunigte das Gesetz den bereits unaufhaltsamen Wechsel von der Bühne zum Buch. Und obgleich der Aufstieg des Romans die schöpferischen Ressourcen und die kulturelle Autorität des Theaters schröpfte, stärkte er trotzdem Shakespeares Namen. Romane brauchten sich nicht um die Einheit von Ort und Zeit oder die Gebote bereits festgelegter Gattungen zu kümmern; sie konnten – und taten dies oft auch – eine vielfältige Schar von Figuren aus allen Gesellschaftsschichten umfassen. Die Kritiker brauchten nicht lange, um zu der Erkenntnis zu gelangen: «Viele der Schauspiele unseres Shakespeares sind nah dem Muster von Romanen gebaut, und von Romanen, die offensichtlicher noch romantisch sind.»[95] Goethes Roman *Wilhelm Meisters Lehrjahre* behauptete, alle Dramen Shakespeares – und insbesondere *Hamlet* – gehörten zu einem Genre zwischen Drama und Roman. Man könnte frühere klassizistische Einwände gegen Shakespeare dahingehend zusammenfassen, daß seine Dramen zu sehr Romanen glichen. Die Kritiker des 17. Jahrhunderts hatten das nicht so formuliert, weil der Roman noch nicht erfunden war bzw., wenn er es war, noch nicht als eigene und legitime literarische Gattung anerkannt worden war. Aber die entstehende Popularität des Romans im 18. Jahrhundert gewöhnte das Lesepublikum an Konventionen, die früheren Kritikern unnatürlich und anstößig erschienen waren.

Ein Revolutionsversuch auf dem Theater wurde im Juni 1737 beendet; ein anderer scheiterte genau 50 Jahre später im Juni 1787, als John Palmer sein neues Royality-Theater für 2500 Zuschauer eröffnete. Palmer hatte gehofft, er würde die Lizenzmonopole einfach ignorieren können, wie andere Direktoren es in den 1720ern und 1730ern getan hatten. Doch die «rechtmäßigen» Theater waren entschlossen, ihr königliches Vorrecht durchzusetzen, und Palmers Lizenz vom Gouverneur des Tower of London konnte ihn nicht vor dem Lizenzgesetz schützen. Das Royality öffnete seine Tore nur, um sie gleich wieder zu schließen. In einem Sinn bestärkte und verlängerte Palmers Scheitern einfach die Folgen der parlamentarischen Unterdrückung von 1737, indem er nämlich bestätigte, daß ein Frontalangriff auf das Lizenzgesetz einem Selbstmord gleichkam. Tatsächlich aber ließ sich das Monopol nicht mehr wirkungsvoll durchsetzen: Das Drury Lane, Covent Garden und die Haymarket-Oper, alle in einem kleinen Gebiet des

Londoner West Ends gelegen, konnten den öffentlichen Unterhaltungsbedarf in einer Stadt, die längst zur größten Metropole Europas geworden war, nicht mehr stillen. Die mehr als 200000 Menschen, die im Osten Londons wohnten, brauchten, ganz so, wie Palmer argumentiert hatte, «ihr eigenes gut gestaltetes und aufgebautes Theater»[96]. Das Lizenzgesetz bedeutete praktisch, daß diese Märkte nicht mit gesprochenem Drama oder Oper bedient werden konnten, darum wurde dem Unterhaltungsbedarf statt dessen mit verschiedenen Mischformen von Musik und Spektakel entsprochen: mit Marionettentheater, Pferdezirkus, Ballett, Pantomime und jenem nicht opernhaften, kunst- und regellosen musikalischen Drama, das *Burletta* genannt wird.

Die *Burletta* – ein Produkt der Einbildungskraft aus der Not heraus – ging hervor aus dem Umgehen des Lizenzgesetzes und zeugte wiederum das Melodrama, die beliebteste populäre dramatische Form des 19. Jahrhunderts. Das erste Schauspiel, das sich selbst als «Melo-Drame» bezeichnete, Thomas Holcrofts *A Tale of Mystery*, feierte am 13. November 1802 Premiere. Die Epoche der literarischen Romantik und der romantischen Shakespeare-Kritik war die Epoche des Melodramas.

Holcrofts Bühnenstück wurde in Covent Garden gespielt. Gegen die Herausforderung durch die Burletta wehrten sich die Lizenztheater mit dem Melodrama. Gegen die Herausforderung durch die Theater außerhalb des West Ends, die einen großen, ungesättigten Markt belieferten, wehrten sich die Lizenztheater mit der Steigerung ihrer Kapazität. Im späten 18. Jahrhundert besaßen nicht die Theatertruppen (die neue Theater bauen oder kaufen konnten) die Lizenzen, sondern die Theatergebäude; die Folge davon war, daß die Lizenzinhaber auf die gesteigerte Nachfrage nur reagieren konnten, indem sie ihr Auditorium vergrößerten. Bald nach Palmers Herausforderung vergrößerten sich beide Lizenztheater erneut.

Das neue Melodrama und die neuen Zuschauerräume beeinflußten die Wahrnehmungsbedingungen im Theater wie auch – als Folge davon – die Wahrnehmung Shakespeares. Die riesigen Zuschauerräume machten die Schauspieler zu Zwergen. In einer architektonischen Dimension, wo Menschen bedeutungslos wirkten, stellten die Dramatiker und Bühnenbildner ihre Figuren, besonders an den Höhepunkten der Handlung, zunehmend vor einen Hintergrund, der den Blick in die Ferne und Unendlichkeit schweifen ließ: vor das Bild einer Landschaft, des Meeres, der Wolken, einer nicht zu entfliehenden Weite. Diese

Tendenz wirkte auf Wordsworths *The Borderers*, Byrons *Manfred*, Shelleys *Prometheus Unbound* genauso wie auf Holcrofts Schauertragi-komödien. In Inszenierungen von *König Lear* wurde die verschwindende Kleinheit des Menschen gegenüber einem ungeheuren Sturm und der weiten Heidelandschaft offenbar, in *Coriolan* gegenüber der imponierenden (anachronistischen) Architektur des kaiserlichen Rom. Der statuenhafte, heroische Stil Joseph Kembles paßte zu einem solchen Bühnenraum.

Das England des 18. Jahrhunderts scheiterte zweimal dabei, die Lizenzen für das Theater abzuschaffen. Zwischen 1695 und 1709 waren dem Buchhandel keine Regeln auferlegt. Das Copyright-Gesetz von Königin Anne beendete diese allgemeine Gewerbefreiheit. Ihre Gesetzgebung verlängerte die bestehenden Urheberrechte um 21 Jahre – und gewährte damit den wohlhabenderen Buchhändlern eine Atempause, um ihre Situation in finanzieller und institutioneller Hinsicht zu festigen. Mittels einer rücksichtslosen Kombination von restriktiven Praktiken und gerichtlichen Klagen gelang es ihnen, die Intention der Gesetzgebung bis 1774 zu unterlaufen, als sie in einem entscheidenden Urteil des Oberhauses verloren. Zu dem Zeitpunkt hatten die Tonsons ihren Shakespeare-Besitz einem Konsortium von Buchhändlern verkauft. Selbst nach der Entscheidung von 1774 behielten diese Buchhändler ihre Rechte für die unlängst erschienenen Kommentare in Tonsons Shakespeare-Ausgabe, Rechte, die die folgenden Variorum-Ausgaben (d. h. Ausgaben mit Anmerkungen verschiedener Kommentatoren) verlängerten und ausbeuteten.

Der Erfolg dieses Nachhutsgefechts schob nicht nur die Konsequenzen der rechtlichen Liberalisierung um zwei Generationen auf; die Buchhändler verteidigten nämlich, das war genauso wichtig, ihre Privilegien auf eine Weise, die sich grundlegend auf die Definition von Autorschaft im 18. Jahrhundert und später auswirken sollte. Mit ihrer Lobby für die Wiedereinführung einer restriktiven Gesetzgebung verteidigten sie das Copyright nicht als Bollwerk von Eigentumsprivilegien im Buchgewerbe (was es war), damit hätten sie sich zu offensichtlich in die eigene Tasche gearbeitet. Statt dessen behaupteten sie, das Copyright sei notwendig, um die Autoren zu schützen. Da das Copyright bis zu diesem Punkt nur bei den Buchhändlern gelegen hatte, war diese Argumentation, um es gelinde auszudrücken, eine erfindungsreiche Umdeutung der historischen Tatsachen; taktisch war sie jedoch schlau, denn sie verwandelte die Verteidigung ihrer eigenen Rechte in eine altruistische Kampagne für andere. Die Worte eines Autors, so behaupteten sie, waren die Früchte seines Schaffens, Werke waren das Produkt von Arbeit; deshalb bildeten sie das Eigentum des betreffenden Autors, und Eigentum mußte durch das Gesetz geschützt werden. Die logische Folge dieser Argumentation – das, was die Buchhändler interessierte – war, daß literarische Werke wie jede andere Form von Eigentum verkauft werden konnten. Waren sie einmal verkauft, gehörten sie nach dem englischen Gesetz für unbegrenzte Zeit dem Käufer und seinen Erben. Diese Argumentation wiederholten die Buchhändler bei ihrem gerichtlichen und praktischen Widerstand gegen die Abschaffung des unbegrenzten Copyright: Hogarth machte sie sich bei seiner eigenen erfolgreichen Kampagne für das Kunststecher-Copyright-Gesetz zu eigen.

Obgleich die Entscheidung des Oberhauses (Donaldson gegen Beckett) den Buchhändlern das zeitlich begrenzte Copyright bei Werken nicht mehr lebender Autoren nahm, stellte es dabei nicht die Sache der Autorschaft in Frage, für die sich die Buchhändler so fleißig einsetzten. Es ließ das Urteil, das in einem früheren Fall gesprochen worden war, stehen, in dem es hieß: «Ich kenne kein Eigentum, noch kann ich mir eines vorstellen, das entschiedener einem Menschen gehörte, das so wenig als solches mißzuverstehen wäre wie sein literarisches Werk.» [97] Dieser Definition zufolge, die sich im 18. Jahrhundert immer weiter durchsetzte, sind Ideen vermarktbare Waren: Gedanken sind Privateigentum. Und wenn literarische Werke Privateigentum sind, dann können sie geraubt werden. In *The Dunciad* setzte Pope das Plagiat skrupelloser Verleger (wie Edmund Curll, der die Copyrights anderer Buchhändler verletzte) gleich mit dem Plagiat skrupelloser Autoren (wie Theobald und Cibber, die den Stoff von anderen Autoren nahmen). 1747 wurde Milton des Plagiats in großem Umfang bezichtigt, ein Vorwurf, dem das bereits ausreichend bekannte Ausmaß seiner literarischen Anleihen Glaubwürdigkeit verlieh. Ähnliche Vorwürfe wurden später im selben Jahrhundert gegen Lawrence Sterne laut. In beiden Fällen produzierten die Anklagen einen andauernden Skandal, der dem Ruf des Autors nicht von Nutzen war. Shakespeare hingegen wurde zur gleichen Zeit in Werken wie Edward Youngs *Conjectures on Original Composition* (1759) als mustergültiges Genie gefeiert, als «Stern allererster Größe». Youngs eigene Originalität lag in der Artikulation dessen, was zu dem Zeitpunkt, als er darüber schrieb, bereits ein unbewußter Konsens war.

Shakespeare hatte sich natürlich genauso als Dieb betätigt wie jeder andere Autor. Er gehörte einer Zeit an, in der – um die Meinung eines anderen Richters zu zitieren, des Autors einer abweichenden Meinung in einem der wichtigsten Copyright-Prozesse des Jahrhunderts – «der Autor über seine Gedanken als Eigentum verfügt, bis er sie veröffentlicht... vom Augenblick der Veröffentlichung an gehen sie jedoch in den Bestand einer universellen Gemeinschaft über»[98]. Shakespeare raubte mit gutem Gewissen. Er kopierte Handlungen, Figuren, Reden, Bilder und Aphorismen von klassischen Autoren und seinen eigenen Zeitgenossen, ohne dies auszuweisen. Doch überwiegend plünderte er Autoren, mit denen die Leser des 18. Jahrhunderts nicht vertraut waren – Autoren aus den niedrigeren Ständen der literarischen Welt gewissermaßen. Die meisten Leser sahen Shakespeare automatisch im Gegensatz zu Figuren wie Pope und Dryden, die ihre Karriere mit offener Nachahmung, Übersetzung und Adaption der Werke großer Männer gemacht hatten. Sie sahen Shakespeare im Gegensatz zu den nicht-originellen Bühnendichtern ihrer eigenen Zeit. Sie sahen Shakespeare aus Gewohnheit immer noch im Gegensatz zu Ben Jonson, der seine Anleihen in *Sejanus* so skrupulös auf dem Rand vermerkt hatte. Jonson stahl offen, Shakespeare verstohlen. Edward Young und die Gesellschaft, für die er sprach, folgerten daraus – ungerechtfertigter- und überraschenderweise –, daß Jonson «so sehr ein Nachahmer» sei «wie Shakespeare ein Original»[99]. Der Eigentumsbegriff des auktorialen Copyright, die Kriminalisierung des literarischen Raubs, der unternehmerische Originalitätskult – all das wurde, wie so vieles andere, vor Shakespeares Wagen gespannt.

Das Copyright-Gesetz von 1710 war, mit Hilfe der Tonson-Familie, hauptsächlich dafür verantwortlich, daß es eine großartige und gerade Linie von Shakespeare-Herausgebern von Rowe bis Steevens gab; nach 1774 erhielten die Variorum-Ausgaben mit verschiedenen Kommentatoren von Steevens, Reed und Malone den Eindruck einer solchen Linie aufrecht. Die fünfte gescheiterte Revolution des 18. Jahrhunderts war Edward Capells Versuch, diese editorische Tradition zu brechen.

Capells für die Aufklärung absolut typischer Vorschlag lautete, daß die Shakespeare-Edition ganz von neuem beginnen sollte. All die Verfeinerungen und Verfälschungen der dazwischenliegenden Epochen seien zurückzunehmen; Vernunft und Reinheit seien nur wiederzugewinnen, wenn man radikal zu dem ursprünglichen, natürlichen Zustand zurückkehrt. Der – im editorischen Sinn – natürliche Zustand fand sich in den ursprünglichen Texten, die zu Shakespeares Lebzeiten veröffentlicht worden waren. Selbst die Folio-Ausgabe von 1623 war ihm nicht geheuer, weil sie postum erschienen war; kein nach 1623 erschienener Text besaß überhaupt irgendeine Autorität. «Ein Lichtstrahl fiel auf ihn», hieß es in seiner eigenen Darstellung, in dem Augenblick, als ihm klar wurde, daß ein Herausgeber sich «immer an die alten Ausgaben (das heißt, die besten darunter) halten» sollte.[100] Capell produzierte seine eigene Ausgabe nicht wie jeder andere, indem er die Ausgabe seines unmittelbaren Vorgängers kopierte und ergänzte; statt dessen schrieb er mehrfach auf das sorgfältigste, in schönster Handschrift den «besten» Text des 16. oder 17. Jahrhunderts ab, der in der Regel der erste war. Mit dieser einfachen Innovation entfernte er mit einem Schlag mindestens Hunderte, wahrscheinlich Tausende von nicht verbürgten Varianten. Ebenso entfernte er die dicke Schicht editorischer Parasiten. Seine Ausgabe der Dramen Shakespeares hatte keinen Kommentar, dieser erschien statt dessen getrennt in drei eigenen Bänden.

Daß Capell dem editorischen Stoff einen geringeren Wert beimaß und ihn vom Primärtext trennte, war Teil eines generellen Ehrgeizes, die visuelle Gestaltung des Textes grundlegend umzuändern. Obgleich Capell kein Drucker war, kontrollierte er die Gestaltung jeder einzelnen Seite seines Textes auf so unbedingte, strenge und exzentrische Art wie William Blake. Diese Kontrolle brachte eine sparsame und elegante Ausgabe hervor, die sofort von anderen zu unterscheiden war. Capells Ehrgeiz beinhaltete ebenso einen systematischen Entwurf, wie die schriftliche Wiedergabe der Rede erweitert und vernünftig gestaltet werden konnte. Er führte ein neues «Interpunktionszeichen» ein, um «Ironie zu kennzeichnen» (·), ein anderes, um den «Wechsel der Person, der die Worte gelten», zu markieren (‿) ein drittes, um «die Sache, die gezeigt oder auf die verwiesen wird», zu verdeutlichen (†), ein viertes, um den Leser einen «Gegenstand, der gebracht wird», bewußt zu machen (‡) und ein fünftes (”) stellte er den Worten voran, die zur Seite oder monologisch gesprochen wurden. Weiterhin benutzte er Akzente, um die obsoleten elisabethanischen Silbenbetonungen zu kennzeichnen (wie in «triúmph»).[101] Außer diesen «neu erfundenen Zeichen» verwendete er die traditionelle Interpunktion auf nicht traditionelle Art, indem er sie zum Beispiel nutzte, um die metrische (statt der grammatischen oder logischen) Struktur eines

Satzes zu bestimmen. Darüber hinaus erfand er neue Wörter, darunter das unschöne und unverzichtbare, von einem Substantiv bzw. Namen abgeleitete Adjektiv «Shakespearian» – «Shakespearisch» und «Shakespeare-Forscher».

Mehr als jeder andere Herausgeber beachtete Capell, das implizieren einige seiner semiotischen Kodifizierungen, die Details der dramatischen Gestaltung auf der Bühne. Seine Innovationen im Bereich der Beschreibung des nicht explizit ausgewiesenen Bühnengeschehens sind häufiger selbst von modernen Ausgaben übernommen worden als seine sprachlichen Korrekturen. Sein scharfer Blick für den Bühnencharakter der Shakespeare-Texte war wahrscheinlich ein Abfallprodukt seiner Tätigkeit von 1737 bis zu seinem Tod 1781 als stellvertretender Lizenzvergeber für Schauspiele. Dieser Stellung, die vom Lizenzgesetz von 1737 geschaffen worden war, verdankte er einen großen Teil seines Einkommens. Die Macht über das Geschick der Londoner Theater, die ihm diese Tätigkeit verschaffte, erklärt wahrscheinlich, warum David Garrick ihn unterstützte. Mit treffender Ironie finanzierte das Scheitern einer versuchten Revolution eine andere: Capells revolutionäre Textfassung von Shakespeares Dramen wurde durch den Parlamentsbeschluß möglich, der Neuerungen auf dem Theater unterdrückte. Wie seine Lizenzvergabe sollte Capells Ausgabe Bühnenstücke zähmen. Ein erfahrener Zensor merkt bald, daß Worte, die auf dem Papier unschuldig aussehen, zu einer politisch peinlichen Anspielung gemacht werden können – durch «Ironie» des Ausdrucks, durch eine «Sache, die gezeigt oder auf die verwiesen wird», oder durch direkt zum Publikum gesprochene Worte, denen so eine Art öffentliche Heimlichkeit zuteil wird, oder schließlich durch die Verbindung des Dialogs mit einem bestimmten Bühnengeschehen. Capells Textfassung versucht vorzuschreiben, wie die Leser Shakespeares Dramen lesen und Schauspieler Shakespeares Dramen spielen sollen. Capell mußte eine totale Kontrolle über den Text ausüben, denn nur eine Diktatur konnte einen revolutionären Wandel erzwingen.

Capells Revolution scheiterte. Seine Ausgabe wurde nie nachgedruckt, und ihre Bedeutung wurde erst ein Jahrhundert später erkannt. Sie scheiterte aus vielerlei Gründen. Capell schaffte es, seine Ausgabe unter dem Tonson-Impressum erscheinen zu lassen, aber die Tonsons verlegten sie ohne Begeisterung und zahlten ihm für seine Arbeit weniger als jedem anderen Herausgeber seit Pope.[102] Capell selbst war ein Außenseiter, ein arroganter Einzelgänger, der nicht zum privilegierten inneren Kreis des literarischen London zählte, dem Kreis von Johnson, Boswell, Garrick, Burke, Reynolds, Steevens, Reed, Malone und so vielen anderen. Sein Angriff auf die editorische Vereinstradition war hoffnungslos fragmentarisch und unkoordiniert; seine exotischen *Prolusions* (Erläuterungen seines Zeichensystems) erschienen 1768, seine zehnbändige Ausgabe der Dramen 1774, der erste (rasch wieder zurückgezogene) Band seines Kommentars 1774, die überarbeiteten drei Kommentarbände 1783 (nach seinem Tod), seine Ausgabe der Gedichte wurde überhaupt nicht veröffentlicht. Er untergliederte seine Kommentare weiter in Anmerkungen zu den jeweiligen Texten und Varianten; den ganzen dritten Band verwandte er auf Auszüge aus elisabethanischen und jakobischen Werken, anhand derer er verschiedene Aspekte des Shakespeareschen Textes illustrierte, ein Verfahren der Explikation, die dem Originaltext auf Kosten der Benutzerfreundlichkeit Priorität gewährt. Selbst für moderne Philologen, die Capells Ambitionen positiv gesonnen sind, ist sein Konsortium von Veröffentlichungen frustrierend. Außerdem fehlte Capell Johnsons Gabe als Prosastilist und Steevens' als Polemiker: Selbst wenn er vermittelt, was er sagen will, tut er dies nicht auf überzeugende, elegante oder sonst einprägsame Art. Wie die Gegner der Jakobiner in den 1790ern richteten Capells Gegner ihre Satire größtenteils auf stilistische Mängel – schlecht formulierte Argumente waren einer Antwort nicht wert.

Aus der Perspektive der modernen Forschung ließ Capells editorische Praxis viel zu wünschen übrig, aber sie stellte zweifelsohne einen großen und radikalen Fortschritt gegenüber den vorherrschenden Methoden dar. Spätere Herausgeber durchforsteten sein Werk nach den offensichtlicheren Schätzen, nicht ohne dabei stets zu verunglimpfen, was sie plünderten. Es gab keinen Bruch mit der Vergangenheit, das Hinzufügen feierte Triumphe. Malone, der typischste Herausgeber für die zweite Hälfte des 18. Jahrhunderts, war Rechtsanwalt, und das Gefüge der Shakespeare-Edition wuchs wie das Gefüge der englischen Jurisprudenz durch fortschreitende Ablagerungen der einzelnen Sedimentschichten. Sir William Blackstone, die einflußreichste Figur der englischen Rechtsgeschichte, steuerte Anmerkungen zu Malones Shakespeare-Kommentar bei.[103]

An der kollektiven Unterdrückung von Capell war Malone nur beteiligt, beim Niederschlagen eines anderen editorischen Revolutionärs spielte er dann eine Hauptrolle. 1783 veröffentlichte Joseph Ritson ein Buch mit philologischen *Remarks, Critical and Illustrative, on the Text and Notes of the Last Edition of Shakespeare.* Wie Theobald mit seiner Pope-Kritik bewies Ritson hier mit seiner Steevens-Kritik die eigene Kompetenz und tat die Absicht kund, seine eigene Ausgabe des *«Echten Shakespeare»* zu erstellen.[104] Malone wußte Ritsons Chancen rasch zu vereiteln.[105] Kurz nach der Veröffentlichung von dessen Buch beschloß er, «einen nützlichen Familien-Shakespeare herauszubringen» – eine «tragbare Ausgabe» in dem gleichen Format, das Ritson angekündigt hatte, mit einem Minimum an Anmerkungen. Er gab zu, daß «Mr. Ritson in gewissem Maße der Grund für mein Arbeitsvorhaben war»[106]. Malone nutzte seine Reputation und seine Beziehungen, um Ritson zuvorzukommen: Er verschloß ihm praktisch die Londoner Verlagswelt. Ritson wurde auf die Rolle eines lärmenden, unfähigen Pamphletisten reduziert. In *The Quip Modest* (1788) prangert Malone die 1785 erschienene überarbeitete Auflage der Steevensschen Edition an; 1792 veröffentlicht er *Cursory Criticisms on the Edition of Shakespeare Published by Edmond Malone.* Die Ansatzpunkte seiner Kritik verfuhren mit Ritson so wie mit Capell: Stillschweigend nahmen sie seine Verbesserungen auf, «manchmal Wort für Wort»[107], ohne ihn als Quelle auszuweisen, und erwähnten ihn nur, wenn sich die Gelegenheit dazu bot, ihn herabzusetzen. Ritson wetterte gegen diese Cliquenwirtschaft – diese «boshafte nächtliche Räuberbande», Verleumder, die «dem Groll ihrer Opfer und der Rache des Gesetzes entgehen», die in ihrer vornehmen Gehässigkeit unverletzlich sind, während «vergleichsweise kleine Übeltäter jeden Tag an den Pranger gestellt werden oder in Kerkern zugrunde gehen»[108] – aber er wetterte vergebens. Ritson wurde auf den Nebenschauplatz der Shakespeare-Edition abgeschoben, noch wirksamer als sein Kollege Capell, der es zumindest geschafft hatte, eine Ausgabe herauszubringen.

Ritson veröffentlichte niemals eine Shakespeare-Ausgabe, weil er, anders als Capell, weder über ein ausreichendes, garantiertes Einkommen verfügte noch einen aristokratischen Mäzen anzulocken vermochte. Als Sohn eines gemeinen Dieners verdiente Ritson seinen Lebensunterhalt als Notar.

Genauso, wie seine gesellschaftliche Herkunft ihn von seinen Rivalen im Editionsgeschäft unterschied, tat dies auch sein politischer Hintergrund. Der Religion und dem Klerus war er immer feindlich gesonnen gewesen; im Herbst 1791 besuchte er das revolutionäre Paris, 1793 übernahm er den neuen republikanischen Kalender, 1794 wurden seine radikalen Freunde Horne Tooke und Thomas Holcroft verhaftet. Ritson unterstützte den Oppositionsführer Charles Fox mit den Worten «verdammt seien der König und seine Anhänger!» [109]. (Im Gegensatz dazu stiftete George Steevens 1000 Pfund für das «Treuedarlehen» des Premierministers Pitt und unterstützte damit finanziell die Kriegsanstrengungen der Regierung gegen Frankreich.)

Hätte Ritson eine Shakespeare-Ausgabe veröffentlichen können, wären ihm ohne Zweifel genauso viele Fehler unterlaufen wie Malone – aber anderer Art. Er hätte sehr wohl eine radikale Alternative zur konservativen Tradition, für die Malone stand, schaffen können. So hätten sich, wie wir aus den verstreuten Äußerungen in seinen Briefen und Pamphleten folgern können, die gesellschaftlichen und politischen Voraussetzungen seines Kommentars von dem Malones unterschieden. Anders als Malone pries Ritson Shakespeares Freiheit von dem «herrschenden Aberglauben der Zeit»; Shakespeare sei «keinem bigotten Denken verhaftet» gewesen und habe sich keiner «vorübergehenden Religion» einer Zeit oder eines Orts verschrieben. [110] Ritson, dem «Papisten oder Protestanten, Heiden- oder Christentum» gänzlich gleichgültig waren, vertrat beharrlich die Auffassung, daß «die Figur Falstaffs ursprünglich den Namen Oldcastle trug»: Shakespeares komischer Heuchler sei nach dem Vorbild der historischen Figur Sir John Oldcastle gestaltet, den die Protestanten als Märtyrer verehrten. Obgleich eine Schar verläßlicher Zeugen die ursprüngliche Identität der Shakespeareschen Figur bestätigten, akzeptierte Malone keinen von ihnen, weil sie Shakespeare mit römisch-katholischen Geschichtsschreibern verknüpften. [111] Anders als Malone bedauert Ritson, daß Shakespeare «die absurden und lügnerischen Geschichten» über Jeanne d'Arc dramatisierte, ein «bewunderungswürdiges, mutiges, weises und patriotisches Weib», das das seine dazu getan hatte, seine Landsmänner vor der englischen «Usurpation und Sklaverei» zu retten. [112] Malone wünschte, das ganze Frankreich würde «von der Weltkarte ausradiert» [113]. In seinem eigenen Kommentar hatte er das Recht Richards III. auf den Thron abgestritten; Ritson entgegnete:

«Wie durchaus bekannt ist, hat Richard ebensosehr Anspruch auf den Thron wie der selige König Wilhelm, Königin Anne oder das herrschende Haus Hannover. Die Nachkommen König Eduards waren für unehelich erklärt worden, der Herzog von Clarence gewann und verkündete selbst per Parlamentsbeschluß den unbezweifelten Erben, Richard, Herzog von York: und welch größeren Anspruch hat der derzeitige König?» [114]

Die Differenz zwischen Malone und Ritson sollte sich auf die Deutung von Fragen politischer Legitimität bei allen Historien und mehreren der Tragödien auswirken. Zum Beispiel verteidigt Ritson begeistert den Königsmörder Hamlet gegen konservative Beschwerden über die «unmoralischen Neigungen seines Charakters»[115]. Die Feindseligkeit des Kritikers Ritson gegenüber Königen geht einher mit einer Sympathie für «das gemeine Volk», das «recht viel liest», wenn es nur die Gelegenheit dazu hat. Angesichts der Unmöglichkeit für ihn, Shakespeare herauszugeben, produzierte er statt dessen die erste Sammlung und kritische Ausgabe von Volkssagen um die heroische Volksfigur Robin Hood. Eine Passage in *König Johann*

> Ich sah 'nen Schmied mit seinem Hammer, so,
> Indes sein Eisen auf dem Amboß kühlte,
> Mit offnem Mund verschlingen den Bericht
> Von einem Schneider, der, mit Scher' und Maß
> In Händen, auf Pantoffeln, so die Eil'
> Verkehrt geworfen an die falschen Füße,
> Erzählte, daß ein großes Heer Franzosen
> Schlagfertig schon gelagert steh' in Kent.[116]

kommentierte Ritson: «Ich habe ein Fischweib das Journal der [französischen] Nationalversammlung ihrem Nachbarn vorlesen gesehen, der mit all der Begierde von Shakespeares Schmied zuzuhören schien.»[117]

Ritson unterschied sich außerdem von Malone in seiner Auffassung der Autorität des Textes. Malone duldete Korrekturen weniger als seine Vorgänger. Teilweise spiegelte sein Konservativismus ein heilsames historisches Bewußtsein, daß viele Korrekturen auf Unkenntnis des elisabethanischen Sprachgebrauchs beruhten, aber teilweise entsprang diese Haltung Malones eigener persönlicher Feindseligkeit dem gegenüber, was er als «launenhafte Neuerung»[118] im Text oder im Staat bezeichnete. Damit, daß er «die wahre, ursprüngliche Fassung des einzigen alten, authentischen Exemplars»[119] vorzog, setzte Malone das Alte mit dem Wahren gleich. Ritson wandte durchaus logisch dagegen ein, daß die älteste Version nicht zwangsläufig die beste sein mußte – auch das Neue ist manchmal richtig. So fand Malone in der ersten noch existierenden Druckfassung von *Wie es euch gefällt* den Vers:

der ein unregelmäßiges Metrum aufweist. Jede folgende Ausgabe seit 1632 hatte daraus durch Einfügen des Worts «the» vor «country» ein regelmäßiges Metrum gemacht. Diese Korrektur geht von einer schlichten, normalen Auslassung in der ersten Ausgabe aus. Malone – mit seinem Respekt vor textueller Ursprünglichkeit – behält jedoch die erste Variante bei, denn, so behauptet er: «Country ist hier dreisilbig»[121]. Malones Mutmaßung zufolge würde man jedoch, darauf weist Ritson hin, Shakespeares jambischen Pentameter auf «vollkommen unmögliche» Weise auszusprechen haben:

The body of coun-té-ry, city, court.[122]

Ritson trägt Dutzende von vergleichbaren Beispielen zusammen, wo Malones Verehrung der Autorität des Textes ihn offensichtliche und einleuchtende Verbesserungen zurückweisen läßt. Ritson fürchtete Veränderungen weniger, war bereiter, Verfälschungen in den ehrwürdigsten Texten oder Institutionen zu sehen und anzugehen.

Gescheiterte Revolutionen zu glorifizieren ist leicht, die Konsequenzen eines Erfolgs mußten die Engländer nie ertragen. Doch solche verhinderten Möglichkeiten belegen, daß der Aufstieg und die Stellung Shakespeares im späteren 18. Jahrhundert nichts Zwangsläufiges, Natürliches oder Vernünftiges an sich hatten. Sie erinnern uns daran, daß der Triumph einer Richtung von der Unterdrückung einer anderen abhängt. Und sie sind der Anfang der Erklärung, warum die romantische Revolution Shakespeare nicht vom Thron stürzte.

Viertes Buch

«Warum kam es in England nicht zu einer Revolution?» Diese Frage ist so wichtig und naheliegend wie «Warum kam es in Frankreich dazu?». Die meisten Literaturwissenschaftler fragen sich nicht, warum Shakespeare während der Epoche der Romantik an der Spitze blieb, weil sie davon ausgehen, daß er an die Spitze gehört, und außerdem gehen sie davon aus, daß Kontinuität normal ist. Trägheit der Bewegung ist tatsächlich zum großen Teil verantwortlich für seine kontinuierliche Vorherrschaft; sein Name hatte so viel Triebkraft gewonnen, daß nur ein Hindernis oder eine Gegenbewegung von riesiger Kraft ihn hätte stoppen können. Kein solches Hindernis lag in seinem Weg, statt dessen wurde seine Triebkraft noch beschleunigt.

1850 erinnerte sich ein alternder Leigh Hunt, am Ende des 18. Jahrhunderts seien «die Menschen viel größere Theatergänger gewesen als heute». Die Ereignisse der 1790er hätten diese Theatersucht noch verstärkt, denn «die französische Revolution legte der Nation zunächst eher ihre eigenen Gewohnheiten ans Herz»[123]. Wie die Geschichte der vorausgehenden Epochen so deutlich vorführt, war Shakespeare – wie die Theaterbesuche – eine dieser Gewohnheiten. Eine anfänglich begeisterte oder zumindest verhaltene Begrüßung der Französischen Revolution hatte sich binnen weniger Jahre in panische chauvinistische Ablehnung verkehrt. Der Nationalismus hatte Shakespeare genährt, und der erstarkte Nationalismus, der während der 20 Jahre der napoleonischen Kriege vorherrschte, mästete ihn geradezu.

Für England kippte das Gleichgewicht nicht 1789, dem Jahr, als die Bastille fiel, sondern 1790, dem Jahr, als Burke seine *Reflections on the Revolution of France* herausbrachte. 1790 veröffentlichte Malone seine Ausgabe der *Plays and Poems of William Shakespeare*, und Boydell wurde Oberbürgermeister. Im selben Jahr notierte Isaac Reed, dessen erste Shakespeare-Ausgabe 1785 erschienen war, in seinem Tagebuch, am 23. April (Shakespeares Geburtstag) habe er bei Boswell zu Abend gegessen, mit Sir Joshua Reynolds, Benjamin West und Paul Sandby, die allesamt Bilder zu Boydells Shakespeare-Galerie beisteuerten. Am nächsten Abend sah Reed *Was ihr wollt*, am 9. Juni *Hamlet*, am 22. Juni den *Kaufmann von Venedig*; am 18. Juli war er «bei Mr. Malone mit Boswell und Johnson zum Diner geladen. Danach kam Sir Joshua Reynolds.» *Richard III.* sah er am 21. Oktober in Gesellschaft von Dr. Richard Farmer, dem Klassizisten aus Cambridge, der einen einflußreichen *Essay on the Learning of Shakespeare* verfaßt hatte.[124] Während Frankreich die blutige Geburt der Zukunft erlebte, dinierten und theaterten die Beschützer des Shakespeareschen England.

Im Wettstreit zwischen dem französischen Klassizismus und dem englischen Drama hatte man Shakespeare für seine Regelfreiheit gepriesen und würde dies auch weiterhin tun, und diese Freiheit hatte stets eine politische Bedeutung. Aber diese politische Bedeutung wurde durch die Französische Revolution verändert und verstärkt. Die Entgegensetzung von französischem Absolutismus und englischer Freiheit war nicht mehr möglich: Die Franzosen hatten ihren König abgeschafft, und die Engländer hatten noch einen. Die französische (und amerikanische) Überzeugung, man könne eine Gesellschaft vernünftig planen, einen intellektuellen Entwurf machen und ihn dem widerspenstigen menschlichen Material auferlegen, wurde statt dessen gegen die englische Überzeugung gestellt, daß eine Gesellschaft auf natürliche, organische Weise entstehe, durch stufenweises Wachsen wie ein Baumstamm, besonders wie Burkes britische Königseiche. Dieser politische Gegensatz hat offensichtlich seine ästhetische Entsprechung: Französische Dramen wurden nach der Regel entworfen, englische Dramen entstanden auf organische Weise.

Die Verbindung zwischen diesen beiden Ideen kommt am deutlichsten in Coleridges *Biographia Literaria* zum Ausdruck. Die Shakespeareschen Kritiker neigen dazu, die Shakespeare gewidmeten Passagen als brillante Übungen in kritischer Theorie und Praxis zu lesen, weil sie – zusammen mit veröffentlichten und unveröffentlichten Passagen aus anderen Quellen – so praktisch in verschiedenen Ausgaben von *Coleridge's Shakespearean Criticism* gesammelt, geordnet und ihrem Kontext enthoben worden sind. Doch in ihrer ursprünglichen Form gehören sie zu einer lang anhaltenden politischen und gesellschaftlichen Reaktion, in der turbulenten Zeit nach Napoleons Niederlage geschrieben, als die nationale Selbstverteidigung nicht länger als Entschuldigung für die Unterdrückung oder den Aufschub von Reformen dienen konnte.

Shakespeare wurde nicht entthront, weil Georg III. nicht entthront wurde, oder: Georg III. wurde nicht entthront, weil Shakespeare nicht entthront wurde. Von 1790 an wurde die Verteidigung der politischen und sozialen Privilegien als Verteidigung der Kultur des englischen Volks gerechtfertigt, und eine jede solche Verteidigung mußte zwangsläufig die Bewahrung Shakespeares mit sich bringen, der weithin als Englands größter Künstler galt. In der Tat mußte eine solche Bewegung Shakespeare zwangsläufig weiter verherrlichen. Schließlich war Milton bei der Hinrichtung des Königs als Mittäter aufgetreten – ein unangenehmer Präzedenzfall in den Jahren zwischen 1790 und 1820. Shakespeare hatte sich niemals eine solche Blöße gegeben. Daß er Gattungen vermischte, alle Stände der Gesellschaft darstellte, Clowns Königen zur Seite stellte, gesellschaftliche Vielfalt ästhetisch vereinte – genau die Aspekte seiner Kunst, die der Klassizismus beanstandet hatte, wurden nun bewundernswert, weil sie in kultureller Hinsicht nützlich waren. Die Offenheit von Shakespeares Kunst verkörperte, ja bewies, die Offenheit der englischen Gesellschaft.

Wie die Romantiker selbst glauben auch romantische Leser in bestimmten Stimmungslagen an einen plötzlichen Wandel, genießen sie die An- und Aufregung von Kataklysmen (Lawinen in den Alpen und derlei). Die Romantik bietet dem eigenen Verständnis zufolge genau einen solchen Kataklysmus. Die Androhung und das Versprechen der Revolution in der unmittelbaren Nachbarschaft regte die englischen Dichter an; die disparaten Elemente eines entstehenden Geschmacks der späten Aufklärung kristallisierten sich plötzlich zu einer starken neuen ästhetischen Verbindung. Die Anhänger der Romantik interessieren sich für Milton oder Shakespeare nur sekundär, nämlich wegen deren erklärter Bedeutung für die Romantiker selbst, und sie neigen dazu, der Geschichte zu glauben, die ihnen die Romantiker erzählen. Die Romantiker erzählen ihnen, daß die Romantiker Shakespeare entdeckt haben – so wie Mitte des 18. Jahrhunderts Garricks Anhänger sagten, Garrick habe Shakespeare entdeckt.

Die historischen Dokumente belegen auf vollkommen eindeutige Weise, daß die Werke des Bühnendichters beide Male durchaus nicht in der Gefahr des Vergessens schwebten. Doch das ist uns wahrscheinlich klarer, als es ihnen war. Unter den Autoren, die in den literarischen Anthologien von 1771 bis 1801 zitiert werden, rangiert Shakespeare an vierter Stelle (nach Pope, Thomson und Cowper).[125] Ein Großteil der innovativen Shakespeare-Kritik der zweiten Hälfte des 18. Jahrhunderts erschien in kurzlebigen Zeitschriften oder Büchern über ein anderes Thema verstreut; erst in den 70er Jahren unseres Jahrhunderts wurde sie in einem einzelnen, allgemein zugänglichen Kompendium zusammengetragen. Was den Romantikern zugänglich, was unentrinnbar war, war die Editionstradition des 18. Jahrhunderts, die Shakespeare mit all dem überkommenen Ballast der Vorworte und kritischen Anmerkungen von Rowe bis Steevens beschwert ins 19. Jahrhundert brachte. Die Romantiker erklärten den Krieg gegen die dicken Bücher, die Anthologien, gegen die Variorum-Ausgaben, gegen die scharfe Kritik in Sammelausgaben von *The Tatler* und *The Spectator*, gegen David Humes *History of England* und seinen um die Jahrhundertmitte entstandenen Schmähungen Shakespeares, die durch die Nachdrucke, Übersetzungen und durch Humes eigenes Ansehen verewigt worden waren. Damit schlugen sie eine Schlacht, die lange zuvor auf den Feldern des polemischen Journalismus gewonnen worden war. Weil sie ihn für David hielten, eilten die Romantiker zur Verteidigung Goliaths herbei – und rühmten sich ihres Anteils an seinem Sieg.

Der romantische Angriff auf die Shakespeare-Kritiker und Herausgeber des 18. Jahrhunderts war in gesellschaftlicher Hinsicht Teil eines allgemeineren Angriffs auf die Intelligenz. Weitverbreitet war der Irrglaube, die Französische Revolution sei das Werk einer intriganten Schar von aufklärerischen Intellektuellen gewesen, und eine ähnliche Schar Radikaler, von Tom Paine und Mary Wollstonecraft verkörpert, wirke in England. Eine Verschwörung von Pedanten habe den französischen Staat gestürzt und sei nun eifrig dabei, ihren kleinen Hebel unter dem Fundament des englischen anzusetzen. Die romantischen Dichter waren natürlich selbst Intellektuelle, sie konnten nicht einfach in das Geschrei gegen ihre eigene Klasse einstimmen. Einige von ihnen fühlten sich zwar von den Emotionen getragen, distanzierten sich aber zur gleichen Zeit geschickt von einer solchen Kritik, indem sie die Shakespeare-Herausgeber und Kritiker des 18. Jahrhunderts attackierten und so den Schimpf auf eine andere Gruppe Intellektueller lenkten.

Die englischen Romantiker verlagerten ihren revolutionären Eifer von der Politik auf die Literatur. Das charakterisierte auch ihre Einstellung zu Shakespeare. Sie zweifelten Shakespeare oder Milton nicht an, sondern eigneten sie sich an; die Energien ihrer Rebellion gegen die Literatur der Vergangenheit wurde auf unbedeutendere Dichter des heimischen Pantheons gelenkt. Statt Shakespeare entgegenzutreten, richteten sie ihre Feindseligkeiten gegen Herausgeber, Kritiker und Bearbeiter. Dryden, Pope und Johnson gehörten günstigerweise in beide Zielkategorien. Wer immer mit politischer Geschichte vertraut ist, wird solche Taktiken wiedererkennen: Angesichts eines wachsenden politischen Protestes opfert der Präsident / Premierminister / Kanzler / Generalsekretär / Kaiser Mitglieder seiner Regierung. Der Sturz seiner nächsten Untergebenen signalisiert einer Gesellschaft die Unverletzlichkeit des allerhöchsten Machtzentrums und sichert es. Das romantische Manifest forderte nicht den Sturz der herrschenden literarischen Dynastie, es forderte nur einen Ministerwechsel. Schlegel verfocht die Meinung, die englischen Kritiker hätten ihren größten Dichter niemals richtig gewürdigt; sie hatten abgedankt, und Deutschland konnte deshalb auf Shakespeare Anspruch erheben. Coleridge und seine Zeitgenossen billigten Schlegels Verurteilung der kritischen Praxis des 18. Jahrhunderts, wollten jedoch die englische Kontrolle über dieses literarische Territorium behalten. Der Größe des ‹König› Shakespeare wäre jedenfalls besser gedient durch den Premierminister Coleridge als durch die korrupten Pensionäre des alten Regimes.

Shakespeare saß auf der Spitze des Kegels der englischen Literatur: also an allerhöchster, zentraler Stelle. Trotz der Chance und des Gebots, die literarische Vergangenheit zu stürzen, alles neu und natürlich zu machen, konnten die Romantiker sich kaum oder nicht für lange gegen die Flut von Shakespeare zur Wehr setzen. Obgleich er es nicht so beabsichtigt hatte, war Polonius es, den Hamlet hinter der Tapete erstach, nicht Claudius – der Minister, nicht der König.

Fünftes Buch

Dadurch, daß sie es verfehlten, Shakespeare unmittelbar entgegenzutreten, marginalisierten sich die englischen Romantiker selbst; ihr eigenes Werk wurde zu Gekritzel auf dem Rand vergangener Literaturgeschichte. Die Anfänge dieses Prozesses sind sogar bereits bei Johnson zu sehen: «Ich habe meine Gedanken auf den Rand begrenzt»[126], verkündet er in seinem Vorwort und bestimmt damit eine Verfahrensweise, seine eigenen editorischen Mutmaßungen im Kommentar festzuhalten, anstatt sie als Korrekturen in den Text aufzunehmen. Aber Johnsons Kommentar wurde, wie marginal er auch war, mit monumentalem Gepräge veröffentlicht und danach im Gefüge der folgenden Ausgaben des 18. Jahrhunderts bewahrt. Im Gegensatz dazu sind die meisten von Coleridges scharfsinnigen kritischen Beobachtungen zu den Dramen im wörtlichen Sinn Manuskript-Marginalien, die erst lange nach seinem Tod veröffentlicht wurden. Aber die bekannteste und typischste dieser romantischen Marginalien muß ein Gedicht von Keats sein *:

> Niedersitzend,
> um King Lear noch einmal zu lesen
>
> Goldzüngige Romance! heiteres Klingen!
> Sirene gefiedert, Königin von weit!
> Schlag deine Seiten zu für eine Zeit
> Und laß an diesem Wintertag dein Singen:
> Adieu! denn einmal noch die Eifersucht
> Zwischen Verdammnis und erregtem Staub

* Anm. d. Ü.: Übersetzung von Rainer Kirsch, in *Ein Ding von Schönheit ist ein Glück auf immer. Gedichte der englischen und schottischen Romantik*, Zweispr. Ausgabe (1983), 431.

Muß ich durchkosten, schmeckend aus dem Laub
Das Bittersüße der Shakespearschen Frucht:
Größter Dichter! und Albions Wolkenland
Schöpfer des Themas ewiger Gewalt!
Bin ich gegangen durch den Eichenwald
Macht mich in unfruchtbarem Traum nicht still:
Sondern, bin ich verzehrt von solchem Brand
Gebt Phoenix' Schwingen mir, zu fliegen wie ich will.

22. Januar 1818

Keats schrieb das Gedicht in sein Exemplar des Faksimiles aus dem Jahr 1808 von Shakespeares erstem Folio-Band, und zwar auf der letzten Seite von *Hamlet*, mit dem Anfang von *König Lear* auf der gegenüberliegenden Seite.

Allein, daß ein Faksimile der Ausgabe von 1632 existierte und daß Keats es benutzte, bringt einen typischen romantischen Wunsch zum Ausdruck, die mäkeligen Mittler loszuwerden, die Herausgeber und Kommentatoren des 18. Jahrhunderts zu stürzen; man will Homer lieber in Chapmans Übersetzung als in Popes lesen und zu der angeblichen Reinheit einer Renaissance-Schrift, im typographischen und metaphorischen Sinn, zurückkehren, die ihnen eine unmittelbare geistige Berührung mit dem Dichter selbst erlauben würde.

Der Titel des Gedichts verrät so viel wie sein medialer Ort. *König Lear* ist zu einem Lese-Text geworden, ist kein Schau-Spiel. Von Oktober 1810 bis April 1820 wurde es kein einziges Mal auf einer Londoner Bühne gespielt; da Georg III. wie Lear alt, wahnsinnig und König von England war, hätte zwangsläufig jede Aufführung des Stücks unangenehme Parallelen mit der lebenden königlichen Familie beschworen. Für Keats existierte *König Lear* nur auf dem Papier. Ob die politischen Umstände eine Aufführung erlaubten oder nicht, Shakespeares *König Lear* war wie alle seine Tragödien, wie Charles Lamb sagte, «im Grunde nicht auf der Bühne darzustellen». Während «das Lesen einer Tragödie eine schöne Abstraktion ist», reduzierte jede Aufführung sie auf eine Imitation irdischer Einzelheiten: «Die lächerliche Maschinerie, mit der sie den Sturm imitieren, in den er hinausgeht, ist nicht ungeeigneter, um die Schrecken der wirklichen Elemente darzustellen, als jeder Schauspieler es ist, um Lear darzustellen: Leichter könnten sie den Satan von Milton auf der Bühne verkörpern, oder eine der schrecklichen Figuren Michael Angelos.» [127]

Die «schrecklichen Figuren Michael Angelos» waren die Inspirationsquellen für die Versuche William Blakes und Heinrich Füsslis, visuelle Entsprechungen zu Shakespeares Dichtungen zu schaffen. Blake erfindet bildliche Darstellungen metaphorischer Wendungen wie der junge Tag, der feurige Pegasus, die dreifache Hekate, mitleiderregend wie ein neugeborenes Kind. Füsslis Kompositionen, darunter die originellsten und denkwürdigsten Beiträge für Boydells Shakespeare-Galerie, rekonstruieren die Tragödien auf eine Weise, wie sie sich in der Aufführung nie hätte realisieren lassen: erstarrte Entladungen von Konflikten, dominiert von übermenschlichen, angespannten und angestrengten, muskulösen und geschundenen Figuren, mit einem Gefühl von titanischer Energie, die den Bilderrahmen zu sprengen droht. Im zeitgenössischen Theater machte der Raum die Schauspieler zu Zwergen; in Füsslis Gemälde, in der Einbildungskraft von Lesern überwältigten die Figuren den Raum.

Keats liest *König Lear* ‹wieder›. Shakespeares Dramen werden inzwischen mehr als einmal gelesen. Keats weiß nicht nur vorher schon, wie die Geschichte endet, er weiß, daß er und seine Kultur den Text zum Meisterwerk bestimmt haben. Die Bedeutung dieser Auszeichnung läßt sich im Vergleich zu einem anderen Sonett von Keats veranschaulichen, das ein anderes literarisches Ereignis beschreibt: «On first looking into Chapman's Homer». Dieses Sonett beschreibt eine Erfahrung unerwarteter Erleuchtung, und es endet ganz natürlich mit dem Bild der Entdeckung des Pazifischen Ozeans, einer wilden Weite, von einem Berggipfel aus gesehen. «On sitting down to read King Lear once again» beschreibt nicht die Erfahrung eines Entdeckers, sondern eines touristischen Pilgers, der zu einer seiner liebsten heiligen Stätten zurückkehrt.

Keats' «wieder» erinnert zwangsläufig an eine andere Begegnung mit König Lear.* In seiner Endnote zu dem Stück erzählte Johnson: «Vor vielen Jahren entsetzte mich Cordelias Tod so sehr, daß ich mir nicht sicher bin, ob ich die letzten Szenen des Schauspiels zu lesen ertrug, bis ich mich als Herausgeber daran machte, sie zu überarbei-

---

* Johnsons Kommentar steht am Ende von *König Lear* in Keats' Band der Ausgabe der *Dramatick Works of William Shakespeare* von 1814; Keats kritisierte häufig Johnsons Kommentare zu den Stücken in dieser Ausgabe. Er hätte auch anderswo auf Johnsons Äußerung stoßen können: Leigh Hunt zitiert und kritisiert sie zum Beispiel in *The Examiner* (28. Mai 1808), 331–33.

ten.» [128] Johnson empfand *König Lear* als entsetzliche Qual, er reagierte auf Cordelias Tod, so wie er auch auf den wirklichen Tod einer bewunderten und sogar geliebten Frau hätte reagieren können. Zum Schauplatz des Geschehens – den letzten Szenen – kehrte er nur zurück, als ihn die Umstände dazu zwangen. Keats findet *König Lear* bitter-süß; Cordelia oder andere Figuren erwähnt er nicht, er allegorisiert ihr Leben zur Intensität «einer Eifersucht / Zwischen Verdammnis und erregtem Staub». Er reagiert auf ein altes Gedicht, das er bewundert und sogar liebt; und obgleich er behauptet, daß er zu ihm zurückkehren «muß», ist dieses Gebot doch ein selbst auferlegtes, keine praktische Pflicht, sondern eine der Phantasie entsprungene Verpflichtung. In dem halben Jahrhundert zwischen Johnsons Kommentar und Keats' Sonett war es zur Pflicht eines Dichters geworden, sich *König Lear* mehr als einmal zuzuwenden. Weil er bereit ist, noch einmal durch *König Lear* «zu glühen», mag Keats «Phönix' Schwingen… zu fliegen wie [er] will», bekommen; Johnson, das ist daraus zu folgern, scheitert als Dichter, weil er Shakespeare kritisierte und zögerte, dieses Stück wiederzulesen. Wie die anderen Romantiker bestimmte Keats seine eigene Dichtung und seine Stellung zu Shakespeare im Gegensatz zur Tradition des 18. Jahrhunderts.

Keats' Gedicht ist, wie wir beinahe, ohne es zu lesen, sehen können, ein Sonett. Daß er eines Wiederlesens von *König Lear* in Form eines Sonetts gedenkt, ist selbst schon eine Huldigung an Milton, Spenser und Shakespeare, während er sich damit gleichzeitig zu den Dichtern seiner eigenen Epoche gesellte. Das Sonett war in der Zeit zwischen Miltons und Popes Tod aus dem englischen Repertoire der Dichtungsformen praktisch verschwunden; sein Wiederaufleben Mitte des Jahrhunderts ging fast gänzlich auf das wachsende Interesse an Miltons kleineren Gedichten und an Spenser zurück. In den 1750ern fügte Benjamin Heath, einer der ersten Praktiker dieser Form im 18. Jahrhundert, verschiedenen Ausgaben seiner *Canons of Criticism*, einer Satire auf Warburtons Shakespeare-Ausgabe, mehr als 50 Sonette bei. Besonders Thomas Warton, ein anderer bedeutender Kritiker Shakespeares, gab das Sonett der englischen Literatur zurück. Keiner von beiden jedoch war in erster Linie von Shakespeare beeinflußt. Im 17. Jahrhundert wurden Shakespeares Sonette weniger erwähnt als jedes seiner Dramen oder Verserzählungen. Nach ihrer Veröffentlichung im Jahr 1609 wurden sie nur einmal nachgedruckt, nämlich in einer, was die Textfassung betrifft, exzentrischen Ausgabe von *Shake-*

speare's Poems (1640). Weder Rowes noch Popes Ausgabe enthielt die Sonette, wenngleich jeweils zusammen mit ihrer Ausgabe ein Ergänzungsband mit den Gedichten erschien; spätere Ausgaben behandelten sie ebenfalls gesondert oder gar nicht. Obwohl Shakespeares Sonette in verschiedenen Nachdrucken der Gedichte erhältlich waren, standen diese Texte außerhalb der zentralen editorischen Shakespeare-Tradition, und sie folgten dem Format der Fassung von 1640. Diese nicht autoritative Version verband einzelne Sonette, um daraus in der Form gefälschte längere Gedichte zu machen. Unter diesen Umständen konnten Shakespeares Gedichte nicht viel Einfluß auf eine Wiederbelebung der Sonett-Form ausüben.

Shakespeares Sonette trugen beinah nichts zu der neuen Popularität der Form im 18. Jahrhundert bei, aber die Shakespeare-Herausgeber reagierten darauf. 1780 veröffentlichte Malone die erste kritische Ausgabe der Sonette; dabei kehrte er zum Format und zur Reihenfolge der Originalausgabe von 1609 zurück und drapierte die Gedichte würdevoll mit einer Einleitung und einem Kommentar. 1790 nahm er sie in seine angesehene komplette Ausgabe des *Plays and Poems* auf, so daß sie erstmals zu einem integralen Bestandteil des Kanons wurden.

Der Aufstieg der Shakespeare-Sonette war eine Begleiterscheinung des Aufstiegs von Milton und Spenser, eine Folge der Popularität von zeitgenössischen Sonettdichtern, die heute keiner mehr liest. Auch die stete Zunahme – sowohl im öffentlichen Interesse als auch in der kulturellen Respektabilität – von Biographien, Autobiographien und literarischen Biographien im besonderen trug dazu bei. Diese Zunahme, ein Prozeß, der sich über das ganze Jahrhundert erstreckte, gipfelte in Johnsons *Lives of the English Poets* (1779–81), das wiederum von Boswells *Life of Johnson* übertroffen wurde. Malones zwei Ausgaben der Sonette gehören in die gleiche Epoche und den gleichen intellektuellen Kreis, und in seinem Kommentar betont er mehrfach die biographische Signifikanz der Gedichte. Diese Betonung führte sicher und rasch zu George Chalmers' spekulativer Identifikation des Adressaten der Sonette (1797), zu A. W. Schlegels Überzeugung, daß «diese Sonette ganz unmißverständlich die damalige Situation und die Gefühle des Dichters beschreiben» (1797; 1808), zu Wordsworths Ausspruch, in solchen Gedichten bringe «Shakespeare seine eigenen Gefühle in seiner eigenen Person zum Ausdruck» (1815), und «mit diesem Schlüssel» habe Shakespeare «sein Herz geöffnet» (1827).[129]

Malones editorische Wiederentdeckung der Sonette trug entscheidend dazu bei, Shakespeare von dem dramatischen Dichter der Restauration und des 18. Jahrhunderts in einen privaten lyrischen Dichter zu verwandeln, den die Romantiker als den ihren annehmen, feiern und sich zu eigen machen konnten. Den gleichen Prozeß können wir bei Shakespeares Verserzählungen verfolgen, die vor Malone in das editorische Hinterland verbannt gewesen waren, das auch die Sonette bewohnten. Coleridges glänzende Analyse von *Venus und Adonis* im 15. Kapitel der *Biographia Literaria* (1817) und Keats' davon unabhängige Begeisterung für die gleiche Versdichtung in einem Brief, den er im November jenes Jahres schrieb[130], zeigen eine Revolution an, was Shakespeares Rezeption als nicht-dramatischen Dichter betrifft. Die Bewunderung dieser romantischen Dichter für Shakespeares Verserzählungen folgt Malones historischer Erkenntnis (1780), daß sie zu Shakespeares Lebzeiten zu seinen populärsten und geachtetsten Werken zählten, und ihrer späteren historischen Verteidigung (1790) als die gelungensten «kleineren Kompositionen» der elisabethanischen bzw. jakobischen Epoche.[131] Selbstverständlich blieb Shakespeare in erster Linie Dramatiker, aber die Sonette und Verserzählungen – frisch wieder in den Kanon aufgenommen und von den Kritikern noch vollkommen unbeachtet – gaben den Romantikern die Gelegenheit, die Neuheit ihrer eigenen kritischen Perspektive zu genießen, während sie Shakespeare als Vorläufer ihrer eigenen bevorzugten Gattungen in Anspruch nahmen.

Diese neue Perspektive war eine unverhohlen biographische; was sie fesselte, war Shakespeare, das Individuum, das Leben des Dichters. Selbst Hazlitt, der der «Mode der jüngsten Zeit, die Gedichte unseres Autors als seinen Schauspielen ebenbürtig zu preisen», widerstand, deutete sie im vorherrschenden biographischen Sinn. Er fand die Sonette «interessant, wie sie sich auf den inneren Gemütszustand des Autors» beziehen, und für die Mängel der Gedichte machte er Shakespeares «Bescheidenheit und einen quälenden Sinn für Anstand» verantwortlich, der ihn davon abhielt, beruhigt als er selbst zu schreiben.[132] Hazlitt, der das «egoistische Erhabene» Wordsworths so sehr ablehnte, hatte einen Shakespeare im Sinn, der hauptsächlich durch seine Aversion, seine Person zu offenbaren, seine Person offenbarte. Das Interesse an *The Characters of Shakespeare's Plays* traf mit einem Interesse an dem Charakter Shakespeares zusammen.

Keats' Gedicht über *König Lear* übernahm nicht nur die Form, sondern auch die behauptete biographische Besonderheit der Sonette.

«On sitting down to read King Lear once again» ist ein privater Text: Wie die meisten seiner Sonette veröffentlichte Keats das Gedicht nicht. Das Private eines Manuskriptverses steht im Gegensatz zu den öffentlichen gedruckten Dramen, zwischen denen es steht. Mit der Datierung definierte Keats das Gedicht zugleich als historisch wie autobiographisch, als Teil seines Lebenslaufs. Das Datum gibt dem Gedicht eine persönliche textexterne Wirklichkeit bei, wobei «dieser Wintertag» nicht nur das symbolische Klima von *King Lear* antizipiert, sondern auch das tatsächliche Wetter am 22. Januar 1818 in London ins Gedächtnis ruft.

Diese Verknüpfung des Temporären und Persönlichen, dieses Interesse an der Entwicklung von Denken und Kunst eines Dichters kennzeichnet die Shakespeare-Forschung des späten 18. Jahrhunderts wie auch die Dichtung der Romantiker. 1709 hatte Rowe gesagt, er hätte sich «gefreut, von einer Autorität zu erfahren, welches Stück er [Shakespeare] zuerst schrieb; es wäre zweifelsohne für jeden in Dingen dieser Art wißbegierigen Menschen ein Vergnügen, zu sehen und zu wissen, was der erste Versuch einer Einbildungskraft wie der Shakespeares war»[133] – aber er unternahm nichts, um diese eingestandenermaßen müßige Wißbegierde zu befriedigen. Weder Rowe noch seine Nachfolger versuchten eine verläßliche Chronologie, obwohl im späten 17. Jahrhundert ein bestimmtes Maß an relevanten Informationen zusammengetragen worden war. Die erste solche spekulative Chronologie von Shakespeares Werken erschien 1778, und zwar von Malone; Capells Chronologie entstand früher, erschien jedoch erst 1783; ferner revidierte Malone 1790 seine eigene Darstellung noch beträchtlich.[134]

Danach sprechen die Kritiker von Shakespeares Werken nicht nur in bezug auf seine künstlerische Entwicklung, sondern auch seiner geistigen Entfaltung. Coleridge nimmt an, daß *Liebes Leid und Lust* Shakespeares erstes Stück war, weil es seine «akademische Beschäftigung» und Jugenderfahrungen in der Provinz spiegelt, bevor er die menschliche Natur unmittelbar zu betrachten gelernt hatte.[135] Keats versteht *Hamlet* als Reflexion der melancholischen mittleren Jahre Shakespeares.[136] Leigh Hunt versicherte seinen Lesern, *Was ihr wollt* sei «das letzte Werk Shakespeares», und schwärmte dabei, «was für ein helles, ausgewogenes Schauspiel» es sei; Shakespeares «letzte Gedanken» an die Welt seien «gütig und freundlich» gewesen, wie sie bei den «Empfindungen guter Kameradschaft und der Treue junger Liebenden» verweilten.[137]

Der modernen Forschung zufolge lagen Coleridge und Hunt falsch – *Liebes Leid und Lust* gehört zum Ende der frühen Phase Shakespeares, *Was ihr wollt* schrieb er gut ein Jahrzehnt, bevor er seine literarische Karriere beendete – und ob Keats recht hatte, hängt von der Definition der «mittleren Jahre» ab (Shakespeare war wahrscheinlich 36, als er *Hamlet* schrieb). Doch inwieweit solche Spekulationen zutreffen, spielt eine geringere Rolle, als daß sie den zeitgenössischen Drang zeigen, Shakespeares Biographie zu allegorisieren, in ihr eine vorbildhafte philosophische Entwicklung zu erkennen, ein Beispiel für Dichter und Leser.

Beim Wiederlesen von *König Lear* konstruiert Keats für sich eine solche künstlerische Biographie; in diesem Sonett schafft und verewigt er einen Wendepunkt, einen Augenblick der Offenbarung, der die «Sirene gefiedert, Königin von weit!» zurückweist und sich statt dessen dem «größte[n] Dichter!» von «Albions Wolkenland» zuwendet, damit eine Bewegung durchs Feuer hindurch zur Wiederauferstehung und Himmelfahrt antizipierend. Keats versucht, ein winziges *Prelude* zu schreiben. Und seine dichterische Selbstdefinition ist – wie die Wordsworths, des Verfassers des *Prelude* – teilweise nationalistisch. Keats spricht zugleich Shakespeare an, Englands Dichter, und «Albion», Englands poetisierten Namen für sich selbst, der die Wirklichkeit Englands im Jahr 1818 in ein zeitloses mythisches Ideal übersetzt. In einem Brief, den er sieben Wochen nach dem Sonett schreibt, verkündet Keats: «Ich mag, ich liebe England, ich mag seine starken Männer – ... Shakespeare ist ausgezeichnet, Hamlet ist ausgezeichnet, Lear ist ausgezeichnet, aber diese schwindsüchtigen Engländer sind es nicht»; an anderer Stelle hofft er, nach seinem Tod «zu den englischen Dichtern» zu gehören.[138] Keats und Shakespeare und England sind nun fest miteinander verflochten.

Doch Keats hätte seinen Platz «unter den englischen Dichtern» nie verdient, hätte das Sonett seine Reputation begründet. Es ist, um die Wahrheit zu sagen, kein gutes Gedicht; der Kontext ist interessanter als der Text. Darin ähnelt es den meisten der Sonette von Shakespeare selbst: Individuell für sich gesehen, haben nur eine Handvoll der 154 je so viel Begeisterung gefunden oder verdient wie die Geschichte außerhalb oder zwischen ihnen, eine Geschichte, die die obsessiven Umgestaltungen, die spekulative Identifizierung von Mr. W. H., dem jungen Mann, dem Dichter-Rivalen und der *dark lady* inspiriert hat, die Suche nach einer Fabel, das Entwirren thematischer Labyrinthe, die etymologischen Biographien von Wort- und Bildtypen, die mutmaßlichen sexuellen Beziehungen von Personen und Wortspielen. In Keats' Fall sind die Situation des Gedichts, der Ort und seine Form, seine Zeit und seine sprechende Figur, der Titel darüber und das Datum darunter denkwürdiger als die Kette von Worten von «Goldzüngige» bis «will».

Keats' Sonett ist eher symptomatisch als dramatisch. Der Shakespope der *Dunciad* ist mit dem Keatspeare von «On sitting down» nur entfernt verwandt. Keats' scheinbare Entgegensetzung der «Romance» des Oktetts zum «Größte[n] Dichter» des Sextetts, die künstlerische Wahl, die das Sonett konstruiert, löst sich schon bei flüchtiger Betrachtung auf. Die «Königin von weit» weicht einfach dem fernen *König Lear*; an die Stelle der «Seiten» der Romanze treten die Seiten der Ausgabe der Shakespeare-Dramen von 1623; die «Sirene gefiedert» verwandelt sich in ebenso mythische «Phoenix' Schwingen». Indem er sich von Spenser zu Shakespeare wendet, verwandelt Keats Shakespeare in Spenser. Sein Shakespeare bewohnt und erschafft eine Welt aus Wolken, Träumen, Wanderungen und alten Wäldern voll der Königseichen Edmund Burkes; ihn verkörpert ein schauriges Märchen, *König Lear* genannt.

Keats' Gedicht zu *König Lear*, auf der letzten Seite von *Hamlet* niedergeschrieben, sitzt mit dem Rücken zu *Hamlet* und blickt auf die andere Seite in *König Lear*. Keats zitiert *König Lear* häufiger als jedes andere Stück außer *Hamlet*; es war *König Lear*, den er zur Illustration seines berühmten Axioms wählte, daß «die Vortrefflichkeit jeder Kunst ihre Intensität [ist], die alle Unzulänglichkeiten in Luft aufzulösen vermag» (1817) [139]; Hazlitt, der Keats mehr als jeder andere beeinflußte, nannte *König Lear* «das beste aller Schauspiele Shakespeares, denn es ist das, wo er am ernstesten war» (1817) [140]; Shelley beschrieb es als «das vollkommenste Beispiel der dramatischen Kunst auf der Welt» (1821) [141]; Coleridge sah es als «die großartigste Leistung Shakespeares als Dichter» (1822) [142]. Obwohl die Romantiker *Hamlet* gerade obsessiv zitierten und kritisierten, scheinen sie *König Lear* mehr bewundert zu haben. Mit Sicherheit taten sie das mehr als jede Generation zuvor. Selbst zu Shakespeares Lebzeiten wurde das Stück offenbar kaum erwähnt; es scheint bei Zuschauern und Kritikern nicht besonders beliebt gewesen zu sein. Die Romantiker erbten eine lang bestehende Bewunderung der Engländer für *Hamlet*, und sie schufen den kritischen Konsens mit; daß *König Lear* eine ebenbürtige, vielleicht bessere Leistung ist. Was fanden sie an *König Lear* so faszinierend? Warum las Keats das Stück noch einmal?

König Lear ist eine Parabel der Kindespflicht. Cordelia, Goneril, Regan und Edmund rebellieren alle gegen ihren Vater und sterben alle in der Folge davon. Überdies vereint König Lear die Autorität von Vater und rechtmäßigem König; er verkörpert das traditionelle metaphorische Argument, daß der König ein Vater ist, seine Untertanen seine Kinder sind und die Erhaltung der Gesellschaft auf dem Gehorsam des Kindes gegenüber dem Vater und dem Gehorsam der Untertanen gegenüber dem König beruht. In Shakespeares Schauspiel revoltieren die Kinder gegen einen alten tyrannischen Vater-König, einen König, der eine unangenehme Ähnlichkeit mit Georg III. hat.

Eine solche Rebellion mag vielleicht berechtigt, sogar verlockend erscheinen. Aber nein, sagt uns das Stück; wie alt, verrückt, schlecht der Vater-König auch sein mag, eine Revolte läßt sich nicht rechtfertigen. Die romantischen Kritiker identifizieren sich nicht mit der revoltierenden Jugend, sondern mit der gestürzten Macht. In *The Prelude* schalt Wordsworth Robespierre, «wie Lear die Winde schalt», einen rachsüchtigen «grausamen Sohn», der den Ort seiner Geburt seufzen machte. Der alte Edmund Burke, der sich – verbittert und einsam – als Lear sah, umgeben von bösartiger Undankbarkeit, zitierte: «Die kleinen Hunde, seht, / Spitz, Mops, Blandine, alle bell'n mich an» [143]. Wenn wir das Stück lesen, «sind wir Lear», verkündet Lamb, «wir sind in seinem Kopf, uns trägt die Größe, die den bösen Zweck von Töchtern und Stürmen vereitelt» [144]. Mit fast den gleichen Worten sagt Hazlitt: «Wir sind es, die Hamlet sind», aber in *König Lear* ist, wie Coleridge erkannte, die parallele Figur zu Hamlet Edmund, «der wichtigste Handlungsmotor und die treibende Kraft». Ein handelnder Hamlet wird ein Edmund, einer der «unerschrockenen Schurken», derer Shakespeare sich bediente «als Sprachrohr von Meinungen und Mutmaßungen von einer zu gefährlichen Art, als daß ein kluger Mann sie direkt als seine eigenen an die Öffentlichkeit gebracht hätte». Und genau wie Burke seine ganze Kunst darauf verwendet hatte, daß seine Leser sich mit der armen Marie-Antoinette identifizierten, so heißt es zu Shakespeares Text: «Alle Schwächen Lears mehren unser Mitleid», und der närrische, unversöhnliche Monarch wird einfach zu einem «liebende[n] Vater, [der] getäuscht worden ist» [145]. *König Lear* inspiriert die Romantiker, weil es einen totalen Aufstand gegen die Autorität der Vergangenheit durchspielt. Entsprechend spricht Hazlitt, wenn er ihre ungebrochene Überlegenheit verkündet, in Begriffen von «Macht», «Kraft» und «Stärke».[146] Aber diese Vorstellung einer ehrfurchtsgebietenden und bewundernswerten Macht steckt in einem schwachen alten Mann. Deshalb ließ sich der *König Lear* der Romantiker nicht aufführen: Die Aufführung erinnerte sie unpassend an die physische Zerbrechlichkeit der Figur. Beim Wiederlesen von *König Lear* folgerte Keats, daß die «Intensität» aller großen Kunst für sich «alle Unannehmlichkeiten in Luft aufzulösen» vermag; von der «Schönheit und Wahrheit» ganz ergriffen, vergessen wir die Wutanfälle und das Sabbern eines Greises. Für einen phantasiereichen Leser ließen sich Georg III. oder König Lear in einen titanischen Helden verwandeln – aber diese Illusion würde bei jeder Begegnung mit der materiellen Wirklichkeit schnell schwinden. Im Munde der würdevollen Monarchen des damaligen Europas konnte Lears heroisches «jeder Zoll ein König» allzuleicht – wie in Heinrich Heines Parodie – zu «jedes Pfund ein König» werden.[147]

König Lear gewährt eine Revolution – und bewahrt wiederum davor. «Dichtung ist recht königlich», wie Hazlitt in bezug auf *Heinrich V.* und *Coriolan* erkannte, und «die Sprache der Dichtung stimmt auf natürliche Weise in die Sprache der Macht ein».[148] Das gleiche Prinzip durchwaltet *König Lear*, weniger offensichtlich, aber dafür um so wirkungsvoller. Lear verliert allmählich seine familiäre und politische Macht, aber er behält seine poetische Autorität, bewahrt in der Einbildung von uns Lesern «den Namen und des Königs Ehrenrecht»[149], eine Herrlichkeit, die denen, die ihn absetzen, niemals gewährt ist. Die Macht einer alten Macht liegt in ihrem Wesen; des Putzes und Staats kann man sie vorübergehend entkleiden, aber der organische Teil wird immer bleiben. Eine Revolution ist deshalb nicht nur ungeheuerlich, undankbar und unmoralisch, sie ist letzten Endes unmöglich. Und für die englischen Romantiker ist eine der Revolutionen, die *König Lear* entwirft und im voraus vereitelt, die Revolution gegen *König Lear* selbst. Shakespeare war genau zu einer der ehrwürdigen Autoritäten geworden, zu einem der kolossalen Vater-Könige, die das Schauspiel verteidigt.

KAPITEL 4

Viktorianische Werte

viktorianisch...*Adj.*
Teil, Bezeichnung oder Charakteristikum der Regierungszeit
Königin Viktorias (1837–1901).

Wert...
2. der materielle oder finanzielle Wert einer Sache; die
Summe, auf die sie im Sinne eines Tauschmediums oder
einer Norm ähnlicher Art geschätzt wird...
6. der relative Status einer Sache oder die Wertschätzung, die
man ihr, seiner wirklichen oder angenommenen Bedeutung
oder ihrem Nutzen beimißt...
7. *math.* Die genaue Zahl oder Summe, welche eine Ziffer,
Menge etc. darstellt.

A New English Dictionary on Historical Principles (1884–1928)

viktorianisch *Adj.* ...
2. *fig.* ähnlich der oder typisch für die Einstellung, die als
charakteristisch für die viktorianische Epoche gilt; prüde,
altmodisch, veraltet.

A Supplement to the Oxford English Dictionary (1972–86)

...in dem unser Held
nicht eingeführt wird

Baron Georges Cuvier, eine frühe Koryphäe in der Paläontologie,
schloß aus seiner Erforschung des Pariser Beckens, daß die Geschichte
des Lebens auf der Erde regelmäßig von Katastrophen unterbrochen
wurde, von abrupten Krisen, die die Entwicklung der Biosphäre prägten:

«Diese wiederholten Einbrüche und Rückzüge des Meeres sind weder langsam
noch allmählich verlaufen; die meisten der Katastrophen, durch die sie verursacht wurden, sind plötzliche gewesen... Das Leben ist folglich auf dieser Erde
oft von schrecklichen Ereignissen gestört worden – von entsetzlichen Bege-

benheiten, die zu Beginn vielleicht die ganze äußere Erdkruste des Globus bis in große Tiefen bewegt und zerstört haben...»[1]

Diese Schlußfolgerungen äußerte 1812 ein französischer Adeliger in einem Werk, das «les révolutions du globe» beschrieb. «Révolutions» war kein Wort, das ein Franzose 1812 leichtfertig benutzte.

Der Hauptgegner solcher Theorien war Charles Lyell, Jurist und Sohn eines wohlhabenden Großgrundbesitzers. In *Principles of Geology*, einem Lehrbuch, das sofort Berühmtheit erlangen sollte, kritisierte er den «französischen Geist der Spekulation» und sein Begehren, «den gordischen Knoten durchzuhauen, statt ihn geduldig zu lösen»[2]. Wir sollten aufhören, so argumentierte er, «imaginäre Katastrophen und riesige Umwälzungstheorien zu ersinnen»[3] und statt dessen die mächtige Wirkungskraft des «allmählichen Wandels» erkennen[4]; «plötzlicher und gewaltiger Umwälzungen des Globus»[5] bedürfe es nicht, wenn wir an ihre Stelle «langsame und ruhige Ursachen» setzten[6], die auf «winzigen, aber unaufhörlichen Veränderungen» beruhten.[7] Der Verfasser dieser Worte war ein liberaler Engländer aus der oberen Mittelschicht. Er schrieb sein Buch 1832, in dem Jahr, da das Parlament die *Great Reform Bill* verabschiedete.[8] Der französische Wissenschaftler im frühen 19. Jahrhundert erlebte und glaubte an den Kataklysmus; der britische Wissenschaftler erlebte und glaubte an allmählichen Wandel.

Die Theorie eines allmählichen Wandels setzte sich allmählich durch, zunächst in der Geologie, dann in der Biologie. Lyells Sieg über Cuvier kam nicht überraschend; die reine französische Naturwissenschaft vermochte die englische kaum zu erobern, nicht nach Waterloo, nicht in einem Jahrhundert, in dem die Sonne über dem britischen Empire niemals unterging. Charles Darwins Sieg über Gott (Darwin war ein Freund Lyells) war vielleicht überraschender und sicherlich härter erkämpft; doch den Zauberstab der individuellen Schöpfung über jeder Gattung zu schwenken oder die Erde mit einer Flut rein zu waschen – diese Theorien klangen der diskreditierten französischen Ideologie eines Kataklysmus verdächtig ähnlich. Wie jeder vernünftige Engländer im 19. Jahrhundert hatte es Gott bestimmt nicht nötig, extravagante Katastrophen zu Hilfe zu nehmen, um dem Pflanzen- und Tierreich eine neue Form zu geben. Als empirischer Praktiker des Liberalismus und freien Handels war Gott sicherlich von den wettbewerbsorientierten Gesetzen des biologischen Marktes abhängig. Revolutionen waren in der natürlichen Welt nicht wünschenswerter oder notwendiger als in der politischen. In Naturwissenschaft, Theologie, Politik, Geschichtsschreibung und Literaturinterpretation verdrängte der britische ‹Stück-für-Stückismus› allmählich die revolutionäre Theorie des einen großen Bissens.

Kein Wissenschaftler verwirft Lyells *Principles of Geology* oder Darwins *Origin of Species* einfach, weil die Autoren dieser Bücher ein Bild der Geschichte des Planeten konstruierten, das die dominanten Merkmale der gesellschaftlichen Erfahrung Großbritanniens im 19. Jahrhundert spiegelt. Unter entsprechenden kulturellen Bedingungen werden bestimmte Gedanken eher gedacht; sie werden, wenn sie einmal gedacht sind, eher anderen mitgeteilt und setzen sich, wenn sie öffentlich verkündet sind, eher durch und fest. Im Rückblick mögen die Naturwissenschaftler heute erkennen, daß die Hypothese einer allmählichen Entwicklung – wie das britische Empire – zu weit ging. Die Geologen des späten 20. Jahrhunderts sehen gelegentliche Kataklysmen als bewiesen an, und unter Physikern ist gegenwärtig der *big bang* die beliebteste der kosmologischen Theorien. Wir können akzeptieren, daß diese jüngeren Modelle der Geschichte unseres Kosmos die Überlegungen der viktorianischen Naturwissenschaftler verbessern, und dabei gleichzeitig anerkennen, daß dieses begrenzte Wiederaufleben der Katastrophentheorie selbst wiederum das Denken des thermonuklearen Zeitalters reflektiert. Eine menschliche Kultur läßt sich anders als eine bakteriologische nicht in steriler Isolation von ihrer wirren, vor Leben wimmelnden und sich ändernden Umgebung erhalten. Geschichte und Naturwissenschaft kontaminieren einander. Das gleiche tun Geschichte und Literatur.

... in dem unser Held sich allmählich offenbart

Um 20 Uhr am 13. März 1874 berief Frederick James Furnivall die erste Versammlung der New Shakespeare Society ein. Furnivall, von Haus aus studierter Chemiker und Mathematiker, hatte im Prospekt, der die Gründung einer neuen Gesellschaft ankündete, nachdrücklich vertreten, «in dieser viktorianischen Zeit, da unsere naturwissenschaftlichen Genies der Natur ihre Geheimnisse in einem solchen Ausmaß abringen, daß man sich unserer Tage für immer erinnern wird», seien ähnliche Leistungen von Shakespeare-Forschern zu erwarten.[9] Deutsche Shakespeare-Philologen hatten bereits bewiesen, wieviel getan werden konnte. Bedauernswerterweise fiel England dahinter zurück:

«Obwohl der Durchschnittsengländer ein oder zwei Schauspiele gelesen haben mag, hat er keinen Begriff von den Merkmalen, den Phasen, der Reihenfolge der Shakespeareschen Werke und kann fast nichts über den Dichter selbst sagen. Er weiß nicht, ob *Liebes Leid und Lust* vor dem *Sturm* oder danach kommt, ob Shakespeare mit der Komödie, Historie oder Tragödie begann, ob sein Geist und Wille im Laufe der Jahre größer und ernster wurde…»

Diese beklagenswerte Ignoranz wollte Furnivall unbedingt überwinden. Er erklärte:

«Das Ziel unserer Gesellschaft ist es, mittels einer sorgfältigen Untersuchung der metrischen und phraseologischen Eigenheiten Shakespeares, seine Schauspiele so weit wie möglich in die chronologische Ordnung zu bringen, in der er sie schrieb… und dann die neu überdachte Ordnung zu dem Zwecke zu verwenden, die Entwicklung und die Bedeutung von Shakespeares Geist zu untersuchen…»[10]

Die (chronologische) Ordnung zu kennen, bedeutete, die fortschreitende Entwicklung wahrzunehmen, und im Fortschritt würde Bedeutung zu finden sein. Die Techniken, mittels deren man Shakespeares Evolution nachzeichnen würde, wurden im ersten wissenschaftlichen Vortrag vor der neuen Gesellschaft weiter ausgeführt. Der Autor war «der fleißige Floh» («flea»), wie sein Spitzname lautete, der Geistliche Frederick G. Fleay. Einer seiner Zeitgenossen beschrieb ihn gelungen:

«Ein Mann der Wirklichkeit, ein Mann der Tatsachen und der vernünftigen Überlegung. Ein Mann, der nach dem Prinzip verfährt, daß zwei und zwei vier sind und nicht mehr, und den man nicht beschwatzen kann, mehr zu veranschlagen… immer das Lineal, eine Waage und das Einmaleins in der Tasche, Sir, ist er bereit, jedes Stück der menschlichen Natur zu wiegen und zu messen…»

Es war Fleay, «eine Art mit Tatsachen geladene Kanone», der alle Originalbeiträge für den ersten Band der *Transactions* der New Shakespeare Society abfeuerte: Aufsätze über metrische Berechnungen, denen man die Dramen Shakespeares, Fletchers, Beaumonts und Massingers unterzogen hatte, oder über die Autorschaft von *Der Widerspenstigen Zähmung*, *Timon von Athen* und *Perikles*. Fleay beschrieb seine Methode in ebendem Vortrag, den er auf der ersten denkwürdigen Versammlung hielt:

«Was ich verlange, sind Tatsachen... Allein Tatsachen braucht man im Leben... In diesem Leben brauchen wir nur Tatsachen, Sir; nichts als Tatsachen!»[11]

Tatsächlich sind dies die Worte von Thomas Gradgrind im ersten Kapitel von Charles Dickens' Roman *Hard Times*, nicht die Worte von Frederick Fleay im ersten Kapitel der *New Shakespeare Society Transactions* 20 Jahre später. Fleays wirkliche Worte lauteten:

«...unsere Analyse, die bislang eine qualitative gewesen ist, muß quantitativ werden; wir müssen aufhören, empirisch vorzugehen, und wissenschaftlich werden. In der Kritik wie in anderen Dingen ist der Test, der zwischen Wissenschaft und Empirik unterscheidet, der folgende: ‹Kann man nicht nur von welcher Art sagen, sondern auch wieviel? Wenn man die Ergebnisse nicht wiegen, messen, zählen kann, dann kann man die anderen nicht zu überzeugen hoffen oder die Stellung eines Forschers beanspruchen, man ist lediglich ein Ratender...›»[12]

Die Methode der New Shakespeare Society sollte wissenschaftlich sein, die Schlußfolgerungen jedoch sittlichen Geboten Genüge tun. «Will man Shakespeare richtig verstehen», empfahl Matthew Arnold, «ist der Punkt, den es zu fassen gilt, die hohe Sittlichkeit Shakespeares.»[13] Obgleich die Einzelheiten noch fehlten, war es Furnivall klar, daß die Chronologie der Shakespeareschen Dramen den Entwicklungsgang des Autors zeigen würde:

«...vom Spaß und Wortspiel, der Leichtigkeit und Liebe der Komödien seiner Jugend, über den Patriotismus (immer noch mit bedeutungsvollerer Komödie) der Historien der mittleren Jahre bis hin zu den großen Tragödien seiner späten Jahre, die die tiefsten Fragen des Menschen behandeln, und dann schließlich wieder zum friedlichen und ruhigen häuslichen Leben des Dichters in Stratford, wo er mit seinem Prospero und mit Miranda endet, wo Leontes in Hermione und Perdita seine Frau und Tochter wiederfindet, die in unserer Vorstellung das Stratford seiner frühen wie seiner späten Tage wieder zum Leben erwecken. Und die Töchter, die er dort sah, die süßen englischen Jungfern, die hübschen ländlichen Szenen um ihn herum gehen gleichsam noch einmal in seine Schauspiele ein.»[14]

Die New Shakespeare Society bot den Viktorianern einen Shakespeare, dessen Evolution mit wissenschaftlicher Präzision gemessen werden konnte, eine Evolution, die den viktorianischen Glauben an Fortschritt bestätigte, einen Fortschritt, der in einer Affirmation eines väterlichen, ländlichen ‹häuslichen Lebens› gipfelte.

Dieses viktorianische Bild eines entstehenden Shakespeares war selbst eine voraussagbare Phase in der Evolution der Shakespeare-Rezeption. Von der Restauration bis zu den Romantikern war die Bewegung der Shakespearotik weitgehend vertikal verlaufen; die Kritiker hoben sein Werk in immer größere Höhen. Im späten 18. Jahrhundert konsolidierte sich seine Vorherrschaft; potentielle Herausforderer wurden besiegt oder zumindest unschädlich gemacht. Doch nach dem übertriebenen Lob von Coleridge & Co. hatte die vertikale Evolution ihre Grenzen erreicht. 1825 konnte Thomas Lovell Beddoes ohne Peinlichkeitsgefühle von den «süßesten Minuten des Jahres, die den Menschen zu Gott machen und einen Gott – Shakespeare - schaffen» schreiben; 1840 beschrieb Thomas Carlyle Shakespeare als einen «Propheten» und «Priester der Menschheit», einen «vom Himmel gesandten Boten des Lichts», der «eine Art universellen Psalm» komponiert hat, als den «noch wohlklingenderen Priester eines wahrhaftigen Katholizismus, der ‹universellen Kirche› der Zukunft und aller Zeiten». Noch höher kann ein literarischer Name kaum steigen. «Die Bibel und Shakespeare» wurden, wie Arnold bezeugte, in der viktorianischen Epoche selbstverständlich im gleichen Atemzug genannt und «jedem Engländer als Gegenstand der Bewunderung auferlegt»[15]. Und wie Arnold erkannte, machte der naturwissenschaftliche Anschlag auf die Religion Literatur vielleicht zu einem sichereren Idol für die moderne Gesellschaft.

Das Wachsen seines Ruhms in ganz Europa bestätigte geradezu diese englische Einschätzung der Bedeutung Shakespeares. So konnte Carlyle ohne Übertreibung sagen: «Die besten kritischen Urteile nicht allein dieses Landes, sondern ganz Europas führen langsam zu der Schlußfolgerung, daß Shakespeare bislang der größte aller Dichter ist, der größte Intellekt, der in unserer Welt, soweit sie überliefert ist, in Form von Literatur ein Zeugnis von sich gelassen hat.» Schon vor dem Ende des 18. Jahrhunderts hatte Shakespeare Deutschland erobert; in der Epoche, die «Deutschland ist Hamlet» verkündete, ist es kein Wunder, daß Brahms und Schubert Lieder aus den Dramen vertonten, daß Hegel von dem «unendlichen Atem seiner Weltbühne» schrieb oder daß Heine bekräftigte: «Obwohl Gott den ersten Platz in der Schöpfung in Anspruch nimmt, ist Shakespeare danach der nächste.» Doch auch der größte russische Dichter des 19. Jahrhunderts (Puschkin) pries und imitierte Shakespeare, und der größte russische Dramatiker des 19. Jahrhunderts (Ostrowski) adaptierte und übersetzte ihn. Shakespeare inspirierte sinfonische Fantasien, Ouvertüren und Bühnenmusik des größten russischen Komponisten des 19. Jahrhunderts (Tschaikowski). In einem berühmten Vortrag bezeichnete Turgenew 1860 Hamlet und Don Quijote als exemplarische Verkörperungen der «Zwei ewigen menschlichen Typen», des Skeptikers und des Idealisten; in Dostojewskis Romanen zitieren und diskutieren gewöhnliche Russen den Dichter Shakespeare, und der Autor selbst bejahte die »Universalität, die allumfassende, unerkundete Tiefe der Menschentypen der Welt, die zu der arischen Rasse gehören, wie Shakespeare sie schuf»[16]. Ähnliche Belege für Shakespeares Ruhm lassen sich für jedes Land in Europa zitieren. 1858 komponierte der Ungar Liszt eine sinfonische Dichtung zu *Hamlet*, zwischen 1847 und 1893 komponierte der Italiener Verdi Opern nach *Macbeth, Othello* und *Die lustigen Weiber von Windsor*. In den Jahren 1875 bis 1877 wurden die gesammelten Werke ins Polnische übersetzt, 1895/96 brachte der dänische Kritiker Georg Brandes eine einflußreiche dreibändige Biographie von Shakespeare heraus.

Selbst die Franzosen erlagen Shakespeare zu guter Letzt. Stendhals *Racine et Shakespeare* erschien 1823 und 1825 in einer erweiterten Ausgabe. Darin pries er nicht nur einzelne Stücke («Shakespeares *Macbeth* ist eines der Meisterwerke des menschlichen Geistes»[17]), sondern verfocht die These, daß Shakespeare für die zeitgenössischen französischen Dramatiker ein wichtigeres Vorbild war als Racine. Stendhals kontroverser Streitschrift folgte 1827 das Manifest des französischen *romantisme*, Hugos epochemachendes Vorwort zu Cromwell (1827), das «Shakespeare» mit «drame» gleichsetzte. 1839 beschrieb Alexandre Dumas Shakespeare als den «Künstler, der nach Gott am meisten erschuf». Im selben Jahr hörte Paris eine Chorsinfonie von Berlioz nach *Romeo et Juliette*. 1862 komponierte Berlioz das letzte seiner vielen von Shakespeare inspirierten Werke, eine komische Oper über *Béatrice et Bénédict*, 1868 komponierte Ambroise Thomas eine tragische Oper über *Hamlet*. Shakespeare war Gegenstand schmeichelhafter Bücher von Hugo (1864) und Lamartine (1865); Hamlet wurde von Degas gemalt und von Laforgue in Verse gesetzt.

In diesem kulturellen Umfeld war Shakespeares herausragende Stellung kein Diskussionsthema mehr, sie wurde schlicht vorausgesetzt. Entsprechend drehte sich die zentrale Bewegung der Shakespearotik jetzt in die laterale Dimension: Shakespeares Einfluß wurde – in geographischer wie gesellschaftlicher Hinsicht – breiter. Was bis jetzt der Fluß seines Namens gewesen war, wurde jetzt «das Meer Shakespeares»[18], das Meer, das Britannien umfloß und Gestalt gab. Er gewann in weiteren kulturellen Bereichen Bedeutung und wurde zum Gegenstand von weiteren Formen kultureller Aktivität. Wie Großbritannien selbst trat Shakespeares Name in eine Epoche der Expansion und mannigfaltigen Veränderung ein.

Die Viktorianer interessierten sich für die Evolution der Shakespearotik. 1847 veröffentlichte Charles Knight die erste *History of Opinions on the Writings of Shakespeare*. Doch sie interessierten sich mehr noch für die Evolution von Shakespeare selbst. Wenn Shakespeare – wie jeder inzwischen bestätigte – ein Genie war, dann mußte er das Leben verstanden haben; folglich konnte jeder andere durch das Verstehen Shakespeares das Leben verstehen lernen. Aber den Reichtum der Shakespeareschen Lehre verstand man nur, wenn man seine Wörter, Sätze, Gedanken in die richtige zeitliche Reihenfolge brachte. Die Chronologie seines Werks lieferte die Syntax seiner Botschaft.

Furnivalls Interpretation dieser Syntax ging aufs 18. Jahrhundert zurück, aber ihre Evolution kennzeichnet erst die Philologie des 19. Jahrhunderts. Vereinzelte getrennte Beiträge fließen allmählich zu einem Hauptstrom zusammen, der mit wachsender Masse an Triebkraft gewinnt. Bereits 1756 hatte Richard Roderick die erste quantitative Analyse von Shakespeares Sprache unternommen. Dabei stellte er fest, daß in *Heinrich VIII.* außergewöhnlich viele Verse auf einer überflüssigen unbetonten Silbe enden und außergewöhnlich viele die Zäsur nach der siebten Silbe setzen – Befunde, die später die New Shakespeare Society und alle folgenden Forscher bestätigten.[19] Doch Roderick konnte seine Ergebnisse nicht auf die Chronologie von Shakespeares Werk beziehen, denn so etwas gab es 1756 noch nicht. Als Malone 1778 die erste solche Chronologie veröffentlichte, gründete er seine Überlegungen zum Teil auf eine numerische Beurteilung des Stils. Wie ein Jahrhundert später Fleay zählte er die Reime:

«Ihre Häufigkeit wird hier als ein Umstand hervorgehoben, der die frühesten Auftritte unseres Dichters treffend zu beschreiben und auszuzeichnen vermag... wann immer es zweifelhaft ist, welches von zwei Schauspielen vor dem anderen kam, bin ich geneigt zu glauben (in Ermangelung anderer Beweise), daß das Schauspiel, das die größere Zahl von Reimen aufweist, zuerst verfaßt wurde.»

Überwiegend auf der Grundlage der «vielen Reime, deren reichlich vorhanden sind», folgerte Malone falsch, daß *Liebes Leid und Lust* Shakespeares erstes Stück war.[20]

Was das numerische Vermessen des Stils betraf, so wurde bis zur viktorianischen Epoche kaum noch etwas Derartiges durchgeführt. Doch Malones Prototyp der Chronologie wurde zwischen 1778 und 1874 allmählich verbessert. Capells Chronologie erschien 1783, Malone überarbeitete seine eigene 1790, George Chalmers überarbeitete Malones 1801, Malones endgültige Version erschien 1821 postum. Neue Information, die die Datierung einzelner Dramen berührte, tauchte weiterhin aus der Versunkenheit auf. 1831 entdeckte John Payne Collier in einem frühen Manuskript aus dem Jahr 1602 einen Vermerk zu einer Aufführung von *Was ihr wollt.* 1832 entdeckte der Geistliche W. H. Black eine Darstellung von Aufführungen von *Macbeth, Das Wintermärchen* und *Cymbeline* im Jahr 1611. 1842 veröffentlichte Peter Cunningham Berichte aus Manuskripten von Aufführungen der Shakespeareschen Dramen am Hof in den Jahren 1604/05 und 1611/12, und 1865 entdeckte James Halliwell eine klare Anspielung auf *Julius Cäsar* aus dem Jahr 1601.[21] Die genauen Namen und Daten spielen hier keine Rolle; was hingegen eine Rolle spielt, ist die Anzahl der Namen und die stete Folge von Namen. Diese und andere Funde verbesserten die vorherigen chronologischen Szenarios; das unablässige Ticken der Entdeckungen bewies, daß im 19. Jahrhundert die Geheimnisse Shakespeares wie die Geheimnisse der Natur der unerbittlichen Energie und Findigkeit der Engländer nicht länger standzuhalten vermochten.

Der Zuwachs an Verbesserungen hinsichtlich der Chronologie, die der Zufall im Laufe vieler Jahrzehnte verschiedenen Forschern in die Hände spielte, brachte überdies die Stücke in eine Reihenfolge, die zum erstenmal eine narrative Kohärenz zu besitzen schien. Nach 1623 hatte man Shakespeares Dramen ein Jahrhundert lang in drei Gattungen aufgeteilt: in *Comedies, Histories, and Tragedies*, wie sie die erste Folio-Sammlung definierte. Die «Histories» folgten der Reihenfolge ihrer Herrscherfiguren, von *König Johann* bis *Heinrich VIII.*, die «Comedies» und «Tragedies» wurden – so schien es – beliebig gruppiert. 1725 verteilte Pope die Stücke auf vier Kategorien um, den ursprünglichen drei ähnlich, aber nicht gleich: *Comedies, History Plays* (darunter *König Lear*), *Tragedies from History* (die vier Römerdramen, *Timon* und *Macbeth*) und *Tragedies from Fable* (*Troilus, Cymbeline, Romeo und Julia, Hamlet* und *Othello*). Die Historien und Tragödien aus der Geschichte ordnete er in historischer Reihenfolge; für die Komödien folgte er der zufälligen Anordnung des Folios, außer daß er *Ein Sommernachtstraum* auf ein anderes «Zauber»-Stück folgen ließ, auf den *Sturm*, der an erster Stelle kam. Popes Anordnung überdauerte die meisten Editionen des 18. Jahrhunderts, aber sie war kaum befriedigender als das ursprüngliche Schema.

Auch die ersten Chronologisierungsversuche waren das nicht. Zunächst steckten die chronologischen Listen in den Einleitungen; bis 1821 hatten sie keinerlei Auswirkung auf die tatsächliche Anordnung der Dramen in den Ausgaben. Zum zweiten vermitteln die rudimentären frühen Chronologien nur ein schwaches Bild von einer Entwicklung. Keats mochte davon überzeugt sein, daß Shakespeare «ein Leben der Allegorie» führte, «seine Werke sind die Anmerkungen dazu –»[22], aber die Fabel dieser «steten Allegorie» war schwer auszumachen in Chronologien, die *Das Wintermärchen* zu Shakespeares frühen Stücken zählte und *Der Widerspenstigen Zähmung* zu den späten. Kritiker wie Keats und Hunt mochten in einzelnen Dramen wie *Hamlet* oder *Was ihr wollt* eine persönliche Bedeutung sehen; aber solche vereinzelten Erläuterungen gaben der Reihenfolge insgesamt keine sinnvolle Form.

Coleridge versuchte in der Tat, in der Chronologie der Shakespeare-Dramen ein künstlerisches und biographisches Muster zu finden; aber damit verwarf er schlicht die philologischen Funde und ordnete die Dramen so, wie es ihm gerade paßte. Dieses Verfahren rechtfertigte er mit seiner explizit bekundeten Verachtung für «den irreführenden und unbefriedigenden Charakter... äußerlicher Zeugnisse»[23]. Diese Geringschätzung der Fakten würde wahrscheinlich andere kaum überzeugen, und tatsächlich lassen Coleridges eigene Meinungsänderungen darauf schließen, daß auch er jeweils nicht sehr lange davon überzeugt war. Müßig-geschäftig bastelte er Theorien, bevor ausreichend zuverlässige Daten vorlagen. Spätere Theoretiker waren nicht schlauer als Coleridge, aber sie verfügten über bessere Datengrundlagen und respektierten sie mehr. Zum Beispiel ergab Malones Entdeckung der nautischen Quellen vom *Sturm* 1808, daß das Stück sehr spät in Shakespeares Laufbahn entstanden sein mußte, und 1821 setzte er es an die letzte Stelle. *Was ihr wollt* war der andere Kandidat für diesen letzten Platz gewesen, aber Collier entdeckte eine Darstellung in einem elisabethanischen Manuskript, die das Stück mit Bestimmtheit in die Mitte der Chronologie rückte. Malones und Colliers unabhängige dokumentarische Entdeckungen legten das Fundament für folgende, 1838 erstmals geäußerte Mutmaßung:

«Als sei er sich bewußt, daß [*Der Sturm*] sein letztes [*Werk*] sein würde, und als sei er dazu inspiriert, sich selbst zu verkörpern, machte Shakespeare seinen Helden zu einem natürlichen, würdevollen und gütigen Zauberer, der aus der unermeßlichen Tiefe Geister hervorzaubern konnte und mit scheinbar natürlichen und einfachen Mitteln einer übernatürlichen Kraft gebieten konnte. ... Shakespeare selbst ist Prospero, oder besser der höhere Geist, der Prospero wie auch Ariel gebietet. Aber die Zeit nahte, da der mächtige Magier seine untergebenen Geister entlassen und sein Bleigewicht im Meer versenken sollte – Tiefer als je das Lot fiel.»[24]

Thomas Campbell, der erste Vertreter dieser einleuchtenden Hypothese, konnte es als Dichter und Kritiker nicht mit Coleridge aufnehmen, vermochte jedoch vom späteren, größeren, neuen und verbesserten viktorianischen Verständnis der Fakten zu profitieren.

So wie *Der Sturm* sich allmählich an den Höhepunkt und das Ende des Shakespeareschen Lebenswerks setzte, so fanden andere Elemente des Kanons langsam in eigenen Nebenhandlungen ihren Platz. Fast alle englischen Historiendramen gehörten zum Beispiel offenbar in die 90er Jahre des 16. Jahrhunderts. Die einzige ernst zu nehmende Ausnahme bildete *Heinrich VIII.*, das – wie Capell wußte und Malone widerstrebend erkannte – ins 17. Jahrhundert gehören mußte. Aber diese Ausnahme fiel durch Zufall weg, als nämlich James Spedding 1850 die Welt fragte: «Wer schrieb *Heinrich VIII.*?» und selbst darauf antwortete:« John Fletcher» (mit ein bißchen Hilfe von Shakespeare).[25] Speddings Schlußfolgerung basierte auf der rechnerisch überzeugendsten und systematischsten Analyse von Shakespeares Stil, die je unternommen worden war; sie erklärte viele der metrischen Eigenheiten, die Roderick ein Jahrhundert zuvor entdeckt hatte, lieferte das Vorbild für die späteren Untersuchungen der New Shakespeare Society und ist seitdem von einem großen Teil der Forschung bestätigt worden. Aber sie bewirkte auch, daß *Heinrich VIII.* von der Namenliste der von Shakespeare allein entworfenen und verfaßten Historien gestrichen wurde. Die Dramen, die all diese Kriterien erfüllten, gehörten, so weit die Viktorianer absehen konnten, alle in einige wenige Jahre vor 1600. Diese Konzentration war noch bemerkenswerter, wenn man die drei Dramen über Heinrich VI. außen vor ließ. Malone zufolge hatte Shakespeare diesen, ursprünglich von anderen geschriebenen Dramen nur den letzten Schliff verpaßt. Die Daten hatten sich zu einem Muster zusammengefügt, das Furnivall durchaus plausibel als den «Patriotismus... der Historien der mittleren Jahre» bezeichnen konnte.

Die Tragödien durchliefen eine ähnliche Evolution. Sowohl Capell als auch Malone vermuteten ursprünglich eine 1607 einsetzende Folge von fünf oder sechs Tragödien, teilweise aus dem Gefühl heraus, daß alle Dramen, die sich auf Plutarchs *Große Griechen und Römer* stützten, ungefähr zur gleichen Zeit entstanden sein mußten. Etwas von dieser Tragödienkette blieb in allen chronologischen Entwürfen erhalten und führte zwangsläufig zu Henry Hallams 1839 erstmals veröffentlichten Vermutung, daß

«...es eine Phase in Shakespeares Leben gegeben haben muß, da sein Herz unruhig und mit der Welt oder seinem eigenen Gewissen unzufrieden war: Die Erinnerung an vergeudete Stunden, das Gefühl der Zuneigung, auf die Falsche gerichtet oder unerwidert, die Erfahrung der schlechteren Seite der menschlichen Natur, die der Verkehr mit schlecht ausgewählten Gefährten, durch eigene Wahl oder die Umstände, besonders lehrt; – dies scheint, da es in die Tiefen seines großen Geistes sank, ihn nicht nur zur Schöpfung von *Lear* und *Timon* inspiriert zu haben, sondern zu der einer wichtigen Figur, des Zensors der Menschheit... Diese Stücke gehören alle in die gleiche Zeit.»[26]

Doch obgleich diese Sequenz der Tragödien zu biographischer Spekulation verführte, ließ sie sich zunächst nicht leicht zum Rest der Shakespeareschen Laufbahn in Beziehung setzen. Die späten Tragödien waren weit von dem Ende der Historien-Sequenz entfernt und noch weiter von Shakespeares berühmtester Tragödie, *Hamlet* (anfänglich von Malone und Chalmers auf 1596/97 datiert). Aber 1821 war Malone schließlich zu der – seitdem fast allgemein akzeptierten – Ansicht gelangt, daß Shakespeares *Hamlet* an den Anfang des 17. Jahrhunderts gehört und daß frühere Erwähnungen sich auf ein verschollenes Stück gleichen Themas beziehen. Funde von Cunningham (1842) und Halliwell (1865) drängten *Othello* ins Jahr 1604 und *Julius Cäsar* auf vor 1601 zurück. Die tragische Serie blieb so erhalten, aber einfach entlang der zeitlichen Linie der künstlerischen Entwicklung Shakespeares zurückverschoben.

Mit dieser Verlagerung der Stellung der Tragödien hatten sich Shakespeares Dramen schließlich im chronologischen Spektrum auf vier Gruppen verteilt. Eine frühe, von Komödien-Experimenten bestimmte Phase führte zu einer Epoche der Historien und reifen Komödien, dann zu einer Kette von Tragödien, die einer anderen Form wichen, die noch keinen Namen hatte und die *Der Sturm* beispielhaft kennzeichnete.

Diese andere Form wurde nach Edwad Dowden benannt, einem Dozenten am Trinity College in Dublin und passiven Mitglied der New Shakespeare Society von Beginn an. Dowden nannte Shakespeares letzte Dramen «Romanzen», und seitdem heißen sie bei fast allen so. In Anlehnung an ein Schema des deutschen Kommentators Georg Gervinus hatte Furnivall Shakespeares Produktion in vier Phasen unterteilt: In seiner populären *Shakespeare*-Fibel (1877) bezeichnete und beschrieb Dowden diese vier Phasen. Wenn wir den Erfolg am Einfluß messen, dann charakterisierte Dowden Shakespeares künstlerische und persönliche Evolution mit mehr Erfolg als jeder andere vor oder nach ihm.

Dowdens Gliederung läßt sich mit einer anderen vergleichen, die damals existierte, die er aber nicht benutzt hat. In einer seiner berühmtesten Reden hatte Shakespeare von den «seven ages» – den «sieben Altern»[27] – gesprochen, Dowden sprach in einigen seiner berühmtesten Sätze von den «vier Altern» Shakespeares. Die Differenz in der Rechnung resultiert teilweise aus dem, was Dowden subtrahierte. Dowden ließ Shakespeare «das Kind, / das in der Wärt'rin Armen greint und sprudelt», und Shakespeare, den «weinerlichen Bube[n...] mit Bündel», aus, und am Ende ließ er Shakespeares «zweite Kindheit, gänzliches vergessen, / ohn' Augen, ohn' Zahn, Geschmack und alles» weg. So beschränkte Dowden seine «seltsame, ereignisreiche Geschichte» auf Shakespeares vier mittlere Phasen – charakterisierte sie jedoch anders, als Shakespeare es getan hatte:

«*In der Werkstatt:* Shakespeare lernte sein dramatisches Handwerk... Die Werke der Jugend Shakespeares – Experimente in alle möglichen Richtungen – kennzeichnete all das Vorhandensein von Lebhaftigkeit, Schlauheit, Gefallen an Schönheit und ein aufgewecktes Vergnügen am Dasein.»[28]

Die Maler und Dichter des 18. Jahrhunderts hatten sich das Baby Shakespeare wie das Jesuskind vorgestellt: bereits von Göttlichkeit durchdrungen, da ihm die Drei Heiligen Könige Geschenke darbrachten und dralle Musen ihn säugten; für Dowden und seine Zeitgenossen aber war es offenkundig, daß Shakespeare «an Einsicht und Wissen» und «Selbstbeherrschung» von Jahr zu Jahr gewann.[29] Deshalb mußte er seinen Weg mit einer Phase der ‹Bildung› begonnen haben. Da man sich von diesem autodidaktischen Genius kaum vorstellen konnte, daß er seine Bildung ‹im Klassenzimmer› erworben hatte, mußte er sie bei der Arbeit gewonnen haben. Die Werkstatt war natürlich den viktorianischen Lesern als Institution bekannt. Sie mußten die Vorstellung interessant und reizvoll finden, daß Shakespeare sich wie jeder intelligente und ehrgeizige Bursche von unten nach oben gearbeitet hatte.

Shakespeare selbst jedoch verkörperte in seinem Katalog der sieben Alter die frühe Männlichkeit nicht durch einen Lehrling, der sein Handwerk erlernt; sein Sinnbild war «der Verliebte, der wie ein Ofen seufzt, mit Jammerlied / Auf seiner Liebsten Brau'n». Diese Beschreibung ist der Phase durchaus angemessen, die solche jugendlichen Erotika wie *Romeo und Julia, Ein Sommernachtstraum, Venus und Adonis* und andere frivole Komödien und Gedichte hervorbrachte, die Phase, in der Shakespeare jedes Stück mit Liebesszenen versah, die drei Stücke über Heinrich VI., *Richard III.* und *Titus Andronicus* eingeschlossen. Sie veranschaulichen die «Lebhaftigkeit, Schlauheit, den Gefallen an Schönheit», das «aufgeweckte Vergnügen am Dasein», das Dowden beschreibt – und auch die Ungeschicklichkeit und Prahlerei, die er nicht beschreibt, die aber für diese Dramen und die Phase der frühen Reife ebenso typisch sind. Und in diesem Alter der «Experimente in alle Richtungen», sowohl sexueller als auch intellektueller, geht der Gefallen an Schönheit einher mit einem ebenso amoralischen Gefallen an Potenz, dem Gefallen, das Richard III. hervorbrachte und Petruchio, dem Gefallen an dem, was die Virtuosität um seiner selbst willen feiert.

Auch Dowdens Sicht der zweiten Phase unterscheidet sich von Shakespeares eigener:

«*In der Welt:* Doch jetzt begann Shakespeares Einbildungskraft das wirkliche Leben zu erfassen; er begann die Welt und die Menschen in ihr zu verstehen; auf originelle und wirkungsvolle Weise begannen seine Schauspiele den Stoff der Geschichte zu behandeln... Während dieser Zeit wird Shakespeares Werk stark und kräftig.»[30]

Die Werkstatt, das Klassenzimmer, die Schlafkammer, das Sonett – dies sind wirkliche Orte, aber auch Einfriedungen, und an einem bestimmten Punkt muß die reife Männlichkeit ausbrechen und sich in die «Welt» hinauswagen. Dowden griff hier eine alte Geschichte auf. Doch für viktorianische Leser waren die Größe und der Druck dieser «Welt», die Chance und die Verpflichtung, ihr entgegenzutreten, dringlicher und greifbarer als je zuvor geworden: Die Eisenbahn, der Telegraph und das Dampfschiff wirkten zusammen, um alles, vom

Krieg mit China bis zur Bombardierung von Sansibar, dem Bewußtsein zugänglich zu machen und auf es einwirken zu lassen. Englische
Werkstätten lieferten Produkte in die ganze Welt und holten Rohstoffe
zurück; in einer Ära, die politisch und wirtschaftlich von der klassischen liberalen Doktrin des freien Handels beherrscht wurde, mußte
der englische Einfallsreichtum sich das eigene «in der Welt» sichern.
Wie der Raum, so explodierte auch die Zeit; die Geschichte – sowohl
die menschliche als auch die geologische – übte auf die Viktorianer eine
große Faszination aus. Die Crystal Palace-Ausstellung im Jahr 1851,
die häusliches Gerät aus vielen Orten und Zeiten zeigte, war Ausdruck
und gleichzeitig Motor für die allgemeine Beschäftigung mit Ort und
Zeit. Sie gab Großbritannien seinen Platz in der Welt, indem sie die
Welt nach Großbritannien brachte und dann Menschenmassen wie nie
zuvor, Hunderttausende von Briten, nach London brachte, um die
Ausstellung – und die Welt – zu sehen.

Auch Shakespeare war nach London gekommen, um die Welt zu
sehen, aber das hatte er anscheinend getan, bevor er Bühnenstücke zu
schreiben begann. Für Shakespeare personifizierte die zweite Phase
menschlicher Reife

> ... der Soldat
> Voll toller Flüch' und wie ein Pardel bärtig,
> Auf Ehre eifersüchtig, schnell zu Händeln
> Bis in die Mündung der Kanone suchend
> Die Seifenblase Ruhm.

Soldaten müssen sich in die Welt hinauswagen, und Shakespeares Bild
kann bis zu einem gewissen Maß Dowdens mit sich aufnehmen. Doch
für Shakespeare ist diese Phase eine kämpferische, territoriale und ehrgeizige. Es ist die Zeit im Leben eines Mannes, die wohl die kalkulierte
Erhöhung Bolingbrokes oder Prince Hals herbeiführt, die Shylock bewußt demütigt und Falstaff kaltblütig zurückweist oder den Imperialismus von Heinrich V. (und des Earl of Essex in Irland) zelebriert. Während der Phase, als diese Dramen entstanden, eroberte Shakespeares
ehrgeizige Theatertruppe die Stadt. Auf der Suche nach der «Seifenblase
Ruhm» schrieb Shakespeare selbst, was sich als das gewagteste Stück
seiner Laufbahn erweisen sollte, *Heinrich IV. Erster Teil* (wo er Sir John
Oldcastle in einen heuchlerischen Spaßmacher verwandelte), und mit
dem Rest der Truppe gab er, was sich als die gewagteste Vorstellung

seiner Laufbahn erweisen sollte: Am Vorabend des vom Earl of Essex inszenierten fehlschlagenden Aufstands gegen Königin Elisabeth brachte er *Richard II.* wieder auf die Bühne. In dieser Zeit schrieb Shakespeare weiterhin Komödien, genauso wie ein Soldat weiterhin dem Liebesleben frönt (oder sich das zumindest wünscht); der Charakter der Komödien aber wandelte sich. Typisch für *Viel Lärmen um Nichts* (wie auch für *Heinrich V.*) ist, daß die männlichen Liebenden Soldaten sind, die gerade einen erfolgreichen Kriegszug hinter sich haben, während in den *Lustigen Weibern von Windsor* und *Heinrich IV. Erster Teil* die amourösen Verwicklungen auf Nebenfiguren abgeschoben werden.

Aber an diesem Punkt hörte Shakespeare nicht auf. Und ebensowenig Dowden, der den dritten Lebensabschnitt durch die Formulierung «Ohne Boden unter den Füßen» versinnbildlicht sieht:

«Bevor [die zweite Phase] zu Ende ging, hatte Shakespeare Leid erfahren... der Autor verlor nun seinen Gefallen an Heiterkeit und Liebe, an Aufruhr und Bewegung der Liebe, am Pomp des Krieges; er mußte mit seiner Einbildungskraft den Tiefen des menschlichen Herzens auf den Grund gehen, die dunkelsten und traurigsten Bereiche des menschlichen Lebens erkunden, das große Geheimnis des Bösen erforschen... Shakespeares Genie verließ die helle Oberfläche der Welt und arbeitete genau im Herzen und Zentrum der Dinge.»

Shakespeares Erfahrung war inzwischen breit gefächert, jetzt sollte sie in die Tiefe gehen. In den Jahren zwischen Charles Baudelaires *Les fleurs du mal* (1857) und Joseph Conrads Befehl «Es gilt, in das zerstörerische Element einzutauchen» (1900), zwischen dem Tod von Edgar Allan Poe (1849) und dem Erscheinen von *Dr. Jekyll and Mr. Hyde* (1886) stellte sich Dowden einen Shakespeare vor, der eine Zeitlang im Banne der Dunkelheit stand. (Wer wußte, was unter den Fußbodendielen oder in den Kanalisationsschächten lauerte?) Aber wie die große Mehrzahl der Leser wollte Dowden keinen Shakespeare, der wie Poe oder Baudelaire oder Dr. Jekyll oder Lord Jim willentlich und absichtlich Verderbtheit und Schande erforschte; und wenn Shakespeare nicht von selbst in den Pfuhl sprang, dann mußte jemand ihn gestoßen haben. So fragte Carlyle: «Wie kann ein Mann einen Hamlet, einen Coriolan, einen Macbeth zeichnen, so viele leidende heroische Herzen, wenn sein eigenes heroisches Herz nie Leid erfuhr?»[31] Entsprechend sah sich Dowden gezwungen, ein gewisses Maß an Leiden anzunehmen, das Shakespeare in eine ungesunde Morbidität niedersteigen ließ. Viele spätere Kritiker haben diesen emotionalen, alles erklärbar findenden *deus ex machina* verurteilt; Dowdens untypischstes Manöver wurde für sie sein charakteristisches Merkmal, es wurde sein bekanntester Beitrag zur Kritik. Für den Beginn der anderen Lebensabschnitte nahm Dowden keine solche Katastrophe in Anspruch, er läßt sie statt dessen unmerklich ineinander übergleiten. Er brauchte keine solche Erklärung, aber wollte eine brauchen, so daß er Shakespeare dafür entschuldigen konnte, daß dieser an bestimmten Erfahrungen teilhatte, die sittlich betrachtet abstoßend, aber trotzdem für die Ganzheit seiner künstlerischen Leistung notwendig waren. Dowdens Entschuldigung machte Shakespeares dritte Phase den viktorianischen Lesern schmackhafter, auf moderne Leser wirkt sie in der Tat glaubhafter ohne Dowdens Entschuldigung. Ein Shakespeare, den die Umstände traurig machen, erscheint uns willkürlich und sentimental; ein Shakespeare, der seine Hand bewußt in das Erbrochene hält und dann an seinem Zeigefinger leckt, wäre im Gegensatz dazu eine ekelhaft-interessante Figur.

Bei Shakespeare selbst wurde die dritte Phase des Erwachsenseins durch einen Connaisseur des Verbrechens personifiziert. Doch Shakespeares Figur schaut nicht aus den Tiefen hinauf, sondern betrachtet sie von oben. Anstelle sich auf den Verbrecher oder das Opfer, die Anklage oder die Verteidigung zu konzentrieren, wählt er den

> ... Richter,
> In rundem Bauche, mit Kapaun gestopft,
> Mit strengem Blick und regelrechtem Bart,
> Voll weiser Sprüch' und weisester Exempel.

In mittlerem Alter, mit einer Wampe, förmlich, wachsam, streng, sein Kopf eine Fundgrube alter Grundsätze und zeitgenössischer Parallelen, sitzt Shakespeares Richter einem endlosen täglichen Ritual von Tragödien und Komödien vor, stellt sicher, daß die Regeln des Rituals befolgt werden, unterweist die Geschworenen. Solch ein Mann könnte Shakespeares reife Tragödien oder *Maß für Maß* oder *Troilus und Cressida* geschrieben haben. Er braucht nicht selbst Leid erfahren zu haben, braucht sich keine Armut zurechtzuschustern; er ist tatsächlich, was Shakespeare zu Beginn des 17. Jahrhunderts gewesen zu sein scheint: angesehen, mit einem anständigen Beruf und finanziell abgesichert. Er erwirbt Grundbesitz, erzwingt die Zahlung von Schulden, bekommt ein sichtbar wohlgenährtes Gesicht, sichert sich ein Familienwappen, wird königlicher Kammerdiener.

Doch ein Lebensabschnitt steht noch aus. Dowden sieht Shakespeare am Ende

«Auf der Höhe. Was immer seine Prüfungen, Leiden und Fehler gewesen sein mögen, er war daraus weise, mit großem Herzen und ruhiger Seele hervorgegangen. Er scheint das Geheimnis des Lebens erlernt zu haben, und während er sich seinen Teil daran nahm, gleichzeitig davon gelöst gewesen zu sein: Mit ernster Sanftheit, beinahe mit Mitleid schaut er auf das Leben nieder, seine Freuden, Fehler und seinen Kummer. Der Geist dieser letzten Schauspiele ist einer der Heiterkeit, die aus der Stärke kommt und dem Wissen um die menschliche Schwachheit... In diesen ‹Romanzen›... ist ein übernatürliches Element gegenwärtig... Shakespeares Glaube war offenbar, daß es jenseits und außerhalb des Lebens von uns Menschen etwas gibt, von dem wir wenig wissen, von dem wir jedoch wissen, daß es gütig und göttlich ist.»[32]

Von einem Zentrum aus, das durch die Werkstatt definiert wurde, strebt dieser Shakespeare nach außen, dann nach unten und schließlich nach oben. Diese dreidimensionale Fabel läßt ihn das Ganze des geistigen Raums meistern. Er endet mit einer positiven vertikalen Bewegung (einer «reinen und heiteren Erhebung»). Dowdens Shakespeare erlangt zuletzt einen visionären Glauben – keinen doktrinen oder theologischen, aber dennoch unverkennbar religiösen –, und religiös in einem so vagen Sinn, daß die Naturwissenschaft ihn nie gefährden konnte.

Shakespeare sah diesen Lebensabschnitt weniger optimistisch, erbarmungslos materieller:

> Das sechste Alter
> Macht den besockten hagern Pantalon,
> Brill' auf der Nase, Beutel an der Seite;
> Die jugendliche Hose, wohl geschont,
> 'ne Welt zu weit für die verschrumpften Lenden;
> Die tiefe Männerstimme, umgewandelt
> Zum kindischen Diskante, pfeift und quäkt
> In feinem Ton.

Sehkraft und Stimme haben nachgelassen, der Körper ist geschrumpft, die Welt ist zu weit geworden. In dieser Zeit gab Shakespeare offenbar die Schauspielerei auf, schrieb weniger Stücke, gab schließlich auch das Schreiben von Bühnenstücken ganz auf. Aber mit seinen Pantoffeln und dem prallen Geldbeutel war er finanziell ohne Sorgen und entsprechend von materieller, tröstender Behaglichkeit umgeben. Die Stücke, die er schrieb, spendeten Trost. Wie die Stimme zurück in die Kindheit gleitet, so verweilten seine Gedanken immer mehr in der Vergangenheit. Absichtlich belebt Shakespeare altmodische Theaterformen und Handlungsmuster wieder, verwendet seine eigenen Figuren und Themen noch einmal, erzählt die Geschichte alter Männer (Perikles, Leontes, Prospero), die von der Vergangenheit fast überwältigt werden.

Shakespeares Gliederung des Lebens eines Mannes in sieben Alter war nicht originell, und da er die Passage mit Mitte 30 schrieb, kann er sie nicht als umfassenden Rückblick auf sein eigenes Leben gemeint haben. Überdies spricht hier ein bewußt satirischer Beobachter, der die Torheit und Schwachheit des Menschen in jeder Phase des Lebens betont. Die Bekanntheit der siebenfachen Gliederung hätte dem größten Teil des shakespeareschen Publikums Jacques' besondere Einfärbung des bekannten Musters vor Augen geführt. Er hätte von uns erwarten können, daß wir jede Personifikation als repräsentative Figur verstanden, Jacques' Zynismus hingegen bis zu einem gewissen Grad in die Rechnung einbeziehen würden. Shakespeare wollte nicht implizieren – und auch ich will das nicht –, daß Jacques das menschliche Leben im allgemeinen oder Shakespeares im besonderen vollkommen richtig oder vollkommen beschreibt. Aber Shakespeares Erzählung hebt über diesen Gegensatz die ganz andere ideologische Perspektive Dowdens hervor.

In Dowdens Darstellung übertrifft jede Epoche die vorherige an geistigem Wert: Shakespeare entwickelt sich von einfacher Virtuosität zu säkularer Weisheit, von Weltlichkeit zu tiefen Gedanken über die Moral, von der Philosophie zum Glauben. «Die ganze Welt ist Bühne», heißt es bei Shakespeare, und «Sein Leben lang spielt einer manche Rollen»: Die Lebensabschnitte sind einfach Rollen. Shakespeare war Schauspieler und beschrieb das Leben eines Mannes in den Begriffen eines Schauspielerlebens. An einem Ende seiner Karriere mag es für einen Schauspieler natürlich sein, jugendliche Liebhaber, am anderen Ende natürlicher, alternde Possenreißer zu spielen. Zu einer bestimmten Zeit mag er für beide Rollen gleich gut geeignet sein, und beide mögen für die Theatertruppe gleich nützlich sein. Zu Beginn seiner dichterischen Laufbahn schrieb Shakespeare *Richard III., Ein Sommernachtstraum, Romeo und Julia*, junge Stücke, die er in gewissem Sinn niemals mehr übertraf; gegen Ende schrieb er *Cymbeline* und den *Sturm*, alte Stücke, ebenso unübertroffen, aber raffinierter, weniger spontan, schwieriger, fast privat.

Als Shakespeare das menschliche Leben in sieben Alter unterteilte, griff er auf die Kosmologie seiner Zeit zurück; die sieben Alter standen in bezug zu dem, was die Astronomie als die «sieben Planeten» kannte (Mond, Merkur, Venus, Mars, Sonne, Jupiter und Saturn). Dowdens Gliederung der Shakespeareschen Laufbahn greift in der gleichen Weise auf die Naturwissenschaften seiner Zeit zurück. Für Dowden hatte die moderne Naturwissenschaft belegt, daß «das ganze Universum stets in einem Prozeß des *Werdens* begriffen» war.[33] Entsprechend basierte Wissen auf dem Verstehen der Gesetze eines Prozesses. In einer einführenden Vorlesung über den «Literaturunterricht» sagte er den Studenten, sie müßten, um ein literarisches Meisterwerk zu würdigen, «nicht nur wissen, *was* gesagt wird, sondern auch *wie es zu dem wurde, was es ist*».[34] Das Studium des Werks eines Autors müsse auf der «wissenschaftlichen Doktrin der Entwicklung des Selbsts» gründen.[35]

Ganz so, wie Dowden Shakespeares Laufbahn in Phasen gliederte, gliederte er die Literatur in «Epochen», die er typischerweise im Sinne von den «größeren geologischen Epochen»[36] der Erdgeschichte beschrieb. In der Diskussion der literarischen Folgen der Französischen Revolution zum Beispiel übernahm er Cuviers Katastrophen-Bildlichkeit; er bemerkte, daß «solche Epochen der Überschwemmungen und Feuer selten vorübergehen, ohne alte Schichten zu verschieben und eine neue zu produzieren, aus der nach gewisser Zeit bislang unbekannte Blüten und Früchte entspringen werden»[37]. In einem Zeitschriftenaufsatz kam er zu dem Schluß, daß eine entscheidende Folge des wissenschaftlichen Fortschritts die Erkenntnis «alles menschliche Wissen ist relativ» war, was für einen Literaturstudenten bedeutete: «Heute sind wir mehr als je zuvor von der Vorstellung durchdrungen, daß das Denken, das Fühlen und die Taten einer jeden Epoche der Geschichte erst durch einen besonderen Bezug auf diese Epoche verständlich werden.»[38] Entsprechend müssen wir uns der Vergangenheit gleich «wissenschaftlichen Beobachtern» annähern. Coleridge hatte Shakespeares Werke als «organisch» bezeichnet; Dowden erkannte in der Folge Darwins: «Damit ein Organismus – eine Pflanze oder ein Tier – überhaupt existieren kann, muß ein gewisser Austausch zwischen dem Organismus und seiner Umgebung vorhanden sein.» Jede Epoche begünstigt andere Formen von Organismen. Wenn wir Shakespeares Texte genau untersuchen, dann sehen wir, daß «die Gesetze [ihrer] Entwicklung» bestimmt sind von der «Natur des Mannes und [der] Natur seiner Umgebung»[39]. Die Natur jedes Werks hängt von zwei Faktoren ab, die es zu erkennen gilt: die Epoche der Literaturgeschichte, zu der sein Autor gehört, und die Epoche der Geschichte des Autors, zu der das Werk zählt.

Dowden akzeptierte nicht nur die Implikationen, die sich aus dem neuen Verständnis der Evolution und Umgebung für die Literatur ergaben, er akzeptierte auch den Wert der Tatsachen. Literatur verdient unsere Aufmerksamkeit, weil sie bestimmte Tatsachen offenbart. «Ein großer Dichter ist groß... weil er die wichtigen Tatsachen der Welt so klar gesehen hat...»[40] Ein so definierter großer Dichter unterscheidet sich kaum von einem großen Naturwissenschaftler; Arnold kann «Shakespeare und Newton» ohne das Gefühl eines Mißverhältnisses zusammenbringen.[41] Dowdens Shakespeare akzeptierte «die Logik der Thatsachen», und er besaß ein «festes Gefühl für die concrete Thatsache». «Concrete sittliche Thatsachen konnte er sehr klar auffassen»; und: «Die blosse Thatsache genügt ohne irgend welche Theorie über diese Thatsache.»

Doch Shakespeares «standhafte Treue gegenüber dem Thatsächlichen»[42] ließ sich nicht isoliert von seinem Umfeld verstehen. «Das beherrschende Merkmal der elisabethanischen Zeit war», wie «wissenschaftliche Beobachter» feststellen werden, die Shakespeares eigene Epoche betrachten, «ein festes Gefühl für die concrete Thatsache»[43]. Die elisabethanischen Dramatiker kennzeichnete ihre «Fähigkeit, Thatsachen wahrzunehmen, sich ihrer zu erfreuen und zu reproduzieren, und Thatsachen von einer so großen Vielfalt von Thatsachen wie möglich... Die Thatsachen waren die der menschlichen Leidenschaft und des menschlichen Tuns.» Die lange Herrschaft von Elisabeth I. war gleich der langen Herrschaft Viktorias eine Epoche der Tatsachen. «In dieser besonderen Umgebung also konnte Shakespeare vorwärtskommen, in ihr entfalteten sich seine Knospen, in ihr trug er Früchte.»[44] Dowdens evolutionäres Bild der Literatur entspricht Darwins Bild des Lebens, und beide gehören zum beherrschenden viktorianischen Bild der Gesellschaft. Dowden verurteilt Shelley und die Französische Revolution und stellt ihrer «revolutionären» Fortschrittsidee eine «wissenschaftliche» entgegen:

«Keine wahre Reformation geschah je plötzlich; deshalb lassen Sie uns uns langsam erneuern wie die Natur und die Zeit... Es ist ‹von Fall zu Fall›, daß ‹die Freiheit sich langsam verbreitet›, nicht durch die ‹maßlosen Ausbrüche der roten Torenwut der Seine›. Das Entstehen des Charakters des Einzelnen, das Entstehen des nationalen Wohlergehens, die Entwicklung der ganzen menschlichen Rasse aus der Tierheit und primitiven Barbarei – all das muß, will es standhaft und richtig sein, langsam und allmählich [‹gradual›] geschehen... Lassen Sie die Wissenschaft mehr und mehr wachsen, politische Organisationen sich vorsichtig ergänzen und verbessern [‹improved›], lassen Sie den Menschen mit Selbstachtung [‹self-reverence›] vorwärts streben, mit Selbstkenntnis [‹self-knowledge›], Selbstbeherrschung [‹self-control›], und so wird von Jahrzehnt zu Jahrzehnt, von Jahrhundert zu Jahrhundert das ‹eine ferne göttliche Ereignis, dem die ganze Schöpfung entgegenstrebt›, näher kommen.»[45]

Bemerkenswerterweise zitiert Dowden bei seiner Beschreibung dieser wissenschaftlichen Vorstellung eines langsamen und allmählichen Fortschritts die Viktorianer Alfred Tennyson und George Eliot, Vertreter einer «antirevolutionären» Kunst, der er Beifall zollt. Keine Shakespeare-Zitate kommen ihm in den Sinn. Bei Shakespeare selbst kommen die von Dowden in diesem Zusammenhang benutzten Wörter «develop», «development», «emerge», «emergence», «evolve», «evolution», «gradual», «improvement», «self-improvement», «self-reverence», «self-knowledge», «self-control» oder «scientific» überhaupt nicht vor. Für Shakespeare bedeutete «invention» «Störung» oder «Unruhe», «progress» bedeutete ganz neutral und allgemein eine «vorwärtsgerichtete Bewegung» oder spezifischer die «Staatsreise eines Monarchen» – und «fact» bedeutete «Verbrechen».

... in dem unser Held die Universität besucht

Nach seinen eigenen Maßstäben können wir Dowdens Shakespeare-Bild erst dann wirklich würdigen, wenn wir das Umfeld verstehen, das es hervorbrachte. Wenn Dowden in seiner Hymne auf den wissenschaftlichen Fortschritt die Ansicht vertritt, politische Organisationen seien «sorgfältig» zu «ergänzen und verbessern», dann hören wir daraus einen anglo-irischen Protestanten in den 70er Jahren des 19. Jahrhunderts, einen Dozenten am protestantischen College Dublin, den Sohn eines Kaufmanns und Grundbesitzers, den Bruder eines anglikanischen Bischofs, der die revolutionäre Gewalt der katholischen irischen Unabhängigkeitsbewegung zu entschärfen sucht. Dowdens Kommentar gehört in ein Jahrzehnt, das die anglikanische Kirche in Irland entstaatlichte (1869), die Irish Land Act verabschiedete (1870) und – beinahe – das irische Bildungswesen reformierte (1873).

Auch wenn sich dadurch vielleicht die Genese seines Denkens besser verstehen läßt, vermag doch Dowdens besonderer geistiger Hintergrund nicht seinen Einfluß zu erklären. Seine Leserschaft beschränkte sich nicht auf ein paar militante anglo-irische Intellektuelle. *Shakspere: A Critical Study of His Mind and Art* ging in der Zeit zwischen 1875 und 1901 durch zwölf britische Auflagen und ist noch immer in Druck. Dowden sprach die viktorianische Öffentlichkeit an, weil seine Literaturwissenschaft eine gemeinsame gesellschaftliche Erfahrung spiegelte, die auch seine Leser berührte. Wohin sie auch schauten, sahen Dowden und seine Zeitgenossen allmählichen Wandel, Evolution zum Besseren, Fortschritt.

Die gesellschaftlichen Prozesse, die das viktorianische Denken prägten, werden veranschaulicht durch die Manufaktur und den Handel mit Druckerzeugnissen, einem Gewerbe, das die öffentliche Wahrnehmung Shakespeares entscheidend prägte. 1803 hatte man einen Prototyp der ersten Papiermaschine entwickelt. Die ersten dampfbetriebenen Druckmaschinen gingen 1814 in Betrieb. Eine Maschine für das Schriftsetzen wurde 1822 patentiert und ab 1844 kommerziell genutzt. Eine Schriftguß-Maschine wurde 1838 erfunden. 1852 wurde Preisbindung durch Verleger und Buchhändler gesetzlich verboten. Die Erfindung dampfbetriebener Maschinerie für das Falzen (1856), Fadenheften (1856), Runden und Berücken (1876), Buchdeckenmachen (1891) und Zusammentragen (1900) verwandelte das Buchbinderei-Gewerbe von Grund auf. 1860/61 wurde ein chemischer Prozeß für die Herstellung von Papier aus billigem Espartogras entwickelt, diesem Durchbruch folgte 1866 ein chemisches Verfahren für die Produktion von Pulpe. Eine Heißmetall-Schriftsetzmaschine wurde 1890 in großen Stückzahlen hergestellt. Den Erfindungen folgte jeweils eine Phase progressiver Verbesserung und Veränderung.

Zusammengenommen revolutionierten diese Innovationen die Produktivität, Effizienz, Preise und Arbeitsbedingungen. Um 1800 wurde alles Papier per Hand aus Hadern hergestellt – um 1900 wurde 100mal so viel Papier maschinell hergestellt, in der Regel aus Pulpe und zu Preisen, die sich durchschnittlich auf ein Zehntel dessen beliefen, was ein Jahrhundert zuvor gängig gewesen war. Die für die Buchproduktion entwickelten Maschinenpressen konnten achtmal so schnell arbeiten wie die handbetriebenen, die sie ablösten, und die durchschnittliche Schriftsatzgeschwindigkeit stieg um ungefähr 600 Prozent an. Ähnliche Geschichten über Verbesserungen und Expansion ließen sich auch über andere Bereiche des britischen Lebens im 19. Jahrhundert erzählen. Fortschritt war eine Tatsache. Überdies gingen mit diesen technologischen Veränderungen ebenso tiefgreifende Veränderungen in der Verteilung des Gedruckten einher. Die Buchpreise fielen, während die Realeinkommen und die Zahl derer, die lesen und schreiben konnten, anstiegen. Die Fähigkeit zu lesen ließ den Wunsch entstehen – und der Anstieg der Löhne bzw. Einkommen in der Unter- und Mittelschicht machte es finanziell möglich –, Lesestoff käuflich zu erwerben. Die Steuern auf Zeitungen und Papier wurden abgeschafft. In der Zeit zwischen 1828 und 1853 sanken die durchschnittlichen Preise für Bücher um 40 Prozent, angeführt von Nachdrucken – darunter selbstverständlich Nachdrucke von Shakespeare. Die endgültige Abschaffung der Copyright-Monopole der Buchhändler erlaubte geradezu eine Explosion von populären Texten englischer Klassiker. Zwischen 1709 und 1810 waren 65 Ausgaben von Shakespeares Werken erschienen, allein die zehn Jahre von 1851 bis 1860 erlebten die Produktion von mindestens 162.[46] 1887 lagen über 80 Schulausgaben einzelner Dramen vor. Damit gab es von Shakespeare zweimal so viele Lesebücher wie zu jedem anderen Autor. Die Fülle von billigen Shakespeare-Nachdrucken produzierte eine entsprechende Fülle von noch billigeren Secondhand-Ausgaben.

Die Techniken der Fortsetzungspublikation, mit denen die Leser von Dickens so vertraut waren, wurden auch für Shakespeare angewendet. Zwischen 1838 und 1843 wurde Charles Knights Ausgabe in 55 monatlichen Teilen veröffentlicht, die dann in acht Bänden zusammengefaßt wurden: Julian Verplancks New Yorker Ausgabe erschien von 1844 bis 1847 in monatlichen Fortsetzungen, bevor sie als dreibändiges Konvolut auf den Markt kam. Die Publikation in Fortsetzungen ermöglichte es auch Familien mit beschränktem Einkommen, eine Shakespeare-Ausgabe Stück für Stück zusammenzusammeln; 1851 schätzte ein Buchhändler aus Manchester, der vor einem parlamentarischen Ausschuß aussagte, daß jede Woche 150 *Penny numbers* von Shakespeare verkauft wurden.[47] Wiederum wie bei Dickens nutzten sowohl Knights *Pictorial Edition* als auch Verplancks *Illustrated Shakespeare* neuere und billigere Techniken der Lithographie, um ihre Texte mit die Handlung illustrierenden Bildern zu verschönern. Stauntons Ausgabe (1857–60) konnte 824 Illustrationen vorweisen. Ähnlich führte die Erfindung der Photographie zu Lithographie-Faksimiles der ersten und zweiten *Hamlet*-Ausgabe (1858; 1859), eine photographische Reproduktion des ganzen ersten Folios erschien 1866, eine weitere 1876 und noch eine 1895; derweil produzierten Furnivall und die New Shakespeare Society auch eine Serie von Faksimiles der Shakespeare-Quartos (1881–91). Solche Faksimiles zielten auf ein paar hundert wohlhabende Leser. Das galt auch für die neun Bände einer neuen Ausgabe der *Works of William Shakespeare*, die zwischen 1863 und 1866 zum Preis von einem Pfund pro Band veröffentlicht wurde.[48] Doch 1864 erschien der Text für sich ohne Anmerkungen in einem einzelnen bezahlbaren Band mit dem Titel «The Globe Edition». In ihrem Vorwort erläuterten die Herausgeber ihre Titelwahl folgendermaßen: «Es läßt sich offenbar sicher voraussagen, daß jeder Band, der in praktischem Format, mit klarem Schriftbild und zu gemäßigtem Preis die gesamten Werke des allerersten Mannes in der Literatur, des größten Meisters der am meisten gesprochenen Sprache auf der Welt, sich einen Weg bis in die entferntesten bewohnbaren Winkel unseres Globus bahnen wird.»[49] Diese optimistische Vorhersage erwies sich als zutreffend. Die Globe-Ausgabe setzte sich sofort durch und blieb fast ein Jahrhundert lang der Standardtext. Keine andere Ausgabe war je von einer vergleichbaren Langlebigkeit.*

Die einzigartige kulturelle Bedeutung dieser Ausgabe hing zum großen Teil von den Referenzen derer ab, die sie produzierten. Die Herausgeber des Shakespeareschen Werkes des 18. und der ersten Hälfte des 19. Jahrhunderts hatten ihren Lebensunterhalt auf verschiedenste Weise bestritten. Rowe war Bühnenautor, Pope Dichter, Warburton Geistlicher. Johnson war omnikompetent. Theobald schrieb Dramen, Capell stellte ihnen die Lizenz aus. Sir Thomas Hanmer gab Shakespeare heraus, nachdem er seine Tätigkeit als Präsident des Unterhauses aufgegeben hatte. Charles Jennens war ein exzentrischer Millionär. George Steevens wie auch der Geistliche Alexander Dyce lebten vom Vermögen ihrer Eltern aus der East India Company. Edmund Malone finanzierte sich mit Hilfe des Familiengrundbesitzes in Irland. James Boswell der Jüngere erbte den Titel seines Vaters als Lord Auchinleck. Charles Knight war selbständiger Verleger und Journalist. John Payne Collier begann wie Dickens seine literarische

---

* Noch 1978 druckte *The Annotated Shakespeare* – von den Medien weithin aufgebauscht, vom *Wall Street Journal* als «die definitive Ausgabe» gefeiert und auch ein Jahrzehnt später noch bei den amerikanischen Buchhandelsketten erfolgreich – einfach die Globe-Fassung wieder ab.

Karriere als Berichterstatter aus dem Parlament, und später stockten eine Pension vom Herzog von Devonshire und dann eine weitere der Zivilliste sein Einkommen aus seinem Geschreibsel auf. S. W. Singer wurde «ein ausreichendes Auskommen», das ihn bis zu seinem Lebensende finanzierte, von seinem Freund, dem Altertumsforscher Francis Douce, vermacht. Howard Staunton war internationaler Schachmeister. James Halliwell bestritt seinen Lebensunterhalt mit seiner Feder, dazu durch einen einträglichen Handel mit antiquarischen Büchern, bis ihn schließlich der Tod seines wohlhabenden Schwiegervaters von der Notwendigkeit des Geldverdienens befreite. Abgesehen von der Tatsache, daß sie allesamt Männer und Briten waren und ihrer Geburt nach der oberen Mittelschicht oder Oberschicht angehörten, hatten diese Herausgeber nur eines gemein: Wir würden sie heute alle als Amateure bezeichnen. Einige hatten ein Universitätsstudium absolviert, aber keiner stand im Dienste einer Universität.

Die Ausgabe von 1863/66 hingegen erstellten, wie die Titelseite verkündet, drei Dozenten des Trinity College in Cambridge: William George Clark, John Glover und William Aldis Wright. Der Text wurde «gedruckt vom Universitätsverlag» und war dem «Herzog von Devonshire, Ritter des Hosenbandordens und Rektor der Universität Cambridge» gewidmet. Verständlicherweise wurde diese Ausgabe – von der die Globe-Ausgabe die Textfassung und Autorität übernahm – sofort bekannt, und ist dies auch weiterhin als «der sogenannte ‹Cambridge-Shakespeare›»[50], obwohl diese ehrenhafte Namensgebung nirgendwo in der Ausgabe selbst erscheint. Der Name der Universität spielte eine größere Rolle als die Namen der individuellen Herausgeber, denn was die Ausgabe von ihren Vorgängern unterschied, war die Beteiligung professioneller Philologen von einer der beiden alten Universitäten Englands.

Die Cambridge-Ausgabe stellte den ersten ernsthaften Eingriff von Universitätslehrern in die Wirkungsgeschichte Shakespeares dar. Im frühen 18. Jahrhundert hatte Styan Thirlby, Dozent am Jesus College in Cambridge, anderen Herausgebern einige brauchbare Vorschläge gemacht, aber seine eigenen Pläne erlagen seiner Trägheit und dem Alkohol. Obgleich seine Shakespeare-Ausgabe bei der Clarendon Press in Oxford erschien, war Hanmer, ein landbesitzender Gentleman, kein Universitätslehrer, und seine Ausgabe war der Inbegriff von Amateurtum und Dilettantismus im schlechtesten Sinn. Als sie ihre

Shakespeare-Ausgabe herausbrachten, wußten Clark, Wright und Glover wie auch ihre Leser, daß sie damit einen Präzedenzfall geschaffen hatten. In der Einleitung zum ersten Band bekräftigten sie, daß «Cambridge über die Möglichkeiten für die Bewältigung der Aufgabe [der Shakespeare-Ausgabe] verfügte, derer sich nur wenige andere Orte rühmen konnten»[51]. Das Dreiergespann vom Trinity erklärte, Shakespeare sei ein geeignetes Thema für die wissenschaftliche Forschung, und Wissenschaftler seien am besten dafür geeignet, diese Forschung zu betreiben.

Was die Wissenschaftler unternahmen, das übernahmen sie auch bald. Dem Cambridge-Shakespeare folgte beinah unmittelbar der Clarendon-Shakespeare, eine von Clark und Wright aus Cambridge herausgegebene Serie von Ausgaben einzelner Dramen, die zwischen 1868 und 1906 bei der Oxford University Press erschien. 1891 bot der Oxford-Shakespeare die gesamten Werke in einem einzigen, von W. J. Craig herausgegebenen Band an – ein Schritt, der mit der zweiten, von Wright überarbeiteten Auflage des Cambridge-Shakespeare 1891–93 zusammenfiel. Die kommerziellen Verleger boten weiterhin Shakespeare-Ausgaben an, doch wurden sie, wenn sie überhaupt irgendeinen Anspruch auf intellektuelle Autorität erhoben, von professionellen Philologen erarbeitet. Dowden edierte zum Beispiel für die Arden-Shakespeare-Serie von Methuen *Hamlet, Cymbeline* und *Romeo* und besorgte oder schrieb die Einleitungen für weitere zehn Ausgaben verschiedener Verleger. Dowden, der einflußreichste aller viktorianischen Shakespeare-Kritiker, war auch der erste bedeutende Shakespeare-Forscher, der seinen Lebensunterhalt mit der Lehre verdiente. *Shakspere: A Critical Study of His Mind and Art* entstand aus seinen Vorlesungen am Trinity College in Dublin. Dowden verkörpert ebenso wie der Cambridge-Shakespeare das neue Zeitalter der Universitätsphilologie.

Die professionelle Aneignung von Shakespeare erklärt teilweise den Gegensatz zwischen dem beispiellosen Erfolg der Cambridge-Herausgeber und dem völligen Scheitern Edward Capells ein Jahrhundert zuvor. Wie Capell kehrte das Triumvirat aus Cambridge zu den ursprünglichen Ausgaben zurück und prüfte dann noch einmal kritisch und systematisch die Praxis der folgenden Herausgeber; wie Capell revolutionierten sie die Shakespeare-Edition. Die Ähnlichkeit der beiden Projekte ist nicht zufällig: Capell widmete seine Shakespeare-Sammlung dem Trinity College in Cambridge, und diese bildete den

Kern des Materials, auf den die Herausgeber aus Cambridge ihre Arbeit stützten. Capell war jedoch allein gegen die Macht der kulturellen Oligarchie des 18. Jahrhunderts angetreten, während die Cambridge-Herausgeber die Stoßtruppen einer expansiven Institution waren. Ihre unmittelbaren Vorgänger und Rivalen bildeten keinen Club, sie waren vereinzelte Amateure. Überdies hatten Anschuldigungen, John Payne Collier, der fähigste und geachtetste von ihnen allen, habe jahrzehntelang Dokumente gefälscht, das öffentliche Vertrauen in diese Amateure zerstört. Von 1853 bis 1860 druckten die Zeitungen Anklage und Gegenanklage, und der Skandal hinterließ einen Makel auf fast jedem, der darin verwickelt war. Die Cambridge-Herausgeber waren das nicht: «Wir haben», erklärten sie, «keinerlei Absicht, uns an der Kontroverse um das Alter und die Verbürgtheit [der Collier-Dokumente] zu beteiligen... ebensowenig ist es notwendig, die Schriften zu einem Thema aufzuzählen, das noch so frisch in unser aller Gedächtnis ist.»[52] Nach jahrelangem editorischem Bürgerkrieg marschierte eine fremde Macht ein und versprach, die diskreditierten Parteien zu unterdrücken und die Ordnung wiederherzustellen, und eine erleichterte Öffentlichkeit hieß den Invasor willkommen.

In intellektueller Hinsicht unterschied sich der Cambridge-Shakespeare von allen früheren Ausgaben durch seinen Schwerpunkt auf der tatsächlichen Evolutionsgeschichte des Textes. Die Herausgeber verzichteten auf kritische Einleitungen oder erläuternde Kommentare, die sie gezwungen hätten, subjektive Werturteile zu äußern und sich in unangemessenen Zank mit der Konkurrenz zu verwickeln. Statt dessen druckten sie lediglich den Text und einen Apparat. Mit dieser strategischen Zurückhaltung im editorischen Prozeß wandten sie auf Shakespeare an, was sich in Ausgaben von klassischen und biblischen Texten im 19. Jahrhundert bereits als Norm etabliert hatte, besonders durch den einflußreichen deutschen Textkritiker Karl Lachmann. Ein anderer Deutscher, Tycho Mommsen – der jüngere Bruder des großen Altphilologen Theodor Mommsen –, hatte 1859 eine historische Beschreibung der Textvarianten in jeder Ausgabe von *Romeo und Julia* von 1597 bis 1709 veröffentlicht; Mommsen lieferte seinen englischen Zeitgenossen ein Muster dafür, was zu tun und was zu tun möglich war.

Mit beispielloser Gründlichkeit und Genauigkeit verzeichnete der Cambridge-Apparat unten auf der Seite die Varianten der früheren Fassungen, von den frühesten Quartos im 16. Jahrhundert bis zu den jüngsten viktorianischen Ausgaben. War die Textgeschichte einer bestimmten Passage besonders kompliziert, wurden die Einzelheiten in aller Ausführlichkeit in einer der wenigen, dem Stück angehängten «Anmerkungen» dargelegt; aber dieser Anhang beschränkte sich wie der eigentliche Korpus des Apparats auf eine objektive Wiedergabe der Fakten. Der Apparat verzeichnete nicht, wie viele Herausgeber eine bestimmte Variante übernommen hatten, er war nicht als demokratische Messung des editorischen Geschmacks gedacht. Statt dessen benannte er den Punkt, an dem eine neue Variante erstmals in der Editionsgeschichte auftauchte. Er dokumentierte ein Textkontinuum. Dieses zeigte, daß bestimmte Fossilien nur in einer bestimmten Schicht vorkommen; Varianten entstanden in einer bestimmten Ausgabe und starben in einer anderen aus. Auf diese Weise bewiesen die Cambridge-Herausgeber in allen bis auf ein paar problematischen Fällen treffend die genetische Verwandtschaft der früheren Ausgaben.

Die Sammlung und Interpretation der Herausgeber von diesen Datenmassen hätte jedem viktorianischen Naturwissenschaftler zur Ehre gereicht. An einem Ort trugen sie den größten Teil dessen zusammen, was ein Herausgeber oder Literaturwissenschaftler über die Texttradition wissen mußte; so konnte jeder eine neue Ausgabe produzieren, indem er die Cambridge-Vorlage dahingehend abwandelte, daß er ein paar der im Cambridge-Apparat verzeichneten Varianten in seine Fassung aufnahm. Dadurch, daß die Cambridge-Ausgabe alles Neue und Ursprüngliche der früheren Ausgaben einzeln herausstellte und zusammentrug, versammelte sie alle Macht der Vergangenheit in sich und machte ihre Vorgänger überflüssig und schwach. Gleichzeitig dominierte sie mit ihrer Fähigkeit, zahllose Abkömmlinge hervorzubringen, die editorische Zukunft.

Die Cambridge-Ausgabe erhob keinen Anspruch auf Originalität in der Hinsicht, daß sie für Textprobleme neue Lösungen bot. Aber die Bescheidenheit ihres Beitrags verstärkte nur ihre Autorität als Schiedsrichter zwischen den editorischen Beiträgen der Vergangenheit. Jegliche auffällige Kreativität hätte die Aufmerksamkeit auf die eigene Präsenz gelenkt, statt dessen schien der Text die Vergangenheit direkt in die Zukunft zu übertragen und die Gegenwart gänzlich zu überspringen. Die Herausgeber erläuterten ihre Entscheidungen nicht – warum sie zum Beispiel beim Namen des Autors die Schreibweise «Shakespere» wählten. Mit einer Rechtfertigung hätten sie ihre eigene Präsenz angezeigt, ihre eigenen persönlichen Beurteilungskriterien.

Als die Tonson-Verlegerfamilie Nicholas Rowe, Alexander Pope oder Samuel Johnson für die Shakespeare-Ausgabe aussuchte, erwarteten sie von den Herausgebern, daß diese ein eigenes Urteil fällten, und von den Lesern, daß sie es respektierten. Die Cambridge-Herausgeber waren hingegen selbst keine literarischen Praktiker, sie waren schlicht Experten. Ihre akademische Auszeichnung und unerreichte Beherrschung der Fakten qualifizierte sie, die – nicht subjektiv eingefärbte – Wahrheit festzustellen. Die Gemeinschaftsarbeit unterstützte den Eindruck von Objektivität. Die Herausgeber des 18. Jahrhunderts hatten die Arbeit ihrer Vorgänger ausgeschlachtet und Anregungen aus vielen Quellen aufgenommen, aber in der Cambridge-Ausgabe entschied zum erstenmal ein Komitee über den Shakespeare-Text. Der Gemeinschaftsname überragte die Individualität der Herausgeber. Sie sind allgegenwärtig, aber nirgendwo sichtbar, ihr Fachwissen gewährleistet und durchdringt den ganzen Text, legt jedoch sein Verfahren nie unmittelbar im einzelnen offen: unsichtbar, undurchdringlich, unpersönlich.

Der Erfolg der Cambridge-Ausgabe begleitete und unterstützte den Aufstieg des «Experten» (das Substantiv «expert» ist erstmals 1825 im englischen Sprachgebrauch nachgewiesen) und des «Spezialisten» («specialist», 1856 erstmals nachgewiesen). Nicholas Rowe war ein gefeierter Dramatiker gewesen, der Autor der besten englischen Übersetzung von Lukan, ein einflußreicher Herausgeber, Kritiker und Biograph Shakespeares; Glover, Clark und Wright waren ‹nur› Herausgeber. Clark und Wright waren die wichtigsten, produktivsten und einflußreichsten Shakespeare-Herausgeber des 19. Jahrhunderts, aber sie würden noch nicht einmal unter ‹ferner liefen› in einer Chronik der Shakespeare-Biographie, der Geschichte des Theaters oder der Literaturwissenschaft erwähnt werden. Ähnlich trug Halliwell, der mehr zu unserem Wissen über Shakespeares Leben als jeder andere Gelehrte des 19. Jahrhunderts beitrug, nichts zur Geschichte der Kritik und höchst wenig zur Editionsgeschichte bei. Wie Halliwell gab Dowden Dramen heraus, aber seine Leistungen als Textkritiker lassen sich an den Fingern einer Hand abzählen. Und das waren die Riesen der Epoche. Selbst Shakespeare-Forscher waren jetzt nur noch Experten für einen Aspekt von Shakespeare.

Die Arbeitsteilung im intellektuellen Bereich steht offensichtlich in Zusammenhang mit parallelen Entwicklungen in der Wissenschaft und Industrie. Sie war die Folge einer Wissensexplosion, die im

19. Jahrhundert begonnen hatte, und löste ihrerseits immer neue Schübe davon aus. Allein die wachsende Menge der zusammengetragenen Fakten erzwang eine Arbeitsteilung; diese vermehrte die intellektuelle Produktivität, die vermehrte Produktivität erzwang eine weitere Arbeitsteilung. Die verbesserte Technologie beschleunigte den Informationsfluß im System, während Gesetzesreformen künstliche Hindernisse aus dem Weg räumten. Doch selbst jetzt, da der Informationsfluß freier war als je zuvor, konzentrierte er sich auf eine immer kleiner werdende Anzahl von zentralen Datenbanken. In Shakespeares Fall hatte der Sammelprozeß im späten 18. Jahrhundert damit begonnen, daß eine Handvoll einzelner Altertumsforscher bedeutende Privatsammlungen zusammentrugen. Der Zugang zu den darin enthaltenen Informationen blieb eingeschränkt, solange die Sammlungen privat waren. Capell stiftete seine Kollektion dem Trinity College, Cambridge, Malone überließ seine der Bodleian Library in Oxford, und Garricks ging zum späteren British Museum. Die Birmingham Shakespeare Library hingegen, die 1868 eröffnet wurde, war das Ergebnis einer kommunalen Anstrengung, das Werk der stolzen Bürger einer wohlhabenden viktorianischen Manufakturstadt. Ihre Befürworter trieb der Ehrgeiz, «in Birmingham eine Shakespeare-Bibliothek gegründet zu sehen, die (soweit praktikabel) jede Ausgabe und jede Übersetzung Shakespeares enthalten sollte, alle Kommentatoren, ob gut, schlecht oder mittelmäßig, kurz: jedes Buch, das mit Leben und Werk unseres großen Dichters verknüpft ist» – ganz zu schweigen von den «Portraits Shakespeares und all den Bildern etc., die seine Werke schmücken» [53]. Die Einrichtung dieser nationalen Datenbanken demokratisierte die Forschung, weil sie die Rohstoffe für die intellektuelle Produktion einer großen Öffentlichkeit zur Verfügung stellte; aber sie verlieh den neuen Gebietern, den Bürokraten, die diese Informationszentren kontrollierten, auch eine enorme Macht. Mitarbeiter des British Museum trugen entscheidend dazu bei, Collier kaltzustellen; die Cambridge-Herausgeber Glover und Wright monopolisierten von 1858 bis 1872 den Bibliothekarsposten am Trinity College. Cambridge, Oxford, Birmingham und die British Library dominieren noch heute die Shakespeare-Forschung in Großbritannien.

Eine erfolgreiche Arbeitsteilung braucht ein allgemein gültiges Referenzsystem als Grundlage, und die Flut von Shakespeare-Editionen machte eine gemeinsame Norm jetzt dringend erforderlich. In Deutschland lieferte diese die Schlegel / Tieck-Übersetzung, die A. W.

Schlegel 1797 begann und Ludwig Tieck und andere 1833 zu Ende führten. Sie wurde rasch zu einem ‹Shakespeare für das Volk› und einem anerkannten Klassiker der deutschen Romantik. Statt sie durch eine neue zu ersetzen, verbesserten spätere Forscher diese Fassung lediglich (durch Korrektur der lexikalischen Fehler) oder restaurierten sie (indem sie anhand der Schlegelschen Manuskripte die Verfälschungen im gedruckten Text entfernten). 1891 erschien sie in einer billigen einbändigen Ausgabe, von der 25 000 Exemplare in zweieinhalb Jahren verkauft wurden.[54]

Dieser deutsche Bestseller war offensichtlich vom Erfolg der Globe-Ausgabe inspiriert. Für jeden, der Shakespeare auf englisch las, wurde die Cambridge / Globe-Version zur Norm. (Sie war es auch, die die Schreibweise «Shakespeare» endgültig etablierte.) In ihrer akademischen Erscheinungsform, mit dem vollen philologischen Apparat, war sie intellektuell respektabel; in ihrer populären Erscheinungsform, ohne Apparat, aber mit einer größeren Leserschaft als jede andere Ausgabe, war sie dazu überall leicht erkennbar. Überdies numerierten die Cambridge-Herausgeber als erste Shakespeares Werke jeweils durch. Andere Herausgeber hatten jedes Stück in numerierte Akte und jeden Akt wiederum in Szenen unterteilt; die Cambridge-Herausgeber jedoch entschlossen sich, auch «die Zeilen in jeder Szene zu numerieren, um den Bezug auf eine Textstelle zu erleichtern»[55]. Auf diese Weise wurde der Shakespeare-Kanon in 114 792 Zeileneinheiten von ungefähr gleicher Länge unterteilt.[56] Jedes Wort seines Werks ließ sich von nun an durch die Angabe der numerischen Koordinaten in ihrer Ausgabe identifizieren. So konnte man sagen, ein bestimmter Ausdruck stehe in der xten Zeile der xten Szene des xten Akts des Stücks y, und jeder Leser konnte dann rasch die betreffende Stelle nachschlagen und die Beobachtung selbst nachvollziehen. Zum Beispiel steht das längste Wort bei Shakespeare, «honorificabilitudinitatibus», in der Globe-Ausgabe in Zeile 44 der ersten Szene des fünften Akts von *Liebes Leid und Lust**, eine Angabe, die sich der Einfachheit halber zu L.L.L.,V.1.44 abkürzen ließ, ohne an Genauigkeit oder Verständlichkeit zu verlieren. Dieses System des Zitatnachweises ist den Philologen inzwischen so vertraut, daß man sich seine revolutionäre Bedeutung für die Datenauffindung kaum vorzustellen vermag.

Die Existenz einer allgemein gültigen Norm für Zitatnachweise er-

---

* Anm. d. Ü.: IV. 2.45 bei Schlegel / Tieck.

möglichte die Produktion einer Serie von Standard-Nachschlagewerken. 1869 veröffentlichte E. A. Abbott *A Shakespearian Grammar: an Attempt to Illustrate some of the Differences between Elizabethan and Modern English*; eine zweite und dritte Auflage folgten binnen eines Jahres. Nach wie vor ist Abbott eine der am meisten zitierten Autoritäten zur Grammatik Shakespeares und seiner Zeitgenossen. 1874/75 veröffentlichte Alexander Schmidt in Berlin ein zweibändiges *Shakespeare-Lexicon*, das auch heute noch weithin in Gebrauch ist, da es nach wie vor als einziges den «vollständigen englischen Sprachschatz mit allen Wörtern, Wendungen und Satzbildungen in den Werken des Dichters» umfaßt. Um die Benutzung zu erleichtern, unterteilte Abbott seine *Grammar* in 529 numerierte Absätze; aus dem gleichen Grund unterteilte Schmidt seine *Lexicon*-Einträge für ein bestimmtes Wort in Wortarten, mit weiteren Unterteilungen für die verschiedenen Bedeutungen (fortlaufend durch Buchstaben gekennzeichnet). 1894 löste dann John Bartletts *New and Complete Concordance of the Dramatic Works and Poems of Shakespeare*, das noch immer im Druck ist, alle früheren Register und Konkordanzen ab. Diese Arbeiten sind allesamt auf die Zählung der Globe-Ausgabe abgestimmt.

Das ehrgeizigste und bedeutendste dieser Nachschlagewerke war das von der Oxford Press verlegte *A New English Dictionary on Historical Principles*, das die Leser unter seinem späteren Namen, *Oxford English Dictionary*, der Einfachheit halber abgekürzt zu *OED*, besser kennen dürften. Die Materialsammlung für diese Ausgabe wurde 1857 unter der Schirmherrschaft der Philological Society begonnen. Wie die New Shakespeare Society wurde die Philological Society von Furnivall gegründet, diesem unverzichtbaren Hans Dampf in allen Gassen (und Vorbild für die Figur der Kröte in Kenneth Grahames *The Wind in the Willows*). Furnivall zeigte über Jahrzehnte ein enormes persönliches Interesse an dem Wörterbuch-Projekt, und ihm haben wir es zu verdanken, daß es die ersten 20 Jahre überlebte, bis James Murray dazu überredet werden konnte, Herausgeber zu werden. Der erste Band erschien schließlich 1878, der letzte ein halbes Jahrhundert später; zu dem Zeitpunkt hatten die über 16000 dreispältigen Folioseiten die Oxford University Press ungefähr 300000 Pfund gekostet. Hunderte von Lesern rund um die Welt sammelten Zitate, welche schließlich fünf bis sechs Millionen einzelne Zettel füllten, die das Material für 1827306 Zitate als Beispiele für die Bedeutungen von 414825 Wörtern lieferten.

In einem Brief an Charles Lyell schrieb Charles Darwin, wie sehr er sich wünschte, «daß jemand sich so der Sprache annähme, wie Sie sich der Geologie angenommen haben, und die existierenden Ursachen von Veränderungen studierte und die Schlußfolgerungen auf alte Sprachen übertrüge»[57]. Das *New English Dictionary* versuchte, die Evolution jedes Worts der englischen Sprache zurückzuverfolgen und «die Etymologie jedes Worts streng auf der Grundlage historischer Tatsachen und in Einklang mit den Methoden und Ergebnissen der modernen philologischen Wissenschaft» zu bestimmen.[58] Es übertraf alle englischen bzw. alle Wörterbücher überhaupt, sowohl was den Umfang seiner Darstellung der Sprachentwicklung als auch die Dokumentation dieses Prozesses betraf. Murray bekräftigte am Ende seines Lebens: «Jedes getreu festgehaltene Faktum, und jede richtig aus den Fakten gezogene Schlußfolgerung bedeutet eine dauerhafte Erweiterung des menschlichen Wissens.»[59] Das Wörterbuch wurde zu einer beispiellosen Fundgrube linguistischer Fakten, einem Museum der englischen Sprachgeschichte, zu einer riesigen philologischen Datenbank.

Das *OED* zitierte Shakespeare häufiger als jeden anderen Autor; die Lexikographen gaben ihm zum Nachteil anderer Autoren in der Tat ständig den Vorzug und übertrieben damit seinen Anteil an der Sprachentwicklung.[60] Aber das Wörterbuch ermöglichte es auch erstmals, Shakespeares Schreiben in den Kontext dessen zu setzen, was der Beginn einer umfassenden Untersuchung der englischen Sprache seiner Epoche war. Eineinhalb Jahrhunderte lang hatten Gelehrte und Shakespeare-Begeisterte nach dem Zufallsprinzip elisabethanische Parallelen für Shakespeares Sprachgebrauch angehäuft; die 70 Jahre eines organisierten kollektiven Unternehmens, die das *New English Dictionary* hervorbrachten, verwandelten dieses primitive Vorgehen von Grund auf. Allein durch die Konsultation des Wörterbuchs konnte jetzt jeder beliebige Leser mehr Bedeutungen einer bestimmten Textpassage verstehen, als Capell oder Malone nach lebenslanger Forschungstätigkeit zu sehen vermochten. Diesen Effekt vervollständigten das in der gleichen Epoche erstellte *English Dialect Dictionary* von Joseph Wright (1896–1905) und J. S. Framers und W. E. Henleys *Slang and its Analogues Past and Present* (1890–1904). Erstmals war Shakespeare als einzelne, sich bewegende Figur in einem umfassenden linguistischen Feld zu sehen. Die volle Bedeutung dieses Perspektivenwechsels ist auch heute noch nicht ganz ausgelotet.

Das Großbritannien des 19. Jahrhunderts erkannte deutlicher als jede frühere Gesellschaft, daß die Herstellung von Waren und die Verarbeitung von Information effizienter vonstatten geht, wenn sie in ihre einzelnen Bestandteile zerlegt sind. Entsprechend wurden Shakespeares Texte systematisch in geordnete Bestandteile seines Wortgebrauchs und seiner grammatischen und metrischen Strukturen zerlegt. Manchmal wurden die Bücher selbst buchstäblich in Einzelteile zerlegt; ein Teil des frühen Materials für das *New English Dictionary* bestand aus Textpassagen, die aus seltenen Büchern aus dem 16. Jahrhundert gerissen und auf Zettel aufgeklebt worden waren. Auch Halliwell verstümmelte Bücher auf diese Weise – darunter eines der zwei erhaltenen Exemplare der ersten *Hamlet*-Ausgabe: Er schnitt Seiten bzw. Teile davon aus und klebte sie «zum einfachen Nachschlagen» in Notizbücher, die nach Themen geordnet waren. In solchen Fällen vernichtete die Informationsverarbeitung in ihrem Eifer, die Einzelteile zu analysieren und zu organisieren, buchstäblich das Ganze.

Diese Dekonstruktion des Dichters bedeutete, daß die Viktorianer Shakespeare einer gründlicheren Prüfung unterziehen und gleichzeitig Schüler und Studenten einer gründlicheren Prüfung über ihn unterziehen konnten. 1853 verabschiedete das Parlament das Indien-Gesetz (*India Act*). Beamtenposten in Indien waren demzufolge nach Leistungsprüfungen zu vergeben, und 1855 empfahl ein offizieller Bericht über den *civil service* der East India Company, daß auch die englische Sprache und Literatur in dieser Prüfung abzufragen war. Englisch war nicht nur Prüfungsfach, sondern konnte einem Kandidaten 1000 Punkte einbringen – so viel wie Mathematik und mehr als alle anderen Fächer. Dieses «ruhmreiche und unerschöpfliche Fach, die *Literatur* unseres Landes»[61], hatte bereits den universitären Lehrplan zu infiltrieren begonnen: Das Londoner University College richtete 1828 einen Lehrstuhl für englische Literatur und Geschichte ein (zuerst besetzt von seiner Hochwürden Thomas Dale, einem evangelischen Geistlichen). Doch die *civil service*-Prüfungen gaben dem Fach die formale Legitimation und verstärkten den Druck auf die Universitäten, den öffentlichen Bedarf nach geeigneter Unterweisung zu stillen. Dowden wurde 1867 der erste Professor für Englisch am Trinity College in Dublin. In Cambridge bildete Englisch eine Unterabteilung an der 1878 gegründeten Fakultät für mediävistische und neuere Sprachen. In Oxford wurde 1884 der Merton-Stuhl für englische Sprache und Literatur gegründet (worauf ein deutscher Philologe berufen wurde); Universitätsprüfungen über dieses Fach wurden 1893 eingeführt.

Englisch verschaffte sich seinen Weg im Lehrplan zu einer Zeit, da eine parlamentarische Verordnung die Universitäten zwangsweise umwandelte. Gleichzeitig – ab 1870 – begründete das Parlament das staatliche Schulsystem. Millionen von Schulkindern standen hier in Reihen bereit, «sich ein reiches Maß von Tatsachen einflößen zu lassen, bis sie voll sein würden bis an den Rand»[62]. Die vielen neuen staatlichen Schulen brauchten Lehrer im Staatsdienst. Indem sie die Verantwortung für das Bildungssystem übernahm, schuf die viktorianische Regierung eine ganz neue Schicht von Staatsdienern, die ihrerseits wiederum ausgebildet und geprüft werden mußten. Matthew Arnold, vielleicht der allgemein einflußreichste aller viktorianischen Kritiker, verdiente sich 35 Jahre lang als Schulinspektor seinen Lebensunterhalt.

Im späten 19. Jahrhundert wurde Shakespeare zum dominierenden Thema im neuen Fach der englischen Literatur, das seinerseits ein expandierender Teil des expandierenden Bildungssystems war. Dieses ganze System baute – und das tut es auch noch heute – auf Prüfungen auf. Das 19. Jahrhundert glaubte an die Quantifizierbarkeit von Intelligenz; man erfand IQ-Tests und entwickelte die «Wissenschaft» der Phrenologie, die den Schädel als Indikator der geistigen Fähigkeiten maß. (Einige Enthusiasten wollten sogar Shakespeares Schädel ausgraben und ihn in «phrenologischen Schaufenstern» ausstellen.[63]) Das Wissen eines Studenten über Shakespeare mußte abprüfbar sein, weil es sich ja messen lassen mußte. In seiner Aussage vor einem parlamentarischen Untersuchungsausschuß definierte ein Prüfer für den *civil service* in Indien und für den Council of Military Education (den Rat für militärische Bildung) den «englischen Literaturunterricht» als «möglichst viel Lesen und Einprägen so vieler Autoren wie möglich». Für die Prüfungen empfahl er «40 oder 50 Auszüge ausgewählter, als besonders gut zu bezeichnender Autoren – Shakespeare, Milton, Pope... Sir Walter Scott und Tennyson»[64]. Dowden verteidigte das Prüfungssystem mit der Begründung, das Pauken lehre die Studenten, «schnell und genau das Wissen einer Menge von Tatsachen zu erwerben»[65]. Wie nützlich würden solche Fähigkeiten sein, wenn zum Beispiel ein Student je Minister für Irland oder für ein anderes Ressort werden sollte und ihn eine anstehende parlamentarische Fragestunde dazu zwang, plötzlich eine scheinbare Fachkenntnis der Einzelheiten eines politischen oder anderen Themas zu erwerben, in dem er bis dato gänzlich unwissend gewesen war! Dowden kannte den Wert des Paukens, weil der Irland-Minister persönlich ihm diesen erläutert hatte.

Bücher, die in dieser Zeit über Shakespeare geschrieben wurden, trugen natürlich der Tatsache Rechnung, daß man Shakespeare nicht mehr länger zum Vergnügen las. Die Clarendon Press-Reihe von ausgewählten Shakespeare-Dramen, mit der Clark und Wright 1868 begannen, «sollte den Anforderungen der Studenten der englischen Literatur genüge tun». Zum erstenmal wurde Shakespeare zum Lehrbuch, und viele Verleger konkurrierten auf dem studentischen Markt. Fleay von der New Shakespeare Society war von Beruf Schuldirektor, Murray vom *New English Dictionary* Lehrer. Abbott war Direktor der City of London School; im Vorwort zur dritten Auflage seiner *Shakespearian Grammar* verlieh er seiner «Hoffnung» Ausdruck, «daß dieses Büchlein etwas zur Entwicklung des Englischunterrichts an englischen Schulen beitragen wird». Außerdem prognostizierte er 1870, «die Zeit» sei «nicht fern, da jeder englische Schuljunge, der die Schule bis zum Alter von fünfzehn fortsetzt, Englisch um des Englischen willen lernen wird; und wo Englisch gelernt wird, da wird Shakespeare wahrscheinlich nicht vergessen». Sein Buch enthielt deshalb 104 «Anmerkungen und Fragen» zu *Macbeth*, die das studentische Verständnis der Grammatik- und Versregeln prüfen sollten.

Schulen, Universitäten, Prüfungen und Staatsdiener beschäftigten sich mit Shakespeare. In den Eingangskapiteln von *Hard Times* wird Thomas Gradgrind von einem «Beamten» begleitet, der «von höchster Stelle beauftragt [war], das tausendjährige Reich der Bürokratie heraufzuführen, wo Kommissare auf Erden herrschen». Dieser «Herr» unterrichtet die Coketown-Schüler, sie müßten sich «in allen Dingen von Tatsachen bestimmen und leiten lassen. In kurzem hoffen wir ein Tatsachenamt zu haben, mit Tatsachenkommissaren besetzt, die das Volk zwingen, ein Volk der Tatsachen und nur der Tatsachen zu werden.»[66] Die Tatsachen der englischen Literatur, durch den *civil service* vermittelt, würden vielleicht den indischen Subkontinent anglisieren; vermittelt durch staatliche Schulen, Handwerker-Bildungsanstalten, Arbeiter-Studieneinrichtungen und Vorlesungen für Gasthörer würden die Tatsachen der englischen Literatur vielleicht die englische Arbeiterklasse selbst anglisieren, würden sie davon überzeugen, daß sie zu einer einzigen, zusammenhängenden, harmonischen, lange bestehenden und triumphalen nationalen Kultur gehörten – oder sie zumindest mit dem Stoff versorgen, aus dem sie sich eine alternative (aber immer noch erkennbar englische), eigene Kultur bilden konnten.

Wohin das Englische ging, dorthin folgte Shakespeare. Und zuallererst ging das Englische nach Amerika.

...in dem unser Held
den Atlantik überquert

Die Amerikaner fingen als Engländer im Ausland an. Wie ihre Pendants auf der anderen Seite des Atlantiks mißtrauten die Puritaner aus New England und die Quäker aus Pennsylvania dem Theater; andere Kolonisten waren zu beschäftigt oder lebten zu weit verstreut, um ein Unterhaltungsgewerbe tragen zu können. Doch Mitte des 18. Jahrhunderts konnte sich das neue Land bereits einiger Enklaven rühmen, die über genug Wohlstand, Freizeit und Bevölkerung verfügten, um sich manchen Luxus der ‹Heimat› zu leisten. Colley Cibbers Adaption von *Richard II.* eröffnete 1750 die New Yorker Theatersaison und 1751 die erste Theatersaison in Williamsburg / Virginia. Im folgenden Jahr kam Lewis Hallam mit seiner «Londoner Komödiantentruppe» nach Virginia, wo sie als erstes den *Kaufmann von Venedig* spielten. Andere Stücke, Orte und Truppen folgten. 1773/74 bekamen die feudalen Großbauern, Ansiedler und Kaufleute von Charles-Town / South Carolina innerhalb von fünf Monaten 20 Vorführungen von 13 verschiedenen Shakespeare-Stücken zu sehen.[67] Der Krieg um die Unabhängigkeit schloß vorübergehend die Theater, aber bald waren sie wieder da, und Shakespeare dominierte wie zuvor das Repertoire. Was Walt Whitman die «regelmäßige Routine der Shakespeare-Schauspiele» nannte[68], machte ein Fünftel bis ein Viertel aller Aufführungen aus. *Richard III., Macbeth, Hamlet, Othello* und der *Kaufmann von Venedig* wurden zwischen 1832 und 1864 mindestens einmal im Jahr gespielt; 1849 wurde *Macbeth* in drei verschiedenen Theatern aufgeführt, und die Saison 1857/58 brachte es auf zehn Inszenierungen von *Hamlet.* Und Shakespeare war nicht an die Ostküste gebunden. Regelmäßig stattete er den Theatern den Ohio und Mississippi rauf und runter Besuche ab; mit Huckleberry Finn fuhr er auf Flößen und mit Mark Twain auf Dampfschiffen; er war in Cincinnati / St. Louis und in New Orleans auf italienisch zu hören, und leidenschaftlich deklamierten ihn europäische Stars auf Tournee wie Adelaide Ristori, Tomasso Salvini und Ernesto Rossi. Ob an den Ufern der Großen Seen, in Kalifornien, in kleinen Orten oder in Bergbausiedlungen, auf richtigen Bühnen oder provisorischen Gerüsten – Shakespeare kam überall dort hin, wo Theaterbedarf herrschte. Und in Amerika war das Theater im 19. Jahrhundert nicht weniger als in England das beherrschende Medium für die Unterhaltung breiter Volksschichten.

Auch Amerika erlebte einen Boom im Geschäft mit Billigdruck-
erzeugnissen. 1831 notierte der französische Besucher Alexis de Tocqueville, es gebe «kaum eine Pioniershütte, in der nicht ein paar Bände
von Shakespeare stehen». Er hatte «das Feudaldrama von Heinrich V.
zum erstenmal in einer Blockhütte gelesen»[69]. Man las diese Texte
nicht einfach, man rezitierte sie. Seit Mitte des 18. Jahrhunderts gründete die englische und amerikanische Bildung auf dem mündlichen
Vortrag; im Zeitalter politischer Eloquenz – von Pitt und Burke bis zu
Webster und Lincoln – stellten Shakespeares große Reden viele
Übungstexte für angehende Redekünstler dar. Wenn er in New York
mit dem Omnibus fuhr, rezitierte Whitman oft den ganzen Broadway
entlang «eine aufrührende Passage» aus *Julius Cäsar* oder *Richard III*.[70]

In dieser und anderer Hinsicht ahmte Uncle Sam über weite Teile
des 19. Jahrhunderts schlicht John Bulls Behandlung von Shakespeare
nach, nur in kleinerem Maßstab. Tocqueville bemerkte, daß «England
[den amerikanischen] Lesern fast die Gesamtheit der benötigten Bücher lieferte»[71]. Die Vereinigten Staaten akzeptierten das internationale Copyright-Gesetz erst 1891; entsprechend konnten die amerikanischen Verleger bis zu diesem Zeitpunkt britische Ausgaben und
britische Kritik billig nachdrucken, ohne Tantiemen zu zahlen.

Diese Arrangements beeinträchtigten die heimische amerikanische
Forschung. Das tat auch der Mangel an größeren Bibliotheken. Den
britischen Forschern standen die öffentlichen Quellen in Oxford und
Cambridge zur Verfügung, das British Museum oder das Public Record Office in London; einige, wie Collier, verschafften sich Einlaß in
große Privatbibliotheken alter Adelsfamilien; wieder andere, wie Halliwell, beackerten die Archive in Stratford. Die amerikanischen Forscher mußten sich hingegen fast gänzlich auf die Bücher verlassen, die
sie mit ihren eigenen Mitteln erstehen konnten. Manche dieser privaten Kollektionen waren beeindruckend: 1884 war Joseph Crosby, ein
Lebensmittelhändler in Zanesville / Ohio, im Besitz von 175 Ausgaben
von Shakespeares Werken, die aus der Zeit von 1709 bis 1881 stammten, dazu kamen weitere 300 Ausgaben von einzelnen Stücken und der
große Teil der wichtigen Shakespeare-Forschung und Kritik des
18. und 19. Jahrhunderts.[72] Der einzige Amerikaner mit einer besseren
Shakespeare-Bibliothek war Horace Howard Furness aus Philadel-
phia, der 1871 die erste einer Serie von Variorum-Ausgaben einzelner
Stücke herausbrachte. Furness suchte in einem Band alles Wichtige
zusammenzubringen, was über ein bestimmtes Stück gesagt worden

war. Wie so viele Werke der viktorianischen Literaturwissenschaft vereinfachte dieses riesige Projekt die Datenauswertung und lieferte zugleich ein Zeugnis der chronologischen Entwicklung. Für die amerikanischen Leser war das besonders hilfreich, denn zu vielen bedeutenden Werken der britischen und deutschen Forschung hatten sie in der Regel keinen Zugang.

Ihre Privatbibliotheken versetzten Crosby und Furness in die Lage, mit Witz und Verstand das durchzusieben, was andere über Shakespeare geschrieben hatten. Keinem von beiden jedoch gelang es, eine brauchbare Sammlung von Ausgaben aus der Zeit Elisabeths oder Jakobs zu erwerben. Im 18. Jahrhundert hatte es billige antiquarische Bücher in Hülle und Fülle gegeben; im späten 19. Jahrhundert waren sie selten und teuer geworden – besonders für Amerikaner, die sie nur direkt aus England kaufen konnten. Die großen britischen Sammler von Shakespeariana waren literarische Gelehrte mit eigenen Mitteln gewesen; die großen amerikanischen Sammler sollten Industriemagnaten sein wie Henry Folger, der Präsident von Standard Oil, oder Henry Huntington, der große kalifornische Transportunternehmer. Die Forscher kamen meistens erst nach dem Tod des Sammlers an diese Kollektionen heran. So wurde die erste größere Privatsammlung in Amerika erst der Öffentlichkeit zugänglich, als die Boston Public Library 1873 Thomas Pennant Bartons 2000 Shakespeariana-Bände kaufte, darunter alle vier Folios des 17. Jahrhunderts und jeweils ein Exemplar von der Hälfte der Quartos, die vor 1709 erschienen waren.[73] 1880 erwarb die New York Public Library James Lennox' 13 Folios. Um die Jahrhundertwende begann J. Piermont, anstelle von Geld Bücher zu scheffeln. Er erwarb elf Shakespeare-Quartos und zwölf Folios, die später in die Morgan Library in New York wanderten. Wie ein englischer Gelehrter 1898 klagte, «beraubten die Vereinigten Staaten von Amerika [das Heimatland Shakespeares] rasch seiner ersten Folios»[74]. Am Ende der Regierungszeit Königin Viktorias hatte Amerika alle Rohstoffe importiert, die es für eine heimische produktive Shakespeare-Industrie brauchte.

Richard Grant White, der erste amerikanische Shakespearianer von Bedeutung, mußte ohne solches Material auskommen. Dennoch trug er ein Buch zur Collier-Kontroverse bei (1854), es folgten eine Ausgabe des Gesamtwerks (1857–66), eine Biographie (1865) und ein Sammelband von *Studies in Shakespeare* (1886). White, der seine direkte Abstammung von einem der frühen englischen Siedler in Massachusetts nie vergessen ließ, schrieb außerdem zwei einflußreiche Bücher, in denen er sich für die «Richtigkeit und Tauglichkeit des sprachlichen Ausdrucks» und den «richtigen Gebrauch» der englischen Sprache einsetzte. Er verfocht die Ansicht, der «geistige Ton einer Gemeinschaft» werde eventuell «dadurch beeinträchtigt, daß man einer losen, ungeschliffenen, niedrigen und frivolen Ausdrucksweise frönt». Er befürwortete den «Sprachgebrauch der feinsten Gesellschaft»[75]. Die englische Sprache mußte gegen die meisten Menschen, die sie sprachen, in Schutz genommen werden. Außerdem publizierte White eine Verherrlichung von *England Without and Within*, die bewußt die «Fabriken und Zechen und alles, was damit zusammenhängt», außer acht ließ.[76]

Die meisten Amerikaner, die sich im 19. Jahrhundert zu Shakespeare bekehren ließen, waren wie White angloman, anglophil oder anglophon. James Henry Hackett zum Beispiel nahm so ziemlich die gleiche Stellung in der Welt des Theaters ein wie White in der Welt der Bücher. Hackett schuf den ersten erfolgreichen amerikanischen Falstaff: Er naturalisierte Shakespeares fetten Aufschneider. Aber er korrespondierte auch mit John Quincy Adams über shakespearesche Fragen, und das zu einer Zeit, da der frühere Präsident der reaktionäre Gegner jedes Aspektes der Jacksonschen Demokratie geworden war. Einen Namen machte er sich zuerst mit der Mimikri anderer Schauspieler, besonders des Engländers Edmund Kean. Und er war der erste wichtige amerikanische Darsteller, der seine Künste nach London exportierte, wo er sich als «führender komischer Schauspieler Amerikas» einführte.

White wie auch Hackett waren auf ihre Weise Pioniere des transatlantischen Shakespeare-Handels, der beiden Seiten zum Vorteil gereichte. England war Amerikas wichtigster Handelspartner; 1846 hatten sie durch Verhandlungen ihre größeren territorialen Streitigkeiten über die Hegemonie in Amerika beigelegt, und die Erfindung des Klippers und Dampfschiffs förderte noch die Innigkeit ihrer engen ökonomischen und kulturellen Beziehungen. Wie Henry James suchten die amerikanischen Schauspieler in Großbritannien Legitimität und Prestige; wie Charles Dickens wurde den britischen Schauspielern in den Vereinigten Staaten Lob und finanzieller Gewinn zuteil. Die meisten Stars des englischen Theaters – Edmund Kean, William Charles Macready, Charles Kean, Ellen Tree, Henry Irving und Ellen Terry – gingen zwischen 1820 und 1883 auf Tournee durch die amerikanischen Städte.

Zusammen mit den britischen Stars und britischen Dramen importierten die amerikanischen Theater auch britische Inszenierungstechniken. Seit den 20er Jahren des 19. Jahrhunderts hatten sich die Londoner Neuproduktionen von Shakespeare-Stücken um historisch getreue Kostüme und Requisiten bemüht. Diese Mode erreichte 1846 New York, als Charles Kean eine spektakuläre Inszenierung von *Richard III.* und *König Johann* zeigte. Mit «der Sorgfalt eines Altertumsforschers» rekonstruierte er dabei «die tatsächlichen Orte, wo die Ereignisse stattfanden», und die authentischen «Kostüme aller Figuren»[77]. Die Fiktion mußte die Fakten der historischen Entwicklung achten, und die viktorianischen Schauspieler waren auf der Bühne von historischen Tatsachen umgeben, von tatsächlichen Helmen und tatsächlichen Fassaden und von wirklichen tatsächlichen Menschenmengen überzeugender Größe. Solche Aufführungen schufen Bühnen-‹Illusionen› von Geschichte, ähnlich wie die populären Ausgaben. Ein billiger Subskriptionsband von *Antonius und Cleopatra* zum Beispiel enthielt Portraits von Antonius, Cleopatra und Cäsar (von den Münzen im Britischen Museum) und Bilder von Cleopatras Nadel, Pompejus' Säule, der Pyramide und der Sphinx, des Atriums von Cäsars Haus (auf der Grundlage der Ausgrabungen in Pompeji) und den Bug einer römischen Galeere («von einem Basrelicf... gefunden in Palestrina»).[78]

Die Forderung nach historischer Authentizität führte auch die britischen Theaterdirektoren dazu, die Adaptionen rauszuwerfen, die die Bühne allzu lange in Beschlag genommen hatten, und sie – stark gekürzt, aber sonst wenig verändert – durch Shakespeares eigene Texte zu ersetzen. Auch diese Mode wanderte schließlich nach Amerika aus. 1838 bot Macready dem Londoner Publikum erstmals seit eineinhalb Jahrhunderten Shakespeares *Sturm* (anstelle der Version von Davenant / Dryden) und Shakespeares *König Lear* (anstelle der Version von Tate). 1854 erreichte der ursprüngliche *Sturm* New York (als Vorlage diente Macreadys eigenes Soufflierbuch), und in den 1870ern tauchte der ursprüngliche *König Lear* auf den amerikanischen Bühnen auf.

Nahum Tates tragikomische Version von *König Lear* wurde nicht etwa aus dem Theater verbannt, weil das einfache Publikum Happy-Ends plötzlich satt gehabt hätte. Schließlich wurde Dickens zur gleichen Zeit, als *König Lear* wieder tragisch wurde, dazu überredet, seine ursprüngliche Absicht aufzugeben und *Great Expectations* ein glücklicheres Ende zu geben. Die offen melodramatische Cibber-Adaption von *Richard III.* und die *König Lear*-Version mit einer Liebesgeschichte und einem Happy-End gehörten zum «ganzen popularisierenden Getöse» und zur «Schau der groben Farce und bluttriefenden Tragödie», die, wie Melville beklagte, dem «allseits populären Shakespeare» das meiste von seinem «Pöbel-Ruhm» gab.[79] Aber diese Art des ungeschliffenen Theaters – dort erschien das Publikum mit aufgekrempelten Hemdsärmeln, roch «nach Zwiebeln und Whiskey»[80], spuckte ständig aus und brüllte und trampelte mit den Füßen, wann es ihm paßte[81] – stieß den feineren Teil der zahlenden Öffentlichkeit immer mehr ab. Das Theater gewann zunehmend an Respektabilität; in den letzten Jahrzehnten des 19. Jahrhunderts waren die Melodramen, Adaptionen und Burlesken nach Shakespeares Dramen nicht mehr respektabel genug. Henry Irving war der erste Schauspieler, der Cibbers Adaption von *Richard III.* (1877) verabschiedete – und der erste Schauspieler, der zum Ritter geschlagen wurde (1895).

Das Beharren der gebildeten Schichten auf den authentischen Text spiegelte wie das Beharren auf bildliche Genauigkeit das wachsende Bewußtsein dieser Epoche für die historische Entwicklung, die Geschichtlichkeit. Aber dieses Beharren stellte sich den amerikanischen Bemühungen, Shakespeare zu importieren, auf seltsame Weise in den Weg. Shakespeare gehörte zu einer alten Epoche, einer Alten Welt, einer alten feudalen Ideologie, welche die Neue Welt bewußt ablehnte. Die «Demokratie», verkündete Tocqueville, «gibt den Menschen eine Art instinktiven Widerwillen gegen das Alte» und «verschließt die Tür der Vergangenheit vor dem Dichter»[82]. In einem Artikel mit dem Titel «Imagination and Fact» aus dem Jahr 1852 kam ein amerikanischer Kritiker zu dem Schluß, Shakespeare sei «ein Mann seiner eigenen Zeit» gewesen, «unfähig, sich in die Sache und das Gefühl der Massen der niederen Schichten einzufühlen»; er habe «so wenig von den späteren Verkündern der Demokratie» geträumt «wie von der Daguerreotypie und dem elektrischen Telegraph»[83]. Edwin Forrest, der erste in den Vereinigten Staaten geborene tragische Schauspieler, spielte regelmäßig ein paar shakespearesche Standardrollen, weil er nur so seinen Ruf als großer Schauspieler begründen und aufrechterhalten konnte; ebenso gab er jedoch auch neue Bühnenwerke zu amerikanischen, demokratischen Themen in Auftrag. Robert Taylor Conrads *Jack Cade* mochte er (und auch das Publikum) mit am liebsten; es war das erste Stück, das nach seiner Premiere am Park Theatre in New York eine ganze Woche lief. Da auch Shakespeare in *Heinrich VI. Zweiter Teil* das

Leben Hans Cades dramatisiert hatte, konnten die amerikanischen Theaterbesucher und Journalisten Conrads Cade mit Shakespeares vergleichen. Der Vergleich fiel nicht schmeichelhaft für Shakespeare aus. Gerade in Conrads Stück präsentierte Forrest die Figur des Cade als tragischen Helden, als ruhmreichen Märtyrer der Demokratie. Shakespeare hingegen hatte Cade als «erbärmlichen Fanatiker»[84] gezeichnet, hatte «die Fakten hinsichtlich der außerordentlichen Laufbahn» Cades verschleiert und an deren Stelle nur einen «Haufen Vorurteile, Bigotterie und Unterwürfigkeit» gesetzt.[85] Die Amerikaner bedurften keines großen Vorstellungsvermögens, um zu merken, daß «der Hohn und Spott, mit dem Cade [von Shakespeare] überschüttet wurde, auch denen, die die Freiheit dieses Landes errangen, zuteil geworden wäre, wären sie in ihrem Kampf ähnlich erfolglos gewesen»[86].

Wie Dowden bestanden die besten amerikanischen Kritiker im späten 19. Jahrhundert darauf, daß Shakespeare zu einer bestimmten literarischen Epoche gehörte, aber ihr Portrait dieser Epoche fiel bisweilen weniger schmeichelhaft als das von Dowden aus. Whitman brachte die neue amerikanische Einstellung am deutlichsten zum Ausdruck. Gleich der Menschheit durchlaufe die Literatur einen Prozeß der Evolution; ein Dichter müsse «ein Sprößling des Bodens, des Wassers, des Klimas, des Alters, der Regierung, der Religion, der Haupteigenschaften» eines Volks sein.[87] Entsprechend steckte Shakespeare

«solche Dinge in seine Schauspiele, die den Familienstolz von Königen und Königinnen befriedigen würden, oder den seiner Förderer unter dem Adel. Dies tat er für Königin Elisabeth und König Jakob I. Seine Darstellung von Menschen, von seiten eines Charakters, vom Pöbel, von Hans Cade, der französischen Jeanne, der schmierigen und dummen Kanaille, die Coriolan nicht ausstehen kann, all das kam der feudalen Eitelkeit der jungen Adeligen entgegen und tut es in England noch heute. Gemeines Blut ist nur Gewäsch – der Held ist stets vornehmer Abstammung.»[88]

Allein schon der Name von Shakespeares Theatertruppe tat seine Bindung an den Adel kund: Erst waren es die «Lord Chamberlain's Men», kurz: «Lord Hunsdon's Men», dann schließlich «The King's Men». 1864 gab Halliwell die Entdeckung eines Dokuments bekannt, in dem Shakespeare viereinhalb Ellen eines «scharlachroten Tuches» zubemessen wurden, damit er sich angemessen kleiden konnte, wenn er 1604 die Prozession von Jakob I. durch London begleitete.[89] Shakespeare gehörte zu einem anderen Ort und zu einer anderen Zeit. «Die große Dichtung [der Vergangenheit], und dazu zählt auch Shakespeare, ist», so Whitman, «Gift für die Idee von Stolz und Würde der einfachen Menschen, des Lebensblutes der Demokratie»[90]. Ausländische Stücke, die eine ausländische feudale Vergangenheit verherrlichten, konnten besonders anstößig wirken, wenn sie von ausländischen Schauspielern aufgeführt wurden. Als er sich 1825 weigerte, *Richard III.* vor einem fast leeren Saal zu spielen, hatte Edmund Kean nach allgemeinem Empfinden die Würde Bostons verletzt und damit Amerikas ersten Theateraufruhr heraufbeschworen. 1848 unternahm Macready seine dritte Tournee durch Amerika. Dabei kündigte er sich wie immer als «der eminente Tragöde» an; sein einheimischer Rivale Edwin Forrest, der allmählich Macready zu hassen begonnen hatte, folgte dem Engländer überallhin, wobei er sich als «der nationale Tragöde» ankündigte. Dieser Konflikt erreichte am 10. Mai 1849 seinen Höhepunkt, als Macready in New York *Macbeth* spielte; den ganzen Tag hatten Handzettel die «Handwerker! Bürger!» aufgerufen, «heute abend in dem englischen aristokratischen Opernhaus ihre Meinung kund[zu]tun». Die Handwerker und Bürger folgten diesem Aufruf. Während des daraus entstandenen Aufruhrs entblößte ein Mann seine Brust und forderte einen Soldaten heraus, ihn zu erschießen: «Schieß doch. Nimm das Leben eines freien Amerikaners für einen verdammten britischen Schauspieler!»[91] Später feuerten die Soldaten tatsächlich in die Menge und töteten 31 Menschen.

Wie andere Unruhen im Theater des 19. Jahrhunderts hatte die im Astor Place – wo «Handwerker!» gegen ein «aristokratisches Opernhaus» ins Feld zogen – mit Klassenbewußtsein genausoviel zu tun wie mit Nationalismus. Die Arbeitsteilung und das Wachstum des Investitionskapitals, die die großen intellektuellen und ökonomischen Leistungen des viktorianischen Englands ermöglichten, vertieften gleichzeitig die soziale Entfremdung, die Karl Marx damals in London analysierte. Tatsächlich nahm Marx in genau dem Jahrzehnt des Astor Place-Aufruhrs als Textgrundlage einen Auszug aus *Timon von Athen*, wo Timon Gold entdeckt und es als «goldenen Sklaven» verdammt:

«Shakespeare hebt an dem Geld besonders 2 Eigenschaften heraus:
1. Es ist die sichtbare Gottheit, die Verwandlung aller menschlichen und natürlichen Eigenschaften in ihr Gegenteil, die allgemeine Verwechslung und Verkehrung der Dinge; es verbrüdert Unmöglichkeiten; 2. Es ist die allgemeine Hure, der allgemeine Kuppler der Menschen und Völker.»

Aber wenn Geld Unvereinbares zusammenbringen konnte, konnte es auch Gemeinschaften entzweien. Unter dem Druck von Klassengegensätzen zerfiel die Gemeinschaft der Theaterbesucher allmählich. In immer stärkerem Maße richteten sich bestimmte Theater auf bestimmte Märkte aus: ein Theater für die Wohlhabenden («Kultur»), ein anderes für den Pöbel («Unterhaltung»). Die Entscheidung für eine bestimmte Zielgruppe beeinflußte die Eintrittspreise, das Repertoire und den Schauspielstil jedes Theaters.[92] Shakespeare wurde von der «Kultur» in Beschlag genommen.

Kaum überraschend entdeckten nun Shakespeares amerikanische Bewunderer, daß seine Kultur vielleicht gar nicht so anders als ihre eigene war. James Russell Lowell vertrat die Ansicht, Shakespeare habe «die volle Entfaltung seiner Kräfte in dem Augenblick erreicht», als die Sprache seines Landes die «frischeste Vollkommenheit» erreicht habe. «Sie hatte sich mit neuen Anleihen aus dem Lateinischen und den latinisierten Sprachen frisch versorgt, mit neuen Worten, um neue Ideen eines erweiterten Erkenntnisvermögens auszudrücken», sie «gewährte neuen Wörtern das Bleiberecht», und «noch erhitzt von den Herzen und Hirnen eines Volkes», waren ihr von den «Wörterbuch- und Grammatikkrämern noch keine Fesseln angelegt worden». Wie die Sprache im Amerika des 19. Jahrhunderts war die Sprache im England des 16. Jahrhunderts noch frisch gewesen, fest etabliert, aber noch keinen zu großen Zwängen unterworfen, noch empfänglich für Immigranten. Shakespeare wußte, was die Amerikaner wissen mußten: «Große Dichtung... kann jede Sprache zu einer klassischen machen.»[93] In der Deutung Lowells entsprach Shakespeares Epoche in der Evolution der englischen Literatur der Epoche Lowells und seiner Zeitgenossen in der Evolution der amerikanischen Literatur. Man könnte sagen – und die Amerikaner wollten dies sagen können –, daß Whitman mehr mit Shakespeare gemein hatte als Tennyson.

Whitman war ein Journalist aus der urbanen Arbeiterschicht; Lowell war Harvard-Professor aus einer patrizischen neuenglischen Familie. Wie in England triumphierten in Amerika die Literaturwissenschaftler über die Amateure. 1865 fügte die Harvard-Universität ihrem Katalog von Anforderungen «das Vorlesen des Englischen» hinzu. 1873/74 gab sie bekannt: «Jeder Kandidat hat einen kurzen Englischaufsatz zu verfassen... das Thema wird aus den Werken von Standardautoren stammen, wie sie von Zeit zu Zeit bekanntgegeben werden.» 1874 führten die Liste der sechs bekanntgegebenen Werke «Shakespeares

Sturm, Julius Cäsar und *Der Kaufmann von Venedig*» an. Andere Colleges folgten Harvard. Und was die Colleges forderten, hatten die Schulen zu liefern. Zwischen 1886 und 1900 wurden *Der Kaufmann von Venedig* und *Julius Cäsar* (Antisemitismus und Tyrannenmord) in mehr amerikanischen High Schools unterrichtet als jedes andere Werk der Literatur; *Macbeth* rangierte auf dem sechsten, *Hamlet* auf dem achten, *Wie es euch gefällt* auf dem zehnten Platz.[94] Amerikas anglophile Kulturelite garantierte, daß Shakespeare den entstehenden Lehrplan der heimischen Literatur beherrschte. Wer immer eine amerikanische Bildung wollte, mußte sich mit der englischen Literatur befassen, und besonders mit Shakespeare. Doch obgleich jeder sich ein wenig mit englischer Literatur befassen mußte, taten einige dies in ziemlich großem Umfang. Die meisten davon waren Frauen.

... in dem unser Held die Bekanntschaft mehrerer junger Damen macht

Der patrizische (und eher polygame) Amerikaner Richard Grant White behauptete, daß Frauen Shakespeare im allgemeinen nicht schätzten – «mit Ausnahme einiger weniger, die nicht immer die liebenswertesten oder glücklichsten ihres Geschlechts sind»[95]. Nur unglückliche, nicht liebenswerte Frauen könnten die Werke des Manns genießen, den White, ja fast jeder, als den größten Dichter der englischen Sprache bzw. den größten Dichter überhaupt ansah.

Ob Frauen Shakespeare mochten oder nicht, sie studierten ihn jedenfalls in großer Zahl. Im späten 19. Jahrhundert machten Frauen zwei Drittel der Studenten an der neuen Schule für Neuere Sprachen in Cambridge aus und 79 Prozent derer, die in Oxford die Englischprüfung in den ersten fünf Jahren ablegten.[96] Ein parlamentarischer Ausschuß berichtete 1868: «Englische Literatur nimmt bei der Bildung von Mädchen einen höheren Stellenwert ein als bei Jungen.»[97] Tatsächlich spielten Frauen seit Mitte des 18. Jahrhunderts, als der Mittelpunkt des kulturellen Lebens sich vom Kaffeehaus zum Salon verschob, eine im wachsenden Maße vernehmbare Rolle in der Shakespeare-Kritik. Die Dichterin, Romanschreiberin und Übersetzerin Charlotte Lennox war die erste gebürtige amerikanische Kritikerin, die ein ganzes Buch über Shakespeare verfaßt hat; ihr dreibändiger, von Dr. Johnson eingeleiteter *Shakespeare Illustrated* (1753/54) war die erste Sammlung und Analyse von Shakespeares Quellen und wurde erst 1831 (im deutschsprachigen Bereich) bzw. 1843 (im englischen) durch eine neue Studie abgelöst. Elizabeth Montagus *Essay on the Writings and Genius of Shakespeare*, in dem sie «Unseren Shakespeare» gegen die «irreführende Darstellung von Mons. de Voltaire» in Schutz nahm, wurde weithin gepriesen, ging in der Zeit zwischen 1769 und 1810 durch sieben Auflagen und wurde sowohl ins Französische als auch ins Italienische übersetzt.

Lennox und Montagu waren Frauen, aber ihr Geschlecht bestimmt in keinerlei auffälliger Weise ihre Einstellung zu Shakespeare. Lennox hebt gelegentlich an zur Verteidigung einer Frau wie Königin Margarets in den *Heinrich VI.*-Dramen, die Shakespeare ihrer Meinung nach verleumdet; doch genauso beklagt sie, er habe einen «unverzeihlichen Fehler» begangen, als er eine «so bösartige Person» wie Cressida nicht strenger bestrafte.[98] Montagu konnte bisweilen pingelig sein:

«Jede Szene, in der Dortchen Lakenreißer auftritt, ist unanständig und deshalb nicht nur unhaltbar, sondern auch unentschuldbar. Es gibt in jeder Epoche ein Zartgefühl in Fragen der Schicklichkeit, das einer anderen Epoche unbekannt ist. Was jedoch unsittlich ist, ist zu jeder Zeit unsittlich, und jede Neigung zur Unzüchtigkeit ist ein Vergehen, das weder Witz wiedergutmachen kann noch die Barbarei oder die Verderbtheit der Zeiten entschuldigen können.»[99]

Aber auch bei Johnson und ihren anderen männlichen Zeitgenossen finden sich solche Ausbrüche der Empörung.

Das letzte Viertel des 18. Jahrhunderts erlebte die erste spezifisch ‹weibliche› Kritik. Elizabeth Griffith, die Autorin mehr als eines Ehe-Ratgebers, unternahm es, 1775 *The Morality of Shakespeare's Drama* zu illustrieren; aus den Werken «unseres englischen Konfuzius» erstellte sie ein 544 Seiten langes Kompendium von Bemerkungen über «Besonnenheit, Klugheit, Anstand und Schicklichkeit», wobei der Schwerpunkt auf «den sittlichen Obliegenheiten lag, welche die wahrste Quelle irdischer Seligkeit sind – häusliche Bande, Aufgaben und Pflichten»[100]. Sie zitiert Katharinas «bewundernswerte Sätze» am Ende von *Der Widerspenstigen Zähmung* und die ersten von Luciana in der *Komödie der Irrungen* als Illustrationen der «Pflicht und Untergebenheit, die dem Gatten entgegenzubringen ist»; auch lobt sie Desdemona, denn «sie spricht wenig, doch was immer sie sagt, ist vernünftig, rein und züchtig». In der Tat erscheint Desdemona als «das vollkommene Bild einer Ehefrau, wie es dieser Autor oder jeder andere nur hätte ersinnen können»[101].

Griffith war ein Vorgeschmack auf das 19. Jahrhundert. Zwei feste Denkmäler der neuen Häuslichkeit wurden 1807 errichtet: *The Family Shakespeare* enthielt 20 von Henrietta Maria Bowdler herausgegebene Dramen: *Tales from Shakespear. Designed for the Use of Young Persons* wandelte 20 Dramen in Prosageschichten um; die meisten von ihnen stammten aus der Feder von Mary Lamb. Die erste Auflage von *The Family Shakespeare* nannte jedoch keinen Herausgeber, und die zweite aus dem Jahr 1818 schrieb das Werk Henriettas Bruder Dr. med. Thomas Bowdler zu (tatsächlich war er lediglich für die Änderungen in der zweiten Auflage verantwortlich). Genauso wurden die *Tales from Shakespear* in den ersten Auflagen sämtlichst Marys Bruder Charles Lamb zugeschrieben, der nur sechs der 20 Geschichten verfaßt hatte. Mary Lambs Verdienst wurde erst 1838 anerkannt, Henrietta Bowdlers erst 1966. Wenn sich Frauen im 19. Jahrhundert in die Shakespeare-Edition einmischten, dann taten sie das gewöhnlich anonym oder unter dem Schutzschild einer männlichen – gewöhnlich der brüderlichen – Autorität. In den 1860ern arbeitete Mary Cowden Clarke gemeinsam mit ihrem Bruder an einer Ausgabe der Shakespeare-Werke. Wie Dorothy Wordsworth, die ihr Leben und ihre Begabung ihrem Bruder William opferte, gaben diese Frauen ihren Geschwistern und ihrer Gesellschaft ein Vorbild für die Rolle der Frau im 19. Jahrhundert: das, was Shelley als «Gattin! Schwester! Engel!» beschwor und an die Baudelaire sein «Mon enfant, ma sœur» richtete – die Kind-Frau-Schwester in einem.[102] Ihre Brüder gaben ihrerseits diesen Frauen das, was sie brauchten (einen männlichen Beschützer), ohne sie mit den Komplikationen oder Abhängigkeiten von Sexualität und Mutterschaft zu belasten. Mary Lamb hatte ihre Mutter ausgelöscht; sie beschreibt sich und Charles, wie sie die Geschichten schreiben, an «einem Tisch (aber nicht auf demselben Kissen sitzend), wie Hermia und Helena im *Sommernachtstraum*»[103] – ein platonisches Paar: elternlos, kinderlos, geschlechtslos.

Die *Tales from Shakespear* und der *Family Shakespeare* zielten aus ähnlichen Gründen beide auf die gleiche Leserschaft. Während der zweiten Hälfte des 18. Jahrhunderts hatte sich nämlich ein beträchtlicher Markt für Kinder gebildet: Die neue Konsumkultur stellte in Massenproduktion eine immer größere Menge und Auswahl von Spielzeug, Kleidung und Büchern her, die speziell dafür gedacht waren, daß Eltern sie ihren Kindern kauften. In der Renaissance hatten Kinder manchmal das Theater besucht, und Kinderschauspieler hatten Frauenrollen gespielt, aber keiner der Shakespeare-Texte war für Kinder geschrieben. Jedenfalls wurde dann im 19. Jahrhundert von jeder gebildeten Person erwartet, daß sie mit Shakespeare vertraut war; je eher aufstrebende Kinder der Mittelschicht dieses Wissen erwerben konnten, desto besser. Shakespeare wurde so zwangsweise in einen Autor für Kinder verwandelt.

Die Lambs schrieben ihre Shakespeare-Prosafassungen in erster Linie für «junge Damen»; Jungen, die «im allgemeinen die Bibliothek des Vaters in viel früherem Alter benutzen dürfen als Mädchen», konnten die *Tales* überspringen und gleich zu Shakespeares eigenem «mannhaften Buch» greifen. Tatsächlich ermutigen die Autoren die Jungen, ihre Schwestern durch das Vorlesen aus den Dramen in das unmittelbare Shakespeare-Erlebnis einzuweisen (nach «sorgfältiger Auswahl, was sich für das Ohr einer Schwester ziemt»).[104] Genauso wählte Henrietta Bowdler «zwanzig der einwandfreiesten Shakespeare-Dramen» aus. Dann «bemühte» sie sich, «alles zu entfernen, was in einem frommen und tugendhaften Geist Anstoß erregen muß» und produzierte damit eine Textfassung, die unbedenklich «in die Hände junger Menschen beiderlei Geschlechts gegeben werden» konnte.[105] Wie die Lambs wollte Bowdler Shakespeare für junge Frauen gefahrlos lesbar machen, indem sie aus den Werken all das entfernte, was einer jungen Frau nicht zugemutet werden sollte. Aber dieser redliche Ehrgeiz brachte sie in eine peinliche paradoxe Lage: Sie konnte andere Frauen nur schützen, indem sie sich selbst den Stoff vornahm, den Frauen nicht zu Gesicht bekommen sollten. Unzüchtiges konnte sie nur dann entfernen, wenn sie Dinge verstand, die zu verstehen sich für keine anständige Frau schickte. Um ihren Ruf zu schützen, veröffentlichte sie deshalb *The Family Shakespeare* anonym – und ließ später ihren Bruder die Verantwortung dafür übernehmen.

Weit von Bowdlers ängstlich bestrebter Anonymität und Prüderie entfernt war dagegen eine frühere englische Autorin, Aphra Behn. 120 Jahre vor dem Erscheinen des *Family Shakespeare* hatte auch Behn schon auf die Menge dessen aufmerksam gemacht, was Bowdler bei Stücken wie *Othello* als «Unzüchtigkeiten» bezeichnete. Behn jedoch, die unter eigenem Namen schrieb, gab zu, diese Unzüchtigkeiten zu verstehen, verteidigte sie als künstlerisch angemessen und wandte sich gegen die Doppelmoral, die sie daran hinderte, sich mit einem solchen

Stoff zu befassen. In der Zeit zwischen Restauration und Regency war Behns freies Denken fast undenkbar geworden.

Die sexuelle Verklemmtheit nahm im Laufe des 19. Jahrhunderts immer mehr zu. Weder die *Tales from Shakespear* noch der *Family Shakespeare* wurden sofort zu Bestsellern, aber ihre Popularität erreichte während der Herrschaft Königin Viktorias einen Höhepunkt. Bowdlers Text wurde elf Jahre lang nicht nachgedruckt, in den folgenden 70 Jahren ging er jedoch durch 30 Auflagen. Die 15 zwischen 1807 bis 1873 produzierten Auflagen der *Tales from Shakespear* wurden von den 16 Auflagen in den 80er Jahren noch übertroffen.[106] Shakespeare war selbstverständlich der größte aller Schriftsteller, aber für die viktorianischen Gemüter auch potentiell gefährlich – teilweise gerade deshalb, weil er ein großer Schriftsteller war. Ein Zeitgenosse beschrieb Mary Ann Evans (alias George Eliot) als «die größte Frau, die auf Erden gelebt hat – der weibliche Shakespeare, wenn man so will»[107]. Doch der «weibliche Shakespeare» hatte ihre Zweifel, was den männlichen betraf. 1877 lehnte sie ein Angebot ab, einen Band über Shakespeare für eine neue und einflußreiche Reihe über englische Literaten, die bei Macmillan verlegt wurde, zu schreiben. Sie gab keine Erklärung für ihre Absage, aber an anderer Stelle schrieb sie, eine Frau brauche «ein so feines Destillationsvermögen wie eine Biene, um nichts als Honig aus [Shakespeares] Seiten zu saugen»[108]. Damit meinte sie nicht nur verbale Unzüchtigkeiten, auch das Ende von *Die beiden Veroneser*, wo Valentin Silvia nonchalant seinem Freund und Möchtegern-Vergewaltiger Proteus überreicht, «ekelte» sie beispielsweise an.[109]

Im 19. Jahrhundert prägten Frauen und Kinder das vorherrschende Shakespeare-Bild wie niemals zuvor. Die meisten Leser(innen) begegneten dem Dichter zuerst in Fassungen, die bewußt für zarte Gemüter umgeschrieben waren. Sie lasen Bowdlerisierte Stücke, entweder im *Family Shakespeare* oder in angemessen entgifteten Schulausgaben. Sie lasen Geschichten nach Lambs' Art, entweder in *Tales from Shakespear* oder in den vielen Konkurrenzprodukten und Imitationen (fast alle von Frauen geschrieben). Sie lasen Mary Cowden Clarkes populäre, rührend illustrierte Darstellung von *The Girlhood of Shakespeare's Heroines*: von dem «Kind eines venezianischen Adeligen» (Desdemona), der «Tochter eines Arztes» (Helena), von «Meg und Alice, den Lustigen Weibern von Windsor». In Frankreich, Deutschland und England lasen sie Heinrich Heines ausgedehnten Kommentar *Shakespeares Mädchen und Frauen*, eine Auftragsarbeit, die eine Sammlung schöner Stahlstiche verschiedener englischer Künstler begleiten sollte. Oder sie lasen Shakespeare-Auszüge in den populären Anthologien, die nach 1800 in Unmengen auf den Markt kamen. In englischen Anthologien war Shakespeare beliebter als jeder andere Autor – beliebter selbst als Wordsworth, Cowper und Longfellow.[110] Und Anthologien, die nur eine Auswahl aus Shakespeares Werk druckten, wählten niemals Textstellen, die das Anstandsgefühl verletzen konnten. Die Herausgeber der Anthologien und die Öffentlichkeit bevorzugten solche Passagen, die Matthew Arnold als «Prüfstein» bezeichnete, die «natürlichen Zauber» und «sittlichen Ernst» in sich vereinten. Gedichte (und Frauen) sollten gleichzeitig sittliche Tiefe und «jene abgerundete Vollkommenheit und liebreizende Gefälligkeit» besitzen, «deren Shakespeare ein solcher Meister ist»[111].

Während weibliche Tugenden in den Texten Shakespeares stärker herauskamen, wurden sie auch in Aufführungen sichtbarer. Seit der Restaurationszeit hatte immer eine Frau den ätherischen Ariel gespielt, und diese Tradition blieb bestehen, selbst nachdem die viktorianischen Theaterdirektoren die Dryden/Davenant-Adaption aus dem Programm geworfen hatten. Als Macready 1838 zum erstenmal seit eineinhalb Jahrhunderten *König Lear* «gemäß der ursprünglichen Fassung des Dichters» inszenierte, spielte eine Frau den weisen Narr; 1859 verwandelte Mrs. Kean den Chorus von *Heinrich V.* in Klio, die Muse der Geschichte, die «den stärksten Reiz, den Grundton... der ganzen Inszenierung bildete»[112]. 1899 spielte Sarah Bernhardt selbst den Hamlet. Dadurch, daß sie das Sprachrohr des Dichters (den Chorus) und dessen berühmteste Figur (Hamlet) mit Frauen besetzten, gaben diese Inszenierungen der neuen Einsicht, daß Shakespeares Einbildungskraft in gewisser Hinsicht in ihrem Wesen unmännlich war, eine körperliche Gestalt. Die schwache, launenhafte Weiblichkeit Hamlets war auch an Romeo und an Richard II. zu bemerken; Kritiker wie Dowden konnten nicht anders, als solche Figuren als Aspekte der eigenen Psyche des Dichters zu deuten. Nach solchen beunruhigenden Beobachtungen zu den Dramen konnten die Viktorianer es kaum vermeiden, diese zu den Sonetten in Beziehung zu setzen, zu deren noch beunruhigenderen unausgesprochenen Homoerotik, die 1824 erstmals öffentlich erwähnt und später in den biographischen Phantasien Oscar Wildes und Samuel Butlers weiter ausgeführt wurde. Wenn Shakespeare den Jüngling der Sonette liebte, dann war er entweder homosexuell – oder eine Frau, so schlußfolgerte mehr als ein Phantast.

Das 19. Jahrhundert sägte Shakespeare in zwei Hälften. Der kindliche Shakespeare Lambs und Bowdlers hob gerade durch die Gegensätzlichkeit die gefährliche sexuelle Präsenz des Erwachsenen in den nicht bereinigten Textfassungen hervor. Das Bild viktorianischer Weiblichkeit wurde auf die gleiche Weise in zwei Hälften zersägt: in den reinen Geist und das reine Herz oben, in die dunkle, verruchte Hure unten. Als die viktorianischen Kritiker «dieses ganze wunderbare Aufgebot von Fraulichkeit» [113] in Shakespeares Stücken priesen, hatten sie nicht Cleopatra und Cressida im Sinn, sondern die munteren, sittlich gereinigten Frauen der Komödien und Romanzen oder die ergreifenden, von aller Anstößigkeit gereinigten Frauen der Tragödien. Diese Frauen konnten aufs Podest gestellt oder auf eine Staffelei gebannt werden. Ellen Terrys Darbietung von Hermione erinnerte an die Statue von Niobe im Louvre; ihre Portia ähnelte «jenen stattlichen venezianischen Damen, die noch immer von den Bildern Paolo Veroneses niederblicken», und ihre Ophelia sah aus wie eine präraffaelitische Heilige. [114] Harriet Smithsons «quälend ausdrucksvolles» Portrait der wahnsinnigen Ophelia inspirierte Hector Berlioz zur Komposition der *Symphonie Fantastique*; Elizabeth Siddall stand Modell für John Everett Millais' berühmtes Gemälde der ertrunkenen Ophelia oder für Dante Gabriel Rossettis Skizze der Desdemona. Ertrunkene oder erwürgte Frauen waren die besten Musen. Tote Frauen, die fahlen Fiktionen eines toten Autors, waren einfacher zu handhaben, einfacher zu idealisieren als lebendige.

... in dem unser Held
für jemand anders
gehalten wird

Das Thema ‹Amerikaner› und das Thema ‹Frauen› führt zwangsläufig zu Delia Bacon, auf die beide Klassifizierungen zutreffen. 1857 veröffentlichte sie *The Philosophy of the Plays of Shakespeare Unfolded*, ein Buch von 675 Seiten Umfang, in dem sie die These vertritt, daß die Werke, die so lange Zeit Shakespeare zugeschrieben, in Wirklichkeit von Francis Bacon geschrieben wurden. Diese These fand zahlreiche Anhänger, darunter literarische Riesen wie Mark Twain, Walt Whitman und Henry James. In gewissem Sinn war Delia Bacon einflußreicher als jeder andere Shakespeare-Kritiker: Das eine, was jeder über

Shakespeare weiß, ist, daß einigen Leuten zufolge nicht Shakespeare Shakespeares Dramen schrieb.

Die Argumente, die zur Stützung dieser Hypothese vorgebracht wurden, haben nach logischen, rechtlichen, historischen oder rhetorischen Kriterien niemals zu überzeugen vermocht. Fachleute haben sie jedenfalls nie überzeugt. Bacons eigene, kaum lesbare Begründung ihrer Hypothese wurde selten gelesen, die Einzelheiten hatten wenig Einfluß auf die folgende Diskussion. Diejenigen, die sich darin einig waren, daß nicht Shakespeare die Stücke geschrieben hatte, konnten sich nicht einigen, wer es gewesen war. Francis Bacon konkurrierte bald mit einer ganzen Palette von Kandidaten. Die ganze Diskussion ist letzten Endes sinnlos. Die Theorie, daß nicht Shakespeare Shakespeares Dramen schrieb, gehört zur Klasse der Behauptungen, die keinerlei Bedeutung besitzen, weil sie überhaupt nie widerlegt werden können. Jeder Beweis gegen Delia Bacons Theorie ließe sich als absichtliche Tarnung abtun, die nur die Identität des wahren Autors verbergen soll. Und selbst wenn die Gegner einen entscheidenden Beweis gegen Bacons Behauptung vorbringen können, könnten ihre Anhänger ihre Loyalitäten einfach auf einen der anderen Kandidaten verlagern. Solche Theorien sind psychologisch befriedigend, weil sie logisch unangreifbar sind; wie alle Zirkelschlüsse sind sie gegen Widerlegungen immun. Eine Theorie, die sich niemals falsifizieren läßt, läßt sich auch nicht verifizieren. Wer nichts wagt, sagt nichts.

Der Erfolg der Theorie ist deshalb interessanter als die Theorie selbst. Sie stammte nicht ursprünglich von den Viktorianern; bereits im späten 18. Jahrhundert kam James Wilmot zu dem Schluß, daß Shakespeares Stücke von Bacon stammten, fand seine Hypothese jedoch so beunruhigend, daß er sie nie veröffentlichte. In der viktorianischen Epoche hingegen kam – durch eine Art von intellektueller Selbstentzündung – die Idee ganz unabhängig verschiedenen Autoren, die nicht zögerten, die Flamme weiter zu tragen. 1848 schweifte ein amerikanischer Oberst, Joseph C. Hart, von seiner Lobschrift auf *The Romance of Yachting* ab und behauptete, Shakespeares einzige Leistung habe darin bestanden, Obszönitäten in die Bühnenstücke eines anderen einzubauen. Weniger als ein Jahrzehnt später nominierten Delia Bacon und William Henry Smith, ohne voneinander zu wissen, aber beide binnen eines Jahres, Francis Bacon als diesen anderen. Zwischen 1856 und 1884 brachte die Kontroverse mehr als

250 Bücher, Pamphlete und Artikel hervor. Wahrscheinlich nahm sie so viel intellektuelle Energie in Anspruch wie alle anderen Aspekte der Shakespeare-Forschung in der viktorianischen Epoche zusammen. Die Frage sollte auch im 20. Jahrhundert noch weiter diskutiert werden, aber in der zweiten Hälfte des 19. erlangte sie rasch eine Bedeutung und Dringlichkeit, die sie nie zuvor oder danach besaß. Sie war weder peripher noch untypisch, sondern zentral und sehr typisch.

«Die Frage der Autorschaft», wie es hieß, hatte ihre Wurzeln in der besten Forschung der viktorianischen Epoche. Der erste Band von *The New Shakspere Society's Transactions* aus dem Jahr 1874 war beinahe vollständig dem Nachweis gewidmet, daß große Teile von *Titus Andronicus, Der Widerspenstigen Zähmung, Timon von Athen, Perikles, Heinrich VIII.* und den *Beiden edlen Vettern* nicht von Shakespeare stammten. Solche Zweifel gärten seit langem. Bereits 1687 hatte man ihm die Autorschaft von *Titus Andronicus* abgesprochen, und 1709 hatte Nicolas Rowe festgestellt, es gebe «gute Gründe zu glauben, daß *Perikles* größtenteils nicht von [Shakespeare] geschrieben wurde»[115]. 1725 mutmaßte Pope, Shakespeare sei nur für «manche Figuren, einzelne Szenen oder vielleicht einige wenige bestimmte Stellen» in *Liebes Leid und Lust, Das Wintermärchen* und *Titus Andronicus* verantwortlich.[116] 1733 setzte Theobald auch die drei *Heinrich VI.*-Dramen auf die Liste der Verdächtigen. Spätere Herausgeber wiederholten vielerorts diese Zweifel, bekräftigten sie und führten sie häufig weiter aus. Die viktorianische Forschung nun dehnte den Skeptizismus entschieden auf neue Bereiche des Kanons aus: 1840 veröffentlichte Charles Knight einen Beleg dafür, daß *Timon von Athen* «nicht allein ein Werk Shakespeares war»[117]; 1850 nahm James Spedding eine Anregung von Alfred Tennyson auf und sprach Shakespeare den größten Teil von *Heinrich VIII.* ab; 1869 schrieben Clark und Wright *Macbeth* überwiegend Thomas Middleton zu.[118] Viele dieser Zweifel trotzten mehr als ein Jahrhundert lang den folgenden Untersuchungen. Beinahe alle Forscher gehen heute davon aus, daß bestimmte Passagen in *Macbeth* nicht von Shakespeare stammen, eine deutliche Mehrheit glaubt, daß John Fletcher an *Heinrich VIII.* beteiligt war, und in den letzten zwei Jahrzehnten hat eine Vielzahl linguistischen Beweismaterials die Präsenz eines anderen Autors in *Timon von Athen* bestätigt. Diese viktorianischen Erfolge beruhten nicht auf Spekulationen oder dem frommen Wunsch, Shakespeare seiner Verantwortung für Material zu entheben, das seinem Genius unwürdig war; vielmehr waren sie das Ergebnis einer wissenschaftlichen Anwendung von neuen analytischen Verfahren. Die Viktorianer hatten mehr Tatsachen zusammengetragen und neue Wege entwickelt, sie anzugehen und auf eine These hin zu ordnen.

Doch gleich den Erkenntnissen, die Darwin von den Galapagos-Inseln zurückbrachte, untergruben die neuen Tatsachen systematisch die Autorität eines heiligen Buchs. Die moderne Wissenschaft hatte festgestellt, daß weite Teile verschiedener Dramen des ersten Folios von 1623 nicht von Shakespeare stammen konnten. Diese alte Ausgabe enthielt Material, das Shakespeare nicht geschrieben haben konnte, und ließ Material aus, das er geschrieben hatte: Teile von *Perikles* und den *Beiden edlen Vettern* und ebenso, wie 1871 erstmals ein Mitglied der New Shakespeare Society erkannte, Teile eines unveröffentlichten Manuskripts, des Schauspiels *Sir Thomas More*.

Darwin jedoch bot zumindest eine einzige Hypothese, die alle Tatsachen zusammen erklären konnte; in Shakespeares Fall ließ sich kein solches einheitliches Muster erkennen. Kein dokumentarisches oder chronologisches Prinzip identifizierte die verdächtigten Stücke als solche, und mehr als ein weiterer Autor schien an der Produktion beteiligt. Lediglich die Bacon-Hypothese (bzw. eine Variante davon) bot eine umfassende Erklärung: Keines der Stücke stammte allein oder überwiegend von William Shakespeare. In ihrer banalen Einfachheit ähnelte diese Hypothese Philip Gosses Behauptung, Gott habe «die Fossilien im Gestein versteckt, um die Geologen zur Ungläubigkeit zu verführen»[119]. Entsprechend mochte Francis Bacon die Verantwortlichkeit für seine Schöpfungen absichtlich und systematisch verschleiert haben. Gosses Buch erschien 1857, im gleichen Jahr wie das Buch Delia Bacons. Und 1848, in dem Jahr, in dem Oberst Harts *Romance of Yachting* «die Frage der Autorschaft» erstmals in gedruckte Form brachte, veröffentlichte ein anderer Amerikaner ein Buch über *Historic Doubts Respecting Shakspeare; Illustrating Infidel Objections against the Bible*.[120] Dieses Buch verteidigte die Historizität Jesu Christi gegen Einwände von Atheisten: Witzig führte es vor, wie die Einwände der Skeptiker sich ebenso leicht gegen die Existenz Shakespeares richten ließen. Doch dieses Schwert war zweischneidig. Wenn man die Autorität der Bibel anzweifelte, warum sollte man dann an die Existenz Gottes oder Jesu glauben? Wenn man der Bibel nicht glauben konnte, warum sollte man dann dem ersten Folio glauben können? Und wenn man die Autorität des ersten Folios anzweifelte, warum sollte man an die Existenz dieser fleischgewordenen Gottheit der Dichtung, des ‹unsterblichen› Shakespeare, glauben?

Lyells und Darwins Tatsachen gegen das Bibelwort, Speddings und Fleays Tatsachen gegen das Wort des ersten Folios: Wirklichkeit gegen Geist. In wachsendem Maße erschienen Naturwissenschaft und Kunst unvereinbar. Gegen die Wirklichkeit von Gradgrinds bürokratisch-industrieller Schule setzte Dickens den Zirkuskünstler, der «die Pausen mit seinen unanstößigen Witzen und Antworten beleben würde»[121]. Im Alter klagte Darwin, sein Geist sei «eine Art Maschine zum Mahlen allgemeiner Gesetze aus großen Tatsachensammlungen geworden», mit dem Ergebnis, daß sein jugendliches Gefallen an Dichtung, Musik und Kunst verkümmert war: «Ich habe kürzlich versucht, Shakespeare zu lesen, und das so unerträglich fade gefunden, daß es mich anekelte.»[122] Die Bacon-Hypothese heilte diesen viktorianischen Gegensatz zwischen der Naturwissenschaft und Kunst durch das Bild einer einzelnen Figur, die beides in sich vereinte: der Naturwissenschaftler Francis Bacon, der den gleichen Körper wie der Dichter «William Shakespeare» bewohnt.

Obgleich Dowden die Bacon-Hypothese gänzlich ablehnte, stellte er gerade Bacon und Shakespeare – dazu signifikanterweise den anglikanischen Theologen Richard Hooker – als paradigmatische Figuren der elisabethanischen Epoche heraus: «Bacon und Shakespeare gehörten zu einer großen Bewegung der Menschheit», die durch ihr Bestreben, «das Tatsächliche zu sehen und von besonderen Tatsachen zu allgemeinen aufzusteigen», gekennzeichnet ist.[123] Indem sie diese beiden Figuren zu einer verschmolz, schuf die Bacon-Hypothese einen «Bacspeare», der es mit Goethe aufnehmen konnte. Goethe vereinte in sich, wie Dowden sagte, «ein wahres synthetisches naturwissenschaftliches Genie und ein in höchster Form künstlerisches Genie»[124]. Was das 19. Jahrhundert an Goethe bewunderte, wollte es bei anderen finden. In einer witzigen Nachahmung der Baconianer schlug ein Satiriker vor, die Dickensschen Romane habe in Wirklichkeit Herbert Spencer geschrieben.[125] Zu Lebzeiten wurde Dickens oft mit Shakespeare verglichen, und das Verschmelzen seiner Person mit dem einflußreichen Philosophen der zeitgenössischen Naturwissenschaft produzierte einen synthetischen Supermann, der nicht weniger reizvoll (und nicht wahrscheinlicher) war als der Baconianische Prototyp. Aber der Reiz dieses Prototyps unterschied sich nicht wesentlich von Dowdens ein-

flußreicher Vorstellung des elisabethanischen England, seinem bekannten «compound ghost» – dem «Sammelgeist» * –, in dem Bacon,
Shakespeare und Hooker zu einem glücklichen Triumvirat der Kunst,
Naturwissenschaft und Religion verschmolzen waren, das sich ganz
dem Verstehen wirklich menschlicher Erfahrung verschrieben
hatte. **

Die Bacon-Hypothese brachte das disparate Beweismaterial gegen
die kanonische Autorität des ersten Folios unter einen Hut; sie zelebrierte die Ehe zwischen Naturwissenschaft und Gefühl. Außerdem
stellte sie die Übereinstimmung von Kunst und Leben wieder her. So
sagte Dowden seinen Studenten: «Das Ganze ist mehr wert als die
Summe seiner Teile»; Shakespeares Werke verdienten wie die Gottes
nicht nur für sich genommen Aufmerksamkeit, sondern auch, weil sie
insgesamt «den lebendigen Geist ihres Schöpfers» offenbarten.[126] Und
da wir uns für Shakespeares Geist interessieren, müssen wir uns für
Shakespeares Körper interessieren, denn sein Charakter sollte sich in
seinen wirklichen Taten wie in seinen Fiktionen niedergeschlagen haben.

Aber das Zeugnis der sich ansammelnden Dokumente brachte diese
Annahme ins Wanken. Die Forschung des 19. Jahrhunderts grub zwar
viel neue Information zu den Einzelheiten der Shakespeareschen Existenz aus, doch die Biographie, die aus diesem Material sichtbar
wurde, war eine Geschichte von geschäftlichen Transaktionen und Gerichtsprozessen. Shakespeare erwarb Grundbesitz, handelte mit Waren
und machte Investitionen; er brachte Leute vor Gericht, die ihm Geld
schuldeten. «Er kaufte und verkaufte», wie Whitman es zusammen-
faßte, «handelte, haushaltete, lieh sich Geld, verlieh Geld und klagte
vor Gericht.»[127]

Die aus dem Material hervorgehende Geschichte befriedigte manche
Leser durchaus. In den Händen von Samuel Smiles wurde Shake-

---

* Anm. d. Ü.: Eliot, «Little Gidding, Vier Quartette», in *Gesammelte Gedichte* 1909-1962, hrsg. u. mit einem Nachwort versehen v. Eva Hesse
(1988), 325.
** Dowdens verlorenes Paradies der Synthese unterscheidet sich nicht allzu-
sehr von T.S. Eliots späterer und ebenso einflußreicher Vorstellung des elisabethanischen Englands, wo das nackte Denken und Gefühl eine unselbstbe-
wußte Einheit war, bevor das flammende Schwert einer «Dissoziation der
Empfindungsfähigkeit» sie für immer entzweite.

speares Leben ein anderes Musterbeispiel der Tugenden der *Self-help* (1859). Smiles' Buch, ein dauerhafter Bestseller der viktorianischen Zeit, bot dem Leser viele anregende «Illustrationen von Charakter und Lebenswandel»: Sein Shakespeare war «ein eifriger Schüler und hart arbeitender Mann», ein Mann mit «praktischen Qualitäten», dessen «Geschäft gedieh und ihm genügend einbrachte, um sich mit einem ausreichenden Auskommen zur Ruhe zu setzen»[128]. Obgleich Smiles' Darstellung Shakespeares sich an eine nicht-akademische Leserschaft richtete, unterschied sie sich nicht wesentlich von dem, was im gleichen Jahrzehnt auch namhafte Autoritäten schrieben. 1853 versicherte der britische Altertumsforscher James Halliwell seinen Lesern, «der große Dramatiker» sei «seinen weltlichen Interessen aufs sorgfältigste nachgekommen; und eine Bestätigung dieser Ansicht läßt sich in zahlreichen Quellen finden»[129]. 1865 beharrte der amerikanische Herausgeber Richard Grant White darauf, daß Shakespeare seine Stücke «einzig und allein deshalb» schrieb, «weil er sich genügend finanzielle Mittel verschaffen wollte, um nach Stratford zurückzukehren und das Leben eines unabhängigen Gentleman zu führen»[130].

Der-*self-made*-Unternehmer stellte den merkantilen Geist der Zeit zufrieden, aber er ließ sich schwerer auf überzeugende Weise zu dem sublimen, schöpferischen Dichter in Bezug setzen, den man mehr als ein Jahrhundert lang angebetet hatte. Die Viktorianer wurden mit diesem Widerspruch auf unterschiedliche Weise fertig. Manche isolierten die Person von der Dichtung, so daß die Unähnlichkeit nicht offenbar wurde. Seit Rowe, seit 1709 also, hatten alle wichtigen (und die meisten unwichtigen) Werkausgaben von Shakespeare einen Essay über sein Leben enthalten; die Cambridge- und Globe-Ausgabe hingegen erzählten dem Leser nichts darüber. Diese Gewaltenteilung, die die Herausgeber und Biographen trennte, kam der Neigung dieser Epoche zur Spezialisierung und Arbeitsteilung entgegen.

Den Lesern, die dennoch auf einer umfassenden Deutung beharrten, bot Dowden die überzeugendste Synthese. Der Landbesitzer Shakespeare brachte einen Nachbarn vor Gericht, um das ausstehende Geld für eine Malzlieferung zu bekommen; ungefähr zur gleichen Zeit schrieb er die Sätze, wo Hamlet die «mit weitläufigen Besitzungen von Kot gesegneten» Höflinge und Rechtsgelehrte mit ihren «gerichtlichen Auflassungen» und den Schädeln im Grab «full of fine dirt» – «voller feinen Schmutzes» * – verspottet.[131] Dowden sah beide Tätigkeiten als Spiegel einer ausgewogenen Persönlichkeit. Shakespeares intellektuelle Leistung resultierte laut Dowden aus dem Triumph der «Selbstbeherrschung». Der Praktiker Shakespeare (ein Bolingbroke, ein Heinrich V., ein Octavius Cäsar) vermochte es gerade eben, den impulsiven und emotionalen Idealisten Shakespeare (einen Falstaff, Romeo, Hamlet) im Zaum zu halten.[132] Dr. Jekyll hielt Mr. Hyde im Zaum, unterdrückte ihn jedoch nie ganz.

Der Cambridge-Shakespeare trennte Werk und Leben; Dowden teilte das Lebenswerk in zwei gegeneinander strebende, in prekärem Gleichgewicht gehaltene Impulse. Die Baconianer teilten das Werk in zwei gegensätzliche Leben, in Bacon, den verborgenen Geist, und Shakespeare, die geborgte Hand. Alle drei wie auch immer unterschiedlichen Reaktionen beruhten auf der Annahme, daß das Produkt und das, was über den Produzenten bekannt war, anscheinend unvereinbar waren. Die Baconianer folgerten schlicht daraus, daß die Unvereinbarkeit auf Betrug zurückging. Und was für ein besseres Instrument des Betrugs ließ sich vorstellen als den Geldraffer William Shakespeare?

Da nicht alle Bezweifler der Shakespeareschen Autorschaft sich auf Bacon oder einen anderen Kandidaten einigten, wurden sie schließlich die «Anti-Stratfordianer» genannt: Wer immer die Dramen geschrieben hatte, der Mann aus Stratford war es jedenfalls nicht. Stratford-upon-Avon war der Inbegriff der Pfennigfuchserei, die sie an Shakespeare so haßten. Seit Mitte des 18. Jahrhunderts verdienten die Bewohner an seinem Namen. Bereits 1806 lockte Stratford jährlich 1000 Besucher an.[133]

1847 versuchte der amerikanische Zirkusmagnat P.T. Barnum, Shakespeares Geburtsort zu kaufen; als Reaktion darauf setzten sich der Romantiker Dickens und der Schauspieler Macready an die Spitze einer erfolgreichen landesweiten Kampagne dafür, den Ort durch Subskription in nationalen Besitz zu bringen. Die neue Eisenbahnnebenstrecke verstärkte ab 1860 noch die kommerzielle Ausrichtung des Orts auf den literarischen Tourismus. Ungefähr 30 000 Kunden, so die Schätzung, lockte der 300jährige Geburtstag 1864 nach Stratford.[134]

Am 23. April 1879 eröffnete das Shakespeare Memorial Theatre, und Stratford begann, alljährlich Theaterfestivals zu veranstalten. Die

---

* Anm. d. Ü.: Schlegel/Tieck übersetzen hier nicht wörtlich.

Flower-Familie, die den Ort dank des Profits ihrer Bierbrauerei und ihrer dadurch geschaffenen Arbeitsplätze beherrschte, unterstützte das Jubiläum und die Festivals finanziell: Dünnbier und Shakespeare – Shakesbier ernährte und bestimmte Stratford. Der Ort verkörperte das bürgerliche Philistertum, das Matthew Arnold beschrieb und beklagte; in ihm vereinigten sich ‹Provinzialismus› mit ‹Geschäftsgeist›. Der Ort, wo Shakespeare geboren und beerdigt war, symbolisierte all das, was die großen viktorianischen Kritiker mit sozialem Gewissen ablehnten.

Die Anti-Stratfordianer werden von anders gesonnenen Kritikern häufig des Snobismus beschuldigt; aber wenn dem so war, dann war es ein ästhetischer Snobismus, den sie mit John Ruskin, Walter Pater und Matthew Arnold teilten. Schließlich versicherte Arnold uns, «Shakespeare oder Vergil, Seelen voller Süße, voll Lichts und all dessen, was in der menschlichen Literatur am menschlichsten und bedeutendsten ist», hätten die Pilger als «unerträgliche Gesellschaft» empfunden.[135] Ein solcher Snobismus bestärkte viele Autoritäten des 19. Jahrhunderts in ihrem Glauben, daß das aristokratische «Janssen-Portrait» ein authentisches Bild des wirklichen Shakespeare sei. Théophile Gautiers erster Roman enthielt eine idyllische Schilderung einer Aufführung von *Wie es euch gefällt* in der Orangerie eines französischen Landhauses, und Oscar Wilde feierte eine Amateurinszenierung des gleichen Stücks mit Lady Archibald Campbell und den Pastoral Players im Garten des Coombe House: Lady Archibald spielte Orlando, die Musik war «ganz köstlich», «die Farben vollkommen», kurz: «*Wie es euch gefällt* war vermutlich nie so gelungen auf die Bühne gebracht worden.»[136]

Dieser Snobismus durchdringt auch einige der typischsten musikalischen Werke dieser Zeit. Bedeutende europäische Komponisten von internationalem Rang und auf dem Zenit ihrer Laufbahn widmeten Shakespeare ihr großes orchestrales Können. So komponierte zum Beispiel Mendelssohn, der 1826 bereits eine Ouvertüre zum *Sommernachtstraum* geschrieben hatte, die Musik für eine historische Produktion des Bühnenstücks des großen romantischen Dichters, Bühnen- und Romanautors Ludwig Tieck. Zu dieser Komposition aus dem Jahr 1843 gehörte der «Hochzeitsmarsch», wahrscheinlich das berühmteste Musikstück, das je für eine Shakespeare-Aufführung komponiert wurde. Es begleitet den Fackelzug der drei Brautpaare am Anfang des fünften Akts. Der Hochzeitsmarsch schmückte in der Aufführung eine einfache, in den Text eingebaute Promenade; sie lieferte die symbo-

lische Untermalung einer Pantomime. In Shakespeares Theater begleitete ein schlichter Trompetentusch diese Handlungselemente, aber im
19. Jahrhundert schien eine solche musikalische Armut dem Reichtum
des Textes nicht länger angemessen. Shakespeares Stücke verdienten
eine großartige Musik (genauso wie sie einen anderen, bedeutenderen
Autor verdienten als einen Schauspieler aus Stratford). So lieferte
Mendelssohn eine Musik von einer Komplexität, Vielseitigkeit und
formalen Sicherheit, die Shakespeares eigener Dichtung ebenbürtig
war, eine Musik, die unweigerlich die folgenden Aufführungen im
19. Jahrhundert begleitete. Der «Hochzeitsmarsch» selbst – ein Teil
der Bühnenmusik, die König Friedrich Wilhelm IV. von Preußen in
Auftrag gab – verkörpert in klanglich konzentrierter und durchgehal-
tener Form das Thema einer triumphierenden aristokratischen Heirat.
Mendelssohns Koautor für diese Produktion, Ludwig Tieck, hatte als
erster Kritiker die Auffassung vertreten, daß der «Keim» von Shakespeares Bühnenstück eine «Gratulation» zur Hochzeit eines bestimmten elisabethanischen Edelmanns gewesen sei.[137] Die Beweise für
Tiecks Mutmaßung sind nicht schlagkräftiger als Delia Bacons, aber
sie wurde bei den Forschern so beliebt wie Mendelssohns Komposition
beim Publikum. Wie Mendelssohns Musik und wie die Bacon-Hypothese ergänzte Tiecks Theorie Shakespeares Text: Den ursprünglichen
Worten pfropfte er einen angemessen romantischen und aristokratischen Paratext auf.

Wenn Mendelssohn, Tieck und die Baconianer des Snobismus beschuldigt werden können, dann gilt das gleiche auch für die Werke, die
Shakespeare zugeschrieben werden. Varianten des Wortes «Lord» tauchen dort 3296mal auf, Varianten von «König» 1830mal, von «edel»
843mal, von «Prinz» 672mal, von «Königin» 495mal, von «königlich» 263mal, von «Ritter» 219mal. Die Anrede in den Dialogen wird
regelmäßig von Ehrfurchtsbezeigungen begleitet und erkennt damit
den sozialen Stand an: Allein «Sir» findet sich 2613mal, und die allgegenwärtige Unterscheidung zwischen «Thou» und «You» in der Anrede signalisiert durchgängig die Nuancen des gesellschaftlichen
Rangs. Außerdem unterscheidet die Sprache der Dramen und Gedichte weder zwischen der Bedeutung von «gentle» in Gentleman und
«gentle» im Sinne von «kind», also «gütig», «freundlich», noch zwischen dem «noble» – «edel» – wie in «Edelmann» und dem «edel» im
Sinne von «heroisch, tapfer» oder im Sinne von einer «edlen» «Goldmünze». «Royal», «königlich» konnte sich auf eine Goldmünze, einen

Monarchen oder die einem Monarchen angemessenen Eigenschaften von Großartigkeit und Freigebigkeit beziehen; «sovereign» bedeutete «königlich», «souverän» oder eine «Goldmünze». Die Etymologie stützte die Aristokratie: Das blaue Blut erbt die Tugend, und Reichtum gehört rechtmäßig denen, die einen Titel geerbt haben. Vier Kaiser bevölkern die Stücke, 32 Könige, 60 Herzöge, fünf Herzoginnen und 37 Grafen. Angesichts solcher Fakten nannte der einflußreiche englische Journalist Walter Bagehot Shakespeare pointiert den «Dichter der Adelsbande»[138], und Walt Whitman beschrieb ihn ungefähr zur gleichen Zeit als «Künstler und Sänger des Feudalismus»[139]. Angesichts solcher Fakten folgerten wiederum die Baconianer, daß nur ein Aristokrat solche Stücke geschrieben haben konnte.

Die Anti-Stratfordianer glaubten, die Dramen seien Findlinge, deren wahre Elternschaft seit langem verschleiert sei; jetzt aber würde die Entdeckung eines entscheidenden Beweisstücks, eines bislang nicht beachteten Artefakts, endlich ihre aristokratische Abstammung aufdecken. Francis Bacon, Lord Verulam, hatte die Stücke gezeugt, nicht Shakespeare, dieser Gesell vom Lande. Ähnlich stellt sich in den Stücken selbst Philip Falconbridge als unehelicher Sohn von König Richard Löwenherz heraus; Viola ist keine Dienerin, die dazu taugt, Orsino aufzuwarten, sondern eine Dame, die dazu taugt, ihn zu heiraten; Martina ist keine Näherin, sondern das Kind von König Perikles, Perdita ist keine Schäferstochter, sondern Erbin des Königreichs Sizilien; Guiderius und Arviragus sind keine Bauernburschen, sondern Prinzen; Imogen ist kein Page, sondern eine Prinzessin. Gesellschaftlicher Stand kommt (wie Mord) ans Licht. Den viktorianischen Lesern gefielen solche Rollen ebenso wie den Theaterbesuchern der Renaissance. Schließlich findet Oliver Twist, der in einem Armenhaus aufwächst, am Ende seine Halbschwester wieder und gewinnt sein Erbe zurück. Diese Familienromanze übertrugen die Baconianer einfach von den Plots der Dramen auf den Plot, der die Autorschaft der Stücke erklärt. Die Baconianer sahen überall Plots. Ihre Hypothese verlangte eine Verschwörung: Bacons Autorschaft hätte zu seinen Lebzeiten nur dann verborgen werden können, indem man so viele falsche Indizien auf Shakespeare weisen ließ. Und aus der Perspektive der Baconianer vermochte nur die Existenz einer feindlichen Verschwörung zu erklären, warum das Kultur-Establishment ihre Theorien, nachdem sie erst einmal öffentlich verkündet waren, nicht unmittelbar und universell anerkannte. Ohne Zweifel würde man heute manche Baconianer, darunter auch ihren Archetyp, Delia Bacon selbst, als Neurotiker diagnostizieren. Die Bewegung als Ganzes läßt sich jedoch nicht als individuelle Neurose erklären, dafür fielen ihr zu viele Leute zum Opfer. Die Bacon-Hypothese setzt eine Paranoia voraus, und sie hätte niemals Erfolg gehabt, hätte nicht eine Massenparanoia sie unterstützt.

In den Schauerromanen des späten 18. Jahrhunderts waren die Helden oder Heldinnen der Gnade eines despotischen Aristokraten ausgeliefert; in den großen Schauerromanen des frühen 20. Jahrhunderts sollten sie der Gnade einer despotischen Bürokratie ausgeliefert sein. Der Schauplatz europäischer bürgerlicher Alpträume, der Alpträume des normalen Lesers, verschob sich von Horace Walpoles *The Castle of Otranto* (1765), das aus der Feder des vierten Grafen von Oxford stammte, auf Franz Kafkas *Der Prozeß* (begonnen im August 1914), dessen Autor Versicherungsangestellter war. Diese kulturelle Verlagerung des Brennpunkts fiktionaler Paranoia entsprach einer tatsächlichen Verlagerung der gesellschaftlichen Macht. Die Baconianer-Bewegung tauchte während des Übergangs von der Aristokratie zur Bürokratie auf. Sie entstand zu dem Zeitpunkt, als die neuen Literaturbeamten Shakespeare institutionalisierten und verstaatlichten. Die Baconianer waren allesamt Amateure, die für Amateure und gegen Fachleute schrieben; der Bacon-Mythos stellte – und tut das auch heute noch – den Aufstand der Laien dar. Ein Enthusiast, nur mit der Wahrheit bewaffnet, kämpft gegen die enormen repressiven Kräfte einer korrupten Ordnung. Der Außenseiter tritt gegen den Amtsadel an.

Delia Bacon war eine Zeitgenossin von Charles Dickens. In Dickens' Romanen wurden die Helden zum Opfer von mit Namen versehenen und charakterisierten sadistischen Schurken, die die Zwangsinstitutionen einer Massengesellschaft repräsentierten: der Schule (*Nicholas Nickleby*), des Armenhauses (*Oliver Twist*) und des Rechtssystems (*Bleak House*). Bei den meisten dieser Kämpfe hatte Dickens – anders als Kafka – noch den Triumph des einzelnen über die Ordnung im Sinn. Ähnlich gingen die frühen Baconianer zuversichtlich von einem baldigen Sieg über das Shakespeare-Establishment aus.

Die Theorie, daß Shakespeares Stücke nicht von Shakespeare stammen, findet genau deshalb weiterhin bei Amateuren Anklang, weil die Fachleute sie vollkommen verworfen haben. Wenn das akademische Establishment sie je akzeptierte, verlöre sie sofort ihren Einfluß auf die populäre Phantasie. Die Theorie paßte sich jeweils der Paranoia des Augenblicks an. Während die Naturwissenschaft weithin als Advokatin der neuen Wahrheit galt, die mutig das Establishment herausforderte, war Francis Bacon der favorisierte Kandidat. Heute jedoch steht er nicht mehr in der Gunst, weil die Naturwissenschaft selbst zu einer der mächtigsten und verdächtigsten Bürokratien geworden ist. In den jüngsten Science-fiction-Romanen, wie in *E. T.* oder *Flight of the Navigator*, nehmen die wissenschaftlichen Bürokraten unverkennbar die Rolle des Schurken an, der den natürlichen, lobenswerten Impuls des einfachen Mannes unterdrückt. Der Mythos, daß außerirdische Raumfahrer die Pyramiden gebaut haben, befriedigt populäre Sensationslust genauso wie der Mythos, daß außertextuelle Aristokraten Shakespeares Dramen geschrieben haben. In beiden Mythen ist der Urheber einer großen Leistung verlorengegangen, und die akkreditierten Fachleute sind diskreditiert. Die Struktur beider Mythen verschlüsselt eine Rebellion gegen kulturelle Autoritäten. Bacon und die Amateur-Baconianer verdrängen Shakespeare und die professionellen Shakespearianer; sie verdrängen Shakespeare, um die Shakespearianer zu verdrängen.

Verschwörungen sind ein wesentliches Merkmal des Baconianischen Plots, und verschlüsselte Botschaften sind ihrerseits das natürliche Beiwerk von Verschwörungen. 1882 kamen zwei Amerikaner, Catherine Windle und Ignatius Donnelly, unabhängig voneinander zu dem Schluß, Bacon habe als Zeichen seiner Autorschaft entsprechende kryptische Botschaften in den Text der «sogenannten Shakespeare-Dramen» eingebaut. Danach fand man Chiffren und Geheimschriften zuhauf. Längst haben die professionellen Kryptologen die Methoden und Ergebnisse der vielen kryptoanalytischen Amateuressays weggepustet; der Rückgriff auf Kodes und Chiffren als solcher verdient jedoch unsere Aufmerksamkeit, weil er einen ursprünglichen, typischen und dauerhaften Beitrag der Viktorianer zur Literaturwissenschaft und -kritik darstellt. Die Viktorianer erfanden sie nicht, in der zweiten Hälfte des 19. Jahrhunderts wurden Kodes und Chiffren jedoch erstmals zum allgemeinen Gegenstand der öffentlichen Faszination. Die Erfindung des Telegraphen 1844 machte den Morsekode zu etwas Alltäglichem; zahlreiche kommerzielle Kodes ermöglichten es den Kunden, ihre Botschaften, die von Fernschreiberangestellten weitergeleitet wurden, zu verschlüsseln. Die militärische Kryptologie verwandelte sich von Grund auf. Die populäre Presse, die Geheimnisse aufzudecken suchte, und die privaten Kodes, die sie wiederum zu verbergen suchten, profitierten beide von dieser neuen Technologie. Kaum überraschend kamen sie sich bald ins Gehege: 1878 – nur vier Jahre nach der ersten Entdeckung einer Baconschen «Chiffre» – ruinierte in Amerika eine amerikanische Zeitung die politische Karriere eines Präsidentschaftskandidaten dadurch, daß sie seine kodierten Versuche, Stimmen im Wahlausschuß zu kaufen, entschlüsselte und veröffentlichte. Der berühmteste der zahlreichen viktorianischen Detektive, Sherlock Holmes, der Entschlüsseler geheimer Kodes und Entdecker versteckter Indizien, hatte 1887 sein öffentliches Debut. Dieses Interesse für zeitgenössische Kodes ging zwangsläufig mit einem Interesse für die Kodes der Vergangenheit einher. Samuel Pepys' Tagebuch, das bereits im Hinblick auf das Restaurationstheater zitiert wurde, war in einer Art Stenographie geschrieben und wurde erst 1825 entschlüsselt und veröffentlicht. Der Rosetta-Stein und die ägyptische Zivilisation wurden 1822 entschlüsselt; die babylonische Keilschrift gab 1857 schließlich ihr Geheimnis frei.

Die Vergangenheit spricht in einer Geheimsprache; um sie zu verstehen, muß man ihre Zeichen entschlüsseln. Die Fossilien im Gestein, die Hieroglyphen in den ägyptischen Grabstätten, die Manuskripte, die Pepys dem Magdalene College in Cambridge vermachte – diese Botschaften waren die ganze Zeit dagewesen, aber keiner hatte ihre Bedeutung gekannt, solange der Kode nicht geknackt war. Die ägyptischen Hieroglyphen, die babylonische Keilschrift waren zwar Sprachen, aber Außenseitern gegenüber verbargen sie ihre Bedeutung so effektiv wie die komplizierteste moderne Chiffre. Jede Sprache ließ sich nicht nur dekodieren, sondern Sprache war *per definitionem* ein Kode. Das Studium der vergangenen Sprachen und Literaturen erforderte deshalb kritische Techniken, die der Kryptoanalyse ähnelten.

Die Baconianer behandelten Shakespeares Texte wie eine kodierte Botschaft, die der Dechiffrierung bedarf, aber das taten auch viele andere viktorianische Gelehrte. Die Notwendigkeit der Kryptoanalyse verstärkte wiederum die Macht der ‹Experten›. Das Schicksal der Sonette in der Kritik des 19. Jahrhunderts bestand aus Versuchen, die implizite private Geschichte zu entschlüsseln und die wirkliche Identität des Patrons, der *dark lady* und des Dichterrivalen zu bestimmen. Diese Versuche, die ebenso widersprüchlich wie zahlreich waren wie die Theorien über den wahren Autor der Shakespeare-Dramen, beruhten auf der Entdeckung und Deutung von in den Text eingelagerten kryptischen ‹Indizien›, die manchmal in eine neue Ordnung gebracht werden mußten, um den Verlauf der Geschichte klar zu machen. Diese obsessive Suche nach privaten Botschaften in den Gedichten weitete sich zwangsläufig auch auf die Dramen aus.

Fleay formulierte die These, daß vier Figuren in *Liebes Leid und Lust* (Armado, Motte, Nathanael und Dumm) eine Satire auf vier Dichterkollegen Shakespeares darstellten (John Lyly, Thomas Nashe, Robert Greene und Anthony Munday).[140] 1874 hörte die New Shakespeare Society einen Vortrag über «Die Politik der historischen Schauspiele Shakespeares», in dem zahlreiche «indirekte Bezüge und Anspielungen auf die zeitgenössische Politik» genannt wurden. Zum Beispiel sei Shakespeare mehrfach von seinen historischen Quellen abgewichen, um eine Parallele zwischen König Johann und Königin Elisabeth zu ziehen.[141] Die staatliche Zensur habe ihn dazu gezwungen, über bestimmte Themen in Form von Rätseln, Umschreibungen und Allegorien zu sprechen. Solche Deutungen basieren auf der Annahme, daß die Dramen teilweise in einer Privatsprache verfaßt wurden, die – damals wie heute – nur eine intellektuelle Elite richtig verstehen konnte. Wie die Baconianer teilte man Shakespeare erneut in zwei Hälften, diesmal in seine öffentliche und seine private Bedeutung.

Die Viktorianer lagen nicht falsch, Shakespeares Sprache als Kode zu behandeln; sie lagen auch nicht falsch in dem Versuch, ihn zu entschlüsseln, und lagen nicht falsch in dem Glauben, daß er bisweilen von einer halbprivaten Bedeutung durchdrungen war. Solche Impulse mögen den Baconianischen Mythos hervorgebracht haben, aber außerdem brachten sie viel von der besten Kritik und Forschung ihres und unseres eigenen Jahrhunderts hervor. Die Suche nach einer Botschaft von jenseits des Grabes produzierte Ignatius Donellys baconianisches Buch *The Great Cryptogramm*; aber ebenso produzierte sie die philosophische Literaturwissenschaft von A.C. Bradleys *Shakespearean Tragedy*.

... in dem unser Held einer außerordentlichen Figur begegnet, die manche Rätsel löst und endlich den Sinn seines Lebens und die Bedeutung seiner vielen Abenteuer erklärt

In seiner einführenden Vorlesung versprach Dowden, daß ein Englischstudent schließlich «von der biographischen und historischen zur philosophischen Beschäftigung mit Literatur» übergehen werde.[142]

Wie die Literatur selbst durchläuft auch die Literaturwissenschaft einen Entstehungsprozeß: So wie die biologische Evolution im Menschen gipfelte, so gipfelt die kritische Evolution in der Philosophie. Ein Terrier, der die faden Hundefutter-Bällchen in seinem Napf satt hat, springt auf den Tisch und macht sich über das von einer höheren Spezies übriggelassene Steak her; die Viktorianer, die die Knorpelbröckchen der Shakespeareschen Biographie satt hatten, sprangen auf den vornehmen Tisch der Shakespeareschen Philosophie.

A.C. Bradley, 1851 geboren, war der Sohn eines evangelischen Geistlichen; einer seiner älteren Brüder war Rektor des University College in Oxford, ein anderer war der Oxforder Philosoph Francis Herbert Bradley. Dort hatte Bradley studiert und eine Zeitlang Philosophie gelehrt. Im 19. Jahrhundert hatte sich die Philosophie noch nicht von der Literatur gelöst. Arnold war nicht der einzige, der einen «hohen Ernst» in Shakespeares Werk sah[143], eine «Lebenskritik», eine «immerwährende Quelle der Erleuchtung und Freude über die ganze Menschheit»[144]. Hegel, Schopenhauer und Nietzsche schrieben über Shakespeare. Delia Bacons *opus magnum* erging sich über *The Philosophy of the Plays of Shakespeare*, Anna Jameson gründete ihre systematische Beschreibung der *Characteristics of Women* auf eine Analyse von *Shakespeare's Heroines* (so wurde ihr Buch später umbenannt).

Ein Streit mit dem Rektor des Balliol College, dem mächtigen Benjamin Jowett, dem die liberalen politischen Ansichten und die idealistische Philosophie von Bradleys Kreis mißfielen, setzte Bradleys eigener Karriere als Philosoph in Oxford ein Ende. Nicht ganz freiwillig verließ er Oxford und besetzte als erster den King Alfred-Lehrstuhl für Neue Literatur an der Universität Liverpool (1882), dann wurde er Professor für Englische Literatur an der Universität Glasgow (1889). 1900 wurde er zum Professor für Dichtung in Oxford ernannt. Während der fünf Jahre seiner dortigen Tätigkeit hielt er die Vorlesungen, die dann in die *Shakespearean Tragedy* (1904) und *Oxford Lectures on Poetry* eingingen (1909). Von den elf Vorlesungen des zweiten Buchs sind vier ausschließlich Shakespeare gewidmet. Beide Bücher erschienen nach dem Tode Königin Viktorias, aber sie stellen die öffentliche Formulierung einer kritischen Methode dar, die in den letzten zwei Jahrzehnten des 19. Jahrhunderts entwickelt und artikuliert wurde. Bradleys Vorlesungen über Shakespeare waren die am höchsten entwickelten und einflußreichsten Muster viktorianischer Literaturwissenschaft.

Die typische Form der Bradleyschen Literaturkritik sind – wie bei Dowden – Vorlesungen für Studenten, die er dann später zusammenstellte und veröffentlichte. Diesen Umständen verdankt sein Werk viel seiner Verständlichkeit. Die Vorlesungen sollten – und tun das noch heute – als Initiationsritus dienen: Der erfahrene Meister führt die unerfahrenen Neulinge ein in die Einzel- und Feinheiten einer begrenzten Disziplin. Deshalb blendet Bradley nicht; er handelt nicht mit überraschenden Bildern, die plötzlich aus dem Zusammenhang hervorspringen, ist kein Lieferant von Formulierungen, die wie Fusseln an unserem Gedächtnis hängen bleiben. Kean, Keats und Coleridge erhellten Shakespeare mit den unsteten Lichtblitzen einzelner leuchtender Augenblicke einer elektrisierten Vorstellungskraft; Bradley benutzt die niedrigere, beständigere Stromstärke einer Glühbirne. Was blendet, kann für einen Augenblick Verwirrung stiften; eine zu denkwürdige Formulierung kann uns durch ihre Eleganz zu eigenen Spekulationen verlocken, wenn wir uns eigentlich auf die nächsten Sätze des Autors konzentrieren sollten. Bradley führt uns zur Routine. Er schreibt eine methodische Prosa:

«Die Frage, die es in dieser Vorlesung zu behandeln gilt, läßt sich auf verschiedene Weise formulieren. Wir können es folgendermaßen sagen: Was ist das Wesen der Shakespeareschen Tragödie, abstrahiert man sowohl von ihrer Form als auch von den gehaltlichen Unterschieden zwischen den einzelnen Tragödien? Oder folgendermaßen: Was ist die Natur des tragischen Aspekts des Lebens, wie ihn Shakespeare darstellt? Was ist die allgemeine Tatsache, die mal in der einen, mal in der anderen Tragödie gezeigt wird? Und wir stellen die gleiche Frage, wenn wir fragen: Was ist Shakespeares tragische Konzeption oder Konzeption des Tragischen?»[145]

Der erste Absatz der ersten Vorlesung von *Shakespearean Tragedy* veranschaulicht die intellektuelle Methode, derer sich Bradley durchweg bedient. Er unterwirft das Material einer erbarmungslosen Klarheit; er definiert es über eine stete Ansammlung von Wendungen, Beispielen, Argumentationen. Die Bedeutungen stapeln sich.

Bradley hat so viele Anhänger gefunden, weil man ihm so einfach folgen kann. Er verpackt eine Analyse in leicht verdauliche, mundgerechte Portionen. *Shakespearean Tragedy* beginnt mit zwei allgemeinen einführenden Vorlesungen «Das Wesen der Shakespeareschen Tragödie» und «Der Bau der Shakespeareschen Tragödie» und widmet dann jeweils zwei ganze Vorlesungen *Hamlet, Othello, König Lear* und *Macbeth*. Das Buch schließt mit 32 kurzen «Anmerkungen» zu Fragen wie

«Hamlets Alter», und «Wann wurde die Ermordung Duncans zuerst ersonnen?», die insgesamt ein Viertel des Buchs einnehmen. Diese einzelnen Elemente sind jeweils in sich abgeschlossen. Im Vorwort erklärt Bradley, daß Leser, die es «bevorzugen, sich sofort zur Diskussion der verschiedenen Bühnenstücke zu begeben», die ersten beiden Vorlesungen ganz überspringen können.[146] Die einzelnen Vorlesungen sind jeweils weiter untergliedert. Die Vorlesung über den dramatischen Bau hat zum Beispiel vier numerierte Teile; der zweite benennt drei numerierte «Methoden, anhand derer Shakespeare die Entstehung und Entwicklung des Konflikts darstellt»; der dritte Teil verzeichnet acht Methoden – nach Buchstaben von «(a)» bis «(h)» gegliedert, derer Shakespeare sich bediente, um dem natürlichen Nachlassen des Interesses im vierten Akt der Dramen entgegenzusteuern. Der vierte Teil listet – nach Buchstaben von «(a)» bis «(h)» gegliedert – sieben «wirkliche Mängel» in der dramatischen Technik auf, die gelegentlich in Shakespeares Tragödien sichtbar sind.[147] Weite Teile der Vorlesungen über die einzelnen Tragödien lassen sich leicht in getrennte Beschreibungen und Analysen der einzelnen Figuren aufgliedern. Dieses Muster sollte uns inzwischen vertraut sein. Dowden unterteilte Shakespeares Werk in vier Phasen, Bradley unterteilte Shakespeares Tragödien in zwei Gruppen – die vier großen (*Hamlet, Othello, König Lear, Macbeth*) und den Rest. Die Shakespearianer wurden in Profis und Amateure unterteilt, die neuen Seminare der Universitäten unterteilten die Literaturgeschichte in Epochen, die jeweils mit einem Spezialisten besetzt wurden; die Shakespeare-Philologie wurde in Biographie, Edition und Kritik unterteilt und das Theater in das elitäre, «legitime» und in populäre Unterhaltung. Shakespeares Texte wurden in einzeln gedruckte Folgen unterteilt, in Elite- (Cambridge-) und populäre (Globe-) Ausgaben, in britische und amerikanische, männliche und weibliche, Erwachsenen- und Kinderfassungen; der Shakespearesche Anteil wurde von dem seiner Koautoren abgeteilt. Die Baconianer trennten Shakespeare schließlich von seinem Werk ab. Der Preis des Wachstums war eine zunehmende Aufteilung und Verzweigung. Effektiv wurde alles in handhabbare Fragmente zerlegt, die nur ein heroischer Akt der Synthese wieder vereinen konnte. Bradleys Sprachstil und Vorgehensweise spiegeln die Struktur der viktorianischen Kultur.

Nachdem die Vorlesungen – mit Bradleys eigenem hilfreichem Register am Ende – veröffentlicht waren, zerbröckelten sie in den stu-

dentischen Händen zwangsläufig in viele einpaukbare Häppchen von
Bradleys Antworten auf Prüfungsfragen.

> Mit träumte von des Shakespeares Geist,
> Er wollt', daß man ihn Amtsmann heißt.
> Doch ach, es galt den *König Lear,*
> Zu kennen dieses Jahr dafür,
> Den Shakespeare nur sehr schlecht erzählt,
> Weil er den Bradley nicht gewählt.[148]

Die universitäre Lehre, Prüfungen, die Beamtenlaufbahn und der Philosoph Bradley hatten am Ende der viktorianischen Epoche Shakespeare gänzlich institutionalisiert. Die obigen Verse aus den 20er Jahren dieses Jahrhunderts sind eine Satire und gleichzeitig ein Bild der
vollständigen Verwandlung, die der Status der Literatur erfahren
hatte. Shakespeare war ein reiner Amateur; wenn er sich jetzt nicht der
Routine der Institution anpaßte, konnte die Institution ihm seine professionelle Eignung absprechen.

Bradley stellte «verschiedene Fragen an *König Lear*», die Shakespeare wohl in Schwierigkeiten gebracht hätten. Zum Beispiel kommentierte Bradley die plötzliche Aufwallung sexuellen Ekels in einigen
von Lears wahnsinnigen Reden. Als der blinde Gloster, des Königs
Stimme erkennend, vor seinem Herrscher niederkniet, hält Lear ihn
für einen Gefangenen, der um Gnade fleht.

> Dem schenk' ich's Leben: was war sein Vergehn?
> Eh'bruch! –
> Du sollst nicht sterben. Tod um Eh'bruch, –? – Nein!
> Der Zeisig tut's, die goldne Fliege,
> Vor meinen Augen buhlt sie.
> Laßt der Vermehrung Lauf! – Denn Glosters Bastard
> Liebte den Vater mehr, als meine Töchter,
> Erzeugt im Eh'bett.
> Dran, Unzucht! Frisch auf, denn ich brauch' Soldaten. –
> Sieh dort die ziere Dame,
> Ihr Antlitz weissagt Schnee in ihrem Schoß;
> Sie spreizt sich tugendlich und dreht sich weg,
> Hört sie die Lust nur nennen:
> Und doch sind Iltis nicht und hitz'ge Stute
> So ungestüm in ihrer Brunst.
> Vom Gürtel nieder sind's Centauren,

Wenn auch von oben Weib; nur bis zum Gürtel
Sind sie den Göttern eigen; jenseits alles
Gehört den Teufeln, dort ist Hölle, Nacht,
Dort ist Schwefelpfuhl. Brennen, Sieden, Pestgeruch,
Verwesung, – pfui, pfui, pfui! – Pah! Pah! –[149]

Während es laut Bradley «für Timon natürlich ist, die weibliche Wollust zu beschimpfen, während er zu Alkibiades und seinen Dirnen spricht, gibt es keinen offensichtlichen Grund, warum Lear in seinem hohen Wahn diesen Gegenstand für ähnliche Schmähreden wählen sollte». Bradley deutet Lears Diatribe als Beweis des «unterschwelligen Ekels» angesichts der «geschlechtlichen Verderbtheit», die in Shakespeares Werk der Jahre 1602 bis 1606 «vernehmbar wird»; dieser Ekel bringt Shakespeares eigene «Mutlosigkeit und Erbitterung» während dieses «unglücklichen Lebensabschnitts» zum Ausdruck.[150] In diesen Versen vernehmen wir das, was Shakespeare selbst beschäftigte.

Oder ist es das, was Bradley selbst beschäftigte? Für Bradley läßt sich der Einbruch äußerlichen, nicht unbedingt zur Handlung gehörenden Materials, wie Lears sexuellen Ekels, nur erklären, wenn wir annehmen, daß Shakespeare einen Augenblick lang die künstlerische Kontrolle über seinen Stoff verloren und die Gewalt seines inneren Aufruhrs fremdes, unterirdisches Material an die Oberfläche gepreßt hatte. Diese Erklärung mag zutreffen. Aber sie beruht auf der Prämisse, daß mancher Stoff nicht unbedingt zum Werk gehört. Und was dem viktorianischen Kritiker nicht dazu gehörig schien, mag dem Publikum zur Zeit König Jakobs als solches erschienen sein.

Sicherlich lassen sich diese Passagen als integraler Bestandteil des Dramas deuten und rechtfertigen. Zum einen greifen Lears Worte hier frühere Fäden der Fabel wieder auf. Lange vor Einsetzen der Handlung hat Gloster tatsächlich Ehebruch begangen; sein unehelicher Sohn Edmund, die Frucht dieses Ehebruchs, begeht Ehebruch mit Lears Tochter Goneril; das untöchterliche Verhalten Gonerils und Regans hat Lear an einem Punkt fast dazu gebracht, seine geheiligte Frau des Ehebruchs zu verdächtigen. Und diese betonte Wiederholung von unrechtmäßiger Sexualität in der Fabel ist tief mit den Themen des Dramas verwoben. *König Lear* dramatisiert einen Zusammenbruch von elterlicher und politischer Autorität. Zu Shakespeares Lebzeiten beruhte politische Autorität auf elterlicher Autorität, weil die Strukturen politischer

Macht familiären Ursprungs waren. Insbesondere beruhte politische Rechtmäßigkeit auf der Rechtmäßigkeit der Geburt: Das Recht eines Kindes zu herrschen, einen Titel anzunehmen oder ein bestimmtes Eigentum zu besitzen, hing vom Erbe des königlichen oder blauen Bluts ab, das wiederum vom sexuellen Lebenswandel der Mutter des Kindes abhing. Wie die Ehefrauen von Heinrich VIII. auf brutale Art lernen mußten, ist Ehebruch in einer königlichen Familie Verrat. Angesichts solcher ideologischer und biologischer Voraussetzungen ist ein Drama aus dem 17. Jahrhundert über den Zusammenbruch politischer Autorität natürlich – und vielleicht unvermeidbar – auch ein Drama über Ehebruch und Lust. In *Hamlet* ist der politische Usurpator auch ein sexueller: Claudius hat gegen das Gesetz den rechtmäßigen Platz seines Bruders eingenommen, und zwar auf dem Thron wie im Schlafzimmer. Auch Richard III. gebietet durch Betrug über Englands Krone und Lady Annes Schoß.

Den Renaissance-Bezug zwischen unerlaubtem Sex und politischer Illegitimität diskutiert Bradley nicht, ebensowenig den Renaissance-Bezug zwischen geistiger und politischer Instabilität. Sowohl William Shakespeare als auch Karl I. sprachen von der «Herrschaft» der «Vernunft» über die Seele.[151] Beide stellten sich die Ordnung des Geistes in politischem Sinn vor: Die königliche Vernunft muß die niederen Schichten regieren. «[Die] Verfassung / des Menschen, wie ein kleines Königreich, / Erleidet dann den Zustand der Empörung», wenn jemand wie Brutus den Aufstand erwägt.[152] Wenn der rechtmäßige Monarch abgesetzt ist, ist auch die Vernunft in den Köpfen der Menschen verloren; in *Titus Andronicus, Hamlet, König Lear* und *Macbeth* erzeugt politische Unrechtmäßigkeit Wahnsinn. Hamlet, entsetzt über die «blinde» Fleischeslust seiner Mutter, beschreibt diese als Zustand, wo die «Wilde Hölle» aufbegehrt und «reason pardons will»: «und die Vernunft / Den Willen kuppelt»[153]. Lust ist ein Rebell, und die Vernunft, die eigentlich die Herrschaft haben sollte, begnadigt die niederen Gelüste – genauso, wie der (wahnsinnige) Herrscher Lear seinen ehebrecherischen (blinden) Untertanen Gloster begnadigt. Als Shakespeare diese Sätze Hamlets überarbeitete, verstärkte er Hamlets Verurteilung der Mutter durch eine Änderung des Verbs, so daß jetzt die Vernunft die sexuellen Gelüste nicht länger einfach entschuldigt oder begnadigt, sondern sie aktiv «kuppelt» («panders»). Die Änderung verknüpft zwei Bilder, die er schon früher verwendet hatte: «reason is the bawd to lust's abuse» – «Muß kuppelnd so Vernunft der Wollust huldigen?» (in bezug auf eines Herrschers Vergewaltigung einer seiner weiblichen Untertanen) – und «made his majesty the bawd» – «und machte seine Majestät zum Kuppler»* (im Kontext einer Beschreibung eines machiavellistischen politischen Manövrierens in sexuellem Sinn).[154]

Shakespeare setzte Monarchie und Monogamie, das Über-Ich und den Staat gleich. Bradley tat das nicht, und wir tun es nicht. Nur wenige Shakespeare-Leser des englischen Sprachraums würden heute die Revolutionen von 1642, 1688 und 1776 im Sinne von Wahnsinn, zügelloser Lust und kindlicher Undankbarkeit beschreiben. Shakespeares monarchistische Deutung der Psyche wurde von einer konstitutionellen abgelöst; Dowdens Deutung nach – wie auch der gegenwärtigen Volkspsychologie zufolge – beruht geistige Gesundheit auf einem System von Kontrolle und Gleichgewicht, auf dem beständigen Aushandeln und Vermitteln gegensätzlicher Interessen, auf einem täglichen Ausgleich zwischen Repression und Befreiung.

Bradley erklärte Lears Worte nicht im Sinne von sexueller oder psychologischer Motivation, weil Bradley nicht wie Shakespeare dachte; er dachte wie Dowden. 1909 bekräftigte er: «In allem, was ich geschrieben habe, bin ich Professor Dowden verpflichtet.»[156] Man strebt nach unmittelbarem Kontakt; wie Stanley auf den Fersen Livingstones schlagen wir uns durch den Dschungel des Textes, bis wir schließlich unserem Helden entgegentreten und sagen können, «William Shakespeare, nehme ich an». Wie Livingstone wird Shakespeare gerettet werden, ob er es will oder nicht.

John Stuart Mill hat die Ansicht vertreten, Shakespeare sei «für viele als Geschichtenerzähler großartig, für wenige als Dichter». Aber was war ein Dichter? Da «alle Dichtung» laut Mill «monologischer Natur» ist, ist ein Dichter jemand, dessen Monologe wir belauschen. Für Mill hatte Dichtung keinerlei Nutzen; tatsächlich wandte er sich ihr als Reaktion gegen das Nützlichkeitsdenken des Utilitarismus zu. Aber die meisten Leser wollten wissen, was für ein Mensch der Dichter war, den wir hören konnten, und was er uns sagen wollte. Wenn man «Poesie belauschte»[157], war sie überhaupt des Zuhörens wert? Wie Dowden und fast jeder andere bedeutende viktorianische Kritiker machte Bradley sich deshalb daran, aus Shakespeares Werk dessen philosophische Schlüsse über das menschliche Leben abzuleiten. Für Bradley waren

* Anm. d. Ü.: Schlegel/Tieck übersetzen hier nicht wörtlich.

die Dramen Abhandlungen über «die tragische Ebene der Wirklichkeit» (eine Formulierung, die er in der allerersten Vorlesung von *Shakespearean Tragedy* zehnmal wiederholt). Und die «zentrale Ebene» – die «unbegreifliche Tragik der Wirklichkeit», der alles andere untergeordnet war – war die «Vergeudung» und der «Wert dessen, was vergeudet worden war». Etwas Wertvolles war vergeudet worden, etwas Nützliches war falsch oder gar nicht genutzt worden. Das moralische Kalkül des Universums war ineffektiv. «Und diese Wirklichkeit ... ist die Tragödie.»

Aber was hat das mit Lears wahnsinnigen Reden über Ehebruch zu tun? Nichts. Bradley behandelt diese Passagen in *Shakespearean Tragedy* überhaupt nicht, und ebensowenig gehören sie gemäß seiner Definition zum Wesen von *König Lear*. Statt dessen diskutiert er diese Sätze Lears in bezug auf «Shakespeare the Man», eine der *Oxford Lectures*, die fünf Jahre später getrennt erschienen. Lears wahnsinnige Reden sind Teil der Psychobiographie William Shakespeares, nicht der Tragödie *König Lear*. Wenn man die vom Autor intendierte Bedeutung bestimmen will, muß man in gewissem Sinn den Autor abziehen; wir müssen seinen momentanen Verlust der künstlerischen Beherrschung seines Stoffs ignorieren. Genauso, wie wir Beweismaterial aus dem Munde unzuverlässiger Figuren ignorieren müssen, wenn wir die Wahrheit über Figuren und Ereignisse im Stück feststellen wollen, müssen wir, wenn wir die universellen Wahrheiten eines Textes herausfiltern, das Beweismaterial ignorieren, das durch die rein persönlichen Umstände des Autors eingefärbt ist. Am Anfang seiner Vorlesung vertritt Bradley nachhaltig die Ansicht, daß die Lebenssicht, die sich aus Shakespeares Tragödien herausdestillieren läßt, nicht unbedingt Shakespeares «Meinungen oder Glauben außerhalb seiner Dichtung» entsprochen haben müsse. Wie so viele andere Viktorianer trennte Bradley den Mann von seinem Werk.

Zu den rein persönlichen und deshalb äußerlichen Umständen muß die Tatsache gezählt werden, daß Shakespeare fürs Theater schrieb. Bradley richtet seine Vorlesung an Shakespeare-Leser und analysiert darin mehrfach die Wirkung von bestimmten Passagen gerade beim Lesen. Insbesondere *König Lear* erachtete er für ein großartiges Kunstwerk, aber für ein schlechtes Bühnenstück. Bradley hat natürlich Aufführungen von Stücken Shakespeares und anderer Autoren besucht; er schrieb auch eine interessante historische Vorlesung über «Shakespeare's Theatre and Audience», und bisweilen konnte er genau die

Unterschiede ausmachen zwischen dem gelesenen und dem gespielten Text. Aber für seine Leistung bleibt das peripher: Das Theater spielte für die Shakespeare-Rezeption zu Bradleys Zeiten eine weit geringere Rolle als in den vorausgehenden zwei Jahrhunderten.

Man hat Bradley oft beschuldigt, Shakespeares Dramen so zu behandeln, als seien sie viktorianische Romane. Das tat er nicht. Aber die Anklage lebt fort, weil sich *Shakespearean Tragedy* selbst wie ein viktorianischer Roman liest. Bradleys Buch ist groß angelegt, ernst, moralisch, auf eine steife Art eloquent, in höflicher Sprache abgefaßt. Die Öffentlichkeit bekam es ursprünglich in Fortsetzungen zu lesen. Es ist ein bißchen zu lang, und es gerät von Zeit zu Zeit in merkwürdige Sackgassen. Der Dramatiker Dryden hatte seine Shakespeare-Kritik in Form eines Dialogs *Of Dramatick Poesie* vorgebracht; die Journalisten Steele und Anderson beschrieben Shakespeare in wohlgeformten Prosa-Essays; Keats und Coleridge hatten ihre Kritik in Form lyrischer Fragmente am vollkommensten geübt. In den Händen Bradleys schließlich wurde die Shakespeare-Kritik zu einem philosophischen Roman.

1. Dieser Stich Martin Droeshouts wurde erstmals in der Sammlung von Shakespeares Dramen aus dem Jahr 1623 veröffentlicht. Dieselbe Kupferplatte wurde für die Nachdrucke 1632 und 1663 wiederverwendet; der letztere Nachdruck wurde 1664 noch einmal aufgelegt. Der hier gezeigte Zustand, das Titelbild auf dem 1664er Nachdruck, ist das Bild, das den Lesern der Restaurationszeit am vertrautesten war; es ist viel gröber und dunkler als das Original von 1623.

2. Das sogenannte «Janssen»-Portrait, das 1770 auftauchte, wurde von James Boaden 1824 als authentische Wiedergabe groß in Umlauf gebracht. Mit dem Spitzenkragen und dem Wams aus Seide und Gold ist dies das aristokratischste Bild, das je Shakespeares Namen zugeschrieben wurde.
(In Wirklichkeit ist es wahrscheinlich ein Portrait von Sir Thomas Overbury.)

3. Shakespeares Kopf. Eine der zahllosen Kopien des «Chandos»-
Portraits aus dem 18. Jahrhundert. Dieses Gemälde diente wahrscheinlich als Ladenschild für Jacob Tonsons Buchhandlung. Andere
Kopien dienten als private Ikone: Dryden sagte von der seinen
(von Sir Godfrey Kneller gemalt): «Mit Ehrfurcht bitt' ich ihn um
seinen Segen, bevor ich schreibe / Mit Ehrerbietung schau' ich auf
sein majestätisches Antlitz...»

4. Das Röntgenbild des sogenannten
«Flower»-Portraits von Shakespeare
zeigt, daß es über ein früheres Bild
der Madonna mit dem Kind gemalt
wurde. Die Aufnahme ermöglicht es uns,
das spätere Übermalen und Ausbessern
des Portraits auszumachen, aber ebenso
fragmentarisiert sie auf bezeichnende
Weise das Bild des Dichters – und zeigt
außerdem, wie ein Text den anderen
überlagert.

5. Max Beerbohm, *William Shakespeare, his Method of Work*. Ein entsprechend großer, mürrischer und
aristokratischer Sir Francis Bacon
steht hinter einem kleinen, lächelnden
und einfach gekleideten Shakespeare,
der angestrengt nachzudenken und
völlig vertieft auf und ab zu gehen
scheint. Doch das Aufundabgehen
läßt sich ebenso als Schleichen deuten
und die Geste des Denkens, nämlich
sein Finger an der Nase, als eine der
Verschwörung.

6. Der früheste erhaltene Theaterzettel für ein Stück von Shakespeare. Angekündigt wird eine Aufführung im Jahre 1697 von Drydens Bearbeitung von *Troilus und Cressida*. Bezeichnenderweise werden weder Dryden noch Shakespeare erwähnt.

Not Acted thefe 16 Years.
T the New THEATRE,
in Little Lincolns-Inn Fields,
morrow being Thurfday the 28th of
October, will be Reviv'd, A Play call'd,
TROILUS and CRESIDA;
OR,
Truth Found too Late.
NO PERSON TO STAND ON THE STAGE.
Nor any Money to be after Return'd the Curtain is Drawn up.
By his Majeſties Servants. VIVAT REX.

7. *Hamlet* (1709). Wie andere Aspekte von Rowes Ausgabe spiegelt dieser Stich wahrscheinlich zeitgenössische Aufführungen wider – wie es der Vorhang oben links anzeigen soll. Betterton spielt Hamlet in zeitgenössischem Aufzug (einschließlich der gepuderten Perücke); allein die unordentliche Bekleidung seines rechten Beins weist auf den archaischen Charakter des Stücks hin. Der Stich bestätigt andere Augenzeugenberichte: Betterton reagierte auf das Erscheinen seines Vaters Geist, indem er plötzlich aufstand und den Stuhl dabei umstieß; die Portraits hinten an der Wand mögen als Demonstrationsobjekte für Hamlets Aufforderung an seine Mutter gedient haben: «Seht hier, auf dies Gemälde, und auf dieses.» Die Bühnenstellwände, von Davenant eingeführt, situieren die Szene explizit in das Innere eines Hauses.

KAPITEL 5

Strich drunter, oder
Abschied von alledem

Eins

«Im Dezember 1910 oder ungefähr in diesem Zeitraum veränderte sich
der menschliche Charakter.»[1] Ob diese Äußerung richtig ist, spielt
keine Rolle; Virginia Woolf relativiert ihre modernistische Behauptung schon, während sie diese macht. Warum 1910? Warum Dezember? Das sagt sie nicht. Sie ging vielleicht davon aus, daß ihr Publikum
im Kopf hatte, daß König Eduard VII., Viktorias Sohn, 1910 gestorben war – aber das war im Mai. Die Parlamentswahlen im Dezember
hatten den Liberalen noch einmal die Regierung übertragen – die zweiten Wahlen in jenem Jahr, ausgerufen, um die Autorität der Regierung
gegenüber dem House of Lords zu bestätigen. Die Lords hatten gegen
die vorgeschlagene ‹Super-Steuer› auf hohe Einkommen und gegen
die Grund- und Bodensteuer ihr Veto eingelegt; der zweite Sieg der
Liberalen 1910 schmälerte die Macht der Aristokratie und ebenso die
Bankkonten der oberen Schichten. Außerdem war jetzt die liberale Regierung erstmals von der Labour Party abhängig, die ihrerseits von den
Gewerkschaften abhängig war. Durchweg setzten die Gewerkschaften
1910 die Wirtschaft mit immer mehr Streiks unter Druck, und zwar
mit wirksameren Streiks als je zuvor. Es drohte der Triumph der
Masse.

Aber Virginia Woolf erwähnt keines dieser öffentlichen Ereignisse.
Arnold Bennett, H.G. Wells oder John Galsworthy hätten das vielleicht getan; aber ihre Romane, so versichert sie uns dann, mit ihren
gewissenhaften Expositionen, zuversichtlichen Erklärungen, den starken, unerschütterlichen Figuren, gehörten einer Welt an, die mit dem
Jahr 1910 zu Ende gegangen war. Woolf bemerkt, das Benehmen der
Dienerschaft habe sich verändert – heutzutage habe der Koch zu allem
eine Meinung –, aber sie sagt nicht warum. Besuchte der Koch die erste
postimpressionistische Ausstellung, die am 8. November 1910 eröffnet worden war? Hatte der Koch eine Meinung zur Gründung der
Internationalen Psychoanalytischen Vereinigung 1910? E.M. Forster

veröffentlichte 1910 *Howard's End*. 1910 hustete Tolstoi noch einmal und verstarb auf einem Bahnhof, während die Presse sensationslustig schon draußen wartete, die Kameras im Anschlag, um das Begräbnis abzulichten. Aber Virginia Woolf erwähnt nichts von alledem. Ebensowenig erwähnt sie – wußte sie überhaupt davon? –, daß 1910 ein amerikanischer Student aus dem Mittelwesten anfing, in Harvard «J. Alfred Prufrocks Liebesgesang»[2] zu schreiben. T.S. Eliots Figur definiert sich im Kontrast zu Shakespeares berühmtester Figur («Nein! Ich bin kein Prinz Hamlet, nicht dazu bestimmt»), so wie auch Eliot später seine eigene poetische Praxis im Gegensatz zu Shakespeares Praxis in *Hamlet* definieren sollte.

Und woher wissen wir, daß der menschliche Charakter sich verändert hatte? Weil die Charaktere, denen wir in Büchern begegnen, sich verändert hatten. Gleich Eliot definiert Woolf die Romanfigur in ihrer neuen Kunst im Gegensatz zu den Figuren der überholten Kunst eines anderen. Sie liefert keine analytische Exposition der Unterschiede im menschlichen Charakter vor und nach 1910, statt dessen schildert sie ihre Begegnung mit einer Frau in einem Eisenbahnabteil. Diese «Mrs. Brown», eine sichtlich alte, wahrscheinlich arme Frau, hätten die wertvollen Romane von Wells und Galsworthy auf ihre gut gemeinte, altmodische Art charakterisiert; E.M. Forster jedoch, D.H. Lawrence und James Joyce (wie auch Woolf selbst), die Schriftsteller, die jene neue Welt repräsentierten, die 1910 ihren Anfang nahm, würden Mrs. Brown ganz anders charakterisieren: unausgesprochener, unbestimmter, unwirklicher, elliptischer, kryptischer. Den philosophischen Romanen der Viktorianer setzte Woolf die poetischen Romane der Modernisten entgegen. Woolf spekulierte nicht darüber, was William Shakespeare mit Mrs. Brown getan hätte, doch Shakespeare schrieb seine Stücke schließlich vor 1910, bevor der menschliche Charakter sich änderte.

Taktvoll erwähnt Woolf nichts von alledem. Aber nicht jeder bewies solche Diskretion. Während sie sich von der traditionellen Romanfigur verabschiedet – oder zumindest von der Romanfigur, wie sie die Romanciers bisher definiert hatten –, setzten in einem anderen Teil des kritischen Dickichts E.E. Stoll und Levin Schücking einen Strich unter die Shakespearesche Art der Charakterzeichnung – oder zumindest unter das, was die Kritiker bisher als den Charakter definiert hatten, wie Shakespeare ihn definiert habe.

Shakespeare hätte Mrs. Brown zum Beispiel höchstwahrscheinlich einen Monolog sprechen lassen, in dem sie uns unmittelbar und unzweideutig die Gedanken hätte mitteilen können, die sie die Mitreisenden im Eisenbahnabteil nicht wissen ließ. Aber wie haben wir das zu deuten, was Mrs. Brown uns anvertraut? Als Hamlet Claudius beim Beten antrifft, beschließt er, ihn nicht von hinten zu erstechen, als dieser gerade kniet; Hamlet sagt, er wolle den Schurken nicht in einem Moment töten, da er vielleicht in den Himmel kommen würde; er will Claudius nicht nur tot, sondern auch verdammt sehen. Glauben wir dieser Erklärung, oder glauben wir – wie es erstmals in der zweiten Hälfte des 18. Jahrhunderts geäußert wurde –, daß Hamlet eine Entschuldigung vorbringt, um erneut die Entscheidung aufzuschieben, die zu fällen er nicht die sittliche Kraft aufbringt? Dem amerikanischen Professor Stoll und dem deutschen Professor Schücking zufolge müssen wir Hamlets Erklärung glauben, weil Monologe nicht lügen. Sicherlich belügen im wirklichen Leben die Menschen sich selbst genauso wie andere – mehr noch vielleicht. Aber Monologe sind nicht das wirkliche Leben. Im wirklichen Leben sitzt kein Publikum daneben, dem wir jederzeit vertraulich unsere Motive offenbaren können. Monologe sind eine Konvention; Konventionen sind ein Kode; wenn wir die Regeln des Kode nicht akzeptieren, übersetzen wir die Botschaft falsch. Das wirkliche Leben hat damit nichts zu tun. Würde Shakespeares Mrs. Brown in Form des Monologs sagen, diese Virginia Woolf, die sich gerade in ihrem Eisenbahnabteil breit machte, sei ein hochnäsiger Snob, so müßten wir ihr glauben; gegen einen Shakespeareschen Monolog gibt es kein Einspruchsrecht.

Andere Kodes gestalten andere literarische Figuren. Heinrich V. gehört zur Konvention des Heldentums, Richard III. zum Schurkentum, Shylock zur Konvention des Antisemitismus. Macbeth «kommentiert, wie die meisten elisabethanischen und Shakespearianischen Figuren ... seine Gefühle, anstatt sie zu äußern». Statt er selbst zu sein, beschreibt er sich selbst. Abgesehen davon übernimmt Macbeth – wie auch Shakespeares andere Schurken – die unrealistische moralische Perspektive seines Autors für seine Selbstbeschreibung. Wie Stoll anführt, sind laut modernen Kriminologen «bei Verbrechern selten Anzeichen von Gewissensbissen, Reue oder Verzweiflung zu erkennen. Unter 400 Mördern sah Bruce Thompson nur bei 13 Anzeichen von Reue, und unter 700 Verbrechern fand Ferrie nur 3,4 Prozent, die Anzeichen von Gewissensbissen zeigten oder überhaupt innerlich bewegt wirkten, als sie ihre Missetaten schilderten.» – «Weit entfernt davon,

eine Shakespearesche Reue zu bekunden», neigen sie dazu, wie Dostojewskis Raskolnikoff «ihr Opfer nach dem Verbrechen noch mehr zu
hassen als zuvor»[3]. Shakespeare hatte künstlich das Gewissen des Publikums in die Brust des Verbrechers eingepflanzt; ebenso verlieh er
dem Mund eines Soldaten die Zunge eines Dichters. Die meisten der
Shakespeareschen Figuren sprechen in Versen; Menschen sprechen in
Prosa. Die Figuren sprechen in Bildern, die Shakespeare poetisch oder
rhetorisch am wirkungsvollsten scheinen – nicht in Bildern, die einer
Person mit einem bestimmten Hintergrund in einer bestimmten Situation am ehesten in den Sinn gekommen wären.

Schücking und Stoll beharrten beide auf einer Deutung der Shakespeareschen Figuren im Sinne der Theaterkonventionen seiner eigenen
Zeit. Der literarische Kode war im zweiten Jahrzehnt des 20. Jahrhunderts so leicht zu lesen, weil dessen letzte vererbte Überbleibsel inzwischen durch einen neuen Kode ersetzt worden waren: die Theaterkonventionen Ibsens. Nach der langen künstlerischen Dürre des
19. Jahrhunderts grünte das englische Theater nun erstmals wieder.
Die besten Stücke von John Galsworthy und Harley Granville-Barker
entstanden alle in den ersten zehn Jahren des neuen Jahrhunderts.
George Bernard Shaws Karriere begann zwar in den 1890ern, wirkliche Popularität erlangte er aber erst, als Granville-Barker zwischen
1904 und 1907 zehn seiner Stücke ins Repertoire des Royal Court
Theatre aufnahm. Der einflußreiche Kritiker William Archer vertrat
seit den 1880ern Ibsens Sache; wenige Jahre später hatte Ibsen sich dann
international einen Namen gemacht, und Archers englische Übersetzung der gesammelten Werke erschien 1906 bis 1908. Archer pries
Shaw und Galsworthy, und 1904 brachten Granville-Barker und er ihr
Buch *Scheme and Estimates for a National Theatre* heraus.

Zusammen hatten Galsworthy, Granville-Barker, Shaw und Archer
1910 bereits ein neues englisches Drama begründet, und über den Gegensatz definierte gerade die Neuheit das, was an dem Drama, das es
verdrängt hatte, alt war. Virginia Woolf stellte den alten Figuren neue
entgegen; Eliot stellte Hamlet seinen Prufrock entgegen. Der unbedeutende Bühnendichter Maurice Baring, ein enorm produktiver
Hans Dampf in allen Gattungen, veröffentlichte in diesem epochalen
Jahr 1910 eine Sammlung von *Dead Letters*, deren Titel witzig die Bedeutung von nicht zustellbarer Post (*dead letter*) und veralteter Literatur
verband. Parodistisch verwandelte Baring Shakespeares Figuren, indem er sie wie die Menschen in den zeitgenössischen Stücken und Ro-

manen sprechen ließ. So klagt Goneril, die bürgerliche Gastgeberin, in einem Brief an ihre Schwester über «Papas Narren»:

«Du weißt, Liebste, daß ich diese Art von Humor immer schon gehaßt habe. Gerade wenn man zum Essen Platz nimmt, kommt er herein und schlägt einem mit einer harten, leeren Blase auf den Kopf und singt vollkommen idiotische Lieder, die einen fast zum Weinen bringen. Neulich, als wir viele Gäste hatten und gerade im Speisesaal Platz nehmen wollten, zog Papas Narr unter mir den Stuhl weg, so daß ich hart zu Boden fiel. Papa schüttelte sich vor Lachen... Albany weigerte sich natürlich einzuschreiten. Wie alle Männer und Ehegatten ist er ein ausgesprochener Feigling.»[4]

In diesem Punkt unterschied sich Shaw von Baring nur darin, daß er ein besserer Schriftsteller war. Auch er stellte sein *Cesar and Cleopatra* (1906) und *Saint Joan* (1923) gegen das Shakespearesche Portrait der gleichen Figuren, stellte sein *Cymbeline Refinished* (1937) gegen den fünften Akt von Shakespeares Stück.

Mit der Ausnahme von Galsworthy trugen die Schlüsselfiguren des neuen englischen Dramas auch entscheidend zur Neudefinition Shakespeares für das 20. Jahrhundert bei. Granville-Barker wurde der einflußreichste Produzent von Shakespeare-Inszenierungen und einer der einflußreichsten Shakespeare-Kritiker seiner Generation. 1908 bildete die Kampagne von Archer, Barker und Shaw eine für ein britisches Nationaltheater erstaunliche Allianz mit der Kampagne für ein Shakespeare-Denkmal, indem sie das Shakespeare Memorial National Theatre Committee gründeten. Auf Archers Drängen hin gab dieses Komitee 1919 finanzielle Hilfe für die Formierung eines ersten festen Repertoiretheaters in Stratford-upon-Avon, das später zur Royal Shakespeare Company wurde. 1923 änderte Archer seine Meinung und verlagerte seine Unterstützung auf das Old Vic, das dann zum National Theatre wurde. Das Old Vic / National Theatre in London und das Memorial / Royal Shakespeare Theatre in Stratford sollten zusammen die Geschichte der britischen Inszenierungen Shakespeares von den 20er Jahren dieses Jahrhunderts an dominieren. 1923, als das Shakespeare Memorial National Theatre Committee dem Old Vic und dem Memorial Theatre jeweils eintausend Pfund stiftete, veröffentlichte Archer *The Old Drama and the New*. Dieses «brillante und anregende Buch», wie Eliot es nannte, feierte das neue Drama als einen großen, gesegneten Fortschritt gegenüber den primitiven Konventionen der Elisabethaner, die Archer mit der Gier einer Hyäne auseinandernahm. Taktvoll erwähnte er dabei (genau wie Woolf) nicht Shakespeare selbst – oder «erleichterte seine Aufgabe der Zerstörung» vielmehr, wie Eliot sagte, «und vermied es, die öffentliche Meinung zu beleidigen, indem er Shakespeare zur Ausnahme machte». Dieselben verworrenen Konventionen waren jedoch auch, wie Eliot und alle anderen erkannten, zuhauf bei Shakespeare zu finden; sie produzierten «Widersprüchlichkeiten, Unlogik, Geschmacklosigkeiten... Mängel aus Sorglosigkeit»[5].

Was Archer implizierte, aber auszusprechen nicht den Mut besaß, das vertrat George Bernard Shaw bereits seit 30 Jahren. Orlando, Adam, Jacques, der verbannte Fürst, Probstein, Rosalinde und der ganze Rest seien schlicht «Hochstapler»: «Das ist keine menschliche Natur, kein dramatischer Charakter; das sind die jugendliche Hauptfigur, der Alte, der Schurke, der würdige alte Vater, der Komische und die weibliche Hauptrolle.» Tybalt sei «eine gnadenlos schlechte Rolle»; Enobarbus sei ein gutes Beispiel für Shakespeares «Scheinfiguren».[6]

Granville-Barker, Shaw und Eliot waren (oder wurden) Bühnendichter von beachtlicher Originalität; selbst Archer schrieb ein gelungenes Stück. Sicherlich konnte sich keiner von ihnen mit Ibsen, Strindberg oder Tschechow messen. Aber zum erstenmal seit Dryden und Rowe – nach einem Interregnum von 200 Jahren – prägten nun wieder bedeutende Dramatiker die Shakespeare-Kritik. Wie ihre Vorgänger Dryden und Rowe schufen Granville-Barker, Shaw und Eliot selbst neue Konventionen und setzten sie um, dabei besaßen sie ein besonders gutes Gespür für die Unterschiede zwischen ihrer eigenen und Shakespeares Praxis. Gleich Dryden praktizierten sie allesamt – Eliot machte das für alle großen Kritiker geltend – die Kunstform, die sie kritisierten.[7] Beinah allein zog Eliot Dryden aus der Versenkung hervor, bürstete die Spuren einer hundertjährigen schlampigen Vernachlässigung ab und hob ihn wieder in den Rang eines bedeutenden englischen Dichters und Kritikers. Auch Ben Jonson, der Dichter, Bühnenautor und Kritiker, wurde wieder zum Leben erweckt: 1919 unternahm es Eliot in einem Essay, dessen Reputation von der «tödlichsten... Verschwörung» der Philologen zu retten. Nach einer Pause von 136 bzw. 190 Jahren kamen dann 1921 *Volpone* und *Bartholomew Fair* wieder auf die englische Bühne. Jonson war für Eliot – genauso wie für Dryden – eine Alternative zu Shakespeare. Anders jedoch als Dryden konnte Eliot mit Beaumont und Fletcher nichts anfangen; statt dessen bastelte er seine alternative Theatertradition zusammen aus den Dramen von John Webster, Thomas Middleton, Cyril Tourneur, John Ford, Thomas Kyd und Christopher Marlowe, die das englische Theater seit der Restauration fast gänzlich vergessen hatte. Webster und Middleton wetteifern mit Shakespeare um die Ehre des zitierten Platzes in *The Waste Land*.

Zum erstenmal seit fast zwei Jahrhunderten bekam Shakespeare auf dem Mount Everest des englischen Dramas Gesellschaft. Dowden hatte die elisabethanische Epoche definiert, indem er Shakespeare mit Hooker und Bacon verknüpfte – mit Denkern, nicht Dramatikern oder Dichtern, sondern analytischen Prosaautoren. Stoll, Schücking, Archer und Eliot hingegen stellten Shakespeare in den Kontext des Theaters. Aber sie taten das aus jeweils unterschiedlichen Gründen. Stoll und Gleichgesinnte betonten die Konventionen, die Shakespeare mit seinen Zeitgenossen teilte, nicht jedoch mit dem modernen Drama; Eliot hingegen suchte in Shakespeares Zeitgenossen nach dem, was er nicht in Shakespeare finden konnte. Stoll sah eine Tradition, an der Shakespeare teilhatte; Eliot sah eine zweigeteilte Tradition, deren eine Hälfte Shakespeare beherrschte. Weder für Eliot noch für andere boten Jonson, Webster und Middleton eine Alternative zu Shakespearschen Konventionen. Statt dessen boten sie eine Alternative zu der Shakespeareschen Musik.

Grobe Konventionen, meisterhafte Musik. Virginia Woolf malte sich eine Vorstellung von *Othello* zu Shakespeares Lebzeiten aus: «Ein schwarzer Mann fuchtelte unter lautem Geschrei mit den Armen, wobei die Schauspieler eine Treppe hinauf- und hinunterliefen und manchmal stolperten und die Zuschauer mit den Füßen stampften und pfiffen oder, wenn sie sich langweilten, ein Stück Apfelsinenschale auf das Eis warfen, dem ein Hund hinterherjagte.» Dennoch: «So roh die Inszenierung auch war», rührte «die erstaunliche, geschmeidige Melodie der Worte» sie an «wie Musik».[8] Shakespeares Figuren mochten, an modernen Standards gemessen, Pappfiguren sein, aber selbst George Bernard Shaw mußte griesgrämig zugestehen, daß die Pappe «durch wunderbare Wortmusik verwandelt» wurde.[9] Shaw ist als «der beste Musikkritiker, den es je gab», bezeichnet worden[10]; die Metapher «Wortmusik» verwandte er hier nicht leichtfertig. Es sei «die Partitur und nicht das Libretto, welches das [Shakespeares] Werk lebendig und frisch hält»[11]; nur ein Musiker habe deshalb «das Recht, Werke wie Shakespeares frühere Historien und Tragödien zu kritisieren», «die vollkommen auf der Schönheit ihrer Musik beruhen. Die Stücke haben keine tiefe Bedeutung, keine große Feinheit oder Vielseitigkeit; was aber die Pracht ihres Klangs angeht, den Zauber der romantischen Illusion, das Majestätische ihrer Betonung, die Glut, Freude, der Widerhall nachjagender Echos und jede poetische Qualität, die das Herz anzurühren vermag und das Feuer der Einbildungskraft von früher Männlichkeit entfachen, dies alles steht über aller komponierter Musik ... Es reicht nicht, *Richard III.* zu sehen, man muß ihn auch pfeifen können.»[12]

Nur Shakespeares Musik kann erklären, was die Leute lange Zeit so in Hypnose versetzte, daß sie die Wirklichkeit von Shakespeares geradezu peinlich unwirklichen Figuren bestätigen. «Mit dem Hirn geprüft, ist [Othellos Rolle] lächerlich; mit dem Ohr geprüft, ist sie erhaben.»[13]

Außer *The Quintessence of Ibsenism* schrieb Shaw ein Buch über *The Perfect Wagnerite*. Die neuen britischen Dramatiker bestimmten Shakespeare zwischen den gegensätzlichen Modellen von Ibsen und Wagner, zwischen argumentativem Prosa-Realismus und musikalischem Mythos. Ibsen stand für das, was Shakespeare nicht getan hatte und was Shaw & Co. tun wollten; Wagner hingegen, obgleich er das europäische Theater auf ebenso revolutionäre Weise neu gestaltete, ließ sich einer Shakespeareschen Apologie leichter einpassen. Seit 1876 beschworen die Veranstalter des neugeborenen Theaterfestivals in Stratford-upon-Avon immer wieder Vergleiche mit Bayreuth, und der Zuschauerraum des Stratford Memorial Theatre (1932 nach einem verhängnisvollen Brand wieder aufgebaut) ahmte bewußt die wagnerische Gestaltung nach. Wagner selbst schrieb nur eine (nicht gelungene) Oper, die sich direkt an Shakespeare anlehnte (*Das Liebesverbot* nach *Maß für Maß*). Doch während er sich auf die deutsche Mythologie konzentrierte, vertonten seine Zeitgenossen Shakespeare. Der Komponist Giuseppe Verdi und der Librettist Arrigo Boito zeigten 1887 mit ihrem triumphalen *Otello* und sechs Jahre später mit *Falstaff*, was sich mit der Wagnerianischen Verschmelzung eines modernen Orchesters mit einem Shakespeareschen Text machen ließ. Eliot lehnte Ibsens Rezept für eine Erneuerung des modernen Dramas ab, aber er war – wie Shaw, Forster und Lawrence – ein vollkommener Wagnerianer. *The Waste Land* verdankt Wagner vermutlich mehr als jedem anderen literarischen Bezugspunkt, und in seiner Dramakritik fordert Eliot ein wagnerianisches Verschmelzen von Musik und Mythos, das durch gänzlich künstliche Theaterkonventionen geleistet wird. Wie

Shaw verteidigte Eliot die dramatische Dichtung mit Musikmetaphern. Diese Analogie bestimmte seine Wahrnehmung der sprachlichen Struktur vom Rhythmus einer einzelnen Wendung bis zur Komposition eines ganzen Werkes. Das Drama beruht *per definitionem* auf «Rhythmus», dem Rhythmus von «Wörtern, Tönen, Körperbewegungen», einem Rhythmus, der die Kunststücke der Jongleure erfüllt oder die Filme von Charlie Chaplin; er entspringt dem Ritual, ist eine Art Tanz, angemessen begleitet von «Trommelschlägen»[14]. Die «Philosophie Shakespeares» lasse sich nicht – so wie Bradley es versucht hatte – in Form einer Aneinanderreihung von Behauptungen in Sprache umsetzen; «sie hat in der Tat mehr mit der Philosophie von, sagen wir, Beethoven gemein; wir spüren eine Bedeutung, «können sie aber nicht in Worte fassen»[15]. In seinen Essays über elisabethanische Dramatiker beschäftigte sich Eliot besonders mit ihrer Verstechnik; Marlowe zum Beispiel verdiene unsere Aufmerksamkeit, weil er «einige neue Töne in den Blankvers einführte»[16]. In seiner eigenen Dichtung eignete sich Eliot erfolgreicher als jeder andere Dichter die «Töne» von Zeitgenossen Shakespeares nach 1600 an und setzte sie um.

1930 schrieb Eliot die Einleitung für G. Wilson Knights einflußreiches Buch *The Wheel of Fire*. Er pries besonders dessen «Suche nach einer Struktur unter der Ebene von ‹Fabel› und ‹dramatischer Figur›», der Struktur einer «unterirdischen Musik oder Unterwassermusik», die das ganze Werk bestimmte.[17] Knight führte das von Wagner inspirierte Interesse Shaws und Eliots an der Shakespeareschen Musik in den *mainstream* der Literaturkritik ein. Shakespeares Dramen wurden «dramatische Sinfonien», die Kritiker stellten sie sich nun vor «im Sinne von Orchestrierung, Kontrapunkt, Leitmotiv und so weiter, weil die der musikalischen Komposition angemessene Sprache scheinbar... am wenigsten irreführend ist»[18]. Knight schreibt ein Kapitel über «Die *Othello*-Musik» und ein Buch über *The Imperial Theme*. Bei Knight wird das «Thema» ein durchgängiges Leitmotiv im Vokabular der Shakespeare-Deutung; dabei verschmilzt er die Definition in der Musik («ein melodischer Gegenstand, der ausgeführt und entwickelt wird») mit der in der Rhetorik («der Gegenstand, über den man schreibt»). Das Ziel der Shakespeare-Kritik nach Knight ist es, das Thema jedes Stücks zu identifizieren. Thematische Töne und Bilder tauchen in Sprache und Handlung verschiedener Figuren immer wieder auf; Figur und Fabel dienen einzig der Illustration des Themas.

1930 ordnete G. Wilson Knight die dramatische Figur der Musik unter; L. C. Knights verwarf sie 1933 auf ganzer Linie. Mit der spaßigen Frage «Wie viele Kinder hatte Lady Macbeth?» attackierte Knights die übertriebene Konzentration Bradleys auf die fiktive Biographie der *dramatis personae* in Shakespeares Dramen. Es war höchste Zeit, daß man unter die «Charakterkritik» einen Strich zog, einen Strich unter die ganze fehlgeleitete Tradition der Shakespeare-Kritik seit der Restauration:

«Die einzig nutzbringende Art der Annäherung an Shakespeare ist eine Betrachtung seiner Bühnenstücke als dramatische Gedichte... die totale Reaktion auf ein Shakespeare-Stück läßt sich nur durch eine genaue und feinfühlige Studie der Qualität seiner Dichtung bekommen, des Reims und der Bildersprache, der bewußten Verbindungen der Worte und ihrer emotionalen und geistigen Kraft... wir fangen an mit so und so vielen Verszeilen auf einer Druckseite, die wir lesen, wie wir jedes andere Gedicht lesen würden.»

Als Macbeth Banquos Geist begegnet, «wiederholen» die Worte verschiedener Figuren «ein Thema», das «in der Orchestrierung am Schluß wieder aufgenommen wird»; als Lady Macduff und ihr kleiner Sohn ermordet werden, spielt die Szene «noch einmal das Thema des falschen Scheins in verschiedenen Tonarten». Shakespeares Figuren ließen sich nicht länger als glaubwürdige Bilder der menschlichen Persönlichkeit verteidigen; das hatten die Forschung von Männern wie Stoll und Schücking und die dramatische Praxis von Männern wie Ibsen und Shaw gezeigt. «Macbeth hat größere Gemeinsamkeiten mit *The Waste Land* als mit dem *Puppenhaus*.» Anders als bei Ibsen sind die Figuren in Shakespeares Stück schlicht Instrumente einer vielschichtigen Sprachmusik, einer Musik, die nicht auf die Konventionen eines primitiven Theaters angewiesen ist, überhaupt nicht auf das Theater angewiesen ist. Als Knights eine Parallele für Shakespeares Handhabung der Musikinstrumente sucht, die «Charakter» heißen, findet er sie nicht in anderen Dramen, sondern in den Romanen von Joseph Conrad, James Joyce, D. H. Lawrence – und Virginia Woolf.[19]

Wenn man jedoch den dramatischen «Charakter» verabschiedet, tut man das auch mit der Biographie. 1934, in dem Jahr, als L. C. Knights sich der Shakespeareschen Figuren entledigte, tat C. J. Sisson das gleiche mit der Figur Shakespeares. Knights griff Bradley und Sisson griff Dowden an. Die viktorianischen Leser hatten aus Shakespeares Worten eine Persönlichkeit, eine Geschichte seiner Gefühle herausgefiltert; und das Wort ward Fleisch. Aber die Worte trugen diese Schlüsse nicht. Ein Text war nur ein Text, ein fleischloses Gewebe geistiger Botschaften. Für Sisson wie für Knights war Shakespeare schlicht «ein großer und unparteiischer Dichter und Denker», das «Meisterhirn, der allerhöchste Künstler und Gestalter»[20]. Seine kurzlebigen eigenen Gefühle oder den Ballast zeitgenössischer Ereignisse ließ er nicht in das Innere seiner Kunst vordringen.

Als E. K. Chambers 1930 seine Studie über Shakespeares Leben veröffentlichte – das am meisten bewunderte und einflußreichste Werk dieser Art in der ersten Hälfte des 20. Jahrhunderts –, nannte er sie nicht «Eine Biographie», sondern *A Study of Facts and Problems*. Die zwei Bände – sie sind noch heute von unschätzbarem Wert – widmen der Geschichte von Shakespeares Leben nur zwei Kapitel, das sind 61 von insgesamt 1056 Seiten: eines über seine «Herkunft» und eines über seine Theater-«Truppe». Woher kam er, mit wem spielte er? Der Rest des Buchs beschreibt die Theaterkonventionen und Druckpraxis zu Shakespeares Lebzeiten, gibt einen Überblick über Probleme der Authentizität und Chronologie, katalogisiert Verzeichnisse, Daten, Stammbäume, transkribiert Dokumente. Chambers verzeichnet und klassifiziert zum Beispiel die 83 dokumentierten Schreibweisen des Nachnamens des Dichters, Shakespeare wird zu einer Collage von Anhängen. «Diese Scherben habe ich gestrandet, meine Trümmer zu stützen»[21]; Chambers' *William Shakespeare* sammelt penibel die Reste von zerbrochenen Töpferwaren, ohne auch nur zu mutmaßen, wie sich die Scherben wieder zu dem alten Krug eines vergangenen Lebens zusammensetzen ließen. «Hat es Zweck?» fragt Prufrock. «Wie fänd ich den Beginn?» – «Wie hätt ich das gewagt» – «Überhaupt nicht», antwortet Chambers, «Raten hat keinen Sinn.»[22]

James Joyce hingegen wagt es. Statt die orthographischen Varianten von Williams Vorname zu katalogisieren, erfindet er selbst neue, vom archetypischen «Great Shapesphere» zum zahmen «Shakefork».[23] Bei

Stephen Dedalus und seiner Schar geht es um *Ulysses* – mit Unterbrechungen – über 70 Seiten hinweg um Shakespeare. (Der Roman erschien übrigens zuerst bei einem Pariser Kleinverlag namens *Shakespeare & Co.*) Hamlet ist, in einem *franglais*-Wortspiel, ein «Pièce de
Shakespeare», ein Bühnenstück und ein Teil von Shakespeare («a
piece of Shakespeare»); Anne Hathaway, die ältere Frau, verführte
Shakespeare in einem Roggenfeld außerhalb Stratfords. Dann beging
sie Ehebruch mit Shakespeares jüngeren Brüdern Richard und Edmund;

«... so lebt seiner Mutter Name im Wald von Arden. Ihr Tod brachte ihm die
Szene mit Volumnia im *Coriolan*. Seines Knabensohns Tod ist die Sterbeszene
des jungen Arthur im *König Johann*. Hamlet, der schwarze Prinz, ist Hamnet
Shakespeare. Wer die Mädchen im *Sturm*, im *Perikles*, im *Wintermärchen* sind,
wissen wir. Wer Kleopatra, Fleischtopf Ägyptens, und Cressida und Venus
sind, können wir wohl erraten.»[24]

Wenn man *Ulysses* nicht gelesen hat, wenn man ganz auf meine Zu-
sammenfassung und Zitate angewiesen ist, könnte man dies mit einer
Biographie verwechseln, einer phantasievollen Biographie, mit der
Nach-Schöpfung einer Figur. Doch Joyce, ebenso wie Chambers, bet-
tet sie nie bequem in eine richtige Erzählung ein. Die Unterhaltung
springt und geht verschlungene Pfade, das ständige Kommen und Gehen unterbricht sie, beiseite gesprochene Sätze führen vom Weg ab.
«Worauf zum Teufel wollen Sie hinaus?» fragt der Text, ohne die
Frage einer bestimmten Figur in den Mund zu legen und ohne sie je zu
beantworten. «Shakespeare?» sagte er. «Den Namen muß ich schon
einmal gehört haben.» Aber auch andere Namen drängen sich auf.
Goethe, Coleridge, Whitman tauchen als Bekannte auf, und «so hat
der Herr Richter Madden in seinem *Diary of Master William Silence* die
Jagdausdrücke gefunden», und dann ist da unser «Guter Bacon: muf-
fig geworden». Joyce erfindet nicht nur eine Unterhaltung zwischen
verschiedenen, fiktionalen Figuren am 16. Juni 1904 in der National
Library von Dublin, sondern auch eine Unterhaltung zwischen Shakespeares Biographen, die in Joyces Händen ebenso fiktional werden. Er
spielt mit Bruchstücken des dänischen Biographen Georg Brandes,
mit Bruchstücken des jüdischen Biographen «Mr. Sidney Lee, oder
Mr. Simon Lazarus», Bruchstücken des «Lustknabe[n]»-Biographen
Oscar Wilde, mit Bruchstücken des irischen Biographen Edward
Dowden («William Shakespeare GmbH. Des Volkes William. Wegen

Bedingungen wende man sich an: E. Dowden, Highfield House...»).
«Und wir sollten noch einen anderen irischen Kommentator erwähnen, Mr. George Bernard Shaw. Auch dürfen wir Mr. Frank Harris nicht vergessen.» Falls Sie es vergessen haben: Mr. Frank Harris veröffentlichte 1909, im letzten Jahr der alten Zeit, *The Man Shakespeare and his Tragic Life-Story*, eine sensationelle irische Schilderung des deftigen Genitalien-Grapschens im Leben und Reimen des Barden. Was Hamlet betrifft, «hat eigentlich noch niemand einen Iren in ihm entdeckt?».

Und während sie (und wir) beim Thema ‹Iren› sind, können wir ebenso gut erwähnen, daß Joyce der letzte seines Stamms ist. Auf ihre unterschiedliche Art hatten Malone und Dowden über eine Generation oder mehr das internationale Shakespeare-Bild geprägt, während Harris, Shaw, Yeats und Joyce zusammen dessen modernistische Ausformung mitprägten. Seitdem hat Shakespeare seinen irischen Akzent verloren. *Ulysses* wurde, wie uns die letzte Zeile sagt, 1921 fertiggestellt, in dem Jahr, da Irland (bzw. der größte Teil davon) seine Unabhängigkeit von Großbritannien erlangte. Shakespeare ist selbstverständlich in der Republik Irland noch immer Thema im Unterricht und Büchern, aber 1921 wurde er wieder zum Ausländer. «Als Engländer», deutet ihn eine der Joyceschen Stimmen, «liebte er [Shakespeare] einen Lord.» Als Engländer, der die Lords liebt, der über den Bühneniren MacMorris und die Sümpfe in dessen Heimat spottet, rief Shakespeare in der neuen Republik gemischte Gefühle hervor. 1924 folgerte George William Russell, daß Shakespeare, «der erste überragende Künstler in der Literatur, der sich in den Charakter um seiner selbst willen vertieft», die «Literatur in eine Sackgasse» geführt habe; im selben Jahr behauptete George Moore, daß W. S. Landor ein größerer Dichter als Shakespeare sei. Neutralität wurde zur nationalen Strategie.

Joyce, der sich seiner irischen Herkunft so bewußt war, spottet über den irischen Stolz auf die irische Shakespeare-Kritik, dennoch ist es ein katholischer Spott: Er spottet über sie, die Gelehrten, über einen und damit alle. Die ganze Episode dramatisiert, wie Ezra Pound sofort erkannte, «une vanité universitaire»[25]. Die Kritiker hüpfen aus ihren Fußnoten in Joyces scholastische Komödie, da «grübelfingern sie nächstens ein jeglicher in seiner kritischen Ausgabe von *Der Widerspenstigen Zähmung*», widersprechen einander unaufhörlich, werfen ihre leidenschaftlichen Theorien, wenig vertrauenswürdigen Sprechern anvertraut, wild durcheinander in eine wirre Diskussion – ganze Bücher zu Sätzen komprimiert, falsch angewendet, entstellt, dahingesagt, die ganze pedantische Maschinerie dramatisiert als amüsante Runde intellektuellen Klatsches:

«Glauben Sie denn an Ihre eigene Theorie?
– Nein, sagte Stephen prompt.»

Wie Chambers glaubt auch Joyce keiner der Biographien; sie sind allesamt Fiktion, nicht weniger als *Ulysses* oder *König Lear*. «Welche Tatsachen in *König Lear* lassen sich naturwissenschaftlich verifizieren bzw. können wir glauben, genauso wie wir sicheren Tatsachen glauben?» fragt ein zeitgenössischer Kritiker und antwortet: «Überhaupt keine.»[26] Strich unter diese ganzen viktorianischen Tatsachen. Die Viktorianer sahen Tatsachen selbst in der Literatur; die Modernisten sehen eine Fiktion selbst in den Tatsachen des Lebens.

Wie Chambers gibt Joyce uns anstelle eines Lebens eine Montage von Fragmenten, skrupulös aus vielen Quellen zusammengetragen. Shakespeare ist zu einem Geist geworden, zu einem Geist hinter und in *Hamlet*, zu Hamlets Geist.

«– Was ist denn ein Geist? sagte Stephen mit prickelnder Energie. Einer, der durch Tod, durch Abwesenheit, durch Sittenwandel in die Unfaßbarkeit entschwunden ist.»

Und der «göttliche», der «unsterbliche» Shakespeare, seit dem 17. Jahrhundert als solcher gefeiert, ist im 20. Jahrhundert nun so unfaßbar wie jeder andere Heilige Geist. «Der Stückeschreiber, der das Folio dieser Welt verfaßte, und schlecht verfaßte» – schreibt Joyce hier über Gott oder über Shakespeare? «(Licht gab zuerst Er uns, die Sonne zwei Tage später)»; Joyce schreibt, zumindest in dieser Parenthese, über Gott, erinnert uns daran, daß das Zeitschema der Genesis genauso unmöglich und verwirrend ist wie das von *Othello*.

Auch *Ulysses* kann einen ziemlich verwirren. Wie Chambers' Forschung richtet sich Joyces Fiktion an eine ausgewählte Leserschaft. Auf Nicht-Eingeweihte wirken beide einschüchternd, schwierig, wenig hilfreich. Den viktorianischen Shakespeare hatten spezialisierte Profis in Beschlag genommen, aber diese Elite suchte und fand noch immer die Aufmerksamkeit eines Massenpublikums. Wie Darwins *The Origin of Species* machte *The Globe Shakespeare* die komplexe neue Leistung von Spezialisten literarischen Laien zugänglich. Der Populärverleger Charles Knights war der Autor von *William Shakspere: A Biography*

(1842/43); Sidney Lees *Life of William Shakespeare* (1898) begann als Eintrag in das *Dictionary of National Biography*: Von Anfang bis Ende der viktorianischen Epoche richtete sich die wissenschaftliche Biographie an genau das gleiche Publikum, das auch die Romane von Charles Dickens und George Eliot las. Im Gegensatz dazu verfaßte E. K. Chambers – ein Karriere-Bürokrat, der es bis zum zweiten Minister im britischen Bildungsministerium brachte – einen offiziellen Bericht für seine Kollegen im literarischen Beamtentum. Methodisch prüfte und bewertete er alles Beweismaterial, zerlegte den Gegenstand in eine Serie diskreter Probleme. Er wägte jeweils die verschiedenen möglichen Vorgehensweisen ab, in einigen Fällen legte ihm die Gewichtung der Wahrscheinlichkeiten eine bestimmte Interpretation näher als eine andere, in anderen Fällen wagte er keine Meinung. Chambers' *William Shakespeare* liest man nicht, man benutzt ihn. Man benutzt ihn, besonders dann, wenn Shakespeare Probleme aufgibt. Chambers definiert die Shakespearesche Biographie neu als *A Study of Facts and Problems*; Schücking beschäftigten *Character Problems in Shakespeares Plays*; W. G. Greg widmete sein ganzes Leben der Klärung von *The Editorial Problems in Shakespeare*. Für Sisson spielen «die künstlerischen Probleme, die Shakespeare sich selbst aufgab», eine größere Rolle als «die Probleme, die das Leben Shakespeare aufgab»[27]. Für Eliot gilt, «daß *Hamlet* als Schauspiel das übergeordnete, Hamlet als Charakter nur ein untergeordnetes Problem ist»[28]. Granville-Barker denkt über das Produktionsproblem in *Liebes Leid und Lust* nach («The Producer's Problem»), über das doppelte Zeitschema im *Kaufmann von Venedig* («The Problem of Double-Time»), über das wahre Problem des dramatischen Baus dieses Dramas («The True Problem»). «*Othello* ist beherrscht von dem Problem», so heißt es, «warum Othello Jago zum Opfer fällt»; weiter analysiert er, wie Shakespeare das «Problem» löst, Cleopatra während der beinah zwei Fünftel, da der Plot keine Verwendung für sie hatte, im Blick zu behalten. Der große Dramatiker schafft und löst schwierigere Probleme als andere. 1896 entlieh ein Wissenschaftler «einen passenden Ausdruck aus dem heutigen Theater» und klassifizierte *Ende gut, alles gut*, *Maß für Maß*, *Troilus und Cressida* und *Hamlet* als «Shakespeares Problemstücke»[29]. Die neue Kategorie wurde bei Kritikern so populär wie Dowdens Bezeichnung der späten Dramen als «Romanzen». *Hamlet* war immer schon populär gewesen, den anderen «Problemstücken» war jedoch bisher wenig Beachtung und Begeisterung zuteil geworden. Aber Shaw pries sie so unermüdlich, wie er Ibsen pries, und aus den gleichen Gründen. In *Ende gut, alles gut* zum Beispiel entdeckte Shaw bei Shakespeare ein «Experiment, das beinah 300 Jahre später im *Puppenhaus* wiederholt wurde»[30]. Zum erstenmal seit Shakespeares Lebzeiten kam *Troilus und Cressida* 1907 wieder auf eine englische Bühne, und 1923 war es zum erstenmal seit mehr als 300 Jahren in London in einer professionellen Inszenierung zu sehen. Shakespeare war zu einer Sammlung von Problemen geworden, einem Produzenten von Problemen, einem Etwas, das es zu lösen galt. Und wer würde es lösen? Der Kritiker natürlich, der Wissenschaftler, der Literaturprofi.

Durch eine Neudefinition Shakespeares als ein Problemkomplex definierten sich Literaturkritiker und -wissenschaftler neu als Problemlöser. Gleich der Naturwissenschaft war die Literaturkritik eine Technik, um aus der kontrollierten Untersuchung künstlicher Objekte Lösungen zu gewinnen. Die zeitgenössischen Autoren verstanden sich entsprechend als Problemproduzenten. Ihre Werke strebten danach, Stoff für künftige Prüfungsfragen der Universität bereitzustellen. James Joyce sah voraus, daß *Finnegans Wake* die Literaturwissenschaftler über Jahrhunderte beschäftigen würde. Die Leser, die sich aufmachten, das *Waste Land* zu durchqueren, wurden von einer Schar pokergesichtiger Anmerkungen und bibliographischer Hinweise begleitet. Solche Texte forderten den professionellen Leser heraus und belohnten ihn.

Deshalb: Strich unter all diese enthusiastischen Amateure, die an Tennyson und Dickens Gefallen fanden, Strich unter die Literatur lesende Allgemeinheit, die die Viktorianer so fleißig kultiviert hatten. Wirkliche Literatur, bedeutende Literatur, gehörte einer kulturellen Elite und war nur durch sie zu bewahren. Die Dichtkunst ist «ein höheres Vergnügen»[31]. Umgeben von den eigenen Mauern des hohen Geistes, hatte Bloomsbury einen voll ausgebuchten Gesellschaftskalender: Eliot bezeichnete sich selbst als anglokatholischen Royalisten; Pound unterstützte die Faschisten; W. H. Auden, Louis MacNeice, Stephen Spender und C. Day Lewis schrieben ihre Gedichte füreinander und für ihre Oxforder Kumpel.

Solche Vorstellungen durchdrangen die beste modernistische Kritik ebensosehr wie die beste modernistische Literatur. In Cambridge schrieb der junge I. A. Richards, einer der ersten Literaturwissenschaftler, der *The Waste Land* als Meisterwerk begrüßte, ein Lehrbuch über *Practical Criticism*, ein Handbuch darüber, wie ein geeigneter Leser zu schaffen war, ein Leser, der für Literatur taugte, ein Leser, der gemeinsam mit anderen geeigneten Lesern eine kulturelle Vorhut bilden sollte, ausgebildet dazu, den «düsteren Möglichkeiten des Kinos und des Lautsprechers Widerstand zu leisten», dem Radio, dem Bestseller, der Werbung.[32] Richard lehrte seine Leser, «stereotype Reaktionen»[33] zu verachten. Nieder mit Stereotypen! Hoch die Archetypen! Stereotypen waren ein Massenprodukt, die bei einer undifferenzierten Lesermasse krude Pawlowsche Reaktionen hervorriefen, die alle Fäden der Emotionen in der Hand hielten. Archetypen waren die Wappen einer Kulturaristokratie, die eine Generation an die nächste weitergab, dauerhaft, nur von einem feinsinnigen Leserkreis zu genießen, die ihre Resonanz, ihr geistiges Bouquet zu schätzen wußten. In Cambridge trommelten die jungen Q. D. und F. R. Leavis – Fürsprecher von Lawrence, Eliot und Pound – eine «bewaffnete und bewußte Minderheit»[34] von Literaturkritikern zusammen, um der «Horden»-Mentalität der Massenkultur Widerstand zu leisten. «Gerade die Lehrenden sind in der Lage, Revolutionäres zu tun»[35], und müßten dazu beitragen, «eine Art der Freimaurerei und des Syndikalismus des Geistes»[36] zu schaffen – eine bolschewistische Partei der Bohème –, die der schalen Kost der Trivialliteratur zu widerstehen vermochte. In Cambridge schrieb der junge William Empson implosive, paradoxe Gedichte und ebenso *The Seven Types of Ambiguity*. Seine einflußreiche Klassifizierung literarischer Doppeldeutigkeit sichtete Bedeutungsvielfalt in scheinbar einfachen Sonetten. Nur ein professioneller Leser konnte die inneren Windungen der von Empson geschriebenen oder gepriesenen Gedichte entwirren.

Viele Jahre früher hatte Dryden die Schwierigkeit und Unverständlichkeit der Shakespeareschen Dichtung beanstandet. Diese Schwierigkeit, einst ein Stein kritischen Anstoßes, wurde nun zu einer literarischen Tugend. Bereits 1892 hatte es in einem Vortrag vor einer Konferenz der Modern Language Association of America geheißen, amerikanische Professoren könnten «Englisch jetzt zu einem so anspruchsvollen Fach wie Griechisch machen»[37]. Indem sie das Studium der englischen Literatur schwierig machten, machten sie es respektabel; Englisch verdrängte Griechisch und Latein im Lehrplan durch den Nachweis, daß es ebenso den Rohstoff für komplexe pädagogische Übungen bieten konnte. Doch diese Übungen waren anfänglich rein philologisch, also sprachwissenschaftlich ausgerichtet. Das elisabethanische Englisch wurde wie eine tote Fremdsprache behandelt, wie das Lateinische, das der Student in seine grammatischen Bestandteile zu zerlegen lernen muß. Für die Dozenten und Studenten des 19. Jahrhunderts war es eine Tatsache, daß Shakespeares Werke nicht von Anfang an so schwierig gewesen waren; sie waren es erst geworden, da der Lauf der Zeit die alte Grammatik und das Vokabular dem Leser zunehmend entfremdet hatte. Für Leute wie Richards, Leavis und Empson war Shakespeares Dichtung, wie alle gute moderne Dichtung, an sich schwierig; sie war schon immer schwierig gewesen, und ihre Schwierigkeit war es, die unsere intellektuelle Aufmerksamkeit beanspruchte. Shakespeare gab Empson mehr Rätsel und Mehrdeutigkeiten auf als jeder andere Schriftsteller.

Aber die Jahrzehnte, die Shakespeares Schwierigkeit wiederentdeckten, entdeckten ebenfalls wieder, daß er den vereinfachenden Konventionen eines primitiven Theaters verhaftet war. Stoll und Empson veröffentlichten 1930 beide ein Buch. Wie ließ sich das Unvereinbare zusammenbringen? Man teile Shakespeares Publikum in zwei Hälften. 1907 hatte Robert Bridges (ein ehemaliger Eton-Schüler und zukünftiger Poeta laureatus) die Auffassung vertreten, Shakespeare habe «absichtlich seine eigenen künstlerischen Ideale betrogen, um es seinem Publikum rechtzumachen» – einem Publikum, das «in einfach törichte sprachliche Belanglosigkeiten» verliebt war, in «schlechte Witze und Unzüchtigkeiten», «ausschweifende Grobheit», «widerwärtige Einzelheiten» und eine «besondere Brutalität im Benehmen». Dessen «Blödheit» machte sich Shakespeare bewußt «zunutze» und schuf seine wirkungsvollsten dramatischen Effekte, indem er logische «Widersprüchlichkeiten und unmögliche Situationen» ausschlachtete, die zu bemerken oder zu kritisieren seine Kunden zu dumm oder zu anspruchslos waren.[38] Bridges trennte Shakespeare von seinem Publikum ab: Der kluge Künstler schaut verächtlich auf eine Horde von Primitiven hinab. Gewiß stand Shakespeare jedoch auf seiner Seite nicht allein. «Die meisten Zuschauer», erläuterte Q. D. Leavis, konnten *Hamlet* «keinesfalls verstehen»[39]. Wenn jedoch «die meisten» das nicht konnten, dann mußten logischerweise «einige wenige» ihn verstehen. *Hamlet* mußte sich an die Kultivierteren unter den Zuschauern gewendet haben. Und so ließen sich Shakespeares Dramen auf zwei verschiedenen Ebenen der kulturellen Differenziertheit deuten, entsprechend der gesellschaftlichen Trennung zwischen den gebildeten oberen Schichten und der Masse des ungebildeten Volks.

Wie konnte ein Bühnenstück zwei so verschiedene Empfindungsvermögen befriedigen? 1919 verkündete Gerad Gould «A New Reading of Henry V», eine neue Lesart, nämlich: «Das Drama ist ironisch.» Shakespeares Portrait der Siege Heinrichs V. in Frankreich wolle nicht den Krieg verherrlichen, wie es Schauspieler, Zuschauer und Leser bisher naiv angenommen hatten. Das scheußliche «Preußentum» der Titelfigur sei Teil der Shakespeareschen Satire «auf den Imperialismus, auf die niederen Formen des ‹Patriotismus› und auf den Krieg». Aus der einen Perspektive setzt das Stück das herab, was es aus der anderen zu preisen scheint. «Ohne Zweifel sollte die Ironie von *Heinrich V.* den Pöbel des Parketts auf die Schippe nehmen», aber von den Aufmerksameren im Publikum erwartete Shakespeare, daß sie seinen Sarkasmus merken würden.[40]

Was Gould für Shakespeare geltend machte, hatte der kontroverse Altphilologe A. W. Verrall nicht lange zuvor für Euripides geltend gemacht. (Und Verrall kam hernieder aus Cambridge und sagte, sehet da, Euripides verspottete den Aberglauben eines törichten Volks, und doch verspottete er ihn auf so kluge Art, daß es ihn nicht verstand, denn er sprach nur zu den Weisen unter ihnen, er füllte seine Worte mit Widerspruch und Parodie, daß die Weisen seine Ironie verstehen und lächeln mochten, aber die Mehrzahl in ihrer Unwissenheit nicht.) Das Leben des Euripides – eines erklärten Intellektuellen, eines offenen Gegners von Konventionen und Autors unpopulärer Dramen – scheint Verralls Interpretaion zumindest rechtzugeben; das Leben des Shakespeare – eines wenig gebildeten, äußerlich konventionellen und immer populären Dichters – bietet keinen solch vielversprechenden Stoff. Dennoch läutet Gould eine Ära «neuer Lesarten» ein, nicht nur von *Heinrich V.*, sondern auch von jedem anderen Werk des Shakespeareschen Kanons. Diese Lesarten gehen davon aus oder lesen in das Werk hinein, daß die anscheinende Bedeutung des Textes, wie sie die Masse der Leser und Zuschauer wahrnimmt, und die wahre Bedeutung, die sich nur dem schmunzelnden Connaisseur zu verstehen gibt, auseinanderklaffen. Ironie geht Hand in Hand mit Snobismus. Entsprechend verkehrte Shakespeare in der besten Gesellschaft. «Große Kunst ist am Anfang niemals populär», tat Ezra Pound kund, «und das elisabethanische Drama... war eine höfische Angelegenheit.»[41] D. H. Lawrence war gewiß, daß, «würden *Hamlet* und *Ödipus* heute veröffentlicht, sich davon nicht mehr als 100 Exemplare verkaufen würden»[42]. In trotziger Defensive, was ihre eigene Unpopularität anging, machten die Modernisten Ablehnung zu einer Auszeichnung von Größe und verliehen sie Shakespeare postum. Inmitten einer Schilderung eines Bloomsbury-Tages («das Grammophon spielt Mozart») ruft Virginia Woolf aus: «Wie Shakespeare uns geliebt hätte!»[43] Sie stellt sich Lytton Strachey vor, wie er «Shakespeare liest... und bisweilen eine Notiz in einem sehr schönen Buch macht»[44]; und auf Vanessa Bells Party «waren wir alle schrecklich nett zueinander: Ich mußte immer an Shakespeare denken. Wir waren so milde und geselligg»[45], «Tee – Shakespeare, Joyce – und so weiter»: das ergibt zusammengenommen «ein sehr aufregendes Leben»[46]. Auch im Tagebuch von Mary, Lady Monkswell, tritt Shakespeare mehrmals als Gast auf:

«Ich hatte das große Interesse und Vergnügen, mit dem Herrn Richter Wills u. Lucy Wills *Was ihr wollt* im herrlichen alten Saal des Middle Temple zu sehen. Einige Wochen vorher hatte ich mir die Ankündigung dafür notiert, aber da man allein mit Geld nicht an eine Karte herankam, hatte ich die Hoffnung darauf aufgegeben. Dann schrieb mir zu meiner großen Freude der Herr Richter Wills letzten Sonntag und lud mich dazu ein. Die Shakespeare Society, die es aufführte, allesamt Amateure, versuchte es genauso zu spielen, wie es 1601 zum erstenmal (im gleichen Saal) vor Königin Elisabeth aufgeführt wurde. Dieselbe Musik, dieselben elisabethanischen Kostüme; drei Damen anstelle von drei Knaben für Olivia, Viola u. Maria, und der Kronprinz anstelle von Königin Elisabeth. Der Saal war berstend voll, und es war ein glänzendes Ereignis. In der ersten Reihe saßen der Kronprinz, Prinzessin Louise, der Herzog von Teck, Lord Esher (*Master of the Rolls*), der Schatzkanzler, der Oberste Richter – Lord Russell – der neue Bischof von London, der eine Menge über die elisabethanische Epoche geschrieben hat, u. [seine Frau] Mrs. Creighton, die ich zum erstenmal zu Gesicht bekam, eine eckig aussehende Frau mit der unangenehmen Ausstrahlung einer deutschen Gouvernante. Ich sah eine Vielzahl von Richtern, Chitty, Macnaughten, Sir Richard Webster, Davy, den kleinen Herrn Richter Wright, den kleinen Herrn Dekan Bradley von Westminster, F. M. Sir Evelyn Woos – alle mit ihren Orden und Schleifen an der Brust – ein höchst heiteres Treiben. Die Schauspielerei war köstlich, und sie sprachen alle solch wunderbares Englisch.»[47]

Wir haben, wie es der Zufall so will, keinen Beweis dafür, daß Königin Elisabeth der ersten (oder überhaupt irgendeiner) Vorstellung von *Was ihr wollt* beiwohnte; das Stück wurde in der Tat 1602 (nach dem alten Kalender 1601) am Middle Temple aufgeführt, aber diese Vorstellung war wahrscheinlich nicht die erste, und gewiß zierten das Publikum dabei weniger Berühmtheiten, als Lady Monkswell zu Gesicht bekam.

Virginia Woolf hätte Lady Monkswell zweifelsohne als eine dumme Gans angesehen, und Q. D. Leavis und Robert Bridges hätten einander die gleiche Verachtung entgegengebracht, die sie für die Masse des Shakespeare-Publikums empfanden. Zwei unterschiedliche kulturelle Eliten stießen aufeinander. Monkswell repräsentierte eine relativ geschlossene alte Elite, die sich über gesellschaftlichen Status definierte und sich weitgehend auf Erbvermögen gründete. Die beiden Leavis repräsentierten einen offenen Elitismus, eine neue kulturelle Meritokratie, in die jeder Aufnahme fand, der sich die richtige Bildung zu sichern vermochte. Jede Elite schloß *per definitionem* die meisten Mitglieder der anderen aus. Die Feindschaft zwischen ihnen sollte jedoch nicht die Tatsache verschleiern, daß im frühen 20. Jahrhundert beide Gruppen gemeinsam Shakespeare eine neue Gestalt gaben. Aus unterschiedlichen Gründen beharrten beide darauf, daß der alte populäre Bühnendichter Shakespeare nicht dem Pöbel gehörte.

Bald schon begannen Literaturwissenschaftler, Interpretationen von Shakespeare zu produzieren, die der Theorie Ezra Pounds und der Erfahrung Lady Monkswells entsprachen. E. K. Chambers selbst, der personifizierte Skeptizismus in Tweed, stellte 1916 die Vermutung an, *Ein Sommernachtstraum* sei vielleicht zur Feier der Adelshochzeit von Elizabeth Carey und Thomas Berkeley geschrieben.[48] 1929 mutmaßte Peter Alexander, *Troilus und Cressida* sei speziell für die gebildete Elite geschrieben, die die Theatervorführungen an den elisabethanischen Gerichtshöfen besuchte.[49] 1930 mutmaßte John Dover Wilson, *Was ihr wollt* «sei für ein feines Publikum geschrieben», und zwar als Darbietung eigens für das Epiphaniasfest.[50] 1931 mutmaßte Leslie Hotson, *Die lustigen Weiber von Windsor* seien speziell für die Ritterzeremonien geschrieben worden, die 1597 im Whitehall Palace stattfanden.[51] 1934 mutmaßte Francis Yates in *A Study of Love's Labour's Lost*, das Stück sei speziell dafür geschrieben, um eine Fraktion am Hofe (die des Grafen von Essex) gegen die andere (Sir Walter Raleighs) zu unterstützen. Und 1950 mutmaßte J. W. Draper, die Premiere von *Was ihr wollt* 1601 sei eine Aufführung bei Hofe gewesen, für die das Stück speziell geschrieben worden sei.[52] Das Fehlen historischer Beweise für diese Mutmaßungen verhinderte nicht, daß sie sich in respektablen Kreisen weiter verbreiteten. Diese phantasievollen Neuschreibungen der Theatergeschichte, die sich bald auf das Bild der Chronologie und Textüberlieferung auswirkten, versahen Shakespeare sämtlichst mit einem Publikum, das aus einer gebildeten Minderheit bestand, wie sie Lady Monkswell erlebte, einem Bloomsbury-Publikum. Das Blackfriars-Theater gewann aus dem gleichen Grund eine neue Bedeutung.

Nach 1608 spielte Shakespeares Truppe sowohl im Globe, dem großen Freilichttheater, als auch im Blackfriars, einem kleineren, geschlossenen Bau. Ins Blackfriars paßten weit weniger Zuschauer, und für ihr Privileg mußten sie weit mehr zahlen. 1948 mutmaßte G. E. Bentley, Shakespeare habe seine letzten Stücke speziell mit Blick auf ein kleineres, aber um so anspruchsvolleres Publikum geschrieben.[53]

Die wachsende Überzeugung, daß Shakespeares beste Werke sich an eine kulturelle Elite richteten, wurde auch von anderer, weniger orthodoxer Seite geäußert. 1920 identifizierte J. Thomas Looney Shakespeare – in *Shakespeare Identified* – als Edward de Vere, den dritten Grafen von Oxford. Oxford nahm rasch den Platz Bacons ein als Lieblingskandidat derer, die Shakespeares Anrecht auf die Werke, welche unter seinem Namen erschienen waren, bezweifelten. Die aristokratische Empfehlung Oxfords, eines Schwiegersohns von Lord Burghley, übertraf Bacons; anders als Bacon war Oxford in Europa weit gereist und Autor von Dramen, die bei seinen Zeitgenossen Bewunderung erregten. Die Literaturwissenschaftler überzeugte Looney nicht, aber die Identifizierung Shakespeares mit Oxford von seiten der Amateure befriedigte dasselbe Verlangen wie die Identifikation so vieler Dramen mit gesellschaftlichen Ereignissen von seiten der Profis. Beide Vermutungen schrieben die Dramen einem humanistischen Intellektuellen zu, der für eine gebildete und mächtige kulturelle Elite schrieb.

Die Suche nach einem Elitepublikum, das der Komplexität Shakespeares würdig war, bezog natürlich auch die Gedichte ein. Seit Rowe wußte jedermann, daß *Venus und Adonis* sowie *Lucretia* einem Adeligen gewidmet waren; seit Malone hatten die Biographen über die Identität des jungen Manns gestritten, an den Shakespeare so viele seiner Sonette adressiert hatte. Solche Episoden hatten als biographische Kuriositäten gegolten, als Umwege auf dem hohen Weg zum Theater; jetzt brachten sie expliziter als die Dramen die wahren intellektuellen Loyalitäten eines Manns zum Ausdruck, der den Richtern der Kultur seiner Zeit Gehör schenkte. 1922 veröffentlichte Charlotte Stopes ihr breit angelegtes *Life of Henry, Third Earl of Southampton, Shakespeare's Patron*. Sie erspürte die Präsenz Southamptons in großen Teilen von Shakespeares Werk, sowohl im dramatischen als auch im lyrischen. Gleichzeitig stiegen die Gedichte in der kritischen Wertschätzung. Durch das ganze 19. Jahrhundert hinweg hatte man die Sonette als Liebeslyrik bewundert und als biographische Dokumente studiert. Im 20. Jahrhundert wurden sie als Gipfel von Shakespeares künstlerischem Schaffen angesehen. I. A. Richards verteidigte *The Waste Land* mit einem Verweis «auf Shakespeares großartigste Sonette oder auf *Hamlet*»; dabei hielt er es für selbstverständlich, daß die kurzen Sonette den längsten und berühmtesten seiner Dramen zur Seite zu stellen waren.[54] «Bare ruined choirs, where late the sweet birds sang» – «Chortrümmerkahl, wo einst die Vögel sangen»*: Es waren die Verse im 73. Sonett, die *Seven Types of Ambiguity* als Beispiel zitierte und analysierte. 1934 – ein Jahr nach seiner ironischen Frage nach Lady Macbeths Kindern – schrieb L. C. Knights einen ebenso einflußreichen Essay über die poetische Technik und Thematik von «Shakespeare's Sonnets».[55] «Der Phönix und die Turteltaube», das kryptischste und schwierigste aller Shakespeareschen Gedichte, war in einem Band erschienen, der ein aristokratisches Paar feierte; 1922 wurden seine «dunklen, mystischen und streng unverständlichen» Verse erstmals gepriesen als «das vollkommenste kurze Gedicht in jeder Sprache überhaupt»[56].

Wenn es stimmt, daß «wie die Zucht, so die Frucht» ist, dann mußte der Mann, der Gedichte für eine solche Eliteleserschaft verfaßte und Dramen für ein solches Elitepublikum, gebildet gewesen sein. Vielschichtigkeit gedeiht nicht bei einem Tölpel. Seit Mitte des 18. Jahrhunderts war die Meinung verbreitet, daß Shakespeare, wenn überhaupt, wenig Kenntnisse aus erster Hand über klassische Literatur besessen hatte. Aber 1944 befaßte sich ein amerikanischer Professor, T. W. Baldwin, auf 1525 Seiten mit *William Shakespeare's Small Latine & Lesse Greeke*. In diesem Buch belegte er anhand von Zitaten, Echos und Anspielungen in den Dramen und Gedichten, daß er eine weiterführende Schulbildung der Art genossen haben mußte, wie sie englische *Grammar schools* – wie die in Stratford – im späten 16. Jahrhundert boten. Und da elisabethanische Universitäten auf Literatur wenig Gewicht legten, hatte, «wenn William Shakespeare die *grammar school*-Ausbildung seiner Zeit genossen hatte, er eine so gute formale literarische Ausbildung erhalten wie nur irgendeiner seiner Zeitgenossen»[57].

Mit titanischer Mühe identifizierte Baldwin ganz allein, was Shakespeare gelesen hätte, wenn er die *grammar school* besucht hätte. Eine ganze Armee von Wissenschaftlern identifizierte unauffälliger und langsamer, was Shakespeare für bestimmte Dramen hätte lesen müssen, als er sie verfaßte. Eine penible und langwierige Prüfung der Ein-

---

* Anm. d. Ü.: William Shakespeare, Die Sonette, Englisch und in ausgewählter deutscher Versübersetzung, hrsg. v. Reim/Borgmeier (1974), 77.

zelheiten ergab, daß er für jede seiner römischen und englischen Historien jeweils auf mehrere hinstorische und literarische Quellen zurückgegriffen hatte. Wenn dies für einige Dramen galt, wo sich die historischen Details isolieren und zu verschiedenen Vorlagen zurückverfolgen ließen, konnte das auch für andere, gänzlich fiktionale gelten. Die Routine der universitären Forschung lud ein und belohnte die Suche nach Quellen; das jahrzehntelange kollektive Graben brachte Dutzende neue Vorläufer und Einflüsse an die Oberfläche der Shakespeareschen Texte. Diese stete Erweiterung der Shakespeareschen Bibliothek führte wiederum zu neuen Überlegungen, was bereits etablierte Tatsachen betraf. Zum Beispiel hätte er ja, als er *Othello* schrieb, Giraldi Cinthios *Hecatommithi* im italienischen Original lesen können; die Literaturwissenschaftler brauchten jetzt nicht länger anzunehmen, daß Cinthios Einfluß durch eine verlorene Übersetzung oder ein verlorenes Stück gleichen Themas gefiltert worden war. Als die Literaturwissenschaftler erst einmal aufgehört hatten, Verlorenes zu erfinden, um die vorliegenden Tatsachen zu erklären, stellte sich heraus, daß Shakespeare französische, italienische, ziemlich viel lateinische und etwas griechische Literatur gelesen hatte – ganz zu schweigen von den ungeheuren Mengen an englischer.

Mitte des Jahrhunderts sah Shakespeare so polyglott aus wie Joyce, Eliot und Pound. Seine Dichtung war gleich der ihren das Produkt eines kosmopolitischen Intellekts. Er las Fremdsprachen und gewann Freunde aus fremden Ländern. 1910 bewiesen Charles und Hulda Wallace, ein amerikanisches Ehepaar, das in London lebte – beide waren an der Universität –, daß Shakespeare im frühen 17. Jahrhundert eine Zeitlang bei einer französischen Hugenottenfamilie in London gewohnt hatte. Über den gemeinsamen Patron Southampton hätte Shakespeare leicht den Italienisch-Tutor John Florio kennenlernen können; er scheint Florios Übersetzung von Montaigne zwei oder drei Jahre, bevor sie veröffentlicht wurde, gelesen zu haben. John Dover Wilson spekulierte sogar, daß Southampton und Shakespeare vielleicht zusammmen Italien bereist hätten.[58]

Inwiefern unterscheidet sich Wilsons Spekulation über Shakespeare in Italien von Joyces Spekulation, daß Anne Hathaway Shakespeare in einem Roggenfeld außerhalb Stratfords verführte? Durchaus wenig. Beide wollen sich eine glaubwürdige Figur vorstellen, keiner von beiden glaubt der eigenen Phantasie. Wilson gibt seinem Buch den Untertitel *A Biographical Adventure*. Es ist wie eine Fahrt mit der Achterbahn:

ein unebenes Vergnügen, aber am Ende gelangt man zu seinem Ausgangspunkt zurück.

Im frühen 20. Jahrhundert machte man ein Photo, wenn man eine realistische Abbildung der Person haben wollte. Der Prosa-Realismus strebte eine entsprechend genaue Abbildung der Gesellschaft auf dem Theater an; die bodenständige Kritik von Schücking, Stoll, Archer und Shaw maß Shakespeares Figuren an einer photographischen Norm, und die ‹exakte› Wissenschaft von Chambers definierte Shakespeare mittels einer skrupulösen Transkription und Untersuchung von verbürgten Dokumenten. *A Study of Facts and Problems* enthält 30 Illustrationen. Die meisten davon sind Photographien; überwiegend von Dokumenten. Shakespeare selbst war tot; Geister konnte man nicht photographieren. Shakespeare existierte nun lediglich als Textsammlung: von biographischen Zeugnissen (der Art, wie Chambers sie untersuchte), Buchquellen (wie Baldwin sie untersuchte), dramatischen Dokumenten (wie W. W. Greg sie untersuchte). Texte, in denen er auftauchte, die er las, die er schrieb. Und wenn Shakespeare eine Textsammlung war, dann gehörte er den Herausgebern, Bibliographen, Paläographen und Textwissenschaftlern. Chambers selbst widmete die Hälfte seiner *Facts and Problems* editorischen Fragen. Sein Freund Greg, der größte Textkritiker des 20. Jahrhunderts, machte die Edition zur innovativsten und selbstbewußtesten Abteilung des literarischen Beamtentums.

Sowohl die Epistemologie der Naturwissenschaft als auch die Technologie der mechanischen Reproduktion betonten den Vorrang der genauen, unpersönlichen und verifizierbaren Beobachtung. Als materielle Objekte ließen sich Texte so skrupulös beobachten und beschreiben, wie Naturwissenschaftler es mit anderen Objekten taten. Um eine plausible Hypothese aufzustellen, waren zunächst verläßliche Messungen vonnöten, und die Herausgeber kontrollierten das Instrumentarium, das die Messungen aufzeichnete. «Genauigkeit ist stets wünschenswert», bekräftigte Greg, «selbst wenn man über Shakespeare arbeitet.»[59] Mit «über Shakespeare arbeitet» meinte Greg, «über belanglose Detailfragen zu arbeiten». Durch eine rhetorische Substitution ließ er die genaue Transkription von Einzelheiten so wichtig wie Shakespeare selbst wirken, dabei implizierte er gleichzeitig, daß «Shakespeare» nichts mehr als ein Kompendium von Einzelproblemen war. Bevor es irgend etwas anderes geben konnte – eine Biographie, Kritik, Geschichte –, mußte absolute Genauigkeit bei der

Reproduktion von Texten herrschen. Aber einfache Genauigkeit war nicht so leicht. Mehr als einmal beklagte Greg die angeborene Fehlbarkeit der «unvollkommenen menschlichen Maschine»[60]. Wo möglich, sollten menschliche Instrumente durch mechanische ergänzt oder ersetzt werden. 1931, ein Jahr nach Chambers' *Facts and Problems*, veröffentlichte Greg zwei epochemachende Bände mit *Dramatic Documents from the Elizabethan Playhouses*; der zweite Band – mit einem Umfang von ungefähr 40 mal 60 Zentimetern – bestand ganz aus Photographien mit danebengesetzten Transkriptionen. Im folgenden Jahr beendete Greg eine ebenso wichtige Sammlung und Beschreibung von *English Literary Autographs 1560–1650*, wo wiederum Photographien und Transkriptionen nebeneinander standen. Seine größte Leistung als Erforscher dramatischer Texte, *The Shakespeare First Folio: Its Bibliographical and Textual History*, sollte ursprünglich eine neue photographische Reproduktion der Werkausgabe von 1623 vorstellen. Dieses Faksimile wurde nie in die Tat umgesetzt, doch Greg betreute eine neue, verläßlichere Serie von Quarto-Faksimiles.

Wie die Suche nach Quellen kam auch das Beharren auf Genauigkeit der neuen akademischen Kultur sehr entgegen; Kreativität ließ sich nicht routinemäßig messen, Genauigkeit ja. Chambers zerstörte die Reputation von Fleay und anderen viktorianischen Gelehrten, indem er zeigte, daß sich ihre Feststellungen hinsichtlich der metrischen Praxis nicht nachvollziehen ließen, daß sie ihre Kriterien nicht systematisch angewendet hatten, daß ihre Zahlen von einer Publikation zur nächsten variierten, daß ihre Rechnung nicht aufging. Den Amateurforschern war nicht zu trauen, weil sie nicht sorgfältig arbeiteten. «Feierabend-Herausgebern» war nicht zu trauen, weil sie die praktische Arbeit vor Ort vernachlässigten und sich auf die Transkriptionen, Redaktionen, auf die Augen anderer verließen.[61]

Den Amateurlesern war ebensowenig zu trauen, weil sie sich auf unzuverlässige moderne Editionen verließen. Drei Jahrhunderte lang hatte jede neue Shakespeare-Ausgabe die Orthographie und Zeichensetzung der Texte auf den neuen Stand gebracht, um sie für die zeitgenössische Leserschaft verständlicher zu gestalten. Doch ein verantwortlicher Herausgeber sollte den Text genau wiedergeben und nicht um des Massenpublikums willen verändern. Daher vertritt Greg nachhaltig die Auffassung, «die moderne Meinung» spreche sich «einstimmig dafür aus, die ursprünglich verbürgte Schreibweise und Zeichensetzung zu bewahren». Die daraus hervorgehende «kritische»

Ausgabe, den wahren Gegenstand der philologischen Arbeit, werden «Kritiker» benutzen; sie sei nicht zu verwechseln mit einer einfachen «populären oder Leseausgabe». Greg gibt zu, daß die zweite Kategorie existiert, aber sie interessiert ihn nicht, nein, sie widert ihn förmlich an: «*Banquet* statt *banket* zu drucken, *fathom* statt *fadom*, *lantern* statt *lanthorn*, *murder* statt *murther*, *mushroom* statt *mushrump*, *orphan* statt *orphant*, *perfect* statt *parfir*, *portcullis* statt *perculae*, *tattered* statt *tottered*, *vile* statt *vild*, *wreck* statt *wrack* und so weiter und so fort, das ist reine Perversion.»[62] Keine Rolle spielt dabei, daß eine solche «Perversion» Tausende von Hindernissen aus dem Weg des normalen Verstehens räumt; keine Rolle spielt, daß die Ausgaben mit der alten Orthographie, wie genau sie auch sein mögen, Shakespeare der «großen Vielzahl von Lesern», an die sich das Vorwort der Ausgabe seiner gesammelten Dramen von 1623 gerichtet hatte, unzugänglich macht. Gregs Forschung, finanziert durch ein privates Familienvermögen, richtete sich nur an «die fähigsten» unter den Lesern. Der große viktorianische Herausgeber W. A. Wright – als Greg dort studierte, war er noch Fellow am Trinity College in Cambridge und wirkte wesentlich mit bei dessen Ernennung zum Bibliothekar des College – hatte seine Kraft eingesetzt für die populistische Globe-Ausgabe und für die Clarendon-Reihe von Shakespeare-Ausgaben für den Schulgebrauch. Obgleich er sein langes produktives Leben der Editionstätigkeit verschrieb, veröffentlichte Greg keine einzige populäre Ausgabe; tatsächlich gab er überhaupt keine Shakespeare-Ausgabe heraus. Er schrieb sehr spezielle Monographien; er gab Ausgaben mit der alten Schreibweise von Werken weniger bedeutender Dichter heraus, die meisten davon unkorrigierte Abschriften, zumeist für die limitierte Verbreitung durch die Malone Society. Sein einziger bleibender Beitrag zur Literaturwissenschaft, ein frühes und einflußreiches Buch über *Pastoral Poetry and Pastoral Drama* (1906), zelebriert die nostalgische Sehnsucht der Epoche nach einer vorindustriellen, noch nicht urbanisierten Gemeinschaft. Und dieses Denken galt nicht nur für die Literaturkritik. Greg notierte später stolz, daß er sich 1926 für Scotland Yard als Streikbrecher betätigt und so – an der Seite vieler Studenten aus Oxford und Cambridge – seinen Teil im Kampf gegen den Generalstreik beigetragen hatte.[63]

Das Beharren darauf, daß William Shakespeare in alter Schreibweise auftreten, daß er nicht in anachronistische, zeitgenössische Orthographie gekleidet werden sollte, verschloß ihn nicht nur dem Verständnis des einfachen Mannes, der normalen Würdigung und Bedeutung für viele; auch die Genauigkeit wurde damit noch unbedingter. Richtige Worte allein reichten nicht länger, jetzt mußte der Philologe jeden Buchstaben getreu wiedergeben, jedes Satzzeichen, jeden eigenwilligen Satz, und zwar in einem archaischen linguistischen System, das den modernen Herausgebern, Lektoren, Herstellern und Korrekturlesern, all den fehlbaren Mittlern zwischen dem Forscher und seinen Lesern, nicht vertraut war. Greg und Chambers kämpften nicht nur für Genauigkeit, sondern dehnten das Territorium, auf das die Genauigkeit Anspruch erhob, weiter aus.

Dieser Normenwandel spiegelte und verstärkte den Wandel der Leserschaft. Die bedeutenderen literaturwissenschaftlichen Arbeiten zielten auf ein genauer umrissenes Publikum. (Wenige Leser, mehr Kritiker.) Die Zunahme an Studiengängen für Graduierte, die Neudefinition der Universitäten als Forschungsinstitute, die neue Legitimität des Fachs Englisch, das alles erweiterte die literaturwissenschaftliche Basis. Die Zahl derer, die beruflich Shakespeare studierten, unterrichteten oder über ihn schrieben, stieg im frühen 20. Jahrhundert exponentiell an. Immer mehr Namen veranstalteten ihr Getöse, um die Aufmerksamkeit der Literaturwissenschaft auf sich zu ziehen – analog zu der Geisterschar, die Dante am Eingang zur Hölle kreisen sah, oder der Menge, die Eliot über die London Bridge treiben sah: «... so many, / I had not thought death had undone so many», kann man nun sagen:...«so viele, / Ich glaubte nicht, der Text fällt so viele»[64]. Eine repräsentative Geschichte der Shakespeare-Kritik verwendet 163 Seiten auf das 17., 18. und 19. Jahrhundert zusammen und 230 auf die ersten 60 Jahre des 20.[65] Diese Gemeinschaft der Spezialisten verwandte die meiste Kraft darauf, die Arbeiten der anderen zu prüfen und anzuzweifeln, was sich am ökonomischsten in wissenschaftlichen Rezensionen betreiben ließ.

Die Publikation akademischer Zeitschriften erlebte eine Hochkonjunktur. Greg war an der Gründung des *Modern Language Review* beteiligt, ein Kollege Gregs, der Bibliograph A. W. Pollard, gründete *The Library*, Gregs lebenslanger Freund, der Herausgeber R. B. McKerrow, gründete den *Review of English Studies*, Eliot gründete *The Criterion* und die beiden Leavis *Scrutiny*. Greg selbst war ein grimmiger, destruktiv anspruchsvoller Rezensent, besonders zu Beginn seiner Karriere, als er die Autorität seiner neuen Disziplin begründete. Die Reputation von Literaturwissenschaftlern – und entsprechend ihr beruflicher Stand – hing davon ab, wie sehr sie diesem Prozeß einer raschen, routinemäßigen und strengen Rezension von seiten ihrer Kollegen standzuhalten vermochten. Die Literaturwissenschaftler gingen davon aus, daß in erster Linie andere Literaturwissenschaftler ihre Bücher lesen und bewerten würden. Andere Literaturwissenschaftler forderten eine genaue Transkription von Dokumenten, die außerdem sorgfältig belegt werden sollten. Schlußfolgerungen ließen sich nur dann schnell überprüfen, Ergebnissse nur dann leicht nachvollziehen, wenn der genaue Ort der benutzten Quelle angegeben war. Überdies ließ sich der individuelle Beitrag eines Wissenschaftlers zum kollektiven Denkschatz nur dann sofort einschätzen, wenn dieser genau zwischen neuen und alten Ideen unterschied, zwischen primären und sekundären, von anderen übernommenen Gedanken. Dieser Unterscheidungsprozeß verwickelt die Literaturwissenschaftler notwendig in eine stete, übertriebene Selbstdifferenzierung: Die eigene Originalität definiert man, indem man die Theorien anderer anficht und verändert. Gleichzeitig sind der angefochtene Text, die bezweifelte Hypothese, der ausgewiesene Einfluß alle stofflich in den eigenen Text einzubetten; man definiert sich selbst durch Zitate, durch Bezüge auf andere Texte. Deshalb wurde – wie in Joyces *Ulysses* – die Shakespeare-Forschung ein Dialog von Texten, die sich in der National Library unterhalten, einander mit dem Namen anreden, in ein privates Gespräch vertieft. Und Shakespeare selbst wurde ein solcher Text, der andere Texte wieder aufnahm und umänderte. Während die Literaturwissenschaftler systematisch ihre Quellen kenntlich machten und ihre eigenen geistigen Anleihen auswiesen, machten sie systematisch Shakespeares Quellen kenntlich, die geistigen Einflüsse, die seinen Beitrag prägten, die Vorläufer auf dem Theater, die seine dramatischen Strukturen vorformten. Und die Notwendigkeit des richtigen Zitierens lenkte die Literaturwissenschaft in Richtung biographischer Belege. Chambers unterscheidet, in der Reihenfolge von der größten bis zur geringsten Zuverlässigkeit, zwischen «Dokumenten», «Zeitgenössischen Erwähnungen» und dem «Shakespeare-Mythos». Vertrauen sollte man nur den schriftlichen Zeugnissen, so rät Chambers; den postumen Darstellungen, die ihre Quellen nicht ausweisen, sei nicht zu trauen.

Die Photographie produziert ein Bild des Menschen, das ihm ähnlicher, das genauer ist als jede frühere Form der visuellen Darstellung, und Chambers produziert eine Art Bild, das genauer ist als alle bisherigen. Doch im frühen 20. Jahrhundert lehnten die meisten Künstler –

sicherlich jedenfalls die interessantesten – die Art von Ähnlichkeit, wie sie die Photographie leistete, entschieden ab. Der Postimpressionismus, Expressionismus, Kubismus, Futurismus, Konstruktivismus: Jeder kursierende künstlerische Ismus verwarf den Versuch, sich mit mechanischen Geräten zu messen und die sichtbare bildliche Oberfläche gemäß der Wahrnehmung der menschlichen Optik genau nachzubilden. Statt dessen konzentrierten sie sich auf das Wesen. Die Photographie konnte nur Oberflächen nachbilden; die Kunst konnte eine höhere Realität unter, jenseits, innerhalb oder hinter der sichtbaren nach-schöpfen. Der Künstler sah, was die Kamera nicht zu sehen vermochte. Wilhelm Röntgen entdeckte 1895 die Röntgenstrahlen und Antoine Becquerel 1896 die Radioaktivität; Ernest Rutherford entdeckte 1898 die Alpha- und Beta-Strahlen und Paul Villard 1900 die Gamma-Strahlen. 1903 hatte die Strahlung, ein ganzes Reich von Energien jenseits des sichtbaren Spektrums, bereits international die Phantasie in ihren Bann geschlagen; Zeitungsartikel beschäftigten sich damit, öffentliche Vorlesungen und populäre Bücher. 1900 veröffentlichte Sigmund Freud *Die Traumdeutung*, bald gefolgt von der *Psychopathologie des Alltagslebens* (1904) und dem *Witz und seine Beziehung zum Unbewußten* (1905). Das erste Buch über Psychoanalyse in englischer Sprache erschien 1912, und im folgenden Jahr gründete der Freud-Schüler Ernest Jones die London Psycho-Analytical Society. In den Jahren zwischen Röntgens Entdeckung der Röntgenstrahlen und Freuds Sezierung des Unbewußten entwickelte Konstantin Stanislawski in seinen Inszenierungen von Tschechow, Tolstoi, Gogol und Shakespeare am Moskauer Kammertheater ein Schauspielsystem, das besonders den Subtext einer Rolle erkunden wollte, was ein diszipliniertes Erschließen des Unterbewußtseins forderte. Die Energien, welche die physische Welt, den menschlichen Geist, das Spiel des Schauspielers strukturierten – all das lag unter der sichtbaren Oberfläche, jenseits der Reichweite der Kamera, im Inneren des Außen. Der Text der Realität, die Oberfläche der Sprache, war lediglich eine schwache materielle Manifestation von unsichtbaren Energien, die in Bewegung waren.

Dover Wilson machte sich an das, was sein Untertitel *A Biographical Adventure* nennt, auf der Suche nach dem, was der Titel *The Essential Shakespeare* nennt. Wo Chambers Tatsachen sucht, möchte Wilson das Wesen finden. «Hier – in der Nußschale – haben wir die Art von Mann, der, so glaube ich, Shakespeare gewesen ist.»[66] Wie Virginia Woolf die geheimnisvolle Mrs. Brown betrachtet, so möchte Wilson zu gern wissen, wie Mr. Shakespeares Gedanken aussahen, wie die Welt in seinem Munde schmeckte, warum er war, wie er war, möchte er die «Tausenden von Gedanken» kennen und die «Tausenden von Gefühlen», die durch seinen Kopf gingen, die «jeden Tag in erstaunlicher Unordnung zusammentrafen, aufeinanderprallten und verschwanden»[67]. Photographierbare Dokumente, die brüchige Schale materieller Wahrheit, stillen solchen Hunger nicht. Wilson will auf dem Strom des Shakespeareschen Bewußtseins reiten, den Geruch der brennenden Essenz in der Nase spüren. Aber er weiß nicht wie.

Caroline Spurgeon wußte das. In einer Monographie über *Leading Motives in the Imagery of Shakespeare's Tragedies* (1930), in einem Vortrag vor der British Academy über «Shakespeares Iterative Imagery» (1931), in einem vielgepriesenen Buch über *Shakespeare's Imagery and What it Tells Us* (1935) zeigte sie, wie man vorgehen mußte. Ihre Methode war weniger angreifbar als Wilsons. Wilson hatte in seinem Bemühen, das Wesen des Shakespeareschen Geistes zu veranschaulichen, statt dessen die Geschichte seines Körpers erzählt, eine Schilderung, die auf Ereignissen, Beziehungen, zeitlichen Abläufen beruhte, auf der soliden materiellen Welt. Doch um eine solche Erzählung stofflich zu füllen, benötigte Wilson mehr Dokumente. Die hatte er nicht, also stellte er Vermutungen an. Die Folge war, daß kein Mensch ihm glaubte. Spurgeon hingegen entwarf aus den eigenen Bildern des Dichters ein Bild des Shakespeareschen Wesens. Die materielle Welt spielte keine Rolle. Spurgeon konnte «die trockenen Zeugnisse von juristischen Dokumenten und Gerichtsprozessen» mit einem Achselzucken abtun.[68] Die einzigen Dokumente, die sie brauchte, waren Shakespeares eigene Texte. In seiner Ästhetik des Modernismus hatte T. E. Hulme in der poetischen Bildwelt «das wirkliche Wesen einer intuitiven Sprache» gefunden.[69] Spurgeon fand in Shakespeares Bild-

«Hauptsächlich sind es seine Bilder, durch die sich ein Dichter bis zu einem gewissen Maße unbewußt ‹verrät›. Er mag, und bei Shakespeare ist das sicherlich der Fall, hinsichtlich seiner dramatischen Figuren, deren Ansichten und Meinungen fast gänzlich objektiv sein, und dennoch, wie ein Mensch, der durch nichts in seinen Augen oder seiner Miene den Druck seiner Gefühle zu erkennen gibt, sie aber durch eine Anspannung der Muskeln doch zeigt, offenbart ein Dichter seine innersten Neigungen und Abneigungen, Wahrnehmungen und Interessen, Denkassoziationen, Einstellungen und Überzeugungen in seinen Bildern und durch sie...»[70]

welt das wirkliche Wesen Shakespeares: Entsprechend werden in
Spurgeons Buch «all seine Bilder zusammengetragen, geordnet und
auf systematischer Grundlage untersucht» und dann mit den sprachlichen Bildern von Bacon, Marlowe, Jonson, Chapman, Dekker und
Massinger verglichen. Daraus leitet Spurgeon ab, daß Shakespeare «in
Körper und Geist gesund war, sauber und ordentlich in seinen Gewohnheiten, sehr empfindlich gegen Schmutz und üblen Geruch»,
«durch und durch ein Landmensch», der «keinen Lärm mag», ein «guter Reiter», der «Pferde liebte, wie überhaupt die meisten Tiere, außer
Spaniels und Haushunden», «ein hervorragender Bogenschütze»,
überhaupt «mit flinken und gewandten Händen». Und was sein Inne-
res anging: «Fünf Worte fassen das Wesen seiner Qualitäten und seines
Charakters, wie seine Bilder es zeigen, zusammen – Empfindungsvermögen, Ausgewogenheit, Mut, Humor und Natürlichkeit.»[71]

«Miss Spurgeon war eine Dame», so lehnte ein späterer Kritiker die
übertriebene Feinsinnigkeit dieses Shakespeare-Portraits ab; «naturgemäß waren ihr bestimmte Erfahrungsbereiche verschlossen.»[72] Aber
zumindest war ihr die Shakespeare-Forschung nicht verschlossen.
Spurgeon führte eine Generation ihres Geschlechts zu Machtpositio-
nen in der akademischen Welt. Nachdem sie bereits Professorin für
englische Literatur am University College in London war, wurde sie
nach dem Ersten Weltkrieg in das Newbolt Committee für den Eng-
lischunterricht berufen, das nach dem Krieg der Literatur wesentlich
mehr Gewicht im Lehrplan beimaß. Die einzigen Sieger des Ersten
Weltkriegs waren Frauen. Als die Armee Hunderttausende Briten in
den Schlamm von Frankreich holte, übernahmen Frauen ihre Posten in
Geschäften und Fabriken. Das öffnete ihnen Berufe, die Frauen bisher
verschlossen gewesen waren. 750000 dieser Männer kehrten nie, weitere zweieinhalb Millionen verwundet oder versehrt zurück. Der Män-
nermangel und entsprechende Überschuß an unverheirateten Frauen
blieb damit noch eine Generation lang bestehen. 1918 wurde das Wahl-
recht auf Frauen über 30 ausgedehnt, nach 1928 machte es dann keinen
Unterschied mehr zwischen den Geschlechtern. 1929 berichtete A. Richards, seine Studentinnen seien im allgemeinen belesener und scharfsinniger als ihre männlichen Kommilitonen.[73]

Während der Nachkriegsjahre wurde der Anteil von Frauen in der
Shakespeare-Forschung immer sichtbarer. Madeleine Doran stellte die
orthodoxe Lehrmeinung über *Heinrich VI.* (1928) und *König Lear*
(1931) in Frage, bevor sie sich mit Shakespeares sprachlichen Bildern

beschäftigte.[74] 1932 veröffentlichte Muriel St. Clare Byrne eine viel gepriesene Kritik der Arten von Belegen, mittels derer die Autorschaft in fraglichen oder Fällen von Gemeinschaftsproduktionen bestimmt wurde.[75] Una Ellis-Fermors einflußreiche Interpretation von *The Jacobean Drama* erschien 1936; in den späten 40er Jahren war sie dann bereits Hildred Carlile-Professorin für englische Philologie am Bedford College und die erste Gesamtherausgeberin der neuen Arden Shakespeare-Reihe. Muril Bradbrooks mit einem Preis ausgezeichneter Essay über die *Elizabethan Stage Conventions*, 1932 erschienen, stand am Anfang einer Shakespeare-Karriere, die sich über mehr als ein halbes Jahrhundert erstrecken sollte. Eine andere Cambridge-Absolventin, Alice Walker, arbeitete in den 30er Jahren als Assistentin mit an R. B. McKerrows Projekt einer Ausgabe der Shakespeareschen Werke in der ursprünglichen Schreibweise; nach McKerrows Tod wurde sie seine Nachfolgerin und etablierte sich Mitte des Jahrhunderts als eine der einflußreichsten Textkritikerinnen und als die erste Frau, die einen beachtenswerten Beitrag zur Editionsgeschichte Shakespeares leistete.

All diese Frauen prägten das Shakespeare-Bild mit, das Mitte des 20. Jahrhunderts vorherrschte. Im Gegensatz zu ihren viktorianischen Vorgängerinnen lenkte keine von ihnen die Aufmerksamkeit auf ihr Geschlecht. Eine neuere Bibliographie zu «Women and Men in Shakespeare» erwähnt Spurgeon, Byrne, Ellis-Fermor, Bradbrook und Walker mit keinem Wort.[76] Ihre Zeitgenossin Virginia Woolf hatte im Namen von Frauen *A Room of One's Own* gefordert, «Ein Zimmer für sich allein», in dem Frauen eine eigene Literatur schaffen konnten, eine Literatur, wie sie eine Frau hätte schreiben können, die «Shakespeares Genius» besaß und die Chance erhielt, ihn zu nutzen. «Shakespeares Schwester», wie Woolf diese fiktive Frau nennt, hätte Cleopatra und Octavia nicht so konventionell gezeichnet; Shakespeares Schwester hätte erkannt, daß Frauen «noch andere Interesse haben» außer Liebe und Häuslichkeit.[77] Spurgeon zitierte eine Passage aus Woolf als Motto zu *Shakespeare's Imagery*, übertrug aber Woolfs feministisches Programm nicht auf die Literaturkritik. Die erste Welle von Shakespearianerinnen behauptete nicht, die Welt und Shakespeares Werk aus einer Frauenperspektive zu interpretieren; sie behaupteten implizit, daß das Geschlecht keinen Unterschied für ihre Perspektive mache. Hinter ihren Unisex-Initialen waren «C. F. E.» Spurgeon, «M. C.» Bradbrook und «U. M.» Ellis-Fermor nicht von «L. C.» Knights, «I. A.» Richards und «E. E.» Stoll zu unterscheiden.

Doch das ändert nichts an der Tatsache: «Miss Spurgeon war eine Dame.» Anders als Tiresias in *The Waste Land* hatte sie nie die Grenze zwischen Männlichem und Weiblichem überschritten. Die Wörter «Geschlecht», «Sexualität» tauchen in ihrem ausgedehnten analytischen Register zu *Shakespeare's Imagery* überhaupt nicht auf, und obgleich Spurgeon die immer wieder eingeflochtenen, vielfachen Bilder der Unzucht in Shakespeares Werk gesehen haben muß, hielt sie nicht inne, um sie zu zählen, zu unterscheiden oder zu besprechen.

Männer konnten weniger verklemmt sein (obgleich einige von ihnen einen hohen Preis für ihre Offenheit zahlen mußten). Wie andere Figuren in *Ulysses* besaß der Shakespeare von Joyce Geschlechtsorgane und machte von ihnen Gebrauch. Er lebte «in einer Epoche der ausgeschöpften Hurerei» und wurde in einem Roggenfeld verführt, wo Anne Hathaway sich über ihn beugte «als Glücksprolog zu dem schwellenden Akt». Er zeugte seine Kinder «in einem Moment blinder Brunst» und war für Joyce gleichermaßen «Kuppler und Hahnrei», der in den Sonetten «die heilige Handlung vollziehen will, die der Stallknecht vollzieht an dem Zuchthengst» und in *Hamlet* und den meisten anderen Stücken wie besessen die Ehebrüche seiner Frau durchspielte. Sexualität durchzog Shakespeares Kunst, aber er selbst konnte nie «siegreich je das Spiel des Lachens spielen und des Niederliegens»[78]. Ähnlich sah Lawrence in Shakespeare und seinen Zeitgenossen «eine Abscheu vor dem geschlechtlichen Leben», besonders deutlich bei Hamlets «entsetzlichem Ekel vor seiner körperlichen Verbindung mit seiner Mutter», was wiederum eine «ähnliche Abscheu vor Ophelia» produzierte; «etwas von Shakespeares Abscheu und Verzweiflung in seinen Tragödien» führte Lawrence auf den «Schock seines Wissens um Syphilis» zurück, unabhängig davon, ob er sich selbst mit dieser Krankheit angesteckt hatte.[79] Laut Eliot war Hamlet «von einem Gefühl beherrscht», das mit der sexuellen Schuld seiner Mutter zu tun hatte, aber dennoch «im Übermaß, gemessen an den Tatsachen, wie sie erscheinen»; und Hamlets Schöpfer fühlte «unter dem Zwang» einer unbekannten, aber traumatischen «Erfahrung» den gleichen unaussprechlichen Widerwillen – ein richtiger Fall für die «Pathologen».[80] Der Pathologe Ernest Jones hatte, eine Anmerkung Freuds aufnehmend, das «Problem of Hamlet» bereits einer psychoanalytischen Studie unterzogen. In einem zuerst 1910 erschienenen Essay, den er über die folgenden Jahrzehnte allmählich bis zu dem ganzen Buch *Hamlet and Oedipus* ausweitete, las Jones *Hamlet* als klassische Erzählung des

Ödipuskomplex – und Hamlets «Konflikt ist ein Echo eines ähnlichen in Shakespeare selbst»[81]. Claudius tat, was Hamlet unbewußt wollte: Hamlets Vater töten und seine Mutter heiraten. Die Szene, in der Hamlet seine Mutter stellt, bis dahin neutral nach ihrem Schauplatz, einem nicht näher bezeichneten Privatzimmer, die «closet scene» genannt – diese Szene wurde 1935 in Dover Wilsons Schilderung von *What Happens in Hamlet* explizit die «Schlafzimmerszene»: Hamlet versucht – in Mamas Boudoir –, ihren Mann zu töten. Eine Prager Inszenierung zeigte 1927 diese Szene offenbar zum ersten Mal mit einem auffälligen Bett und Gertrude im Nachtgewand; in den 40er Jahren war das Bett dann schon beinahe obligatorisch. Laurence Oliviers Film aus dem Jahr 1948 visualisierte bewußt Hamlets ödipales Unbewußtes.

Die Wiederbelebung des Sexuellen beschränkte sich nicht auf Hamlet. 1938 hatte Olivier einen ebenso Freudschen Jago gespielt, dessen gegen Othello gerichteter Haß von einem unterdrückten homoerotischen Wunsch getrieben war. Bereits 1909 hatte bei Frank Harris eine sexuelle Obsession Shakespeares eigene *Tragic Life Story* motiviert: «Die *dark lady* der Sonette» geisterte in Shakespeares Bewußtsein umher, tauchte in fast allen Dramen und Gedichten auf, mal als Rosalinde verkleidet, mal als Cleopatra: eine erfindungsreiche «immer wirkende Lust» verwandelte sie in zahllose Traumbilder. Der gebannte sexuelle «Ekel» der «Problemstücke» – *Troilus und Cressida*, *Maß für Maß*, *Ende gut, alles gut* – war nun kein Problem mehr, ja sprach sogar für sie. 1921 kam *Perikles* erstmals seit dem 17. Jahrhundert in unbereinigter Fassung auf die Bühne, mit Bordellszenen und allem Drum und Dran. Wie die Problemstücke eroberte es sich einen kleinen, aber sicheren Platz im Theaterrepertoire und einen größeren im kritischen Kanon. Eliot verteidigte unbereinigte Inszenierungen ganz allgemein: «Das Gefühl der Erleichterung, wenn man die Unanständigkeiten des elisabethanischen und Restaurationsdramas hört», mache einen zu «einem besseren und stärkeren Menschen»[82]. Wyndham Lewis verurteilte den «geronnenen Moralismus» und die «sexuelle Besessenheit» des letzten Jahrhunderts, das die Shakespeare-Texte sittenstreng zurechtgestutzt hatte.[83] «Ich gebe zu», so Virginia Woolf mit einer typischen Abkürzung, «ich liebe – Sh[re] in seinen anzüglichsten Momenten.»[84] Solche Meinungen bewirkten, daß die editorischen Kommentare Shakespeares allgegenwärtige Zweideutigkeit zunehmend anerkannten. 1947 brachte Eric Partridge das erste Lexikon zu diesem Thema, *Shakespeare's Bawdy*, heraus.

Diese Veränderungen im Verständnis von Shakespeare entsprechen den Veränderungen im Verständnis von Sexualität im weiteren gesellschaftlichen Kontext. In *The Descent of Man* (1871) hatte Darwin die «Selektion in bezug auf Sexualität» als zentralen Faktor für die Evolution des Menschen bestimmt; drei Jahrzehnte später bestimmte Freud die Sexualität zu einem zentralen Faktor für die Entwicklung des menschlichen Geistes. Henry Havelock Ellis produzierte zwischen 1897 und 1910 sechs Bände von *Studies in the Psychology of Sex* und 1928 einen siebten; 1918 schrieb Dr. Marie Stopes den ersten Bestseller über Verhütung und setzte damit eine öffentliche Kampagne für sexuelle Aufklärung in Gang. In den 20er Jahren fielen die Hemmungen, während der Rock die Beine hochkletterte.

Aber Sexualität wurde nicht nur sichtbarer und hörbarer, sie wurde zu einem Instrument, das immer wieder geheime Bedeutungen freisetzte. Als versteckter Motor, der die menschliche Evolution antrieb, war Sexualität verantwortlich für Neurosen, Textfehler, Psychosen, Versprecher, Moralsysteme, Witze, die Familienstruktur. Freud selbst war in erster Linie Textkritiker. Er konstruierte sein ganzes System auf der Interpretation narrativer sprachlicher Äußerungen: eines Dramas von Sophokles, der Traumschilderung eines Patienten, des Buches der Schöpfung, eines Witzes in einer Zeitschrift – alles Geschichten, alle von vornherein kryptisch, die wahre Bedeutung unter der Kruste einer vorgeblichen Erzählung verborgen. Bei Freud wurden Menschen Texte; und Literatur wurde wie überhaupt jede andere menschliche Äußerung ein Symptom. Und nur ein Fachmann konnte das Symptom richtig diagnostizieren. Wie Verrall bei Euripides und Gould bei *Heinrich V.* schuf Freud zwei Bedeutungsebenen, eine für die Allgemeinheit sichtbar, eine andere und wichtigere nur für den Fachmann erkennbar. Freud begründete den Wissenschaftscharakter der Psychoanalyse zu genau der gleichen Zeit, da die universitäre Literaturwissenschaft den ihren etablierte. Wie der Kritiker zum Text, so stand der Psychoanalytiker zum Patienten: Er war ein privilegierter Interpret. Es überrascht nicht, daß der Meister der geheimen Bedeutung auch zum Meister der geheimen Identität wurde: Freud teilte Looneys Überzeugung, daß Shakespeares Dramen vom Grafen von Oxford stammten.

«Wir müßten Dinge über Shakespeare verstehen», um Hamlet interpretieren zu können, sagt Eliot, «die Shakespeare selbst nicht verstand.»[85] Die Psychoanalyse vollbringt solche Wunder natürlich routinemäßig, und entsprechend rechtfertigte Spurgeon ihre eigene Studie der Shakespeareschen Bildwelt mit Bildern aus der Psychoanalyse:

«Das wiederholte Vorkommen von Clustern bestimmter verknüpfter Vorstellungen im Geiste des Dichters... wirft ein merkwürdiges Licht auf das, was, so nehme ich an, der Psychoanalytiker als ‹Komplexe› bezeichnen würde, das heißt eine bestimmte Gruppe von Dingen und Vorstellungen – anscheinend gänzlich unverbundene –, die in Shakespeares unterbewußtem Denken zusammenhängen und von denen einige die Folge einer Erfahrung sind, eines Anblicks oder Gefühls, das ihn tief berührt hat.»[86]

Zum Beispiel verknüpfte Shakespeare unausweichlich Hunde bzw. Spaniels mit Geschmeichel, Lecken, Zuckerwerk, Zucker, Süßigkeiten, Auftauen, Schmelzen / Erweichen; fast jedes dieser Bilder beschwört unausweichlich auch die anderen:

> Sei nicht töricht
> Und denk, so leicht empört sei Cäsars Blut,
> Um aufzutaun von seiner echten Kraft
> Durch das, was Narr'n erweicht: durch süße Worte,
> Gekrümmtes Bücken, hündisches Geschmeichel.
> Dein Bruder ist verbannt durch einen Spruch;
> Wenn du für ihn dich bückst und flehst und schmeichelst,
> So stoß' ich dich wie einen Hund hinweg.[87]

Nicht Cäsars Phantasie ist es, die von «auftauen» zu «Hund» wandert; es ist Shakespeares, denn das gleiche Muster drängt sich auch Hamlet, Heißsporn, Antonius, Timon und Cassius auf.

Edward A. Armstrong führte 1946 Spurgeons kurze Darstellung solcher Komplexe weiter aus. Seine Studie von *Shakespeare's Imagination* belegte die Existenz mehrerer weiterer Cluster: Gans / Krankheit / Bitterkeit / Gewürz / Zurückhaltung zum Beispiel, oder Drachen / Bett / Tod / Geister / Vögel / Nahrung. Armstrong jedoch lieferte außerdem ein differenzierteres Modell dieses «aktiven und subtilen Organisationssprinzips», das «unterhalb der Ebene des Bewußtseins» an der Arbeit war und es Shakespeare erlaubte, «die Anordung der Bilder seinem unterschwelligen Denken» zu überlassen, während er sich auf die Probleme der Handlung und dramatischen Gestaltung konzentrierte.[88] Armstrong lehnte Freuds spezielle, patentierte Blaupause der Psyche ab, aber er stimmte zu, daß «die an der Phantasie beteiligten Prozesse» «unterschwellig» arbeiten und daß sich diese Prozesse zurückverfolgen ließen durch die Vernetzung verknüpfter Bilder. Dadurch sprach Shakespeares Unbewußtes zu unserem, seine Bilder «weckten Ketten nicht voll bewußter Assoziationen, die im Geiste des Lesers zusammenwirken, um den emotionalen Ton zu vermitteln», so daß «sein unterbewußtes Denken» entsprechende «Harmonien in unserem Geist» wachrufen konnte, weil «Bewußtseinsebenen, die unter der bewußten Aufmerksamkeit liegen, auf die Untertöne eines Dichters Lied ansprechen».[89]

Auf dem Gleise der Psychologie bringt uns Armstrong zum Bilderhaus der Musik zurück. Auch Spurgeon vergleicht Shakespeares «wiederkehrende Bilder» mit den wiederkehrenden Themen bzw. Motiven von Wagners Opern.[90] Wie Shaw, Eliot und Knight beschreiben Armstrong und Spurgeon die Macht des Shakespeareschen Dichtung mittels musikalischer Analogien, in Bildern von Ton, Thema, Harmonie und Lied. «Aus dem Echo eines Wortes wird ein anderes geboren, weshalb vielleicht das Stück, während wir es lesen, am Rande der Musik schwebt.» Virginia Woolf schreibt musikalischer als alle anderen über Shakespeare, ihre Prosa schwebt, aber sie sagt mehr oder weniger dasselbe. Auch sie glaubt, daß solche Sprachmusik in der Echokammer des Unterbewußten des Dichters spielt: «Beim Schreiben mobilisiert und beherrscht Shakespeare, so scheint es, nicht seinen ganzen Geist, sondern läßt seine Fühler frei fliegen, sich tummeln und mit Worten spielen, die Spur eines Zufallswortes aufgreifen und diesem unbekümmert folgen.»[91] Sie glaubt ebenfalls, daß das Unterbewußte zu dem des Lesers spricht, wenn nur Schriftsteller und Leser sich auf der Couch entspannen, für einen Augenblick das Getöse des Bewußtseins zum Schweigen bringen können und die unterbewußte Musik erklingen lassen. In einem Essay «On Being Ill», der in Eliots *Criterion* veröffentlicht wurde, preist Woolf das Kranksein, weil es die Kontrolle des Bewußtseins schwächt. «Im Zustand der Gesundheit beeinträchtigt die Bedeutung den Klang. Unser Verstand regiert unsere Sinne.»[92] Doch in der Krankheit,

«wenn der Wachtmeister nicht im Dienst ist, scheinen Wörter eine mystische Qualität zu besitzen. Wir fassen, was jenseits ihrer Oberflächenbedeutung liegt, nehmen instinktiv dies und das auf – einen Klang, eine Farbe, hier eine Betonung, dort ein Innehalten –, die der Dichter, in dem Wissen, daß Worte verglichen mit Vorstellungen mager sind, über die Seite verstreut hat, um, sind sie erst zusammengetragen, einen Geisteszustand hervorzurufen, den weder Worte ausdrücken noch der Verstand erklären kann.»

In diesem Zustand erhöhter Schwäche öffnet der Geist sich Rimbaud, und Rimbaud leitet über zu Mallarmé, und Mallarmé verschmilzt mit Donne, und Donne ruft schließlich Shakespeare auf. «Unbesonnenheit ist eine der Eigenschaften der Krankheit» – und gelobt sei die Krankheit dafür – «und es ist Unbesonnenheit, die wir brauchen, wenn wir Shakespeare lesen.» – «In ihrer königlichen Erhabenheit» fegt die Krankheit «die ganzen Ansichten der Kritiker» beiseite, Krankheit bringt das «Gesurr der Kritik» zum Schweigen, das Joyce höhnisch dramatisiert; Krankheit läßt uns allein, mit «nichts außer Shakespeare und uns selbst» im Zimmer, nur Patienten und Besucher. «Es nicht so, daß wir bei seiner Lektüre einnicken sollen, sondern daß sein Ruhm bei vollem Bewußtsein und Verstand einschüchtert und langweilt.» Krankheit schwächt unsere Hemmungen; «die Schranken fallen, die Knoten glätten sich, das Hirn erklingt und ertönt mit *Lear* oder *Macbeth*» – erklingt und ertönt, wie Musik.

Und Musik, die die Schranken des Bewußtseins überspringt, überschreitet auch die Sprachgrenzen, «Die Chinesen», denkt Woolf 1926, «müssen den Klang von *Antonius und Cleopatra* besser wahrnehmen als wir», denn für sie behalten die Worte ihre Fremdheit. «Die französischen Schauspieler können Shakespeare besser sprechen als englische», entdeckt Granville-Barker 1921, weil sie auf ganz natürliche Art «den feinen Klang, die Ausgewogenheit» einer «schönen Rede» zu würdigen wissen, ihre «Behendigkeit, Dichte, Genauigkeit, Mannigfaltigkeit, Klarheit und vor allem Leidenschaft»[93]. Eliot und Joyce gleiten 1922 ungezwungen aus dem Englischen in eine andere Sprache und wieder zurück, quälen Leser von *The Waste Land* und *Ulysses* mit der musischen Fremdheit einer Fremdsprache. Auch *The Waste Land* und *Ulysses* zitieren Shakespeare. 300 Jahre nach Erscheinen des ersten Folios hat Shakespeares Englisch etwas vom auratischen Glanz des Französischen und Chinesischen, des Hindi, Lateinischen und Griechischen gewonnen – unfaßbar fremd und bisweilen an der Schwelle zu reinem Klang. Eliot trällert[94]:

O O O O that Shakespearian rag
It's so elegant
So intelligent

(O o o o dieser Fetzen Shakespeare –
Ist so elegant,
So intelligent),

und seine Worte echoen und verwandeln den Refrain eines Schlagers
aus dem Jahre 1912:

The Shakespearian rag, –
Most intelligent, very elegant,
That old classical drag,
Has the proper stuff, the line «Lay on Macduff».[95]

Aus *Macbeth* übernahm der Liedtext «proper stuff» und «Lay on Macduff» (gesprochen von verschiedenen Figuren und 1020 Verse auseinander)[96], stellte die Wendungen nebeneinander und verwandelte sie in
Musik, eine zugleich eigenartige und vertraute Musik. Wie Joyce, wie
Knight, Spurgeon und Armstrong tat Eliot natürlich programmatisch
das gleiche.

Doch wo, ach wo ist der Autor hin? Er ist wieder verschwunden,
durch die Ritzen seiner eigenen Bilder gefallen. Für Armstrong enthül-
len Shakespeares Bilder nichts über des Dichters eigenes physisches
oder zeitliches Dasein, sie offenbaren nur die unpersönlichen Abläufe
der dichterischen Einbildungskraft, die «ein hohes Maß an Autonomie
erlangten» und als Vorbild für alle Arten von Prozessen der Einbildungskraft dienen können. Shakespeare ist nun schlicht das Medium,
durch das ein Unbewußtes zu allen anderen spricht. Für Eliot entsteht
Dichtung, «wenn man ein wenig fein ausgesponnenes Platin in einen
Raum bringt, der Sauerstoff und Schwefeldioxyd enthält»; mit dem
Platin darin verbänden sich die beiden Gase zu «Schwefelsäure»:

«Zu dieser Verbindung kommt es aber nur, wenn auch Platin da ist; trotzdem
enthält die neu entstandene Säure keine Spur Platin, und das Platin selbst ist
offenbar ganz unberührt, nämlich ‹träge›, neutral und unverändert geblieben.
Der Geist des Dichters spielt also die Rolle des Platins.»[97]

Shakespeare, der passive Katalysator, verbindet Bilder. Wie kann man
die Biographie eines Platin-Teilchens schreiben?

Drei

Doch wenn man von der dramatischen Figur und der Biographie Abschied nimmt, muß man das auch von den Schauspielern tun – zumindest von jenen, die eine dramatische Figur im Sinne eines Charakters mit einer bestimmten Biographie porträtieren wollen. «Wir kennen Shakespeare nicht», klagt Eliot, «wir kennen nur Sir J. Forbes-Robertsons Hamlet, Irvings Shylock und so weiter.» Nach der «Überbeanspruchung durch das 19. Jahrhundert» war «Shakespeare auf die Dimension der Rolle dieses oder jenen Schauspielers geschrumpft»[98]. Shakespeare mußte vor den Schauspielern gerettet werden.

Gerettet wurde er von William Poel, Edwin Gordon Craig und Harley Granville-Barker. Poel verwendete immer Amateurschauspieler, Craig ordnete die Schauspieler dem Bühnenbildner unter. Granville-Barker ordnete sie dem Regisseur unter.

Mit einer Aufführung auf der Grundlage der *Hamlet*-Textausgabe aus dem Jahr 1603 begann William Poel 1881 seine fünf Jahrzehnte ikonoklastischer Shakespeare-Inszenierungen, die ebenso einzigartig wie avantgardistisch waren. Die Vorstellung von *Was ihr wollt*, die Lady Monkswell besuchte, hatte zum Beispiel Poel auf die Beine gestellt, und obgleich er normalerweise kein solch feines Publikum hatte, war die Aufführung in anderer Hinsicht durchaus typisch. Das Stück wurde «genau so» aufgeführt, «wie als es das erste Mal gespielt wurde», in elisabethanischen Kostümen, ohne Kulissen, auf einer nackten Bühne, mit einem Tisch und einem Stuhl als einzigem Mobiliar. «Das Fehlen des Szenenwechsels und Bühnenumbaus war sehr erholsam», meinte Lady Monkswell; weil sie die Aufführung nicht für die langen Szenenwechsel, wie sie für viktorianische Produktionen typisch waren, unterbrechen mußten, konnten die Schauspieler «ganz durchspielen... ohne Unterbrechung, selbst nach den einzelnen Akten nicht»[99]. Auch die Musik war authentisch. Auf «einem italienischen Spinett ungefähr aus dem Jahr 1550, einer Diskantviole, einer Viola da Gamba und einer venezianischen Laute aus ungefähr der gleichen Zeit» erklangen, wenn möglich, die Originalvertonungen oder – wo diese verlorengegangen waren – in speziell dafür geschriebenen Kompositionen im elisabethanischen Stil von Arnold Dolmetsch.[100] Zum erstenmal seit der Restauration kam Shakespeare in einem Rahmen auf die Bühne, der dem ursprünglich vorgesehenen so weit wie möglich entsprach.

Zum Teil ging diese Form zwangsläufig aus dem Historismus der viktorianischen Forschung hervor: Shakespeares Dramen gehörten einer anderen Epoche an, und um sie zu verstehen, müssen wir das Umfeld betrachten, in dem sie gediehen. Wie auch Macready, Irving oder Booth beharrte Poel pedantisch auf historischer Genauigkeit. Doch Macready, Irving und Booth hatten die historische Wirklichkeit zu rekonstruieren versucht, die die Dramen selbst anvisiert hatten: Der Schauplatz von *Richard II.* ist das England des 14. Jahrhunderts, von *Hamlet* ist es das Dänemark des 10. Jahrhunderts. Poel statt dessen leugnete – wie Stoll und Schücking –, daß die Dramen irgendeine historische Wirklichkeit spiegelten. Um Shakespeare zu verstehen, brauchte man nichts über die wirkliche Welt oder die wirklichen Menschen zu wissen; man mußte einfach die Konventionen der elisabethanischen Kunst kennen.

Shaw behauptete, Shakespeares Dramen ließen sich nicht als Darstellung menschlichen Verhaltens vertreten; nur als musikalische Partituren für mehrere Stimmen ließen sie sich rechtfertigen. Poel arbeitete, indem er von der gleichen Annahme ausging. Wie Shaw lehnte er die Art ab, wie viktorianische Aufführungen Shakespeares Text kürzten und umstellten; solche Änderungen zerstörten den «Aufbau» der Komposition, genauso, wie das eine Mozart-Sinfonie zerstören würde. In seinen eigenen Inszenierungen war Poels

«... erster Schritt, die orchestrale Besetzung des Stücks vorzunehmen. Er entschied, welche Figur den Kontrabaß darstellen sollte, das Cello, das Holz, gewissermaßen, und wählte die Schauspieler aus gemäß ihres Timbre, ihrer Tonlage und der Vielseitigkeit ihrer Stimmen... Bevor er mit den Proben begann, erarbeitete er die Melodic, Betonung, den Rhythmus und die Phrasierung jedes Satzes... nach, sagen wir, zwei Wochen war [das Stück] ein so festgelegtes musikalisches Gewebe geworden wie eine Orchesterpartitur.»[101]

In seinen Partituren der Shakespeare-Dramen richtete Poel erstmals ein besonderes Augenmerk auf die Unterteilung in Szenen, auf Bühnenanweisungen und die Zeichensetzung der frühesten Ausgaben. Seine Schauspieler sollten aus billigen Faksimiles der ursprünglichen Quarto- und Folio-Textfassungen arbeiten.[102] Wie Greg lehnte auch Poel anachronistisch modernisierte Ausgaben ab. Und auch er wollte die materiellen Bedingungen und Theaterkonventionen wiederentdecken, die die Aufführungen von Shakespeares Dramen beherrschten. Die Ausgaben mit der alten Schreibweise und die Inszenierungen mit der alten Bühne entsprangen dem gleichen Beharren auf materieller Authentizität.

In beiden Fällen konnte man sich die angestrebte Authentizität nicht leisten. Für Shakespeares ursprüngliches Publikum waren die elisabethanischen Kostüme und Konventionen normal und deshalb unsichtbar gewesen; für Poels Publikum waren sie exotisch, fremd und aufdringlich. Für Shakespeares ursprüngliche Leser war die elisabethanische Schreibweise und Zeichensetzung normal, für Gregs Leser war sie künstlich. Was einst modern gewesen war, war jetzt alt. Man konnte dieses Alte mit fehlerloser Genauigkeit restaurieren, aber man konnte es nicht wieder modern machen.

Paradoxerweise führte Poels Methode rasch zu ihrer Antithese. Wenn Shakespeares Schauspieler ursprünglich in zeitgenössischen Kostümen gespielt hatten, dann wäre es bei modernen Schauspielern in einer modernen Aufführung authentischer, wenn sie in ebenso zeitgenössischen Kostümen spielten. 1923 bot Barry Jacksons Birmingham Repertory Theatre *Cymbeline* in moderner Aufmachung, und 1925 kamen sie mit ihrem modern aufgemachten *Hamlet* nach London. Die Hofleute präsentierten sich mit Monokel, tranken Cocktails, rauchten Zigaretten; Hamlet trug Knickerbocker; Laertes tauchte mit den typisch Oxforder Beutelhosen auf; Ophelia hatte kurze Haare und trug einen Rock von «nicht zu übersehender Knappheit»[103]; die Figuren spielten Jazz und Bridge.

«Hamlet in modernem Kostüm», wie die Produktin für sich Reklame machte, bediente sich derselben «mythischen Methode», die *Ulysses* und *The Waste Land* paradigmatisch vorgeführt hatten, nämlich einer «durchgängigen Parallele zwischen Modernem und Altem»[104]. David Jones, der die Erfahrung des Ersten Weltkriegs in poetische Form zu bringen suchte, setzte im selben Jahr «Mr. X, der seine Gasmaske zurechtrückt», mit Shakespeares Beschreibung des «jungen Heinrich, Sturmhut auf» gleich; «der Schützengraben erinnerte fast durchweg an [Shakespeares *Heinrich V.*]»; der Anblick der «Infanterie mit Blechhelmen auf, Zeltbahnen über die Schultern, mit Spitzen, Holpflöcken in der Hand» beschwor zwangsläufig «die Helme nur, / Wovor bei Agincourt die Luft erbebt».[105]

In Jones' Gedicht wurden die britischen Tommies zu Renaissance-Figuren; in Jacksons Inszenierung wurde ein Prinz des 17. Jahrhunderts zu einem «von Natur aus knurrigen und dann von einer selbstquälerischen Philosophie in die Verzweiflung getriebenen» «modernen Jugendlichen», dessen «geschwätziger, zynischer Haß auf die Welt» und «wütende Neigung zu erbarmungslosem Gespött» «der vollkommene Ausdruck einer granatenerschütterten Welt» seien.[106] Laertes, ein Aristokrat des 17. Jahrhunderts, der eine Rebellion gegen seinen König anführt, wurde übersetzt in einen «gewöhnlichen, anständigen Studenten, verzerrt von einem bösen Haß in seinem Herzen auf den jungen Mann, der, wie er meint, seine Schwester verführt hat»[107]. Jacksons Inszenierung verjüngte *Hamlet*, warf die schimmeligen Reste einer erschöpften Theatertradition auf den Abfallhaufen, all «die unglaublichen Kleiderstücke, Perücken und Bärte» und «die ganze Ansammlung konventioneller Charakterzeichnung»[108].

Doch Jacksons Inszenierung warf auch genau den Vergangenheitscharakter der Vergangenheit hinaus, ihre fremde Besonderheit. Ein «gewöhnlicher, anständiger Student» mag unsere nächste Entsprechung für Laertes sein, doch etwas geht durch die Übersetzung verloren. Wenn Poels Methoden an Greg erinnern, dann erinnern Jacksons an I. A. Richards – der im gleichen Jahrzehnt Prüfungsfragen für den *practical criticism*, die literaturimmanente Interpretation, entwarf, wo er systematisch jeglichen Hinweis auf das Entstehungsdatum oder den Kontext eines Gedichts herausnahm, jeglichen historischen Bezug, der einen Studenten aus dem Gedicht in die Welt des Gedichts führen könnte.

Poels und Jacksons anscheinend so unterschiedliche Inszenierungen beruhten beide auf einer kulturellen Übersetzung und konzentrierten dadurch die Macht in der Person des Übersetzers. Jeder Schauspieler konnte seine eigene Rolle gestalten; doch um eine systematische Altheit oder Modernität zu erreichen, mußte jemand – sei es Poel oder Jackson – die Verantwortung für die gesamte Inszenierung übernehmen. In der Vergangenheit hatte der Hauptdarsteller einer Truppe auch die Aufgabe des Regisseurs übernommen, genauso wie der Cembalist bzw. Pianist oder der Konzertmeister eines Orchesters auch die Aufgabe des Dirigenten übernommen hatte. Doch der Dirigent und der Regisseur bildeten sich allmählich zu etwas Eigenem, Speziellem heraus. Das Aufkommen des Orchesterdirigenten im 19. Jahrhundert war zum Teil die Folge der wachsenden Popularität älterer Musik, was die Orchester dazu zwang, sich mit unvertrauten Stilen und Notation zu befassen, und entsprechend ihre kollektive Abhängigkeit von einem einzelnen Experten steigerte, der den historischen Hintergrund meisterte. Desgleichen beruhte Poels Autorität auf seiner Kenntnis unvertrauter Konventionen. Aber die Orchester des 19. Jahrhunderts brauchten außerdem einen Dirigenten, weil die neue Musik immer komplizierter wurde und die neue Generation von Komponisten alle in erster Linie Dirigenten waren: Weber, Mendelssohn, Berlioz, Wagner. Entsprechend führte Shaw Regie bei fast allen Uraufführungen seiner Stücke; Granville-Barker inszenierte seine eigenen Stücke und andere. Und genauso, wie die wachsende Komplexität der Musik des 19. Jahrhunderts zu einer genaueren und strengeren Notengebung führte, so führte der wachsende Realismus mit seiner Detailfreude zu genaueren und strengeren Bühnenanweisungen. In den Druckfassungen von Shaws und Granville-Barkers Dramen überwältigen die auktorialen Anweisungen den Dialog förmlich. Und die gleiche Kontrolle, die Granville-Barker über seine eigenen Stücke ausübte, übt er auch als Regisseur über Shakespeare-Inszenierungen aus. Was er in seinem Buch *Prefaces to Shakespeare* unternimmt, ist, sämtliche Facetten des Stücks zu beschreiben und vorzuschreiben, von der Interpretation der einzelnen Rollen bis zum Sprechen der Verse, von den Kulissen, Kostümen, Pausen bis zur Musik, zum Aufbau des Stücks, seinem Text und seinen Themen. In der Buch- wie in der Bühnenfassung wurde die ganze Aufführung der Gestaltung eines Manns unterworfen.

Am 11. November 1927 hatte *Julius Cäsar* im Mercury Theatre in New York Premiere. Inszeniert hatte Orson Welles, der auch die Rolle des Brutus spielte. Wie die ursprüngliche Inszenierung aus dem Jahr 1599 wurde Welles' *Julius Cäsar à la* Poel, auf einer nackten Bühne gespielt; 1937 trugen Cäsars Gefolgsleute dann braune Uniformen. Welles verglich Cäsar explizit mit Mussolini. Aber schließlich verglich sich auch Mussolini selbst explizit mit Cäsar (und schrieb Dramen). Theater war politisch und Politik theatralisch, und obgleich Welles Mussolini verurteilte, bediente er sich doch hier derselben rhetorischen Figur. Wie Mussolinis Propaganda und wie Barry Jacksons *Hamlet* baute Welles' *Julius Cäsar* darauf, daß das Publikum eine Metapher zu würdigen wußte, daß es Ähnlichkeit und Verschiedenheit von Vehikel und Tenor der Kunst bemerkte. Im Theater und außerhalb bildeten ganze Kulturen die Glieder der Metapher, ganze Gesellschaften, die zusammengezwungen wurden. In *The Golden Bough* behandelte James Frazer Christus schlicht als weitere Variation vom Mythos des gepeinigten Gottes. Im *Ulysses* verschmolz Joyce das Griechenland Homers und das zeitgenössische Dublin. Im urbanen Europa zitierte Eliot die altindischen *Upanishaden* am Ende des *Waste Land* («Shantih, Shantih, Shantih»); als er die Explosion der ersten Atombombe in der Wüste in New Mexico beobachtete, kam J. Robert Oppenheimer die *Bhagavadgita* in den Sinn («Ich bin der Tod, der Zerstörer der Welten»).

Als Schauspieler spielte Orson Welles Brutus, den Feind politischer Diktatur; als Regisseur jedoch spielte er die Rolle des künstlerischen Diktators. Das totale Theater hatte nicht zum ersten Mal eine unangenehme Ähnlichkeit mit seinem Zeitgenossen, dem Totalitarismus. Hitler, der Möchtegern-Bühnenbildner, beschlagnahmte nicht nur Wagners Mythen, sondern auch seine Musik, indem er Wagners Unterordnung aller Künste unter ein einziges emotionales Ziel nachvollzog. Die Architektur des Lichts in Albert Speers Nürnberger Aufmärschen verwirklichte die Ambitionen von Adolphe Appia und Edward Gordon Craig, ein Theater zu schaffen, das aus abstrakten Flächen aus Masse und Licht bestand und die menschlichen Darsteller zu Zwergen schrumpfen ließ. Craig wollte den einzelnen Schauspieler zu einer Art ‹Übermarionette› machen, die sich ganz der ‹Kunst des Theaters› unterwarf, was in der Praxis bedeutete, daß er sich ganz dem Regisseur und künstlerischen Gestalter unterwarf. In seinem Bühnenentwurf für die *Hamlet*-Inszenierung 1912 in Moskau fand der ganze Hof Platz unter König Claudius' goldenem Mantel, der in optischer und physischer Hinsicht den Hof so vollkommen beherrschte wie Craigs Entwurf die Mitwirkenden. Dem goldenen Mantel Craigs folgten in seiner Inszenierung vom *Sommernachtstraum* 1914 Granville-Barkers ebenso berühmte goldene Feen: Mit Haaren wie goldenes Holz, vergoldeter Haut, Bärten wie gedrehtes goldenes Seil, metallenen Schnurrbärten, goldbesetzten Kostümen standen sie da gleich Pfählen oder Steinen, ihre Bewegungen «ruckartig» und «marionettenhaft», gleich den geschnitzten Figuren einer Wanduhr oder «zum Leben erweckten» «vergoldeten Kühlerfiguren».[109] Dieses depersonalisierende, vom Regisseur anbefohlene Gold kehrte wieder in der beachtlichsten Szene in Oliviers Verfilmung von *Heinrich V.* aus dem Jahre 1944, im Angriff der französischen Kavallerie bei Agincourt. Shakespeares Text führt diesen Angriff nicht aus und charakterisiert die französische Armee durch eine Handvoll klar gezeichneter Einzelpersonen; Oliviers Film zeigt Menschenmassen über das Feld ziehen, eine Armee unter dem künstlerischen Kommando von Regisseur Olivier, Pferde und herrliche Waffen, die sich zur heroischen Musik des Komponisten William Walton bewegen.

In einer Welt der Massenproduktion, der Massenbeförderung, des Massenkriegs, der Massenarbeitslosigkeit, der Massenpolitik und Massenmedien glichen die Menschen einer Schar Marionetten. Der individuelle Charakter, die einzelne Figur, schien ohne Bedeutung. Das aufregendste und einflußreichste Londoner Theaterereignis der Saison 1911 war überhaupt kein Bühnenstück, sondern der erste von vielen Auftritten von Serge Diaghilews Ballets Russes in Großbritannien. Acht Jahre später forderte Eliot vom poetischen Drama «eine so unmittelbare und direkte Wirkung wie beim besten Ballett», eine Wirkung, die zu erzielen sei durch «ein Bühnenbild, ein Kostüm, eine Bewegung und das Aufregende, daß etwas sehr Schönes vor einer Anzahl Menschen stattfand»[110]. Figuren spielen in dieser Beschreibung keine Rolle. «Wer einen der großen Tänzer der russischen Schule beobachtet hat», wird begriffen haben,

«daß im Ballett nur das dem Schauspieler überlassen ist, was die eigentliche Rolle des Schauspielers ist. Die allgemeinen Bewegungen sind ihm vorgegeben. Was er ausdrücken kann, sind nur begrenzte Bewegungen. Seine Persönlichkeit ist nicht gefordert... ein wahres Schauspiel ist gewiß eines, das einzig für das Schauspielen auf den Schauspieler angewiesen ist, in dem Sinne, in dem ein Ballett für den Tanz auf den Tänzer angewiesen ist...»

Das Drama und der Tanz scheitern, wann immer «der Mensch dazwischenkommt»[111]. Diese Definition der dramatischen Figur paßt besser zu Prokofieffs Ballett *Romeo und Julia* als zu dem Shakespeareschen Drama.

Ballett war eine Kunst für die Elite, Kino war Unterhaltung für jedermann. Das Aufkommen des Films berührte Shakespeare unmittelbarer und dauerhafter als die Ballets Russes. Das erste speziell als Kino gebaute Gebäude eröffnete 1907; sogar schon vorher, 1899, hatte Herbert Beerbohm Tree mit einer riesigen Besetzung einen Filmauftritt mit einer Szene aus Trees Produktion von *König Johann*. Danach lieferten – meist radikale – Shakespeare-Adaptionen die Szenarien für Hunderte von Stummfilmen; allein im Jahre 1908 produzierten die amerikanischen Studios zehn Shakespeare-Filme, mehr als jemals wieder. Mit der Entwicklung des Tons konnten die Filme sogar Shakespeare-Dialoge einbauen, wo es ihnen paßte. 1929 zähmte Douglas Fairbanks als Petruchio im ersten Tonfilm eine widerspenstige Mary Pickford. Der erfolgreichste dieser frühen Filme vor der Ankunft Oliviers und Welles in den 40er Jahren war 1935 der *Sommernachtstraum* der Warner

Brothers, ein britisches Stück, von einem amerikanischen Filmstudio produziert und mit dem Österreicher Max Reinhardt als Ko-Regisseur. Reinhardt hatte seine erste Inszenierung des Stückes 1905 in Berlin gemacht und kehrte in den nächsten drei Jahrzehnten über ein dutzendmal dazu zurück. Stärker als seine britischen Zeitgenossen verkörperte und prägte er in den ersten drei Jahrzehnten dieses Jahrhunderts den neuen Status des Regisseurs: Er integrierte Musik und Bewegung, Schauplatz und Sprache in eine einzige, stimmige Theaterpartitur. Zu Reinhardts Hollywood-Besetzung zählten – um nur die zu nennen, die jedem Kinogänger bekannt sein dürften – Olivia de Havilland (als Hermia), Mickey Rooney (Pucks unbezähmbares, freches Huck Finn-Grinsen), Joe E. Brown (die beinah stumme, gequälte Miene von Flaut) und James Cagney (ein Zettel, der eine Mischung war aus einem gewerkschaftlich organisierten «Weber, dem Chicago-käppi und dem häßlichen Entlein»).[112] Dabei ging bei ihnen, wie auch bei all den anderen, das meiste der Sprache verloren, die Shakespeare ihnen gegeben hatte, weil der Text stark gekürzt war; dennoch hinterließen die Darsteller auf Zelluloid unauslöschliche Bilder der Shakespeareschen Figuren. Diese Bilder mischten sich mit anderen, ebenso erinnerungswürdigen von Riesenbäumen und Palastsäulen, glänzenden Wassern und glänzenden Böden, Fröschen und Feen, Mondschein und Mendelssohn – «Traum-Gärten mit wirklichen Kröten darin»[113].

Einzelne Shakespeare-Verfilmungen berührten, wie unvergeßlich sie in ihrer Exzentrik auch sein mochten, die Shakespeare-Interpretation nur sporadisch; die Geburt des Films an sich definierte jedoch das Wesen des Theaters radikal neu, sowohl für die Praktiker als auch für die Besucher. Die Zuschauer zogen vom Theater ins Kino. Das echte Theater wurde zu einer klaren Elitenkultur einer kleinen Minderheit; die Theater, in denen Regisseure wie Poel und Granville-Barker arbeiteten, waren kleiner als die der großen Showleute des 19. Jahrhunderts. Literaturwissenschaftler wie Richards und Leavis verurteilten den Film als krude Massenunterhaltung, die auf den kleinsten gewöhnlichen Nenner der menschlichen Psyche abgestimmt war. Doch während die Fürsprecher des Theaters den Film verurteilten, eigneten sie sich, so wie Wells es mit dem Faschismus tat, zugleich dessen Techniken an. Unbarmherzig kontrollierte die Kamera die Perspektive; der Film zwang den Zuschauer, den Blickwinkel des Kameramanns zu übernehmen und genau das zu sehen, was die Kamera sah. Das Theater bemühte sich um die gleiche Wirkung, wenn das Megaphon des Regisseurs eine Stimme über allen anderen verstärkte und jeden Aspekt des Schauspiels in einer einzigen Perspektive bündelte. Über 30 Jahre produzierte der Stummfilm Bilder von Menschen, die, der Komplexität des sprachlichen Ausdrucks beraubt und ihr Gefühlsleben durch Mimik und Musik vereinfacht, sich auf der Leinwand so ruckartig bewegten wie Craigs Übermarionetten oder Granville-Barkers goldene Feen.

Und der Film war schnell. Augenblicklich konnte er von einer Szene zur nächsten springen – anders als das viktorianische Theater, das lange, leere Minuten für den Umbau vergeudete. Die Ballets Russes und die Keystone Cops erfreuten das Auge nicht mit szenischen Stilleben, sondern mit sich bewegenden Figuren. Dasselbe taten Granville-Barkers Vorführungen am Savoy. Poel und Granville-Barker gaben die lästigen Szenenwechsel des konventionellen Theaters des 19. und frühen 20. Jahrhunderts auf, reduzierten die Zahl der Pausen, schnitten die komischen Einlagen heraus und bestanden darauf, daß die Schauspieler schnell sprachen, ohne den gemessenen Pomp der traditionellen Deklamation. Die alten Zwischen- und Nachspiele waren bereits abgeschafft. Diese Änderungen stellten die elisabethanische Theaterpraxis wieder her; überdies ermöglichten sie durch die Beschleunigung des Sprechtempos erstmals seit 100 Jahren, daß sich in einer Aufführung von erträglicher Länge der ganze Text unterbringen ließ. Außerdem erreichten diese Reformen für das Theater «Szenenwechsel, so schnell wie der Kinematograph» [114]. Inszenierungen, die mit dem Tempo des modernen Lebens schritthalten konnten, mit einer Zeit, da Europa immer schneller in ein Jahrhundert der Automobile, Flugzeuge und Radios eilte. Authentizität befriedigte die Ungeduld der modernen Zuschauer.

Authentizität ersparte dem Theater außerdem den Wettkampf, den es nicht gewinnen konnte. Die elisabethanische Bühne hatte keine Kulissen, keine künstliche Beleuchtung, keine Kostüme für die verschiedenen Epochen und keine Schauspielerinnen; nur eine hölzerne halbinselförmige Plattform hatte es, auf der die Schauspieler ihre rhetorischen Verse direkt in das sichtbare Publikum sprachen, in ein mit den Füßen scharrendes und geschwätziges Publikum, das sie während der Vorstellung halb umringte. Mit der Rückkehr zu elisabethanischen Bedingungen gaben Poel und seine Anhänger den optischen Realismus notwendigerweise auf; aber dieser Verlust wurde schon bald als Gewinn gesehen. Shaw pries Poels Inszenierungen, weil sie an die Stelle des Versuchs «eines unmöglichen szenischen Abbildes» «einige wenige wohl verstandene Konventionen» setzten.[115] Tatsache war, daß ein szenisches Abbild der Wirklichkeit nicht unmöglich war: Im Kino war sie sehr wohl möglich – nur im Theater war sie unmöglich. Die Bühne konnte, wie Edward Gordon Craig begriff, nicht mit dem «eifrigen Photographen» mithalten.[116] Bühnenbildner mußten, wie andere Künstler auch, eine Kunst jenseits der Photochemie finden.

Craig fand sie auf Leinwänden. Das Kino konnte eine beliebige Anzahl von Bildern auf eine leere Leinwand projizieren; das Theater konnte eine beliebige Anzahl von geometrischen Stimmungen dadurch erzeugen, daß leere Wände hin- und herbewegt und beleuchtet wurden und auf diese Weise so schnell wie der Film von einer Einstellung zur nächsten springen. Craigs für den Moskauer *Hamlet* entworfene Leinwände wurden beinahe sofort von W. B. Yeats am Abbey Theatre in Dublin übernommen. Yeats hatte Craigs Arbeit, «das erste schöne Bühnenbild, das unser Theater gesehen hat», von Anfang an gepriesen, weil sie eine Kunst des Theaters verkörperte, die nicht mehr «naturalistisch» war.[117] Die Ballets Russes, Craigs Entwürfe, Granville-Barkers Shakespeare-Inszenierungen, das «alles waren Beispiele dieser neuen gestalterischen Methode»[118]. Sie sprach Yeats an, weil sie seinen eigenen Regeln für das poetische Drama entsprach. In einem Ibsenschen Wohnzimmer konnte man ebensowenig einen poetischen Dialog sprechen, wie man «Galsworthy und Shakespeare auf gleiche Art inszenieren konnte»[119]. Nicht-naturalistische, aber phantasievolle Kulissen ergänzten in einer Verbindung von sprachlicher und visueller Bildlichkeit eine nicht-naturalistische, aber phantasievolle dramatische Rede.

Yeats wollte das Versdrama wiederbeleben; das wollten auch Eliot und dann W. H. Auden, Christopher Isherwood, Maxwell Anderson, Christopher Fry, Archibald MacLeish und andere. Das poetische Drama bot dem Theater das eine, was das Kino nicht besaß; die großartige dramatische Rede. Zuerst konnten Filme überhaupt nicht sprechen; als sie es dann in den späten 20er Jahren lernten, sprachen sie in Prosa. Zu seiner eigenen Verteidigung betonte das Theater seine Vorzüge gegenüber dem Kino. Naturgemäß berührte diese neue Zelebrierung bewußter Künstlichkeit auch die Shakespeare-Inszenierungen, vom stilisierten Bühnenbild der *Widerspenstigen Zähmung* im Jahre 1913 bis zu den futuristischen Vorhängen von *Cymbeline* 1923, vom Kubismus des Vorhangs aus schwarz-roten Dreiecken in Granville-Barkers

Was ihr wollt im Jahre 1912 bis hin zu den extravaganten bunten Ko-stümen von Nigel Playfairs *Wie es euch gefällt* im Jahre 1919. Doch das Interesse am poetischen Drama wirkte sich auch, und vielleicht sogar noch tiefgreifender, auf das kritische Denken aus. Was das Shake-spearesche und überhaupt elisabethanische Drama vom naturalisti-schen Theater und Film unterschied, war gerade seine Künstlichkeit. Die Kunst steckt in der Künstlichkeit; Künstlichkeit und Dichtung, Konventionen der Sprache und der Handlung wurden zum Brenn-punkt der wissenschaftlichen und kritischen Betrachtung.

Mit der Aufgabe des Naturalismus setzten Poel, Craig und Gran-ville-Barker «eine Art Revolution auf dem Theater» [120] in Gang, eine Revolution, die sich rechtfertigte als buchstäbliche, echte Kehrtwende, als Kreisbewegung, die zu der authentischen Künstlichkeit einer frühe-ren Epoche zurückkehrte. Doch diese Künstlichkeit wurde von den-selben Widersprüchen zerrissen, die den Aufgaben in der alten Schreib-weise und Inszenierungen in der ursprünglichen Kostümierung zu schaffen machten. Das moderne poetische Drama und die modernen Neuaufführungen der alten poetischen Dramen definierten sich be-wußt im Gegensatz zum naturalistischen Theater und Film; sie wand-ten sich vom Realismus ab. Für das eigene Publikum zu seiner eigenen Zeit jedoch war das künstliche Renaissancetheater naturalistischer, realistischer gewesen als alle uns bekannten damaligen Alternativen. Marlowes Blankvers klang – und tut das noch immer, wie streng sein Rhythmus auch modernen Ohren erscheinen mag – natürlicher als der Dialog der Vorgänger aus der Tudorzeit, Shakespeares klang später wiederum natürlicher als Marlowes und Middletons natürlicher als Shakespeares. Die Renaissanceschauspieler trugen pompöse Kostüme, denn sie imitierten, ja borgten sich manchmal die wirkliche Ausstaffie-rung von wirklichen Königen, wirklichen Aristokraten, wirklichen Geistlichen, wirklichen Ausländern. Zu den Bühnenstücken der Re-naissance gehörten soviel Tanz und Musik, weil Tanz und Musik das Leben der Gesellschaft durchzogen, das sie dramatisierten. Das Re-naissancepublikum begeisterte sich für die wahre Geschichte – *The True Tragedie of Richard Duke of York* – und für ein Schauspiel über die Herrschaft Heinrichs VIII., das *All is True* versprach.

Bald wurde selbst den Modernen klar, daß, obwohl Shakespeare sich mit naturalistischen Kriterien weder verteidigen noch auf die Bühne bringen ließ, er auch nicht künstlich genug war, um als Vorbild für ein neues poetisches Drama zu dienen. Eliot beklagte, daß «die

Elisabethaner selbst die gleichen Kriterien des Realismus zulassen», die auch das moderne Drama regieren: «Ein Stück von Shakespeare und eines von Henry Arthur Jones sind im wesentlichen von derselben Art», und wolle man ein Drama anderer Art sehen, dann müsse man ganz zurück gehen zum mittelalterlichen ‹morality play› *Everyman*.[121] 1890 hatte Pollard eine Sammlung mittelalterlicher Dramen, *English Miracle Plays*, *Moralities and Interludes*, herausgebracht, die in den folgenden 40 Jahren durch acht Auflagen ging. 1901 hatte Poel eine triumphale Inszenierung von *Everyman* geleitet und damit eine ganze Serie von Wiederaufführungen englischer *morality plays* angeregt. Das elisabethanische Drama ließ sich nun – nicht zu seinem Vorteil – über einen Vergleich mit der Dramenform bewerten, die es abgelöst hatte. In der Praxis kombinierte Eliot mittelalterliche und griechische Vorbilder, und Yeats bestes Theater war mehr dem japanischen Nō-Theater als Shakespeare verpflichtet. Shakespeare stand unglücklich genau zwischen dem künstlichen Drama einer archaischen Kultur und dem Realismus des modernen Films. In seiner Besprechung der Warner Brothers-Verfilmung vom *Sommernachtstraum* zeigte sich G. Wilson Knight «beeindruckt von der Art und Weise, wie der Regisseur das, was in der Poesie steckt, den alptraumhaften Schrecken des Waldes und der wilden Tiere», auf die Leinwand brachte; ebenso gefiel ihm «Oberon auf seinem schwarzen Pferd».[122] Wie beharrlich die Meister des poetischen Dramas dieses auch von der Photographie und dem Film unterscheiden mochten, so verwandelten diese neue Formen doch ihre kritische Perspektive. Die Bewegung, die Ezra Pound 1912 ‹Imagismus› taufte, verkündete mit ihrem Namen den Vorrang visueller Impressionen; der Vortizismus, die futuristische Bewegung in England, setzte diese Bilder 1914 in heftige Bewegung und verschmolz für kurze Zeit die plastischen, visuellen und sprachlichen Künste. Was Shakespeare von Virginia Woolf unterscheidet, ist genau «die Kraft, Bilder zu schaffen», und die Geschwindigkeit solcher Bilder, wie sie sich ergießen mit «dem Druck und der Stärke und dem Gepolter seiner Worte»:

«Bis jetzt war mir nicht klar, wie erstaunlich bei ihm die Spannung, das Tempo und die Kraft der Wortprägung ist, bis ich fühlte, wie er mich vollkommen überholte, mir davonrannte. Zuerst schien er auf gleicher Höhe, dann sah ich ihn zulegen u. Dinge tun, die ich mir nicht im wildesten Tumult u. äußersten Anspannung meines Geistes vorstellen könnte. Selbst die weniger bekannten u. schlechteren Stücke sind in einem Tempo geschrieben, das rascher ist als das rascheste eines jeden anderen, u. die Worte fallen so schnell, daß man sie nicht aufheben kann.»[123]

Caroline Spurgeon und Edward Armstrong beschrieben in ihrer Analyse von Shakespeares Wortclustern, wie sich visuelle Bilder in Bewegung verhalten, wie eines das andere hervorbringt; Wolfgang Clemen verfolgte die Entwicklung von Shakespeares Bildersprache (*Shakespeares Bilder, ihre Entwicklung und Funktionen im dramatischen Werk*) sowohl in der dramatischen Sprache der einzelnen Werke als auch durch den ganzen Kanon hindurch. William Knight, der einflußreichste dieser Kritiker, malte sich aus, wie «das Lear-Thema raschelte und pfiff, mit einer plötzlichen visonären Brillanz und vielen Farben am Himmel»[124]. Knight stellte sich in der Tat den ganzen Shakespeare-Kanon vor als einen Ablauf aufgeladener Bilder, als Sequenz von Symbolen, vom Sturm zur Musik.

Knight beharrte ebenso – wie die Kamera, der Regisseur, der Diktator – auf einer einheitlichen Wirkung, auf einer einzigen Vision. «Die Gedankenwelt und Handlung eines Stücks gewinnen ihre Bedeutung» zwangsläufig aus einer «zentralen Vorstellung». «Der Tod ist das wahre Thema» von *Hamlet*, heißt es zum Beispiel, «denn Hamlets Krankheit ist der seelische und geistige Tod.»[125] Desgleichen identifizierte Spurgeon die «dominierenden Bilder» jedes Dramas: «Bestimmte Gruppen von Bildern... fallen in jedem bestimmten Stück besonders auf», denn «das Thema, das [Shakespeare] behandelt, entsteht in seiner Vorstellung, während er ein Bild oder Symbol niederschreibt, das durch das ganze Stück hindurch immer wieder in Form eines Vergleichs oder einer Metapher auftaucht» und «die unterschwellige Melodie einer durchlaufenden symbolischen Bildwelt» erzeugt.[126] In *Heinrich V.* «dominieren» Bilder einer «raschen und schwebenden Bewegung»; im *Sommernachtstraum* wirkt «die Schönheit des Waldes in einer träumerischen Sommernacht» auf uns «überwältigend». «Das dominierende Bild im *Sturm*... ist der Eindruck des Klangs», in *Romeo und Julia* ist es das «Licht» und in *Hamlet* die Krankheit; Speisen dominieren *Troilus und Cressida* und die Welt von *Othello* «Tiere, die sich bewegen».[127]

Eine allumfassende, einheitliche künstlerische Vision ist nur denkbar, wenn man von der Präsenz einer einzigen künstlerischen Phantasie ausgeht, die jeden Aspekt des Werks kontrolliert. Durch das ganze 18. und 19. Jahrhundert hindurch waren sich Forschung und Kritik einig, daß manche, vielleicht viele von Shakespeares Stücken in Zusammenarbeit mit anderen Autoren entstanden waren, einige davon namentlich identifizierbar, andere nicht. In einem wichtigen Vortrag vor der British Academy («The Disintegration of Shakespeare») bestritt und kritisierte E. K. Chambers jedoch 1924 diese Annahme. Chambers gestand zwar die Hand eines weiteren Autors in einigen Dramen zu, doch die Reaktion, die er auslöste, besiegte bald auch die tiefsten und eingefahrensten Zweifel. 1929 reklamierte Peter Alexander wieder die ganze Heinrich VI.-Trilogie für Shakespeare; 1933 beharrte L. C. Knights auf der «unteilbaren Einheit» von *Macbeth* und machte sich geradezu über diejenigen lustig, die in bestimmten Passagen einen «allgegenwärtigen Interpolator» ausmachen wollten: A. M. Sampley und Hereward T. Price verteidigten 1936 bzw. 1943 die Echtheit von *Titus Andronicus*, und Una Ellis-Fermor schrieb 1942 Shakespeare den ganzen *Timon von Athen* zu.[128] Ihre Studie der sprachlichen Bilder in *Heinrich VIII.* überzeugte Spurgeon davon, daß Shakespeare für größere Teile davon verantwortlich war als gemeinhin angenommen. Wilson schlußfolgerte, *Perikles* sei «genauso authentisch wie jedes andere von Shakespeares Werken»[129].

Diese einäugige Theorie der Autorschaft wurde von einer einäugigen Theorie textueller Überlieferung vorweggenommen und gefördert. Bis zum 20. Jahrhundert hatte weithin die Auffassung geherrscht, den noch vorhandenen frühen Ausgaben von Shakespeares Texten hätten fehlerhafte Manuskripte als Druckvorlage gedient, die mit dem Autor nur noch um mehrere Ecken verwandt seien. 1756 hatte Samuel Johnson in einer häufig zitierten Passage erläutert, daß Shakespeares Manuskripte, waren sie erst einmal an das Theater verkauft,

«sofort für die Schauspieler kopiert und Abschrift um Abschrift vervielfältigt wurden; sie wurden durch die Fehler des Schreibers verfälscht oder durch die Profiliersucht des Schauspielers verändert, vielleicht um einen Witz erweitert oder aber verstümmelt, um die Darstellung zu kürzen; und schließlich gedruckt ohne Zustimmung des Autors, ohne Einverständnis des Besitzers; zufällig oder heimlich zusammengestellt aus den verschiedenen Textrollen für das Theater...»[130]

Noch 1902 bestätigte Sidney Lee in nicht so denkwürdiger, aber ebenso pessimistischer Sprache, daß «dem größeren Teil der Quarto-Ausgaben von Shakespeares Stücken, die zu seinen Lebzeiten veröffentlicht wurden, die mehr oder weniger unvollkommenen Theater-

Abschriften als Textvorlage dienten, welche die Verleger auf mehr oder weniger unehrliche Weise erwarben»[131]. Diesen orthodoxen editorischen Glauben verwarf 1909 A. W. Pollard, ein Bibliothekar im Department of Printed Books des British Museum. Das Vorwort zum ersten Folio von 1623 hatte die Leser gewarnt, nicht den «diuerse stolne, and surrepititous copies»[132], den «verschiedenen gestohlenen und gefälschten Ausgaben» von Shakespeares Dramen zu trauen, die zuvor erschienen waren. Diese Formulierung hatten die Herausgeber verstanden als Verurteilung aller frühen Quartos. Pollard vertrat statt dessen die These, die zweideutige Formulierung und besonders das Wort «diuerse» bezichtige nur einige wenige auszumachende frühe Ausgaben, die als «schlechte» Quartos zu bezeichnen seien; die übrigen Quartos seien im Gegensatz dazu «gute». («Kennen Sie den Unterschied zwischen den Quartos und den Folios?» fragte Virginia Woolf einen Briefpartner; «ich bis gestern abend auch nicht.»[133])

Pollards Interpretation gilt weithin als revolutionärer Durchbruch, und bald bestätigten spezielle Textstudien der einzelnen Dramen, daß «die frühen Ausgaben... den ursprünglichen Manuskripten aus [Shakespeares] Feder wesentlich näher sind» als die «Textbaumeister» bislang angenommen hatten.[134] Dover Wilson lieferte 1934 in einem zweibändigen Werk den Nachweis – es ist das charakteristischste und einflußreichste Beispiel solcher Studien –, daß ein Quarto, das 1604 erschienen war, als unmittelbare Vorlage das Shakespearesche *Hamlet*-Manuskript benutzt hatte. Das ließ nur noch einen dünnen Mittler zwischen uns und dem singulären auktorialen Text übrig. Und bei einem Stück kamen wir noch dichter heran. 1916 lieferte der Paläograph des British Museum, E. Maunde Thompson, den Expertenbeweis, daß drei Seiten eines Manuskripts des British Museum von Shakespeare selbst niedergeschrieben worden waren. 1923 tat sich Thompson mit Greg, Pollard und Dover Wilson zusammen, um sich für *Shakespeare's Hand in the Play of ‹Sir Thomas More›* stark zu machen. Mit «Hand» meinten sie «Handschrift», aber die Doppeldeutigkeit des Substantivs vermittelte ein bißchen ihre Aufregung angesichts dessen, daß die leibliche Präsenz des Autors zu spüren war.

Ein weiterer Mitarbeiter am *Sir Thomas More*-Kolloquium stützte den technischen und paläographischen Beweis für Shakespeares Autorschaft der drei Seiten: R. W. Chambers, der die «feinsinnigen Denkverbindungen» untersuchte, durch die Vorstellungen und Bilder «in einem Geiste verknüpft sind»[135]. Chambers' Essay übertrug die

Analyse der sprachlichen Bilder direkt auf die Probleme der Autorschaft. Die neuen Textstudien zu Shakespeare beruhten auf derselben Methode wie die neuen Studien zu seiner Bilderwelt: In beiden Fällen wurden über den Text verstreute Einzelheiten systematisch untersucht auf der Suche nach einem einzigen Ursprung. Dover Wilson erstellte Tabellen zur Orthographie, zu den verschiedenen Bühnenanweisungen, der Häufigkeit und Verteilung bestimmter Formen der Zeichensetzung, Varianten in den Zuweisungen der Dialoge – zu Aspekten des Textes also, die frühere Herausgeber vernachlässigt hatten –, und aus diesen kleinen, versprengten Beweisstücken leitete er eine Hypothese ab über das Wesen des Textes. Damit identifizierte er Shakespeares Hand in dem Manuskript für die *Hamlet*-Ausgabe von 1604; mit der gleichen Methode identifizierte F. P. Wilson in einer Anzahl von Texten die Hand von Ralph Crane, einem berufsmäßigen Theaterschreiberling. Die Drucker des ersten Folios von 1623 hätten, so Wilsons Vermutung, wohl «ein oder mehr» Manuskripte «in seiner Handschrift» benutzt.[136] Mit ähnlichen Mitteln, nämlich tabellarischen Auflistungen der sprachlichen Bilder, identifizierten Spurgeon und Knight ein vereinigendes Prinzip, das unzählige Einzelheiten des Textes erklärte und damit das Chaos der widersprüchlichen Bagatellen zu einem befriedigend geordneten Ganzen organisierte. «Shakespeares Geist und Hand arbeiteten zusammen», wie das Vorwort des ersten Folios erklärt hatte, und das taten im 20. Jahrhundert auch die Techniken, die Geist und Hand analysierten. R. W. Chambers' Essay über *Shakespeare's Hand* erschien 16 Jahre später in erweiterter Form als Kapitel in *Man's Unconquerable Mind*.

Wenn Shakespeares Geist und Hand zusammenarbeiteten, dann war es nicht nur eine einzige ausführende künstlerische Einbildungskraft, die das Stück zu einer Einheit gestaltete, sondern auch ein einziger Augenblick des künstlerischen Schaffens. Die Paläographen befanden einstimmig, daß die drei Seiten von *Sir Thomas More* mit großer Geschwindigkeit zu Papier gebracht worden waren. Hinter der *Hamlet*-Ausgabe aus dem Jahr 1604 und der Ausgabe von *Heinrich IV. Zweiter Teil* aus dem Jahr 1600 konnten wir offenbar Shakespeares eigene Arbeitspapiere (*foul Papers*) sehen, ein vollständiges Manuskript des Stücks, den materiellen Text, den er in einem einzigen Schaffensakt komponiert hatte und der – wie *Sir Thomas More* – deutliche Symptome von Eile zeigte. Shakespeare äußerte seine Gedanken auf so meisterhaft schnelle Art, daß er nicht noch einmal zum Schauplatz seines

Schaffens zurückkehren mußte; er stellte das Stück mit einem Handstrich fertig. Am dritten Tag erschuf Shakespeare *Viel Lärmen um nichts*, und er sah, daß es gut war, und so beließ er es und wandte sich anderen Dingen zu. Die Einheit des Textes störte weder ein zweiter Autor noch eine zweite Kompositionsphase.

Diese neue Interpretation von Shakespeares schöpferischer Vorgehensweise mußte bestimmte inhärente Hindernisse überwinden. Seit dem 18. Jahrhundert hatte weithin die Annahme geherrscht, daß manche von Shakespeares Dramen einfache Umarbeitungen früherer Texte waren, die entweder von Shakespeare selbst oder von anderen Autoren stammten. Entsprechend stellte der 1623 gedruckte *Heinrich VI. Erster Teil* den umgearbeiteten Text des 1594 gedruckten *The First Part of the Contention* dar; *Heinrich VI. Dritter Teil* stellte die umgearbeitete Fassung von *The True Tragedy of Richard Duke of York* (1595) dar, *Der Widerspenstigen Zähmung* den früheren Text gleichen Titels von 1594, *King John* das frühere *The Troubelesome Reign of King John* (1591), und auch *Romeo und Julia*, *Heinrich V.* und *Hamlet* waren Umarbeitungen weniger guter Texte gleichen Titels, die schon früher erschienen waren. Diese weniger guten, aus dem autorisierten Shakespeare-Kanon verbannten Werke hatten die Shakespeare-Forscher immer schon als besondere Kategorie von Verdächtigen behandelt. Doch wie jedes Supplement halfen sie das Werk zu bestimmen, das auf ihnen aufbaute und sie aus sich ausschloß. Ob sie nun von Shakespeare oder anderen stammten, diese apokryphen Texte definierten die kanonischen Texte als Überarbeitungen, Neubearbeitungen der Arbeit einer anderen oder früheren Hand. Eliots *Hamlet*-Verdikt aus dem Jahre 1919 – «ganz sicherlich ein künstlerischer Fehlschlag» – ging von solchen Überlegungen aus; Eliot faßte J. M. Robertsons Analyse der allmählichen Evolution des Dramatextes zusammen und bestätigte sie. «Die gesamte Handlung des Stücks» war daher, wie es idealerweise der Fall hätte sein sollen, nicht «auf Shakespeares Plan zurückzuführen», vielmehr wurde Shakespeares Plan mit wenig Erfolg «über viel roheren Stoff gelagert».[137] Robertson schrieb die roheren Vorlagen Thomas Kyd und George Chapman zu, doch selbst wenn der rohere Stoff Shakespeares eigene frühe Arbeit war, blieb doch Eliots Einwand bestehen.

Aber Robertsons Textforschung war bereits zu der Zeit altmodisch, da Eliot sie bekräftigte. 1919 hatte Pollard die meisten der zweifelhaften Texte als «schlechte Quartos» neu definiert als Ergebnis nicht einer früheren rohen Komposition, sondern eines späteren Prozesses von fehlerhafter Textüberlieferung. Die Fassung von *Heinrich V.* aus dem Jahre 1600 zum Beispiel stellte keinen Vorläufer von Shakespeare oder jemand anders dar, sondern vielmehr einen unverbürgten, zerstückelten Abkömmling von Shakespeares eigener Fassung. Andere Literaturwissenschaftler hatten früher schon diese Hypothese in bezug auf einige dieser zweifelhaften Fassungen geäußert; doch Pollard formulierte sie sehr viel überzeugender, indem er eine intellektuelle, stimmige Strategie anbot, wie verschiedene Textprobleme systematisch zu lösen waren. Und andere erweiterten und entwickelten Pollards Hypothese bald weiter. 1929 setzte eine Monographie von Peter Alexander – mit einem Vorwort von Pollard – *The First Part of the Contention* und *Richard Duke of York* auf die Liste der abgeleiteten Texte; 1928 hatte John S. Smart (Alexanders Lehrer) *Der Widerspenstigen Zähmung* in die gleiche Kategorie gesteckt, und 1950 fügte E. A. J. Honigmann (Alexanders Schüler) noch *The Troublesome Reign* hinzu.[138] Andere Forscher lieferten den Nachweis für ähnliche Behauptungen über die erste Ausgabe von *Hamlet* (1941) und *Romeo und Julia* (1948).[139] Dowdens viktorianische Skizze von Shakespeares Laufbahn hatte die erste Phase in die «*Werkstatt*» plaziert, wo er als Lehrling die Schauspiele anderer neu bearbeitete; Mitte des 20. Jahrhunderts waren Shakespeares Texte von solcher Abhängigkeit freigesprochen.

E. K. Chambers' im Zentrum der Diskussion stehende Schmähschrift «The Disintegration of Shakespeare» vereinte charakteristischerweise in sich die neuen Theorien der Autorschaft und Textüberlieferung. Mit seinem Angriff auf die Verfechter einer multiplen Autorschaft griff Chambers allgemeiner auch die Verfechter dessen an, was er eine «kontinuierliche Abschrift» nannte, die Vorstellung also, daß der Autor oder ein anderer Dramatiker einen dramatischen Text zu einem späteren Zeitpunkt noch einmal stark überarbeiten würde. Chambers nahm sowohl die Vorstellung der Koproduktion wie der Überarbeitung ins Visier, weil beide die Ganzheit der Shakespeareschen Texte bedrohten; und da Shakespeare in der Biographie des 20. Jahrhunderts einfach zu einer Sammlung von Texten geworden war, nahm jeder, der sie auseinander nahm, auch Shakespeare auseinander.

Chambers gelang es, mit einer ganzen Menge Unsinn aufzuräumen, aber weder er noch Pollard konnten Shakespeare vor der Zeitlichkeit, der Prozeßhaftigkeit der Welt bewahren. Shakespeares neue Integrität steckte voller rätselhafter Fehler. Ob die *Hamlet*-Ausgabe von 1603 nun eine Redaktion eines früheren Stücks darstellt oder – was wahrscheinlicher ist – eine fehlerhafte Überlieferung, die Tatsache bleibt bestehen, daß es ein populäres Stück gleichen Themas gegeben hatte, und zwar mindestens ein Jahrzehnt, bevor Shakespeare ein Stück schrieb, das in seinen Werkausgaben landete. Shakespeares Text ging aus anderen hervor. Überdies war genau der Text, der uns «Shakespeares Hand» am nächsten brachte, *Sir Thomas More*, in Koproduktion entstanden; die Aufmerksamkeit richtete sich auf Shakespeares drei Seiten, die mehrfach aus ihrem dramatischen Kontext herausgelöst publiziert wurden. Doch der einzige Blick, den wir von «Shakespeares Hand» erhaschen konnten, entdeckte ihn in Gesellschaft anderer, nämlich wie er wahrscheinlich eine Passage überarbeitete, die ursprünglich aus einer der besagten anderen Hände stammte. Um *Timon von Athen* wieder ganz für Shakespeare geltend zu machen, mußte Ellis-Fermor es als «unvollendetes Drama» bezeichnen: *Timon* zeigte uns, wie ein Shakespeare-Text aussah, bevor der Autor ihn ein letztes Mal überarbeitet hatte, bevor Shakespeare seinen ursprünglichen Paarreim in Blankvers verwandelte – ungefähr so wie Eliot (oder Pound), der den ursprünglichen Paarreim des *Waste Land* in ein freies Versmaß übertrug. Ellis-Fermor konnte die auktoriale Integrität nur retten, indem sie die zeitliche opferte: Wenn das Drama von nur einem Autor stammte, dann mußte es in mehr als einer Kompositionsphase entstanden sein. Doch die Opferung der zeitlichen Integrität ließ sich leicht übersehen, denn schließlich hatte die zweite Stufe des Textes – wie auch das frühere Stück über Hamlet – glücklicherweise nicht überlebt. Und so konnten die Shakespearianer – wie Coriolanus – sich so verhalten, «als wär der Text sein eigner Schöpfer / Und kennte keinen Ursprung»[140].

Strich unter die Koproduktion, Strich unter die kontinuierliche Abschrift. Der Text reflektierte kein zeitliches Kontinuum, er war zeitlos, von nur einem Menschen im gleichen Augenblick gezeugt und geboren; der Text war ein großes und vielschichtiges Bild. Und Bilder, wie Wilson Knight erkannte, gehörten in die räumliche Dimension:

«Man muß bereit sein, das ganze Stück nicht nur in der Zeit, sondern auch im Raum zu sehen... durch das ganze Stück hindurch zieht sich ein Gewebe von Korrespondenzen, die sich aufeinander beziehen unabhängig von der zeitlichen Abfolge, welche die Handlung darstellt; so herrscht der Gefühl / Verstand-Gegensatz in und quer duch *Coriolanus*, das Todesthema in *Hamlet*, das alptraumartige Böse in *Macbeth*... wenn wir also bereit sind, das ganze Stück als eine

Fläche ausgebreitet zu sehen, und uns dieser dick verstreuten Korrespondenzen in einer einzigen Anschauung als Ganzes bewußt sind, dann gewinnen wir die einzigartige Qualität des Stücks...»[141]

Strich also unter die erzählte Geschichte. Die Geschichte, die Handlung, spielt in der besten modernistischen Shakespeare-Kritik kaum eine Rolle, nicht mehr als in T. S. Eliots *Waste Land*, Pounds *Cantos* oder Joyces *Finnegans Wake*. Wie kann man schließlich ohne Figuren eine Geschichte erzählen? Die Viktorianer hatten Gedichte geschrieben, indem sie die Figuren aus Shakespeares Dramen herauszogen und sie freiließen, damit sie ihre eigene Geschichte erzählten: «Mariana» auf Tennysons Gut, «Caliban auf Setebos» auf Brownings Insel. Eliots «Marina», sein «Coriolanus» wiederholen statt dessen Bilder, spielen Themen durch, flächenhaft und luftig, als schaute jemand aus einem Flugzeug herunter und erfaßte mit einem Blick eine Landschaft, die zu durchqueren Shakespeare einen ganzen Tag benötigt hätte.

> Jetzt kommen die Jungfrauen, Urnen im Arm, Urnen
> Mit Staub gefüllt,
> Mit Staub,
> Staub, aus Staub geworden, und jetzt

Eliots «Coriolan»[142] will – wie Shakespeares *Coriolanus* in den Augen Knights – räumlich gesehen werden, als Textfläche.

Und wie wir das einzelne Stück als ganze, einzelne Einheit sehen müssen, müssen wir auch den Kanon des Autors und den Kanon der Literatur allgemein jeweils als Ganzes sehen. Gegen die viktorianische Mannigfaltigkeit und Fragmentarisierung beharren die Modernisten auf der ästhetischen Einheit. Ein einzelnes Stück kann der Kritiker – wie ein Psychoanalytiker einen einzelnen Traum – nur richtig analysieren im Kontext der anderen Stücke oder Träume des Dramatikers / Patienten. In seiner Doktorarbeit über die Philosophie von F. H. Bradley betont Eliot, «ohne die Implikation eines Systems, in das sie gehört», sei «die Tatsache überhaupt keine Tatsache» (1916). In seinem grundlegenden Essay über «Tradition und individuelle Begabung» heißt es ähnlich:

«Die bis dahin gültige Ordnung ist gleichsam abgeschlossen, bevor das neue Werk auftaucht. Damit sie auch nach dessen Erscheinen fortbestehe, muß die ganze bestehende Ordnung einen, sei es auch noch so unmerklichen Wandel erfahren; und so werden die Beziehungen, Verhältnisse, Werte jedes einzelnen

Kunstwerkes dem Ganzen gegenüber wieder in ihr rechtes Verhältnis gesetzt...»[143]

Durch die neue Arbeit von Eliot und seinen modernistischen Genossen verloren so Shakespeares populärste Tragödien und Komödien ein wenig ihrer angestammten zentralen Stellung und wurden in der Hierarchie der kritischen Wertschätzung verschoben durch selten gespielte, sprachlich vielschichtige Werke wie *Coriolanus*, *Timon von Athen* und *Perikles*. Doch selbst diese neuen Lieblinge ließen sich nicht getrennt von den anderen verstehen:

«Die volle Bedeutung jedes seiner Stücke steckt nicht allein in diesem selbst, sondern auch in seiner Position in der Reihenfolge der Stücke, wie sie geschrieben wurden, in seiner Beziehung zu allen anderen, früheren und späteren Stücken Shakespeares: Wir müssen das ganze Werk Shakespeares kennen, um ein einzelnes wirklich kennen zu können.»[144]

Die literarische Tradition – wie die gesellschaftliche Realität in den drei Jahrzehnten, die die bolschewistische Revolution erlebten, die irische Unabhängigkeit, den britischen Generalstreik, die große Wirtschaftskrise, den Spanischen Bürgerkrieg, den Aufstieg Hitlers und Mussolinis – stellt uns vor «ein Problem der Ordnung». Traditionen schaffen «Systeme, auf die bezogen – und nur dann – individuelle Werke der literarischen Kunst und die Werke individueller Künstler ihre Bedeutung haben»[145]. In der neuen Ära der Massenzivilisation besitzen auch Individuen eine Bedeutung ausschließlich in bezug auf die größeren gesellschaftlichen Systeme, die sie gemeinsam konstituieren. Noch grundlegender erhalten auch Wörter selbst ihre Bedeutung allein durch das totale sprachliche System, dem sie angehören; das verkündete Ferdinand de Saussure in einer Vorlesungsreihe, die er zwischen 1906 und 1911 an der Genfer Universität hielt und die postum als *Cours de linguistique générale* erschien (1915). Ein einzelnes Wort hatte nur im Rahmen eines ganzen Sprachsystems einen Sinn. Das gleiche galt für eine einzelne Handlung in bezug auf ein System von Konventionen, ein einzelnes Bild in bezug auf ein System von Bildern, eine einzelne Figur in bezug auf ein System von Figuren, ein einzelnes Kunstwerk in bezug auf ein System von Kunstwerken. Die winzigen Atomteilchen besaßen für sich genommen keine Bedeutung; diese bekamen sie erst durch die riesigen Energien, die sie zu Systemen verbanden.

Was war Shakespeare dann? Ein potentiell mächtiges Vakuum. Ein Loch oder ein vollauf in Beschlag nehmendes Ganzes.

Vier

Cleanth Brooks habe ich mir aufgespart – wie ein Affe den Bissen im Winkel seines Kinnbackens, um mit Hamlet zu sprechen –, um ihn zuletzt zum Nachtisch zu verschlingen. Brooks, einer der einflußreichsten amerikanischen Kritiker des 20. Jahrhunderts, Verfasser von Lehrbüchern und Verfechter einer kritischen und pädagogischen Methode, machte im Sommer 1945 mit einem berühmten Essay auf sich aufmerksam, der 1947 in sein Buch *The Well Wrought Urn: Studies in the Structure of Poetry* einging.[146] Wie Popes *Dunciad*, Keats «On Sitting Down to Read King Lear Once Again» und Bradleys *Shakespearian Tragedy* steht Brooks' Essay am Ende einer Epoche der Shakespearotik, die es in vielerlei Weise paradigmatisch verkörpert.

Anders als die paradigmatischen Gestalten der früheren Epochen lebte und arbeitete Brooks nicht in dem kleinen Land, in dem Shakespeare geboren war. Die Geschichte der englischen Literatur im 20. Jahrhundert, ihr Höhenkamm, ist keine englische. Joyce, Yeats und Shaw waren Iren, Eliot und Pound – und auch Robert Frost, Wallace Stevens und William Carlos Williams – Amerikaner. Ein paar Jahrzehnte lang dominierte England und besonders Cambridge noch die Literaturwissenschaft. Als Studenten am Trinity College betrieben Greg und McKerrow in den 90er Jahren des 19. Jahrhunderts die Revolution in der Textkritik, aus der die *New Bibliography* wurde. Die Cambridge University Press verlegte die interessanteste und innovativste Shakespeare-Gesamtausgabe des frühen 20. Jahrhunderts, Dover Wilsons neuen Shakespeare. In den 30er Jahren waren dann Richards, Knights, Bradbrook, Empson und die beiden Leavis in Cambridge. Doch allein die Menge von Universitäten, die Amerika füllen und finanzieren konnte, machte sich bald bemerkbar. Der Zweite Weltkrieg – der für Großbritannien so schlimme und für die Vereinigten Staaten so positive Folgen hatte – beschleunigte einen Prozeß, der demographisch gesehen in keinem Fall aufzuhalten war. Die amerikanischen Wissenschaftler machten sich die englische Literatur zu eigen, so wie die amerikanischen Soldaten England: «Der Königsthron hier, dies gekrönte Eiland»[147] wurde zu einer unversenkbaren Startrampe für die anglo-amerikanische gemeinschaftliche Invasion der Normandie. In der Nummer des *Yale Review* vom Sommer 1945 war Brooks' Essay von zeitgeschichtlichen Titeln umgeben wie «The Rehabilitation of Europe» und «The War Converges on Japan».

Brooks' Essay trug den Titel «Shakespeare as a Symbolist Poet». Offen bestimmte er damit Shakespeare als Dichter, nicht als Dramatiker, und brachte ihn in Verbindung mit einem besonderen Strang der modernistischen Lyrik. Dessen Pioniere waren die französischen Symbolisten (Mallarmé, Verlaine, Rimbaud, Laforgue), in England waren der Fürsprecher Arthur Symons mit seinem einflußreichen Buch über *The Symbolist Movement in Literature* und Eliot, Pound und Stevens seine englischen Vertreter.

Der Titel situiert Brooks' Essay in das Feld der modernistischen Lyrik, und der Essay selbst greift die immer wiederkehrenden thematischen Bilder der modernistischen Kritik auf. In *Macbeth* entdeckt er «ein kunstvolles Gewebe der sprachlichen Bilder»; bestimmte Symbole «beherrschen das Drama». Um «das Drama als ganzes» zu verstehen, müssen wir uns seiner «inneren Symbolik» zuwenden, einer Symbolik, die Shakespeares «Unbewußtes» geschaffen haben mag. Wie jeder gute Literaturwissenschaftler begründet Brooks seine Überlegung mit zahlreichen Zitaten entsprechender Autoritäten – T. S. Eliot, I. A. Richards, Coleridge, *The Shakespeare Glossary*, «Miss Spurgeon», Robert Penn Warren, Yeats –, dabei geht er in jedem Fall davon aus, daß der Leser sie sofort erkennen und achten wird. Außer Coleridge gehören sie alle in die ersten Jahrzehnte des 20. Jahrhunderts, und Coleridge war gewissermaßen zum Ehrenmitglied ihrer visionären Gesellschaft ernannt worden: Das Revival seines Namens als Kritiker verdankte er der Begeisterung von Richards und Eliot. T. M. Raysors Standardausgabe von *Coleridge's Shakespearian Criticism* zum Beispiel erschien 1930.

Brook zitiert seine Zeitgenossen so häufig, weil er – wie Eliot und Knights – meint, die «wichtigste Eigenschaft» eines «wahren Shakespeare-Kritikers» sei «ein lebendiges Interesse an der Gegenwart und unmittelbaren Zukunft der Dichtung»[148]. Das einzelne Drama oder Gedicht können wir nur als Teil des weiteren literarischen Systems, zu dem es gehört, verstehen, das die Dichtung und Kritik der Gegenwart selbst mitformen. Entsprechend hat *Macbeth* in *The Well Wrought Urn* seinen Platz neben Essays über Gedichte von Donne, Milton, Herrick, Pope, Gray, Wordsworth, Keats, Tennyson und Yeats. Brooks will, daß wir *Macbeth* als Bestandteil eines größeren literarischen Systems verstehen, das er definiert. Bemerkenswerterweise enthält es außer *Macbeth* nur Lyrik, und seine Aufnahme impliziert, was Knights nicht lange zuvor explizit erklärt hatte: «*Macbeth* ist ein Gedicht.»[149]

Was ebenfalls merkwürdig ist: Obgleich die übrigen Kapitel des Buchs der Chronologie der englischen Literatur von Milton bis Yeats folgen, fällt *Macbeth* aus dieser Ordnung heraus. Das Buch fängt mit Donne an, dreht dann um und geht zu Shakespeare zurück, bevor es sich wieder nach vorwärts in Bewegung setzt.*

In der ursprünglichen Fassung des Essays führt Brooks Shakespeare in der Tat als «Donnes großen Zeitgenossen» ein und äußert die Ansicht, «unsere Erfahrung mit der Lektüre von Donne» möge «uns dazu befähigen, Shakespeare mit mehr Gewinn zu lesen». Beide Formulierungen stellen Shakespeare unter Donne.[150] In *The Well Wrought Urn* läßt Brooks diese verräterischen Sätze weg und bekräftigt mehr als einmal, Shakespeare sei ein anderer und größerer Dichter als Donne. Dennoch gesteht er im zweiten Absatz seines Essays über *Macbeth*, daß der *New Criticism*, die immanente Literaturinterpretation also, «dazu neige, sich auf die Rehabilitation Donnes und der Tradition Donnes zu konzentrieren». Der Aufbau des Buchs macht allzu deutlich, daß Brooks Shakespeare in eine Tradition plaziert, deren Paradigma Donne ist – mit seinen «knappesten *conceits*», mit Gedichten von «metaphysischer», intellektueller Vielschichtigkeit, die privat in einer gebildeten Elite die Runde machten.

Es ist typisch für Brooks, daß er *Macbeth* über ein Problem einführt – oder besser gesagt, über zwei Probleme. Macbeth vergleicht

> Mitleid, wie ein nacktes, neugebornes Kind,
> Auf Sturmwind reitend, oder Himmels Cherubim,
> Zu Roß auf unsichtbaren, luft'gen Rennern...[151]

«Der Vergleich ist merkwürdig, um das mindeste zu sagen», kommentiert Brooks. «Ist das Kind natürlich oder übernatürlich – ein gewöhnliches, hilfloses Baby, das als Neugeborenes natürlich nicht einmal krabbeln, geschweige denn auf dem Sturmwind reiten konnte?

---

* Das genaue Entstehungsdatum von Donnes «The Canonization» war und ist nicht klar; Brooks' Vorlage war wahrscheinlich *The Poems of John Donne*, hrsg. v. Herbert J. C. Grierson, 2 Bde. (1912), II, 8–10. Der Bezug des Gedichts auf den «König» zeigt gleichwohl, daß es in die Regierungszeit von Jakob I. gehört; *Macbeth*, so der allgemeine Konsens, gehört in die frühen Jahre derselben Epoche. Brooks wußte nicht, ob das Stück oder das Gedicht zuerst geschrieben wurde, dennoch begann er mit dem jüngeren der beiden Autoren (Donne wurde acht Jahre nach Shakespeare geboren).

Oder ist es ein kindlicher Herkules, der durchaus auf dem Sturmwind zu reiten vermag, aber, weil er stark und nicht hilflos ist, kaum ein typisch mitleiderweckendes Objekt ist?» Desgleichen beschreibt Macbeth in einer «noch interessanteren Textstelle» den Anblick der Mordtat:

«Hier lag Duncan, seine silberne Haut mit den Spitzen seines goldenen Blutes besetzt; und seine klaffenden Stiche sahen aus wie eine Bresche in der Natur als Zugang für das zerstörerische Verderben. Dort die Mörder, eingetaucht in die Farbe ihres Handwerks, ihre Dolche rüde mit Blut überzogen (*breeched with gore*).»*

Brooks bemerkt, daß die Herausgeber des 18. Jahrhunderts die Beschreibung des Toten in der letzten Zeile so anekelte, daß sie versuchten, es wegzukorrigieren; er zitiert einen namenlosen «Kritiker des 19. Jahrhunderts», der den Einwand erhob: «Es gibt nur wenig und weit hergeholte Ähnlichkeit zwischen ‹goldener Spitze› und ‹Blut› oder zwischen ‹blutigen Dolchen› und ‹breeched legs› – ‹in Stoff gekleideten, behosten Beinen›. Die Schwäche der Ähnlichkeit, die uns die Größe der Unähnlichkeit vor Augen ruft, ekelt uns in dem bemühten Vergleich an.» (Der betreffende Kritiker war dann tatsächlich fortgefahren: «Eine so gezwungene Sprache paßt nur im Munde eines bewußten Mörders»[152] – und hatte damit das Bild im Sinne der dramatischen Figur erklärt. Brooks hat keinerlei Interesse an der dramatischen Figur und zitiert den letzten Satz nicht.)**

   Diese Passagen stellen den modernen Kritiker vor ein einfaches Problem: Shakespeare, ein großer Dichter, hat in einem seiner größten Stücke in seinem «reifen Stil» geschrieben, sich zweier Bilder bedient, die mit ihrer anscheinenden Ungemäßheit «den Durchschnittsleser noch immer schockieren müssen». Aber «in keinem der beiden Fälle

---

* Anm. d. Ü.: Die Schlegel/Tieck-Übersetzung glättet die betreffende Passage, deshalb wird hier die Prosa-Übersetzung von Barbara Rojahn-Deyk zitiert (1977), 63.
** In beiden Fassungen des Essays liefert Brooks keine genauen Literaturangaben. Geht man aber von seinen Kenntnissen der editorischen Kommentare zu diesem Problem aus, dann bezog er sich mit großer Sicherheit auf die New Variorum-Ausgabe von *Macbeth*, hrsg. v. Horace Howard Furnace (1873), durchgesehen v. H. II. Furness, Jr. (1903). Die Ausgabe von 1873 zitiert die betreffende Passage in Gänze (122), die Ausgabe von 1903, aus der Brooks vermutlich zitierte, läßt den letzten Satz weg (160).

gibt es einen Grund anzunehmen, daß Shakespeare nicht versuchte, so gut zu schreiben, wie er konnte». Im 20. Jahrhundert nehmen wir an, daß Shakespeare, wenn er versuchte, so gut wie möglich zu schreiben, so gut schrieb, wir nur irgend jemand es konnte, so daß unser Mißfallen in bezug auf diese besonderen Textstellen unserer allgemeinen Einschätzung seines künstlerischen Verstandes widerspricht. Als moderne Prüfungsfrage wäre dieses Problem so formuliert worden:

«1. Es herrscht ein Konsens, daß Shakespeare ein großer Dichter war. Weisen Sie nach, daß die obigen Textstellen sich mit dieser Auffassung in Einklang bringen lassen. Berücksichtigen Sie dabei – wenn möglich – die These, Shakespeare stehe ‹in der Tradition Donnes›.»

Angesichts einer solchen Aufgabenstellung wären John Dryden, Alexander Pope und Samuel Johnson offensichtlich durch die Prüfung gefallen. In seiner Analyse von *Hamlet* zitierte Dryden (wie es auch Brooks tut) ebenfalls eine Passage voller verworrener Metaphern, aber in Drydens Augen belegte dies nur, daß selbst ein großer Dichter Fehler machen konnte. Für ihn wie für alle bedeutenderen Kritiker von der Restauration bis zum 20. Jahrhundert gab Donne außerdem keine künstlerische Norm vor, an der die englische Literatur zu messen war. Die Restauration verglich Shakespeare mit Fletcher, die Romantiker verglichen ihn mit Milton. Brooks definiert und ‹löst› dann ein Problem, das in diesem Sinn für frühere Kritiker überhaupt nicht existierte. Und indem er das Problem stellt, definiert er auch, wie eine annehmbare Lösung aussieht. Wenn er fragt: «Sind diese Sätze vage oder präzise? Locker oder fest strukturiert?», dann besteht im Rahmen des von ihm angenommenen und artikulierten kritischen Systems kaum Zweifel daran, daß «vage» und «locker» die Bedeutung von «schlampig», «präzise» und «fest» hingegen die von «genau» besitzen. Brooks definiert gute Dichtung anhand der Kriterien von guter Literaturwissenschaft: Genauigkeit, Struktur, Neuheit, geistiges Erfassen. Da Shakespeare definitionsgemäß ein großer Dichter ist, können wir sicher sein: Die beiden Textstellen werden sich bei Brooks als Beispiele einer «präzisen» und «fest strukturierten» Bildlichkeit erweisen.

Brooks konstruiert seine Lösung, indem er jede Passage zum «Drama als Ganzem» in Beziehung setzt. Das Bild der Dolche, «rüde mit Blut überzogen», verbindet er mit Spurgeons «Entdeckung» eines Bildfeldes von «alten Kleidern» in *Macbeth*. Doch «Miss Spurgeon hat kaum die volle Bedeutung ihrer Entdeckung ausgelotet», und Brooks belegt nun, daß das Stück eine noch stärkere – und kohärentere – Kleider-Bildlichkeit aufweist, als Spurgeon angenommen hatte. «Parallel zur Serie von Kleider-Metaphern, die sich durch das Stück ziehen, gibt es eine Serie von Bildern des Maskierens und des Mantels», darunter besonders Macbeths Vers «Laßt uns schnell männliche Gerüstetheit anlegen»*, wo das Verb «anlegen» das Abstraktum «männliche Gerüstetheit» in eine Art Kleidungsstück verwandelt. Desgleichen enthält das Stück, auch wenn Spurgeon dies entging, «eine Vielzahl an Bezügen auf Neugeborene», dazu ergänzende Bezüge auf menschliche Kinder im allgemeinen oder auf Nachkommen oder Sprößlinge jeder Art. Aus dieser Perspektive «steht das Kind für die Zukunft», aber ebenso «symbolisiert es all jene über sich selbst hinausweisende Ziele, die dem Leben einen Sinn geben», und all diese «emotionalen und irrationalen Bande, die den Menschen mehr als eine Maschine sein lassen». Weiterhin spielen diese beiden Bildfelder zusammen, ergänzen und widersprechen sich:

«Die Dolche [*clothed daggers*] und das nackte Kind – Mechanik und Leben – Mittel und Ziel – Tod und Geburt – das, was es unberührt und sauber zu lassen gilt, und das, was gekleidet und gewärmt zu werden gilt – das sind Facetten der zwei großen Symbole, die sich durch das Stück ziehen ... das Bild des Kleides und das Bild des Kindes umfassen also ein erstaunlich weites Feld der ganzen Situation.»

Die zwei beunruhigenden Textstellen enthalten also «knappeste *conceits*», die durch das ganze Stück mit tentakelartigen Metaphern an symbolischen Komplexen haften. Problem gelöst. *Quod erat demonstrandum.*

Für *The Well Wrought Urn* hat Brooks den Titel seines Essays geändert zu «The Naked Babe and the Cloak of Manliness». Damit verkörpert er paradigmatisch seine Methode, Bilder aus weit auseinanderliegenden Teilen des Dramas nebeneinanderzustellen. Die erste Passage über das «nackte Kind» zitiert er aus «Akt I, Szene VII». Den Ort der zweiten, mit den Dolchen, «rüde mit Blut überzogen», gibt er nicht an. Diese Sätze stehen in Akt II, Szene 3 – 313 Verse später. In seinem Essay gibt Brooks durchweg nur wenige Male die Szene an, zu der sein Zitat gehört, und auf die Zeilenzählung verzichtet er ganz, was uns

* Anm. d. Ü.: Übersetzung von Barbara Rojahn-Deyk.

jedes Gespür für die großen Wegstrecken raubt, über die er im Text hinweghuscht. Außerdem verändert sein Titel beide Zitate. Aus der ersten Wendung läßt er «new born» – «neugebornes» weg und verdichtet sie damit zu dem symbolischen Adjektiv «nackt» und dem symbolischen Substantiv «Kind». Die zweite Wendung erfindet er schlicht: «cloak of manliness» (Mantel der Männlichkeit) taucht nirgendwo in *Macbeth* oder auch sonst an keiner Stelle bei Shakespeare auf. Tatsächlich benutzt Shakespeare «manliness» überhaupt nicht. Mit dem verdichteten Bild «cloak of manliness» bringt Brooks seine Analyse einer Folge von Handlungselementen und Metaphern im ganzen Drama auf den Punkt, und tut das in einem zweigliedrigen Kompositum, das sauber «nackt» gegen «Mantel» und «Kind» gegen «Männlichkeit» stellt. In seinem Titel entwirft Brooks eine komplexe metaphorische Polarität, ein einzelnes poetisches Bild des Dramas als Ganzem. Er unternimmt keinerlei Versuch zu erklären, wie ein Publikum diese vielschichtige Bedeutung bei einer Vorstellung mitbekommen sollte. Zwar erscheinen, so gesteht Brooks ein, «die offenkundigsten Symbole» im Stück, Dunkelheit und Blut, öfter als die Bilder, mit denen er sich befaßt; die Anhäufung von «Dunkelheit und Blut», ob wir ihr Wiederkehren bemerken oder nicht, schaffe «Atmosphäre». Aber Brooks' Bilder schaffen keine Atmosphäre, treten nicht gehäuft auf; um ihre Bedeutung zu verstehen, müssen wir eine Masse verstreuter sprachlicher Details im Kopf behalten, analysieren und zu einander in bezug setzen – was für ein Publikum unter den Aufführungsbedingungen zu Shakespeares wie auch anderen Zeiten nicht möglich war und ist. Die Verwirrung früherer Kritiker, die Brooks eingangs zitiert, belegt tatsächlich empirisch, daß selbst Lesern, die nicht an die Grenzen des Theaters gebunden waren, der angebliche Bezug zwischen den beiden Textpassagen und dem Rest des Stücks entgangen war. Die Tatsache, daß keiner außer ihm diese Verbindung gesehen hat, bringt Brooks nicht in Verlegenheit, vielmehr genießt er sie.

Brooks behandelt alle Teile des Dramas, als wären sie für den Betrachter gleichzeitig anwesend und sichtbar, und streicht damit die Dimension der Zeit. Das gleiche macht er mit der Literaturgeschichte. Sämtliche in *The Well Wrought Urn* analysierten Gedichte, von Shakespeare bis Yeats, unterwirft er der gleichen kritischen Methode, die bewußt die geschichtliche Dimension außer acht läßt. Wie das Vorwort verkündet, will das Buch eine «Frage» beantworten: nämlich «ob ein Gedicht etwas Universelleres darstellt als den Ausdruck der jeweiligen Werte seiner Zeit». Brooks' Antwort lautet selbstverständlich ja, und diese Universalität gewinnt er, wie schon Eliot, Joyce und Pound, mittels eines «mythischen Verfahrens», das ungehemmt Stoff aus weit auseinanderliegenden Epochen nebeneinanderstellt. Er vermeidet jegliche Diskussion des gesellschaftlichen und politischen, kulturellen und ideologischen Denkens der Epoche Shakespeares. Auf der einfachsten Ebene ist das Blut des toten Königs golden, seine Haut silbern, ist das verspritzte Blut auf der Haut Spitze, weil Gold, Silber und Spitze einem König angemessen sind; das Blut auf den Händen der Wärter ist wie Tinte oder Farbe auf den Händen eines Händlers, ihre Dolche sind «rüde mit Blut überzogen», weil Arbeitsflecken der Dienerschaft angemessen sind. Desgleichen kann in einer Erbmonarchie «ein nacktes neugebornes Kind» zugleich mitleiderweckend und mächtig sein. Der Thronfolger eines Königs – und Macbeth spricht schließlich über den Tod eines Königs – vereint in sich unauflöslich menschliche Schwachheit und furchterregende gesellschaftliche Macht. Die zwei Körper des Königs, der sterbliche und göttliche, der schwache und unfehlbare, existieren nebeneinander in einer Figur. Dieses Paradox muß Shakespeare besonders lebhaft vor Augen gehabt haben, als er *Macbeth* schrieb, das die King's Men nicht lange nach der Thronbesteigung des neuen Königs aufführen sollten. Erstmals zu Shakespeares Lebzeiten gab es in England eine königliche Familie, eingeschlossen Kinder. Diese gesellschaftlichen Elemente gehen in die sprachlichen Bilder beider Textpassagen ein, tragen zu ihrem «präzisen» und «fest strukturierten» Bau auf eine Weise bei, die das Publikum sofort verstehen kann. Brooks jedoch ignoriert das alles. Ebenso ignoriert er die erwiesene Tatsache, daß *Macbeth* nach Shakespeares Tod bearbeitet wurde. Er blendet die Geschichte aus, und dazu zählt auch die Textgeschichte. Er will eine Bedeutung, die das Besondere der Zeit übersteigt.

Sein Beharren darauf, ein Gedicht vermittele «etwas Universelleres... als den Ausdruck der jeweiligen Werte seiner Zeit», ist selbst wiederum Ausdruck der besonderen Werte seiner eigenen Zeit. Brooks sucht gemäß seinem Vorwort in der Dichtung etwas, das gegen die «Laune unserer Zeit» antritt, die «stark relativistisch» sei. Dieser Relativismus wirke sich überdies ganz gewiß aus «auf den viel beschworenen Niedergang der Geisteswissenschaften». Brooks will eine Definition der Dichtung, die die Übel seiner eigenen gottlosen Kultur heilt und zugleich das Ansehen seines eigenen Berufsstandes mehrt.

Denn der Aufstieg der universitären Literaturwissenschaft in dem halben Jahrhundert zwischen 1875 und 1925 hatte sich nicht in einem entsprechenden Anstieg der öffentlichen Wertschätzung von Dichtung niedergeschlagen. Das Anwachsen der Disziplin hatte paradoxerweise ihren Gegenstand schrumpfen lassen. Indem sie so überzeugend darlegte, daß den Dramen Shakespeares besondere Theaterbedingungen und veraltete dramatische Konventionen zugrunde lagen, brachte die historisch ausgerichtete Forschung Shakespeare einerseits den Kritikern näher, rückte ihn aber gleichzeitig in weitere Ferne als je zuvor. Die Kritiker steckten in dem gleichen Dilemma wie die Herausgeber und Regisseure: Je authentischer sie Shakespeares Texte, Aufführungen oder Bedeutung rekonstruierten, desto künstlicher wurde er. Brooks löste dieses Problem dadurch, daß er einen Strich unter die historisch ausgerichtete Forschung und damit die Theaterforschung und implizit das Theater zog. Wenn eine Aufführung in elisabethanischen Kostümen unbefriedigend war und eine in modernen Kostümen ebenso, dann konnte der Kritiker genausogut Aufführungen grundsätzlich vergessen.

Brooks' methodologische Lösung übte solch großen Einfluß aus, weil sie den Arbeitsbedingungen der amerikanischen Literaturwissenschaftler so sehr entsprach. England ist ein kleines Land, mit ein paar zentralen Standorten für frühe Bücher und Dokumente und einem gesunden landesweiten Netz von Theatern, die stark auf ‹klassische› Dramen bauen; das Land ist für historische Forschung und praktische Theaterkritik besonders geeignet. Amerika war damals ein riesiges Land mit nur wenigen wissenschaftlichen Bibliotheken, die denen in London, Oxford oder Cambridge vergleichbar waren. Das Theatergeschäft, in New York konzentriert, schenkte Shakespeare weniger Beachtung und besaß in jedem Fall weniger Selbstbewußtsein, was die eigenen Inszenierungen betraf. Als sein «Shakespeare as a Symbolist Poet» erschien, lehrte Brooks an der Louisiana State University, und *The Well Wrought Urn* war «den Teilnehmern des Englischkurses 300-K (Sommersemester 1942, Universität Michigan) gewidmet, die mit mir die Probleme diskutierten und mir bei der Analyse behilflich waren». Inwieweit hatten die Studenten in Michigan oder Louisiana State – oder selbst ihre Lehrer – Zugang zu den Materialien, die eine eigene historische Forschung oder eigene Theaterkritik überhaupt erst ermöglichten? Zwar veröffentlichte die Huntington Library in Los Angeles 1931 ihr erstes *Bulletin*, und an der Ostküste wurde 1932 die Folger Shakespeare Library in Washington eröffnet, doch gab es keine nationale Stiftung für die Geisteswissenschaften, die Forschungsreisen zu diesen Einrichtungen finanziert hätte. Flugreisen waren teuer und unüblich und Universitätslehrer schlecht bezahlt. 1983 konnte Amerika mit 31 über das ganze Land verstreuten Theater-«Festivals» aufwarten. Obgleich sie von sehr unterschiedlicher Qualität sind, bieten sie doch so zumindest einer großen Zahl von Studenten die Gelegenheit, eine Aufführung von Shakespeare zu sehen. Das älteste dieser Shakespeare-Feste, das Oregon Shakespeare Festival in Ashland, einem weitab liegenden Ort, wurde jedoch erst 1935 ins Leben gerufen. Der *New Criticism*, so wie ihn Brooks und unzählige andere amerikanische Literaturwissenschaftler praktizierten, bedurfte nur eines (modernisierten) Textes und des *Shakespeare Glossary*.

Wenn Brooks' Methode die amerikanischen Literaturwissenschaftler Mitte des Jahrhunderts ansprach, dann tat das auch seine Botschaft. Am Ende des Zweiten Weltkriegs definierte Brooks Macbeth in den amerikanischen Klassenzimmern als einen mörderischen Usurpator und Diktator, der «Kinder bekriegte». (Hitler schickte Schuljungen in die Ardennen-Offensive und Hirohito steckte sie in Kamikaze-Unternehmen.) Allgemeiner gesprochen, gründet Macbeth seine Karriere auf eine «allzu zerbrechliche Rationalität», die «die emotionalen Bande» abgestreift hat, «die den Menschen mehr als eine Maschine sein lassen». In der Tat zitiert Brooks Robert Penn Warren mit dem Satz, daß «sämtliche Shakespeareschen Schurken Rationalisten sind». Brooks und Warren hatten gemeinsam zwei einflußreiche Anthologien produziert, *Understanding Poetry* (1938) und *Understanding Fiction* (1943); gleich ihren Zeitgenossen John Crowe Ransom und Allen Tate stammten sie beide aus den Südstaaten und bestimmten ihren kulturellen Standort in bewußtem Gegensatz zu der seelenlosen «Abstraktion» der Nordstaaten-/urbanen/Massen-/industriellen Lebensform.

Für Brooks und viele andere auch führte die Suche nach universellen Werten nur zu einer Bestätigung der zeitgenössischen Werte. ‹Ewigkeit› ist ein Euphemismus für die isolationistische heutige Zeit, die im Rückblick über die Vergangenheit gebietet.

Fünf

Es war eine Epoche des Abschiednehmens. Eliot, Pound, Hemingway und Stein verließen Amerika. Später verließ Pound England, und dasselbe taten Auden und Isherwood; Joyce verließ Irland, Diaghilew und Nabokov Rußland und Reinhardt und Brecht Deutschland. Millionen verließen das Land und gingen in die Städte, Millionen verließen ihre Heimat, um auf dem Schlachtfeld oder im Konzentrationslager zu sterben. Ehemänner verließen ihre Frauen und Ehefrauen ihre Männer; die Ehescheidung wurde etwas Normales. Laien verließen die Kirche. Die Menschen wurden mobiler als je zuvor, sowohl in geographischer als auch sozialer Hinsicht. In dieser neuen Aufwiedersehenskultur wurden die Menschen süchtig nach einem Leben ohne Dauerhaftigkeit.

Manche waren zunächst sogar geneigt, von Shakespeare Abschied zu nehmen. 1913 legte Ford Madox Ford einem jungen Schriftsteller nahe, «Shakespeare zu vergessen», und ebenso die ganzen anderen veralteten Dichter. Zuvor hatte sich T. E. Hulme stark gemacht für die «vollständige Vernichtung aller Dichtung, die mehr als 20 Jahre alt ist»[153]. Pound empfahl ein 30jähriges Moratorium für das «Studium Shakespeares»; in den Augen der Leser des 20. Jahrhunderts gehörte Shakespeares «preziöse Sprache» gewissermaßen zum Standesdünkel.[154] Eliot brandmarkte *Hamlet* als «künstlerischen Fehlschlag», und Shaw machte sich mehrfach über dessen Autor lustig. Aber keine dieser Abschiedsdrohungen war wirklich ernsthaft gemeint, sie rochen vielmehr nach Pose und Gefallen am Paradoxon.

In seinen Bestseller-Memoiren *Goodbye to All That*, in der deutschen Übersetzung *Strich drunter,* brachte Robert von Ranke-Graves diese Paradoxie paradigmatisch zum Ausdruck. Graves wurde 1895 geboren, und seine früheste Erinnerung war das «verzweifelte... Entsetzen», mit dem er «zu einem Schrank im Kinderzimmer» hinaufsah, «der zufällig offenstand und bis zur Decke mit Oktavbänden von Shakespeare gefüllt war». Der Vater hatte einen Shakespeare-Lesezirkel ins Leben gerufen, und Graves sah noch «die Limonadengläser, Gurkenbrote und Petitsfours, den Salonnippes, die Chrysanthemen in Schalen und den Halbkreis der Sessel um den Kamin», während seine Eltern und ihre Freunde laut *Der Widerspenstigen Zähmung* lasen. Die nostalgische Verachtung, mit der sich Graves der Einzelheiten der häuslichen Vornehmtuerei des Edwardianischen Bürgertums annahm, kennzeichnet die ganze Autobiographie und die Generation, für die und zu der er sprach. Graves kehrte alle Überbleibsel der Vergangenheit zusammen – dazu gehörte auch Shakespeare –, um sie aus seinem geistigen Oberstübchen ein für allemal rauszuwerfen; er schickte sie ins Vergessen. Doch um sich ganz bestimmt von der Vergangenheit zu befreien, mußte er sich an alles erinnern, was er vergessen wollte. Er begrüßte alles, während er sich davon trennte. Eine Epoche des Abschiednehmens überschnitt sich mit einer Epoche der Nostalgie. Und Shakespeare gehörte in diese idyllische, präindustrielle, vormoderne Vorkriegsvergangenheit. In einer Welt, in der sich alles wandelte, konnte man ihn als dauerhaft bezeichnen. Als also Graves freiwillig in die Schrecken der westlichen Front zurückkehrte, hatte er «Shakespeare und die Bibel» im Gepäck, «beide auf Dünndruckpapier gedruckt»[155]. *Strich drunter!* oder wörtlicher: «Abschied von alledem», ist Laura Riding gewidmet, mit der Graves «A Study in Original Punctuation and Spelling» über Shakespeares Sonette schrieb – mit der typischen These, daß wir alle Shakespeare neu verstehen könnten, wenn wir ihn wieder alt machten.[156]

Also gab es keinen Abschied von Shakespeare, aber nach wie vor herrschte das Bedürfnis, etwas Neues mit ihm anzustellen. Gregs Nachweis (1908), daß mehrere frühe Shakespeare-Quartos falsche Daten auf den Titelseiten hatten, und Pollards Einteilung aller frühen Quartos in «gute» und «schlechte» (1909) machten den Anfang einer Revolution in der Textphilologie, die bald den Namen *New Bibliography* erhielt. Bei seiner Inszenierung von *Was ihr wollt* verkündete Granville-Barker 1912 in bezug auf Shakespeare im Theater: «Wir müssen eine neue Formel, eine neue Konvention finden»; «Eine neue Hieroglyphensprache des Bühnenbildes zu erfinden, das ist, in einem Wort, das Problem.»[157] 1919 veröffentlichte Gerald Gould «A New Reading of *Henry V*», die erste von zahllosen neuen Lesarten. 1931 verkündete Caroline Spurgeon «einen neuen methodischen Ansatz bei Shakespeare»[158]. 1941 veröffentlichte John Crowe Ransom *The New Criticism* und taufte damit retrospektiv eine Bewegung, die in den 20er Jahren mit Richards, Empson, Leavis und Knights begann. *«Make it new»*, forderte Pound, und Eliot, der Erzbischof des *New Criticism*, zelebrierte, was er «ein neues (ein wirklich neues) Kunstwerk» nannte.[159]

«Der Naturwissenschaftler», erklärte Pound, «erwartet nicht, als großer Naturwissenschaftler gerühmt zu werden, bis er nicht etwas entdeckt hat.»[160] Die moderne Naturwissenschaft institutionalisierte die Routineproduktion von Neuem (und damit von Obsolet-Werdendem) und gab ihr einen festen Wert. Die Neuheiten wurden zum Teil durch Experimente entdeckt. I. A. Richards führte in Cambridge bei Studenten ein Experiment durch: Er bat sie, Gedichte zu bewerten, ohne daß sie die Entstehungszeit oder den Autor wußten. Die Ergebnisse dokumentierte und analysierte er in seinem Buch *Practical Criticism*. Granville-Barker drang in Schauspieler und Regisseure, «mit dem lebendigen Körper des Stücks zu experimentieren», um zu «beweisen», daß Shakespeare ein Meister der Bühnenkunst war.[161] Das Theater könne dienen als «so etwas wie ein Labor, in dem Theorien und Deduktionen erprobt werden könnten»[162]. *The Times* pries «Sir Barry Jacksons Experiment, *Hamlet* im heutigen Gewand auf die Bühne zu bringen»[163].

Wenn die modernen Shakespeare-Interpreten experimentierten, dann konnte man sicher sein, daß auch Shakespeare selbst experimentiert hatte. Zumindest Eliot war sich da sicher: «Shakespeare war einer der langsamsten, wenn auch einer der beharrlichsten Experimentatoren.»[164] Der Forschung des 18. und 19. Jahrhunderts zufolge war Shakespeare ein dramatischer Pfuscher, der anderer Leute Fabeln und Dialoge wieder aufwärmte. Aus den neuen Theorien über Text und Autorschaft ging er als wahrer ‹Emporkömmling› hervor, der seine Karriere mit einer Dramentetralogie in Anlehnung an die englischen Chroniken startete und praktisch das Genre des heimischen historischen Schauspiels begründete.

«Im September 1910 oder ungefähr dann», hat Virginia Woolf ebengerade gesagt, «veränderte sich der menschliche Charakter.» Warum veränderte er sich? Warum so viele Abschiede? *Anna Karenina*, erklärt Woolf, machte damit den Anfang.

«Das ist der Ursprung unserer ganzen Unzufriedenheit. Danach mußten wir natürlich einen neuen Weg einschlagen. Es war nicht Wells oder Galsworthy oder irgendeiner unserer mittelmäßigen Wischiwaschi-Realisten – es war Tolstoi. Wie konnten wir danach mit geschlechtlicher Liebe und Realismus weitermachen? Und wie konnte man nach Shakespeare mit poetischen Dramen weitermachen? Sie ist schließlich ein Hirn, die Literatur, und sie braucht Wandel und Entspannung... Die ganze Literatur ist ein Hirn.»[165]

Oder: Die ganze Literatur ist ein Körper, der periodisch seinen Sinn ändert.

KAPITEL 6

Die Gegenwart

Ostberlin

2. April 1986. Wir nehmen die S-Bahn zum Bahnhof Friedrichstraße. Unter der wachsamen Gleichgültigkeit von Kameras und bewaffneten Vopos steigen wir dort die lange Treppe hinunter in eine schäbige gekachelte Halle, stehen dort 45 Minuten in der Schlange, während wir uns nervös über Belanglosigkeiten unterhalten. Schließlich betrete ich eine enge Kabine. Die Tür schließt sich hinter mir. Ein Beamter sitzt hinter einer Glaswand; während ich ihm meinen Reisepaß reiche, muß ich mich entscheiden, ob ich lachen (verdächtig einschmeichelnd?), ihm in die Augen schauen (provokativ?) oder seinem Blick ausweichen (schuldig?) soll. Welche Miene ich auch aufsetze, die Signifikanten könnten falsch gedeutet werden. Der schweigsame Mann in Uniform liest meinen Paß und liest mich. Er vergleicht das Gesicht auf dem Foto mit dem Gesicht, das ich vorzeige, seine Augen gleiten von einem Bild zum anderen, dreimal, wie ein Herausgeber auf der Suche nach Varianten. Er gibt mir meinen Paß zurück, kassiert fünf DM Visagebühr und drückt auf einen Knopf, der mit einem elektronischen Kreischen automatisch den Ausgang seiner Kabine öffnet. Danach muß ich zu einer grotesk inflationierten Umtauschrate 25 Ostmark kaufen, die ich vor meiner Rückkehr nach Westberlin ausgeben muß. Dann gehe ich an zwei weiteren Wachposten vorbei, die – was sie heute jedoch nicht tun – meine Sachen und meinen Reisepaß kontrollieren könnten. Als ich schließlich aus der Paßkontrolle in den Nieselregen eines grauen Frühlings trete, sehe ich auf der anderen Seite des Flusses das erleuchtete Schirmdach des Berliner Ensembles.

Wir wollen uns *Troilus und Cressida* ansehen, unter der Regie von Manfred Wekwerth. Thersites spricht den Prolog. Ekkehard Schalls Thersites – ein stämmiger, runder, glatzköpfiger, auf einem Auge schielender und respektloser Veteran – steht locker vorn auf der Bühne, hebt von Zeit zu Zeit den Fuß und schüttelt ihn steif, als wäre er in etwas Unangenehmes getreten oder erleichterte das Entweichen eines verhinderten Furzes. Er tut so, als hätte er die Hälfte der berühmten Namen des Stücks vergessen – zugleich eine Satire auf die ehrwürdige Bekanntheit der Trojanischen Geschichte und auf das nachlassende Gedächtnis eines alternden großen Schauspielers.

Dieser schlüpfrige Vaudeville-Offizier steht neben dem Porträt der beiden jungen Liebenden, das mühelos ergreift, und dies an keiner Stelle so sehr wie bei Cressidas lähmendem und heftigem Entsetzen, als Troilus sie am nächsten Morgen verrät, wenn er in ihren Austausch gegen Antenor einwilligt. Corinna Harfuchs Cressida ist körperlich schön, dabei emotional zerbrechlich, stets unberechenbar, stets glaubwürdig, ihr Körper schwankt zwischen defensiver Starre und wollüstiger Weichheit, jede Bewegung führt sie aus mit der natürlichen Disziplin einer Tänzerin. Ihr Ringen, Troilus' Gewalt zu entkommen, entwickelt sich unmerklich zu einem kurzen *pas de deux*. Sie zieht ihre Ballettschuhe aus (oder sind es Pantoffeln?), als sie Troja verläßt, barfüßig und pelzgewandet wird sie weggeführt, die reiche Verletzlichkeit in Person; in ihrem letzten heuchlerischen Gespräch mit Diomedes trägt sie dann ordinäre rote, hochhackige Schuhe.

Das Berliner Ensemble strebt, wie sein Name schon besagt, die sozialistische Theaterform eines Ensemblespiels an. Schall und Harfuch teilen sich die Bühne mit einem starken rothaarigen Fuchs von Odysseus (Hermann Beyer) in Tierpelzen und braunem Hut, einem eckigen bewußten Pandarus in schwarzem Anzug (Arno Wyzniewski) und einem drahtigen kleinen lateinamerikanischen Ajax (Alejandro Quintana). Während die griechischen Generäle Cressida gemeinschaftlich mit ihren Küssen bedenken, taucht Ajax sporadisch auf dem Bühnenhintergrund auf, läuft – ein lächerlicher Anblick – vorbei, um sich für seinen anstehenden Kampf mit Hektor warmzumachen.

Diese und andere Darbietungen entfalten sich vor einem Bühnenbild (entworfen von Manfred Grund), das die Phantasie anregt, sehr flexibel ist und dabei mit den einfachsten Mitteln geschaffen wurde. Ein riesiges Nylontuch wird abwechselnd hochgezogen, heruntergenommen, gezogen und gedreht – mal von Bühnenarbeitern, mal von Schauspielern –, um abwechselnd das Segel eines griechischen Schiffs, hohen Mauern, Zelte und Privatgemächer anzudeuten. Helena und Paris werden entdeckt, als ein Teil der Leinwand nach vorn überfällt und so den Rahmen bildet für ein Zimmer mit einer weißen Rückwand und einem weißen Boden, der von Blumen übersät ist. Am Ende dieser Szene wird die Leinwand hochgezogen, und die Blumen ergießen sich über die Bühne, die auf diese Weise zu Cressidas Garten wird. Ein gesprenkeltes Lichtmuster fällt nun auf die Leinwand, eine Andeutung von Mond und Wolken. Bühnenarbeiter drehen das untere Drittel der Leinwand zu einer Säule, sie wird zu einem Baum, das gleiche gesprenkelte Licht nun zu Laubwerk verwandelt. Bei Cressidas letztem Gespräch mit Diomedes deutet die Leinwand schließlich ein Zelt und eine Bühne an. Cressida vollführt ihren Betrug an Troilus vor ihm, Odysseus, Thersites und uns.

Shakespeares Version des Stücks läßt Troilus Cressida ein Unterpfand geben, das sie später Diomedes schenkt, der es in der Schlacht bei sich trägt, um Troilus zu verhöhnen. Hier ist das Unterpfand ein rotes Band. Als Troilus und Cressida Abschied nehmen, bindet sie damit ihr Haar zurück. Am Ende ihrer Szene mit Diomedes macht sie es als Strumpfband an ihrem Schenkel fest. Die Bewegung an sich schockiert; bis zu diesem Zeitpunkt ist sie in körperlicher Hinsicht von ausnehmender Diskretion gewesen. Diomedes nimmt das Strumpfband von ihrem Schenkel und macht es dann plötzlich zu einem Halsband, mit dem er ihren Hals brutal zu einem Kuß nach hinten zwingt. Im Epilog wirft Pandarus das Band und den langen Abendhandschuh, den Cressida Troilus geschenkt hatte, auf die weiße Leinwand des Bühnenbildes, wie Blumen auf ein Grab.

Dieses ist vielleicht eine der besten Aufführungen von *Troilus und Cressida*, die es je gab, aber zugleich ist es eine Aufführung, die für das 20. Jahrhundert höchst charakteristisch ist. Eine Geschichte, die stets als misogyne Parabel weiblicher Untreue galt, wird jetzt als misandristische Parabel männlichen Betrugs und männlicher Brutalität verstanden. Als wolle man den allgegenwärtigen Einfluß des feministischen Denkens zeigen, porträtiert nur ein paar Ecken weiter das Deutsche Theater im *Sommernachtstraum* das männliche Geschlecht auf gleichermaßen unschmeichelhafte Art. In der ersten Szene macht sich Theseus schamlos über Hippolytas straffen Körper her, wie ein Mann, der zwanghaft eine widerspenstige Katze streichelt, der Klauen und Zähne gezogen und die Beine gebunden wurden. Egeus betritt die Bühne mit einer schreienden Hermia über seine Schulter, läßt sie auf den Boden plumpsen wie einen Sack Kohlen und hält ein Messer an ihre Kehle. Demetrius vergewaltigt beinahe Hermia im Wald; Thisbe ist eine ballonbrüstige Karikatur, die prompt unter Pyramus zu liegen kommt; Zettel, in einen Esel verwandelt, ist auf bestialische Weise phallisch; Theseus' Jagdpartie jagt keinen Fuchs, kein Kaninchen und kein Wild, sondern Hippolyta. Jede Beziehung ist von brutaler Sexualität, und stets sind die Frauen Opfer. Die *Troilus*-Inszenierung des Berliner Ensembles porträtiert Männer subtiler, aber auf gleichermaßen insistierende Art als Unterdrücker und Frauen als Opfer.

Diese gemeinsame Betonung der Ausbeutung der Frau ist Teil einer breiteren Beschäftigung mit den gesellschaftlichen und politischen Implikationen des Dramas im allgemeinen und der Shakespeare-Dramen im besonderen. Die einflußreichste deutsche Arbeit über Shakespeare aus der ersten Hälfte des Jahrhunderts war W. H. Clemens *Shakespeares Bilder. Ihre Entwicklung und Funktionen im dramatischen Werk* (1936); für die zweite Hälfte ist es Robert Weimanns *Shakespeare und die Tradition des Volkstheaters: Soziologie, Dramaturgie, Gestaltung* (1967). Weimann lehnt die «[einseitige] ‹werkimmanente› oder symbolische Deutung» Shakespeares ab, wie sie Clemen verkörpert, ebenso die «romantische Charakterdeutung» Goethes und Schlegels; statt dessen hebt er «die Funktion des Theaters in der Gesellschaft» hervor und «die Einheit und Gültigkeit von Shakespeares Werk als einer gesellschaftlichen und kulturellen Kraft»[1]. Clemen nimmt sich Aspekte der dramatischen Form vor, Weimann widmet sich dem Drama als Form gesellschaftlichen Verhaltens. Clemen lehrte in München, Weimann lehrte in Ostberlin.

Weimanns Buch ist zum Teil Manfred Wekwerth gewidmet, einem «Freund am Theater», den Weimann dafür lobt, «am nächsten an einen modernen Shakespeare in der Tradition des Volkstheaters herangekommen» zu sein. Wekwerths Inszenierung von *Troilus* verkörpert die Literaturwissenschaft Weimanns. Der Berliner Weimann sieht das elisabethanische Theater als einen zugleich geeinten und geteilten Ort; Shakespeares Bühne verbinde «Literatur» und «Spiel», Realismus und Konvention, überzeugende Illusion und nichtmimetische Darbietung, emotionales Engagement und intellektuelle Distanz. Die Menschen auf der Bühne überqueren immer wieder eine unsichtbare Grenze zwischen dem *locus*, dem vorgestellten Schauplatz, wo die Figuren ihre fiktionale Individualität spielen, und der *platea*, einer Plattform, einem Ort, irgendeinem Ort, an dem in genau diesem Augenblick eine Gruppe von Schauspielern einer Gruppe von Zuschauern Unterhaltung darbietet. Einen Augenblick steht Thersites / Schall genau am äußersten Rand der Vorderbühne und spricht zu uns Modernen, im nächsten zieht er sich in den hohlen Schlund einer fiktionalen Vergangenheit zurück und spricht zu den anderen Alten, die im Trojanischen Krieg leben. Doch wie sehr die Geschichte ihn auch in Anspruch nimmt, kann er doch jeden Moment einen Schritt «Zurück in die Zukunft», in die Gegenwart, machen.

Hinter Weimann und Wekwerth steht Bertolt Brecht, der größte deutsche Dramatiker und Dramakritiker des 20. Jahrhunderts, der das Berliner Ensemble 1949 mitbegründete. Nach Brechts Tod leitete Wekwerth selbst die Inszenierung von dessen unvollendeter Adaption von *Coriolanus*, und Schall, der Thersites spielt, ist Brechts Schwiegersohn. Weimann und Wekwerth sind keine blinden Schüler Brechts, und Brecht wiederum änderte seine Meinung und widersprach sich selbst in seinen mehr als 200 Bezugnahmen auf Shakespeare, wie es jeder große Kritiker tat. Aber Brecht beharrt – und Weimann und Wekwerth stimmen ihm zu – auf drei Grundsätzen: Erstens ist ein Drama das Resultat der Interaktion von Charakteren und der Zusammenarbeit von Schauspielern; wie die Gesellschaft nicht dem Willen eines Individuums sollte das Drama nicht dem Dünkel eines Schauspielstars oder dramatischen ‹Helden› unterworfen werden. Zweitens muß das Publikum aufmerksam und kritisch bleiben, bereit und fähig, Distanz zum Bühnengeschehen zu wahren, das eine Parabel ist. Es sollte sich nicht vollkommen der Illusion hingeben, ebensowenig wie das die Zuschauer einer politischen Demonstration oder eines Werbespots im Fernsehen tun sollten. Das dramatische Interesse sollte sich auf mehrere Figuren aufteilen, und das Bewußtsein des Publikums sollte sich zwischen Engagement und Distanz bewegen. Drittens ist das Spielen eines Stücks – und es kann nichts anderes sein – ein gesellschaftlicher und politischer Akt.

Schon die Entscheidung, *Troilus und Cressida* auf die Bühne zu bringen, ist ein gesellschaftlicher Akt. Es ist erst das dritte Shakespeare-Stück in vier Jahrzehnten, welches das Berliner Ensemble spielt. Und warum angelt man sich aus der übervollen Shakespeare-Kiste gerade dieses Stück? Weder auf dem Theater noch beim allgemeinen Lesepublikum war es jemals populär; zwischen den ersten Aufführungen in London im ersten Jahrzehnt des 17. Jahrhunderts und 1898/99, als eine stark gekürzte Fassung in München und dann auch in Berlin gespielt wurde, war es offenbar nicht ein einziges Mal auf der Bühne zu sehen. Erst drei volle Jahrhunderte nach der Veröffentlichung in Shakespeares gesammelten Werken im Jahr 1623 wurde ihm eine Aufführung zuteil, und bis zum Revival der Royal Shakespeare Company 1960 stieß es weder bei den Kritikern auf Interesse noch hatte es Erfolg beim breiten Publikum. Die erste professionelle englische Inszenierung fand statt in der Zeit der Desillusion nach dem Ersten Weltkrieg und die erste erfolgreiche – auf sandbedeckter Bühne – nach dem demütigenden und schändlichen englischen Engagement in der Suez-Krise und nach 15 Jahren Kaltem Krieg. Seit den 60er Jahren kommt das Stück rund um die Welt regelmäßig auf die Bühne; inzwischen ist es ein Favorit des Feuilletons und der Literaturkritik.

Die Entscheidung des Berliner Ensembles für *Troilus und Cressida* spiegelt das jüngste intellektuelle Prestige des Stücks bei einer internationalen Kulturelite, seine Reputation als illusionsloses Sezieren der Ursachen und Abläufe des Kriegs. Diese Motive würden überall auf der Welt für eine Aufführung reichen. Doch den Berlinern gefällt aus persönlichen, kommunalen Gründen die zynische Tragödie einer geschichtemachenden Stadt unter endloser Belagerung besonders, eines zermürbenden, unentschiedenen Kampfs zwischen zwei nebeneinanderliegenden bewaffneten Lagern, von geteilten Familien, die als Geiseln einer emotionalen Erpressung dienen. Auch die respektlose Holterdiepolter-Sexualität spricht sie vermutlich an: Auf dem Rückweg in mein Westberliner Hotel gehe ich, die Prostituierten ignorierend, an einem Schaufenster mit T-Shirts vorbei, auf denen ein Bild von Prinzessin Dianas Gesicht mit einem barbusigen Rumpf darunter prangt.

Doch wenn die Entscheidung, *Troilus und Cressida* aufzuführen, ein gesellschaftlicher Akt ist, dann ist es meine Entscheidung, dieses Kapitel mit einer Schilderung dieser Inszenierung zu beginnen, zwangsläufig ebenso. Damit stelle ich die postmoderne Shakespearotik in den Kontext des politischen, ökonomischen, militärischen und ideologischen Wettstreits, der die Nachkriegswelt geprägt hat. Ich räume einem problematischen, intellektuellen, unpopulären Stück einen Ehrenplatz ein; ich räume dem Theater einen Ehrenplatz ein; zum erstenmal in diesem Buch beginne ich ein Kapitel außerhalb Englands. Natürlich könnte ich das Kapitel anders einleiten, aber auch die Alternativen wären alle gleichermaßen politisch. Denn bei der Gliederung meiner Darstellung muß ich – wie jedes gesellschaftliche Wesen – die unangenehme Wahl treffen, was die Verteilung der begrenzten Materialmenge angeht; ich muß entscheiden, welche Standpunkte darzustellen und welche Vertreter dafür zu wählen sind. Solcher Entscheidungen bedarf es in jedem Kapitel; jedes Wort dieses Buchs ist eine Handlung, und jede Handlung schließt andere aus.

Und so mache ich den Anfang mit unverzeihlicher Willkür. Bei meiner Skizze der früheren, weniger überfüllten Epochen konnte ich auf einen Konsens zurückgreifen, welche Werke der Kritik und Philologie sich als wichtig und einflußreich erwiesen haben; die brutale Hierarchie der Rangliste existierte bereits, und ich erbte sie lediglich. Doch wenn ich die übervölkerte Gegenwart, die belebte jüngste Vergangenheit meistern will, muß ich entscheiden, welche Werke ich in den Kanon aufnehme und welche ich ignoriere. Irgendwie muß ich die Fülle von Material, die die Shakespearotik in den letzten 40 Jahren hervorgebracht hat, in einem Brennpunkt bündeln. Das mache ich, indem ich mir eine zweidimensionale Scheibe herausschneide. Aus dem Hut der Zeit ziehe ich das Jahr 1986.

Auch Kurt Vonnegut zieht sich in seinem Science Fiction-Roman *Galapagos* 1986 heraus. Dort ist es das letzte Jahr der alten menschlichen Rasse und das erste Jahr der neuen. Shakespeare überdauert 1986 nur in Form von ein paar Zitaten im elektronischen Speicher eines Laptop-Computers. Wenige Jahre später wird der Computer ins Meer geworfen, und Shakespeare geht mit ihm unter. Für Vonnegut markiert 1986, das Jahr einer fiktiven globalen Katastrophe, eine starre Grenze zwischen einer Epoche und einer anderen. Doch für mich ist 1986 ein Jahr wie jedes andere, nicht besonders bedeutend, reiner Durchschnitt. Dank seiner Gewöhnlichkeit ist es typisch. Für postmoderne Historiker tut es ein Jahr so gut wie das andere. Und so erhält *Troilus und Cressida* hier teilweise einfach deshalb einen Ehrenplatz, weil ich es 1986 im Theater sah. Dieses Kapitel hätte ebensogut mit dem Beijing-Shanghai-Theaterfestival im April 1986, das 28 verschiedene Shakespeare-Inszenierungen zeigte[2], anfangen können, aber im April 1986 war ich in Deutschland, nicht in China.

Wie dieses Beispiel verdeutlicht, kann ich es nicht verhindern, daß dieser Teil meiner Erzählung autobiographisch wird. Dies ist meine Zeit, ich bin nicht länger ein Beobachter, sondern ein Mitspieler. Jetzt kann es kein Vorspiegeln von Objektivität oder ästhetischer Distanz mehr geben.

London

1. Mai 1986. Howard Davies Inszenierung von *Troilus und Cressida* hat im Barbican Theatre der Royal Shakespeare Company Premiere. Seit der Fertigstellung des Barbican-Komplexes 1982 hat die Royal Shakespeare Company ihren Hauptsitz in London, aber sie hat kein Mono-

pol auf dem Shakespeare-Markt der Stadt. Auch das National Theatre ist in London, in einem Gebäudekomplex mit drei Theatern, der 1976 eröffnet wurde, und spielt regelmäßig Shakespeare. Im Dezember 1986 bringt es eine neue Produktion von *König Lear* auf die Bühne. Die British Broadcasting Corporation, die BBC, eine andere mächtige Kulturbürokratie, die von London aus operiert, verdient derweil immer noch an den Auslandsverkäufen des ersten Fernsehzyklus aller 37 Dramen des Kanons, der Früchte eines sechsjährigen Projekts, das 1979 in Angriff genommen wurde. Auch in den kommerziellen Theatern des Londoner West End wird Shakespeare gespielt; acht Wochen lang sind im Sommer 1986 Vanessa Redgrave und Timothy Dalton im Theatre Royal, Haymarket in *Der Widerspenstigen Zähmung* und *Antonius und Cleopatra* zu sehen. Und im Regent's Park gibt es weniger kostspielige und kleinere Freilichtaufführungen. Im November 1986 feiert ein neues internationales Tourneetheater, die English Shakespeare Company, seinen Einstand mit *Heinrich IV.* und *Heinrich V.**

Dennoch dominiert die RSC die Londoner Shakespeare-Inszenierungen; sie setzt die Maßstäbe für die anderen Londoner Theater. Und London setzt den Maßstab für die Bewertung der Theater anderer Städte in Großbritannien und darüber hinaus. Anders als die Konkurrenz in der Hauptstadt tritt die RSC national und international auf. Obgleich sie in London neu ist, hat diese Produktion von *Troilus und Cressida* bereits eine verlängerte Spielzeit in Stratford-upon-Avon hinter sich. Die RSC hat zwei Theater in London und drei in Stratford, außerdem ist sie fünf Wochen im Jahr in Newcastle upon Tyne zu sehen, und während des Finanzjahrs 1986/87 kommen aufgeschobene oder gastierende RSC-Produktionen – vor einem überwiegend bürgerlichen, gebildeten Publikum – auch in zwei West End-Theatern sowie nach Manchester, New York, Los Angeles, Washington/D. C., Adelaide, Melbourne und Brisbane.[3] In der zweiten Hälfte des 20. Jahrhunderts ist die RSC die einflußreichste und erfolgreichste Theaterorganisation der westlichen Welt.

Ihr heutiger Name und die Struktur gehen auf das Jahr 1960 zurück, als Peter Hall zum Intendanten ernannt wurde. Was ursprünglich ein Sommerfestival war, wandelte Hall um, indem er es londonisierte. Er

* Noch weiter erhöht hat sich das Shakespeare-Angebot seit 1986 mit der Gründung der Renaissance Theatre Co. und dem Beginn von Jonathan Millers Regime am Old Vic.

pachtete ein Theater im West End und ermöglichte damit der Truppe, ihre Produktionen vom provinziellen Stratford in Europas größte Stadt zu bringen. Mit zwei Aufführungsstätten konnte man nun Shakespeare das ganze Jahr über spielen, und in London ließ er sich mit neuen und alten Stücken von anderen Autoren ergänzen. Mit einem gemischten Repertoire und einem großstädtischen Publikum konnte Hall Talente anlocken und halten, denen er dann einen Dreijahresvertrag gab. Gleichzeitig garantierten ihm die Kosten für das Londoner Unternehmen staatliche Zuschüsse. Auf diese Art baute er eine subventionierte, ungewöhnlich stabile Truppe auf, die explizit dem Berliner Ensemble nachgebildet war, das 1956 in London gastiert hatte. Wie das Theater Brechts wurde auch Halls ein Musterbeispiel des kulturellen Nationalismus.* 1987 gastiert das Berliner Ensemble mit *Troilus und Cressida* in Edinburgh, so wie die RSC mit *Richard III.* nach Australien auf Tournee geht und mit *Coriolanus* nach Paris, Wien und Berlin. Anders als die DDR ermutigt Großbritannien jedoch Besuche aus dem Ausland. Großbritannien und die RSC schlagen weit mehr Gewinn aus dem neuen Zeitalter des Massentourismus als die Konkurrenz in Osteuropa.

Zum Teil beruht dieser Erfolg auf einem raschen Umsatz. 1986 spielt die RSC Neuinszenierungen von sechs Shakespeare-Dramen, zwischen 1960 und 1985 bringt es 170 größere Produktionen auf die Bühne. *Troilus und Cressida* spielen sie zum Beispiel 1960, 1968, 1976, 1981 und 1985. Populäre Dramen wie *Romeo und Julia* und *Was ihr wollt* stehen sogar noch häufiger auf dem Spielplan. Historisch gesehen, spielt die reine Zahl von neuen Inszenierungen eine größere Rolle als individuelle Interpretationen eines bestimmten Stücks. Harley Granville-Barker leitete im Vergleich dazu nur fünf Shakespeare-Produktionen, David Garrick 14. Die zweite Hälfte des 20. Jahrhunderts erlebte eine stete Beschleunigung der Rate von Shakespeare-Produktionen.

Das beschränkte sich nicht auf die RSC. 1953 gründete Tyrone Guthrie das kanadische Äquivalent der RSC, das Stratford Festival in On-

---

* 1973 wurde Hall Intendant des National Theatre, eines anderen Kulturdenkmals; 1988 beendete er seine Tätigkeit dort, um eine eigene Truppe im West End zu gründen. Seine Karriere verkörpert so den Wandel vom jugendlichen Sozialismus der 60er Jahre zur Privatisierung öffentlicher Einrichtungen in den 80ern.

tario, eine international anerkannte Truppe, die jährlich eine ganze Schar von Shakespeare-Dramen auf die Bühne bringt. 1954 rief Joseph Papp das New York Shakespeare Festival ins Leben, und auch kleinere Shakespeare-Festivals schießen aus dem Boden, insbesondere in den Vereinigten Staaten. Durch das schnelle internationale Reisen und die internationale Kommunikation wird eine größere Produktion in London, Berlin, New York oder Ontario ohnehin sofort zum geistigen Eigentum von Theaterleuten und Shakespeare-Forschern auf der ganzen Welt. Beschleunigte Produktivität und erweiterte Öffentlichkeit implizieren bei jeder neuen Produktion den sofort einsetzenden Prozeß ihres Obsoletwerdens. Heute konsumiert, morgen schon durch ein Neues ersetzt.

Dieser Boom vergänglicher Interpretation berührt Literaturwissenschaft und Theater gleichermaßen. Die weltweite Bibliographie zu Shakespeare enthält für 1986 4069 Einträge, von Mitarbeitern aus 29 Ländern erstellt.[4] Um überhaupt Interesse zu wecken, müssen diese Arbeiten alle den Eindruck vermitteln, daß sie etwas Neues tun. Aber dieses Neue kann nicht endgültig sein, denn das würde die Produktion von noch mehr neuen Sachen im folgenden Jahr ausschließen. Die interpretatorische Arbeit des Jahres 1987 hat nur zwischen zwei Alternativen zu wählen, was die kolossale Produktion von 1986 angeht: sie zu ignorieren oder sie zu kritisieren und zu verbessern. Beide Strategien garantieren jeweils die Vergänglichkeit der vorherigen Interpretationen.

In diesem Zyklus flüchtiger Existenzen nähren die Literaturwissenschaftler das Theater und das Theater umgekehrt die Literaturwissenschaftler. Die Inszenierung von *Troilus und Cressida* im Jahre 1960 leiten gemeinschaftlich Peter Hall und John Barton, ein frischgebackener Anglist aus Cambridge, und ein früherer Fellow des King's College in Cambridge. Barton – inzwischen mit der Shakespeare-Forscherin Anne Righter verheiratet, die Fellow des Trinity College in Cambridge ist – leitet die RSC auch noch ein Vierteljahrhundert später. Einige der meistgepriesenen Produktionen der RSC – der *König Lear* 1960, die *Wars of the Roses* 1963, der *Hamlet* 1965 und der *Sommernachtstraum* 1970 –, sie alle sind explizit den Theorien Jan Kotts verpflichtet, des ehemaligen Professors für Theaterwissenschaft an der Universität Warschau. John Russell Brown, der Shakespeare-Kritiker und -Herausgeber, wird Dramaturg des National Theatre. Entlang der gleichen Linie, nur in umgekehrter Richtung, sprechen zwei RSC-Regisseure

1986 vor dem World Shakespeare Congress. Auch ein deutscher Regisseur spricht dort über «Neuere Shakespeare-Inszenierungen in der DDR», und eine ganze Sitzung findet statt zum Wandel der Theaterinterpretationen von Shakespeares Figuren. Eine Diskussionsrunde aus vier Schauspielern und Schauspielerinnen der RSC wird 1986 zur internationalen Shakespeare-Konferenz geladen. Die *Shakespeare Quarterly*, die wichtige amerikanische Zeitschrift, die sich ausschließlich mit Shakespeare-Fragen befaßt, verwendet ungefähr ein Fünftel des Platzes auf Besprechungen neuer Inszenierungen; der *Shakespeare Survey*, das britische Gegenstück, enthält eine Jahresbesprechung des Theaters zusammen mit ähnlichen Artikeln zur neuen Kritik, Forschungsliteratur und Edition. Zu den literaturwissenschaftlichen Debütanten des Jahres 1986 zählen unter anderem ein Buch über *Harley Granville-Barker: A Preface to Modern Shakespeare*, eine Geschichte von *Macbeth in the Swedish Theatre 1838–1986*, eine von «*Amletto*» *in Italia nel novecento*, ein 972 Seiten langer umfassender Führer zu «merkenswerten Aufführungen der Nachkriegszeit» von Adelaide bis Zürich, und ein neuer Band – der letzte in einer Reihe – über *Measure for Measure: Text and Performance*.[5] Ein großer Teil der wissenschaftlichen Arbeit widmet sich heute der Auflistung und Deutung von Theaterinterpretationen. Theater und Literaturwissenschaft mehren und kreuzen sich.

Doch diese Bevölkerungsexplosion im Lande der Interpretation droht die Rohstoffe zu erschöpfen, die seine Lebensgrundlage bilden. Auch in der Physik, den Wirtschaftswissenschaften, in den theoretischen und angewandten Naturwissenschaften allgemein wächst das Wissen mit immer schnellerer Geschwindigkeit, doch angesichts des physischen und sozialen Universums scheinen die Kratzspuren der Insekten, die seine Oberfläche erkunden, immer noch mikroskopisch klein. Im Falle Shakespeares versucht im Gegensatz dazu die wachsende umgekehrte Pyramide der Interpretation auf einem einzigen Punkt das Gleichgewicht zu halten: auf einer Sammlung von Werken, die binnen eines Zeitraums von nur 25 Jahren entstanden und problemlos zwischen den Deckeln eines Buches Platz finden. Kann ein so kleines Datum wirklich so viele kritische und theaterpraktische Interpretationen halten? 40 Jahre lang verkaufte in der zweiten Hälfte des 18. Jahrhunderts ein Stratforder Unternehmer Kuriositäten, die angeblich aus dem Holz eincs einzigen, von Shakespeare gepflanzten Maulbeerbaums geschnitzt waren; es war gerade die Überfülle der Reliquien, die schließlich ihre Authentizität in Zweifel zog. In der zweiten

Hälfte des 20. Jahrhunderts vermehren sich die Interpretationen von Shakespeare, die allesamt auf Echtheit Anspruch erheben, sogar noch rascher als die Frucht jenes mythischen Maulbeerbaums. Allein schon die schiere Produktivität der Interpretationsindustrie sollte das Vertrauen des Konsumenten in ihre Produkte untergraben.

Das tut es nicht. Statt dessen untergräbt die Interpretationsindustrie das Bedürfnis des Konsumenten nach Authentizität. Die RSC und die literaturkritischen Entsprechungen überzeugen sich selbst und ihre Kunden allmählich davon, daß die ursprüngliche Intention des Autors ohne Belang ist. Wenn eine Inszenierung auf dem Theater Erfolg hat, spielt es dann irgendeine Rolle, ob Shakespeare sie gutgeheißen hätte? 1986 beschreibt Terence Hawkes, ein weißer britischer Shakespeare-Forscher, Literaturkritik in der Begrifflichkeit der «Jazz-Musik, dieser schwarzamerikanischen Herausforderung der eurozentrischen Vorstellung der Autorität des Autors oder des Komponisten»:

«Für den Jazz-Musiker ist der ‹Text› einer Melodie ein Mittel, kein Zweck oder Ziel an sich. Die Interpretation ist in diesem Zusammenhang, was ihre Beziehung zum Gegenstand angeht, nicht parasitär, sondern symbiotisch. Ihre Rolle beschränkt sich nicht auf die Huldigung, Offenbarung oder Zelebrierung der Kunst des Autors/Komponisten. Nein, umgekehrt: Die Interpretation konstituiert die Kunst des Jazz-Musikers. Das gleiche unknechtische Prinzip scheint mir auch dem Kritiker angemessen zu sein. Die Kritik ist die größte, im weitesten Sinne die einzige amerikanische Kunst... die Kritik macht aus uns allen Amerikaner.»[6]

Einen großen Teil seines kulturellen Prestiges verdankt der Jazz hier seinem Ursprung in einer unterdrückten Klasse; die Metapher erhebt die Kritiker in den romantischen Stand eines Volks von Untertanen, die endlich gegen die Unterwerfung rebellieren. Selbstverständlich ist zu dem Zeitpunkt, da diese Worte geschrieben wurden, die Interpretation bereits der Herr und die Literatur die Sklave. Die Metapher kehrt die wahre Machtverteilung um, so daß die Interpretation ihrer Tyrannei mit gutem Gewissen frönen kann, im Namen eines unaufhörlichen Aufruhrs. Denn Jazz ist gleichzeitig die Musik der Unterdrückten und die Hymne der Supermacht; die Vorherrschaft des Jazz – und der Kritik – wird von Amerikas ökonomischer, militärischer und folglich kulturellen Dominanz bestätigt. Die Kritik hat ein Recht auf Unabhängigkeit, weil sie ungerecht unterdrückt worden ist; doch sie hat auch ein Recht auf Unabhängigkeit, weil sie ununterdrückbar mächtig ist. Die Metapher ist Entschuldigung und Drohung zugleich. Überdies ist inzwischen Jazz selbst ausreichend monumentalisiert, neutralisiert und legitimiert worden. Eine Musik, die auf ihre Spontaneität stolz war, ist zu Schallplattenaufnahmen eingefroren; bestimmte Interpretationen werden zu ‹Klassikern›, ein Kanon der Sammlerstücke ist definiert. In einer Epoche der Rockmusik bezeichnet sich die Kritik als Jazz und zelebriert die Routine einer institutionalisierten Spontaneität.

Obgleich die Interpretation heute die «eurozentrische Vorstellung der Autorität des... Autors» ablehnen mag, ist doch die Royal Shakespeare Company abhängig von der kulturellen Autorität ihres Stammvaters und Helden. Sowohl das Berliner Ensemble als auch die RSC verdanken ihre Identität und den Kern ihres Repertoires den Dramen eines einzigen Autors, aber ihre Einstellung zu ihm ist unterschiedlich. Brecht lebte noch, als das Berliner Ensemble gegründet wurde; nach seinem Tode übernahm die Leitung seine Frau, die Schauspielerin Helene Weigel. Wekwerth wurde 1977 Intendant, nachdem er mit beiden seiner Vorgänger zusammengearbeitet hatte. Shakespeare ist im Gegensatz dazu schon seit Jahrhunderten tot, bevor die RSC nach London zieht; Peter Hall ist ein Regisseur und künstlerischer Verwalter, kein Dramatiker. Dem Berliner Ensemble wohnt die Treue zum Autor inne, das unbedingte Bedürfnis der Hinterbliebenen, den Wunsch des Toten zu erfüllen. Deshalb gleichen manche der Inszenierungen von Brechts Dramen eher Museumsstücken, einem unbewohnten Raum, der nach dem Tod seines geliebten Bewohners unverändert geblieben ist.

Die RSC kennt keine solche unangenehme, anstrengende Treue zur Vergangenheit; den (letzten) Willen des Autors zu ignorieren bereitet ihr keine Schuldgefühle. George Bernard Shaw wünschte, daß der größte Teil seines Vermögens der Reform der englischen Rechtschreibung zugute kommen sollte, und George Orwell verbat sich jede Biographie seiner Person: allzu bald wurden beide Verfügungen mißachtet. Shakespeare ist schon viel länger tot, und seine Intention ist in jedem Fall weniger deutlich formuliert: Warum sollte die RSC also aus den Absichten eines Toten einen Fetisch machen? Überhaupt, warum einen Fetisch machen aus der Intention irgendeines Autors, ob tot oder lebendig? Mehrmals verbannt die RSC einen lebenden Dramatiker aus den Proben zu seinem eigenen Stück; der Regisseur Peter Brook sucht nach einer Theaterform, die ganz auf Autoren und Texte verzichten kann. Gegen die Autorität von Autoren setzt die RSC die Autorität der Interpreten; gegen die auktoriale Vergangenheit setzt sie die intendantische Gegenwart.

Dieses Mißfallen an der Vergangenheit läßt sich deutlich erkennen an der Einstellung der RSC zu den Bemühungen um einen Nachbau des Globe Theatre in London. Am 25. Juni 1986 bestätigt der Gemeinderat von Southwark seine frühere Verpflichtung, ein großes Gelände am Südufer der Themse an den Globe Trust zu verpachten. Erstmals seit der Restauration wird es nun am Ende des 20. Jahrhunderts vielleicht wieder möglich sein, professionelle Aufführungen von Shakespeares Dramen auf dem Gelände und in der Art von Bau zu erleben, für die sie ursprünglich gedacht waren. Der Impuls, solche Bauten zu rekonstruieren, spiegelt die gleiche Überzeugung, die auch der Academy of Ancient Music zugrunde liegt, wenn sie Mozart auf authentischen Instrumenten des 18. Jahrhunderts oder Rekonstruktionen davon spielt: Die Kunst einer Epoche fußt auf der künstlerischen Technologie ihrer Zeit; die Inanspruchnahme fremder, späterer Technologien verzerrt sie. Das Theater ist das Instrument, auf dem ein Stück gespielt wird, und Shakespeare komponiert seine Stücke für eine ganz bestimmte Art von Instrument.

Doch binnen weniger Monate dieser Regelung in Southwark, noch bevor sie überhaupt ausprobiert worden sind, wendet sich der Intendant der RSC, Adrian Noble, gegen solche Experimente: «Die Antwort muß lauten, nicht zu Globe-Theatern zurückzukehren... weil die Welt von heute eine andere ist.»[7] Die Schauspieler der RSC haben wiederholt die gleiche arrogante Skepsis zum Ausdruck gebracht. Die Welt von heute ist in der Tat eine andere. Doch Shakespeares Stücke sind so altmodisch wie die Instrumente, für die er sie gestaltete. Wenn wir, wie es die RSC vertritt, den Instrumenten entwachsen sind, warum sind wir es dann nicht auch den Stücken? Wenn wir das Globe nicht mehr wollen, warum dann *Hamlet*?

Hamlet, so wird uns versichert, hat immer noch Bedeutung. Seit 1961 beeinflußt das Buch *Shakespeare our Contemporary* die Theaterinterpretation tiefgreifender als jedes andere kritische Werk dieser Zeit. 1960 stellt Peter Hall «eine einfache Regel» auf, die der Praxis der RSC zugrunde liege: «Wann immer die Truppe ein Stück von Shakespeare aufführt, dann sollte sie es tun, weil das Stück relevant ist, weil das Stück an unsere aktuelle Wahrnehmung Anforderungen stellt.»[8] So ist 1965 David Warners Hamlet ein unzufriedener Jugendlicher der 60er Jahre, der die korrupte Welt der Erwachsenen ablehnt und zwischen radikalem politischem Engagement und totalem Rückzug aus der Gesellschaft schwankt. Die RSC bekräftigt die Aktualität von *Hamlet*.

Ähnlich sagt der polnische Theaterwissenschaftler Jan Kott, daß das Stück «wie ein Schwamm... sofort alle Probleme unserer Zeit aufsaugt»[9]. Und der DDR-Literaturwissenschaftler Robert Weimann versteht die «Lebendigkeit von Shakespeares Werk als gesellschaftliche und kulturelle Kraft in unserer heutigen Welt»[10]. Die Dramen werden nun wegen ihres gesellschaftlichen Werts gefeiert, wegen der Perspektive, die sie auf zeitgenössische gemeinschaftliche Probleme eröffnen.

Das alljährlich neue Repertoire der RSC und ihre endlosen aktualisierten Wiederaufführungen definieren die Welt als Ort, der sich mit routinemäßiger Geschwindigkeit verwandelt. Shakespeares Dramen definieren sie als eine Sammlung von Texten, die sich jedem solchen Wandel anpassen können. Wie andere Institutionen für die Interpretation der zweiten Hälfte unseres Jahrhunderts bewundert die RSC Shakespeare eben aus dem Grund, weil «er sich auf so verschiedene Weise interpretieren läßt». Seine Dramen auf eine einzige dauerhafte, echte Bedeutung einzuengen ist nicht nur unnötig, sondern tatsächlich falsch. Shakespeare wird definiert als jemand, der sich der Definition entzieht. Er vermittelt keine bestimmte Bedeutung, vielmehr verheißt er eine unerschöpfliche Vielzahl von Bedeutungen. Er ist künstlerisch unfehlbar, weil er unendlich formbar ist. Jede neue Interpretation seines Werks scheint die grenzenlose geistige Gastfreundschaft seines Genies zu bestätigen.

So definiert, verleiht Shakespeare seinen Interpreten eine Autorität ohne Grenzen. Der künstlerische Monarch der Royal Shakespeare Company legitimiert, ohne ihnen Schranken aufzuerlegen, das Tun seiner Minister. Sein Text ist ein Freibrief.

Oxford

28. Oktober 1986. Im Sheldonian Theatre tritt Dr. Stanley Wells vors Publikum zur Feier einer neuen Ausgabe von Shakespeares Werken, die bei der Oxford University Press erscheint. Das Sheldonian Theatre, ein Bauwerk, das sowohl dramatischen als auch akademischen Anlässen dient, bildet für diesen Auftritt den angemessenen Rahmen, denn Wells ist nicht nur ein Herausgeber, sondern auch Theaterhistoriker, zugleich im Vorstand des Royal Shakespeare Theatre und Fellow am Balliol College. Wie schon Rowe, aber im Gegensatz zur späteren editorischen Tradition, die mit Pope begann, ediert Wells

Shakespeare im Lichte der historischen Kritik. Von 1725 bis 1985 hatten die Herausgeber das abzustreifen sich bemüht, was sie als verderblichen Einfluß der Bühne ansahen; sie suchten Shakespeares eigenen literarischen, noch nicht theatralisierten Text. Im Gegensatz dazu verkündet Wells, «das damalige Theater sei Shakespeares wertvollster Mitarbeiter» gewesen, und seine Edition «entscheidet sich dafür, wenn möglich, jeweils die stärkste am Theater orientierte Fassung eines Stücks zu drucken».[11]

Mit ihrer Betonung der Theaterdimension spiegelt Wells' neue Oxforder Ausgabe nicht nur sein persönliches Interesse, sondern auch die neue wechselseitige Befruchtung von Theater und Forschung, wie sie seine Generation prägt. Wenig überraschend ist ein Aspekt der Ausgabe, den Wells hier in seinem Vortrag hervorhebt, «unsere Behandlung der Bühnenanweisungen»:

«Editorische Theoretiker, mit ihrem Schwerpunkt auf dem zu sprechenden Wort, haben die Frage der Bühnenanweisungen fast gänzlich ignoriert, obwohl sie sogar zentral für die Darstellung von der Kunst Shakespeares oder eines anderen Künstlers ist... Was auf der Bühne während eines Stücks geschieht, ist nicht nur so etwas wie ein zusätzlicher möglicher Oberton des Dialogs; es ist vielmehr ein absolut integraler Bestandteil der Vorstellungskraft des Dichters.»[12]

Diese verstärkte Prüfung der Bühnenanweisungen betrifft jedes Stück. Der Oxford-Shakespeare verlangt in *Heinrich V.* französische Gefangene, die auf der Bühne getötet werden. Die Ausgabe verdeutlicht die eindrucksvolle Inszenierung von Prosperos Maskenspiel, kümmert sich um das Wegschaffen von Emilias Leiche in *Othello* und erläutert genau die Einzelheiten des Moriskentanzes in den *Beiden edlen Vettern*.

Die neue Konzentration auf die Einzelheiten des implizierten Bühnengeschehens geht über die Oxforder Ausgabe und die Shakespeare-Edition allgemein hinaus. Alan Dessen identifiziert die impliziten Bühnenanweisungen, die kodiert in Shakespeares Text immer dann stecken, wenn er eine Figur, *«vom Essen kommend»*, auftreten läßt (eine Serviette umgebunden, wirkliche oder imaginäre Krumen von den Kleidern abbürstend) oder Frauen signalisieren, daß sie entweder *«wahnsinnig geworden»* oder *«vergewaltigt worden»* sind (zerzaustes Haar und Kleid).[13] Ann Pasternak Slater erklärt, wie *Shakespeare the Director* seinen Schauspielern die Bewegungen vorschreibt: Er läßt sie Hände schütteln, küssen, umarmen, niederknien, weinen.[14] G. K. Hunter analysiert Shakespeares Verwendung von «graphischen Bewegungen» und betont, daß die Kostüme überall den gesellschaftlichen Status bestimmten.[15] John Doebler zeigt, wie der Ringkampf auf der Bühne in *Wie es euch gefällt* über seine Bildersprache Orlando und Herkules zusammenbringt. Huston Diehl veröffentlicht «ein alphabetisches Verzeichnis aller ikonographischen Darstellungen in sämtlichen englischen Büchern mit Emblemen», die in der Zeit der Renaissance gedruckt wurden.[16] In seinem Buch mit dem bezeichnenden Titel *Action is eloquence* beschreibt David Bevington *Shakespeare's language of gesture*. Im späten 17. Jahrhundert war Rymer entsetzt gewesen, wie jeder Schauspieler in der Rolle des Othello «seine Augen rollt und seine Unterlippe beißt, während er sich anschickt, Desdemona zu töten». Für Bevington sind diese Gesten einfach «die Art von Bühnenhandlung, die das elisabethanische Publikum als konventionelles Zeichen einer wütenden Seelenqual erkennen würde»[17].

Ein Buch wie das von Bevington reflektiert die neue Ehrerbietung, die nun die Shakespeare-Forscher dem Theater entgegenbringen. Doch es steht auch im weiteren Zusammenhang eines geistigen Klimas, das sich in Veranstaltungen manifestiert wie der interdisziplinären Konferenz in Toronto über «Die Sprache der Gesten in der Renaissance»[18]. Wir sind uns inzwischen der Art und Weise bewußt, wie Menschen ohne Worte kommunizieren. «Body Language», die «Körpersprache», taucht 1970 in den gängigen Lexika auf und wird zum Titel eines internationalen Bestsellers[19]; heute gehört sie in Nordamerika zum Wortschatz jeder Talkshow und jeder Ratgeberseite in einschlägigen Zeitschriften. Der politischen Mythologie zufolge verlor Richard Nixon 1960 die Präsidentschaftswahl, weil er in einer Fernsehdiskussion unrasiert und müde aussah; Margaret Thatcher gewinnt 1979 die Parlamentswahlen, nachdem ihr die Werbefirma Saatchi and Saatchi eine schönere Stimme und eine neue Frisur verpaßt hat.

In der Tat, das Fernsehen selbst, das beherrschende Kommunikationsmedium der Nachkriegszeit, ordnet ständig die sprachlichen Signale den visuellen unter. Selbst in den Druckmedien nimmt die Photographie einen immer größeren Platz ein, zuerst in Zeitschriften, dann auch in Zeitungen. Die Filmwissenschaft macht sich unerbittlich an den Literaturseminaren der Universitäten breit. Die Nummer des *Shakespeare Survey* von 1986 widmet sich «Shakespeare on Film and Television»[20]. Und die schönsten Shakespeare-Verfilmungen unserer Zeit – *Hamlet* und *König Lear* des russischen Regisseurs Grigori Kosintsew sowie *Throne of Blood* (nach *Macbeth*) und *Ran* (nach *König Lear*) des japanischen Regisseurs Akira Kurosawa – sind ursprünglich nicht einmal in englischer Sprache.

In solch einer Gesellschaft triumphiert naturgemäß die Semiotik, die Zeichentheorie, über die Literaturwissenschaft und -kritik. Letztere analysiert Sprache, aber Sprache ist – wie zu erkennen wir jetzt nicht mehr umhinkönnen – nur ein System von Zeichen. Die Semiotik beschränkt sich nicht auf Sprache, sondern befaßt sich mit allen Sorten von Zeichen – phonetischen, visuellen und körperlichen. Das Drama bedient sich mehr semiotischer Systeme als, sagen wir, die Prosaliteratur. Im Drama der Renaissance verknüpfen sich literarische und theaterspezifische Kodes auf besonders komplexe und charakteristische Weise. Heute widmen Shakespeare-Forscher ganze Bücher den Momenten des Schweigens im Text, den Punkten, wo der Dichter die Darsteller zentrale Gedanken ohne Worte vermitteln ließ oder durch Gestik und Veränderungen in der Tonlage, die ihre zweideutigen Worte begleiten mochten.

Das verstärkte Augenmerk auf die Bühnenanweisungen macht den neuen Oxforder Shakespeare zu einer Semiotiker-Ausgabe, zum Produkt einer sich selbst bewußten semiotischen Kultur. Die Ausgabe beschränkt ihr Amt nicht allein auf die Worte, die Shakespeare schrieb. Systematisch befaßt sie sich, und das ist charakteristisch, mit allen Signalen, die in der Schreibweise, Zeichensetzung, den Bühnenanweisungen, der Anordnung der Verse, Typographie, Akt- und Szenengliederung und Verszählung enthalten sind. In allen diesen Bereichen verändert sie die allgemein gültige Praxis. Ein neues Zeichen, eine verkrüppelte eckige Klammer ( ) weist auf eventuelle Bühnenanweisungen hin, ein anderes neues Zeichen, eine geometrische Rose ( ), steht für eine Pause zwischen zwei Akten. Selbst wenn die Oxforder Ausgabe nicht ein einziges Wort der dramatischen Rede verändert hat, entlocken die vielen Veränderungen in anderen Zeichensystemen doch, was ein Rezensent ein «unaufhörliches leichtes Erstaunen»[21] genannt hat. (Das ist selbstverständlich genau die Wirkung einer typischen RSC-Inszenierung.)

Mit ihrem Schwerpunkt auf dem Theater spiegelt die Ausgabe aus dem Jahr 1986 die Weltsicht der Herausgeber und ihres Umfeldes. Doch sie sind nur ein Teil der Belegschaft, die diese jüngste Neuverpackung Shakespeares produziert. Gestalt und Einfluß der ersten Ausgabe des 18. Jahrhunderts bestimmte sich gleichermaßen durch den

Verleger (Jacob Tonson) und den Herausgeber (Nicholas Rowe). Was im Jahr 1709 galt, gilt auch noch 1986. Tatsächlich ist 1986 der Herausgeber eher unwichtiger. Im 18. Jahrhundert wurden die Ausgaben mit den Namen herausragender Literaten identifiziert (Rowe, Pope, Johnson); im späten 20. Jahrhundert spielen die Namen der Herausgeber eine geringere Rolle als der Markenname. Die meisten Leute kaufen heute den Penguin-, Bantam-, Signet- oder Swan-Shakespeare, ohne das geringste über ihre anscheinend austauschbaren Herausgeber zu wissen. Die meisten Käufer der Ausgabe von 1986 würden die Gesamtherausgeber nicht nennen können, sie kaufen schlicht einen Text, der bei der Oxford University Press erscheint und dadurch eine gewisse Autorität erhält.

Die OUP ist wie die RSC eine große, keinen Profit anstrebende Korporation, die ihren Sitz in Großbritannien hat, aber in internationalem Rahmen operiert, mit Zweigstellen in 17 Ländern. Dank ihres gemeinnützigen Status zahlt sie weder Steuern noch Dividenden; als Abteilung der Universität Oxford war sie gegen einen Aufkauf aus dem Ausland gefeit. Ihr begünstigter Status macht sie – gleich der RSC – zu einem ungewöhnlich stabilen kulturellen Produktionsmedium.

Wie auch die RSC und das Berliner Ensemble verdankt die OUP viel ihres Erfolges ihrer Autorität als angesehenster Lieferant eines wichtigen Produktes. Bis zum 20. Jahrhundert wurde sie getragen von ihrer Hälfte des rechtlichen Monopols für den Druck der autorisierten englischen Bibel. Die Religion jedoch verliert an Gewicht, während die Zahl derer, die lesen und schreiben können, wächst. Der Verkauf der englischen Bibel nimmt ab, der Verkauf von Wörterbüchern zu. Das *Oxford English Dictionary* wird zum unbesiegbaren Flaggschiff einer ganzen Flotte von sich gut verkaufenden Wörterbüchern aller Art. Diese gewaltige Autorität über den englischen Sprachgebrauch stärkt, zusammen mit dem Netzwerk internationaler Zweigstellen, die Stellung der OUP in einem weiteren globalen Markt: im Bereich der Lehrbücher für den Unterricht von Englisch als Fremdsprache. Diese profitablen Produkte liefern das Kapital, das die unübertroffene Bandbreite und Qualität von wissenschaftlichen Monographien finanziert. Auf diese Weise wird die OUP in der zweiten Hälfte des 20. Jahrhunderts zum bedeutendsten wissenschaftlichen Verlag der ganzen Welt.

Shakespeare ist – das hat er mit Gott und der englischen Sprache gemein – ein wertvolles kommerzielles Gut im internationalen Kulturgeschäft. Der neue Shakespeare der OUP wird in jedem vorhandenen

Format vertrieben, um jeden nur denkbaren Konsumenten zu erreichen. Die viktorianischen Leser hatten die Auswahl zwischen der teuren Cambridge-Fassung (für Spezialisten) oder der billigen Globe-Ausgabe (für Laien). Doch in unserer Zeit erfordert die Aufspaltung des Lesepublikums eine viel größere Bandbreite. Oxford bringt seine Ausgabe in zwei Fassungen heraus, eine nach der alten, die andere in moderner Schreibweise. Letzterer soll binnen eines Jahrs eine dreibändige Sammlung der Komödien, Tragödien und Historien folgen, die hauptsächlich für Buchklubs gedacht ist. Dann soll es eine weitere kompakte Ausgabe geben, für diejenigen mit kleinem Bücherbord und Geldbeutel, dazu andere Ausgaben in verschiedensten Formaten und Preisklassen – darunter auch eine computerlesbare Diskette.

Die finanzielle Stabilität der OUP und die zu erwartende Profitabilität ihrer vielgestaltigen Shakespeare-Ausgabe ermöglicht ihre Investition in Forschung und Entwicklung. 1986 beschäftigt sie für das Shakespeare-Projekt ganztägig vier Wissenschaftler und zwei Produktionsassistenten und dazu teilzeitbeschäftigt noch ein halbes Dutzend Lektoren, Hersteller und Korrekturleser. Das Projekt nimmt ungezählte Stunden auf dem geschäftseigenen großen Computernetz in Anspruch und benutzt dazu noch zwei andere in Oxford und München. Im Vergleich mit den Unkosten der heutigen wissenschaftlichen oder industriellen Forschung mag dies mickrig erscheinen, doch in der Insektenwelt der Literaturwissenschaft sind sie kolossal. Wie die pharmazeutische Industrie oder IBM braucht die OUP die Sicherheit ihrer internationalen Absatzmärkte, um die Entwicklung eines neuen Produktes finanzieren zu können.

Was schon lange für Naturwissenschaftler gilt, gilt nun auch für Kritiker und Forscher: Wir sind keine romantischen Idealisten, die in den Weingärten der Einsamkeit ihre Ernte einbringen; wir sind vielmehr abhängig von hierarchischen, finanziell unterstützten, bürokratischen, korporativen, globalen Institutionen (Verlagen, Universitäten, Forschungsinstituten, Stipendien vergebenden Einrichtungen und Stiftungen). Wir unterwerfen uns der Macht dieser Institutionen, weil ihre finanziellen Mittel uns die Möglichkeit geben, die Form von Forschung zu betreiben, die sonst unmöglich wäre.

Als Folge der Investition der OUP basiert die Fassung von Shakespeare, die 1986 in Oxford das Licht der Öffentlichkeit erblickt – wie selbst ihre Verleumder zugeben müssen –, auf der gründlichsten Forschung, die für eine Shakespeare-Ausgabe je betrieben worden ist. Als solche legt sie natürlich den Vergleich nahe mit der Cambridge-Ausgabe von 1863–66. Doch diese war das epische Werk von Konsens und Einigung. Die Oxford-Ausgabe ist statt dessen, wie Stanley Wells nachdrücklich sagt, «ein Werk der Dekonstruktion, ein Versuch, Shakespeare mit neuen Augen zu sehen, durch die Ablagerungen der Jahrhunderte hindurch zu schneiden». Diese Ausgabe ist, gleich einer Inszenierung der RSC, auf bewußte Weise neu; sie ist außerdem, und auch das teilt sie mit einer Inszenierung der RSC, auf bewußte Weise vergänglich. Wells stellt sich schon den Tag vor, da seine eigene Ausgabe «in die Keller der Bibliotheken verbannt» wird, nachdem sie «eine dünne Schicht im Korallenriff»[22] der Editionsgeschichte hinterlassen hat. (Der einzelne stirbt, die Korporation ist unsterblich.)

Neben dem Wissen um die Vergänglichkeit der Forschung liegt das Bewußtsein der Veränderbarkeit der Sprache selbst. «Eine der ersten Aufgaben», die Wells sich als Gesamtherausgeber setzt, ist «ein Studium der Prinzipien der Modernisierung». Daß diese Disziplin selbst einem literaturwissenschaftlichen Publikum trivial erscheinen mag, ist ihm klar. Wie schwer und wichtig es auch sein mag zu bestimmen, welche Worte Shakespeare schrieb, zu entscheiden, wie sie zu schreiben sind, ist «nur» – wie ein Forscher beiläufig und abwertend gesagt hat – «Büroarbeit»[23]. Und tatsächlich, obwohl die Shakespeare-Ausgaben seit beinahe vier Jahrhunderten die Schreibweise modernisieren, blieb dies doch weitgehend die Aufgabe einer niederen Klasse von Lektoren, Korrekturlesern, Sekretärinnen, den Funktionären eines standardisierten Diskurses. Einer fast universellen Praxis «ist erstaunlich wenig Diskussion zuteil geworden» in bezug darauf, wie sie aussehen sollte.

Plötzlich jedoch ist die Schreibweise Gegenstand von erstaunlich viel Diskussion. Der Riverside Shakespeare, die anerkannteste amerikanische Ausgabe, bricht 1974 auffällig mit seiner bisherigen Praxis, als er «eine Auswahl elisabethanischer orthographischer Varianten» übernimmt, «die – vielleicht – eine abweichende zeitgenössische Aussprache spiegeln»[24]. Diese Strategie führt zur Beibehaltung von Formen wie «Dolphin» (Dauphin), «fadom»(fathom), «vild» (vile) und Hunderter anderer alter Exemplare. 1978 beschwört Randall McLeod auf einer kanadischen Editionskonferenz eine intellektuelle Krise herauf, als er die Art beanstandet, wie Ausgaben in der alten Schreibweise typographische Details in den ursprünglichen Dokumenten standardisieren und modernisieren. Im Englischen der Renaissance, so argumentiert er, bestimme die Typographie häufig die Orthographie.[25] A. L. Rowse, Fellow am All Souls College in Oxford, bringt 1984 die ersten Bände von «The Contemporary Shakespeare» heraus; diese Reihe verspricht, nicht nur die altertümliche Schreibweise zu übersetzen, sondern auch veraltete oder altertümliche Wörter und grammatische Formen.

Die Oxford-Ausgabe von 1986 akzeptiert keines dieser Modelle. Erstens veröffentlicht Oxford eine kritische Fassung nach der alten Schreibweise parallel zur modernen orthographischen Wiedergabe des gleichen ‹Textes›. Diese Gegenüberstellung zeigt, wie gründlich eine Modernisierung einen Text verändern kann. Es handelt sich hierbei nicht nur um die Metamorphose einzelner Bedeutungen, sondern die Modernisierung prägt die ganze Lektüreerfahrung. Als er bei Shakespeares Sonetten von der Orthographie des 17. zu der des 20. Jahrhunderts übergeht, spürt Thomas M. Greene das Ausmaß, mit der die Modernisierung systematisch «den anderen Status des Wortes an sich in einer prä-lexikographischen Kultur» verbirgt. Sie verschließt damit den Lesern «die problematischen Möglichkeiten des Originals», nimmt ihnen «die Abgeschlossenheit und Besonderheit ihrer einzigartigen Flexion».[26]

Die Oxforder Ausgabe in der alten Schreibweise historisiert Shakespeares Texte in radikaler, typisch postmoderner Manier: Indem sie jedoch auch eine Ausgabe in moderner Orthographie herausbringt, betont Oxford in gleichermaßen postmoderner Manier die unausweichliche Arbitrarität, die Beliebigkeit des Textes. Und vielen Lesern der orthographisch modernisierten Fassung erscheint sie in vielen Details so fremd wie ihre historische Zwillingsschwester. Gleich seinen Zeitgenossen macht Wells die Modernisierung zu einem dringlichen editorischen Thema. Gleich seinen Zeitgenossen bricht auch er mit der Praxis der Vergangenheit. Seine neuen Grundsätze verändern die Schreibweise von Hunderten von Wörtern: «*Ancient*» *Pistol* wird zu «*Ensign*» *Pistol*, der *Forest of* «*Arden*» wird zum *Forest of* «*Ardenne*».

Seinem eigenen Bekunden zufolge «übersetzt» Rowse Shakespeares Englisch in moderne Äquivalente. Die Probleme der Modernisierung ähneln denen der Übersetzung. Auch letztere findet neben der Modernisierung jetzt immer mehr wissenschaftliche Aufmerksamkeit. 1974 ruft Toshikazu Oyama eine neue Zeitschrift ins Leben, die sich ausschließlich mit der *Shakespeare Translation* auf der ganzen Welt befaßt.[27] Zum Beispiel gibt es an die 20 verschiedene polnische Versübersetzungen von *Hamlet*, die fast alle Epochen und Stile von 200 Jahren polnischer Literaturgeschichte abdecken; für polnische Leser und Theatergänger gehört Szekspirze nicht zu einer bestimmten festen Sedimentschicht der Sprache.

Wenn das Ostberliner Deutsche Theater eine ungeschickte Übersetzung vom *Sommernachtstraum* aus dem Jahr 1775 wieder ausgräbt, dann tut es das, um das Publikum zu befremden und dem Stück seinen traditionellen lyrischen Charakter zu nehmen. Keine der sechs Inszenierungen von *Was ihr wollt* 1985/86 in der DDR benutzt die klassische Schlegel/Tieck-Übersetzung, die aus dem frühen 19. Jahrhundert stammt; sie bevorzugen jeweils neue Fassungen.[28] Eine neue Fassung ist nicht weniger und nicht mehr authentisch als die alte; beide sind schließlich nur Übersetzungen. Für Ausländer kann Shakespeare folglich immer im Präsens sprechen.

Die englischen Muttersprachler haben es nicht so gut. Selbst in einer orthographisch modernisierten Ausgabe bleibt Shakespeare halb an eine 400 Jahre alte Sprache gebunden, gleich einer Fliege, die sich abstrampelt, um sich aus einem Klecks trocknender Farbe zu befreien. Die Tatsache, daß «'tis» heute archaisches Englisch ist, während «it's» vollkommen geläufig ist, berührt Boris Pasternak nicht, wenn er Shakespeare in modernes Russisch überträgt; jeder moderne englische Leser jedoch ist zwangsläufig davon berührt. Der Kommentar jeder englischsprachigen Shakespeare-Ausgabe verwendet unverhältnismäßig viel Platz auf obsolete Wörter, nicht etwa, weil sie für den ursprünglichen Autor oder Zuschauer besonders bedeutsam oder auffällig gewesen wären, sondern einfach deshalb, weil einem heutigen Leser erklärt werden muß, was sie bedeuten. Das elisabethanische Englisch wird im Rückblick in zwei Klassen unterteilt: die Wörter, die auch heute die Leser noch richtig verstehen, und die, die sie nicht oder falsch verstehen. Die Elisabethaner selbst hätten diese Unterscheidung nicht anerkannt. Wir können nicht anders.

Ein moderner Herausgeber muß deshalb ständig in dieser oder jener Form übersetzen. Entweder läßt er das unverständliche Wort im Text stehen und liefert eine Übersetzung im Kommentar; oder er übersetzt es im Text selbst, indem er entweder die Schreibweise modernisiert oder es durch ein anderes Wort ersetzt. Das Verfahren der Riverside-Ausgabe erinnert die Leser an die Fremdheit des Shakespeareschen Englisch, indem sie ihnen kleine Brocken exotischer Orthographie in den Weg wirft; die Oxforder bestätigt das Gefühl der Vertrautheit mit

Shakespeares Englisch, indem sie die fremde Orthographie so viel wie möglich von den Hindernissen einer anachronistischen Sprache befreit. Die Unterschiede zwischen diesen beiden Vorgehensweisen reproduzieren im kleinen den Unterschied zwischen Ausgaben in der alten und der neuen Schreibweise, der seit Anfang des 20. Jahrhunderts die Shakespeare-Herausgeber quält. Beide Verfahren unternehmen den unmöglichen Versuch, dem modernen Leser die Erfahrung eines Lesers vor 400 Jahren zu vermitteln.

Ein paar Straßen vom Sheldonian Theatre entfernt liegt das College, in dem Terry Eagleton lehrt. Wells ist Fellow des Balliol College und Gesamtherausgeber einer Reihe, die bei der Oxford University Press erscheint; Eagleton ist Fellow am Wadham College und Gesamtherausgeber einer Reihe, die bei einem anderen Oxforder Verlag erscheint, bei Basil Blackwell. Als Gesamtherausgeber kontrollieren beide jeweils eines der wichtigsten finanziellen Protektionsnetze der heutigen akademischen Welt, und beide nutzen ihre Macht auf auffällig subversive Weise.

Wie Wells veröffentlicht auch Eagleton 1986 eine vielgelesene und -besprochene Interpretation von Shakespeare. Gleich der Oxford-Ausgabe ist Eagletons *William Shakespeare* ein Versuch, «Shakespeare mit neuen Augen zu sehen, durch die Ablagerungen der Jahrhunderte zu schneiden». Diese heftige Rebellion gegen die Tradition läßt sich mehr als deutlich an Eagletons Verständnis von *Macbeth* ersehen:

«Jedem vorurteilslosen Leser – was wohl Shakespeare selbst, sein zeitgenössisches Publikum und fast alle Literaturkritiker ausschließen würden – muß es einfach klar sein, daß der positive Wert von *Macbeth* in den Hexen liegt. Die Hexen sind die Heldinnen des Stücks, wie wenig auch das Stück selbst die Tatsache anerkennen mag, und wie sehr auch die Kritiker es unternommen haben, sie zu verleumden.»[29]

Den *Macbeth*, wie ihn Shakespeares Kritiker sahen, Shakespeares Zeitgenossen und Shakespeare selbst, erklärt Eagleton für nichtig. An dessen Stelle setzt er *Macbeth*, wie ihn eine gewisse Art Intellektueller bei seiner ersten geistigen Begegnung verstehen würde. Stellen Sie sich vor, Sie sind ein fremder Archäologe und haben gerade *Macbeth* ausgegraben. Was fangen Sie mit ihm an?

Eagleton weiß, daß seine Methode vielen Lesern abartig erscheinen wird. Er antizipiert, genießt und verspottet unsere Empörung. Er verhöhnt uns mit einem aggressiv-spaßigen Paradox nach dem anderen:

«Obgleich ein schlagender Beweis schwer zu finden ist, kann man sich beim Lesen Shakespeares doch kaum des Gefühls erwehren, daß er mit großer Sicherheit Hegel, Marx, Nietzsche, Freud, Wittgenstein und Derrida gelesen hatte.»[30] Der vorsichtig einschränkende Nebensatz – ein «schlagender» Beweis ist für eine unmögliche Behauptung tatsächlich «schwer zu finden» – karikiert Sprache und Praxis der traditionellen Literaturwissenschaft. Stierkämpfer Terry spielt mit der schwerfälligen Dummheit des Shakespeare-Establishment; auf den Rängen sollen wir lachen und den Atem anhalten bei jeder flinken Bewegung seiner nonchalanten Hand.

Eagleton gehört der Generation der unteren Mittelschicht an, die – dank des Wahlsiegs der Labour-Partei 1945 – die Barrikaden der britischen höheren Bildungseinrichtungen stürmte und *en masse* in Oxford und Cambridge Einzug hielt. Die defensive Unsicherheit, die die Situation bei diesen Studenten auslöste, läßt sich an Eagletons erstem Buch ersehen, *Shakespeare and Society* (1967): 208 sorgfältige Seiten über sieben Dramen, geschrieben von «Terence Eagleton». Heute, zwei Jahrzehnte später, an der Spitze, sein Name in aller Studenten Munde, kommt Eagleton ohne diese verhaßte förmliche Art aus. Er kehrt zum geläufigeren «Terry» zurück und schafft den ganzen *William Shakespeare* auf nur 108 kleinen Seiten mit 23 Fußnoten. Sein Thema ist nach wie vor – wie schon bei Weimann – «Shakespeare und die Gesellschaft»; seine Deutung hat sich nicht allzu sehr verändert; er ist immer noch, trotz seines Ruhms, defensiv und unsicher, aber er schreibt jetzt in frechem, anarchischem, ironischem Ton. Sein Buch hat den moralischen Grimm und die parodistische Lust aller guten Satire.

Wie in aller guten Satire trifft er mehr als ein Ziel. Zum Teil gegen die universitäre Literaturwissenschaft gerichtet, zum Teil gegen die heutige kapitalistische Gesellschaft, treibt Eagletons *William Shakespeare* – das teilt sein Buch mit Drydens *Macflecknoe* – auch mit seinem Titelhelden Schindluder. Wie bei Dryden leistet die Kürze von Eagletons spöttischem Epos der erzählerischen Größe unziemlich wenig Genüge, die das epische Genre fordert und die das Thema verdient. Eagleton vergleicht sein Buch mit einem Spiel, «in dem die Teilnehmer 20 Sekunden haben, um die Handlung zusammenzufassen», und zwar von Prousts *À la recherche du temps perdu*. Wir erwarten, daß Shakespeare der Held von *William Shakespeare* sein wird, statt dessen sind drei Hexen die Heldinnen. Eagleton preist, was Shakespeare schmähte; sein Lob der Hexen von *Macbeth* bedeutet eine Kritik des

Autors von *Macbeth*. Und warum findet Eagleton die Hexen so bewunderswert? Sie sind «Verbannte» aus einer «Gesellschaft, die auf routinemäßiger Unterdrückung und unaufhörlichem Krieg gründet», sie «leben in einer Gemeinschaft, nicht als individuelle Unternehmer des Selbst»; als «Dichterinnen, Prophetinnen und Huldigerinnen des Kults des Weiblichen, radikale Separatisten, die männliche Macht verachten», fungieren die Hexen als «das ‹Unbewußte› des Dramas, als etwas Gefährliches, was es zu verbannen und unterdrücken gilt». Sie stellen einen «Angriff» dar auf «die stabilen gesellschaftlichen, zwischengeschlechtlichen und sprachlichen Umgangsformen, die die Gesellschaft des Dramas braucht, um zu überleben».[31] Eagletons Hexen sind die Verfechter des Feminismus und Sozialismus, des Unbewußten, Zweideutigen und Unterdrückten. Wir müssen sie mögen. Eagleton will in uns Schuldgefühle dafür wecken, daß wir sie nicht anfeuern.

Stanley Wells findet kein Vergnügen an paradoxer Unverschämtheit, und keiner könnte ihn für einen Marxisten halten. Aber der Unterschied zwischen Eagleton und Wells als Personen spielt eine geringere Rolle als die institutionelle und historische Situation, die sie gemein haben. Oxfords *William Shakespeare: The Complete Works* schockiert seine Leser nicht weniger oft als Eagletons *William Shakespeare* und ist sich dessen durchaus bewußt. Wie Gertrudes nackte rote Brüste in Peter Zadeks Bochumer *Hamlet*-Inszenierung 1977 stellt die Ausgabe der OUP von 1986 die Shakespeare liebende Öffentlichkeit vor eine frontale Herausforderung ihres Anstandsgefühls: Thomas Middleton habe ein Viertel von *Timon von Athen* geschrieben, und *Maß für Maß* sei postum bearbeitet worden. Die Ausgabe verändert den Titel von *Heinrich VIII.* zurück zu *All is True*, den Namen von Falstaff zurück zu Oldcastle, Imogen zurück zu Innogen; sie nimmt Gedichte auf, die nie zuvor in einer Ausgabe von Shakespeares Werken erschienen sind, sie bietet nicht eine, sondern zwei Fassungen von *König Lear*, beide anders als der Text, den Leser, Kritiker und Zuschauer seit dem 18. Jahrhundert schätzen. Man braucht die wissenschaftlichen Gründe dafür nicht zu kennen oder zu akzeptieren, aber man kann nicht umhin, die Konsequenz und das Ausmaß von Oxfords Affront gegen die orthodoxe, bis dahin gebräuchliche Textbetrachtung zu bemerken.

Wie auch Eagleton gehören die Oxforder Herausgeber zu einer Epoche, die schockierende Verstöße gegen die Norm erlaubt – und sogar fördert. Eagleton kann unerhörte Dinge sagen, kommt damit davon, weil die Universität Oxford sie legitimiert. Das gilt auch für den Oxford-Shakespeare. Wie IBM, das Berliner Ensemble, die RSC kann sich die OUP das Experimentieren leisten, weil sichere Marktführer ihre riskanten Neuerungen finanziell absichern. Auch die Oxforder Herausgeber können sich das Experimentieren leisten, weil sie wissen, daß die OUP ihre globale Macht und ihr Prestige mobilisieren wird, um ihre Experimente zu unterstützen. Ihre schockierende Ausgabe wird gestärkt und stärkt ihrerseits wieder die multinationalen Geschäftsinteressen der Oxford University Press. Und Eagletons marxistische Monographie stützt sich auf und stützt selbst wiederum das kapitalistische Familienunternehmen Basil Blackwell Ltd.

Chicago

Mai 1986. An der Universität Chicago bringt Professor Allan Bloom *The Closing of the American Mind* zum Abschluß, eine konservative Klage, die unerwartet zum nationalen Bestseller wird. Auf den letzten Seiten erläutert er, daß «ein großer Teil der philosophischen Begabung in Amerika... sich heute bestimmten Strömungen der Literatur und Literaturkritik zuwendet». Dies mag eine vielversprechende Entwicklung sein. Unglücklicherweise wird die Literaturkritik, die von der Philosophie überfallen wurde, selbst von einer Bande ausländischer Banditen als Geisel festgehalten:

«Die Komparatistik ist heute weitgehend in die Hände einer Gruppe von Professoren gefallen, die unter dem Einfluß der post-Sartreschen Generation der Pariser Heideggerianer stehen, besonders von Derrida, Foucault und Barthes. Diese Schule nennt sich Dekonstruktionismus, und sie ist die letzte, zwangsläufige Stufe in der Unterdrückung der Vernunft und der Verneinung der Möglichkeit von Wahrheit im Namen der Philosophie. Die kreative Tätigkeit des Interpreten ist wichtiger als der Text; es gibt keinen Text, nur Interpretation.»

Bloom verurteilt und sträubt sich gegen die «endlosen methodischen Debatten – zwischen psychoanalytischer, marxistischer, werkimmanenter Kritik, Strukturalismus, Dekonstruktionismus und vielen anderen», die alle Literatur nur als Rohstoff lesen für «irgendeine zeitgenössische Theorie – kultureller, historischer, ökonomischer oder psychologischer Ausrichtung».[32]

Doch selbstverständlich ist Bloom, die Geißel der wissenschaft lichen Interpreten, (genauso wie ich) ein wissenschaftlicher Interpret, der Literatur als Rohstoff für seine eigene zeitgenössische Theorie behandelt. Er hat ein Buch verfaßt über *Shakespeare's Politics* («Shakespeare ist kein Demokrat»).[33] Weimann schreibt über die «gesellschaftliche Dimension» von Shakespeares Theater, Eagletons Thema ist *Shakespeare and Society*, Bloom ist Professor im Committee on Social Thought. Wenn er auch den Marxismus von Eagleton oder Weimann nicht gutheißen mag, so glaubt er doch auch, daß «Shakespeare ein eminent politischer Autor war».[34]

Kritische Contras wie Bloom bilden sich die Revolution, die sie ablehnen, nicht einfach ein: Sie hat wirklich stattgefunden. Die zeitgenössischen Kritiker und Studenten fragen tatsächlich, mit Bloom gesprochen: «Und überhaupt, was haben Shakespeare und Milton mit der Lösung unserer Probleme zu tun? Besonders, wenn man sich mit ihnen beschäftigt und feststellt, daß sie eine Fundgrube von elitären, sexistischen, nationalistischen Vorurteilen sind, die wir hinter uns zu lassen versuchen.»* Dementsprechend sagen Lehrende heute nicht mehr: «Ihr müßt lernen, die Welt so zu sehen wie Homer oder Shakespeare.» Von dem «Versuch, Bücher so zu lesen, wie ihre Verfasser es wollten»[35], halten die Kritiker nicht viel. Statt dessen verficht ein großer Anteil der heutigen Literaturtheorie und kritischen Praxis die Auffassung, die Wirkung auf den Leser sei von größerer Bedeutung als die Intention des Autors. Und diese Wirkung wird teilweise von der Mechanik der sinnlichen Wahrnehmung des Menschen bestimmt. Selbst Bloom würde zugestehen, daß wir Zeichen auf dem Papier sehen müssen, um sie interpretieren zu können. Doch Naturwissenschaftler und Psychologen entdecken auch, daß wir Zeichen auf dem Papier interpretieren können müssen, um sie sehen zu können. Die ästhetischen Implikationen dieser Experimentalstudien menschlicher Wahrnehmung berühren naturgemäß zunächst Kunsthistoriker wie E. H. Gombrich und Rudolf Arnheim, bevor sie Literaturkritiker beunruhigen. Doch

---

* Derartige Ansichten sind inzwischen so weit verbreitet, daß sie nun sogar schon in ausgesprochen populären Werken wie Arthur C. Clarkes Bestseller aus dem Jahr 1986, *The Songs of Distant Earth*, auftauchen. Der Roman Clarkes – ein orthodoxes Beispiel für das wichtigste neue Genre der zweiten Hälfte des 20. Jahrhunderts, der Science-Fiction – geht einfach davon aus, daß zukünftige Generationen Shakespeares Werk für einen Tummelplatz von Beispielen des Aberglaubens und nicht mehr zu tolerierender Vorurteile halten werden.

die Wirkung zieht zwangsläufig weitere Kreise. In einem einflußreichen Essay über *Heinrich V.* entwirft Norman Rabkin zum Beispiel in direktem Bezug auf Gombrich seine Schlüsselthese: Das Stück sei so gebaut, daß der Leser es alternativ als «schwarz» oder «weiß» interpretieren muß, entweder als eine Verurteilung oder als Feier des Kriegs.[36] Ein Leser, der vor einem Gedicht auf einem Blatt Papier sitzt, unterscheidet sich nicht wesentlich von einem Denker vor einer Zeichnung auf dem Papier. Beide Male beruht die Wahrnehmung auf Interpretation.

Die Wirkungsästhetik versucht entsprechend, genau zu bestimmen, was passiert, wenn ein Leser einem Text begegnet. Jeder Akt des Lesens ist ein Akt des Zusammensetzens in der Einbildungskraft. Hier haben wir eine bestimmte Anzahl von Signifikanten, dort einen einzelnen Leser; Literatur geht aus dieser Interaktion hervor. Aber jeder Leser wird mit gewissen Signifikanten anders interagieren, und da es keine Literatur ohne den Leser gibt, da der Leser eine wesentliche Zutat ist, besitzt der Text selbst keine festgelegte Bedeutung. Er hat so viele Bedeutungen wie Leser. Stephen Orgel beschreibt Shakespeares Dramen als «Gemeinschaftsphantasien».[37]

Diese Art von Kritik gründet auf bestimmten nachweisbaren Konstanten der menschlichen Wahrnehmung, aber ebenso auf bestimmten Annahmen hinsichtlich der Produktion und Rezeption von Literatur. Insbesondere setzt sie bestimmte gesellschaftliche Praktiken voraus, die erst seit der Erfindung der Druckerpresse in unserer Kultur eine dominante Rolle spielen. Die Wirkungsästhetik geht davon aus, daß Literatur gekennzeichnet ist von Anonymität, Abwesenheit, Isolation und Schweigen. Anonymität, weil der Autor keine Kontrolle darüber hat, wie sein Buch vertrieben wird; ist ein Buch erst einmal gedruckt, kann jeder es an jeden verkaufen, der Autor weiß nicht, wer es gekauft hat, und der Leser weiß nicht wirklich, wer es geschrieben hat. Abwesenheit, weil der Autor nicht körperlich anwesend ist, wenn der Käufer das Produkt ‹konsumiert›. Isolation, weil es ein tragbares Produkt ist, das man kaufen und dann mitnehmen kann, um es zu Hause zu konsumieren. Schweigen, weil die Abwesenheit des Autors und die Isolation des Lesers die gesprochene Sprache überflüssig machen; um ihn zu konsumieren, muß der Leser den Text nicht vokalisieren.

Es ist kaum verwunderlich, daß eine Literaturtheorie, die auf solchen Prämissen basiert, so in Mode gekommen ist. Sie spiegelt, ja bejaht vehement die dominante Anonymität, Abwesenheit und Isolation heutiger Erfahrung. Wir können – in Amerika sicherlich stärker als in

Europa – unsere Einkäufe tätigen, ohne das Haus zu verlassen, indem wir im Fernsehen ein Einkaufsprogramm einschalten und mit unseren Kreditkarten die Waren telephonisch bestellen, die uns dann mit der Post ins Haus geliefert werden. Politik und Religion basieren nicht länger auf langen Reden auf Massenveranstaltungen, sondern auf dem Fernsehen, das vorsortierte Fragmente abwesender Politiker, Prediger, Päpste und Präsidenten häppchenweise in isolierte, anonyme Häuser trägt. Tragbare Radios und Kassettenrekorder mit Kopfhörern stecken jeden Fußgänger in eine individuelle musikalische Schale. Fast die Hälfte der amerikanischen Haushalte mit Fernsehapparaten haben auch einen Videorekorder, der jeden einzelnen Zuschauer in die Lage versetzt, in persönliche Interaktion mit dem Film zu treten, ihn anzuhalten, vor- oder zurückzuspulen. William Montgomery, einer der Herausgeber der neuen Oxforder Shakespeare-Ausgabe, arbeitet an einem interaktiven Computerspiel mit, das nach dem Text von *Macbeth* funktioniert. Der rezeptionsorientierten Literaturtheorie zufolge ist *Macbeth* ein Computerspiel mit so vielen Variablen, daß es den Benutzern einer unendlichen Anzahl von individuellen Terminals unendlich lange genügen kann.

Selbstverständlich unterscheidet sich unsere Gesellschaft in materieller Hinsicht offenkundig von der Shakespeares. Obgleich die Druckerpresse ein Jahrhundert vor Shakespeares Geburt erfunden wurde, war doch der größte Teil seines Werks nicht für den Druckvertrieb gedacht. Das Theater – und besonders Shakespeares Theater – akzeptiert die Annahmen der Wirkungsästhetik nicht. Dagegen setzt es auf Anwesenheit, Erkennen, Gemeinschaft und Ton.

Im Theater sind Autoren anwesend – immer potentiell anwesend, meistens wirklich und aktiv –, wenn ihre Stücke das erste Mal zur Aufführung kommen; der Autor ist dort und ebenso das Publikum, zur gleichen Zeit am gleichen Ort. Shakespeare war bei der Premiere von *Wie es euch gefällt*; auch die Schauspieler waren physisch präsent. Selbst heute lockt die verheißene leibliche Anwesenheit berühmter Künstler das Publikum ins Theater. Shakespeares ursprüngliches Publikum war ebenso empfänglich für die körperliche Wirklichkeit von Schauspielern wie Burbage und Alleyn, Tarleton, Armin und Field. Wenn der Autor auch mitwirkt, kann er sich in beiden Eigenschaften präsentieren: Shakespeare spielt Hamlets Geist, Molière spielt Alceste.

Im Theater kann der Autor erkennen, wie andere Menschen auf sein Werk reagieren, und kann es entsprechend abändern. Außerdem erkennen die einzelnen Zuschauer, daß sie ihre Reaktion mit anderen Zuschauern teilen. Genau aus diesem Grund fürchteten – wie jedes autoritäre Regime – die politischen Mächte in Shakespeares England das Theater und suchten es zu kontrollieren. Die potentielle Macht des Theaters beruht auf seiner Fähigkeit, im wörtlichen wie auch im übertragenen Sinn ‹Menschen zusammenzubringen›; sie beruht auf der Verknüpfung von Anwesenheit und Erkennen. Der amtliche Zensor verlangte Änderungen bei *Heinrich IV. Erster Teil* und *König Lear*, nicht weil er meinte, daß jeder einzelne das Stück anders interpretieren würde, sondern weil er befürchtete, daß 3000 Zuschauer kollektiv auf Shakespeares gefährliche Respektlosigkeit reagieren würden und damit ihres eigenen potentiell subversiven Zusammenhalts gewahr werden würden. Die Essex-Verschwörer unterstützten eine Wiederaufführung von *Richard II.*, weil es, wie sie meinten, dem Publikum die Möglichkeit – und sogar das Wünschenswerte – eines kollektiven Aufstandes vor Augen rufen würde. Das Theater kann isolierte, verstreute Individuen zu der Erkenntnis bringen, daß sie Teil eines zusammenhängenden und daher mächtigen gegenwärtigen Gruppenkonsensus sind. Das Bewußtsein einer Gruppenzugehörigkeit reizt und befähigt den einzelnen dazu, Dinge zu tun, denen er / sie, auf sich allein gestellt, widerstehen würde – etwas, was jeder Zensor weiß.

Das Gemeinschaftsbewußtsein ist bis zu einem gewissen Maß auch im modernen Publikum zu finden; «ein guter Zuschauerraum», ein sensibles, reagierendes Publikum, ich zitiere die Worte eines erfahrenen Shakespeare-Darstellers, «atmet gemeinsam»[38]. Doch ein typischer zeitgenössischer Zuschauersaal wie das Barbican der RSC ist künstlich verdunkelt und die Bühne künstlich beleuchtet; unsere Aufmerksamkeit richtet sich auf ‹sie›, die Schauspieler, nicht auf ‹uns›, die Zuschauer. Diese verstärkte Unterscheidung schwächt unser Empfinden eines gemeinsamen physischen und psychischen Raums. Die einzelnen Sitzplätze, die Dunkelheit, das Schweigen, die Beschränkung der körperlichen Bewegungsfreiheit, die Sitzlehnen, die uns sorgfältig voneinander trennen, jedem von uns seinen winzigen, käuflich erworbenen Raum für sich geben – all diese Konventionen des modernen Theaters zerstören nicht, aber schwächen unser Gefühl, zu einer Gruppe zu gehören. So weit wie möglich ahmen sie die Erfahrung des häuslichen Fernsehens nach. Neue Studiotheater wie The Other Place und The Pit, in denen viele der besten neueren Aufführungen auf die Bühne gebracht wurden, drängen Shakespeare sogar noch mehr in elektronische Konventionen: Schauspielern und Zuschauern, die im bzw. mit dem Fernsehen aufgewachsen sind, bieten sie ganze Stücke aus Nahperspektive. Außerdem hat das Publikum in einer Aufführung der RSC von *Troilus und Cressida* oder eines der anderen Shakespeare-Stücke keinen vorbestimmten sozialen Zusammenhalt. Es besteht aus Menschen aus ganz Großbritannien, dazu einem signifikanten Anteil von ausländischen Touristen aus Nordamerika, Westeuropa und Japan. Shakespeare ist das einzige, was sie gemein haben, und Shakespeare ist nicht genug, um sie zu vereinen.

Im Renaissance-Theater hingegen konnte man dem Gefühl einer gemeinschaftlichen Reaktion oder einem gemeinschaftlichen Gefühl nicht entkommen. Die physische Enge von 3000 Menschen in einer kleinen Arena – viele standen auf dem nicht abgetrennten Boden des Parketts, der Rest quetschte sich auf den Rängen, die eilig übereinander gestapelt waren – garantierte, daß sich die Zuschauer der anderen um sie herum bewußt blieben. Shakespeare und Jonson klagten über den Gestank. Das Publikum war für sich selbst so sichtbar und präsent wie die Schauspieler auf der Bühne, tatsächlich waren auch auf der Bühne selbst Zuschauer. Im Publikum mögen ein paar Touristen und Leute aus der Provinz gewesen sein, doch im großen und ganzen bestand es aus Londonern. Shakespeares Theater war keine internationale oder auch nur nationale Einrichtung, es gehörte zu einer Stadt, in gewissem Sinn zu einem Stadtteil. Es schlachtete patriotische und engstirnig-provinzielle Gefühle aus. Die städtische Komödie in der Zeit von Jakob I. wurde von Londonern für Londoner in London gespielt. Desgleichen gründete das höfische Maskenspiel damals auf der sichtbaren Präsenz des Herrschers und auf dem Bewußtsein der Anwesenden, daß sie eine elitäre Gemeinschaft bildeten.

Das Drama wird über gesprochene Sprache und Musik vermittelt, und entsprechend reagieren die Zuschauer mit klanglichen Mitteln, indem sie Beifall klatschen oder pfeifen, in statischer, unruhiger Langeweile oder dem verzückten Schweigen einer gefesselten Aufmerksamkeit verharren. Für ein modernes Publikum ist Schweigen die höfliche Norm, nur von höflichem Applaus gebrochen. Für einen modernen Leser ist noch viel stärker das lautlose Lesen die Norm, die Erfahrung des Lesens wird durch die Augen, nicht die Ohren vermittelt. Doch für einen Schauspieler der Renaissance ist ein Text ein lautliches Gebilde, und Schweigen ist nur ein Extrem eines bedeutungsvollen tonlichen Kontinuums. Der Ton – den jeder Anwesende ähnlich und gleichzeitig hört – bindet uns in eine Gruppe ein. Die zeitlich begrenzte Gemeinschaft eines Shakespeare-Publikums hört – in Shakespeares Gegenwart – den Ton von Shakespeares Worten und interpretiert sie zusammen. Ihre Wahrnehmung beruht wie alle Wahrnehmung immer noch auf Interpretation, doch diese ist hier nicht nur eine erkennbar gemeinschaftliche, sondern auch leibliche; jeder von uns ist ein Körper unter Körpern, mit leiblichen Reaktionen.

Allan Bloom sagt nichts vom alledem. Er regt sich über die Ergebnisse der Wirkungsästhetik auf, kritisiert jedoch nicht deren Prämissen, weil er sie teilt. Wie seine Gegner definiert Bloom Interpretation im Sinne einer Lektüre, eines individuellen Versenkens, einer isolierten geistigen Tätigkeit. Und auch er richtet sich an und bewundert eine Bildungselite. Die akademische Shakespeare-Aneignung, die mit den Viktorianern begann, ist jetzt praktisch abgeschlossen. Folglich gehören zu jeder Darstellung der Shakespearotik die Ökonomie, die Politik und der soziale Ritus des akademischen Lebens.

Die Interpretationsgemeinschaft des Shakespeareschen Theaters interessiert Bloom weniger, aber, und das ist kennzeichnend für unsere Zeit, er interessiert sich sehr für die Interpretationsgemeinschaft der Universitätsprofessoren. Die Universität Chicago interessiert ihn mehr als Shakespeare. Er möchte zeigen, wie sein Untertitel besagt, *How higher Education has failed Democracy and Impoverished the Souls of Today's Students* – «wie das höhere Bildungswesen für die Demokratie versagt hat und die Seelen der heutigen Studenten hat verarmen lassen». Dieses Scheitern schreibt er der gegenwärtig verbreiteten Ansicht zu, ein Studium müsse für das heutige Leben von «Relevanz» sein. Als Alternative bietet er Plato an, und über Plato Sokrates; er sehnt sich nach einer athenischen Akademie, nach einer Redegemeinschaft von Philosophen, die sich vor dem demokratischen Chaos der Gesellschaft um sie herum verschließen können, genauso wie die wohlhabende Universität Chicago eine sichere Enklave inmitten der umliegenden Slums bildet, so wie in Oxford eine sichere Mauer die begüterten Colleges von einer heruntergekommenen Industriestadt buchstäblich abschließt.

Wie Eagletons *William Shakespeare* zieht Blooms *Closing of the American Mind* viel seiner Kraft aus einer Satire auf den eigenen Beruf des Autors. Beide Bücher gehören zur Epoche des Universitätsromans. Die Heldin in Malcolm Bradburys *Eating People is Wrong*, eine Doktorandin am englischen Seminar einer britischen Provinzuniversität, «schreibt eine Arbeit über die Fischsymbolik in Shakespeares Tragödien»[39]. Wie Pope sich über die Figuren der *Dunciad* lustig macht, indem er sie mit den Helden der *Aeneis* vergleicht, so machen Malcolm Bradbury und David Lodge sich über ihre Doktoranden und Kollegen lustig, indem sie das unfähig geschwätzige Getöse des akademischen Lebens gegen die glänzende Literatur stellen, der zu dienen es vorgibt. Für Lodges Figuren sind Jane Austen oder Shakespeare oder Hazlitt einfach ein Freifahrtschein.

«Überall in der Welt, in Hotels, Studentenwohnheimen und Kongreßzentren, in Châteaux und Villen und Herrenhäusern, in Hauptstädten und Erholungsorten, am See, in den Bergen, an kalten und warmen Meeresgestaden kommen Menschen aller Hautfarbe und aller Herren Ländern zusammen, um über die Romane Thomas Hardys zu diskutieren, über die Problemstücke Shakespeares...»[40]

Es gibt zu viele solcher Leute, impliziert der Satiriker, und sie haben zuviel Spaß. Der Erzähler scheint sich hier wie Bloom nach «den alten Lehrern» zu sehnen, «die Shakespeare, Austen oder Donne liebten und deren einziger Lohn für ihre Lehre war, daß sie ihren literarischen Geschmack weitergaben»; aber diese selbstlosen, unschuldigen Menschen von einst «sind doch alle verschwunden».[41] Statt dessen ist die Literaturwissenschaft mit verheerenden Folgen kosmopolitisch geworden. Bloom interpretiert *Othello* als Tragödie des «kosmopolitischen Menschen», eines gefährlichen Narren, der glaubt, er könne «frei werden vom Einfluß und der Notwendigkeit der Gesetze und Gepflogenheiten einer bestimmten Nation». Gemischte Ehen sind ein Fehler, und «Shakespeare scheint uns zu sagen, daß es nicht gut ist, allzu fremde Einflüsse aufzunehmen».[42] Doch Shakespeares moderne Kritiker haben diese Warnung ignoriert.

Lodges Roman erreicht seinen komischen Höhepunkt auf der ‹Megakonferenz› der Modern Language Association of America. Ein paar Monate, bevor Bloom sein *Closing of the American Mind* abschließt, kommen an die 10000 Literaturwissenschaftler aus alle Welt in Chicago zu ihrem alljährlichen Festival zusammen. In den 661 einzelnen Arbeitsgruppen diskutieren sie unter anderem «Geschlecht und Sexualität bei Shakespeare», den «Elisabethanischen Theaterstaat», die «Kanonisierung Shakespeares», «Ikonographie und Ikonoklasmus in Shakespeares Drama» – und so weiter. Die Themen ändern sich jedes Jahr, die Konferenz bleibt bestehen. Die Konvention verkörpert den beherrschenden, prägenden institutionellen Kontext der postmodernen Shakespearotik.

Diese riesige Konferenz gibt – gleich ihren kleinen Geschwistern in der Familie der Literaturwissenschaft und gleich auch ihren mächtigeren, reicheren Vettern in der Naturwissenschaft – dem zeitgenössischen Intellektuellen, was das elisabethanische Theater seinem Publikum gab: Anwesenheit, Erkennen, Gemeinschaft und Ton. Auf einer Bühne vorn im Saal bieten die Redner ihre geprobten Auftritte, im gleichen Licht sitzen die Zuschauer, kommen herein, gehen hinaus, unterhalten sich, schneiden Gesichter, klatschen Beifall, stellen Fragen. Wissenschaftler kommunizieren in der Regel in schriftlicher Form, hier können sie in mündlichen Kontakt treten. Viel der Aufregung entsteht durch schiere Gegenwart – so viele akademische ‹Stars› an einem Ort, die ihre Vorträge halten, die die Gegenwart der Literaturwissenschaft bestimmen. Dieses turbulente Zusammenkommen von Präsenzen liefert den Rahmen, in dem die einzelnen neue Ideen und alte Freunde erkennen.

Doch wenn eine Gemeinschaft einem ein neues Zugehörigkeitsgefühl vermitteln kann, so kann sie einen auch als Außenseiter fühlen lassen. Je größer die Masse eines Gegenstands, desto größer sein Trägheitsmoment; je größer seine Trägheit, desto mehr Gegenkraft ist notwendig, um seine Geschwindigkeit oder Richtung zu ändern. Literatur wird heute von mehr Menschen studiert und unterrichtet als je zuvor, Shakespeare wird mehr als jeder andere Autor studiert und gelehrt; Englisch wird heute von mehr Menschen gelesen als jede andere Sprache, und seit Jahrhunderten wird über Shakespeare mehr geschrieben als über jeden anderen Autor. Deshalb hat Shakespeare inzwischen mehr Trägheitsmasse angesammelt als jeder andere Gegenstand in unserem literarischen Universum. Entsprechend wirkt sich die alleinige Masse seines Namens zwangsläufig auf die Shakespeare-Rezeption in dieser Epoche aus. Die Trägheitsgesetze erklären den tiefen Konservatismus, wie Bloom ihn repräsentiert, und die entgegengesetzte Schocktaktik eines Eagleton gleichermaßen. Bloom spürt, daß die ganze riesige Masse sich seit den 6oer Jahren in eine Richtung bewegt, die er nicht mag. Eagleton spürt, daß die ganze riesige Masse sich seit Jahrhunderten schon in eine Richtung bewegt, die er nicht mag. Bloom will sie aufs rechte Gleis zurückschieben, Eagleton will sie aus der Bahn werfen. Beide fühlen sich als Außenseiter in der einzigen Gemeinschaft, die sie kennen.

Der Schlichter in solchen Fällen ist nicht Shakespeare oder Shakespeares Text, sondern die akademische Gemeinschaft. Der Text ist der Schauplatz des Kampfs, die Gemeinschaft ist Publikum, Richter und Jury.

Stratford-upon-Avon

21. August 1986. Stephen Booth von der kalifornischen Universität Berkeley spricht vor einem literaturwissenschaftlichen Publikum im Rahmen der 22. Internationalen Shakespeare-Konferenz. Veranstalter ist das Shakespeare Institute, das 1951 von Allardyce Nicoll gegründet wurde. Dank Nicoll, der auch die Konferenz ins Leben rief, wird Stratford erstmals ein fruchtbarer Ort der Shakespeare-Forschung, und zwar während der Jahre, in denen die Royal Shakespeare Company zu internationalem Rang aufsteigt.

Booth erklärt, er möge *Julius Cäsar*; und er würde sich selbst mehr mögen, wenn er *Julius Cäsar* weniger mögen würde. Es sei kein angenehmes Stück: «Es gibt keine Figur von Bedeutung in *Julius Cäsar*, die zu verachten uns nicht nahegelegt wird.» Und während wir für die Figuren Verachtung empfinden, empfindet der Autor dasselbe für uns, das Publikum. Booth zeigt, daß «wir – ein Publikum, das verächtlich auf die Vergeßlichkeit und Widersprüchlichkeit der Figuren blickt, wie sie uns das Stück vorführt – so gleichgültig sind, was geistige Beständigkeit angeht, wie der verachtenswerte, publikumsähnliche Pöbel». Der Erfolg von Shakespeares Stück beruht auf der Formbarkeit des vergeßlichen Publikums; Shakespeare weiß, daß er uns so leicht manipulieren kann wie Antonius die Plebejer. «*Julius Cäsar* scheint mir wie ein zynisches Experiment des Autors mit den Grenzen seines Vermögens, aus den Zuschauern im Theater Marionetten zu machen.» Booth vermutet stark, Shakespeare habe «ein bösartiges Vergnügen darin gefunden, uns zu Opfern eines so gemeinen Streichs zu machen, daß er den Opfern die letzte Würde verneint zu wissen, daß sie die Opfer sind und so zu wissen, daß ihr Angreifer sie einer solchen Würde für wert befindet». Shakespeare konstruiere ein Stück, «das sein Publikum zum Narren hält und ihre Torheit noch damit verschlimmert, daß er sie blind dafür sein läßt».[43] Booths *Julius Cäsar* ist kein nettes Stück; Booths Shakespeare ist kein netter Mensch.

«William Shakespeare, Geschäftsmann», ist ebenfalls kein netter

Mensch. Diesen beschreibt E. A. J. Honigmann von der Universität Newcastle upon Tyne, ein ehemaliger Fellow des Instituts, der jetzt im Publikum sitzt und Stephen Booth zuhört. Ein Jahrhundert zuvor veröffentlichte Honigmanns deutscher Großvater einen Artikel im *Shakespeare Jahrbuch*. Honigmanns Schwerpunkt auf Shakespeares finanziellem Scharfsinn sieht auf den ersten Blick aus wie eine Rückkehr zu viktorianischen Werten. Honigmanns Shakespeare wird wie sein viktorianisches Pendant «ein sehr reicher Mann»[44]; Honigmann geht jedoch nicht davon aus, daß sein Publikum heute Shakespeares Wohlstand «schändlich», peinlich oder verdächtig findet. Dieser Shakespeare ist außerdem kein *self made*-Mann; in einem auf Primogenitur gegründeten Gesellschaftssystem erbt er als ältester Sohn ein vielseitiges Familiengeschäft und baut es aus. Honigmann streitet die «Shakespeare ist Shylock»-These ab, legt sie jedoch nahe, während er sie zurückzieht, denn dieser Shakespeare ist ein Geldverleiher. Wie sein Vater und wie Shylock verlangt William Zinsen auf sein Darlehen. Dieser Shakespeare ist nur «gentle» – «vornehm» zu nennen, weil er ein Mitglied der *Gentry* ist, des gebildeten und besitzenden Standes. Als Geschäftsmann ist er unerbittlich, selbst wenn es sich um seine Nachbarn handelt; und als professioneller Theatermann sprach er durchaus «scharf zu seinen Schauspielerkollegen, wenn er meinte, dies zu müssen». Es ist nicht unbedingt das Erkennen seiner künstlerischen Begabung, die diesen Shakespeare zum Teilhaber des Globe macht; vielleicht hat er sich eingekauft, wie jeder beliebige andere Unternehmer mit genügend flüssigem Geld. Dieser Shakespeare zieht sich nicht bewußt nach Stratford zurück, weil er seinen Lebensabend in viktorianischer Heiterkeit verbringen will. Als Kopf des Familiengeschäfts muß er nach 1608, als seine Mutter stirbt, einfach mehr Zeit in Stratford verbringen. Jetzt, wo beide Eltern tot sind, kann er sich nicht länger darauf verlassen, daß andere seine «sehr ausgedehnten Geschäftsinteressen in Stratford» ordnungsgemäß und effizient wahrnehmen. Die letzte Äußerung dieses Shakespeares, die Summe seines Lebens, ist nicht *Der Sturm*, 1611 geschrieben, sondern sein Testament, fünf Jahre später, kurz vor seinem Tod verfaßt, voller komplizierter und schlauer finanzieller Verfügungen.

Wie Eagleton genießt Honigmann es, sein Publikum zu schockieren. Das tut auch der Dramatiker Edward Bond, der zu frühem Ruhm kommt mit einem Stück, in dem gezeigt wird, wie ein Baby im Kinderwagen mit Steinen umgebracht wird. Bonds Stück *Bingo*, das die

RSC 1976 hier in Stratford aufführte, bietet ein Shakespeare-Portrait, das nicht schmeichelhafter ist als das Booths oder Honigmanns. Bonds Shakespeare ist «Goneril näher als Lear», einem «reaktionären Blimp», oder, wohlmeinender ausgedrückt, einem «senilen Greis».[45] Das Stück, das den Untertitel «Szenen von Geld und Tod» trägt, setzt ein, als Shakespeares Stücke schon alle geschrieben sind. Shakespeare hat aufgehört zu schreiben, nicht weil er für sich zu einer ruhigen Heiterkeit gefunden hätte, sondern weil er erkennt, daß seine Kunst nichts dazu beigetragen hat, die Welt zu verändern. In Stratford schließt er einen Handel mit dem ortsansässigen skrupellosen Geschäftsmann William Combe und unterstützt die Einfriedungsbewegung, die arme Pächter enteignet und Macht und Reichtum der wohlhabenden Landbesitzer mehrt. Am Ende stellt er sich selbst verzweifelt die Frage: «Wurde irgend etwas erreicht?» und begeht Selbstmord. Seine Tochter macht sich, als sie ihn tot findet, sofort auf die Suche nach seinem Testament.

Bonds britisches Stück spielt ausschließlich in Stratford, nachdem Shakespeare seine Theaterkarriere beendet hat; Leon Rookes kanadischer Roman spielt ausschließlich in Stratford, bevor sie noch begonnen hat. Der Roman betrachtet den berühmtesten aller Dichter aus der Perspektive von *Shakespeare's Dog.* Rooke macht den Hund zu dem bewundernswerteren Charakter. Menschlicher als sein Herr, rettet er eine arme alte Frau, die der Hexerei angeklagt wird, vor dem mordwütigen Pöbel, besitzlose und verachtete Vagabunden rettet er vor dem Hungertod, Shakespeare selbst bewahrt er vor dem Ertrinken im Avon. Der junge «Snakepit» – «Schlangengrube» – kritzelt derweil, oben in sein Zimmer eingesperrt, «während er sich die Schuppen vom leeren Kopf kratzt», Albernheiten hin: «Liebe dies und Blume das und anderes solches jugendliche Gewäsch». Der Hund will eine «heiße Revolution», der junge «Shakespizzle» ist «strikt in seiner Angepaßtheit» und haßt Gleichheit. Der «hochnäsige Reimer» «konnte einen Mann dafür hängen sehen, daß er einen Keks gestohlen hatte, und nett darüber lächeln»; denn «besser gehen ein paar Landstreicher zugrunde, als daß ein Haar unserer Königin gekrümmt wird». «Wortblaser!» grölt seine Frau, vollkommen entnervt, «du beschissenes Scheißhaus!»[46]

Shakespeare ärgert Rooke und Bond. Sie konzentrieren diesen Ärger gebündelt auf die Unterseite seiner Laufbahn, sein Halbleben in Stratford. Die glühende Scheibe des literarischen Ruhms in London blendet jeden, der direkt auf sie schaut; die Schattenwelt Stratfords läßt

sich leichter in Bilder fassen. Auch Honigmann betont Stratford aus
ähnlichen Gründen. Sein Shakespeare hat einen Teil seiner Geschäfte in
London laufen; ein weiteres, ganz anderes Netz besitzt er in seinem
Heimatort. Darin ähnelt er der Royal Shakespeare Company. Doch
für die RSC stellen Stratford und London einfach zwei Läden dar, die
der gleichen Kette angehören und mehr oder weniger das gleiche Produkt verkaufen. Zu Shakespeares Lebzeiten hingegen bilden Stratford
und London zwei verschiedene Welten, zu Pferd drei Tage voneinander entfernt. Shakespeare schafft es irgendwie, beidem anzugehören,
der Metropole und dem Marktstädtchen, der internationalen Hafenstadt und der provinziellen Heimat, dem Zentrum und der Peripherie.
Die am meisten geachtete Biographie Shakespeares in der zweiten
Hälfte des 20. Jahrhunderts, S. Schoenbaums *Documentary Life*, beginnt mit dem Satz: «Die Geschichte von William Shakespeares Leben
ist eine Erzählung von zwei Städten», Stratford und London. [47] Er beginnt und endet sein Leben in Stratford, während der 20 oder mehr
Jahre, da er sich in London einen Namen macht, bleibt seine Familie
dort zurück; er kommt mindestens einmal im Jahr nach Hause, wahrscheinlich im Sommer. Honigmann beharrt darauf, daß «William
Shakespeare, der Geschäftsmann», am deutlichsten sichtbar in Stratford, neben «William Shakespeare, dem Dichter», am deutlichsten
sichtbar in London, existiert. Die beiden Persönlichkeiten gehören zu
ein und derselben Person.

Auf einer verwandten Dichotomie beruht eines der populärsten und
fruchtbarsten Konzepte der Nachkriegskritik. Honigmann hält seinen
Vortrag in demselben Jahr, in dem *Northrop Frye on Shakespeare* erscheint. Der Titel des Buchs, der dem toten britischen Bühnendichter
und dem lebenden kanadischen Literaturwissenschaftler gleich viel
Platz einräumt, sagt etwas über Fryes eigene Eminenz aus und zugleich
etwas über das heutige Kräfteverhältnis zwischen Autor und Interpreten. Frye wurde 1957 blitzschnell berühmt mit seinem Buch *Anatomy
of Criticism*, einer Systematik des literarischen Universums im Sinne
von wiederkehrenden mythischen Zyklen und Phasen. Selbst in diesem Buch, das die ganze Literaturgeschichte skizzieren will, zitiert
Frye Shakespeare häufiger als jeden anderen Autor. Danach wurde
Shakespeare eines der prominenten Themen seiner Kritik.

Frye beschreibt Shakespeares Dramen im Sinne einer wiederkehrenden symbolischen Reise von der Stadt aufs Land und zurück. *Ein Sommernachtstraum* zum Beispiel stellt «die zwei Welten des Geschehens»

gegeneinander; die Figuren verlassen die kultivierte höfische Welt Athens und wagen sich in eine andere «Waldwelt» voller Aberglaube, bewohnt von «Geschöpfen aus Fabeln, Märchen, Sagen und aufgegebenen religiösen Vorstellungen». Am Ende kehren sie an den Hof zurück, aber da haben sie schon eine Verwandlung erfahren durch ihre Reise in eine weniger städtische, natürliche «grüne Welt». Shakespeares Quellen kann dieses Muster nicht zugeschrieben werden, denn die Handlung entsprang seiner eigenen Einbildungskraft. Der gleiche verwandelnde Gang in eine natürliche Welt und zurück unterliegt der Handlung so verschiedener Dramen wie *Wie es euch gefällt, König Lear, Die beiden Veroneser* und *Cymbeline*.

Frye mißbilligt biographische Spekulation; er stellt keinen Bezug her zwischen Athen und London und der «Waldwelt» und Stratford. Doch sein Erzählschema hat durchaus explizite psychologische Analogien. Er stellt «die erwachende Welt von Theseus' Hof», die Welt des Gesetzes und der Künstlichkeit, gegen die natürliche Traumwelt einer «sexuellen Freiheit», die «Affinitäten mit dem aufweist, was wir den unbewußten oder unterbewußten Bereich unseres Geistes nennen würden». Für die Auflösung der Handlung schafft diese Freudsche Topographie das gleiche Problem wie Shakespeares doppelter Wohnsitz für die Auflösung seiner Biographie: Wie ist am Ende die Dichotomie zu lesen, wie also lassen sich beide Orte in ein transzendentes Ganzes aufnehmen? Honigmann und Frye definieren beide auf unterschiedliche Art Shakespeare als die Funktion des Gegensatzes und Wettstreits zwischen den beiden Schauplätzen.

Frye beschreibt die «grüne Welt» als Ort der «sich auflösenden Identitäten».[48] Eine der Identitäten, deren Auflösung sie mitbewirkt, ist Shakespeares eigene. Dieser Prozeß der Fragmentarisierung läßt sich deutlicher verfolgen in einem anderen Buch aus dem Jahr 1986, in C. L. Barbers postum erschienenem *The Whole Journey: Shakespeare's Power of Development*. Barbers Ruhm gründet – darin ist er Frye ähnlich – auf einer originellen und einflußreichen literaturanthropologischen Arbeit, die in den späten 50er Jahren erschien: Er vergleicht *Shakespeare's Festive Comedy* (1959) mit den elisabethanischen festtäglichen Unterhaltungsformen. Die Dramen formen ihr Publikum zu einer Gemeinschaft, indem sie zeitgenössische kommunale Feiern wie das Maifest, den Dreikönigsabend und die Mittsommernacht nachahmen. Solche Feste haben feste räumliche und zeitliche Grenzen; nach dem Fest müssen Figuren und Zuschauer gleichermaßen in die alltägliche Arbeitswelt zurückkehren. London–Stratford, Athen–Wald, Arbeitstag–Festtag: Shakespeare entsteht aus der Spannung zweier gleichzeitig anwesenden Gegensätze. *The Whole Journey* entwickelt diese grundlegende Struktur auf ganzer Länge. In der *Komödie der Irrungen* zum Beispiel

«...hat sich der junge Dramatiker geteilt in einen zu Hause bleibenden Zwillingsbruder, verheiratet und tätig in der Geschäftswelt (so wie Shakespeare es hätte tun können, wäre er seinem Vater als erfolgreicher Kaufmann in das ‹aufrechte Handeln› gefolgt), und dann in einen wandernden, suchenden Bruder, dem die Welt von Ephesus, und auch die Situation der Ehe, seltsam erscheint»[49].

Antipholus von Ephesus–Syracus, Shakespeare von Stratford–London: Das eine fruchtbare Ei zerteilt sich in zwei Persönlichkeiten, beide geographisch bestimmt. Doch die London–Stratford-Trennlinie ist nur eine von vielen. Shakespeares Erfolg als Dramatiker beruht auf seiner Fähigkeit, die Spaltung seiner eigenen zerrissenen Psyche auszuschlachten. In *Hamlet* spaltet er so die Vaterfigur in den Geist des zutiefst geliebten Toten und den zutiefst gehaßten lebenden Claudius. Barber zitiert zustimmend einen zeitgenössischen Kritiker, dem zufolge ein solches «Spalten» «eine grundlegende Shakespearesche Strategie» für die Konfliktbewältigung sei. [50] Einen anderen Kritiker zitiert er billigend, demzufolge gerade Shakespeares Beruf auf einer instabilen Polarität beruhe: «...ein professioneller Bühnendichter in einem überwiegend kommerziellen Theater, der für eine nationale Öffentlichkeit schreibt, sie in gewissem Sinne erst schafft; gleichzeitig aber vor allen Dingen ist er doch abhängig von der Gunst des Adels.» [51] Zu wem spricht Shakespeare, mit wem identifiziert er sich, Adel oder Bürgertum?

Solche Spannungen produzieren die explosive Kraft seiner schöpferischen Phantasie, die die Shakespeare-Forscher so bewundern; aber ebenso verursachen sie bisweilen beunruhigende Nebenwirkungen. Wie schon Booth erkennt Barber, daß Ironie, die Technik, die für einen so großen Tiel der Shakespeareschen Kunst grundlegend ist, in psychologischer Hinsicht «eine Form der Aggression ist» [52]. Wie sein Publikum verurteilt und billigt Shakespeare Richard; wie sein Publikum haßt er, was er liebt. Shakespeare ist Richard und ist es nicht.

Und gleichzeitig: Richard ist Richard und ist es nicht. Der kritischen Zergliederung von Shakespeares eigener Psyche folgt, im kritischen

Tandemsattel gewissermaßen, ein Trieb, seine Figuren zu zergliedern. In einem Barber gewidmeten Essay fordert Randall McLeod, die Herausgeber müßten die Standardisierung von Shakespeares Namen, wie sie seit dem 18. Jahrhundert Tradition ist, «enthomogenisieren und entnormalisieren». Die Bühnenanweisungen der frühesten Fassungen von *Richard II.* zum Beispiel nennen den Protagonisten manchmal «Richard», manchmal «König»; diese «episodischen Diskontinuitäten» spiegeln das «mythologische Wort des elisabethanischen Englisch» wider und bieten verschiedene Perspektiven auf die Figur, das Stück und seinen Autor.[53]

Die modernistischen Kritiker haben die Charakteranalyse und die narrative Biographie verabschiedet; die postmodernen Kritiker begrüßen beide wieder mit Hallo – einem aggressiven, wissenden Hallo. Obgleich die Geschichte wieder wichtig geworden ist, bringt sie doch jetzt die Erkenntnis mit sich, daß, nach der Logik des *logos*, der (auktoriale und fiktionale) ‹Charakter› selbst narrativen Konventionen unterliegt. Jede Persönlichkeit ist eine narrative Darbietung, gestaltet auch von ihrem Publikum und der Struktur ihres dramatischen Rahmens. Der Charakter, die dramatische Figur, ist wieder da, aber jetzt ist er eine Vielheit, widersprüchlich, überschneidend, *ad hoc*, ein zwangsläufig zerbrechliches Konstrukt, gebaut von einem zerstrittenen Komitee, aus fragwürdigen Motiven und wackeligem Material.

Barbers eigenes Buch spielt die Auflösung der Identität durch, die es be- und vorschreibt. Wie das Mosaik von Zitaten anderer Kritiker andeutet, spricht Barber oft mit den Stimmen anderer. Viele seiner Kollegen haben ihn positiv in Erinnerung, weil er jüngere Forscher anregte und unterstützte; in späten Jahren bemerkt er halb scherzend, seine «jungen Freunde» schrieben seine Bücher für ihn.[54] Barber stirbt vor Abschluß des Buchs, an dem er zwei Jahrzehnte gearbeitet hat. Die Fertigstellung vertraut er Richard P. Wheeler an, einem ehemaligen Studenten und heute angesehenen Literaturwissenschaftler, der bald entdeckt, daß er das Manuskript nur dann «zur Vollendung» bringen kann, wenn er, Wheeler selbst, Koautor wird, so wie Barber es gewünscht hatte. Durch den ganzen Text hindurch schwankt das auktoriale Pronomen unsicher zwischen «ich» und «wir». Der Autor von *The Whole Journey* hat – wie sein Thema – kein Zentrum, kein einzelnes, festes Selbst. Ein Autor hat – wie ein Atom – keine Identität jenseits des Zusammenspiels von Teilchen und Energien.

Auch Shakespeares Dramen, das haben sie mit *The Whole Journey* gemein, entspringen einem Prozeß schöpferischer Zusammenarbeit. Manchmal arbeitet Shakespeare mit seinen unterschiedlichen Selbsten zusammen, manchmal mit anderen Leuten. Der Unterschied zwischen diesen beiden Situationen erscheint heute weniger materiell greifbar als einst. Traditionelle Literaturwissenschaftler (der Amerikaner Cyrus Hoy, der Australier Davis Lake, der Neuseeländer Mac Donald P. Jackson, der Engländer R. V. Holdsworth) und eine neue Generation literarischer Mathematiker (der Statistiker B. Brainerd aus Toronto, der Informatiker M. W. A. Smith aus Belfast) weisen nach, daß der Mann aus Stratford tatsächlich mindestens bei einem halben Dutzend Dramen mit anderen Autoren zusammengearbeitet hat. [55] All diese Studien beruhen auf semiotischen Untersuchungen einer ganzen Gemeinschaft praktizierender Dramatiker. Dafür teilen sie zum Beispiel die zweite Person in zwei Zeichen, «you» und «ye». (Im frühen 17. Jahrhundert hatten die Pronomina bereits dieselbe Bedeutung, aber noch nicht die gleiche Gestalt.) Dann wird das Vorkommen von «you» und «ye» durch den ganzen großen Korpus von Texten zurückverfolgt, die von vielen verschiedenen Autoren in den ersten Jahrzehnten des 17. Jahrhunderts geschrieben wurden. Daraus ergibt sich, daß manche Texte den einen und andere den anderen Korpus bevorzugen. Mit Hilfe von Daten, die über eine genügende Anzahl dieser beliebigen binären Paare gesammelt werden, entsteht allmählich ein statistisches Profil verschiedener einzelner Identitäten innerhalb der Textgemeinschaft. Diese statistischen Profile weisen starke Übereinstimmungen auf mit einer Vielzahl historischen Beweismaterials, das bestimmte biologische Wesen (inzwischen tot) mit bestimmten Texten (immer noch existent) verknüpft. Das Zeitalter der Quantenmechanik unterminiert die alten klassischen Kausalitäten der Autorschaft. Der Autor ist nur eine statistische Wahrscheinlichkeit.

Diese Berechnungen von winzigsten Einzelheiten überkommen allmählich die Trägheit des Shakespeare-Establishments. Das neue Theater der RSC in Stratford, der Swan, eröffnet im April 1986 mit seiner ersten Inszenierung von den *Beiden edlen Vettern* von Shakespeare und Fletcher. Im gleichen Jahr erscheint das Stück erstmals in einer einbändigen britischen Ausgabe der gesammelten Werke. Innerhalb von 20 Jahren hat sich das Drama nach und nach in den allgemein gültigen Kanon vorgearbeitet. Auch die drei Seiten von *Sir Thomas More* sind dort, Shakespeares Stückwerk. Die neue Oxforder Ausgabe geht weiter als alle ihre Vorgänger damit, öffentlich die Präsenz anderer Autoren in «Shakespeares» Dramen anzuerkennen: Fletcher, Middleton, Wilkins, Nashe, vielleicht noch andere, bislang noch ohne Namen.

Selbst wenn sich kein zweiter Dramatiker einmischt, sind Shakespeares Texte doch von anderen geprägt. Shakespeare ist ein Gesellschaftsmensch. Fast sein ganzes schöpferisches Leben arbeitet er mit und für eine einzige Theaterorganisation, die Chamberlain's Men, später die King's Men genannt. Seine Stücke produziert nicht ein Mann, sondern eine Gruppe, die einander zu- und zusammenspielt. Der Text steht nicht fest, wenn die Tinte auf der letzten Seite getrocknet ist; er entwickelt sich unter dem Druck der Kommentare von Lesern, der Proben mit Schauspielern und der Aufführung vor einem Publikum. Als Kunstform läßt sich das Drama nicht von einem einzelnen produzieren; wie der Bau eines mittelalterlichen Doms bedarf es einer Gemeinschaft. Diese Gemeinschaft produziert einen «vergesellschafteten Text» [56], der sich aus Beiträgen von vielen verschiedenen Quellen zusammensetzt. Der Beitrag des Dramatikers mag ihn beherrschen, aber er läßt sich nicht länger aus allen anderen herauslösen.

Etwas Ähnliches passiert mit Shakespeares Gedichten. Er druckte sie schließlich nicht selbst. In der Renaissance waren fast immer die Drucker für die Orthographie, Interpunktion und Gestaltung des Textes verantwortlich. In der zweiten Hälfte des 20. Jahrhunderts belegt eine Generation von Textwissenschaftlern – deren Inbegriff und oft auch Lehrer Fredson Bowers war, über 40 Jahre Herausgeber von *Studies in Bibliography* – den allgegenwärtigen Beitrag der Drucker der Zeit Elisabeths und Jakobs zu den einzelnen Aspekten der Bücher, die sie herstellten. Die beiden Versdramen Shakespeares, *Venus und Adonis* und *Lucretia*, werden von Richard Field gedruckt; Field ist wie Shakespeare ein Stratfordianer, der nach London gegangen ist; die gedruckten Gedichte sind das Ergebnis einer materiellen Zusammenarbeit zwischen zwei Stratfordianern in der Fremde. Auch Shakespeares Dramen müssen für den Druck durch die Köpfe und Hände von Arbeitern in einer Druckerei gehen. Charlton Hinman entdeckt, daß der Setzer, der möglicherweise für den Satz des ganzen ersten Folios verantwortlich war, vielleicht den Namen «John Shakespeare» trug. [57] Wie William stammte John aus Warwickshire und arbeitete in London. Im ersten Folio läßt sich Williams Handwerk oft nicht von Johns trennen. Shakespeares Text ist ein Gemeinschaftsprodukt.

1. bis 6. April 1986. Der internationale Shakespeare-Kongreß kommt alle fünf Jahre zusammen. Viele der diesjährigen Teilnehmer fliegen nach Berlin direkt von der 14. alljährlichen Konferenz der Shakespeare Association of America, die dieses Jahr im März in Montreal stattfand. Viele von ihnen treffen sich im August in Stratford wieder.

Dem Programm des diesjährigen Kongresses zufolge werden die 640 angemeldeten Teilnehmer sich mit «Bildern von Shakespeare» befassen. Dieses angekündigte Thema, ein typischer bürokratischer Kompromiß, ist so formuliert, daß es alles und jedes umfaßt. «Bilder» hat hier so viele Bedeutungen, daß es keine hat, oder, besser gesagt, ruht die Bedeutung ausschließlich in der permissiven Pluralität der letzten beiden Buchstaben. Kein Bild von Shakespeare hat den Vorrang.

Diese Shakespeares und Shakespearianer kommen von überall her, aus Europa und Nordamerika. Indien, Japan, China, Neuseeland, Australien, Afrika und der Nahe Osten, obgleich nicht stark vertreten, haben ebenfalls anerkannte Vertreter entsandt. Und die Mannigfaltigkeit ist nicht nur eine geographische, sondern auch eine altersmäßige. Die Literaturwissenschaft ist zu einer Institution geworden, hat eine Lebensstellung bekommen; ihre durchschnittliche Lebenserwartung ist gestiegen. Eine intelligente junge Wissenschaftlerin, die im Alter von 20 Jahren ihre ersten Artikel veröffentlicht, kann noch ein halbes Jahrhundert später über das gleiche Thema schreiben. In dasselbe Jahr, in dem Eagleton sein *William Shakespeare* veröffentlicht, fallen auch die postume neue Sammlung von *Essays on Shakespeare* von William Empson und ein neuer Essay über Shakespeares Komödien von M. C. Bradbrook.[58] Die Figuren des 5. Kapitels drohen sich im 6. breitzumachen.

Für die Shakespearianer auf der Berliner Konferenz ist die Vergangenheit gegenwärtig wie das Abwesende. Alte Interpreten, Interpreten von weit entfernten Orten, alte Interpretationen, Interpretationen von weit entfernten Orten – «Bilder von Shakespeare» kann alles unterbringen. Die Teilnehmer hören über «Unterströmungen in viktorianischen Shakespeare-Illustrationen» und über «*König Lear* in der tschechischen Folklore»; sie bekommen «Wechselnde Bilder von *Romeo und Julia*. Von der Renaissance bis zur Moderne» gezeigt; sie überlegen, wie «Shakespeares Dramen» in den Augen eines «indischen Empfindungsvermögens» «möglicherweise ein Gemeinschaftsgefühl» entstehen lassen. Raum und Zeit werden in das schwarze Loch des Hier und Jetzt gesogen.

Doch nicht jeder Shakespeare-Kritiker auf der Welt läßt sich in das Programm einer viertägigen Konferenz einpassen. Denn viele klopfen an, doch nur wenige sind ausgewählt. Und sehr wenige werden eingeladen, ein langes einstündiges Referat vor dem Plenum zu halten; manche dürfen 20 Minuten vor einem kleineren Publikum sprechen, mehr noch nehmen an Arbeitssitzungen teil, wo die Referate nicht gehalten werden, sondern einfach vorher an ein Dutzend Leute verteilt werden, die sich dann treffen, um die angesprochenen Aspekte zu diskutieren. Selbst unter den Auserwählten ist die Redezeit auf hierarchischer Basis rationiert.

In den 70er Jahren fängt man an, auch die Feministinnen zu hören. 1975 veröffentlicht Juliet Dusinberre *Shakespeare and the Nature of Women*; 1976 organisiert Ruth Swift Lenz auf der Tagung der Modern Language Association die erste spezielle Sitzung über feministische Kritik. Dies führt 1980 zur Veröffentlichung von *The Woman's Part,* einer einflußreichen Sammlung von 18 Essays von Lenz, Gayle Greene und Carol Thomas Neely. Der Gemeinschaftscharakter dieser Sammlung und des Seminars weist schon auf den ungewöhnlich gemeinschaftlichen Ton dieser kritischen Koalition. («Der Feminismus ist ein kollektives Unternehmen; gegenseitige Unterstützung ist fürs Überleben wesentlich.»[59]) Keine einzelne Stimme, kein einzelner Standpunkt dominiert. 1983 veröffentlicht Lisa Jardine *Still Harping on Daughters: Women and Drama in the Age of Shakespeare;* Neely veröffentlicht 1985 *Broken Nuptials in Shakespeare's Plays*; 1986 leiten Jardine und Neely, eine Britin und eine Amerikanerin, zusammen ein Seminar über «Geschlecht und Macht: Bilder in der Shakespeare- und Renaissancekultur». Zwischen 1976 und 1986, zwischen der Sitzung auf der Tagung der MLA und dem Berliner Seminar, zählen die Feministinnen zu den produktivsten und sichtbarsten Exponenten einer neuen Welle der Shakespeare-Kritik.

Die Oxford University Press erkennt ihre kulturelle Legitimität nur wenige Monate nach der Berliner Veranstaltung. Die neue «kurze Einführung» in *Shakespeare*, das populäre Taschenbuch in der «Meister der Vergangenheit»-Reihe, stammt von Germaine Greer, die am besten bekannt ist für ihre polemischen Schriften *The Female Eunuch* (1970) und *Sex and Destiny* (1984). Bevor diese Bestseller sie von der akademischen Plackerei befreiten, war Greer Dozentin für englische

Literatur an der Universität Warwick. Ihre Doktorarbeit schrieb sie an der Universität Cambridge über Shakespeares frühe Komödien. [60] Mit dem Segen der Oxford University Press versicherte sie jetzt ihren Lesern, Shakespeare habe «das Stereotyp des passiven, geschlechtslosen und unempfänglichen weiblichen Wesens zurückgewiesen und auch seinen unvermeidlichen Begleiter, den misogynen Glauben, daß alle Frauen in ihrem Innersten Huren sind»[61].

Wie Greers Lebenslauf veranschaulicht, läßt sich der feministische Anspruch auf eine Stimme innerhalb des akademischen Gemeinwesens nicht von dem Anspruch der Frau auf eine Stimme innerhalb der Gesellschaft im ganzen trennen. Die feministischen Shakespearianerinnen, die in Berlin zusammenkommen, gehören einer Epoche an, die den Massenvertrieb von wirksamen Verhütungsmitteln erlebt hat, die Legalisierung der Abtreibung in Amerika und manchen europäischen Ländern, das stete Anwachsen der Zahl erwerbstätiger Frauen, gesetzliche Maßnahmen, die geschlechtliche Diskriminierung und sexuelle Belästigung verbieten, eine wachsende Sensibilität, was Gewalt gegen Frauen, Pornographie und diskriminierende Sprache angeht, und eine deutliche Verlagerung des Kräfteverhältnisses in heterosexuellen Beziehungen in und außerhalb der Ehe. Diese gesellschaftlichen Veränderungen berühren Shakespeare-Kritiker, ob sie sich als Feministinnen bezeichnen oder nicht.

Allan Bloom verurteilt den Feminismus als den «jüngsten Feind der Lebenskraft klassischer Texte»; seiner Meinung nach ist «alle Literatur bis heute sexistisch» und schmeckt deshalb den befreiten Gemütern nicht. [62] Und kennt man eine Feministin, meint Bloom weiter, kennt man alle. Aber nicht alle Feministinnen verwerfen sämtliche ‹klassischen Texte›; tatsächlich zollen viele von ihnen Shakespeare Beifall (nicht immer aus demselben Grund). Greer findet in seinen Dramen das Ideal einer «gleichberechtigten Ehe», eine Würdigung weiblicher «Standhaftigkeit», das Anerkennen einer beiderseitigen körperlichen Geschlechtlichkeit. Dusinberre bewundert Shakespeares Versuch, «künstliche Unterscheidungen zwischen den Geschlechtern aufzulösen» [63]. *The Woman's Parts* unternimmt es, «seine Werke neu zu sehen und zu feiern». Coppélia Kahn vertritt die These, Shakespeare sei «sich der männlichen Phantasien und Ängste, die seine Welt formten, kritisch bewußt gewesen und dessen, wie sie Männer und Frauen zugleich verfälschten»; er habe die «kulturellen Bestimmungen der geschlechtlichen Identität» in Frage gestellt, die auch moderne Feministinnen

wie sie in Frage stellen.[64] Diese Einstellung zu Shakespeare geht auf
die frühesten Feministinnen überhaupt zurück. In *A Vindication of the
Rights of Women* bringt Mary Wollstonecraft 1792 etliche «Rügen»
zum Ausdruck, was die Darstellung von Frauen bei zeitgenössischen
Schriftstellern angeht; aber Shakespeare kritisiert sie weder hier noch
an anderer Stelle, obgleich sie sich vielfach auf ihn bezieht. Diese Bezugnahmen stellen – ganz nebenbei – die Breite ihrer Bildung unter
Beweis und stützen so ihre Argumentation, daß Frauen Männern intellektuell ebenbürtig sind. Zwei Jahrhunderte später versuchen Feministinnen
immer noch, sich Shakespeares kulturelle Autorität zu eigen zu
machen. So interpretiert, heißt Shakespeare die feministische Kritik
gut, und die feministische Kritik heißt Shakespeare gut.

Mit ihrer Bewunderung für Shakespeare definieren die Feministinnen ihn neu, so wie Bewunderung einen Gegenstand immer neu definiert. Insbesondere entwerfen sie eine neue kritische Wertehierarchie.
Sie treten für Figuren ein – Gertrude und Goneril, Cressida und Cleopatra –, die andere Leser eher mit Kritik bedacht haben. Sie verfechten
die strukturelle und thematische Bedeutung von Figuren wie den drei
Müttern in *Richard III.*, die andere Leser eher für geringfügig einge-
schätzt haben. Als unecht, destruktiv, macho und zerbrechlich verhöhnen sie den Wert von Figuren – von Mecutio über Prospero, Hamlet, Troilus und Othello zu Coriolanus –, die andere eher bewundert
haben. Sie feiern *Romeo und Julia* und *Antonius und Cleopatra*, Dramen
mit zwei Helden, die die kritische Tradition, wie sie A. C. Bradley
verkörpert, aus dem Privatklub wirklicher Größe eher ausgeschlossen
hat.

Noch radikaler zweifeln sie das Klassensystem der Gattungen an.
Die meisten Kritiker von Aristoteles an stellen die Tragödie an die
Spitze; so wie sich der tragische Held über die Sterblichen erhebt, so
erhebt sich die Tragödie über die Gattungen. Viele Feministinnen dre-
hen diese traditionelle Position um und setzen die Komödie an die
Spitze. In Shakespeare finden sie eine Gleichsetzung von Geschlecht
und Genre – so formuliert es der Titel von Linda Bambers Buch *Comic
Women, Tragic Men*. Stücke, in denen Frauen über die Handlung
wachen – Frauen wie Portia und Rosalinde –, schaffen Komik und
Gemeinschaft, Lachen und Leben; von Männern beherrschte Stücke
– Männern wie Hamlet und Claudius, Jago und Othello – gehen zugrunde in einer Tragödie, in Tod und Trostlosigkeit. Diese Feministinnen sagen uns, daß Shakespeare uns wiederum sagt, starke Frauen

würden ein glückliches Ende herbeiführen, ließen die Männer sie nur machen. In Shakespeares eigener Entwicklung hat die Komödie außerdem in chronologischer und struktureller Hinsicht den Vorrang. Wie Susan Snyder in *The Comic Matrix of Shakespeare's Tragedies* dem Leser in Erinnerung ruft, schuf Shakespeare die meisten seiner großen Komödien und komischen Figuren vor der Serie seiner großen Tragödien, die mit *Julius Cäsar* begann; die Tragödien, zeigt sie dann, beruhen auf strukturellen Formeln, die er aus der Komödie übernimmt. Die Komödie ist die Matrix, die nährende Mutter der Tragödie.

Weiterhin bestimmt sich die Tragödie selbst über ihre Sicht des Geschlechts. In Madelon Sprengnethers Augen «zeigen Shakespeares Tragödien mit entsetzlicher Logik, wie Liebe tötet». Wie viele andere Feministinnen vereint Sprengnether Psychoanalyse und Literaturwissenschaft. Shakespeares Helden seien hin- und hergerissen zwischen heterosexuellen und homoerotischen Impulsen:

«Die Helden von *Romeo und Julia, Othello* und *Antonius und Cleopatra* ziehen sich von ihren anfänglichen Gesten in Richtung einer heterosexuellen Verbindung in eine Welt maskuliner Loyalitäten zurück, in einem Kamerad verkörpert, der die Liebe von Frauen verschmäht oder vermeidet und der seine Identität auf sein Selbstverständnis als Kämpfer gründet.»

Coriolanus, die letzte der Tragödien, konzentriert diesen Konflikt um Geschlecht und Identität auf «eine abgründige Phantasie mütterlicher Destruktivität»[65].

Und nach den Tragödien kehrt Shakespeare wieder zur Mutter zurück, zur Komödie, nach Stratford, zu den späten Romanzen. In David Lodges Roman vertritt die zentrale, schwer greifbare Literaturwissenschaftlerin auf der fiktiven Tagung der MLA die These, Tragödien bewegten sich «unerbittlich auf ein Ziel zu, das wir – nicht zufällig – den ‹Höhepunkt› nennen – und es ist im Sinne der sexuellen Metapher ein essentiell männlicher Höhepunkt, eine einzige explosive Entladung akkumulierter Spannung». Gegen dieses erschöpfte männliche Genre setzt sie die Romanze, die Kunst des «multiplen Orgasmus», der unerschöpflichen «Vagina»: «...sie kommt und kommt – immer und immer wieder.»[66] Doch die Vagina ist nicht nur ein Geschlechtsorgan, sondern dient auch der Geburt. Shakespeares Romanzen zelebrieren Geburt und Wiedergeburt. *The Woman's Part* ist C. L. Barber gewidmet, als Dank für seine «aufbauende, fordernde Unterstützung für uns, für andere Frauen und die feministische Literaturwissenschaft».

Und für Barber gipfelt *The Whole Journey* von Shakespeares Kunst in «einer Wiedergewinnung der tiefen Beziehung zur mütterlichen Präsenz»[67], eine Wiedergewinnung, die die Familienromanze seiner späten letzten Dramen dramatisiert.

Mit ihrer Begeisterung für die Romanzen wirken Barber und manche andere Feministinnen wie das Echo von viktorianischen Kritikern *à la* Dowden. Aber der heutige Feminismus hat nichts Viktorianisches an sich. Dem altmodischen Helden von Lodges Roman ist dieser «Strom von Unflat» peinlich, der das kritische Vokabular seiner geliebten Feministin schmückt. Erica Jongs *Serenissima* wäre ihm noch peinlicher.[68] In Jongs in der ersten Person erzählten phantastischen Geschichte reist eine bezaubernde berufstätige Amerikanerin, die es in eine exotische europäische Stadt verschlagen hat, zurück in die Vergangenheit und wird eine der bewunderten Frauen der Shakespeareschen Komödie (Jessica im *Kaufmann von Venedig*). Wie *Shakespeare's Dog* rettet sie dem Dichter das Leben. Wie der Hund beschreibt sie Shakespeares Liebesleben mit anderen, weiblichen und männlichen Figuren. Anders als der Hund schläft auch sie selbst mit Shakespeare. Der Roman könnte den Untertitel tragen «Erica Jong treibt es mit Shakespeare». Jong und ihre Generation lehnen es ab, sich der unverblümten weiblichen Sexualität zu schämen.

Nur eine kleine Veränderung des Blickwinkels, und diese unverblümte Offenheit wird leicht zur Pornographie. Der Aufstieg des Feminismus im späten 20. Jahrhundert vollzieht sich in einer Gesellschaft, die gesättigt ist mit pornographischen Zeitschriften, Büchern, Werbeanzeigen, Filmen, Videos und Shows. In den Augen mancher Feministinnen sind Shakespeares Frauen genauso wie die im *Playboy* und *Penthouse* das Objekt männlicher Masturbation. So zum Beispiel wird Othello von Jago gefragt, wessen es bedürfe, um ihn von der Untreue seiner Frau zu überzeugen:

> Wollt Ihr mit offnem Blick die Frechheit schaun?
> Sie sehn gepaart?

Kathleen E. McLuskie merkt in einem Referat für das Berliner Seminar an, «Jagos Bilder der sexuellen Überschreitung» hätten «den ganzen Reiz der ‹Träume› einer pornographischen Phantasie». Diese Phantasie ist nicht auf Jago beschränkt. In der letzten Szene des Dramas erwürgt Othello Desdemona im Bett:

«Als Emblem auf der Bühne, von Othellos Sprache beschönigt, ist Desdemona ein Brennpunkt für die Mischung von Gewalt und Anbetung, aus der Pornographie besteht. Die Theatertradition des 19. Jahrhunderts, die den sexuellen Sinn erkannte, der in dieser Szene steckt, versteckte das Würgen hinter dem Bettvorhang. Neuere Inszenierungen, von Maggie Smith in den 60er Jahren bis zur Inszenierung am [Royal Shakespeare Theatre] 1985, bringen die Figur der Desdemona für das Publikum sichtbar dar, legen sie in der Mitte der Bühne auf eine Konstruktion, die halb Bett und halb Altar ist. Das Publikum hat teil am Ort von Othellos Phantasie.» [69]

McLuskies Shakespeare ist – wir kennen das von Booth, Honigmann und Bond – kein netter Mensch.

Für McLuskie bleibt Shakespeare «der patriarchalische Barde» [70]. Er läßt sich nur als Produkt und Produzent eines gesellschaftlichen Systems verstehen, das von Männern beherrscht ist: einer phallozentrischen Schwanzokratie, einer phallogozentrischen Schwanzgesprächokratie. Feministinnen wie McLuskie beharren auf der Bedeutung und der ständigen Wiederkehr der, um mit Peter Erickson zu sprechen, *Patriarchal Structures in Shakespeare's Drama*. Manchmal ist das Patriarchat tyrannisch, manchmal gütig, doch es ist, so Erickson, immer da. Selbst in *Wie es euch gefällt*, wo Rosalinde mehr als jede andere Figur spricht, ertappe man «Shakespeare bei männlicher Wunscherfüllung» [71]. Linda Woodbridge kommt zu dem Schluß, daß «Shakespeares als Männer verkleidete Frauen seine im Grunde konservative Haltung offenbaren, was Geschlechterrollen betrifft» [72].

Das Patriarchat ist im wörtlichen Sinn ein Gesellschaftssystem, das von Vätern regiert wird. Die neue feministische Thematisierung der soziologischen und psychologischen Strukturen des Patriarchats lenkt die Aufmerksamkeit auf die Vater-Tochter-Beziehungen in Shakespeares Dramen, auf diesen Kampf um Liebe und Tod, wobei die Töchter regelmäßig zwischen «Beherrschung und Widerstand» wählen müssen. [73] Gleichzeitig werden die Literaturwissenschaftler immer sensibler für die Probleme, mit denen die Herrschaft Königin Elisabeths I. die Theorie des Patriarchats konfrontiert, für die Befürwortung des Patriarchats als «machbarer politischer Theorie» bei Shakespeares Zeitgenossen (darunter auch König Jakob), für die «Angst vor jugendlicher Sexualität» in der Zeit König Jakobs, die Dramen wie *Ende gut, alles gut* und *Maß für Maß* zum Ausdruck bringen, «in denen der Vater-Herrscher die Sexualität seiner Untertanen-Kinder zu kontrollieren sucht». [74]

Ein patriarchalischer Barde läßt sich nur verstehen, wenn wir das Patriarchat verstehen: Arbeiten über Shakespeares Werke übernehmen die Methoden und das Vokabular der Anthropologie. Literatur- und Sozialwissenschaft befruchten sich gegenseitig. In der Tat bewegt sich jede feministische Lesart von Shakespeare, ob positiv oder negativ, ständig zwischen Text und Gesellschaft – unserer Gesellschaft oder Shakespeares oder beiden. Dieses Pendeln zwischen Fiktion und Realität, die Überlagerung des Bildes einer Kultur mit dem einer anderen gibt den Differenzen zwischen ihnen Gestalt. Der Feminismus privilegiert die Differenz. Die feministische Romanautorin Marilyn French errichtet eine Mauer der Werte, wenn sie positive «weibliche» «Geschlechtsprinzipien» von den negativen «männlichen» abtrennt und das dann ausgibt als *Shakespeare's Division of Experience* (1981). Frenchs Buch ist ein Gewaltmarsch, andere Feministinnen machen Erkundungsexpeditionen. Aber sie kommen alle auf dem gleichen Terrain zusammmen. Sie alle konzentrieren sich auf die Differenzen in der Darstellung der Frau und des Manns.

Die wissenschaftliche Identität dieser Feministinnen gründet auf der Differenz. Die Analyse des Geschlechtsunterschieds unterscheidet sie von anderen Shakespearianern; damit haben sie etwas Neues von Bedeutung zu sagen und verschaffen sich Gehör. Genauso, wie sie die Hierarchie sozialer Beziehungen und des Literaturkanons umstrukturieren, so müssen sie dies auch mit der akademischen Werthierarchie tun. Die Analyse des geschlechtlichen Faktors muß als den anderen wissenschaftlichen Unterdisziplinen ebenbürtig akzeptiert werden – vielleicht sogar als wichtiger. Die Macht der Feministinnen innerhalb der Gemeinschaft der Shakespeare-Forscher hängt davon ab, inwieweit der Faktor des Geschlechts als analytisches Instrument taugt. Das Studium der Rolle des Geschlechts läßt sich nicht von Theorie und Praxis der Macht trennen.

Washington, D.C.

10. Oktober 1986. Nicht jeder nimmt am internationalen Konferenzrundlauf teil. Peter W. M. Blayney zum Beispiel sitzt im alten Lesesaal der Folger Shakespeare Library und untersucht Bücher. Als der herausragende Shakespeare-Bibliograph seiner Generation wäre Blayney auf so vielen Konferenzen willkommen, wie er nur besuchen wollte,

aber er besucht keine. Selbst mit Veröffentlichungen hält er sich zurück.

Diese selbstgewählte Isolation bewahrt ihn jedoch nicht vor dem Internationalismus der gegenwärtigen Shakespearotik. Blayney selbst ist Engländer und schrieb seine Doktorarbeit am Trinity College in Cambridge, bevor er eine Stelle an der Universität Chicago annahm, um anschließend nach Folger zu gehen, wo die National Endowment for the Humanities, die nationale Stiftung für Geisteswissenschaften also, seine Arbeit finanziert. Sein heutiger Ruf gründet sich auf sein Buch *The Texts of «King Lear» and their Origins*, für das er verschiedene Textfassungen in 31 Bibliotheken in England und Schottland und in weiteren 13 in den Vereinigten Staaten selbst prüfen mußte. [75]

Diese vielen Bibliotheken besucht Blayney auf der Suche nach Abweichungen, nach Varianten zwischen den verschiedenen Exemplaren desselben Buchs. Heute werden die Fahnen eines Buchs gelesen und korrigiert, bevor es in den Druck geht; alle Exemplare eines Buchs sollten entsprechend identisch sein, ein bestimmter Fehler oder eine Korrektur sollte sich in allen gleich finden. Doch in der Renaissance lasen die Drucker einen Text noch Korrektur, während die einzelnen Bögen schon in die Maschine gingen; wenn sie Fehler fanden, dann hielten sie die Presse an, nahmen die Korrekturen vor und machten dann mit dem Druck weiter. Dies taten sie unter Umständen mehr als einmal. Die Folge ist, daß eine Seite in den verschiedenen Exemplaren manchmal korrigiert war und manchmal nicht; der Anteil ist unterschiedlich, je nachdem, zu welchem Zeitpunkt die Korrektur vorgenommen wurde. Wenn es daranging, die einzelnen Bögen in ein Buch fadenzubinden, dann warf der Drucker die unkorrigierten Kopien nicht etwa weg oder steckte die korrigierten Seiten zusammen und alle unkorrigierten in ein anderes Exemplar; statt dessen überließ er die Verteilung dem Zufall. Jedes Exemplar eines Buchs kann daher eine andere Kombination enthalten, und man kann sich nicht sicher sein, alle Varianten gesichtet zu haben, bis man nicht jedes Exemplar eines Buchs geprüft hat. (Da die meisten Exemplare inzwischen verloren sind, kann man nie wirklich ganz sicher sein.)

Seit dem späten 18. Jahrhundert haben einzelne Shakespeare-Herausgeber bisweilen Abweichungen zwischen zwei Exemplaren der gleichen Ausgabe bemerkt, doch bis Mitte dieses Jahrhunderts hat niemand versucht, sämtliche Varianten der ganzen erhaltenen Exemplare einer Ausgabe zu katalogisieren. Solch ein Projekt wurde erst möglich mit der Veröffentlichung von Bibliothekskatalogen, der verbesserten Technik in der Photographie und der Möglichkeit, sich einfach und schnell international zu bewegen. 1940 veröffentlicht W. W. Greg eine Monographie, in der er sämtliche Varianten in der ersten Ausgabe von *König Lear* auflistete und erörterte. Danach tragen viele Bibliographen ihren Teil zu einer gemeinsamen internationalen Anstrengung bei, die Varianten in den weit verstreuten Exemplaren der ersten Ausgaben Shakespeares und anderer Dramatiker der Renaissance auszumachen und zu verzeichnen. Für seine Studie *The Printing and Droof-Reading of the First Folio of Shakespeare* untersucht Charles Hinman «insgesamt an die 50 Exemplare des Folios» (und Ausschnitte von weiteren 25), und zwar überwiegend in der Folger Library. [76] Auf dieser Basis erstellt er *The Norton Facsimile*, das Photographien von Seiten aus verschiedenen Exemplaren zusammenbringt. Michael Warrens umfassendere Faksimileausgabe, *The Complete King Lear*, reproduzierte Seiten aus einzelnen Exemplaren der Universitätsbibliotheken von Yale, Harvard, Oxford, London, der New York Public Library, der Folger und der Huntington Library.

Diese wissenschaftliche Gemeinschaftsleistung verändert grundlegend unsere Definition des Textes als Werk. In der Renaissance enthält kein einzelnes Exemplar das Ganze eines Buchs. Vielmehr verteilt sich das Ganze auf eine Gruppe physischer Objekte, die einst zusammengehörten, jetzt aber weit verstreut sind. Der Text ist – gleich seinem Autor – plural. Die zusammengebastelten Faksimiles wie die von Hinman und Warren konstruieren die textuelle Entsprechung einer Konferenz.

Weiter zeigt Hinmans Studie des ersten Folios, daß die 36 Dramen in diesem Band nicht getrennt, nicht eines nach dem anderen gedruckt wurden. Vielmehr waren die Setzer oft gleichzeitig mit Seiten von verschiedenen Stücken beschäftigt; sie unterbrachen die Arbeit an einem Stück, um ein oder auch mehrere andere fertigzustellen. So wurde *Troilus und Cressida*, das im Buch nach ungefähr zwei Dritteln kommt, als letztes gesetzt. Unter diesen Bedingungen ist es für einen Herausgeber wenig sinnvoll, sich mit einem dieser Stücke im ersten Folio einzeln zu befassen. Die Lösungen für Probleme in einem Stück beruhen auf Indizien, die durch den ganzen Band verstreut sind. In der zweiten Hälfte des 20. Jahrhunderts kostet die Identifizierung der einzelnen Setzer des ersten Folios mehr bibliographische Anstrengung als alle anderen Probleme der Shakespeare-Edition. 1986 stellen die Herausgeber in

Oxford schließlich acht verschiedene Handwerker fest. Im gleichen Jahr veröffentlicht der Kanadier Paul Werstine eine umfassende Studie der Vers- und Prosazeilenanordnung im Folio. Er belegt, daß bestimmte Arten von Fehlern mit bestimmten Setzern verknüpft sind und daß Entscheidungen, was die Versanordnung einer bestimmten dramatischen Rede betrifft, Muster berücksichtigen muß, die erst über Hunderte von Textseiten hinweg sichtbar werden. [77]

Dennoch ist das Folio, obwohl es viele Texte enthält, nur ein Buch, ein Buch von offensichtlich ausreichender Bedeutung für jeden Shakespeare-Herausgeber. Im Gegensatz dazu umfassen die täglichen Arbeitsabläufe in der Cambridge University Press im späten 17. Jahrhundert viele Bücher, keines davon von offensichtlicher Bedeutung für Shakespeare. Doch diese Vorgänge sind durch noch vorliegende Verzeichnisse besser dokumentiert als in jeder anderen Druckerei. Der Neuseeländer D. F. McKenzie entdeckt dabei, daß die Bücher nicht getrennt, eines nach dem anderen gedruckt werden, vielmehr arbeiten die frühen Drucker oft gleichzeitig an mehreren Titeln. [78] Eine Publikation einer Druckerei entsteht ebensowenig getrennt von anderen wie die vermeintlich einzelnen Stücke des ersten Folios. McKenzie definiert Bibliographie als «das Studium der Soziologie von Texten» [79].

Blayney verkörpert die neue Ära einer kontextuellen Bibliographie, wie sie Hinman und McKenzie eingeläutet haben. Er besucht all diese Bibliotheken nicht nur, um sich die Exemplare der ersten Ausgabe von *König Lear* anzusehen. Auch Exemplare jedes anderen erhaltenen Buchs, das in den Jahren davor und danach vom gleichen Drucker hergestellt wurde, schaut er sich an. Er prüft Korrekturen, Schriftsatz und Papier von so vielen Büchern wie möglich. Die Produktion von *König Lear* ist nicht als isolierter Vorgang zu verstehen; sie ist Teil eines Kontinuums von Arbeitsabläufen in einem bestimmten Geschäft, nämlich der Druckerei von Nicholas Okes. Neben William Shakespeares Bühnenstück *König Lear* stehen bei Okes für Dezember 1607 und Januar 1608 *The Cobler of Canterburie* (ein anonymes Witzebuch) und John Pellings *A Sermon of the Providence of God* auf dem Programm. Unter bibliographischen Gesichtspunkten betrachtet, gehören all diese Bücher zu einer einzigen Gemeinschaft. Und Okes' Bücher gehören wiederum zu einer größeren ‹Gesellschaft› von Texten. Nun untersucht Blayney das Londoner Druckgewerbe in den Jahren 1590 bis 1610; dafür prüft er penibel jedes bekannte erhaltene Exemplar jedes Buchs, das in London in den zwei Jahrzehnten gedruckt wurde, die den größten Teil von Shakespeares Londoner Karriere umspannen.

Während Blayney oben Schriftsätze durchsieht, eröffnet Stephen Greenblatt unten das neue Zentrum für Shakespeare-Studien der Folger Library. Es liegt nur wenige Straßen vom amerikanischen Capitol entfernt, diagonal gegenüber dem Obersten Gerichtshof. Tausende von Wissenschaftlern besuchen die Folger jedes Jahr, für eine Zeitdauer von wenigen Tagen bis hin zu Monaten. Im Finanzjahr 1985/86 waren zwölf Prozent davon Ausländer aus 15 verschiedenen Ländern. Im selben Jahr finden dort 13 Seminare und Workshops statt, zwölf öffentliche Vorträge und eine große Zahl Kolloquien. Die meisten von ihnen veranstaltet das Folger Institute mit finanzieller Unterstützung der Bibliothek und 22 Universitäten.[80] Obgleich die Folger für alle Literaturwissenschaftler da ist, haben doch Shakespeare-Forscher einen Ehrenplatz; sie machen allein ein Viertel aller Besucher der Bibliothek aus. Die Folger gibt auch die 1950 begründete *Shakespeare Quarterly* heraus; sie veröffentlicht die Folger Books, eine Reihe, die 1986 vier neue Titel zu Shakespeare und zu seinen Zeitgenossen herausgebracht hat. Auch eine kleine Imitation einer elisabethanischen Bühne gibt es dort, die an eine unabhängige Repertoiretruppe, das Shakespeare Theatre der Folger Library, vermietet ist. Und jetzt, dank einer Starthilfe über $ 232 000 der National Endowment for Humanities, hat die Folger ihr eigenes Zentrum für Shakespeare-Studien. Die Folger ist zu einer Art dauerhaften Shakespeare-Konferenz geworden, zum Schauplatz eines beständigen internationalen interdisziplinären Informationsaustauschs.

Auf dem Programm steht heute Stephen Greenblatt, Professor für englische Literatur an der kalifornischen Universität in Berkeley, Mitbegründer der Avantgarde-Zeitschrift *Representations*, Herausgeber einer Reihe über «Kulturpoetik» und Begründer und Pate einer literaturwissenschaftlichen Richtung, die sich *New Historicism* nennt.[81] Er schildert und analysiert eine Predigt von Hugh Latimer aus dem Jahre 1552, Dudley Carletons Beschreibung einer mißlungenen Hinrichtung im Jahr 1603, William Stracheys Geschichte einer heiklen Kolonialexpedition nach Virginia 1610 und H. M. Stanleys Erinnerung an ein gefährliches Zusammentreffen mit Moa-Stammesleuten im Mai 1877 in Zentralafrika. Auch über den *Sturm* spricht er. Tatsächlich bringt nur *Der Sturm* diese verschiedenen Dinge auf seinem Papier zusammen, so wie er die verschiedenen Einzelpersonen in seinem Publikum zusammenbringt. Doch *Der Sturm* nimmt nur einen Bruchteil seines Textes ein.

Greenblatts Originalität und Erfolg wurzeln in seiner Erzählstrategie. Sein Titel, seine einleitende Anekdote erzeugen ein Rätsel: In welchem Zusammenhang steht das alles mit Shakespeare? Wie in jedem guten Detektivroman stimmt uns dies zugleich neugierig und zufrieden; es zeichnet sich keine Lösung ab, aber es wird gewiß eine geben – oder besser gesagt, nicht eine, sondern viele. Greenblatt zielt nicht auf einen einzigen Höhepunkt der Interpretation, so wie ihn die Struktur der Tragödie oder eine naturwissenschaftliche Entdeckung verkörpert, am Schluß bietet er keine Formel, kein kritisches $E = mc^2$, das seine Geschichte umfaßt, subsumiert und so entwertet. Seine Geschichte ist, wie die Romanze, voller Ereignisse, eine Art in die Länge gezogenes und einfallsreiches Vorspiel, das zugleich Spannung schafft und entlädt. Und die gleiche Technik sieht er in der «Theatertechnik» der englischen Renaissance. Shakespeares Dramen erregen uns, um uns wieder zu entspannen, produzieren Angst, um sie zu kanalisieren und zu zerstreuen.

Ein Grund, warum Greenblatts Geschichte so interessant ist, ist ihre Neuheit. Bis jetzt hat keiner je Shakespeares Drama zu Latimers Predigt in Beziehung gesetzt, zu Carletons Bericht oder Stanleys Memoiren. Seit 1808 weiß man, daß *Der Sturm* Stracheys Beschreibung einer Expedition nach Virginia verpflichtet ist. Doch Greenblatt vermeidet die Passagen, die direkt oder offenkundig als Quellen gedient haben und die andere Kritiker bereits ausgiebig diskutiert haben. Statt dessen spricht er über die Textpassagen dazwischen – über alles also, was seine Kollegen, mit «...» gekennzeichnet, zwischen die Passagen setzen, die sie zitieren. Stracheys Schilderung ist für ihn schon eine in sich interessante Geschichte, eine Geschichte, die auch Shakespeare interessierte. «Ich nehme an», sagt er, «daß Shakespeare das ganze Ding gelesen hat», und das macht er deshalb auch. Keiner hat je diese Teile von Strachey auf Shakespeares Dramen bezogen. Shakespeare ist uns vertraut, doch alle anderen Figuren in Greenblatts Geschichte – Latimer, Carleton, Stanley, selbst Strachey – überraschen uns.

Greenblatt braucht diese neuen Figuren, weil Shakespeare selbst unsere Aufmerksamkeit nicht länger zu halten vermag. Wahrnehmungspsychologische Forschungen haben ergeben, daß wir schlicht aufhören, einen Gegenstand zu sehen, wenn wir ihn zu lange in unserem

Gesichtsfeld haben, ohne daß er sich bewegt oder verändert. Einfach gesagt, wir bemerken nur Differenz; in einem homogenen und statischen Universum wären wir ohne Sinneseindrücke. Die Literaturwissenschaft muß uns deshalb irgendwie dazu bringen, Shakespeares Dramen auf neue Art zu sehen, aus einem anderen Blickwinkel, wenn wir sie überhaupt sehen wollen.

Wir sind mit dem *Sturm* schon so viele Male innig zusammengekommen, daß der Vollzug des Textverkehrs uns allmählich schon langweilt. Greenblatt bietet uns eine neue kritische Stellung. Und seine Art, mit dem Text umzugehen, ähnelt der Erzähltechnik der Dramen selbst. Shakespeares doppelte Handlungsstruktur, sein Verweben von zwei und mehreren Handlungen, ärgerte die klassizistische Kritik; der *New Criticism* fand in dieser narrativen Vielheit eine thematische Einheit, einen einzelnen geistigen Faden, der den verschiedenartigen Stoff zusammenband. Greenblatt macht die doppelte Handlung nicht nur zum Thema, sondern zum Vorbild für seine eigene Kritik. Wie Tom Stoppard (dessen Stück *Travesties* Lenin, James Joyce und den Dadaisten Tristan Tzara 1918 in Zürich zusammenbringt) oder Terry Johnson (dessen Stück *Insignificance* Einstein, Marilyn Monroe, Joe DiMaggio und Senator Joseph McCarthy 1953 in New York zusammentreffen läßt) bringt auch Greenblatt Latimer, Carleton, Strachey und Shakespeare 1611 in London zusammen. Greenblatt denkt und schreibt, indem er eine Vielzahl von anscheinend unzusammenhängenden Anekdoten verbindet; ihre Mannigfaltigkeit ergibt die einzigartige Signatur von Ort und Zeit eines bestimmten historischen Augenblicks.

Shakespeare wird so zu einer einfachen Facette einer vielseitigen Geschichte. Das Ereignis zum Beispiel, das Carleton beschreibt, gehört zu einer Serie von Hinrichtungen zu Beginn der Herrschaft König Jakobs, spektakulärer Hinrichtungen, die die Macht und Autorität des neuen Königs beweisen sollten. Bei dieser Gelegenheit jedoch, als die abgeurteilten Verschwörer auf der Plattform stehen – mit Carletons Worten: «zusammen auf einer Bühne, wie es am Ende eines Schauspiels üblich ist» –, trifft im letzten Augenblick ein Bote ein und überbringt die königliche Begnadigung. Das dramatische Timing dafür hat der (abwesende) König inszeniert; es entlockt der versammelten Menge spontanen Applaus. Die Begnadigung ist eine Dramatisierung der Güte des Königs.

Dieses Ereignis führt Greenblatt zu Reflexionen über die Bedeutung der königlichen Begnadigung im Rechtssystem Englands in der Renaissance; außerdem bezieht er es auf das Thema von Latimers Predigt. Im Latimerschen Christentum, das zu Shakespeares Lebzeiten zur offiziellen englischen Theologie wurde, wird jeder Mensch mit seiner Geburt zum Tode verurteilt. Wir sind schuldig und zu Recht verurteilt, aber Gott wird uns begnadigen, wenn er in seiner Güte beschließt, uns zu erretten. Die englische Kirche produziert wie der englische Staat im Volk eine «heilbringende Angst»; sie erinnert es immer wieder lebhaft an die schaurigen Strafen, die auf die Menschen warten, und versichert es gleichzeitig der Güte der Macht, die über ihm wacht. Auf dieselbe Weise soll Prosperos wirksamstes Zaubermittel andere mit Angst quälen, in ihnen einen Zustand der «dirigierten Verunsicherung» wecken. Shakespeare selbst weckt eine entsprechende Angst im Publikum. Werden die Männer auf dem Schiff ertrinken? Wird Antonio Alonso umbringen? Wird Caliban Prospero umbringen? Am Ende kommt natürlich keiner zu Schaden. Shakespeares Stück, Latimers Predigt und Carletons Geschichte sind Tragikomödien: Der Tod droht, tritt jedoch nicht ein.

Doch Greenblatt will damit nicht sagen, daß Shakespeares Theater sich nur eine gesellschaftliche Strategie zu eigen macht. Die anglikanische Theologie und Jurisprudenz unter König Jakob sind nicht einfach «Quellen» für Shakespeares Stück. Eine solche Denkweise macht aus der Geschichte eine Fußnote der Literatur; sie erhebt eine Textgruppe (Shakespeares Dramen, Literatur im allgemeinen) über andere (Predigten, Briefe, Schilderungen wirklicher Begebenheiten, Memoiren). Greenblatts narrative und literaturwissenschaftliche Methode behandelt sie vielmehr alle gleich, als vergleichbare Beispiele des «Diskurses», der «schriftstellerischen Kreativität». Die Zeremonien der Kirche, des Staats, des Theaters, sie alle sprechen die gleiche Sprache. Sie alle verkörpern das, was ein anderer Shakespeare-Kritiker *Power on Display* genannt hat, eine «Zurschaustellung der Macht»[82].

Politik und Theologie arbeiten selbst mit ästhetischen Techniken. Explizit vergleicht Carleton die Hinrichtungsszene mit einem Theaterereignis. «Dieser vielschichtige Austausch zwischen gesellschaftlicher Dimension und ästhetischer Strategie ist», so versichert uns Greenblatt, «die halbverborgene Bedeutung von Literaturgeschichte.» Mit dieser Formel verkündet er die Gleichheit der Diskurse und warnt Literaturwissenschaftler, die Literatur lasse sich nur als Form der Geschichte verstehen. Gleichzeitig jedoch beschlagnahmt er wiederum die Geschichte für die Literaturwissenschaft. Während er die Literatur auf den Status eines Diskurses unter vielen von ihrem Podest herunterholt, kolonialisiert er alle anderen Diskurse im Namen einer expansiven Literaturwissenschaft. Predigten, Tagebücher, Memoiren, Schilderungen wirklicher Begebenheiten, juristische und theologische Äußerungen – das alles sind Diskurse. Ihre «halbverborgene Bedeutung» können am besten Leute offenlegen, die professionelle Interpreten sind, die für das sensible Entschlüsseln komplexer Texte ausgebildet sind: Professoren (Aggressoren) für englische Literatur.

In diesem Fall ist das Thema des ganzen Diskurses Angst. Angst erfüllt die Literaturwissenschaft der Postmoderne. Harold Bloom hat eine vollständige kritische Methode aus der Konzeption der «Angst vor dem Einfluß» der übermächtigen Tradition auf den Dichter entworfen. Bei Bloom hat jeder außer Shakespeare diese Angst[83]; bei Greenblatt gehört Shakespeare zu einer Kultur, die mit Angst getränkt ist. Der zeitgenössische Literatur- und Naturwissenschaftler muß in immer schnellerem Tempo fortwährend neue Ideen produzieren und gleichzeitig auf dem laufenden bleiben, was die Ideen seiner vielen Kollegen betrifft. Weil dieser Erwartung zu genügen unmöglich ist, sitzt jedem die Angst im Nacken. Die geistige Ökonomie fordert und unterläuft zugleich individuelle Originalität. In einer Situation, wo Unmengen gleich begabter und ausgebildeter Leute mit ähnlicher Ausgangssituation, ähnlichem Handwerkszeug und ähnlichem Erfahrungshintergrund vom gleichen Neuheitsgebot getrieben sind, ist es unvermeidlich, daß Dutzende davon unabhängig voneinander zur gleichen Zeit auf die gleiche Idee kommen. Das Wissen, daß dies geschehen wird, steigert ihre Angst nur noch: Ein anderer kommt vielleicht auf ‹deine› Idee, bevor du sie veröffentlichst.

Greenblatt analysiert Angst auf so subtile Weise, weil er und sein Publikum förmlich darin schwimmen. Und sein eigener Diskurs erregt bei seinem akademischen Publikum Angst («Wird die Literatur nicht entwertet? Und wie kann ich in meiner Freizeit bloß noch Historiker werden?») – und lindert sie zugleich («Die Disziplin expandiert, und ich kann alle möglichen neuen eigenen Interpretationen produzieren, wenn ich Literatur und Geschichte auf diese Weise verbinde»). Wie die Semiotik, die Dekonstruktion und der Feminismus unterwirft Greenblatts Historismus einen ganzen Kontinent neuer Texte den Techniken einer imperialistischen Literaturwissenschaft und Interpretationstheorie. Greenblatts Vortrag diskutiert nicht nur eine zur Schau gestellte Macht, sondern praktiziert sie.

Die «mimetische Ökonomie von König Jakobs England» beruht auf dem, was Greenblatt «einen institutionellen Kreislauf von kulturell signifikanten narrativen sprachlichen Äußerungen» nennt. (Das tut selbstverständlich auch das zeitgenössische akademische Wirtschaftssystem.) William Shakespeares *Der Sturm* und William Stracheys *True Reportory of the Wracke* werden jeweils von Aktiengesellschaften produziert, die normalerweise unter königlicher Schirmherrschaft stehen, aber tatsächlich unabhängige Körperschaften sind, die mit Investitionskapital gegründet wurden. Die äußeren Produktionsbedingungen bei diesen Texten sind «korporative und institutionelle». Wie Blayney, so versteht auch Greenblatt jeden einzelnen Shakespeare-Text als Teil einer größeren, korporativen Operation und erhellt den Shakespeareschen Text, indem er ihn neben verschiedene, anscheinend unverbundene nichtliterarische Texte stellt. Beide befassen sich mit der «Soziologie von Texten».

Blayney und Greenblatt zeigen jeweils die Bedeutung des Unbedeutenden. Greenblatt spricht von einem «Netz von Ähnlichkeiten», das die verschiedenen Diskurse im England der Renaissance verknüpft; seine eigene stilistische Strategie des Vernetzens bemüht sich, so viele dieser Ähnlichkeiten wie möglich einzufangen. Dies ist das Zeitalter der Netzwerke: der Computernetzwerke, Massenmediennetzwerke, der persönlichen «Vernetzung», die Konferenzen und Einrichtungen wie das Folger Institute erleichtern. Netzwerke überzeugen uns von der fein gesponnenen Beziehung zwischen anscheinend nicht verbundenen Einzelheiten. Die internationalen Nachrichtenmedien bombardieren uns mit den fernen Nachbeben von Ereignissen auf der ganzen Welt. Das Aussterben einer Spezies bringt die ganze Ökologie durcheinander. In den allgegenwärtigen phantastischen Geschichten von Reisen durch die Zeit lösen Veränderungen bei ein paar trivialen Ereignissen in der Vergangenheit eine Kettenreaktion aus von nicht voraussagbaren Folgen für die Zukunft-Gegenwart. Und die ganz neue «Chaos»-Wissenschaft, so auch Greenblatts, versucht, den Kreislauf zu beschreiben, die Turbulenzen und vieldimensionale Selbstähnlichkeit, die komplexe nichtperiodische Systeme bestimmen.[84] Alles ist mit allem verbunden. Deshalb ist alles für Shakespeare wichtig, und Shakespeare ist wichtig für alles. Shakespeare, die Spitze der umgekehrten Interpretationspyramide, ist zugleich die Spitze eines Trichters, durch den sich die ganze Welt gießen läßt. Und diese Spitze gehört der Literaturwissenschaft.

Honduras

9. September 1929/1986. Den ersten Eintrag in sein Journal, das seine Reise nach Honduras beschreibt, verfaßte Edward Harrison 1929; veröffentlicht wurde es jedoch erst 1986 in Malcolm Evans' *Signifying Nothing*. Laut Evans bestehen beträchtliche Zweifel hinsichtlich der «Authentizität von Harrisons Journal»; es besitze «nicht mehr Autorität oder Wahrheit, als wenn es tatsächlich ein fiktives, literarisches Werk wäre»[85]. Wenn er Harrisons Journal zitiert und analysiert, läßt Evans absichtlich Verwirrung darüber entstehen, ob es vergangene Wirklichkeit oder gegenwärtige Fiktion ist, ob es von Edward Harrison oder Malcolm Evans stammt.

Ob Evans das Journal nun schrieb oder nur fand, er hat sich jedenfalls entschlossen, die Schilderung des Besuchs eines jungen Cambridge-Absolventen in Honduras als kritischen Ausgangspunkt zu wählen; «Harrison tritt auf und bringt Kultur für die Eingeborenen». Aber Harrison, dem es fernliegt, die Leistung der englischen Literatur zu feiern, macht sich daran, «Caliban 300 Jahre später gegen Prospero zu bewaffnen». Wie Greenblatt haben Harrison und Evans die Kolonialgeschichte in und hinter dem *Sturm* im Visier; sie sehen die Wiederholung dieser Kolonialgeschichte, da der englische Imperialismus in aufeinanderfolgenden Wellen nach außen strahlt. Nach einem «Schiffbruch» lassen sich 1638 in Honduras «die ersten britischen Bewohner nieder». Als er sich den Schiffbruch vor Augen ruft, kann Harrison der Versuchung nicht widerstehen, den *Sturm* zu zitieren.[86] Als Stanley 1877 quer durch Afrika marschiert, hat er Shakespeare im Gepäck. Greenblatt im Chesapeake-Becken und Evans/Harrison in Honduras sehen Shakespeare beide als Instrument des Kulturimperialismus und schauen auf die Geschichte seiner Eroberungen zurück aus der Perspektive eines eroberten Volks.

In geographischer Hinsicht ist Evans kein Kolonialbürger; er lehrt an der Polytechnic of North London. Wenn sie der traditionellen Verehrung Shakespeares widerstehen, dann widerstehen Wissenschaftler wie Evans auch der Herrschaft der englischen Oberklasse über die ‹kolonialisierten› Massen von Großbritannien und Irland. Schließlich übte

England seine militärische Hegemonie über die unabhängigen Nationen von Wales, Schottland und Irland aus, bevor es Kolonien in Nordamerika, Honduras oder Afrika errichtete. Malcolm Evans ist zweisprachig, und seinem Buch über Shakespeare stellt er ein Gedicht in walisischer Sprache voran.

Mit ihrer unverschleierten Solidarität mit kolonialisierten unterdrückten Völkern spiegelt Evans' Kritik die lange britische Debatte über eine schottische und walisische partielle Lösung aus dem Vereinigten Königreich wider und die blutigere Frage der Unabhängigkeit Nordirlands. Doch diese britischen Probleme sind Teil einer weiteren internationalen Bewegung, die die Unabhängigkeit und Bewahrung von Minderheitenkulturen durchsetzen will – so die baskischen Separatisten in Spanien, die Palästinenser, die Quebecois in Kanada, die Biafraner in Nigeria und die Maori in Neuseeland. Die Streitigkeiten gehen aus der Epoche der Dekolonialisierung nach dem Zweiten Weltkrieg hervor, als die großen imperialen Strukturen demontiert wurden. Die neue Unabhängigkeit so vieler Völker in der Dritten Welt läuft parallel zur Bürgerrechtsbewegung in den Vereinigten Staaten und zum Kampf für ein Ende der weißen Hegemonie in Rhodesien und Südafrika. Unterdrückte Minoritäten, unterdrückte Majoritäten brauchen gleichermaßen ihre Zeit.

Evans nimmt für die britische Literaturwissenschaft den heroischen Mythos der nationalen Befreiung in Anspruch. Wie so viele Linke heutzutage stellt er sich den Kanon der englischen Literatur als Reich der kulturellen Unterdrückung vor, das es zu zerstören gilt. Er behandelt diesen Kanon als Art Apartheid, die eine künstliche Unterscheidung macht zwischen ‹Literatur› und anderen Diskursformen und letztere dann systematisch zugunsten der ‹Literatur› diskriminiert. Selbst innerhalb der literarischen Eliteklasse begünstigt der Kanon die gebürtigen Engländer auf Kosten der Amerikaner, Kanadier, Australier, Neuseeländer und aller anderen anglophonen Völker der Welt. Obgleich in Indien mehr Menschen diese Sprache sprechen als in jedem anderen Land, hat sich bis jetzt kein Inder Einlaß in diesen Kanon verschaffen können. Shakespeare selbst ist der Schlußstein oben auf dem Triumphbogen der ‹englischen Literatur›; deshalb hofft Evans, daß er mit dem Angriff auf Shakespeare den ganzen Bau zum Einstürzen bringt. Am Schluß eines Buchs über Shakespeare schlägt er vor – so schlau und frech wie Eagleton, der Macbeths Hexen verherrlicht –, Shakespeare vom Lehrplan zu suspendieren und damit Platz zu schaffen für Autoren wie Abiezer Coppe und Gerrard Winstanley. Shakespeare, der Teilhaber an einem kapitalistischen Schauspielhaus, ist der Schutzheilige von korrupten bürgerlichen Werten; Winstanley und Coppe, die radikalen Partisanen des englischen Bürgerkriegs, sind die Verfechter eines aktiven Egalitarismus. Evans feiert die puritanischen Revolutionäre, deren Glaubensbrüder 1642 die Theater schlossen.

Die Puritaner betrachteten die Theater als Instrument einer feindlichen Ideologie; Evans sieht die Institutionen unserer Zeit auf die gleiche Weise. Der fiktive oder wirkliche Tagebuchschreiber Edward Harrison lehrt englische Literatur, und sein *alter ego* Evans, ebenfalls ein ‹angeheuerter Kulturlieferant›, diskutiert naturgemäß Shakespeares Platz im britischen Bildungswesen. Desgleichen analysiert die Hälfte von *Political Shakespeare* – eine einflußreiche Sammlung linker Essays, herausgegeben von Alan Sinfield und Jonathan Dollimore –, wie heutzutage Schule und Theater, Fernsehen und Film von Shakespeare Gebrauch machen. Er ist für konservative Interessen genutzt worden. Shakespeare bedient die herrschende Kultur, und die herrschende Kultur bedient uns mit Shakespeare.

Die britischen Literaturwissenschaftler spüren Shakespeares kulturelle Hegemonie viel stärker als ihre Kollegen in Nordamerika oder auf dem europäischen Kontinent. Die Folge davon ist, daß der Eifer dieser Neomarxisten auf diejenigen außerhalb Großbritanniens leicht hysterisch-engstirnig wirken kann. Die Vereinigten Staaten haben schließlich keine Entsprechung der RSC oder BBC, und das amerikanische Bildungswesen ist stets mannigfaltiger und dezentralisierter gewesen; das amerikanische Selbstverständnis ist das eines Schmelztiegels von Immigranten oder eines Eintopfes aus vielen verschiedenen ethnischen Zutaten. Shakespeare ist zu einem Autor für eine Minderheit geworden, eine politische Randerscheinung. Dennoch dominieren die amerikanischen Literaturwissenschaftler heute die Shakespeare-Kritik, genauso, wie heute Washington, D. C. – nicht London – Honduras dominiert. Uncle Sam hat Macht über Shakespeare, so wie in *Richard III.* der königliche, verwaiste Neffe wenig Einfluß auf seinen gefährlichen Onkel ausübt. Stephen Greenblatt kann sagen, daß ihn «der lebendige Shakespeare», die Kunst, die sich in der Gegenwart unaufhörlich erneuert, nicht interessiert. Sein literaturwissenschaftliches Verfahren nimmt den «toten Shakespeare» auseinander, die Kunst, die Teil eines eingefrorenen Augenblicks der Vergangenheit ist.[87] Doch für Evans, Sinfield, Dollimore und andere linke Kritiker in Großbritannien ist Shakespeare weder lebendig noch tot, sondern beides.

Eine gültige Kritik der Vergangenheit muß deshalb eine Kritik der Gegenwart nach sich ziehen. In seinem Stück *Lear* schreibt Edward Bond Shakespeares Geschichte vollkommen um, verwandelt sie in eine Parabel von gewaltsamer Unterdrückung und gewalttätigem Widerstand. Am Anfang versucht Lear, einen Schutzwall zu bauen (so wie den antifaschistischen in Berlin), am Ende versucht er, ihn niederzureißen. Evans beginnt *Signifying Nothing* mit einer Analyse der Weihnachtsbotschaft von Königin Elisabeth 1982 an den Commonwealth, in der sie den Falkland-Krieg der konservativen Regierung gutheißt. Der letzte Essay in *Political Shakespeare* beginnt mit einer Analyse eines Zeitungsinterviews im Jahre 1983 mit dem konservativen Schatzkanzler, der *Troilus und Gressida* und *Coriolanus* als Beleg dafür zitiert, daß «Shakespeare ohne Zweifel ein Konservativer war»[88]. In einem Essay über *Macbeth* von 1986 vergleicht Alan Sinfield die beiden Ärzte in diesem Drama mit heutigen «konservativen und liberalen» Literaturwissenschaftlern; er kommentiert die «fast unheimliche Ähnlichkeit» zwischen dem gescheiterten Gunpowder Plot 1605, der Shakespeares Stück anerkanntermaßen beeinflußt hat, und dem gescheiterten Versuch der Irisch Republikanischen Armee 1984 in Brighton, das ganze konservative Kabinett in die Luft zu jagen. In einer Vorlesung, die er in Harvard in der Woche im April 1986 hielt, als die amerikanische Luftwaffe Libyen bombardierte, weist Sinfield darauf hin, daß Präsident Reagan wie Macbeth seine Boten sendet, um «die Zitadelle seines Gegners anzugreifen und eines seiner Kinder zu töten»[89].

Sinfield und Dollimore sind die Gesamtherausgeber einer neuen Reihe, die sich mit «Kulturpolitik» befaßt.* Wie jedes andere gesellschaftliche Produkt lassen sich Shakespeares Stücke nicht von den Machtkämpfen der Gegenwart und Vergangenheit trennen: «Kultur ist weder einfach ein Spiegel des ökonomischen und politischen Systems noch kann sie davon unabhängig sein.»[90] Wenn Shakespeare fast immer als Stütze konservativer Positionen gedient hat, dann muß

---

* Sinfield und Dollimore gaben 1988 diese Tätigkeit auf, als die Manchester University Press sich weigerte, einen Band in dieser Reihe herauszubringen, nämlich Simon Shepherds *Positively Gay*. Sie leiden damit unter dem kulturellen Rückschritt, wie ihn Allan Bloom repräsentiert.

man ihn entweder ganz aufgeben oder einen Weg finden, den Umgang mit seinen Texten zu radikalisieren.

Die Befreiung von unterdrückten Klassen, Kulturen und Diskursen erfordert die Befreiung unterdrückter Bedeutungen. Evans führt vor, daß ein anscheinend tautologischer Satz in *Wie es euch gefällt* – «If truth holds true contents» – eine Vielzahl möglicher Bedeutungen hat: Das Wort «truth» («Wahrheit») kann zum Beispiel «troth» («Treue») bedeuten; «holds» kann den neutralen Sinn von «contain» («enthalten») haben und den aktiven von «restrain» («zurückhalten»); «true» («wahr») enthält sowohl «accurate» («genau») als auch «faithful» («getreu»); und «contents» («Inhalt») kann im elisabethanischen Englisch den Inhalt eines Behälters oder Zufriedenheit meinen. Evans fügt diesen lexikalischen Zweideutigkeiten noch grammatische und bühnenpraktische hinzu und berechnet daraus, daß mit den fünf Wörtern 172 verschiedene Anordnungen möglich sind, obgleich nicht alle Kombinationen einen Sinn ergeben. «Wir haben hier Wiederholung, Rückwärtsbewegungen, Tautologie, Unsinn und *reductio ad absurdum*.» Doch wer entscheidet, wie viele Vertauschungen wir erlauben? «Wo und mit welcher Berechtigung zieht man die Grenze, wo die Interpretation dieser Wörter aufhört, einen wahren Gehalt zu besitzen?»[91] Niemand kann und darf das freie Spiel der Signifikanten eingrenzen. Niemand hat das Recht, seine oder ihre Kultur, seine oder ihre Bedeutung einem anderen aufzuzwängen.

Evans' Analyse des Satzes «If truth holds true contents» paßt genausogut auf die institutionelle Situation der zeitgenössischen Shakespeare-Kritik. Was Evans mit einem Satz in *Wie es euch gefällt* macht, das tut S. Schoenbaum in der gleichen Epoche mit der ganzen Shakespeare-Biographie. In *Shakespeare's Lives* – auch hier wieder der bezeichnende Plural – schreibt Schoenbaum eine umfassende Geschichte der Shakespeare-Biographien vom 17. Jahrhundert bis heute. Laut Schoenbaum entwirft jeder Biograph ein Idol mehr oder weniger nach seinem eigenen Bild. Und während Schoenbaum mit heiterem Skeptizismus die Torheiten der Forschung der Vergangenheit schildert, höhlt er geschickt das Zentrum der Shakespeare-Forschung aus, läßt dort ein Vakuum entstehen, eine biographische Aporie, einen Abgrund unendlicher Nichtbedeutung, der all unsere Bedeutungen hervorbringt und verschluckt. In unterschiedlichem Sinn ist Shakespeare für Schoenbaum wie für Evans ein hohler Gott. Doch keiner von beiden vermag der Versuchung zu widerstehen, diese bodenlose Tiefe zu füllen.

11. Oktober 1986. Wir sind bislang davon ausgegangen, daß es, wie viele Bedeutungen er auch haben mag, doch nur einen Text gibt. Diese Annahme besteht seit dem 18. Jahrhundert. Stephen Urkowitz ist dabei, sie umzustoßen.

In seinem Buch aus dem Jahr 1980, *Shakespeare's Revision of «King Lear»*, vertritt Urkowitz die These, daß die beiden frühen Ausgaben des Stücks – die eine, die Nicholas Okes 1608 druckte, und die andere im ersten Folio von 1623 – zwei eigene verbürgte Fassungen darstellen. Seit 1725 haben die Herausgeber Elemente aus beiden Ausgaben für eine umfassende Ausgabe kombiniert, die angeblich Shakespeares eigene und einzige Version des Stücks wiederherstellt. Urkowitz hält das für einen Irrtum; seiner These zufolge hat es nie eine einzige Fassung des Stücks gegeben, hat Shakespeare zwei Fassungen geschrieben, und beide Fassungen ergeben jeweils für sich mehr Sinn als das hybride Produkt der Forschung von zweieinhalb Jahrhunderten. Ähnliche Erklärungen werden bald auch für die Diskrepanz in anderen Fassungen in Umlauf gesetzt. Die neue Oxforder Ausgabe von Shakespeares gesammelten Werken von 1986 bietet dem Leser zwei verschiedene Versionen von *König Lear*, und sie zeigt unterschiedlich gravierende Überarbeitungen in den Sonetten, in *Hamlet, Othello, Troilus und Cressida* und einem Dutzend anderer Dramen. In seinem Referat auf der Berliner Konferenz, «Five Women Eleven Ways», argumentiert Urkowitz, daß noch mehr Texte überarbeitet worden seien.[92] Und auf einer Sondersitzung der New England Renaissance Conference der Renaissance Society of America am Williams College drängt er jetzt sein Publikum, «Shakespeare als Künstler der Überarbeitung» zu sehen.[93]

Diese revisionistischen Theorien auktorialer Überarbeitung zersetzen zwangsläufig den Shakespeare der traditionellen Philologie und Kritik. Zwei Jahrhunderte lang haben Kritiker die Figuren der verschmolzenen Textfassung als einheitliches und stimmiges Ganzes, haben ihren Reichtum an Deutungsmöglichkeiten gefeiert; jetzt tut man sie ab als Maultiere, als unfruchtbare Nachkommenschaft einer viehischen Vereinigung zweier verschiedener Fassungen, die ungleichartige Mischung von Merkmalen notdürftig zusammengeschustert. Und genauso, wie die vielbewunderte Einheit der einzelnen Figuren zerfällt, zerfällt auch die vielbewunderte Einheit der Dramen als Ganzes. Unzählige Kritiker haben die ästhetische Ganzheit der Texte bewundert, die nun als untaugliche Collagen von radikal unvereinbarem Material beschrieben werden, als zusammengestückelt und -geklebt. Und wenn die Einheit des Textes dahin ist, dann ist es auch die Einheit des Autors selbst. Shakespeare konnte sich nicht entscheiden, wie die Geschichte von Lear am besten zu dramatisieren war – oder besser gesagt, er entschied sich mehr als einmal. Shakespeare hatte eine Vielzahl von unvereinbaren Intentionen.

Urkowitz und seine subversiven Kollegen überzeugen nicht jeden. In der gleichen Runde unternimmt G. K. Hunter – einst Kollege von Germaine Greer in Warwick, heute Professor für englische Literatur in Yale – den Versuch, «The Logical Limits of Disintegration», die logischen Grenzen der Auflösung zu definieren. [94] Sein Referat ist «keine Verteidigung der traditionellen Textfassung von *König Lear*», denn der Text, so Hunter, «bedarf keiner Verteidigung». [95]

Das Duell zwischen Urkowitz und Hunter ist eine Wiederauflage einer früheren Konfrontation auf einer anderen Konferenz am anderen Ende von Massachusetts. Im April 1980 kommt die alljährliche Konferenz der Shakespeare Association of America in Cambridge zusammen und befaßt sich im Seminar zu Textfragen mit *König Lear*. Auf diesen Konferenzen der SAA sitzen ungefähr ein Dutzend angemeldeter Teilnehmer an einem Tisch, doch beliebig viele andere dürfen die Diskussion verfolgen. In diesem Jahr lockt das Textseminar eine größere Zuhörerschaft an als jemals zuvor oder danach; zum erstenmal versammelt es vier radikale und noch relativ unbekannte Exponenten der Revisionsthese: Urkowitz, Randall McLeod, mich selbst und Michael Warren.* Den Anreiz für dieses Seminar gab Warren, der vier Jahre zuvor auf dem Shakespeare-Weltkongreß in Washington bereits für eine Gabelung der traditionellen verschmolzenen Textfassung von *König Lear* eingetreten war. [96]

Der Seminarleiter, G. B. Evans aus Harvard, der Herausgeber der Riverside-Ausgabe, bittet drei geachtete Literaturwissenschaftler um einen Kommentar zur Arbeit dieser emporgekommenen Revisioni-

---

* Ein Ausdruck der extremen Feindseligkeit, welche die Arbeit der Revisionisten erzeugt hat, ist die Tatsache, daß, als das Journal der *Modern Language Association* 1975 Michael Warrens Seminarreferat über *King Lear* ablehnte, der Lektürebericht zu dem Schluß kam, daß «dieser Artikel nirgendwo veröffentlicht werden sollte».

sten: Hunter aus Yale, Wells aus Oxford und den angesehenen Bibliographen und Herausgeber George Walton Williams aus Duke. Wells
und Williams verkünden beide ihre Konversion zur Sache des Revisionismus, das tut auch ein weiterer Teilnehmer, Thomas Clayton von
der Universität Minnesota. Hunter, ein überzeugter Vertreter der orthodoxen Tradition, die seit Jahrhunderten besteht, sieht sich plötzlich
vom Feind umringt und eingeschlossen.

Wie in allen wirklich guten Dramen erzeugt die Peripetie Aufregung; den revisionistischen Standpunkt schmückt sofort die intellektuelle Aureole, die David durch den Sieg gegen Goliath gewann. Seine
neue akademische Glaubwürdigkeit entspringt dem klassischen Thea-
termoment der Erkenntnis. Die unerwarteten Konversionen von
Wells, Williams und Clayton bieten Teilnehmern und Zuhörern ein
zwingendes Modell des *dénouement*: Plötzlich fällt es mir wie Schuppen
von den Augen, und ich erblicke das Licht. Gleichzeitig erkennen die
Revisionisten selbst – wie ein Theaterpublikum, das an einem Ort versammelt ist und auf den gleichen Reiz gleich reagiert –, daß sie eine
einheitliche und daher potentiell mächtige Gemeinschaft bilden. Die
Revisionisten erkennen ihre eigene Stärke, auch die Zuhörer erkennen
diese Stärke, und die Revisionisten erkennen wiederum, daß die Zuhörer sie erkennen. Unmittelbar aus diesem Seminar geht eine Essaysammlung hervor, *The Great Division of Kingdoms: Shakespeare's two
Versions of «King Lear»*, herausgegeben von Warren und mir. Diese
Sammlung wird sofort als Manifest der neuen Bewegung begrüßt und
attackiert. Ihre Wirkung ist zum Teil zurückzuführen auf das gleiche
Gefühl einer gemeinschaftlichen Potenz, das auf dem Seminar 1980
eine so wichtige Rolle spielte. Sie bringt Beiträge zusammen von elf
verschiedenen Revisionisten aus Großbritannien, Nordamerika und
Neuseeland und offenkundig auch eine ebenso große Auswahl von li-
teraturwissenschaftlichen Ansätzen. Zufälle tun das Ihre, um das neue
Gemeinschaftsgefühl zu stärken. Urkowitz' Buch über *König Lear*, ein
weiteres Buch über das gleiche Thema von Peter Stone und mein Essay
«The War in *King Lear*», die sämtlichst die traditionelle verschmolzene
Textfassung anzweifeln, erscheinen alle 1980, in dem Jahr, als das Seminar stattfindet. [97] Die Cambridge University Press bringt 1982 Peter
Blayneys großes Buch über *The Texts of ‹King Lear›* heraus, dem folgt
1983 bei der Oxford University Press das große Buch über *The Division of Kingdoms*.

Mit der These, daß Shakespeare sein Werk umschrieb, schreiben die

Literaturwissenschaftler wiederum die gültigen Paradigmen der editorischen und kritischen Praxis um. Ihr kollektiver Anschlag auf eine zweihundertjährige Geschichte der Shakespeare-Texte tut mehr, als Hunderte von Versen und Bühnenanweisungen in einem Dutzend Dramen zu verändern oder umzustellen. Der Revisionismus betont, daß Texte gemacht werden, sich entwickeln – sie entspringen nicht, vollkommen und unveränderlich, einem Geistesblitz. Der Autor gestaltet den Text über eine bestimmte Zeit hinweg; zu einem späteren Zeitpunkt, als Reaktion auf interne oder externe Stimuli, gestaltet er ihn noch einmal um. Die umgeschriebene Fassung entspringt einer Art postumen Zusammenarbeit zwischen dem verschiedenen jüngeren Selbst und dem noch lebenden älteren. Später gestalten die Herausgeber des 18. Jahrhunderts den Text ein weiteres Mal um. Danach erfährt er weitere kleine Änderungen, obgleich die allgemein gültige Struktur heil bleibt. Und jetzt erleben wir, wie der Text ein weiteres Mal grundlegend verändert wird.

Wie schlüssig auch immer Hunters Argumentation sein mag, allein die Tatsache, daß er hier ist – in Williamstown, in der Diskussion über Urkowitz –, stärkt Urkowitz' Position. Die Zuhörer können selbst sehen, daß es inzwischen mindestens zwei Fassungen von *König Lear* gibt: Hunters und Urkowitz'. Keiner erkennt die Legitimität des anderen an. Die Debatte selbst zeigt, daß Shakespeares Text ein umkämpfter Ort ist, daß das, was wir lesen, von Leuten wie Hunter oder Urkowitz entschieden wird. Der Text, der für selbstverständlich gehalten wurde, ist jetzt zu etwas geworden, was man diskutiert, über das es also eine Entscheidung zu treffen gilt. Deshalb ist er schon immer eine Sache der Entscheidung gewesen und wird es immer bleiben. Shakespeare selbst kann nicht am Ende einer Sitzung auf die Bühne kommen und sich für Urkowitz oder Hunter aussprechen. Deshalb sind wir es, die Zuhörer, die die Wahl treffen. Das Wesen der Situation zeigt jedem Anwesenden, daß Shakespeares Text ein zeitgenössisches Gemeinschaftskonstrukt ist.

Hunter hat seinen Zuhörern nichts Neues zu bieten; in einer geistigen Volkswirtschaft, die auf der permanenten Produktion von Neuheit basiert, steht er für einen alten Text. Doch indem die Revisionisten die Zahl der Texte von *König Lear* (oder *Hamlet* oder *Othello*) verdoppeln, verdoppeln sie mindestens das Potential für die Interpretation. Auf einen Schlag machen sie alle existierenden Interpretationen zu Verdächtigen: Sie müssen im Licht der neuen Theorie noch einmal besehen werden. Gleichzeitig bieten sie den Kritikern zwei frische neue Texte, wo sie bisher nur einen alten, faden Text zu interpretieren hatten. Außerdem schafft die Verdopplung von *König Lear* noch einen dritten Gegenstand des Interesses, einen nicht-materiellen Text, der potentiell noch faszinierender ist als die beiden materiellen. Die Kritiker bekommen nicht nur zwei wiederentdeckte, wiederhergestellte unabhängige Texte zu interpretieren, jeder für sich bereits ein Kunstwerk, sie können – und tun das – auch die Unterschiede zwischen ihnen interpretieren. Eine ganz neue Technik zur Produktion neuer Deutungen alter Stücke wird ihnen geboten: das, was Randall McLeod «differentielle Lektüre» nennt, das Lesen «zwischen den Texten»[98].

McLeod selbst ist mit einer feministischen Photographin verheiratet. In seinem Beitrag zu *The Division of the Kingdoms* argumentiert er, daß die umgeschriebene Fassung von *König Lear* Goneril positiver gestaltet, als die Kritiker gesehen haben; Beth Goldrings Essay vertritt die These, daß die zweideutige Bühnenanweisung *«Alb.Cor.»*, die männliche Kritiker bislang universell als «Albany und Cornwall» interpretiert haben, statt dessen «Albany und Cordelia» vereint. Urkowitz stellt fest, daß «einige der auffälligsten Beispiele» textueller Varianten «bei der Charakterisierung der weiblichen Figuren auftreten»[99]. Die Revisionisten privilegieren, das haben sie mit den Feministinnen gemein, die Differenz.

Unsere neue Sensibilität für den Akkumulationseffekt solcher scheinbar winzigen Unterschiede hat sich ganz natürlich aus dem Bewußtsein einer Vernetzung entwickelt, wobei unkalkulierbar alles mit allem verknüpft wird; wie die Chaoswissenschaftler verkünden, wohnt komplexen Systemen «eine sensible Abhängigkeit von Initialbedingungen» inne, so daß geringfügige Veränderungen riesige Konsequenzen nach sich ziehen können. 1973, in dem Jahr, als Peter Blayney mit seiner Arbeit an *The Texts of ‹King Lear›* beginnt, treten jeden Abend die beiden Hauptdarsteller in John Bartons viel gepriesener und einflußreicher Inszenierung der RSC von *Richard II.* vor der Aufführung vor das Publikum und entscheiden (oder besser gesagt tun so), wer Richard und wer Bolingbroke spielen soll. 1980, als in Cambridge das Seminar über *König Lear* stattfindet, kann das Publikum im National Theatre Alan Ayckbourns neue(s) Stück(e) *Sisterly Feelings* in vier verschiedenen Versionen sehen: Einfache Entscheidungen der Figuren produzieren komplexe Variationen in der Handlung, und wenn wir viermal ins Theater gehen, können wir die Folgen jeder Alternative sehen. Ian Richardson oder Richard Pasco als Richard II., die zwei verschiedenen Schlüsse von *König Lear*, die vier austauschbaren Angebote von Ayckbourns Komödie – die einzelnen Fassungen werben mit ihrer Differenz, während sie ihre Gleichberechtigung erklären. «Man zahlt sein Geld und hat die Wahl.»

Was geschah, als Shakespeare *König Lear* fertigstellte? Der traditionellen Geschichte zufolge überarbeitete er niemals ein Werk, also schlug er das Heft zu, nachdem er die letzte Seite geschrieben hatte – und das war's. Doch immer weniger Kritiker glauben an Abgeschlossenheit. Shakespeare mag irgendwann das Heft zugeschlagen haben, aber er konnte es wieder aufschlagen, wann er nur wollte. Es gibt kein jüngstes Gericht mehr. Man kann gegen die Verurteilung Berufung einlegen, man kann seine Exfrau wieder heiraten. Selbst der Tod ist nicht länger endgültig; wir beleben die Toten wieder, wir schließen sie an die Beatmungsmaschine an, wir unterscheiden zwischen Herz- und Hirntod. Roman Polanskis Film über *Macbeth* schließt mit einer hinzugefügten Szene, in der Malcolm die Hexen aufsucht, und beginnt damit von neuem, was gerade zu Ende gegangen zu sein scheint. Peter Brooks Film endet mit dem Donner eines nahenden, zurückkehrenden Sturms. Für mich beginnt das Jahr 1986 mit einer Vorführung von Kurosawas Film *Ran*; die japanische Adaption von *König Lear* endet mit dem Bild eines blinden Manns, der am Rande eines Kliffs steht.

Abgeschlossenheit privilegiert einen beliebigen Moment eines Kontinuums von gleichen Intervallen. Terence Hawkes fragt: «Wann kommt denn das Stück zum Schluß?» Endet *Hamlet*, wenn «der Dialog aufhört und wenn die Soldaten die Leichen wegtragen und die Musik und die Kanonenschläge zu hören sind?». Nein, antwortet er; «dann kommt noch Applaus», und dann «die Verbeugungen», die «die Schauspieler proben», genauso wie sie das Skript des Autors proben. Wenn wir einen dieser Momente als «Ende» auswählen, dann schließen wir damit andere künstlich aus. Und dieses Mißtrauen gegenüber einer arbiträren Abgeschlossenheit betrifft nicht nur das Ende, sondern auch den Anfang, denn der Beginn eines Zustands beendet notwendigerweise einen anderen. Die Geburt ist für uns so problematisch geworden wie der Tod: An welchem beliebigen Punkt wird der Fötus zu einem Menschen? Entsprechend fragt Hawkes sich auch, wann *Hamlet* beginnt. «Ist es, wenn der erste Posten auf die Bühne kommt? Oder hat das Stück vor unserem geistigen Auge bereits begonnen, wenn wir das Theater betreten?» Nein. «In unserer Gesellschaft», schlußfolgert er, «hat *Hamlet* aus vielschichtigen gesellschaftlichen und historischen Gründen immer schon begonnen.» [100]

Der Anfang von *Hamlet* ist immer ein Wiederanfang. Dieser Grundsatz trifft selbst auf Shakespeare zu. Er schreibt den verschollenen *Hamlet* eines anderen um, so wie er für seinen *König Lear* das Drama *King Leir* eines anderen umschreibt: Das First Folio ist dann die umgeschriebene Fassung der Second Quarto-Ausgabe von *Hamlet*, die First Folio-Ausgabe von *König Lear* die umgeschriebene Fassung des Quartos von König Lear. Alles Schreiben ist ein Umschreiben.

Paris

8. Januar 1986. Zurück in die Vereinigten Staaten. *Shakespeare's Perjured Eye*, das den James Russell Lowell-Preis des Jahres 1986 der MLA gewinnen wird, erscheint heute bei der University of California Press. Doch der Autor, Joel Fineman, Gastprofessor für englische Literatur in Berkeley, ist zu einem Forschungsaufenthalt in Paris. Auch der Regisseur Peter Brook ist dort; nach seiner vielgepriesenen Inszenierung vom *Sommernachtstraum* bei der Royal Shakespeare Company gründet Brook 1970 in Paris das Centre International de Recherche Théâtrale. Shakespeare hatte seine Familie in Stratford und sein Theater in London; für mehr als ein Jahrhundert nach der Restauration war Paris die Hauptstadt einer kritischen Richtung, die Shakespeare entschieden ablehnte. Was also zieht heute Shakespeare-Forscher nach Paris, in diese Stadt der unangebrachten Erwartungen?

Im frühen 20. Jahrhundert lebten in Paris Ernest Hemingway, James Joyce, Ezra Pound, Gertrude Stein, Marcel Proust, Pablo Picasso und die Künstler der Ballets Russes. In der zweiten Hälfte des Jahrhunderts sind die dominanten Figuren der Kultur Jacques Derrida, Michel Foucault, Jacques Lacan und Claude Lévi-Strauss, diese Bande von «Pariser Heideggerianern», die Allan Bloom so verabscheut. Die Namen auf der alten Liste sind Künstler, auf der neuen sind es Interpreten. Die kritische Gemeinschaft als Ganzes liest und debattiert diese Autoren begeisterter, erregter und kontroverser als jeden zeitgenössischen Dichter, Romancier oder Dramatiker.

Aber sie haben lange gebraucht, um direkt auf die Interpretation von Shakespeare einzuwirken. Obgleich diese fünf Figuren in den 60er Jahren in Frankreich eine Art intellektueller Hegemoniestellung erlangen, dringt doch ihre Technik erst in den 8oer Jahren zu Shakespeare vor. Die Shakespearianer eilen den neuen Theorien nicht gerade entgegen, und die neuen Theorien sind woanders beschäftigt. Lévi-Strauss ist Anthropologe, Derrida Philosoph, Foucault ist Geschichtsphilosoph und Lacan Psychoanalytiker; nur Barthes ließe sich als Literaturwissenschaftler klassifizieren. Shakespeare hat nie im Zentrum der Kultur gestanden, der diese Männer angehören, und er bleibt peripher für ihr Denken und Werk. Selbst Fineman, der mit Lacans genereller Theorie mehr arbeitet als jeder andere Shakespeare-Kritiker, gibt zu, daß «Lacans Kommentare zu Shakespeare oft enttäuschend sind»[101]. Außerdem ist die erste Generation von amerikanischen Literaturtheoretikern, die sich mit den französischen Philosophen verbündet – Geoffrey Hartman, Paul de Man, J. Hillis Miller –, auf romantische und moderne Literatur spezialisiert. Nur allmählich reichen die Gebietsansprüche der neuen Theorie bis an das Terrain der Renaissance heran.

Mit Fineman tritt die Postmoderne Shakespeare entgegen. Im weiteren Verlauf des Jahres 1986 veröffentlicht Jonathan Goldberg *Voice Terminal Echo*, einen Band von Essays, die, wie der Untertitel besagt, die Postmoderne zu Texten der englischen Renaissance in Bezug setzen wollen. Derselbe Ehrgeiz verbirgt sich hinter den im gleichen Jahr erschienenen *Literary Theory / Renaissance Texts*, herausgegeben von Patricia Perker und David Quint. Doch historisch gesehen spielt dieses Zusammentreffen vielleicht eine kleinere Rolle als seine Verspätung. Von Dryden bis Eliot hat jede frühere Revolution in der englischen Literaturtheorie und -praxis von Anfang an Shakespeare die Stirn geboten oder ihn sich angeeignet. Für die heutige Revolution ist Shakespeare ohne Bedeutung gewesen. Mitte der 8oer Jahre sind Barthes, Foucault und Lacan bereits tot und Lévi-Strauss verstummt.

Eine vergleichbare Zeitverschiebung macht den meisten Seminaren für postmoderne Shakespearotik zu schaffen. Die kritische Technik und das Vokabular von britischen Linken wie Alan Sinfield und Jonathan Dollimore stammt von einer älteren Generation marxistischer Kritiker wie Raymond Williams und Stuart Hall, die keine Spezialisten für die Renaissance sind. «Es ist signifikant», wie Sinfield bemerkt, «daß die Propheten nicht von Shakespeare herkommen.»[102] Damit, daß sie die Tatsache der auktorialen Überarbeitung und die Implikationen für Edition und Kritik anerkennen, wenden die Textrevisionisten der 8oer Jahre außerdem endlich Vorstellungen und Prozeduren auf Shakespeare an, die bereits seit langem die Forschung zu anderen Autoren bestimmen. Selbst Bloom – der uns in Shakespeares Namen vor ausländischen Einflüssen warnt – bemerkt, er verdanke «die Idee» für seinen Essay über *Julius Cäsar* «ursprünglich Leo Strauss»[103], dem *Shakespeare's Politics* gewidmet ist. Strauss war ein deutscher Jude, der 1938 in die Vereinigten Staaten emigrierte. Shakespeare führt nicht länger, er holt auf. Er verliert bereits seine zentrale intellektuelle Stellung.

Finemans These gründet auf seinem Gespür für Shakespeares Verspätung in seiner eigenen Zeit. Shakespeare schreibt seine Sonette am Ende einer langen Welle europäischer Sonettdichtung, die bis auf Petrarca zurückgeht, und einer jüngeren englischen, die Sidney initiierte. Dementsprechend

«... ist, als Shakespeare seine Sonette verfaßt, die literarische Lebenskraft dieser traditionellen Epideixis... bereits in beträchtlichem Maße erschöpft... Diese Erschöpfung ist eine entscheidende Tatsache für die Literaturgeschichte, denn als Shakespeare seine Sonette zu schreiben beginnt – lange nach dem, was selbst Sidney in der Geburtsstunde des elisabethanischen Sonetts die ‹lang verblichenen Leiden des armen Petrarca› nennt –, da hat die Dichtung der Lobpreisung schon so viel ihrer ursprünglichen und traditionellen Kraft verloren, daß Shakespeare nicht mehr so einfach eine dichterische Ausdrucksform verwenden kann, die er dennoch als feststehend begreifen muß. Dies ist die allgemeine Situation, die Shakespeare dazu bringt, eine neue Poetik in seinen Sonetten zu entwickeln...»

Dies ist ebenso, wenn Fineman es auch nicht sagt, die allgemeine Situation eines Shakespeare-Kritikers im späten 20. Jahrhundert: Wie kann man überzeugend besingen, was schon so viele besungen haben? Der traditionelle Dichter (oder Kritiker) erfährt und bietet uns eine Vision: der verspätete Dichter (oder Kritiker) erfährt und bietet uns eine Re-Vision, ein Neu-Schreiben des Alten, ein Umschreiben.

«Shakespeare schreibt über dieses Thema neu im Medium des epideiktischen Paradoxon... Das ‹neu› daran zu betonen ist wichtig, denn es ist ein Teil dessen, was ich hervorheben möchte: Sowohl die Neuheit als auch die Wirkung von Shakespeares Sonetten beruhen nämlich in beachtlichem Maße darauf, daß aufgrund der Art, wie sie betonen, daß sie das Alte wiederholen und dabei eine Differenzierung zu diesem schaffen, sie sichtlich die epideiktische Tradition duplizieren, in deren Nachfolge sie stehen.»[104]

Die postmoderne Forschung bestärkt zur gleichen Zeit Finemans kritische These. John Kerrigans Ausgabe von 1986 druckt und bespricht die Textvarianten mehrerer Sonette. Kerrigan – ein früher Verfechter der

These, daß Shakespeare *König Lear* umschrieb – kommt zu dem Schluß, daß, obgleich die meisten Sonette in den 90er Jahren des 16. Jahrhunderts entstanden, Shakespeare sie nach 1603 für eine gesammelte Ausgabe umschrieb und umstellte. Die privaten Panegyriken von 1590, die in Manuskriptform unter seinen Freunden kursieren, werden ein öffentlicher, gedruckter, «rekapitulierender jakobäischer Liebesdienst», bewußt anachronistisch – in denen auffälliger- und ironischerweise die Leser nie den Namen dessen erfahren, den Shakespeare besingt.[105]

Shakespeare, der sich am Ende einer erschöpften Tradition sieht, schreibt das Sonett neu. Die Shakespearianer, die in ihrer eigenen Überfülle versinken, schreiben erschrocken die Kritik neu. Stanley Wells verfaßt *Re-editing Shakespeare for the Modern Reader*, Terry Eagleton verfaßt ein Buch in einer Reihe, die sich *Rereading Shakespeare* nennt, E. A. J. Honigmann verfaßt «Re-enter the Stage-Direction» («Die Regieanweisung tritt wieder auf») für den *Shakespeare Survey*. (Gary Taylor schreibt *Reinventing Shakespeare*, also *Shakespeare – Wie er euch gefällt*.) In den 80er Jahren lesen und verfassen Shakespearianer Essays in Sammlungen mit Titeln, die das Um- und Neuschreiben, die Revision betonen, wie *Representing Shakespeare, Shakespeare Reproduced* und *Rewriting the Renaissance*.[106] Shakespeare, das ungebildete, unverbildete Original der romantischen Dichter, wird zu einem sich selbst bearbeitenden und wiederauflegenden Wieder-Erzähler der Postmoderne.

Diese neu- und umgeschriebenen Texte bedürfen mehrfachen Wiederlesens, erneuter Lektüre, wollen sie überhaupt verständlich sein, doch es lohnt sich. «Dem Sonett als Form», wie Kerrigan bemerkt, «läßt sich am geeignetsten in einem kritischen Apparat beikommen.» Der 400 Seiten lange «analytische Kommentar» von Stephen Booths Ausgabe von *Shakespeare's Sonnets* – die 1977 den gleichen Preis gewann wie Finemans Buch über die Sonette ein Jahrzehnt später – entknäuelt eine verwirrend dichte Vielschichtigkeit von Bezügen (und näht sie wieder zusammen) in den Gedichten, die wir einst als durchsichtiges Fenster zu Shakespeares Herz zelebrierten. Booths Kommentar macht die Sonette schwerer zu lesen als je zuvor. Zehn Jahre später läßt John Goldberg absichtlich den «literarischen Takt» vermissen: Er macht seine eigene Kritik der Gedichte so schwer lesbar wie die Sonette bei Booth:

«Der innere / ewige Text des 122. Sonetts ist eine Differenz produzierende Wiederholung all dessen, was schon geschrieben worden ist; der Geist ist ein Ort, der schon vorher darauf eingerichtet ist, den Eindruck der geliebten Gestalt zu empfangen. Der zweite Vierzeiler zeichnet die Ewigkeit nach, entzieht sie («oder zumindest...»), der Status von Gedächtnis und Texten als das, was bleibt, tritt an die Stelle des ewigen Denkmals – Zeitlichkeit, und damit die Gegenwart/Anwesenheit des Textes/Geistes (kurz, der ‹Natur›) als Erosion, Tilgung, Vergeßlichkeit. ‹Gelöschtes Vergessen›, ist das scheinbare Ende (das Hegelsche *telos*) dessen, was bleibt.» [107]

Vergleicht man Goldbergs Prosa mit Bradleys, dann bekommt man eine Vorstellung davon, was für einen radikalen Wandel die Shakespearotik in den letzten 80 Jahren durchlaufen hat. Goldberg schreibt nicht so, weil er töricht oder unfähig ist. Sein Stil – das teilt er mit Fineman, Derrida, Lacan, Barthes und Foucault – ist absichtlich verschlungen und voller Hindernisse. Er traut der Sprache nicht. Sprache ist trügerisch, und ihr trügerischer Charakter – die Flucht des Signifikanten – ist zum Brennpunkt der zeitgenössischen Philosophie geworden, von Wittgenstein über Austin bis hin zu Derrida.

Dieses Mißtrauen gegenüber der Sprache fasziniert und motiviert die kreisende Behutsamkeit von Finemans Stil; ihm zufolge motiviert sie jedoch auch die Originalität von Shakespeares eigenem Stil. Dichter und Kritiker ringen beide mit Proteus, mit der unendlichen Formbarkeit sprachlicher Zeichen:

«Es ist dieses visionäre Subjekt, das seinem Objekt, sich selbst und der Sprache, die es spricht, vollkommen gegenwärtig ist, welches Shakespeare neu schreibt, indem er die visuelle Poetik der Lobdichtung umarbeitet. Kurz gesagt, ich möchte behaupten, daß Shakespeare in seinen Sonetten sein Ideal und die idealisierende Charakterisierung einer visionären Sprache – ‹Mit Augen hören ziemt der Liebe seinem Wesen› (23. Sonett) – durch eine andere Sicht ersetzt, die Sprache als etwas korrumpierend Linguistisches charakterisiert statt als einen idealen Spiegel, als etwas doppelzüngig Verbales also, im Gegensatz zu dem einen Bild. Die Folge ist eine Poetik der doppelten Zunge anstelle einer Poetik des einen und einsmachenden Auges, eine Sprache des verdächtigen Wortes anstelle einer Sprache der wahren Anerkennung.» [108]

«Die Wahrheit der Sprache ist, daß sie, verglichen mit der Anschauung, falsch ist.» Diese linguistische Doppelzüngigkeit erfüllt Shakespeares Bewußtsein der «Dichte und Struktur der Sprache». Kerrigan nennt es «die Verlogenheit der Metapher», Fineman die «‹Sprachhaftigkeit› der Sprache». [109] («Das Wort wird trübe,/Zum dampfenden Wald erhebt die Krä' den Flug». [110])

Wie Booth und Greenblatt lehrt auch Fineman in Berkeley, und sein Gespür für die zähflüssige und heimtückische Materialität der Sprache teilt er mit einer neuen Generation von Dichtern im Umfeld von San Francisco. Das Jahr Finemans ist auch das Jahr Sillimans. Ron Sillimans Anthologie amerikanischer ‹Sprachdichtung› *In the American Tree* zelebriert ein literarisches Genre, das Handlung, Syntax und Wirklichkeitsbezug aufgibt und sich statt dessen dem ‹Wort als solchem› zuwendet oder das Wort als solches zerlegt in eine Collage von zergliederten Graphemen. «Sprache erscheint als Material, das auf eine Oberfläche gegeben wird; die Analogie dazu ist das Malen.»[111] *«Ich hasse das Sprechen»*, so fängt Sillimans Einleitung an, und dieser Satz wäre genauso gut geeignet als Einleitung zu Derridas Angriff auf den Phonozentrismus der abendländischen Philosophie oder als Titel für Mark Medoffs prämierten Film über Taubheit, *Children of a Lesser God*. Ebenso könnte er als Motto für das Werk von Randall McLeod dienen, einem Vertreter der konkreten Poesie und inzwischen auch Textkritiker, der manchmal mit Random Cloud, Geratewohl Wolke, unterzeichnet.

McLaut haßt die gesprochene Sprache nicht mehr als Derrida oder Silliman, aber wie sie spricht er in typischer, typographischer und typologischer Art über das Unaussprechliche, das unsäglich Unsagbare. «Der Text wird als bildliches Muster erfahren, bevor er *logos* ist.» McLabstrus beharrt darauf, daß wir *«Shake-speares Sonette»* nicht richtig verstehen können, wenn wir sie nicht in dem ursprünglichen Buch dieses Titels lesen, das George Eld 1609 druckte. Auch Kerrigan betont die physische Unverfälschtheit der Sammlung aus dem Jahre 1609 – dazu zählen, wie zu seiner eigenen Ausgabe, nicht nur die Sonette, sondern auch *Der Liebenden Klage*. Kerrigan zeigt, daß die Sonettfolgen in der englischen Renaissance oft mit einer narrativen Koda enden. Aber McLeib geht noch weiter: In seinen Augen sind alle späteren Ausgaben «Übersetzungen» oder «Verbrämungen» in moderne graphische Konventionen, anachronistische Konventionen, die «genau das Medium der englischen Literatur der Renaissance negieren und frustrieren». Sie entstellen («dis-figurieren», wenn man das Wort beim Wort nehmen will) das ursprüngliche «textuelle Ikon», indem sie «seine Körper-Sprache» verändern.[112]

Sillimans Anthologie enthält ein Stück von Bruce Andrews mit dem Titel *Misrepresentation*, das «(*Ein Text für den* Tennissport-Eid *von John Ashberry*)» ist. Dieser Text durchbricht absichtlich die Grenze zwischen Lyrik und Prosa, Zitat und Komposition, Lesen und Schreiben. Im Akt der eigenen Textproduktion nimmt Andrews Ashberrys Text auseinander, zitiert und echot ihn. Noch einmal Lesen heißt Neuschreiben: die Mauer zwischen Deutung und Komposition, Sekundär- und Primärliteratur wird niedergerissen. Wenn die Literatur nur eine von vielen ebenbürtigen Diskursformen ist, dann ist das auch die Kritik, und letztere braucht ihre Untertänigkeit gegenüber der Literatur nicht länger aufrechtzuerhalten. Forschungsliteratur mag für eine kleine, spezialisierte Leserschaft produziert werden, aber das gilt auch für den größten Teil der modernen Kunst. In einem anderen Beitrag für Sillimans Anthologie beschreibt Steve Benson die Situation der zeitgenössischen Dichtung in Begriffen, die auch auf die zeitgenössische Kritik übertragbar sind:

«Der Gemeinplatz, die einzigen, die heutzutage Lyrik lesen, seien selbst Lyriker, wird so eher als Möglichkeit denn als Beschränkung verstanden: Der Leser gilt nicht als Konsument der Erfahrung, die das Gedicht trägt, sondern als ein weiterer Autor, der streitsüchtig am Werk teilhat und bereitwillig Rechenschaft geben kann über die Nutzung des Mediums, zu dem der Autor sich gedrängt fühlt.» [113]

Die Sekundärliteratur ernährt sich von früheren Texten; doch auch die Primärliteratur tut das. Einer Generation von Kritikern wie Northrop Frye zufolge ist die Literatur ein in sich geschlossenes System, in dem Texte andere Texte hervorbringen, ohne Kontamination durch die ‹wirkliche› Welt. Wie können wir in diesem Gespräch zwischen Texten die Stimme der Literaturkritik von der Stimme der Literatur selbst unterscheiden?

Die zwei Stimmen sind so oft die gleichen – Jonson, Dryden, Pope, Johnson, Coleridge, Eliot –, und so oft sagen sie das gleiche. Ein ganzes kritisches Subgenre beschreibt Shakespeares Stücke als ‹Metadramen›: Jedes Stück ist ein Kommentar, eine Kritik des Wesens des Dramas. In einem weiteren kalifornischen Buch, das 1986 erschien, vertritt James L. Calderwood die These, Shakespeare habe *Macbeth*, als er es schrieb, «systematisch» *Hamlet* «entgegengestellt», absichtlich einen «verkehrten», einen «Gegen-*Hamlet*» produziert. Gleichzeitig sei Shakespeares großes Thema in *Macbeth* das «Wesen des tragischen Geschehens»; dieses sei «nicht nur ein Darstellungsmittel, eine Weise, die Taten des Helden zu ordnen, sondern auch Gegenstand der Darstellung». [114] *Macbeth* ist so ein Text über *Hamlet* (wie Calderwoods letztes Buch *To Be and not to Be*) und über «Tragisches Geschehen» (so der Titel von Calderwoods aktuellem Buch). Der Dichter Shakespeare interessiert Calderwood genau in dem Maß, wie er sich als ein Kritiker verhält.

Und gleichzeitig beginnen wieder Dramatiker, Shakespeare umzuschreiben, wie in der Restaurationszeit und im 18. Jahrhundert. Charles Marowitz, der die große Ansprache auf der Konferenz in Stratford 1986 hält, verfaßt seine eigenen Adaptionen, *A Macbeth* und *The Shrew*, indem er Fragmente von Shakespeares Text jeweils zu einer neuen, bewußt subversiven Collage anordnet. John Barton, der ein Plenumsreferat auf der Berliner Konferenz hält, gestaltet für die RSC die epische Dramatisierung der *Wars of the Roses*, drei Dramen, die eine Mischung darstellen von Auszügen aus vier Dramen Shakespeares und ungefähr tausend Zeilen einer Bartonschen Pastiche. Peter Brook beauftragt den Lyriker Ted Hughes, *König Lear* in moderne englische Dichtung zu ‹übersetzen›. *Rosencrantz and Guildenstern are Dead* stellt archaische Ausdrücke an die Seite von zeitgenössischen – «ein bißchen von Shakespeare», wie der Autor Tom Stoppard erklärt, und dann «ein bißchen von mir, ein bißchen mehr davon, ab mit mir, ein bißchen Shakespeare drauf»[115]. Desgleichen beruhen Bonds *Lear* und Kurosawas *Ran* auf *König Lear* und rebellieren zugleich gegen ihn. In Eugène Ionescos *Macbett* verkleideten sich zwei häßliche Hexen als Duncans schöne Frau und ihre Kammerzofe; Macbett und Banquo sind bisweilen auswechselbar, bringen die gleichen politischen Sprüche hervor, die Glamiss und Candor benutzen; am Schluß, als Macol Macbett besiegt hat, fängt er an, aus Shakespeares Text zu zitieren, verspricht, er werde «Der Eintracht süße Milch zur Hölle gießen»[116]. Wie Davenants Londoner *Macbeth* vermischt Ionescos Pariser *Macbett* untrennbar Literatur und Kritik, Vergangenheit und Gegenwart. Solche Adaptionen unterscheiden sich ganz bewußt von Shakespeare, und mit diesem Akt trotziger Ehrerbietung verkünden sie die *liberté, égalité, fraternité* des Diskurses.

Silver Spring

Mai 1987 bis Januar 1989. Wenn Sie ein einziges symptomatisches Exemplar der Shakespearotik im späten 20. Jahrhundert suchen, dann tut es das Buch, das Sie gerade lesen, so gut wie jedes andere. Es wäre arrogant, andere zu historisieren, ohne zumindest den Versuch zu unternehmen, auch uns selbst zu historisieren. Und in jedem Fall ist genau das Bemühen, diees Buch einen Bogen auf sich selbst zurückschlagen zu lassen, typisch für die Autoreflexivität der postmodernen Literatur und Kritik. Außerdem hat *Shakespeare – Wie er euch gefällt* (das in Silver Spring, einem Vorort von Washington, entstand) zumindest einen Vorteil über andere Exemplare der gegenwärtigen Shakespeare-Industrie: Ich kann davon ausgehen, daß Sie mit dem Inhalt vertraut sind. Das bedeutet nicht unbedingt, daß Sie es von der ersten bis zur letzten Seite gelesen haben (oder lesen werden). Selbst für den harten Kern der Shakespearianer, die Lebenslänglichen, ist es unmöglich, die Hunderte von Büchern oder Tausende von Artikeln zu verdauen, die jedes Jahr zu diesem Thema erscheinen.

Diese Bedingungen, unter denen die gegenwärtige Shakespeare-Kritik produziert, verteilt und rezipiert wird, wirken sich auf Gestalt und Inhalt des Produkts aus. *Shakespeare – Wie er euch gefällt* ist, und das ist typisch, ein Buch, das aus einzelnen Bausteinen besteht. Als Sammlung von anscheinend in sich geschlossenen historischen Päckchen erlaubt es dem Leser, sich das Kapitel zu schnappen, das seinen persönlichen oder professionellen Appetit erregt. Doch die Bausteinkonstruktion beruht zweckmäßig auf klar abgegrenzten Bausteinen, und ihre Klarheit spiegelt kaum das tatsächliche Fließen der Geschichte wider. Wann werden die Romantiker Viktorianer? Wann werden die Viktorianer Modernisten? Man könnte die Geschichte der Shakespearotik ganz leicht und legitim anders untergliedern, als ich es getan habe, könnte ein Kapitel dem Biedermeier-Shakespeare Mitte des 19. Jahrhunderts widmen oder dem Eisenhower-Shakespeare Mitte des 20. und beide jeweils von den Epochen und Paradigmen absetzen, die sie flankieren. Die Kategorien, in die ich dieses Kapitel unterteilt habe – die feministische Shakespeare-Forschung, die marxistische, die neohistoristische und so weiter, aneinandergereiht wie Jahrmarktsbuden –, sind gleichermaßen arbiträr; die meisten wirklichen Personen gehören zu mehreren dieser sich überschneidenden und widersprechenden Gruppierungen. Selbst die scheinbar festen Grenzen des Jahres 1986 erweisen sich bei näherem Hinsehen als so unsicher wie die Grenzen jedes anderen Textes. Dazu habe ich Literatur gezählt, die 1986 erschien, Literatur, die 1986 abgeschlossen wurde, aber erst später erschien, mündliche Referate, die auf Konferenzen gehalten wurden, Literatur, die 1986 schließlich als Taschenbuch herauskam oder bei der das Fahnenmanuskript 1986 fertig war, die tatsächlich aber später erschien, und schließlich Literatur, die 1986 erschien, aber ein anderes Erscheinungsjahr im Impressum verzeichnet. Wie in der Bruch-rechnung läßt sich jede Periode in kleinere teilen, die wiederum teilbar sind. Jede Begrenzung ist unendlich lang und unendlich kompliziert.

Dennoch gibt es Bücher nach dem Bausteinprinzip in Hülle und Fülle. Terence Hawkes' *That Shakespearian Rag*, um ein beliebiges Bei-spiel herauszunehmen, besteht aus einer Einleitung, einer Schlußfolge-rung und vier dazwischen geschobenen Kapiteln, die sich jeweils mit einem Shakespeare-Kritiker des frühen 20. Jahrhunderts befassen: A. C. Bradley, Walter Raleigh, T. S. Eliot und John Dover Wilson. Jedes Kapitel ist für sich genommen verständlich, und tatsächlich sind drei davon – jedes mehr als einmal – bereits einzeln in verschiedenen Zeitschriften und Essaysammlungen erschienen.[117] Die vier Studien gewinnen, wenn man sie zusammen betrachtet, wie mehrere Van Goghs, die in einem Raum hängen, doch jedes läßt sich auch unabhän-gig von der Gesellschaft der anderen würdigen, und weitere Elemente ließen sich leicht hinzufügen oder herausnehmen, ohne die Struktur zu stören.[118]

Selbst-dekonstruktive Bücher nach dem Bausteinprinzip – wie Hawkes' Shakespearianischer Flickenteppich oder meines – verführen leicht zu der Annahme, daß jedes Buch selbst-dekonstruktiv ist, daß die Einheit, die bislang die Kritiker suchten und priesen, eine Illusion ist. Ganzheit ist unmöglich. Der am meisten gefeierte Essay in Haw-kes' Buch hat den Titel «Telmah», was «Hamlet» rückwärts buchsta-biert ist. Was der Essay zu «unterlaufen» sucht, ist «unsere ererbte Vorstellung von *Hamlet* als einer Struktur, die einen zufriedenstellend linearen, folgerichtigen Verlauf nimmt, von einem festen und wohl betimmten Anfang über einen klar verorteten und markierten Mittel-teil zu einem kausal darauf bezogenen und logischen Ende, das sich, gleichsam in den Anfang eingepflanzt, aus diesem entwickelt, aus ihm erwächst»[119]. Die Grenzen eines Dramas oder eines literaturwissen-schaftlichen Buchs sind arbiträr. Welches Recht hat Shakespeare, so Hawkes, von uns zu fordern, daß wir den Text in einer bestimmten arbiträren Reihenfolge lesen?

Bücher nach dem Bausteinprinzip lassen sich in verschiedenster Form aufbauen und rezipieren; außerdem machen sie Gebrauch von einzelnen Elementen, die sich auch, und dies ist tatsächlich geschehen, als Bestandteile anderer Strukturen verwenden lassen. Die meisten neuen Bücher über Shakespeare, das vorliegende eingeschlossen, ent-halten Material, das bereits an anderer Stelle in anderer Form erschienen ist. Ein solches Recycling gewährt dem Autor einen steten Produktionsfluß, ein dünnes Kontinuum von kurzlebigen Einzelerzeugnissen, die periodisch zu einem Buch zusammenwachsen.

Es ist nur natürlich, daß meine Kollegen und ich allmählich die Ähnlichkeiten zwischen unseren eigenen Arbeitsbedingungen und Shakespeares bemerken. Nach Honigmanns Vorstellung von «William Shakespeare, Geschäftsmann» hat der Bühnenautor aus jedem Drama vielleicht einen doppelten und manchmal sogar dreifachen Profit geschlagen: Er verkaufte (wie jeder Bühnenautor) das Manuskript an eine Theatertruppe, steckte (wie jeder Teilhaber) einen bestimmten Prozentsatz der Einnahmen aus den Aufführungen ein und verkaufte (wie jeder Autor) in manchen Fällen das Manuskript an einen Verleger. Stephen Orgel vertritt die These, daß Shakespeares Dramen jedesmal, wenn sie wieder aufgeführt wurden, auch umgeschrieben worden sein können. Michael Hattaway ist der Ansicht, daß die Dramen bewußt für eine Wiederaufnahme in den verschiedensten Theaterräumen eingerichtet waren, für feste Londoner Theater (Freilicht oder geschlossene Bauten), für verschiedenartige Aufführungsorte auf den Tourneen in der Provinz und für Bankettsäle am Hof.[120] All diese zeitgenössischen Theorien betonen die Wiederverwendbarkeit und Anpassungsfähigkeit von Shakespeares Produkt.

Die zeitgenössische Kritik muß wieder verwendbar sein, sich recyclen lassen können, weil Macht – in der akademischen Welt wie im Theater – von Sichtbarkeit abhängt. Wenn ein Stück oder Essay an zwei Stellen erscheint, bekommen es bzw. ihn zweimal so viel Leute zu Gesicht. Unsichtbarkeit heißt Machtlosigkeit, und Sichtbarkeit ist immer schwerer zu erreichen. Die schiere Masse von Material, die die Shakespearotik-Industrie erzeugt, macht den ganzen kritischen Prozeß von Hilfssystemen für die Informationsverarbeitung abhängig: Bibliographien, Besprechungen, Überblicken, unzähligen sofortigen Bewertungen des gegenwärtigen Forschungsstands. Das Kapitel, das Sie gerade lesen, gehört selbstverständlich zu diesem Genre.

Auch das Buch, das Sie gerade lesen, gehört zu einem verwandten Genre: der Geschichte der Interpretation, der Rezeptionsgeschichte. Genauso, wie ein alljährlicher Überblicksartikel in *Studies in English Literature* das aktuelle Terrain für uns absteckt, so steckt die Geschichte der Shakespeare-Forschung das Terrain der Vergangenheit ab. In beiden Fällen bedürfen wir eines solchen topographischen Überblicks, weil das Gebiet so riesig ist, daß wir uns ohne ihn verlaufen würden.

Also verlassen wir uns auf unseren Führer. Solche Führungen durch die Shakespeare-Forschung sind im Laufe des Jahrhunderts immer beliebter geworden*; heute sind allein schon einzelne Epochen Gegenstand ganzer Bücher. 1986 schreibt Arthur Sherbo einen Band über *The Birth of Shakespeare Studies* im 18. Jahrhundert, Jonathan Bate konzentriert sich auf *Shakespeare and the English Romantic Imagination*, Richard Foulkes gibt eine Essaysammlung über *Shakespeare and the Victorian Stage* heraus, und Terence Hawkes komponiert *The Shakespearian Rag*. Die Shakespeare-Forscher entdecken, daß sie zu einer Gemeinschaft gehören, die eine Geschichte hat, zu einer Geschichte, die selbst eine Bedeutung hat. Immer mehr erzählen wir Geschichten über uns selbst.

Die Geschichte, die *Shakespeare – Wie er euch gefällt* erzählt, und die Art, wie das Buch sie erzählt, ist unauflöslich verbunden mit den Umständen des Autors, des Verlags und der Gesellschaft, unter denen es entstanden ist. Der Schwerpunkt auf dem Theater, das Bemühen, die Leistung der Frauen stärker zu beachten, die Einbeziehung der vielschichtigen gesellschaftlichen Interaktion zwischen Literatur und Kultur, die Kritik des *New Criticism*, die Behandlung des akademischen Lebens als Stoff für einen satirischen Roman und viele andere Aspekte haben Sie zweifellos merken lassen, daß das Buch offensichtlich aus den Auffassungen und vorrangigen Themen hervorgeht, die ich in diesem Kapitel beschrieben habe. Manche seiner Ansätze und Strategien, die in das heute vorherrschende Paradigma passen, kann ich erkennen – und Sie entsprechend davor warnen. Aber ich kann nicht alle sehen, das liegt in der Natur der Sache. Sie werden mehr sehen können als ich: Wenn Sie dieses Buch lesen, wird die ‹Gegenwart› dieses Kapitels bereits Teil der Vergangenheit sein. Aber ich, hier in meiner Gegenwart, könnte alle Aspekte meines Denkens, die typisch für diese Epoche sind, nur erkennen, wenn ich irgendwie aus dem Paradigma herauskäme, wenn ich mich über das Paradigma erhebe und dann hinab-

* David Nichol Smiths Darstellung von *Shakespeare in the Eighteenth Century* (1928) folgten Augustus Rallis zweibändige *History of Shakespeare Criticism* (1932), Ivor Browns und George Fearsons *Amazing Monument: a Short History of The Shakespeare History* (1939), F. E. Hallidays *The Cult of Shakespeare* (1957), Louis Marders *His Exits and his Entrances: The Story of Shakespeare's Reputation* (1963), Alfred Harbages *Conceptions of Shakespeare* (1966), Arthur Eastmans *A Short History of Shakespeare Criticism* (1968), S. Schoenbaums *Shakespeare's Lives* (1970) und Brian Vickers sechsbändige kommentierte Anthologie *Shakespeare: The Critical Heritage* (1974–81), die die Zeit von 1623 bis 1801 abdeckt.

schauend die Ränder, die Grenzen erkennen könnte. Doch wenn ich mich drüber erheben könnte, dann steckte ich nicht länger drin. Wenn ich es könnte, dann könnte ich Ihnen zeigen, was alles an unserem Paradigma falsch ist. Damit hätte ich das Paradigma zerstört und ein neues errichtet. Paradigmen kann man nicht umgehen, man kann sie nur ersetzen.

KAPITEL 7

Einzigartigkeit

Die meisten Geschichten der Shakespeare-Rezeption gehören zum
Genre der akademischen Romanze, verfaßt aus der Perspektive einer
allwissenden Gegenwart. Der wissenschaftliche Autor und der enthu-
siastische Leser, die so viel mehr wissen als die Kritiker der Vergangenheit, betrachten Hand in Hand die Torheiten und Possen, die exzentrischen und exzessiven Praktiken ihrer Vorgänger. Die Geschichte fängt
mit Shakespeare an und hört mit unseren eigenen unumstößlichen Ansichten über ihn auf. Shakespeare ist das Alpha, und wir sind das
Omega; die Literaturgeschichte ist ein Interregnum, nur ein Überblick
über Mittelsmänner.

Eine der orthodoxen Ansichten, die sich diskussionslos durch die
bisherige Wirkungsgeschichte Shakespeares ziehen, ist die Gewißheit
über Shakespeares Platz unter den größten Schriftstellern der Welt.
Wer würde eine Geschichte der Shakespeare-Interpretationen schreiben oder lesen, wenn er nicht glaubte, daß Shakespeare ein solches
Unterfangen wert wäre? Viele Kritiker würden behaupten (und haben
das getan), daß Shakespeare der größte Dichter, der größte Dramatiker
aller Zeiten ist. Aus dem ganzen Schrank voll solcher Zeugnisse können wir ein repräsentatives Beispiel wählen: Alfred Harbage, der ver-
storbene Professor für englische Literatur an der Harvard-Universität,
Autor einer Sammlung scharfsinniger Essays über Shakespeares Wirkung und einer der geachtetsten amerikanischen Shakespeare-Forscher
dieses Jahrhunderts. Harbage versichert uns: «Wir können ohne Ein-
schränkung sagen, daß [Shakespeare] der größte Dramatiker aller Zeiten war – dieses Image ist richtig.» [1]

Doch selbst wenn es stimmt, woher wissen wir das? So, wie ich
versucht habe, sie zu erzählen, wirft die Geschichte der Shakespearotik
immer wieder diese Fragen auf und läßt jede in den Raum gestellte
Antwort problematisch erscheinen. Wenn man die wandernden Sand-
bänke der öffentlichen Meinung skizziert, die gesellschaftlichen und
kulturellen Wellen, die Shakespeares Namen überschwemmt und ge-
formt haben, dann wird es immer schwerer, auszumachen, was Shakespeare zu einem ‹großen› Dichter macht, ganz zu schweigen zum

‹größten›. Lassen Sie uns einen Augenblick annehmen, Shakespeare sei tatsächlich als großer Dichter zu bezeichnen. Diese Annahme ließe sich anfechten, aber die meisten Leser dieses Buchs werden sie wahrscheinlich akzeptieren, und ich möchte hier keine Begründung einer These unternehmen, die gemeinhin als offenkundig gilt. Aber ‹groß› heißt nicht ‹größter›. Wer behauptet, Shakespeare sei der ‹größte› Dichter oder Dramatiker, muß Shakespeares herausragende Qualitäten definieren, seine superlative Einmaligkeit – was in unserer Zeit als «The Singularity of Shakespeare», «Die Einzigartigkeit Shakespeares», betitelt worden ist.[2] Was, wenn überhaupt, macht Shakespeare so anders – so viel besser – als alle anderen? Das können wir nur beantworten, wenn wir uns zumindest kurz ‹alle anderen› anschauen, die damit abgetan werden; wir müssen die Shakespearesche Wirkungsgeschichte vergleichen mit der anderer großer Namen in der Literatur.

Bevor wir anfangen, sollte ich Sie lieber warnen, daß keine der im Anschluß vorgebrachten Begründungen für Shakespeares Einzigartigkeit überzeugend ist. Shakespeare mag in der Tat ein großer Dichter sein, aber es gibt keine zwingenden Gründe dafür, ihn als einmalig großen Dichter anzusehen. Allein die Tatsache, daß so viele Leute solche ungenügenden Argumente weiter aufgeführt und gutgeheißen haben, wirft allerdings noch ganz andere Fragen auf. Was ein Problem der Literaturtheorie war – «Warum ist Shakespeare einzigartig?» –, wird verwandelt in eines der Literaturgeschichte. Warum glauben Menschen, daß Shakespeare einzigartig ist, und wie wirkt sich dieser Glaube auf ihre Einstellung zu ihm und zu anderen aus?

Es wäre praktisch, wenn sich Shakespeares Vorrangstellung mittels objektiver Kriterien belegen ließe, und seine Biographen haben versucht, dem zu entsprechen. S. Schoenbaum spricht mit einer für unsere Zeit beispiellosen Autorität als Biograph, wenn er sagt:

«Shakespeares vereinigte Leistungen als Schauspieler, Teilhaber und Bühnendichter machten ihn... ‹zum vollkommensten Mann des Theaters seiner Zeit›. Nur wenige haben, in welcher Epoche auch immer, der Bühne auf so vielseitige Art gedient. Racine nicht, Ibsen nicht und Shaw nicht; unter den Bühnendichtern von Weltformat außer Shakespeare nur Molière.»[3]

Das stimmt natürlich nicht. Der römische komische Dramatiker Plautus «diente der Bühne» auf genauso vielseitige Art – er war, so heißt es, Bühnenhelfer, Schauspieler und Regisseur.[4] Plautus, könnte man sagen, gilt heute nicht mehr als Dramatiker von ‹Weltformat›; deshalb ließe sich Schoenbaums stillschweigende Ausschließung von Plautus rechtfertigen.

Doch schwierig wäre es, die Nichtberücksichtigung von Sophokles zu begründen. Sein Status als großer Dramatiker läßt sich kaum verneinen, und wie wir wissen, war er außerdem Schauspieler, Sänger und Musiker.[5] Auch Aischylos scheint als Schauspieler aufgetreten zu sein. Über Euripides und Aristophanes wissen wir diesbezüglich nichts, aber mit Sicherheit führten sie wie Sophokles bei ihren eigenen Stücken Regie – eine Tätigkeit, die auch die Choreographie der Tänze beinhaltete. In der Regel komponierten die vier griechischen Dramatiker außerdem jeder die Musik für den Text des Chors. Im Gegensatz dazu sind die Lieder in Shakespeares Dramen einfacher, kürzer und weniger wichtig; Shakespeare schrieb nicht die Musik dafür, in mehreren Fällen schrieb er nicht einmal den Text. Als Verfasser von singbaren Gedichten wurde Shakespeare selbst zu Lebzeiten übertroffen von dem Lyriker und Komponisten Thomas Campion, der (wie Cole Porter, Stephen Sondheim und die griechischen Dramatiker) gleichermaßen geschickt war, was die literarische und die musikalische Seite des Lieddichtens anging.

Sophokles war Bühnendichter, Schauspieler, Sänger, Regisseur, Choreograph und Komponist; Aischylos, Euripides und Aristophanes hatten überwiegend die gleichen Funktionen inne. Insbesondere haben Sophokles und Molière als Schauspieler eine Auszeichnung gemein, die Shakespeare keinesfalls für sich beanspruchen kann: Sophokles machte sich als Darsteller einen Namen, und Molière war der größte Schauspieler seiner Ära. Die einzigen zwei Rollen, die wir überhaupt irgendeiner frühen Autorität zufolge mit Shakespeare in Verbindung bringen können, sind der alte Diener Adam in *Wie es euch gefällt* und der Geist von Hamlets Vater, beides kleine Rollen. Shakespeare war zweifelsohne ein kompetenter Profi, aber mit Leuten wie Richard Burbage und Edward Alleyn konnte er es nicht aufnehmen.

Nichts davon beweist, daß Molière oder Sophokles – oder Aischylos, Euripides oder Aristophanes – größere Dramatiker als Shakespeare waren. Aber dann beweist Shakespeares vielseitige Theatererfahrung ebensowenig, daß er ein größerer Dramatiker war als Racine,

Ibsen oder Shaw. Man könnte genausogut sagen, daß Shakespeare der Colley Cibber des elisabethanischen Theaters war; beide machten von allem ein bißchen. Schoenbaum erwähnt Cibber oder auch Noël Coward nicht, weil solche Beispiele die Kraft seiner impliziten Logik zunichte machen würden, die besagt: «Shakespeares einzigartige Größe spiegelt sich in der außerordentlichen Vielseitigkeit seines Engagements auf dem Theater.» Mittels solcher Kriterien können wir folgern, daß Shakespeare zu der Klasse von Dramatikern gehört, zu der auch Cibber und Sophokles zählen; selbst in dieser Konstellation ist er nicht der Star allererster Größe.

Die größte lebende Autorität auf dem Gebiet des elisabethanischen und jakobäischen Theaters, G. E. Bentley, beschreibt Shakespeare als «den vollkommensten Mann des Theaters seiner Zeit» dank seiner «umfassenden Beteiligung an allen Bereichen des Theaterunternehmens, als professioneller Dramatiker, Schauspieler, ‹Teilhaber› [sharer] und als Theaterbesitzer».[6] Bentleys Äußerung ist jedoch, wenn nicht buchstäblich falsch, dann doch mindestens fragwürdig und irreführend. Es ist ziemlich spitzfindig, Shakespeares Position als Teilhaber so zu beschreiben, als stelle sie an sich schon eine ‹Leistung› dar. Ein *sharer* war schlicht ein *shareholder*, ein Teilhaber in einem Theaterunternehmen. Um Teilhaber zu werden, bedurfte es, das ist richtig, eines Beitrags zum kollektiven Wert der Theatertruppe. In Shakespeares Fall könnte dieser Beitrag teilweise oder vielleicht ganz pekuniärer Natur gewesen sein: Möglicherweise investierte er eine beträchtliche Kapitalsumme in die neue Truppe, entweder in Form seines privaten Eigentums von Schauspieltexten[7] oder durch Anzapfen der finanziellen Mittel seiner Familie (er war der älteste Sohn)[8]; vielleicht bekam er sogar, wie Nicholas Rowe berichtete, eine Summe vom Grafen von Southampton, der in den Monaten vor Gründung der neuen Truppe offenbar sein Gönner war.[9]

Außerdem war Shakespeare nicht der einzige Mann seiner Epoche, der die Rollen des Schriftstellers, Schauspielers und Teilhabers in sich vereinte; das tat auch Thomas Heywood. Auch Heywood schrieb populäre Historiendramen, Tragödien und Komödien, anders als Shakespeare verfaßte er dazu noch bürgerliche Schauspiele, höfische Maskenspiele, ein Pamphlet über das Theaterspielen und eine *domestic tragedy*. Weiter hatte Heywood bei der Komposition von ganzen 220 Dramen[10] – mehr als fünfmal so viel wie Shakespeares Produktionsleistung – «eine ganze Hand, oder zumindest einen großen Finger mit im

Spiel». Objektiv betrachtet, wenn man nach der größtmöglichen Vielseitigkeit der Theatertätigkeit geht, hat Heywood einen größeren Anspruch darauf, als «der vollkommenste Mann des Theaters seiner Zeit» zu gelten.

Shakespeares facettenreiches Theaterengagement sagt vermutlich mehr aus über den Geschäftsmann Shakespeare als über den Künstler. Shakespeare erreichte eine größere finanzielle Sicherheit als jeder andere Dramatiker seiner Epoche in erster Linie deshalb, weil er Schauspieler und Teilhaber in seiner Truppe war, nicht nur Dramatiker. Damit war er in der gleichen Position wie Molière, der ebenfalls der finanziell erfolgreichste Dramatiker seiner Zeit war.[11] Im 17. Jahrhundert genügte es nicht, Dramen zu schreiben, wollte man sich einen anständigen Lebensunterhalt sichern. Nachdem er ein Vermögen gemacht hatte und bevor er 50 war, zog sich Shakespeare anscheinend nach Stratford zurück und lebte von seinen Investitionen, unter anderem seinem Anteil am Profit des Theatervermögens und der Theatertruppe, die er zurückgelassen hatte. Nachdem er einen «Besitz, der seiner Situation angemessen war», erworben hatte, hörte er auf zu schreiben.[12] Sophokles schrieb wahrscheinlich keines seiner sieben erhaltenen Dramen, bevor er das Alter erreicht hatte, in dem Shakespeare das Theater aufgab.

Nichts im wirklichen Leben Shakespeares vermag seine angebliche Überlegenheit gegenüber den Dichtern der Welt zu bestimmen oder stützen. Doch wo die Biographie versagt, da hat vielleicht die Geschichte Erfolg. Historische Argumente haben wie biographische den Vorzug einer scheinbaren Objektivität. Dr. Johnson brachte eine ganze Tradition der Ästhetik auf den Punkt, als er verkündete, die «Länge der Dauer und die Kontinuierlichkeit der Wertschätzung» seien das einzige Maß des Verdienstes eines Kunstwerks; «keine andere Prüfung ist möglich».[13] Harry Levin machte Dr. Johnsons Test zum tragenden Pfeiler seiner Argumentation für, wie er es nannte, die «absolute Vorrangstellung Shakespeares»[14].

Levins Essay war von einer Bemerkung Northrop Fryes provoziert worden. Shakespeare als «einen der größten Dichter der Welt» zu bezeichnen, so hatte Frye gesagt, sei keine «sachliche Ausage», sondern ein reines «Werturteil», an dem «kein Fetzen systematischer Kritik je haften wird»[15]. Um diese scharfe theoretische Kritik zu widerlegen, zitiert Levin einfach die «Tatsachen»: die Dauer und das Ausmaß von

Shakespeares Ruhm, seine frühe und bleibende Reputation als Dichter und Dramatiker allerersten Rangs, die dazu geführt hat, daß er in unserer Zeit mehr gespielt und gelesen wird als jeder andere Dramatiker oder Dichter.

Beinah alle der modernen Shakespeare-Apologeten verwenden explizit oder implizit diese Rechtfertigung. Sie scheinen merkwürdig blind gegenüber der Tatsache, daß keines der Werke Shakespeares älter als 400 Jahre ist. Für unsere Begriffe mag das eine lange Zeit sein, aber wenn wir Shakespeares Wirkung zum Beispiel mit den großen griechischen Dramatikern vergleichen (mit denen er seit dem 17. Jahrhundert ständig verglichen wurde), müssen wir uns ihre Wirkung 400 Jahre nach ihrem Tod anschauen. Im Jahrhundert vor Christi Geburt las und spielte man die Dramen von Sophokles, Euripides, Aristophanes und Menander in der ganzen damaligen ‹zivilisierten› Welt. Nach diesem Maßstab schneidet Shakespeare durchaus nicht besser ab. Schließlich können wir, trotz unserer Vorliebe für die Weissagungen von Narren, nicht wirklich wissen, was für eine Reputation Shakespeare im Theater oder der Bibliothek in zweitausend Jahren genießen wird.

Zunächst einmal können wir noch nicht einmal sicher sein, daß sein Werk physisch erhalten bleiben wird. Shakespeares Worte verschwinden heute vor unseren Augen; ihr Klang ist schon verloren, existiert nur versuchsweise als Vorstellung in den spezialisierten Monographien, die Phonologen und Linguisten verfassen und diskutieren, aber keiner spricht sie mehr, nicht einmal die Kritiker, die ihr Leben damit verbringen, Shakespeare zu lesen, ihn still lesen oder laut, in Klängen, die er nie zu Ohren bekam; und auch die Gestalt, die Form der Wörter ist wie der Klang verloren. Der Kode, der seine Inhalte kommunizierte, ist veraltet bis zur Unverständlichkeit, dazu kommen grammatische Konstruktionen, die wir nicht länger erkennen oder dulden, deren gesellschaftliche Nuancen und Resonanzen uns heute entgehen; die Schreibweise unfreiwillig aufpoliert oder, wenn sie unverändert blieb, mit einer Fremdheit behaftet, die der ursprüngliche Sinn nicht barg; und die Worte selbst gehen den Weg der alten Schreibweise und wenig hilfreichen Zeichensetzung: Die Substantive sehen dem gleichen Schicksal entgegen, das ihre Begleiter schon ereilt hat. Die Schreibweise zu modernisieren genügt nicht mehr; Shakespeare bedarf nun bald der Übersetzung – ja wird schon übersetzt – von seinem Englisch in das unsere, eine Übersetzung, die einzelne veraltete Steinchen in der Fassade – manchmal in diskreter, manchmal in krasser Form – jeweils durch ein modernes Äquivalent ersetzt oder durch das, was einem Äquivalent am nächsten kommt. Shakespeare wird, genauso wie Sophokles und Chaucer, für seine Landsleute der Übersetzung bedürfen.

Shakespeares Werke sind nicht unsterblicher als die Unmengen von Dramen der großen griechischen Dramatiker, die sich in Luft aufgelöst haben. Diese Stücke sind dem Niedergang alter Machtstrukturen und Aufstieg neuer Ideologien erlegen. Das Christentum hatte wenig Verwendung für diese heidnischen Werke. Der Niedergang des römischen Reiches im Westen, der Aufstieg des Islam (der Brand der Bibliothek von Alexandria im Jahr 641 eingeschlossen), der Zusammenbruch von Byzanz (einschließlich der Plünderung von Konstantinopel im Jahr 1453), das alles trug zur langsamen, aber erbarmungslosen Erosion der griechischen Dramentexte bei. Texte sind materielle Gegenstände, wie Gebäude; ohne Instandhaltung verfallen sie.

Shakespeare ist den Geschehen des Kriegs und ideologischem Wandel genauso ungeschützt ausgesetzt, ist genauso hilflos angesichts der politischen Macht einer herrschenden Orthodoxie. Wenn die englische Revolution in den 40er Jahren des 17. Jahrhunderts sich hätte auf die Dauer behaupten können, wenn Frankreich seine Kriege gegen England gewonnen hätte, wenn die Umwälzungen des späten 18. Jahrhunderts in England einen solchen kulturellen Wandel bewirkt hätten wie in anderen Ländern, dann hätte Shakespeare die Dominanz, derer er sich heute erfreut, mit großer Sicherheit nicht gewonnen oder aufrechterhalten. Für die Zukunft könnte er vom christlichen oder islamischen Fundamentalismus bestenfalls Nichtbeachtung erwarten, schlimmstenfalls Verfolgung, und manche Spielarten des Marxismus wären ihm vielleicht auch nicht freundlicher gesonnen. Zwischen 1965 und 1977 verbot die Kulturrevolution in China jegliche Übersetzung, Aufführung oder kritische Auseinandersetzung mit Shakespeare.[16] Und dem nigerianischen Dramatiker Wole Soyinka, dem 1986 der Nobelpreis verliehen wurde, machten einige afrikanische Kritiker sein Interesse an und die Beeinflussung durch Shakespeare zum Vorwurf, da dieser für sie der Inbegriff des europäischen Kulturimperialismus ist.

Doch wer das Eindringen der Politik in das Schicksal der Kultur bedauert, der muß zunächst anerkennen, daß, was zukünftig vielleicht Shakespeare zum Nachteil gereichen wird, ihm in der Vergangenheit genützt hat. Die Geschichte der Shakespearotik zeigt immer wieder, daß seine Reputation eine Funktion breiterer gesellschaftlicher und kultureller Bewegungen ist. Die einheimischen englischen Konkurrenten um die Vorherrschaft auf dem Theater litten jahrhundertelang darunter, daß das Theater der Zensur unterlag, nicht aber das Druckwesen. Die Ausbreitung seiner Reputation in Europa beruhte weitgehend auf seiner Nützlichkeit als subversive Alternative zur Hegemonie des französischen Klassizismus. Ein beträchtlicher Anteil von Shakespeares heutigem internationalem Ansehen geht nicht auf sein Genie zurück, sondern auf die Stärke des britischen Imperialismus, der die englische Sprache auf jedem Kontinent propagierte. Es heißt, jedem Engländer sei ein Mal auf die Zunge gebrannt; England brandmarkte die Zungen der Welt. Entsprechend ist Englisch die *lingua franca* unserer Zeit, die dominante Sprache unserer internationalen Kultur. Wo der englische Imperialismus versagte – fast überall in Mittel- und Südamerika zum Beispiel, wo Spanisch die vorherrschende Kolonialsprache bleibt –, hat Shakespeare sich kaum durchsetzen können. Doch die globale Verbreitung des Englischen hat ihm auf dem potentiellen Markt der Worte einen uneinholbaren Vorsprung verschafft gegenüber den literarischen Konkurrenzexporten aus Frankreich, Spanien, Italien, Deutschland, Rußland, Japan – ganz zu schweigen vom alten Athen und Rom.

Die Ungewißheit des physischen Überlebens kann nicht unterschätzt werden, wenn man das häufigste aller kritischen Argumente für die Vorrangstellung Shakespeares bewertet, die offenkundige Vielseitigkeit seines Werks:

«Wir können darin übereinstimmen, daß, welche Ehrerbietung wir auch für die griechische Tragödie hegen, Shakespeare nicht weniger stark und weit vielseitiger ist, und daß, wo Racine eine herausragende Stellung in der französischen Tragödie einnimmt, so wie Molière in der Komödie, Shakespeare wiederum beide vereint... die außerordentliche Weite und Bandbreite seines Werks [geht] deutlich über Racine oder Molière, Aischylos oder Euripides hinaus.» [17]

A. L. Rowses neueres Resümee der Shakespeareschen Sache ist das Echo einer langen Reihe von Kritikern, deren Lob unzählige Male bewußt zitiert wurde und noch unzähligere Male unbewußt wiederholt wurde. Bereits 1598 stimmte ein hemmungsloser Eindruckschinder namens Francis Meres die Liturgie an: «Wie Plautus und Seneca als die besten im Bereich der Tragödie und Komödie bei den Lateinern gelten, so ist Shakespeare unter den Engländern der vortrefflichste in beiden Bühnenformen.»[18] Über weite Teile des 17. und 18. Jahrhunderts fanden Shakespeares Komödien und Historien wenig Bewunderung, trotzdem sprach ihm Dryden die «größte und umfangreichste Seele» aller «modernen und vielleicht alten Dichter überhaupt» zu.[19]

Ob Shakespeare nun die größte und umfassendste Seele hatte, jedenfalls zählt der Korpus seines erhaltenen Werks zu den größten und umfassendsten. Wenn die Kritiker Shakespeares künstlerische Bandbreite bemessen, dann beziehen sie fast alles ein, was er je schrieb. Bei Sophokles verfügen wir nur über sieben Stücke von insgesamt ungefähr 120 Originalen – das sind ganze fünf Prozent seiner Produktion. Fünf Prozent von Shakespeare wären nur zwei Stücke. Weder bei Sophokles noch bei Aischylos liegt uns ein einziges erhaltenes Beispiel der Gattung vor, die ein ganzes Viertel ihrer Produktion ausmachte: das Satyrspiel, eine mythologische Burleske, die jeweils die Gruppe von drei Tragödien begleitete, die auf dem städtischen Fest geboten wurden.

Mit Euripides hat es das Schicksal besser gemeint. Dank des zufälligen Überlebens eines einzelnen Manuskripts, das neun zusätzliche Dramen enthält, können wir insgesamt ein Viertel seiner Produktion lesen, darunter ein Satyrspiel (*Die Zyklopen*) und einen weiteren dramatischen Zwitter (*Alcestis*), der an der Stelle aufgeführt wurde, die gewöhnlich Satyrspielen vorbehalten war. Dasselbe Manuskript hat uns das einzige Textexemplar eines anderen Stücks erhalten, *Heracles*, das vielen Kritikern als eine von Euripides' größten Leistungen gilt. Dieses einzelne Manuskript enthält außerdem die einzigen erhaltenen Beispiele von seinen späten Tragikomödien: *Helena, Iphigenie auf Aulis, Iphigenie auf Taurus* und *Ion*.

Das glückliche Überleben dieser vier Dramen liefert die treffendste Widerlegung einer der Gemeinplätze der Shakespeareschen Heiligenlegende. Von 1598 bis 1985, von Meres bis zu Rowe, hat es geheißen – und wir haben uns das selbst gesagt –, daß Shakespeare der erste Dramatiker war, der sowohl im Bereich der Tragödie als auch in der Komödie erfolgreich war. Doch obwohl er uns besser als Tragiker bekannt ist, war Euripides auch «der Erfinder – für die Bühne – dessen, was wir als Komödie kennen»[20]. Euripides schrieb nicht nur Tragödien, Satyrspiele und Komödien, sondern begründete auch eine Tradition der Komödie, die Shakespeare lediglich beerbte. Die alten Griechen erkannten Euripides' Vorrangstellung: Ein Papyrusfragment erwähnt die Konflikte zwischen Mann und Frau, Vater und Sohn, Herr und Knecht «und auch das ganze Geschäft von Wechselfällen des Lebens, Vergewaltigung junger Frauen, Vertauschung von Kindern, Erkennen mit Hilfe von Ringen und Halsketten... dies sind selbstverständlich die zentralen Bestandteile der neuen Komödie, und Euripides brachte sie zur Vollendung». Euripides, nicht Menander, erfand die neue Komödie.

Euripides schrieb natürlich auch Tragödien. Doch obwohl Aristoteles ihn den «tragischste[n] unter den Dichtern» nannte[21], brachte seine Tragödie doch die meisten klassischen Philologen des 18. und 19. Jahrhunderts in Verlegenheit oder erregte ihren Anstoß. In einer Zeit, in der seine Komödie falsch eingeordnet und seine Tragödie falsch verstanden wurde, konnte Euripides kaum eine ernsthafte Herausforderung für Shakespeares Vorherrschaft darstellen. Und im 20. Jahrhundert, als Euripides' Aktien unter den Altphilologen gestiegen waren, war deren Zahl und Prestige gesunken. Euripides' Name hat die Stufen auf das Oberdeck eines Ozeandampfers erklommen, der schneller sinkt, als er klettern kann.

Die Beziehungen zwischen Shakespeares und Euripides' Reputation ist keiner der unglückseligen Zufälle, die aus dem beliebigen Zusammenspiel von unabhängigen Instanzen hervorgehen. Sie ist nicht einfach die kulturelle Entsprechung für folgende häusliche Begebenheit: Mein Sohn kommt zur Haustür herein, während ich durch die Hintertür hinausgehe, um ihn zu suchen. Sondern die beiden Namen sind seit dem frühen 17. Jahrhundert verbunden: Zur Neu-Erfindung von Shakespeare hat stets eine Neu-Erfindung des athenischen Dramas gehört. In der Lobschrift, die der ersten Ausgabe von Shakespeares gesammelten Dramen vorangestellt war, versprach Ben Jonson, «den donnernden Aischylos, Euripides und Sophokles herbeizurufen», um Shakespeare zu preisen. Jonson gab Shakespeare nicht den Vorzug gegenüber dem griechischen Triumvirat, aber er behauptete seine Ebenbürtigkeit. Die griechischen Dramatiker waren der offensichtliche Leistungsmaßstab im ernsten Drama, jeder neue Kandidat war an ihnen zu messen.

Die von Jonson behauptete Ebenbürtigkeit von Shakespeare und den Griechen wurde im 17. Jahrhundert fast durchweg angezweifelt. Doch zum großen Teil sind diese Kontroversen als klassizistische Angriffe von der einen Seite und als Versuch der Verteidigung der heimischen Literatur von der anderen Seite zu werten. Wenn die neoklassizistischen Kritiker auf Aspekte von Shakespeares Dramen hinwiesen, die die Regeln verletzten, die aus bestimmten Interpretationen von Aristoteles und Horaz abstrahiert worden waren, dann konnten Shakespeares Verteidiger auf zweierlei Weise reagieren. Entweder konnten sie ähnliche Abweichungen in klassischen Dramen zitieren und so behaupten, Shakespeare weiche nicht stärker von den Regeln ab als die anerkannten Vorbilder. Oder sie konnten die universelle Gültigkeit der klassischen Praxis bestreiten und damit in Anspruch nehmen, daß die alten und modernen Normen, zwar verschieden, aber dennoch gleichwertig waren. Beide Strategien waren logisch haltbar, und beide stützten Jonsons Behauptung der Ebenbürtigkeit. Die erste jedoch neigte dazu, die Aufmerksamkeit von Shakespeare wegzulenken auf enge Detailfragen der klassischen Texte, während die zweite eine weitere Perspektive eröffnete. Sie bezweifelte unmittelbar die Universalität der vorherrschenden Theorie: Sie beinhaltete die Möglichkeit zweier gleichwertiger, aber unvereinbarer Paradigmen.

Diese Verlagerung der theoretischen Perspektive wurde durch die Zweideutigkeit des Wortes «Gesetz» möglich: Es konnte sich auf die Gesetze der Natur beziehen oder auf die Gesetze der Nationen. So formulierte Pope es 1725: «Shakespear nach Aristoteles' Regeln zu richten hieße deshalb, einen Mann nach den Gesetzen eines Landes zu verurteilen, der unter dem Gesetz eines anderen Landes gehandelt hat.» [22] Durch dieses logische Manöver wurde die Verteidigung Shakespeares durch einen Provinzialismus der Einbildungskraft gerechtfertigt, der umgekehrt wieder von ihr, also der Verteidigung Shakespeares, gerechtfertigt wird. England konnte Verbrechen und Kunst so definieren, wie es nur wollte; es gab keine universelle Berufungsinstanz, die über die Gerechtigkeit einzelner nationaler Urteile, ob juristischer oder ästhetischer Natur, zu urteilen vermochte. Dieser neue kritische Pluralismus gehört offensichtlich zum gleichen geistigen Klima, das den politischen und religiösen Pluralismus im England des 18. Jahrhunderts hervorbrachte. Doch auf die gleiche Weise, in der der theoretische Pluralismus in Wirklichkeit die Hegemonie der Whigs und Anglikaner ermöglichte, bewirkte die anscheinende Ausgewogenheit des literarischen Nationalismus in der Praxis eine Hegemonie der einheimischen Literatur. Aischylos, Sophokles und Euripides sanken auf den Status von Literaten fremder Nationen ab. Die griechischen Tragödien kamen nicht auf die Bühne, und nur eine Minderheit der gebildeten Bevölkerung konnte sie lesen. Wie konnten sie auf gleicher Ebene mit Shakespeare konkurrieren, dessen Stücke die Theater dominierten und die Buchläden überschwemmten?

Die europäische Intelligenz hörte nicht auf, griechische Tragödien zu lesen, sie mit Shakespeares Tragödien zu vergleichen und nach universellen ästhetischen Vorschriften für die Tragödie zu suchen. Im Gegenteil, ab Mitte des 18. Jahrhunderts entwickelten Schriftsteller und Kritiker in vielen Teilen Europas eine neue, verstärkte Begeisterung für griechische Literatur und den griechischen Geist. Aber jetzt schätzten sie diese Kultur gerade wegen ihrer Fremdheit, wegen des Griechischen in ihr. Das Wichtige an Griechenland war, daß es nicht das georgianische England war. Innerhalb dieses neuen Bewertungssystems wurden die griechischen Autoren zwangsläufig nicht danach beurteilt, in welchem Maße sie der alten allgemeingültigen Ästhetik, sondern inwiefern sie der neuen Vorstellung vom Wesen des Griechischen genügten. Homer, Aischylos und Sophokles waren richtige Griechen genau wegen ihrer durchgängigen Differenz und Distanz zum modernen europäischen Denken; Euripides aber war zu sehr wie wir, zu modern, zu ungriechisch.

Euripides war nicht genügend ‹anders›; paradoxerweise wurde er deshalb für genau die Aspekte seiner Kunst gescholten, die gleichzeitig und manchmal von den gleichen Leuten an Shakespeare gelobt wurden: sein Mischen von Stilregistern, die Umgangssprachlichkeit seiner Sprache, die Ungereimtheiten und Widersprüchlichkeiten in seinen Plots, seine Nichtbeachtung der Tradition und der Regeln, die Wechsel vom Erhabenen zum Spaßigen, seine Weigerung, Könige und Helden mit einer angemessen heroischen und königlichen Würde auszustatten, seine Darstellung der Menschen (um Sophokles eigene Beschreibung der Praxis von Euripides zu zitieren) «nicht, wie sie sein sollten, sondern wie sie sind». Euripides, so hieß es, hatte dem natürlichen Genius seiner Nation widerstanden (so wie die viktorianischen Altphilologen ihn definierten); Shakespeare hingegen hatte ihm entsprochen. Die Vergleichbarkeit ihrer ästhetischen Praxis; die im späten 17. Jahrhundert als Beweismaterial für Shakespeares Verteidigung hergehalten hatte, hatte sich im 19. Jahrhundert gegen Euripides gekehrt.

Die griechische Tragödie war die Kultur eines fremden Landes; in England war sie jedoch auch die Kultur eines Landes innerhalb eines Landes. Ab Mitte des 18. Jahrhunderts wurden die klassischen Sprachen mit wachsendem Eifer als Instrument der Klassentrennung eingesetzt. 1748 hieß es: «Das Wort ‹illiterate›, ‹Analphabet›, in seinem geläufigen Gebrauch bezeichnet einen Mann, der kein [Latein und Griechisch] beherrscht.» In den 90er Jahren des 18. Jahrhunderts priesen die politischen Konservativen die klassischen Sprachen dafür, daß sie uns «Sprache und Denken der höheren Stände von dem der gesellschaftlich niedriger Stehenden unterscheiden läßt».[23]

Als Folge einer Gerichtsentscheidung wurden Griechisch und Latein nach 1805 die einzigen Fächer, die in freien Schulen unterrichtet werden konnten, was die Verwandlung der alten *grammar schools* in Vehikel von Elitedenken und Klassenteilung beschleunigte und verstärkte. Die klassische Tragödie wurde zur Waffe in der Hand der britischen Oberschicht. Und in den Schulen selbst verwandelten die Lernmethoden – mit ihrem erbarmungslosen Gewicht auf Philologie, Auswendiglernen, ‹Gerundium-Büffelei› – die Dramen selbst in Instrumente pädagogischer Unterdrückung. Dadurch richtete sich die Ablehnung derer, denen das Bildungssystem verschlossen bzw. aufgezwungen war, zwangsläufig gegen Griechisch und Latein. Die griechische Tragödie bedeutete Pflicht, die Zwangsverordnung einer geistesschindenden Regel; Shakespeare schien im Gegensatz dazu die Freiheit der Vorstellungskraft zu verkörpern. Shakespeare triumphierte zunächst gegen die französischen klassizistischen Dramatiker, dann gegen die athenischen Klassiker, weil er (rational) mit dem englischen sprachlichen Nationalismus und (irrational) mit Freiheit assoziiert wurde.

In unserer Gesellschaft ist Shakespeare in den meisten Schulen und Universitäten mittlerweile Gegenstand von ‹Pflichtveranstaltungen›; seit fast einem Jahrhundert bereits sind Schüler und Studenten dazu gezwungen, sich mit ihm zu befassen, so wie früher mit Griechisch und Latein. Als Abzeichen eines kulturellen Elitedenkens und Instrument pädagogischer Unterdrückung bedarf Shakespeare jetzt der ständigen Rechtfertigung gegen die entschlossene Gelangweiltheit, die abgrundtiefe Ablehnung von seiten der Shakespeare-Pflichtigen. Aus einem gefesselten Publikum wurden die Fesseln des Literaturunterrichts. Gleichzeitig hat uns die moderne Forschung zunehmend den Blick für die Rahmenbedingungen geschärft, die Shakespeares Kunst in die Schranken wiesen: politische und religiöse Zensur, die ererbten Konventionen des elisabethanischen Theaters, die rechtliche Notwendigkeit von Patronage, die Feindseligkeit der Londoner Stadtregierung, die Dimensionen der Bühne, die begrenzten technischen Mittel des Theaters, Größe und Aufbau der Schauspieltruppen, die begrenzte Anzahl der zur Verfügung stehenden Knaben, die Frauen spielen konnten, die Notwendigkeit, Rollen doppelt zu besetzen, die Notwendigkeit von Rollen, die eine Doppelbesetzung ermöglichten, die

Erwartungen des Publikums. Solche Rahmenbedingungen legten Shakespeare nicht weniger Fesseln an, als es die klassizistischen Regeln bei Racine taten. Die Alten glauben nicht länger, daß Shakespeare frei war, die Jungen erfahren ihn nicht länger frei(willig).

Shakespeares Charisma ist gründlichst institutionalisiert worden, und es bleibt abzuwarten, ob und in welcher Form er das daraus resultierende Einzementieren seines Talents überlebt. Erst danach werden wir uns in der Position befinden, um Shakespeares Leistung auf der Waagschale von «Länge der Dauer und der Kontinuierlichkeit der Wertschätzung» zu messen. Doch das Eichamt sollte Dr. Johnsons Waagschale in jedem Fall einmal überprüfen. Warum setzt er ein solches Vertrauen in die «Länge der Dauer und der Kontinuierlichkeit der Wertschätzung»? Weil, so versichert uns der berühmteste aller englischen Journalisten auf Seite der Tories: «Was die Menschheit lange schon besitzt, das hat sie oft schon geprüft und verglichen, und wenn sie ihr Gut weiterhin wertschätzt, dann deshalb, weil häufige Vergleiche ihre Ansicht noch einmal bestätigt haben.»[24] Konkurrenzprodukte kamen und gingen, die Konsumenten haben sie gekostet und geprüft; wenn die Konsumenten immer noch Marke X bevorzugen, dann muß sie den anderen überlegen sein. Diese Argumentation geht jedoch von einem freien und rationalen Markt aus, davon, daß die Wahl des Konsumenten nicht durch falsche Werbung, staatliche Intervention und Verteilung oder Trägheit verzerrt wurde. Sie ignoriert den Einfluß der vorherrschenden Denksysteme – so wie Johnsons eigene unbewußte Gleichsetzung (in der am weitesten entwickelten kapitalistischen Gesellschaft Europas im 18. Jahrhundert) von Literatur mit einem «Gut», einem Besitz, dessen Wert der Besitzer, als «Menschheit» definiert, fortlaufend neu bemißt, obgleich die «Menschheit» in Johnsons England praktisch aus einer dünnen Schicht von ungefähr 12000 Engländern bestand.[25] Was nach oben steigt, ist manchmal nicht die Crème, sondern der Abschaum.

Dr. Johnson führte ein weiteres Argument an: «Was wir am längsten kennen, darüber haben wir am längsten nachgedacht, und worüber wir am längsten nachgedacht haben, das haben wir am besten verstanden.»[26] Lange während Vertrautheit erzeugt Kenntnis, Kenntnis sowohl von Schwäche als auch Stärke; wenn ein Werk solch gründliche Prüfung überlebt, dann muß es die entgegengebrachte Wertschätzung auch verdienen. Aber ein solcher Gedankengang geht allzuleicht über in Edmund Burkes Verteidigung der Tradition gegen Veränderung.

Worüber die Menschen «am meisten nachgedacht haben» – Gott, zum Beispiel –, haben sie deshalb nicht immer auch «am besten verstanden». Die Bibel, die *Aeneis*, Homer, Shakespeare, die amerikanische Verfassung, das Kommunistische Manifest – hat eine Gesellschaft einen Text erst zum Heiligtum erkoren, dann sammeln sich in ihm alle Bedeutungen aus der gelehrten Gedankenwelt seiner Interpreten. In diesem Bedeutungsüberschuß, in dieser Überfülle verschwindet die Bedeutung ganz und gar, genauso, wie zu viel Licht blind macht. Ich bezweifle, ob irgend jemand, der Literatur in einem englischsprachigen Land lehrt, wirklich noch weiß, ob Shakespeare ‹so gut› ist, ‹wie man sagt›. Das Lob- und Erläuterungsgeschwätz führt unser Urteil unwiderruflich in die Irre; unsere Zungen können Laute hervorbringen, aber nicht länger schmecken.

«...ein einzelner Mann kann nicht mehr sein als ein einzelner Mann; man könnte sich sechs verschiedene Shakespeares zugleich vorstellen, deren Grenzen nicht miteinander kollidieren; und die Behauptung, Shakespeare habe nahezu alle menschlichen Emotionen ausgedrückt, wie auch die damit gegebene stillschweigende Behauptung, er habe für jeden anderen sehr wenig übriggelassen, verrät ein radikales Mißverständnis der Kunst und des Künstlers; ein Mißverständnis, das, sogar wenn man es ausdrücklich zurückweist, dazu führen kann...»

Wohin führen kann? Kann – ja hat es gewiß getan – zur Herabsetzung des folgenden post-Shakespearianischen englischen Dramas führen... kann führen, hat geführt zu dem unmöglichen Beharren darauf, daß neues Talent sich dem Shakespeareschen Muster einzupassen habe. In den letzten 20 Jahren, in denen das britische Theater mehr gute Stücke zur Welt gebracht hat als zu irgendeiner Zeit seit dem 17. Jahrhundert, wird Alan Ayckbourn vorgeworfen, er könne «nur» Komödien schreiben, Tom Stoppard, er könne keine genügend «abgerundeten» dramatischen Figuren schaffen, und Edward Bond wird abgetan, weil er nicht Shakespeares «wunderbare philosophische Unparteilichkeit» besitze oder besitzen wolle... kann führen, hat dazu geführt, daß wir das Theater anderer Völker unterschätzen. Wir meinen, daß Shakespeares ungefähr 30 Stücke mehr Menschheit in sich enthalten als die 500 Stücke von Lope de Vega, die wir nicht gelesen haben... kann führen, hat geführt zu einer falschen Bestimmung von Shakespeare selbst und den anderen Bühnendichtern des späten 16. und frühen 17. Jahrhunderts, deren Stücke er ansah, las und spielte... kann sogar führen und hat zweifellos dazu geführt, daß wir all jene Aspekte der Menschheit vernachlässigen, die Shakespeare vernachlässigte, in der Annahme, alles außerhalb seines Kunsthorizonts existiere nicht.

Aber so war es nicht, wie T. S. Eliot den Satz endete. Eliot transponiert typischerweise die Argumentation in eine Molltonart: Nachdem er wie ein amerikanischer Gangster jemandem das Messer an die Kehle gehalten hat, tritt er dann angesichts seiner ausschweifenden Geste ziemlich verlegen zurück und sticht sich elegant wie ein englischer Kammerdiener – so elegant tatsächlich, daß man die geänderte Richtung kaum bemerkt – in den linken kleinen Finger. Die Annahme, Shakespeare habe die Möglichkeit der Sprache und menschlichen Natur erschöpft, führt, so warnt uns Eliot streng, dazu,

«daß wir die angespannte Aufmerksamkeit nicht aufbringen, die erforderlich ist, um die besonderen Eigentümlichkeiten des Verses der Zeitgenossen Shakespeares herauszuhören» [27].

Wie uns diese letzten Sätze in Erinnerung rufen, war Eliot ein Epikureer der Metrik, der rechtmäßige Erbe von Alfred Tennyson und Robert Bridges, erkennbar der Zeitgenossen von A. E. Housman.

Aber selbst wenn wir uns auf Formfragen beschränken, wie es Eliot uns hier nahelegt, kann es doch schwer sein, Shakespeares Grenzen zu sehen, wenn wir nicht ganz bewußt vorübergehend zu den kritischen Annahmen auf Distanz gehen, mit denen wir groß wurden. Ein moderner Kritiker muß seine Vorstellungskraft schon bemühen, um zu verstehen, wie Walter Savage Landor 1846 Shakespeares Sonette beschreiben konnte als «hitzig und lärmend: Da ist viel Dichte, aber wenig Zartgefühl, wie Himbeermarmelade ohne Sahne, ohne Kruste, ohne Brot, um der Klebrigkeit entgegenzuwirken» [28]. Für uns haben die Sonette keinen solchen Geschmack – vielleicht weil wir sie schon so lange essen, wie wir uns überhaupt erinnern können.

Zum Teil nehmen wir Landors Kritik nicht ernst, weil wir Landors Lyrik nicht mehr ernst nehmen. Wenn man Shakespeares dramatische Lyrik mit dem englischen Drama nach der Restauration vergleicht, mit Drydens *The Conquest of Granada* oder Addisons *Cato*, dann wird man fast sicher von Shakespeares Überlegenheit als Sprachkünstler überzeugt sein. Blickt man sich um nach Erklärungen dafür, dann könnte man die Überlegenheit leicht – die meisten Kritiker tun das – an genau den Merkmalen seiner Lyrik festmachen, die der Restauration mißfielen: an ihren Wortspielen, dem Mischmasch von hohem und niedrigem Stil, der Überladung von Metaphern. Racine und Sophokles sprengen jedoch diese Hypothese; beide gewinnen Bedeutung aus der «Kargheit der Vorstellung» [29], einem engen Wortschatz, einer entkleideten und harten Sprache. Sie kanalisieren die Stärke ihres Genusses. Racine und Sophokles und die von ihnen definierte Tradition widersprechen der leichten Annahme – leicht zumindest für diejenigen, die mit Shakespeare groß wurden –, daß sprachliche Autorität ein Bestandteil dessen sei, was Dryden mißfiel.

Wenn Shakespeare Erfolg hat, dann aus vielschichtigeren Gründen, die wir niemals erkennen werden, wenn wir nicht gleichzeitig eine alternative Dichtung respektieren, die ebenso stark, aber anderer Art ist. Jeder, der die Leistung des englischen Barock in der Architektur und Musik, von Christopher Wren bis Henry Purcell, bewundert, sollte in der Lage sein, sich eine entsprechende sprachliche Eleganz vorzustellen, gezähmt, doch nicht farblos. Die Restaurationszeit hat keine vergleichbare Leistung in der dramatischen Dichtung hervorgebracht; aber das berechtigt nicht zu der Annahme, es gäbe keine ernstzunehmende Alternative zu Shakespeares Stil. Im späten 17. Jahrhundert machte sich Gerald Langbaine zum «Verfechter der Sache der toten Dichter, um ihren Ruhm in Schutz zu nehmen» gegen die Kritik von Dryden. Drydens «Mängel», behauptete er, seien so groß wie Shakespeares. [30] Diese Klage zieht sich durch die Jahrhunderte: In einem 1987 veröffentlichten Buch klagt Harry Levin in herabsetzender Manier, daß «mit angemessenem Wissen um [Drydens] eigene Schwäche als Dramatiker» dessen Shakespeare-Kritik von «zweierlei Seite» zu betrachten sei. [31] Solche *ad hominem*-Kritik Drydens lenkt vom eigentlichen Thema ab. «Aus dem Recht, Shakespeare zu kritisieren», betonte George Bernard Shaw, «folgt noch nicht die Fähigkeit, bessere Stücke zu schreiben»; sogar Shaw hat nie behauptet, bessere Stücke zu schreiben. [32] Wie dem auch sei, konnten Gerald Langbaine oder Harry Levin so gut schreiben wie Dryden? Und wenn Dryden kein Recht hatte, Shakespeare zu kritisieren, welches Recht haben sie dann, Shakespeare zu kritisieren?

Wir können nur verstehen, was Shakespeare tat, wenn wir verstehen, was er nicht tat, und ebenso einsehen, daß das, was er nicht tat, künstlerische Aufmerksamkeit verdient. Was er tat, ist nicht nur eine Frage des Stils, sondern auch des Gehalts: nicht nur eine Frage dessen, wie er sprach, sondern auch worüber. Was Shakespeare ausließ, ist ebenso wichtig wie das, was er in seine Dramen einbezog. Man muß sich nicht gleich der Psychoanalyse verschreiben, um zu erkennen, daß die Themen, die Menschen vermeiden, genauso bedeutsam sind wie die, mit denen sie sich befassen.

Um nur ein Beispiel zu nennen: *Maß für Maß* erzählt die Geschichte eines puritanischen Statthalters, der sich aufmacht, die sexuelle Verderbtheit in Wien auszumerzen. Shakespeare erzählt die Geschichte auf eine Weise, die dieses Ziel ständig unterläuft. Angelo, der Statthalter, erliegt selbst der Lust; die sichtbarsten Opfer seines Kreuzzugs sind ein liebenswertes junges verlobtes Paar, das sich keiner schlimmeren Sache schuldig gemacht hat als der geschlechtlichen Vereinigung vor Erhalt des ehelichen Segens (des Speisens vor dem Gebet also). Indem er den Blick auf den heuchlerischen Statthalter und die unglückseligen Liebenden richtet, lenkt Shakespeare die Aufmerksamkeit ab von dem eigentlichen Zentrum sexueller Verderbtheit, der Prostitution in Wien. Das Sex-Gewerbe ist im Stück durch einen unterbelichteten Burschen vertreten (Schaum, den das Personenverzeichnis in der Folio-Ausgabe* einen «einfältigen Menschen» nennt), einen witzigen Zuhälter (Pompejus) und durch eine alte Kupplerin (Frau Überley; im Englischen ist «Miss Overdone» ein Wortspiel auf ‹es zu sehr getrieben haben›). Eine Schar harmloser, komischer Gestalten also: dumpfer Kunde, dummer Zuhälter, dämliche Dame. Die Namen selbst versichern uns, daß wir die Welt vergnügter Hurerei betreten haben. Aber wo, so sage man mir, stecken die Prostituierten?

Shakespeare führt uns die Kunden und die Betreiber des Geschäfts vor, doch die sexuelle Arbeit selbst, die Frauen, die den erniedrigenden Frondienst der Prostitution leisten müssen, die bekommen wir nicht zu sehen oder zu hören, die werden kaum erwähnt. Die schlimmste Strafe, die Lucio am Ende auferlegt werden kann, eine Strafe, die vielen modernen Kritikern als neurotische Strenge (seitens des Herzogs oder Shakespeares) gilt, ist, «eine Metze» heiraten zu müssen – eine Prostituierte ehelichen zu müssen, die er geschwängert hat. Desgleichen sehen wir in *Perikles* das Gatten-Duo von Bordellbesitzern komisch über den Mangel an Huren am Ort klagen, und wir sehen Bolz (ein Name, der so phallisch wie funktional ist: Er schiebt den Bolzen vor die Tür), aber keine einzige Prostituierte bekommen wir zu Gesicht. Die Betreiber des Geschäfts kaufen Marina und versuchen sie

---

* Anm. d. Ü.: Ebenso die Schlegel/Tieck-Übersetzung.

dann wieder zu verkaufen; doch diese nimmt in einer ergötzlichen kleinen dramatischen Phantasie den Kunden mit ihrem Moralisieren die
Lust, so daß diese nicht für Sex, sondern für eine Predigt zahlen. Tatsächlich verliebt sich einer von ihnen in sie – glücklicherweise auch
noch der begehrteste Junggeselle der ganzen Stadt – und hält schließlich um ihre Hand an.

Wie das Theater hatte sich die Prostitution zu Shakespeares Zeiten
dank der wachsenden Bevölkerung in London rasch ausgedehnt. Den
Bedarf an weiblichem Material sicherte die steigende Zahl heimat- und
mitteloser Familien in der Folge von landwirtschaftlicher Not, periodischen Wirtschaftskrisen, Pest, Kriegsdienst, Nichtversorgung von
Kriegsversehrten, ständiger Inflation und einem steten Niedergang der
Reallöhne. Der Aufstieg des Kapitalismus brachte genau in der Zeit
mehr Familien in eine unsichere wirtschaftliche Lage, da der politische
und demographische Wandel den einzelnen aus den früheren sozialen
Schutzmechanismen riß. Die Auflösung der Klöster Mitte des 16. Jahrhunderts zerstörte die zentralen Institutionen organisierter Wohltätigkeit, während die Tausenden, die frisch nach London, in die soziale
Kloake des Landes, strömten, in überbevölkerten, gesetz- und verwal-
tungslosen Elendsvierteln endeten, abgeschnitten vom alten Netz der
Nachbarschaftshilfe und kirchlicher Wohltätigkeit. Damals wie heute
nährte sich die Prostitution von urbaner Entfremdung und nährte diese
zugleich wiederum, und wie andere Formen von Geschäftsunterneh-
men expandierte sie mit dem Kapitalismus. Menschen, die verkaufen,
verkaufen Menschen. In einem beliebten Wortspiel aus der jakobäischen Stadt-Komödie vereinen sich Bordelle und Kaufmannsbetriebe
in ihrer Hingabe an «(w)holesale» – Engroshandel bzw. ‹Loch-Ver-
kauf›.

Londons Theater entstanden Seite an Seite mit seinen Freudenhäu-
sern, an Orten, die sich gerade außer Reichweite der Obrigkeit befanden. Vom Bau der ersten Theater bis zu ihrer Schließung im Jahre 1642
erkannten Kritiker wie Apologeten, daß «Dirnen, Diener, Kupplerin-
nen, Ehebrecher, Hurenmeister, Trunkenbolde und vom Wege Abge-
kommene in Scharen voller Gier und Vergnügen in Bühnenschauspiele
strömen»[33]. Prostitution und Schauspiel sind beides Dienstleistungs-
gewerbe, beide bedienen einträglich den Markt für wirkliche Phantasien. Nach Ansicht der puritanischen Opposition zog das Theater
nicht nur Huren an: Es produzierte sie auch. Das Theater war die
«Schule der Unzucht», wo die Zuschauer die romantischen und eroti-

schen Gesten, Handlungen, Situationen sahen und guthießen: «Bei der Darstellung der Hurerei spielen alle im Geiste die Huren.» [34] Das Publikum spielte in der Vorstellung das durch, was auf der Bühne gespielt wurde. Schauspieler und Prostituierte arbeiteten in den gleichen Gebäuden, verdienten an den gleichen Kunden; beide simulierten eine Leidenschaft, die sie nicht empfanden; beide vollführten die Bewegungen ohne die Gefühle dazu. Bordell und Bühne befanden sich gleichermaßen an der unsicheren Peripherie der Stadt und des Gesetzes: verurteilt, aber geduldet, verfolgt und erlaubt. Der Widerspruch dauerte bis zum Ausbruch des Bürgerkriegs: 1642 wurden die Theater geschlossen, 1650 machte das Parlament Unzucht zu einem Verbrechen, das mit drei Monaten Gefängnis geahndet wurde, und Ehebruch zu einem Schwerverbrechen, das mit dem Tod zu bestrafen war.

So wie Shakespeare bewußt oder auch nicht die wirkliche Prostituierten in *Maß für Maß* und *Perikles* wegließ, so ignorierte er auch die Verwandtschaft zwischen dem ältesten Gewerbe der Welt und seinem eigenen. Der Hamlet spielende Schauspieler wundert sich über den Schauspieler, der einen Schauspieler spielt und...

> Bei einer bloßen Dichtung, einem Traum
> Der Leidenschaft, vermochte seine Seele
> Nach eignen Vorstellungen so zu zwingen,
> Daß sein Gesicht von ihrer Regung blaßte,
> Sein Auge naß, Bestürzung in den Mienen,
> Gebrochne Stimm', und seine ganze Haltung
> Gefügt nach seinem Sinn? Und alles das um nichts!
> Um Hekuba!
> Was ist ihm Hekuba, was ist er ihr,
> Daß er um sie soll weinen?

Der Hamlet spielende Schauspieler setzt dann, angeregt durch dieses dramatische Vorbild, zu einer eigenen rhetorischen Tirade an – nur um sich voller Ekel das Wort abzuschneiden mit dem Ausruf:

> Ha, welch ein Esel bin ich!...
> Daß ich...
> ...mit Worten nur,
> Wie eine Hure, muß mein Herz entladen,
> Und mich aufs Fluchen legen, wie ein Weibsbild,
> Wie eine Küchenmagd! [35]

Was das Verhalten eines Schauspielers war, ist 30 Verse später zum Verhalten einer Prostituierten geworden: vom Harlekin zur Hure in einem Monolog. Doch weder Hamlet noch Shakespeare sprechen diese Verbindung aus, und das Publikum bekommt sie, wenn überhaupt, nur unterschwellig mit. Shakespeares Einbildungskraft stellte diese Gleichsetzung her, hielt sie jedoch an der Peripherie der Dichtung, in den Vororten des Unterbewußtseins. So heißt der Zuhälter in *Maß für Maß* in den Bühnenanweisungen durchgängig «*Clowne*», der gesprochene Text jedoch benennt an keiner Stelle die Beziehung zwischen seiner sexuellen und dramatischen Funktion.

Zu Shakespeares Zeit waren Schauspieler männlich und Prostituierte weiblich. Der Geschlechtsunterschied erleichterte es, die Ähnlichkeit zwischen den beiden Berufen zu negieren; außerdem aber ließ er aus dieser Negation eine tendenziell misogyne Aussage entstehen. Der Protagonist in *Hamlet* heißt eine Truppe von Wanderschauspielern willkommen, lobt sie und bittet sie um eine Aufführung; der Protagonist von *Timon von Athen* schilt und treibt zwei Prostituierte davon, nachdem er sie geheißen hat, nach besten Kräften Syphilis zu verbreiten. Shakespeare vergeudete keine Sympathie auf Frauen, die zur Prostitution verführt, betrogen oder gezwungen wurden. Die erwerbstätigen Frauen, die in seinen Stücken auftauchen, werden beschuldigt, ihre Kunden geradewegs zu ermorden (Dortchen Lakenreißer in *Heinrich IV. Zweiter Teil*) oder nach und nach durch Krankheit (Phrynia und Timandra in *Timon von Athen*), beide Male ohne Zwang oder Gewissensbisse. Shakespeares Zeitgenosse Thomas Middleton empfand Mitgefühl für die «in Not geratenen Näherinnen und Ehefrauen», die «armen Seelen» und «armen wandernden Schwestern», «hungrigen Dinger», gefangen am «Angelhaken» der städtischen Zuhälter[36]; Shakespeare jedoch bedenkt an keiner Stelle, und gibt seinem Publikum an keiner Stelle zu bedenken, welches die Umstände oder Motive solcher Frauen sein mögen.

Shakespeare sieht Prostitution von außen, oder besser gesagt von männlicher Warte, der Warte des Kunden oder des Zuhälters; die Frauen existieren entweder überhaupt nicht (wie in *Maß für Maß* und *Perikles*) oder verdienen Verachtung (wie in *Heinrich IV. Zweiter Teil* und *Timon von Athen*). Seltsamer- und unwirklicherweise sind sie niemals jung, niemals schön, niemals wirklich betörend. Wären sie anziehend, dann wäre das ein Eingeständnis ihrer Macht; gleichzeitig aber könnte es die männlichen Schauspieler dazu zwingen, sich mit weiblichen Prostituierten gleichzusetzen. Einen männlichen Zuhälter kann ein Schauspieler leicht spielen; damit gesteht er lediglich ein, daß Huren ihrem Gewerbe im Theatergebäude nachgehen, daß die Schauspieler durch die Aufführung an einem Ort männliche Kunden und willige Frauen zusammen bringen. Der Kuppler in *Perikles* möchte sich gern aus dem Gewerbe zurückziehen, sobald er nur genug Geld verdient hat, um sich ein ehrenhaftes Geschäft aufzubauen. Der erste große elisabethanische Schauspieler, Edward Alleyn, hatte genau das getan, und zu der Zeit, als *Perikles* entstand, tat Shakespeare das gleiche. Shakespeare konnte gerade eben das Bild eines Schauspielers als heiteren, harmlosen männlichen Zuhälter ertragen; niemals aber zeichnete er den Schauspieler als unterdrückte, betörende weibliche Hure.

Mit einer künstlerischen Hand negierte Shakespeare die Verbindung zwischen einfachen Schauspielern und Prostituierten; mit der anderen nahm er ihre Identität an. Weil Schauspieler gern spielen, müssen Huren gern huren; wenn sie es nicht täten, könnten sie sich schließlich wie Mariane einfach weigern und einen Prinzen heiraten. In *Maß für Maß* sind die zeitgenössischen Gegner des Theaters durch Angelo verkörpert; aber in dem Stück hat Wien anders als London keine Theater, und Angelos Reformeifer richtet sich gegen sexuelle Freizügigkeit, nicht gegen die Freiheit des Theaters. Entsprechend kann Shakespeare Angelos moralischen Kreuzzug diskreditieren, indem er ihn selbst der sadistischen Lust überführt. Indem er das moralische Problem auf die Sexualität verschiebt, indem er jegliche Anspielung auf eine Parallele zur Kampagne gegen die Theater vermeidet, kann Shakespeare die Gegner des Schauspiels unterlaufen, ohne sich je mit ihren Argumenten zu befassen und ohne sich oder dem Publikum je die Verbindung zwischen Freudenhaus und Schauspielhaus einzugestehen. Es bedurfte eines Jean Genet – der an Infamie ein so großes Vergnügen hatte, wie Shakespeare Respektabilität anhäufte –, um diese Beziehung dramatisch zu betonen.

Doch die Abwesenheit von Prostituierten (und Theatern) in *Maß für Maß* bezeugt nicht nur Shakespeares Unterdrückung einer sozialen und psychologischen Assoziation, die ihn beunruhigte. Sie gehört außerdem zu einer allgemeineren Diskrepanz zwischen der Welt der Shakespeareschen Dramen und der Welt außerhalb. In *Maß für Maß* gibt es fünf Frauen; 17 Männer werden einzeln aufgeführt, dazu bevölkern viele namenlose Lords, Offiziere, Bürger und Diener, sämtlichst männlich, die Peripherie des Textes. Isabella, die zungenfertigste der fünf Frauen, spricht weniger als halb so viele Worte wie der Herzog; alle fünf zusammen machen nur 18 Prozent des gesprochenen Textes aus. Im Vergleich mit anderen Stücken schneiden die Frauen in *Maß für Maß* dennoch ziemlich gut ab: *Hamlet* läßt zwei Frauen im Gegensatz zu 28 Männern auftreten. *Julius Cäsar* zwei Frauen und 28 Männer. Wie im Kongreß und im Parlament sind Männer bei Shakespeare überrepräsentiert. Das ist Teil der Bedeutung der Shakespeareschen Dramen und in der Tat aller Dramen der englischen Renaissance.

Vor 1660 stellten Knabenschauspieler die weiblichen Parts dar, und reife Frauen zu spielen war für sie nicht so einfach wie sehr junge. Entsprechend sind die meisten von Shakespeares Frauen Mädchen; sie fallen in das Schwellenalter, da Junge und Mädchen, Knaben- und Mädchenzeit einander berühren und die beiden Zustände einander wechselseitig durchdringen, bevor die Geschlechtsunterschiede sich zu Schranken verhärtet haben. In *Maß für Maß* sind Isabella, Mariane und Julia alle in signifikant geschlechtsloser Sprache ‹junge Dinger›. Frau Überley hingegen gehört zu einer alternativen weiblichen Klasse: den häßlichen alten Weibern. Junge Männer können alte Frauen nicht weniger überzeugend spielen als Knaben und Mädchen; entsprechend sind Shakespeares weibliche Figuren entweder ziemlich jung oder alt und häßlich. Es gibt Ausnahmen, solche Tendenzen sind niemals absolut; das mindert jedoch nicht ihre Signifikanz. Die Struktur der Theatertruppen vor 1660 erschwerte die Darstellung von Frauen in der Blüte ihres Lebens. Mit einer geringen Zahl von weiblichen Figuren und Beschränkungen auf bestimmte Altersgruppen bot das englische Theater der Renaissance eine fundamentale Mißrepräsentation der Bevölkerungsstruktur der englischen Renaissance.

Und warum haben so viele der Shakespeareschen Frauen – Katharina und Bianca, Hero, die drei Töchter Lears, Desdemona, Miranda, Ophelia, die Aufzählung läßt sich fortsetzen – einen Bühnenvater, aber offenbar keine Mutter? Dem vorwissenschaftlichen gynäkologischen Mythos zufolge waren Frauen selbst im Prozeß der menschlichen Fortpflanzung relativ überflüssig. Die Mutter (lateinisch *mater*) lieferte nur das Gefäß, die Retorte, die «matter», «mater» (beide Schreibweisen existieren zu Shakespeares Zeit), das Material, in dem ein männlicher Same sich entwickelte. Gemäß dieser biologischen Vorstellung hatten Kinder einen wesentlichen Elternteil, und der war männlich. Frauenkörper waren nur das Medium, durch das die männliche Botschaft von Generation zu Generation weitergegeben wurde.

Nicht erwachsene Männer, sondern Knaben spielten die weiblichen Rollen. In der Ideologie der westlichen patriarchalischen Kulturen, ursprünglich von Aristoteles formuliert, ist die Frau nur eine unreife, nicht voll entwickelte, primitivere Form des Manns. Wenn sie sich aus irgendeinem Grund als Männer verkleiden möchten, geben Shakespeares junge Frauen sich häufig als «Pagen» aus; es überrascht daher nicht, daß der Witz von Shakespeares komischen Frauen, von Rosalinde oder Julia, die von Knaben gespielt werden, dem Witz seiner komischen Pagen ähnelt, die von den gleichen Knaben gespielt werden. Beide Charaktere sind zugleich geziert und altklug; wie die Kinderstars des modernen Films und Fernsehens amüsieren sie das Publikum mit ihrer vorlauten Intelligenz, witzigen Aufsässigkeit, selbst einer gelegentlichen Begabung für sexuelle Anzüglichkeiten, so unerwartet und so köstlich unpassend aus ihrem Mund. Shakespeares schlaue Frauen sind schlaue Jungen in weiblicher Aufmachung, manchmal sind seine schlauen Frauen schlaue Jungen in Hosen. Und die Rolle des Pagen definiert angemessen den Status der Knabenschauspieler, die solche Rollen spielten. In den Theatertruppen selbst, die den Handwerksgilden nachgebildet waren, waren die Schauspieler, die weibliche Rollen spielten, Lehrlinge, jeweils unter der Aufsicht eines erwachsenen Schauspielers, ihres ‹Meisters›: Das auf der Bühne inszenierte Drama weiblicher Unterordnung und Abhängigkeit spiegelt die Realität ökonomischer Abhängigkeit hinter der Bühne wider.

Diese ökonomische Abhängigkeit lief das Risiko, zur sexuellen zu werden oder zumindest so zu wirken. Der junge Lehrling hatte sich als Frau zu kleiden und dann mit Männern romantische Episoden zu spielen, manchmal vielleicht mit dem gleichen Mann, der sein Meister war, der Meister, in dessen Haus er lebte. Wenn ein Hauch verbotener Sexualität dem elisabethanischen Theater allgemein anhaftete, dann konzentrierte sich der Verdacht hauptsächlich auf diese ‹Transvestitenknaben›. Einen solchen Jungen in die Rolle einer betörenden Hure zu stecken, ihn von einem älteren männlichen Schauspieler, der einen Zuhälter darstellte, vor das Publikum zu bringen, das kam einer offenen Gleichsetzung zwischen Prostitution und Schauspiel unangenehm nahe.

Das Fehlen von Prostituierten in *Maß für Maß* ist bereits überbegründet worden; es hat seinen Ursprung in den sozialen und institutionellen Bedingungen des elisabethanischen Theaters und in Shakespeares eigener Ambivalenz, was Prostitution, Schauspiel und Frauen betrifft. Außerdem ist es jedoch Teil eines allgemeineren Musters, was die Einstellung zu den unteren gesellschaftlichen Schichten angeht. Von den 21 namentlich aufgeführten Erwachsenen in *Maß für Maß* gehören nur vier zur riesigen Mehrheit der Bevölkerung unter dem Rang eines Gentleman: die Kupplerin Frau Überley, der Zuhälter Pompejus, der Gerichtsdiener Ellbogen, der Scharfrichter Grauslicht – alles Kriminelle und Clowns. Zusammengenommen sprechen diese Figuren weniger als elf Prozent des Textes. Es wäre absurd, eine Art Quotenregelung für eine der klassen- und geschlechtsspezifischen Bevölkerungsstruktur entsprechende Rollenzuteilung zu fordern, doch was in *Maß für Maß* geschieht, finden wir auch in anderen Stücken. Wie Frauen sind die niederen und bürgerlichen Gesellschaftsschichten bei Shakespeare systematisch unterrepräsentiert. Außerdem sind sie, wie am Beispiel von *Maß für Maß* deutlich wird, falsch repräsentiert. Sie werden alle – wie Shakespeares Prostituierte – von oben herab gesehen.

Was ich hier mit Shakespeare anstelle, könnte jedem von uns geschehen. Der Blick auf die Lücken und Verschiebungen in Shakespeares Texten, auf die blinden Flecken und Verzerrungen seiner Perspektive ruft uns vor Augen, daß er menschlich und deshalb begrenzt war, daß er zu einem bestimmten Ort, in eine bestimmte Zeit gehörte. Coleridge fand *Maß für Maß* ein «abscheuliches» und «widerwärtiges Werk»[37]; zweifelsohne ist es das zum Teil – nicht weil es, wie der konservative Coleridge einwenden würde, zuviel Realität, sondern weil es zu wenig enthält.

Shakespeare kann keine einzigartige Beherrschung der dramatischen Möglichkeiten für sich in Anspruch nehmen, keine einzigartige Langlebigkeit oder Reichweite seines Namens, Tiefe oder Bandbreite seines Stils, Universalität oder Umfassendheit. Aber noch immer heben ihn die Kritiker in den Himmel. Die Logik ihrer Superlative läßt sich an der *Komödie der Irrungen* veranschaulichen, die sich besonders dafür eignet, weil Shakespeare sie offensichtlich und ganz unverfroren an ein lateinisches Original anlehnte, an Plautus' *Menaechmi*.

Die neuere Forschung würde die *Komödie der Irrungen* irgendwo gegen Ende des ersten Viertels der Shakespeareschen Laufbahn ansiedeln – weitaus nicht sein frühestes Stück oder selbst seine früheste Komödie.[38] Doch die meisten Kritiker, die ich zitieren werde, halten sie für sein erstes Werk und empfinden dennoch keine Gewissensbisse, wenn sie immer wieder bekräftigen, daß es in jeder Weise das reife Werk von ein oder zwei anerkannten Meistern der römischen Tragödie übertrifft. In einem vielgepriesenen Handbuch geht David Young zum Beispiel ohne Diskussion davon aus, daß *Die Komödie der Irrungen* «Shakespeares früheste Komödie» war, in der er «pflichtgemäß» dem «durchaus zweifelhaften» klassischen Vorbild von Plautus und Terenz folgte. Diese einzelne «Übung in der Plautinischen Komödie bewies Shakespeare, daß er die Alten getreu nachahmen konnte und daß er zukünftig keinen besonderen Wert darauf legen würde, diese Schranken genau einzuhalten».[39] Laut Anthony Burgess' populärer Biographie ist *Die Komödie der Irrungen* «das erste Werk von einer gewissen Länge, das Shakespeare fertigstellte»; es habe als Übersetzung begonnen, sich aber zu einer Bearbeitung entwickelt; es markiere den Übergang zwischen Shakespeares Karriere als Schulmeister auf dem Land und als Bühnenmeister in der Stadt.[40] Bei Burgess wie auch bei Young, bei Romancier und Literaturwissenschaftler gleichermaßen, beginnt Shakespeare dort, wo die Klassiker geendet hatten und übertrifft sie unmittelbar; er «überplautust Plautus». Er durchbricht die «zweifelhaften... Schranken». Schon die Plazierung der *Komödie der Irrungen* als Startpunkt des Shakespeareschen Kanons – trotz des Fehlens oder gegenteiliger Hinweise des Beweismaterials – projiziert auf Shakespeares Laufbahn und künstlerische Leitung bereits eine vorbestimmte Gestalt, Größe und Bedeutung.

Plautus wie Shakespeare erzählen die Geschichte von einem männlichen Zwillingspaar, mit identischem Namen und Aussehen, das bei der Geburt getrennt wird. Als einer der Zwillingsbrüder in die Heimatstadt des anderen kommt, geschehen zahlreiche komische Verwechslungen. Shakespeare jedoch fügt dem Plot ein weiteres Zwillingspaar in Form zweier Diener hinzu, beide namens Dromio, die jeweils einem der beiden Brüder dienen. Jeder moderne Kritiker bemerkt dazu, durch die Doppelung der Zwillinge doppele Shakespeare die Verwechslung von Identitäten. Er hat, um einen zu zitieren, «aus der *Komödie der Irrungen* eine *tour de force* gemacht gleich einer der großen Bach-Fugen».

Eine andere Sichtweise, was diese Veränderungen betrifft, finden wir in Ausgaben von Plautus. Dort heißt es zum Beispiel: «Shakespeare, der in einer Epoche von Verwechslungskomödien schreibt, verdirbt die *Menaechmi* dadurch, daß er die beiden Dromios hinzufügt.»[41]

Der Unterschied zwischen den Shakespearianern und dem Altphilologen macht hier deutlich, daß keiner von beiden auch nur irgend
etwas bewiesen hat. Zwiddeldum hebt Zwiddeldei auf. Zu sagen, daß
Shakespeare seine Quelle komplizierte, beweist nicht, daß er sie verbesserte. Mit der Verkomplizierung der Geschichte macht er sie auch
unwahrscheinlicher, und dieselben Kritiker, die hier seine inplausible
Verkomplizierung preisen, werden an anderer Stelle Shakespeares Bemühungen Beifall zollen, eine Geschichte zu vereinfachen und zu plau-
sibilisieren, die er aus anderen Quellen nahm. Shakespeares Stück ist,
darauf weist fast jeder hin, zweimal so umfangreich wie das lateinische
Original. Aber Erweiterung ist nicht unbedingt an sich schon eine Tugend. Der offenkundigste Unterschied zwischen Shakespeare und den
klassischen Dramatikern – eingeschlossen Corneille, Racine und Molière – wird beispielhaft deutlich an dieser Unterscheidung zwischen
der *Komödie der Irrungen* und den *Menaechmi*: Komplexität und Erweiterung auf der einen, Einfachheit und Konzentration auf der anderen
Seite. Beide Strategien können funktionieren; keine von beiden hat ein
Monopol für künstlerisches Gelingen. Die klassische Alternative gibt
uns im Gegensatz zu Shakespeare, was Eliot in anderem Zusammenhang «einen Zustand vollkommener Einfachheit / (der nicht weniger
kostet als alles)» nannte.[42]

Eine andere Sorte von kritischen Einwänden konzentriert sich auf
Shakespeares Degradierung der Figur, die bei Plautus Erotium heißt.
In Plautus' Stück spielt sie eine größere, wichtigere und explizitere
Rolle; bei Shakespeare hat sie keinen Namen, und daß sie eine «Kurtisane» ist, wissen wir nur, wenn wir die Bühnenanweisungen des gedruckten Textes lesen. Im Dialog taucht das Wort an keiner Stelle auf
und deshalb auch nicht auf der Bühne; ihr Beruf kann entsprechend,
wenn überhaupt, nur durch überzeichnetes Kostüm oder Benehmen
vermittelt werden.

Was ist von solchen Änderungen zu halten? Paul Jorgensen schreibt
in der Einleitung zu einer Ausgabe, die viel an Universitäten benutzt
wird: «Plautus ist die römische Komödie auf dem Höhepunkt ihres
Zynismus. Die Elisabethaner bevorzugten eine Ehefrau statt einer Prostituierten als weibliche Hauptfigur... Das englische Publikum ganz
allgemein eine Abschwächung des spöttischen, satirischen Geistes, der
die Komödie der Römer ausmachte.»[43] In einer noch neueren und
populäreren Ausgabe bringt Davis Bevington seine Position noch klarer zum Ausdruck:

«Die abmildernden Spuren von Shakespeares Reife sind ebenso unverkennbar vorhanden... Er fügt dem Plautinischen Original weitere Figuren hinzu, um die Liebesthematik zu verstärken und um Plautus mit den englischen Moralvorstellungen in Einklang zu bringen... *Die Komödie der Irrungen* ist vom Ton und Geist der *Menaechmi* weit entfernt. Verschwunden sind der Zynismus, die satirische Härte und der amoralische Ton des römischen Originals... Die Rolle der Kurtisane steht nicht länger im Vordergrund. Statt dessen schafft Shakespeare Luciana, die tugendhafte Schwester von Adriana...»[44]

Es ist symptomatisch für meinen eigenen Zynismus, meine Amoralität und satirische Härte, daß diese Einschätzung der Werte des Shakespeareschen Stücks mich Plautus lesen wollen läßt. Ich fühle mich an Joe Ortons Wunsch erinnert, niemals etwas zu schreiben, was «so schlecht wie» Shakespeares erste Stücke ist.[45] Sind Kurtisanen ein weniger legitimes Thema für große Kunst als «tugendhafte Schwestern»? Warum messen wir dem «Abmildern» einen Wert bei? Warum sollte die Komödie die «Liebesthematik... verstärken»? Dieser Satz könnte aus den Anweisungen eines Filmmagnaten für seinen abgedroschenen Drehbuchschreiber stammen. Ist es das Geschäft eines großen Künstlers, sein Material umzuformen, um es mit den moralischen Werten seiner Zeit und seines Orts «in Einklang zu bringen»? Euripides würde dem kaum zustimmen, ebensowenig wohl Solschenizyn.

Es ist diese Leichtigkeit, mit der Shakespeare sich den Werten seiner Epoche anpaßte, die Wittgensteins Mißtrauen gegen ihn erklärt. Anders als Tolstoi oder Goethe, Dante oder Kafka scheint Shakespeare nicht mit den Grenzen seiner Zeit gerungen, sich nicht gegen sie empört oder sie als Unterdrückung empfunden zu haben; und ohne ein solches Ringen wird Leichtigkeit leicht, wird der Dichter zu einem reinen Techniker der Sprache, einem Verbokraten in der literarischen Meritokratie. Was eine Berufung war, wird zum Job. Trotz seiner Bewunderung für Shakespeares Kunst hielt Emerson Shakespeare nicht für einen wahren «Dichter-Priester»[46], und Santayana bestürzte das vollständige Fehlen einer «wahren religiösen Empfindung» in Shakespeares Werk (im Gegensatz zu Homer, Lukrez, Dante oder Goethe).[47] Wittgenstein teilt dieses Unbehagen:

«‹Das große Herz Beethovens› – niemand könnte sagen ‹das große Herz Shakespeares›... Er ist *nicht* naturwahr... Und wenn Shakespeare groß ist, wie von ihm ausgesagt wird, dann muß man von ihm sagen können: Es ist alles falsch, *stimmt nicht* – und ist doch ganz richtig nach einem eigenen Gesetz... Er ist also ganz unrealistisch. (Wie der Traum.)»[48]

Shakespeare brachte die Realität in Ungelegenheiten. Er dramatisierte die Tagträume seiner Kultur.

Im ersten Absatz eines berüchtigten Essays verkündete Tolstoi, seine «eigene lange, feststehende Ansicht über Shakespeares Werke» stünde in direktem Widerspruch mit der, welche sich «in der ganzen europäischen Welt eingebürgert hat» und von «allen zivilisierten Menschen der christlichen Welt» unterstützt werde. Auch Tolstoi fand Shakespeares Dramen unwirklich:

«Mit dem ersten Worte beginnt schon die Uebertreibung; die Uebertreibung der Vorgänge, der Empfindungen und der Effekte. Sofort entdeckt man Shakespeares eigenen Unglauben für das, was er sagt; für ihn ist es keine Notwendigkeit, die Vorgänge, von denen er schreibt, zu erfinden, seine Charaktere sind ihm gleichgültig. Man sieht, daß er seine Personen nur für die Bühne erdenkt und sie nur handeln und reden läßt, um mit ihnen auf das Publikum Eindruck zu machen. Deshalb können wir weder an die Geschehnisse und Handlungen noch an die Leiden seiner Personen glauben... In allen seinen Werken findet man nur Absichten und Künsteleien – er schreibt nicht ernsthaft, er spielt nur mit Worten.»

Nicht nur unwirklich, sondern auch unmoralisch, weil diese absichtliche Künstlichkeit im Dienste einer verderbten Philosophie steht: «Mäßigung in allen Dingen, die Erhaltung der früher bestimmten Lebensform», «einen chauvinistisch englischen Patriotismus», eine Philosophie, die «die Menge verachtet und nicht allein alle religiösen Kämpfe zurückweist, sondern auch alle auf die Verbesserung der existierenden Ordnung hinzielenden Humanitätsbestrebungen». Und Shakespeares Verteidiger weigern sich, diese Schwäche und Verderbtheit anzuerkennen, weil man «bei ihnen derselben Haltung» zu Shakespeare begegnet, «welche man stets bei Verteidigern eines Dogmas findet, das nicht durch den Verstand, nur durch den Glauben empfangen ist».[49] Tolstoi wiederholt hier eine Beobachtung, die ein Engländer in den 60er Jahren des 18. Jahrhunderts machte, bald nach Shakespeares Einsetzung als König der englischen Literatur: «Die Anbetung Shakespeares scheint ein Teil der nationalen Religion [der Engländer] zu sein, und der einzige Teil, in der selbst eure Männer von Verstand Fanatiker sind.»[50] Shakespeare ist das Sprachrohr und der Nutznießer von Aberglauben.

Mit ihrer Kritik an Shakespeare spielen Wittgenstein und Tolstoi die Position durch, die sie bewundern: Sie kämpfen gegen das Götzentum ihrer Zeit, sie setzen die emotionale Ehrlichkeit ihrer eigenen Reaktionen gegen das Geschwätz und die Konvention, die überall um sie herum und in Shakespeare selbst zu hören sind. Sie spielen den Narren, lassen die Luft aus dem allgemeinen (Un)Sinn heraus. Und im allgemeinen wurden und werden sie so behandelt, als hätten sie sich damit, daß sie Shakespeare kritisieren, zum Narren gemacht. George Orwell führt Tolstois Kritik von *König Lear* auf dessen eigene beunruhigende Ähnlichkeit mit Lear zurück[51]; wie seit Drydens und Rymers Tagen üblich, wird die Kritik nicht rational beantwortet, sondern als Ausdruck persönlicher Schwäche verstanden. Hume, Wittgenstein und Santayana waren Philosophen; Philosophen kann man nicht trauen. Voltaire, Emerson, Tolstoi und Wittgenstein waren Ausländer; Ausländern kann man nicht trauen. Hazlitt und Cobbett waren Radikale; Radikalen kann man nicht trauen. Oliver Goldsmith bemängelte Shakespeares «gezwungenen Humor, weit hergeholte Bildlichkeit und unnatürliche Übertreibungen»[52]; Samuel Johnson sagte: «Bei Shakespeare gibt es keine sechs Zeilen hintereinander ohne einen Makel»[53], Matthew Arnold beklagte Shakespeares schlampiges «Handwerk» und seinen oft «abscheulichen» Stil[54]; E. A. Housman gestand, es habe ihm «kein Vergnügen» bereitet, «ein Stück Shakespeares von Anfang bis zu Ende zu lesen, denn obgleich manche Teile großartig waren, waren andere doch so gepfuscht, daß die Wirkung des Ganzen unangenehm war»[55]. Doch Goldsmith, Johnson, Arnold und Housman – und Jonson, Milton, Dryden, Pope, Wordsworth, Byron, Landor, Whitman, Shaw und Eliot, die alle ähnliche Bedenken zum Ausdruck brachten – waren Dichter-Rivalen: Dichter-Rivalen kann man nicht trauen. Rymer war ein enttäuschter Dichter; enttäuschten Dichtern kann man erst recht nicht trauen. Georg III. – diese korpulente Verkörperung der englischen Normalität, so reizend normal wie die Hüte und Kopftücher von Königin Elisabeth – vertraute Fanny Burney an, seiner Ansicht nach enthielten die Stücke Shakespeares eine ganze Menge «trauriger Dinge»:

«‹Gab es je› (rief er aus), ‹solche Dinge wie in einem großen Teil von Shakespeares Werk? Nur darf man das nicht sagen! Aber was denkt Ihr? – Was? – Sind das nicht traurige Dinge? Was? – Was?›»[56]

Aber Georg III. war wahnsinnig; Wahnsinnigen kann man nicht trauen. Ezra Pound gab zu: «. . . Ganze Brocken von Shxpr *langweilen* mich; ich kann sie einfach nicht lesen»[57]; aber Pound war ein Dichter-Rivale, ein Verrückter, Ausländer und obendrein Faschist; verrückten faschistischen ausländischen Dichtern kann man nicht trauen. Oder besser gesagt, allen diesen Kategorien menschlicher Wesen kann man trauen, solange sie Shakespeare loben, nicht aber, wenn sie Einwände erheben.

Ich bin nicht so mutig wie Tolstoi oder Wittgenstein und möchte nicht so wahnsinnig wie Georg III. wirken; anstatt einen strategischen Angriff zu unternehmen, werde ich mich auf eine taktische Schlacht um *Die Komödie der Irrungen* zurückziehen. Bei meinen Zitaten zeitgenössischer Bewunderer des Stücks habe ich absichtlich Kritiker ausgewählt, die ich achte, und deskriptive Äußerungen, die weithin Billigung gefunden haben. In jedem Fall stimme ich mit der Beschreibung von Shakespeares Stück und seinem Unterschied zu den *Menaechmi* überein; was ich nicht akzeptieren kann, ist die implizite oder explizite Behauptung, Shakespeares Veränderungen stellten Verbesserungen dar. Die einander gegenüberstehenden Schlüsselbegriffe sind «Härte» (Bevingtons Ausdruck) und «Bekömmlichkeit» (mein eigener). Was ich persönlich an Plautus und anderen Dichtern wie ihm bewundere, ist das, was Shakespearianer so regelmäßig mißbilligen: Härte, Robustheit, überbordende, überschwengliche und phantastische Amoralität. Und was mir an Shakespeares Komödien – und Tragödien – mißfällt, ist ihre Weichheit, ihre Breiigkeit im Kern, die unausweichliche ‹Liebesthematik›, ihre Bekömmlichkeit.

Um die zarte Bekömmlichkeit Shakespeares zu zelebrieren, setzen die Kritiker Plautus' Überschwang herab. Eine der subtilsten gegenwärtigen Apologeten der Shakespeareschen Komödie, Ann Barton, artikuliert diese Taktik auf charakteristische Art:

«Die [*Menaechmi*] sind fest gebaut, lebendig und erfindungsreich, voller Atmosphäre einer geschäftigen Hafenstadt. Dennoch ließe es sich nur schwer behaupten, daß sie ein anderes Thema oder Anliegen haben, als die normale Welt auf den Kopf zu stellen und ein Lachen einfacher und unreflektierter Natur zu erregen.» [58]

Plautus' Stück ist fest gebaut, seine künstlerisch geschaffene Atmosphäre lebendig, erfindungsreich, geschäftig: ganz von Leben erfüllt. Aber es hat kein richtiges «Thema», kein legitimes «Anliegen».

Wenn wir eine andere Sichtweise wünschen, dann müssen wir uns nur wieder von den Shakespearianern zu den Altphilologen wenden. Sechs Jahre vor Erscheinen der Einleitung von Barton beschrieb Erich Segal in der wahrscheinlich am meisten geachteten modernen Plautus-

Deutung die *Menaechmi* als Dramatisierung des «Konflikts von *industria* und *voluptas*, Festtag und Alltag», inszeniert in einem «magnetischen Feld zwischen Personifizierungen von Beschränkung und Befreiung». Das Drama erzähle die Geschichte zweier Brüder, einer davon «ein Fremder von geringem Stand, der in der Stadt ankommt, für einen anderen, bedeutenderen Mann gehalten wird und somit den komischen Traum erfüllt: Alles für nichts, oder genauer gesagt: Essen, Sex und Geld». Der andere hingegen «erfährt ein doppeltes, physisches wie finanzielles *damnum*, aus dem signifikanten Grund, daß er an einem Festtage gearbeitet hat».[59] Shakespeares Änderungen des Plots machen diese Polarität zunichte; der ansässige Antipholus leidet nicht, weil er zu verbotener Zeit arbeitet, und die darübergelegten Possen des zweiten Zwillingspaars verwischen ohnhehin jede klare Entgegensetzung von Heimischem und Fremdem, Arbeiter und Touristen.

Barton unterschätzt, daß ist typisch, Plautus' Intelligenz. Aber die punktuelle Ungenauigkeit ihrer Beschreibung der *Menaechmi* spielt weniger eine Rolle als der kritische Grundsatz, den sie artikuliert, wenn sie dem Shakespeareschen Stück den Vorzug gibt. Sie schmälert den Wert von Plautus, weil er nichts anderes tut, als ein «einfaches» Lachen zu provozieren. Also tut die große Komödie demzufolge noch etwas anderes, als uns nur zum Lachen zu bringen. Anders formuliert: Die große Komödie ist groß genau und ausschließlich wegen der Anteile in ihr, die nicht komisch sind. Dies mag durchaus stimmen, es scheint jedoch zunächst einmal kein sehr vielversprechender Ansatz. Ihm liegt als fundamentale, aber unausgesprochene Prämisse zugrunde, was er inhaltlich erst zu belegen behauptet und die zentrale Voraussetzung des Shakespeareschen Werks betrifft: die künstlerische Gültigkeit, ja künstlerische Notwendigkeit der Tragikomödie, einer Mischung von Gattungen. (Übrigens war es Euripides, der dies als erster praktizierte; Shakespeare folgte wie auch andere in seinen Tintenstapfen.)

Die Plautinische Komödie unternimmt nichts anderes, als «die normale Welt auf den Kopf zu stellen». An der ganzen Vorstellung, die Welt auf den Kopf zu stellen, ist etwas beinah Unmoralisches, psychisch Ungesundes. Frönt sie damit nicht nur einer die Ordnung sprengenden Phantastik?

Was ich am meisten an Shakespeare vermisse, was ich bei Aristophanes oder selbst bei einem unbedeutenden Modernen wie Joe Orton finde, ist Phantastik, die Heiterkeit, Lebendigkeit der Phantastik. Mit

‹Phantastik› meine ich nicht die Erfindung kleinerer übernatürlicher Gestalten wie die Feen im *Sommernachtstraum* oder Ariel, Caliban oder die Hexen in *Macbeth* (die wahrscheinlich ebensosehr der Einbildungskraft Middletons entstammen wie der Shakespeares). Diese Art von Spiel spielten die Griechen die ganze Zeit, es war geradezu eine Sucht; und die Gabe zum Erfinden hübscher Gottheiten macht, trotz des Lobs, mit dem die Romantiker Shakespeare deshalb überschüttet haben, aus ihm noch keinen Prinzen der Einbildungskraft. Einmal kommt Shakespeare der Art von Phantastik nahe, die ich meine, nämlich als er im *Sommernachtstraum* Zettel einen wirklichen Eselskopf aufsetzt. Doch selbst dieses Beispiel muß disqualifiziert werden, weil die Handlung in einer Zauberwald-Nacht stattfindet, von urbanem Tageslicht neutralisiert und gerahmt – und selbst das Tageslicht ist lange her, weit entfernt. Drolls Streich, den er Zettel spielt, ist eben das: Es ist alles nur Spiel.

Andere Schriftsteller hingegen verwandeln das Hier und Jetzt ins Phantastische: wirkliche Menschen, wirkliches Verhalten in der wirklichen Welt der Menschen. Ein Mann züchtet und füttert einen Riesenmistkäfer, um darauf gen Himmel zu fliegen auf der Suche nach Frieden; ein anderer erwacht und findet sich in eine Kakerlake verwandelt, ein dritter erwacht und entdeckt, daß er eingeschlafen und die Parkzeit um 200 Jahre überschritten hat; eine Frau steckt bis zur Taille im Sand, eine andere wird, während sie Wäsche aufhängt, in den Himmel befördert, ein alter Mann hält Windmühlen für Riesen, ein Reisender ist in einem Land ein Riese und ein Däumling im nächsten. Solche Phantastik ist nicht ‹unreflektiert›. Die verkehrte Welt kommentiert zwangsläufig die richtige. In der Tat, die Welt auf den Kopf zu stellen mag eine der einzigen Formen sein, uns sie überhaupt sehen zu machen. Es macht das Vertraute fremd, offenbart die Beliebigkeit dessen, was unvermeidlich schien, die Künstlichkeit dessen, was natürlich schien. Ein Maler ruft uns die außergewöhnliche Gestalt und Form eines Hühnereis ins Bewußtsein, indem er es mitten in eine Wüste setzt, wo wir es nicht erwarten, wo wir es deshalb anschauen und bestaunen, einen Gegenstand, den wir jeden Morgen blind in die Hand nehmen.

Shakespeare tat viele Dinge; die Welt auf den Kopf zu stellen zählte nicht dazu.

Seit den frühen Essays des *Tatler* und *Spectator* haben verblüffende Ausführungen in kritischer Prosa die moralische Bekömmlichkeit von Shakespeares Werk bezeugt. Diese Bekömmlichkeit wurde ursprünglich definiert in explizitem Gegensatz zur sexuellen Offenheit und skeptischen Experimentierfreude des Restaurationsdramas: Shakespeare diente dazu, so ungehörige Gestalten wie Etherege, Wycherley und Behn hinwegzufegen und Platz zu schaffen für die ruhigeren Glorien eines Addison und Steele. Desgleichen kam Shakespeare David Garrick als Verbündeter recht bei seinem Versuch, den würdelosen Schauspielerberuf respektabel zu machen. In beiden Fällen war der Impuls hinter der Glorifizierung der Shakespeareschen Moralität im Kern konformistischer Natur und erwies sich in kultureller Hinsicht als schwächend. Shakespeare gewann in dem Jahrhundert sittliche Respektabilität, als das englische Drama starb. Dies war außerdem ein Jahrhundert, in dem ein großer Teil des sexuellen Slang, der hinter dem Dialog steckt, für die überwältigende Mehrheit der Leser unlesbar und für die Zuhörer unvernehmbar wurde. Als dann spätere Gelehrte allmählich diesen sprachlichen Bodensatz aufdeckten, ließen die Moralisten ihn in den Stücken entweder ganz weg oder in seiner harmlosen und absichtlich unbehobenen Unverständlichkeit zum Fossil werden.

Für uns läßt sich ‹Bekömmlichkeit› praktisch definieren als ‹für die Lektüre von Schulkindern und leicht beeinflußbaren jungen Erwachsenen geeignet›. Ich und meine Kollegen unterrichten Shakespeare für Schulkinder und junge Erwachsene, wir müssen uns und die Gesellschaft, die uns dafür bezahlt, davon überzeugen, daß Shakespeare als Lektüre für diese Menschen taugt. Zweifelsohne, richtig gelesen, tut er das. Aber passen die seinen Stücken zugrunde liegenden Werte tatsächlich, wie oft angedeutet wird, zu den Wertvorstellungen und Ansichten unserer eigenen Zeit? Glauben wir wirklich noch an die enorme moralische Bedeutung der vorehelichen weiblichen Unberührtheit, glauben die Studenten noch daran, wollen wir, daß sie daran glauben? Glauben wir an die Vorstellung, die unausgesprochen in Shakespeares Vokabular und dem Stoff seiner Fabel steckt, daß «(geistiger) Adel» («nobility») eher die «Adeligen» («nobles»), die «Edelleute», kennzeichnet als den Rest der Bevölkerung? Oder daß die «Gentlemen», die «feinen Herren», besonders «gentle», besonders «feinen» Charakters seien? Oder daß Figuren aus den niederen Schichten, die solche Tugenden an den Tag legen, sich als von adeliger Abstammung erweisen? Glauben wir, daß uneheliche Kinder «Bastarde» sind und sich so benehmen? Man mag dagegen einwenden, dies seien nicht moralische, sondern soziologische Fragen; aber sie spiegeln unsere Sicht der Natur der Gesellschaft und der Ursachen für menschliches Verhalten, und diese Sicht wird wiederum bestimmen, welche Fragen wir als ‹moralisch› erachten und wie wir sie beantworten. Glauben wir, daß Leute mit Geld oder Leute, deren Eltern Geld haben, in Versen sprechen sollten, während Leute ohne Geld auf die Prosa verwiesen werden? Glauben wir, daß Jeanne d'Arc eine Hexe war? Glauben wir überhaupt an Hexen? Würde unsere Satire auf die Mängel der gegenwärtigen Gesellschaft heute lauten: «Kein Ketzer brennt»?[60]* Meinen wir, daß betrogene Ehemänner zum Totlachen sind? Meinen wir, daß Kriege entschieden werden durch eine einzige Schlacht zwischen den Männern, die dabei am meisten zu gewinnen oder zu verlieren haben? Glauben wir an den Einfluß der Planeten? Sorgen wir uns um das göttliche Recht der Könige? Glauben wir an Hamlets Geist? Glauben wir alle wirklich und ernsthaft an die grundlegenden Prämissen des Christentums?

Und dies sind alles ziemlich unproblematische Fragen, bei denen Shakespeares eigener Glaube nicht zur Diskussion steht. Ich könnte noch viele weitere aufzählen, wäre da nicht die moderne Tendenz der Kritiker, unsere eigenen Moralvorstellungen mit denen Shakespeares durch die Annahme in Einklang zu bringen, daß Shakespeare immer mit einem ironischen Hintersinn schrieb. Damit läßt sich jede Äußerung zur Moral umdrehen und so beweisen, daß Shakespeare unsere eigenen ethischen Vorurteile billigt – was natürlich nur wieder zeigt, wie bekömmlich er ist. Zu viel moderne Kritik macht sich Shakespeare zu eigen («Shakespeare dachte genauso wie ich»); wenn Literaturkritik einen Wert besitzen will, der über eine Bestätigung unserer selbst hinausgeht, dann sollte sie statt dessen auf Distanz gehen, um Shakespeare zu definieren («Shakespeare ist ein anderes Land»).

Die dominanten intellektuellen und moralischen Themen bei Shakespeare sind nicht notwendig auch unsere; er erschöpft keineswegs das moralische Universum. Diese simple Tatsache erklärt, warum so viele Menschen – zur Verwunderung und Frustration von Literaturprofessoren – immer noch lieber zweitklassige neue Literatur lesen als erstklassige alte. «Merrie England» kannte Arbeitslosigkeit und ökonomische Ausbeutung, Inflation und Entwurzelung in noch grausameren Erscheinungsformen als wir heute; doch die dramatische Verarbeitung

---

* Anm. d. Ü.: Bei Schlegel / Tieck heißt die Übersetzung des gesamten betreffenden Verses «No heretics burn'd, but wenches' suitors»: «Kein Ketzer mehr, nur der Buhler brennt».

dieser Wirklichkeit müssen wir schon bei anderen suchen. Shakespeare entschied sich, nicht über das Elend um ihn herum zu schreiben.

Der Shakespeareschen Charaktergestaltung galt schließlich mehr Lob als jedem anderen Aspekt seiner Kunst. Behauptungen, Shakespeares Menschenportraits überträfen jeden anderen Dramatiker, gehen auf die Restauration zurück und setzen sich bis heute fort. Noch 1981 wiederholte Kenneth Muir: «Shakespeare ist der beliebteste Dramatiker der Welt wegen seiner unerreichten Stärke der Charakterzeichnung.»[61] «Die Einzigartigkeit Shakespeares», entspringt laut Muir der Doppeldeutigkeit seiner Figuren, ihrer Komplexität und Vielseitigkeit, ihrem vielschichtigen Leben.

Es lohnt jedoch, sich daran zu erinnern, daß es bis Mitte des 20. Jahrhunderts stets eine Minderheit von Stimmen gab, die die Glaubwürdigkeit und Stimmigkeit von Shakespeares Figuren bestritt. Die hermeneutische Schule, die in der Zeit um den Ersten Weltkrieg entstand, brachte diese dann praktisch zum Schweigen. Die «ironische Strategie», die Gerald Gould 1919 in seinem «New Reading of *Henry V*» erstmals entfaltete, verstand jede scheinbare Unglaubwürdigkeit oder Unstimmigkeit in Rede oder Tat einer Figur als Beweis dafür, daß Shakespeare die Perspektive dieser Figur ganz deutlich unterlief. In einer solchen Lesart sind alle Mängel ironisch und absichtlich, alle kleinen Mängel in den Details dienen einer größeren thematischen Vollkommenheit. Die «psychoanalytische Strategie», wie Sigmund Freud sie 1913 in seinem Essay über «Das Motiv der Kästchenwahl» entwickelte, verstand jede scheinbare Unglaubwürdigkeit oder Unstimmigkeit in der Rede einer dramatischen Figur als Beweis dafür, daß Shakespeare deutlich die Aufmerksamkeit auf einen Aspekt des Unbewußten dieser Figur lenken wollte.[62] In einer solchen Deutung trägt die Zirkularität vieler psychoanalytischer Argumentationsgänge zum größeren Ruhm Shakespeares bei. Seine Figuren besitzen danach eine dreidimensionale Psyche; alle Mängel sind absichtlich und symptomatisch, alle kleinen Mängel dienen einer größeren psychologischen Vollkommenheit.

Mit solchen Techniken läßt sich, wie zahllose Kritiker bald entdeckten, jeder scheinbare Makel in Shakespeares Charakterzeichnung in die subtile Raffinesse eines Genies verwandeln. Überdies wurden diese Techniken zu einer Zeit entwickelt, als die kritische Gemeinde ihnen nur schwer zu widerstehen vermochte. Im frühen 20. Jahrhundert übernahmen Wissenschaftler die Literaturkritik. Innerhalb der Wertschätzungskultur des akademischen Stammes ist es schwer, Freunde zu finden, indem man auf die Mängel ihres Totems weist.

Aber lassen Sie uns für einen Augenblick Muirs Behauptung hinsichtlich der Stimmigkeit und Komplexität der Shakespeareschen Charaktere annehmen. Sicherlich zeichnet Shakespeare seine wichtigen Figuren mehr im Detail als Sophokles, zum Teil deshalb, weil seine Stücke länger sind und eine größere Vielfalt von Geschehnissen enthalten. Aber das reine Detail macht an sich gewiß noch keine Figur ‹wirklicher›. Wäre das der Fall, dann würden Romane darin Dramen stets übertreffen. Die Begeisterung für Shakespeares Stücke und Figuren ging einher mit dem Entstehen des Romans im 18. Jahrhundert, und ohne Zweifel wurde seine Rezeption dadurch begünstigt, daß auf das Drama Erwartungen und Normen übertragen wurden, die der neuen Erzählform entsprangen, welche heute unsere eigene literarische Kultur beherrscht. Doch obgleich Shakespeares Dramen dem Roman näher stehen als Racines, sind es doch immer noch Dramen. Dazu beharren die Hüter von Shakespeares Ansehen, wenn sie Normen des Romans anwenden, um seine Dramen von denen anderer großer Dramatiker zu unterscheiden, gleichzeitig auf der Irrelevanz solcher Normen, wenn sie den relativen Wert seiner Stücke und, sagen wir, von Dostojewskijs Romanen diskutieren.

In ihrer biographischen Vielseitigkeit und Detailfreude ähneln Shakespeares Figuren wirklichen Menschen; aber wirkliche Menschen sprechen nicht in semantisch aufgeladenen, manchmal gereimten Versen voller seltener Worte, Neologismen, Archaismen, rhetorischer Konstruktionen, Anspielungen auf Klassiker, kultivierter Doppeldeutigkeiten, vielfacher Bedeutungen, dichter klanglicher und rhythmischer Muster. Shakespeares Apologeten verteidigen solche Eigenheiten damit – und meiner Ansicht nach zu Recht –, indem sie vorbringen, ein solch kunstvolles Gewebe habe es ihm ermöglicht, die Menge empfundenen Lebens, die er in die paar Stunden Spielzeit zwängen kann, zu vervielfachen und zu intensivieren. Doch eine solche Verteidigung hieße zu behaupten, daß wir Shakespeares Stücke, wenn sie dem wirklichen Leben ähneln, für ihre realistische Mimesis preisen, und wenn sie es nicht tun, für ihre Kunst. Und wenn wir diese beiden analytischen Fleischbrühen auf legitime Weise zu der besonderen Mischung von Wirklichkeit und Unwirklichkeit verbinden können, dann können wir sie genauso leicht und legitim zu der ganz anderen Mischung verbinden, wie wir sie im französischen oder griechischen Drama finden.

Wenn man die nuancenreiche ‹Zirkumplexität› von Shakespeares Figuren mißt, dann geht man damit, ob bewußt oder unbewußt, von ästhetischen Prinzipien, Denkweisen, Sichtweisen aus, die in Europa und Nordamerika seit 200 Jahren beherrschend sind. Ebenso greift man damit zurück auf eine vier Jahrhunderte währende, beinah kontinuierliche Tradition der Interpretation von Shakespeares Dramen durch Schauspieler und Kritiker. Diese Tradition hat die vielen Möglichkeiten, die in jeder Rolle stecken, sondiert und seziert, erforscht und erweitert. Und diese Tradition ist der Boden für unsere Deutungen. Unsere Interpretationen wachsen um diese Figuren, fügen ihnen erbarmungslos weitere Ebenen und Schichten psychologischer Wahrheiten hinzu. Diese dauernde ‹Auffrischung des Fleisches› durch Kritiker und Theater läßt Shakespeares Figuren in englischen Augen wirklicher erscheinen als die Charaktere von Euripides, Lope de Vega oder Racine. Dieser Anschein jedoch ist auf dem Spielfeld der menschlichen Kultur nur eine perspektivische Täuschung, eine lokale Illusion.

Mit der Überschätzung seiner Bedeutung und Einmaligkeit beleidigen die Shakespeare-Kritiker die Wahrheit. Sie glorifizieren einen Autor und setzen damit viele andere herab.

Aber sie fügen auch Shakespeare selbst Schaden zu. Wenn wir zum Beispiel glauben, daß Shakespeares Werk vollkommen und allumfassend ist, können wir es nicht edieren. Wenn alles, was er tat, perfekt ist, dann wird alles, was vorübergehend unter unseren Wasserspiegel der Vollkommenheit fällt, das Stigma der Verfälschung tragen, als textuell korrumpiert gelten, als Makel der Überlieferung, der entsprechend wegzuemendieren ist, damit der Text wieder an die Oberfläche unserer (und seiner) Zufriedenheit kommen kann. Unter solchen Umständen wird das Edieren zu einem endlosen kosmetischen Eingriff, der das Gesicht ständig nach der neuesten Mode ummodelliert. Wenn wir jedoch glauben, Shakespeares Geist sei allumfassend, einzigartig dank seiner einmaligen Pluralität, kenne nicht die künstlichen Schranken eines physischen Geistes oder einer bestimmten Zeit, dann lassen sich die vorliegenden Textfassungen überhaupt nicht emendieren. Selbst die gewundenste Formulierung, für die es in seinem eigenen Werk und dem anderer keine Parallele gibt und die vielleicht auf den einfachsten und häufigsten Druckfehler zurückgeht, selbst solche Varianten könnten nur ein weiteres Beispiel für Shakespeares grenzenloses und deshalb immer überraschendes Genie sein – ein so allverschlingendes Genie, daß die spätere Forschung diejenigen, die ihn zu kritisieren wagten, für ihren Mangel an Verständnis auseinanderpflückte. Für diese Herausgeber ist es gefährlich, überhaupt irgend etwas zu emendieren, denn Shakespeare ist so viel klüger als du, daß deine heutige Schlauheit morgen zwangsläufig wie Dummheit aussehen wird. Loben ist sicherer als Denken.

Wenn sie überlegen, ob sie eine Textstelle emendieren sollen oder nicht, müssen Herausgeber entscheiden, was Shakespeare tatsächlich schrieb oder nicht schrieb. Solche Probleme reichen über die Autorität einzelner Wörter hinaus bis zur Authentizität ganzer Werke. Die Kampagne des 19. und frühen 20. Jahrhunderts, die E. K. Chambers als «The Disintegration of Shakespeare» auf den Punkt brachte und stigmatisierte, beruhte zum Teil auf dem Glauben, daß Englands vollkommener Dichter nichts Falsches tun konnte; wenn etwas in seinen Stücken oder gar ganze Stücke schlecht schienen, dann mußte deshalb die Feder eines geringeren Geistes im Spiel gewesen sein. (Solche Einstellungen sind nicht verschwunden; in der Kontroverse um die Authentizität von «Shall I die» wurde uns mehrfach versichert, Shakespeare könne kein solch «schlechtes» Gedicht geschrieben haben.) Mit einer ähnlichen Formel vollbringt die Hermeneutik den gleichen kritischen Rettungsakt: Wenn Shakespeare etwas schrieb, was entsetzlich aussieht, dann muß es in Wirklichkeit brillant sein, schaut man nur sorgfältig genug hin. Makel bedürfen keiner Korrektur, wenn sie nur alle zu Schönheitsflecken umbenannt werden können.

Derartige editorische und kritische Manöver versuchen, mit offensichtlichen Mängeln in einem Kanon umzugehen, der von vornherein schon arbiträr als fehlerfrei definiert wurde – Shakesperfekt. Eine andere Strategie dehnt die physischen Grenzen eines Kanons aus, der von vorneherein schon arbiträr als unbegrenzbar bestimmt wurde. Zum Beispiel behaupten Kritiker bisweilen, es spiele nicht wirklich eine Rolle, ob Shakespeare *All is True* schrieb oder nicht. In einem bestimmten Sinn trifft das zu; das Werk sollte unabhängig von seiner Herkunft beurteilt werden. Aber die sozialistische Theorie (daß Kunstwerke kein Privateigentum sind, daß Autorschaft keine Rolle spielt) führt in der Praxis zu einer monopolistischen korporativen Übernahme (so wie Shakespeare das ganze Werk in Beschlag nimmt). Da Shakespeares ‹umfassende Seele› alles geschrieben haben könnte, kann man genausogut davon ausgehen, daß er tatsächlich alles schrieb. So formulierte Theobald dieses Vorurteil 1728: «Meine Voreingenommenheit für Shakespeare läßt mich wünschen, daß alles, was in unserer Sprache gut ist oder gefällig, aus seiner Feder stammt.» [63]

Diese Einstellung herrscht auch heute noch vor. 1968 setzten zwei Kritiker unabhängig voneinander bestimmte Aspekte von *Timon von Athen* in Bezug zu den Komödien von Thomas Middleton. In einem einflußreichen Buch über die *Jacobean City Comedy* äußert Brian Gibbons, Shakespeare sei «für Akt III von *Timon von Athen* möglicherweise Middletons Kunst der Komödie verpflichtet» [64]. Philip Edwards stellte fest, daß, hätte *Timon von Athen* nicht überdauert, «wir nichts gewußt hätten... von Shakespeares Stärke, eine satirische Kaufmannskomödie zu schreiben, an die nur Middleton heranreichte» [65]. Keiner der beiden Wissenschaftler vermerkt die Tatsache, daß seit 1840 regelmäßig Zweifel an Shakespeares Autorschaft des ganzen *Timon von Athen* geäußert worden sind und daß in den 20er Jahren dieses Jahrhunderts zwei Forscher unabhängig voneinander Middleton als Koautor nominierten. [66] Seit 1968 haben Arbeiten von David Lake, MacDonald, P. Jackson, R. V. Holdsworth und mir selbst gezeigt, daß auf der Basis aller unabhängigen, objektiven, linguistischen Kriterien Middleton und nicht Shakespeare den dritten Akt von *Timon von Athen* geschrieben haben muß, die Szenen also, die eine solche bemerkenswerte Gabe für die «satirische Kaufmannskomödie» belegen. [67] Der vorgebrachte Beweis für Shakespeares nicht zu erwartende Bandbreite erweist sich rückblickend als Demonstration seiner zu erwartenden Grenzen. Shakespeare konnte keine urbane Satire von Middletons Kaliber schreiben, von Middletons beißendem komischem Geist. Trotzdem rechnet Philip Edwards *Timon* weiterhin ganz Shakespeare zu [68], ignoriert die neuere Forschung so zuversichtlich wie die ältere. In der gleichen Art halten Kritiker und Theater weiterhin Shakespeare für den alleinigen Autor von *Macbeth, Perikles* und *All is True*, trotz der erbarmungslosen Anhäufung von Indizien, daß Teile davon aus anderer Feder stammen. Der gleiche Impuls zur Shakespeareschen Machterweiterung hat die Literaturwissenschaftler zu verschiedenen Zeiten immer wieder dazu geführt, ihm alle gelungenen Stücke zuzuschreiben – und einige nicht gelungene –, die aus den 80er oder frühen 90er Jahren des 16. Jahrhunderts stammen. So hielt Erich Sams Shakespeare für den alleinigen Autor aller in der ersten Folio-Ausgabe erschienenen Stücke und dazu der anonymen Werke *Edmund Ironside, Edward III.*,

The Trouble-some Reign of Kind John, The True Chronicle History of King Leir, The Famous Victories of Henry V, eines frühen verlorenen Stücks über Hamlet und anderen.*

Wenn Shakespeare vollkommen war, dann brauchte er außerdem sein Werk nicht zu überarbeiten. Diese Auffassung brachte sein erster Herausgeber, Nicholas Rowe, zum Ausdruck, als er Shakespeares Schreibgewohnheiten beschrieb:

«Vielleicht müssen wir nach [Shakespeares] Anfängen nicht, wie bei anderen Schriftstellern, unter den am wenigsten vollkommenen Werken suchen; die Kunst hat einen so geringen, die Natur einen so großen Anteil an dem, was er tat, daß, so weit ich weiß, die Leistungen seiner Jugend, weil sie die lebendigsten waren, am meisten Feuer und die kraftvollste Einbildungskraft besaßen, seine besten waren... was er dachte, war gemeinhin so großartig, in sich so recht und richtig geschaffen, daß es wenig oder keiner Verbesserung bedurfte und durch ein unparteiisches Urteil auf den ersten Blick gutgeheißen wurde.» [69]

Diese Äußerung – die ein Jahrhundert lang zusammen mit dem Rest von Rowes «Darstellung des Lebens» jeder größeren Shakespeare-Ausgabe vorangestellt war – formuliert das Problem der Überarbeitung innerhalb der vorherrschenden kritischen Dichotomie von Natur und Kunst. Da Shakespeare den «Regeln» des dramatischen Schaffens, wie sie im 18. Jahrhundert verstanden wurden, keine Beachtung schenkte, konnte er den Erfolg seiner Stücke keinerlei «Kunst» verdanken, keinerlei kritischem Kunstgriff; sein Werk entsprang der «Natur», die naturgemäß in seinen ersten Gedanken zum Ausdruck kam. Im Rahmen des kritischen Diskurses, der Rowe zur Verfügung stand, ließ sich Shakespeare nur als Musterbeispiel der Natur verteidigen; die Natur überarbeitet ihr Werk nicht, deshalb überarbeitete Shakespeare sein Werk nicht.

Diese Auffassung hat das kritische Vokabular, das sie hervorbrachte, lange überdauert, obwohl sich die textuellen und historischen Zeugen, die gegenteilig aussagten, ständig mehrten. Angesichts zweier früher Versionen, beide vorgeblich von Shakespeare, stellen die Herausgeber seit Rowe und Pope einfach fest, daß eine von beiden korrumpiert sei. Bis zum Ende des 18. Jahrhunderts verhärtete sich tatsächlich die

---

* Sams, ein pensionierter Beamter und Musikkritiker, stellt eine moderne Version der «Laienrevolte» dar, wie sie die viktorianischen Bacon-Anhänger verkörperten; jede Ablehnung seiner Theorien schreibt er einer Verschwörung von betriebsblinden Wissenschaftlern zu.

Antipathie gegen jegliche Überarbeitung noch. Rowe und Pope waren willens zuzugeben, daß Shakespeare Fehler gemacht hatte; ein Jahrhundert später bekundete ein solches Feststellen von Fehlern bereits mangelnden Respekt.

Als Shakespeare einmal als unfehlbares Genie auf dem Thron saß, wurde es fast ein Ding der Unmöglichkeit zu glauben, daß Shakespeare sein Werk überarbeitete. Gott macht keine Fehler, und Gott ändert nicht seinen Sinn. Seit dem 18. Jahrhundert definieren Edition und Kritik ‹Shakespeare› auf eine Weise, die es unmöglich macht, daß ‹Shakespeare› je sein Werk überarbeitet haben könnte; ihre Definition des Dichters, so würde Wittgenstein sagen, «füllt den ganzen logischen Raum und läßt der Wirklichkeit keinen Punkt»[70].

Singularität (durch das Symbol ★ dargestellt), Einzigartigkeit, ist das Zentrum eines schwarzen Lochs; sie ist ein mathematischer Punkt im Raum ohne Länge, Breite oder Tiefe; ein Punkt im Zentrum eines einst riesigen, jetzt zusammenfallenden Sterns, wo die Materie buchstäblich durch ihre eigene mächtige Schwerkraft zu einem Nullvolumen zusammengepreßt wird. Selbst das Licht kann einem schwarzen Loch nicht entfliehen; die Zeit selbst steht still.

Wenn Shakespeare Singularität zukommt, dann, weil er zu einem schwarzen Loch geworden ist. Licht, Begreifen, Verstand, Stoff – unaufhörlich fließt alles in ihn hinein, während die Kritiker in den immer dichter werdenden Strudel seiner Reputation gesogen werden; sie addieren ihr eigenes Gewicht zu seiner wachsenden Masse. Das Licht von anderen Sternen – anderen Dichtern, anderen Dramatikern – wird verzerrt und verbogen, während es auf dem Weg zu uns an ihm vorbei geht. Er krümmt Raum und Zeit der Kultur; er verzerrt unsere Sicht des Universums um ihn herum. So sagte Emerson: «Heutzutage sind Literatur, Philosophie und das Denken shakespearisiert. Sein Geist ist der Horizont, über den wir gegenwärtig nicht hinausschauen können.»[71]

Shakespeare selbst jedoch sendet kein sichtbares Licht mehr aus; die Energien seines Sterns sind gefangen im Brunnen der Schwerkraft seiner eigenen Reputation.

Wir finden in Shakespeare nur, was wir an ihn herantragen oder was andere zurückgelassen haben: Er gibt uns unsere eigenen Werte zurück. Und es hat keinen Zweck, so zu tun, als könnte ein einmalig schlauer, ehrlicher und disziplinierter Kritiker eine Technik finden, einen Blickwinkel, der uns eine Massenflucht aus dieser Falle ermöglichen würde. Wenn Shakespeare ein literarisches schwarzes Loch ist, dann wird nichts, was ich oder irgend jemand sagt, etwas daran ändern. Die Scheibe wird sich weiter drehen, ihren Sog ausüben, wachsen.

Bevor er zu einem schwarzen Loch wurde, war Shakespeare ein Stern – doch nie der einzige in unserem Sonnensystem. Er war ungewöhnlich, aber nicht einmalig begabt. Er war tatsächlich einzigartig, nicht, weil er alle anderen Autoren übertraf, sondern einfach deshalb, weil er ein einzigartiges und unwiederholbares Individuum war, das in einer einmaligen und unwiederholbaren Konstellation von Ort und Zeit lebte. Wie jeder beliebige andere bleibt Shakespeare wie wir, ist es aber nicht. Seine Fremdheit, sein Anderssein, seine widersprüchliche Unvollständigkeit, sein Ganzes, seine Lückenhaftigkeit, die währende Undurchsichtigkeit seiner Person, seine Vielheit – das alles lockt und besiegt uns, erzieht und bezaubert uns. Er erfand sich neu, voller Einbildungskraft und Ideen, immer wieder, aber nicht unendlich. Auch er hatte Grenzen: Raum und Zeit und die Grenzen seiner eigenen Wahrnehmung. Er ist nicht wir. Doch er ist wie wir.

Die Kultur, die ihn in einen Gott verwandelt, produziert, indem sie ihn gleichzeitig erniedrigt und sich aneignet, eine schizophrene Literaturkritik.

Innerhalb unserer Kultur ist Shakespeare enorm mächtig. Macht korrumpiert und entstellt. Die Macht eines Politikers korrumpiert leicht sein Gefolge, und die Macht eines Dichters korrumpiert leicht seine Apologeten. Allzuleicht leckt, in Hamlets Worten, des Höflings/Kritikers «Honigzunge» «dumme Pracht», beugt sich «des Knies gelenke Angel».[72] Doch wirklich gute Kritik ringt darum, frei zu sein; ihre Aufgabe ist es, wie die der guten Presse, zu bezweifeln, was uns gesagt wird; sie ist skeptisch, sie mißtraut der Macht. Heldenverehrung verdient in der Literatur nicht mehr Bewunderung als in der Politik.

Danksagung

Mit dem Schreiben dieses Buchs habe ich eine unmögliche Aufgabe unternommen. Fortwährend habe ich Sie dazu ermutigt, mir nicht zu sehr zu trauen; die im Anschluß folgenden Literaturverweise sollen es Ihnen ermöglichen, meine Schritte – skeptisch – zu verfolgen auf der Suche nach Fakten, die ich übersehen oder weggelassen habe.

Ich habe systematisch alle Quellen nachgewiesen, in denen ich direkt aus Primärtexten zitiere*, aber bei den Verweisen auf die Sekundärliteratur mußte ich mich auf eine Auswahl beschränken. Wann immer ich einem unveröffentlichten Werk verpflichtet bin, dessen Kenntnis bzw. Zugang ich einem noch lebenden Wissenschaftler verdanke, habe ich dies vermerkt; ebenso habe ich meine Quellen für wichtige Aussagen zu bestimmten Sachverhalten ausgewiesen, besonders wenn es um Beobachtungen ging, die absolut neu sind, relativ neu oder neu hinsichtlich der Anwendung auf diesen Kontext. Ich habe keinerlei Versuch unternommen zu dokumentieren, wo ich den Ideen anderer, ihrer Art zu denken, verpflichtet bin, obgleich hier ohne Zweifel die substantiellste Form philologischer Schuld vorliegt.

* Anm. d. Übers.: Gary Taylor bezieht die Nachweise seiner Shakespeare-Zitate, wenn nicht ausdrücklich anders angegeben, auf die New Oxford Edition, *The Complete Works* (1986) und *The Complete Works: Original Spelling Edition* (1986), Gesamtherausgeber Stanley Wells und Gary Taylor. Seinen Schlußfolgerungen, was die Autorschaft, den Zeitpunkt des Entstehens und den Status der Texte betrifft, liegt zugrunde: Stanley Wells, Gary Taylor et. al., *William Shakespeare: A Textual Companion* (1987). Taylors doppelter Nachweis auf die Ausgabe mit der modernen und eine mit der alten Schreibweise wird – aus Gründen der Lesbarkeit – in der deutschen Fassung durch einen einfachen Verweis auf die Übersetzung von August Wilhelm Schlegel, Dorothea Tieck und Wolf Heinrich Graf von Baudissin ersetzt: *William Shakespeare – Sämtliche Werke*, 4 Bde., hrsg. v. Anselm Schlösser (1989). Unvermeidbar ist dabei, daß kleine Varianten zwischen der Oxforder Textfassung und anderen Ausgaben, die Taylor heranzieht, in der deutschen Übersetzung verlorengehen: zum Beispiel bei Dreydens *Hamlet*-Zitat, dem eine zeitgenössische Textfassung zugrunde lag, oder bei den Versen aus *Perikles*, die Taylor im ersten Kapitel zitiert und die aus der Quarto-Ausgabe von 1635 stammen, der im Jahre 1660 neuesten Ausgabe.

Dennoch muß ich die Hilfe verschiedener Einzelpersonen anmerken, deren Name sonst unerwähnt bliebe. Rebecca Germonprez, Robert Hazen, Elizabeth Joyce (drei nicht shakespearianische Freunde), Stanley Wells, Gary Wiliams und George Walton Williams (drei shakespearianische Freunde) lasen jeweils eine vorläufige Fassung des ganzen Manuskripts; zusammen haben sie mehr verbessert, als ich mir selbst eingestehen mag. Ebenso meine Lektoren beim Verlag Weidenfeld and Nicolson, Mark Polizzotti und Dan Green, meine Lektorin von Chatto & Windus, Jenny Uglow, und mein Lektor Joel Honig. Michael Dobson, Margreta de Grazia, Robert Hume, John Jowett, Robert Mahoney, William Montgomery, Virgil Nemoianu, S. Schoenbaum, Francis Spufford und Michael Warren lasen alle mehr als ein Kapitel; Hans Walter Gabler, Russell Jackson, Glen Johnson, Nancy Maguire, Joseph Sendry und Michael Shaw lasen jeweils ein einzelnes Kapitel. Peter Blayney, John Kerrigan, Jon Mikalson, Jeanne Roberts und Deniz Sengel beantworteten meine Fragen; Richard Hardin kopierte eine ferne Quelle für mich.

Die ‹Gegenwart› stellt nun einen besonderen Fall dar. Weil ich mich hier mit noch lebenden Autoren befasse, habe ich an jeden, dessen Arbeit hier diskutiert wird, und an viele andere Beteiligte eine vorläufige Fassung dieses Kapitels geschickt. Nicht jeder antwortete auf meine ungebetenen Fragen, aber zu Dank verpflichtet bin ich Stephen Booth, Kent Cartwright, Jonathan Dollimore, Malcolm Evans, Howard Felperin, Margreta de Grazia, Werner Habicht, Terence Hawkes, E. A. J. Honigmann, G. K. Hunter, David Lodge, Philip Maguire, Randall McLeod, Barbara Mowat, Carol Neely, Virgil Nemoianu, Alan Sinfield, Steven Urkowitz, Kim Scott Walwyn, Michael Warren, Robert Weimann und Paul Werstine.

Verschiedene Kollegen haben mir großzügig Zugang zu unveröffentlichten Arbeiten gewährt. Don Wayne und Walter Cohen schickten mir jeweils schon vorab eine Kopie ihres Essays in *Shakespeare Reproduced*; Werner Habicht und Roger Pringle ließen mich die Fahnen von *Images of Shakespeare*, Stanley Wells ließ mich die vom *Shakespeare Survey 40* (und vieles mehr) sehen; Barbara Mowat ermöglichte es mir, eine Aufnahme von Stephen Greenblatts Vortrag 1986 in *The Folger* anzuhören. Margreta de Grazia und Marion Trousdale zeigten mir unveröffentlichte Arbeiten über die *New Bibliography*. Zu Dank verpflichtet bin ich allen Mitgliedern von Nancy Maguires Seminar über den Shakespeare der Restaurationszeit auf der Konferenz der Shakespeare Association of America im Jahr 1988 sowohl für ihre Kommentare zu meiner Arbeit als auch für die Möglichkeit, ihre bald folgenden Aufsätze zu lesen.

Bibliotheken zu danken ist nicht ganz so leicht wie Privatpersonen. Für den größten Teil dieses Buchs konnte ich mich auf die Catholic University of America Mullen Library und die Folger Shakespeare Library verlassen; außerdem habe ich Bücher und Geduld der Library of Congress in Anspruch genommen, der British Library, der Bodleian, der Kenneth Spencer Research Library an der University of Kansas und der Bibliotheken der University of Maryland (College Park) und der University of Virginia.

Die Schreibweise von Shakespeares Namen verursacht spezielle Schwierigkeiten. Ursprünglich hatte ich die Absicht, den Namen in meiner eigenen Prosa so erratisch zu schreiben wie in den historischen Dokumenten, die Schreibweise also immer dann zu ändern, wenn es meine historischen Quellen taten: Dies hat die wünschenswerte Wirkung, daß die Sicherheit des vertrauten «Shakespeare» im Bewußtsein des Lesers beständig unterlaufen wird. Schon bald jedoch wird dies, darauf wies mein Verleger mich hin, zu einer störenden Ablenkung. «Shakspere», wie die offenbar von ihm bevorzugte Schreibweise lautete, würde einen heutigen Leser verwirren und dabei noch nicht einmal der Schreibpraxis der Vergangenheit völlig gerecht werden. Am Ende muß ich eingestehen, daß mein Buch genau wie alle anderen, die ich darin diskutiere, ein Produkt seiner Zeit ist. In unserer Zeit ist «Shakespeare» normal, und zögernd habe ich diese Schreibweise deshalb fortgeführt.

Anmerkungen

Wenn nicht anders vermerkt, wurde für die deutsche Fassung der Shakespeare-Zitate die Übersetzung von August Wilhelm Schlegel, Dorothea Tieck und Wolf Heinrich Graf von Baudissin übernommen: *William Shakespeare – Sämtliche Werke* 4 Bde., hrsg. v. Anselm Schlösser (1989). Soweit deutsche Übersetzungen der zitierten Literatur vorlagen, wurde auf diese zurückgegriffen.

Einleitung

1. *Wie es euch gefällt*, II.7.139.
2. Sonett III.7–8.
3. John Drakakis, «Theatre, ideology and institution: Shakespeare and the roadsweepers», in *The Shakespeare Myth*, hrsg. v. Graham Holderness (1988), 24–41.

Kapitel 1: Die Restauration

1. G. E. Bentley, *The Jacobean and Caroline Stage*, 7 Bde. (1941–68), II, 690.
2. «Continuation of Stowe's Survey of London» (ca. 1658), Folger MS. V.b.275.
3. «An Horatian Ode upon Cromwell's Return from Ireland», in *The Poems and Letters of Andrew Marvell*, hrsg. v. H. M. Margoliouth, überarbeitet v. Pierre Legouis und E. E. Duncan-Jones, 2 Bde. (1971), II, 92f, 294–303.
4. *Heinrich V.*, Prolog, 3–4.
5. John Cook, *King Charls his Case: or, an Appeal to all Rational Men, Concerning His Tryal* (1649), 13.
6. *Perfect Occurences of Every Daies iournall in Parliament*, 104 (22.–30. Dezember 1648), 778 (Eintrag für «*Wednesday the 27. of December*»).
7. John Milton, *Eikonoklastes* (1649), 11.
8. British Library Add. MS 19256, Fol. 47. Reproduziert in Percy Fitzgerald, *A New History of the English Stage*, 2 Bde. (1882), I, 23.
9. Ronald Hutton, *The Restoration: A Political and Religious History of England and Wales 1658–1667* (1985), 135.
10. Gunnar Sorelius, ‹*The Giant Race Before the Flood*›: *Pre-Restoration Drama on the Stage and in the Criticism of the Restoration* (1966), 34f.

11. Henry Marsh (Hrsg.), *The Wits, or, Spoil upon Sport* (1662). Über den neuesten Stand der Forschung informiert R. A. Foakes, *Illustrations of the English Stage 1580–1642* (1985), 159–61.

12. Was diese Stiche aus dem 17. Jahrhundert betrifft, vgl. S. Schoenbaum, *William Shakespeare: Records and Images* (1981), 162, 171 f.

13. Lawrence Stone, *The Family, Sex und Marriage in England 1500–1800* (1977), 51.

14. G. Blakemore Evans, «Shakespeare Restored – Once Again!», in *Editing Renaissance Dramatic Texts, English, Italian, and Spanish*, hrsg. v. Anne Lancashire (1976), 39–56.

15. John Downes, *Roscius Anglicanus* (1708), hrsg. v. Judith Milhous und Robert D. Hume (1987), 42 [17] (der Ausgabe von 1708 an).

16. Downes, *Roscius Anglicanus*, 51 [21], 55 [24].

17. Bodleian MS. Aubrey 6, Fol. 46. John Aubreys Memorandum zu Shakespeare und zur Familie Davenant ist transkribiert in E. K. Chambers, *William Shakespeare: A Study of Facts and Problems*, 2 Bde. (1930), II, 254. Vgl. auch Mary Edmond, *Rare Sir William Davenant* (1987), 13–26.

18. *The Diary of Samuel Pepys*, hrsg. v. Robert Latham und William Matthews, 11 Bde. (1970–83), 4. Juli 1661. Verweise auf Pepys werden nach dieser Ausgabe nach dem Eintragungsdatum zitiert.

19. *Roger North on Music*, hrsg. v. John Wilson (1959), 353.

20. Percy Fitzgerald, *A New History of the English Stage*, 2 Bde. (1882), I. 80. Ich zitiere aus dem überarbeiteten Killigrew-Schriftstück, veröffentlicht am 25. April 1662. Davenants überarbeitetes Schriftstück weist einen ähnlichen Wortlaut auf.

21. Pepys, 5. Oktober 1667. Anm. d. Ü.: meine Übersetzung, da diese Sätze in den vorliegenden gekürzten deutschen Fassungen fehlen.

22. Vgl. David Foxon, *Libertine Literature in England 1660–1745* (1965) und Roger Thompson, *Unfit for Modest Ears: A Study of Pornographic, Obscene and Bawdy Works Written or Published in England in the Second Half of the Seventeenth Century* (1979).

23. Pepys, 9. Februar 1668.

24. Downes, *Roscius Anglicanus*, 52 [22].

25. John Lacey, *Sauny the Scott: Or, The Taming of the Shrew: A Comedy* (1698), 25. Obwohl diese Adaptation erst 1698 gedruckt wurde, ist sie bereits 1667 aufgeführt worden.

26. «Names of the plays acted by the Red Bull actors», angeblich von Sir Henry Herbert um den 14. August 1660 herum zusammengestellt; das Originaldokument ist verlorengegangen, und seine Existenz ist uns heute nur durch einen gedruckt vorliegenden Bericht darüber bekannt, in Edmond Malones «An Historical Account of the Rise and Progress of the English Stage»; vgl. *The Plays and Poems of William Shakspeare*, hrsg. v. Malone, 10 Bde. (1790), I. Teil 2, 265.

27. Downes, *Roscius Anglicanus* 43 [18].

28. Ben Jonson, «Ode», im Anhang von *The New Inne* (1631), Sign. H2.

29. John Dryden, «Defence of the Epilogue. Or, An Essay on the Dramatique Poetry of the last Age», in *The Conquest of Granada by the Spaniards: In Two Parts* (1672), 163.

30. Downes, *Roscius Anglicanus*, 43 [18].

31. C. A. Du Fresnoy, *De Arte Graphica. The Art of Painting... Translated into English, Together with an Original Preface containing A Parallel betwixt Painting and Poetry. By Mr. Dryden* (1695), xl.

32. *Perikles*, V.3.6–9.

33. Antonia Fraser, Royal Charles: Charles II and the Restoration (1979), 112–28, 179.

34. William van Lennep (Hrsg.), *The London Stage, 1660–1700* (1965). Diese Zahl basiert auf uns bekannten Aufführungen im Dezember 1662; ich berücksichtige keine Wiederaufnahmen oder Adaptationen von Dramen, die, unter welchen Umständen auch immer, vor 1660 aufgeführt wurden. Vgl. auch Robert D. Hume, «Securing a Repertory: Plays on the London Stage 1660–5», in *Poetry and Drama 1570–1700: Essays in Honour of Harold F. Brooks*, hrsg. v. Antony Coleman und Antony Hammond (1981), 156–72.

35. Alfred Harbage, *The Annals of English Drama 975–1700*, überarbeitet v. S. Schoenbaum (1964), 138–42. Diese Zahlen basieren auf den Spielzeiten 1639–41; die Theatersaison 1642 war selbst vor den parlamentarisch verfügten Schließungen eine starken Störungen unterworfene Spielzeit.

36. Alfred Harbage, *Shakespeare and the Rival Traditions* (1952), 24f, 47.

37. Public Record Office LC 5/137, S. 343.

38. *The London Stage, 1669–1700*, cxxviii–cxxix.

39. *Of Dramatick Poesie, an Essay* (1668), in *The Works of John Dryden*, XVII, *Prose 1668–1691*, hrsg. v. S. H. Monk *et al.* (1971), 57.

40. Dryden, *Of Dramatick Poesie*, 56.

41. Edward Phillips, *Theatrum Poetarum* (1675), 108f; James Drake, *The Antient and Modern Stage survey'd* (1699), 201.

42. G. E. Bentley, *Shakespeare and Jonson: Their Reputations in The Seventeenth Century Compared*, 2 Bde. (1945), I. 107–09.

43. D. L. Frost, «Shakespeare in the Seventeenth Century», *Shakespeare Quarterly* 16 (1965), 81–89.

44. Aphra Behn, «An Epistle to the Reader», *The Dutch Lover* (1673), Sign. a1.

45. Downes, *Roscius Anglicanus*, 17–27 [6–9].

46. Thomas Rymer, *The Tragedies of The Last Age consider'd and Examin'd by the Practice of the Ancients, and by the Common sense of all Ages* (1678), in *The Critical Works of Thomas Rymer*, hrsg. v. Curt A. Zimansky (1956), 17.

47. Downes, 56, 71 f [24, 33].

48. Dryden, *Of Dramatick Poesie*, 59; Gerald Langbaine, *An Account of the English Dramatick Poets* (1691), 456.

49. Dryden, *Of Dramatick Poesie*, 54; «*The Preface* to the Play», *Troilus and Cressida, Or, Truth Found Too Late* (1679), Sign. a3.

50. Sir William Davenant und John Dryden, *The Tempest, or the Enchanted Island. A Comedy* (1670), Sign. A4.

51. Johan Gerritsen, «The Dramatic Piracies of 1661; A Comparative Analysis», *Studies in Bibliography*, 11 (1958), 117–31.

52. Dryden, Troilus, Sign. A4ᵛ; Dryden, «An Epilogue» [zu Charles Davenants *Circe* von 1677], Erstdruck in *Miscellany Poems* (1684), 292.

53. David Cressy, *Literacy and the Social Order: Reading and Writing in Tudor and Stuart England* (1980), 176 f, 119.

54. Vgl. zum Beispiel *The Tatler*, 68 (14. September 1709) – im folgenden Kapitel zitiert – und Arthur Murphy, *The Life of David Garrick, Esq.*, 2 Bde. (1801), I. 71.

55. *Othello*, V. 2. 100–03; Rymer, *A Short View of Tragedy, It's Original Excellency, and Corruption. With Some Reflections on Shakespeare, and other Practitioners for the Stage* (1693), in *Works*, 161.

56. Rymer, *Tragedies of the Last Age*, in *Works*, 59 f.

57. *The Diary of Robert Hooke, 1672–1680*, hrsg. v. Henry W. Robinson und Walter Adams (1935), 20. Juni 1674.

58. Thomas Sprat, *The History of the Royal Society of London* (1667), hrsg. v. Jackson I. Cope und Harold Whitmore Jones (1958), 113.

59. Thomas Hobbes, *Leviathan*, hrsg. v. Iring Fisher, übers. v. Walter Euchner (1966), 35.

60. Sprat, 113.

61. *Othello*, II. 1. 68–73; Rymer, *Short View*, 86.

62. Sprat, 111 f.

63. *Othello*, I. 3. 77–95; Rymer, *Short View*, 139.

64. Rymer, *Short View*, 134, 144, 138, 154, 155, 136.

65. William Petty, *The Advice of W. P. to Mr. Samuel Hartlib for The Advancement of some particular Parts of Learning* (1648), 12.

66. Sprat, 113, 42.

67. Rymer, *Short View*, 170.

68. Joseph Glanvill, «Anti-fanatical Religion and Free Philosophy», in *Essays on Several Important Subjects in Philosophy and Religion* (1676), 41 f.

69. Rymer, *Short View*, 145.

70. Ibid., 87, 149; bezieht sich auf *Othello*, III. 3. 94–482.

71. Rymer, *Short View*, 154.

72. Ibid., 134.

73. *The Diary of John Evelyn*, hrsg. v. E. S. de Beer, 6 Bde. (1955), III, 304 (20. November 1661).

74. Jeremy Collier, *A Short View of the Immorality, and Profaneness of the English Stage* (1698), 10.

75. Dryden, *Troilus*, Sign. b 2ᵛ–3.

76. *Hamlet, Prinz von Dänemark*, II.2.519–23, II.2.531–46.

77. «Proposals for the Advancement of the Royal Society», Royal Society Domestic Manuscripts, V, 12: s. auch Michael Hunter, «The Social Basis and Changing Fortunes of an Early Scientific Institution», *Notes and Records of the Royal Society*, 31 (1976), 9–114.

78. Zu dem verlorengegangenen *Hamlet*-Stück, s. *Textual Companion*, 137 f.

79. Dryden, *Of Dramatick Poesie*, 58.

80. Ibid., 72 f.

81. *The Shakspere Allusion-Book: A Collection of Allusions to Shakspere from 1591 to 1700*, hrsg. v. C. M. Ingleby *et al.*, 2 Bde. (1909; 2. Aufl. 1932), II, 338, zitiert Beispiele aus den Jahren 1678, 1690, 1696; s. auch II, 243 (1678); Aphra Behn (1673), Sign. a1, und Gildon (1698?), 92.

82. Colley Cibber, *A Apology for the Life of Mr. Colley Cibber, Comedian, and Late Patentee of the Theatre-Royal* (1740), 117 f.

83. Robert Gould, *Poems Chiefly consisting of Satyrs and Satyrical Epistles* (1689), 177.

84. Anthony Ashley Cooper, *Soliloquy: or, Advice to an Author* (1710), 117.

85. Hazelton Spencer, *Shakespeare Improved: The Restoration Versions in Quarto and on the Stage* (1927), 174–91; aber s. auch Mongi Raddadi, *Davenant's Adaptations of Shakespeare* (1979), 64–78.

86. William Shakespeare, *Hamlet* (1676), Sign. H2 (*Hamlet*, III.3.76).

87. *Hamlet* (1676), Sign. F4: III.1.87.

88. Ibid., Sign F2: II.2.578.

89. Cibber, *Apology*, 120.

90. Lennep, *The London Stage 1660–1700*, 225.

91. Bentley, *Shakespeare and Jonson*, 109, 124.

92. Downes, *Roscius Anglicanus*, 52 [21].

93. Cibber, *Apology*, 60 f.

94. *The Laureat* (1740), 31 f, *Hamlet*, III.4.139, 141.

95. Nicholas Rowe, «Some Account of the Life, & c. of Mr. *William Shakespear*», in *The Works of Mr. William Shakespear*, hrsg. v. Rowe, 6 Bde. (1709), I, xxxiii–xxxiv.

Kapitel 2: 1709

1. Edward Ward, *The Secret History of Clubs* (1709), 360.

2. *Journals of the House of Commons*, Bd. XVI: *1660–1745*, 240.

3. Historical Manuscripts Commission, *The Manuscripts of His Grace the Duke of Portland*, Bd. II (1893), 209.

4. Der Prolog erschien in *Wit and Mirth: or, Pills to Purge Melancholy*, hrsg. v. Henry Playford, *The Second Part* (1700), 314. Zu dem Ereignis als Ganzem s. Kathleen M. Lynch, *Jacob Tonson, Kit-Cat Publisher* (1971), 56f.

5. Richard D. Hume, *The Development of English Drama in the Late Seventeenth Century* (1976), 380f.

6. Daniel Defoe, *A Review of the State of the English Nation*, 10. August 1706.

7. Emmett L. Avery (Hrsg.), *The London Stage, 1700–1729*; 3 Bde. (1960), I, XI.

8. Joseph Wood Krutch, *Comedy and Conscience After the Restoration* (1924); überarbeitete Neuausgabe (1949), 166–85.

9. *The Complete Works of Sir John Vanbrugh*, hrsg. v. Bonamy Dobrée und Geoffrey Webb, 4 Bde. (1927–28), IV, 8.

10. Cibber, *Apology*, 183.

11. Ibid., 241.

12. Aaron Hill, in *The Prompter* 3 (19. November 1734).

13. *Grub Street Journal*, 253 (31. Oktober 1734), Brief unterzeichnet mit «Some-body».

14. John Dennis, *An Essay on the Genius and Writings of Shakespear* (1712), in *The Critical Works of John Dennis*, hrsg. v. Edward Niles Hooker, 2 Bde. (1939–43), II, 13, 432f.

15. George Winchester Stone, Jr., «The Making of the Repertory», in *The London Theatre World, 1660–1800*, hrsg. v. Robert D. Hume (1980), 197.

16. *The Guardian*, hrsg. v. John Calhoun Stephens (1982), 37 (23. April 1713) (John Hughes).

17. Thomas Davies, *Dramatic Miscellanies*, 3 Bde. (1784), I, 306f.

18. Tobias Smollet, *The Adventures of Peregrine Pickle*, 4 Bde. (1751), II, 139f.

19. Hill, in *Prompter*, 62 (13. Juni 1735).

20. *The Works of the Late Aaron Hill Esq.* 4 Bde. (1753), II, 115f; Hills Brief, in dem er Booth beschreibt, war früher schon zitiert worden von W. R. Chetwood, *A General History of The Stage* (1749), 94.

21. Smollet, I, 139; *The Diary of Dudley Ryder 1715–1716*, hrsg. v. William Matthews (1939), 360 (6. November 1716).

22. Rowe, I, A 2^v.

23. John Dennis, Widmungsepistel zu *The Invader of his Country* (1720), in *Critical Works*, II, 179.

24. Richmond P. Bond, *The Tatler: The Making of a Literary Journal* (1971), 98–100.

25. *The Tatler*, 8 (28. April 1709). Die Zitate aus dem *Tatler* beziehen sich auf die Ausgabe von Donald E. Bond, 3 Bde. (1987).

26. *The Spectator*, 65 (15. Mai 1711). *The Spectator* wird nach Donald E. Bonds Ausgabe zitiert, 5 Bde. (1965).

27. *The Tatler*, 111 (24. Dezember 1709).

28. Ibid., 12 (7. May 1709).

29. Ibid., 167 (4. Mai 1710).

30. *Julius Cäsar*, II.2.32, zitiert in *The Tatler*, 53 (11. August 1709).

31. *Richard III.*, V.3.178, zitiert in *The Tatler*, 90 (5. November 1709).

32. *Hamlet*, I.2.140–41, zitiert in *The Tatler*, 106 (13. Dezember 1709).

33. *Macbeth*, V.5.20, zitiert in *The Tatler*, 167 (4. Mai 1710).

34. *Othello*, III.3.351–52, zitiert in *The Tatler*, 188 (22. Juni 1710).

35. *The Tatler*, 68 (15. September 1709): *Julius Cäsar*, IV.3.153 und *Macbeth*, IV.3.225–26.

36. *The Tatler*, 53 (11. August 1709): *Julius Cäsar*, II.2.

37. Horace Walpole, *Anecdotes of Painting in England*, 4 Bde. (1760–70), III, 111.

38. Richard Steele, *The Englishman*, hrsg. v. Rae Blanchard (1955), 31 (Nr. 7: 20. Oktober 1713).

39. *The Tatler*, 3 (16. April 1709).

40. Ibid., 137 (23. Februar 1710): *Heinrich V.*, Pro.I.5–8, und *Julius Cäsar*, III.1.282–83.

41. Bryan Bevan, *Marlborough the Man* (1975), 15.

42. Joseph Addison, *The Spectator*, 40 (16. April 1711).

43. Ibid., 44 (20. April 1711).

44. Ibid., 419 (1. Juli 1712).

45. Alexander Pope, *An Epistle to Dr. Arbuthnot* (1735), 201–05, in *The Twickenham Edition of the Poems of Alexander Pope*, Gesamthrsg. John Butt: Bd. IV, hrsg. v. Butt, 110.

46. Charles A. Knight, «The Literary Periodical in the Early Eighteenth Century», *The Library*, VI, 8 (1986), 232–48.

47. *The Tatler*, 162 (22. April 1710).

48. W. W. Greg, *A Bibliography of the English Printed Drama to the Restoration*, 4 Bde. (1939–59).

49. Judith Milhous und Robert D. Hume, «Dating Play Premières from Publication Data, 1660–1700», *Harvard Library Bulletin*, 22 (1974), 374–405.

50. Shirley Strum Kenny, «The Publication of Plays», in *London Theatre World*, 313–15.

51. Joseph Spence, *Observations, Anecdotes, and Characters of Books and Men*, hrsg. v. James M. Osborne, 2 Bde. (1966), I, 333.

52. Folger MS S. a. 163 (Ein Quarto-Bogen, überschrieben mit «Paid the Editors of Shakspear»).

53. «Preface», *The Works of Shakespear*, hrsg. v. William Warburton, 8 Bde. (1747), I, x–xii.

54. Thomas Edwards, *The Canons of Criticism* (1748). Das Buch wurde wiederholt neu aufgelegt und erweitert bis 1765.

55. Vgl. John Feather, «The Book Trade in Politics: The Making of the Copyright Act of 1710», *Publishing History*, 8 (1980), 19–44.

56. Peter Smithers, *The Life of Joseph Addison* (überarbeitete Neuauflage 1968), 179.

57. David Piper, *The Image of the Poet* (1982), 52.

58. Rowe, I, ii.

59. Ibid., v.

60. Ibid.

61. Ibid., 1, viii, ix, x.

62. Ibid., xi, xii.

63. Ibid., ii, viii.

64. Ibid., xii–xiii.

65. Ibid., xxxiv.

66. Zu der These, daß die Trennung an eine andere Stelle gehört, s. Rolf Soellner, *«Timon of Athens»: Shakespeare's Pessimistic Tragedy* (1979), 40–42.

67. Dryden, *Troilus and Cressida*, 11; *Troilus and Cressida*, II.2.165 (Rowe, IV, 1841).

68. Maynard Mack, *Alexander Pope: A Life* (1985), 89–94.

69. Spence, *Observations*, I, 23.

70. Rowe, I, xv–xvi, xxxiv–xxxv (Rymer), xiii, xiv–xv (Jonson); Pope (Hrsg.), *The Works of William Shakespear*, 6 Bde. (1725), I, xxxii, xli (Rymer), xxx (Jonson).

71. John Butt, *Pope's Taste in Shakespeare* (1936).

72. Barbara Mowat, «The Form of *Hamlets* Fortunes», *Renaissance Drama*, 19 (1989); Thomas L. Berger, «The Second Quarto of *Othello* and the Question of Textual ‹Authority›» (ein Vortrag, der in dem Seminar zur Frage des Textes während der Internationalen Shakespeare-Konferenz gehalten wurde, Stratford-upon-Avon August 1988).

73. *The Prose Works of Alexander Pope*, Bd. II: *The Major Works*, 1725–1744, hrsg. v. Rosemary Cowler (1986), 35, Anm. 51.

74. [James Ralph], *The Case Of our Present Theatrical Disputes* (1743), 59.

75. Jonathan Swift, *A History of Poetry, In a Letter to a Friend* (1726).

76. Pope, VI, Sign. Ooooı–2^v; Theobald, VII, 495–503 (nicht numerierte Seiten nach 494).

77. David McKitterick, *Cambridge University Library: A History: The Eighteenth and Nineteenth Centuries* (1986), 96 (ein Exemplar der Ausgabe von 1685).

78. George Sewell, «The Preface», in *The Works of Mr. William Shakespear. The Seventh Volume*, hrsg. v. Sewell (1725), vii.

79. Theobald, *Shakespeare Restored*, v.

80. Theobald, «The Preface», I, xxxlx.

81. «The Preface», *Milton's Paradise Lost. A New Edition*, hrsg. v. Richard Bentley (1732), Sign. a2.

82. Ibid., Sign. a3.

83. Ibid., Sign. a2^v, al^v («Wer auch immer es war, dem Milton seine Rein-schrift und die Beaufsichtigung der Presse übertragen hatte»); Theobald, «Preface», xxxvii (zu «Textkürzungen oder Zusätzen», die von den Schauspielern vorgenommen wurden).

84. Theobald, «Preface», xxxvii–xxxviii (über die Mitschrift von Stücken durch Zuhörer während einer Aufführung); Bentley, Sign. al (Verfäl-schung von Miltons Text durch «The Amanuensis»).

85. Bentley, Sign. a3; Theobald, der annimmt, daß viele der früheren Texte «ohne des Dichters Wissen» veröffentlicht wurden («Preface», xxxviii), stellt nirgendwo Popes Ansichten zur Textredaktion in Frage und akzep-tiert sie in der Praxis stillschweigend.

86. Theobald, «Preface», xxxvii, xxxix; Bentley, Sign. a2^v, a2.

87. Swift, On Poetry: A Rhapsody (1733), Zeile 265.

88. [Alexander Pope], The Narrative of Dr. Robert Norris (1713), 18.

89. «The Spectator 409 (20. Juni 1712), 285 (26. Januar 1712), 61 (10. Mai 1711).

90. William Dodd, The Beauties of Shakespear. Regularly Selected from each Play, 2 Bde. (1752), I, vi.

91. Dionysius Longinus, Vom Erhabenen, zweispr. Ausg. übers. u. hrsg. v. Otto Schönberger (1988), 81–83 (Sektion XXXIII).

92. Vgl. z. B. die anonymen Schriften An Examen of the New Comedy, Call'd The Suspicious Husband. With Some Observations Upon Our Dramatick Po-etry and Authors (1747), 23 f; Peter Whalley, An Enquiry into the Learning of Shakespeare, with Remarks on Several Passages of his Plays (1748), 19.

93. Pope, An Essay on Criticism (1711), in Poems, I (1961), Vers 152.

94. Thomas Middleton, A Mad World, My Masters (1608), B2^v.

95. Richard James (Hrsg.), «The legend and defence of ye Noble knight and Martyr Sir John Oldcastel», Bodleian Library, MS James 34.

96. Allusion-Book, I, 443.

97. Hamlet (1676), Sign. D4^v (II. 1. 78).

98. The Guardian, 155 (8. September 1713).

99. Eliza Haywood, The Female Spectator, 4 Bde. (1744–46), III, 159.

100. The Spectator, 92 (15. Juni 1711); vgl. auch 37 (12. April 1711).

101. David Green, Sarah Duchess of Marlborough (1967), 171.

102. The Complete Letters of Lady Mary Wortley Montagu, hrsg. v. Robert Hals-band, 3 Bde. (1965–67), II, 27; Lady Louisa Stuart, «Biographical Anec-dotes» (1837), in Lady Mary Wortley Montagu, Essays and Poems, hrsg. v. Robert Halsband und Isobel Grundy (1977), 52.

103. An Essay in Defence of the Female Sex... Written by a Lady (1696), 48; verschiedentlich – vermutlich irrtümlicherweise – Mary Astell zuge-schrieben.

104. The Female Tatler, 32 (16. September 1709). Diese Zeitschrift, die ab dem 8. Juli 1709 erschien, behauptete ursprünglich, die Herausgeberin sei eine

«Mrs. Crackenthorpe», später dann eine «Society of Ladies»; die tatsächlichen Herausgeber sind nach wie vor nicht bekannt.

105. *The Female Tatler*, 98 (24. Februar 1710).

106. Margaret Cavendish, *CCXI Sociable Letters* (1664), Brief CXXIII (244–48); ebenso Brief CLXII (338).

107. Montagu, «Schrieb auf Wunsch des Mr. Wotley, verzichtete auf manches auf Wunsch von Mr. Adison» (1713), in *Essays and Poems*, 64.

108. Francis Lynch, *The Independent Patriot* (1713), Sign. A 4 (Anmerkung zum Prolog, uraufgeführt am 12. Februar 1737).

109. Emmett L. Avery, «The Shakespeare Ladies Club», *Shakespeare Quarterly*, 7 (Spring 1956), 153–58.

110. Haywood, *The Female Spectator*, 1, 323.

111. Alexander Pope, *Sämtliche Werke*. Mit Wilhelm Warburtons Commentar und Anmerkungen, aus dessen neuester und bester Ausgabe übersetzt. 5 Bde. (1758–64), V. 96.

112. Ibid., 91.

113. Richard Savage (Hrsg.), *A Collection of Pieces in Verse and Prose, Which have been publish'd on Occasion of the DUNCIAD* (1732), vi.

114. Pope, *Prose Works*, II, 23.

115. Pope, *Epistel an Dr. Arbuthnot*, 164 («bis auf den tändelnden Tibalds»), *Sämmtliche Werke*, IV, 88.

116. «The Preface», in *The Works of Shakespeare*, hrsg. v. Lewis Theobald, 7 Bde. (1733), I, xxxvi–xxxvii.

117. *The Country Journal: or, The Craftsman*, 72 (18. November 1727), unsignierter Artikel, gerichtet an «*Caleb d'Advers. Esq.*».

118. *Dunciade, Sämmtliche Werke*, V, 100.

119. Ibid., 103.

120. Ibid., 96.

121. *Ein Sommernachtstraum*, II. 1. 114–15, zitiert nach Popes Ausgabe (I, 96), wo «chin» das Bild besonders lächerlich macht; moderne Ausgaben korrigieren zu «thin». – Anm. d. Ü.: Auch Schlegel/Tieck übersetzen also noch das sinnentstellende «Kinn».

122. Voltaire, *Letters concerning the English Nation* (1733), in *Voltaire on Shakespear*, hrsg. v. Theodore Besterman (1967), 44.

123. *Dunciade, Sämmtliche Werke*, V, 112.

Kapitel 3: 1790

1. *The Times* (20. Juli 1789), 2.

2. Jane Austen, *Die Abtei von Northanger* (1986), Kap. 14, 116.

3. *Speeches of the Right Honourable Richard Brinsley Sheridan*, 5 Bde. (1816), III, 89.

4. Edmund Burke, *Reflections on the Revolution in France* (1790), 105 f.

5. *Lectures 1808–1819 on Literature*, hrsg. v. R. A. Foakes, 2 Bde. (1987), in *The Collected Works of Samuel Taylor Coleridge*, Gesamthrsg. Kathleen Coburn: II, 293 (Manuskriptanmerkung datiert auf den 7. Januar 1819).

6. *Specimens of the Table Talk of the late Samuel Taylor Coleridge*, hrsg. v. H. N. Coleridge, 2 Bde. (1835), I, 69 (24. Juni 1827).

7. Coleridge, *Lectures 1808–1819*, I, 386, 390.

8. Ibid., 540, 542.

9. *The Literary Remains of Samuel Taylor Coleridge*, hrsg. von H. N. Coleridge, 4 Bde. (1836), II, 135.

10. William Wordsworth, *The Borderers*, hrsg. v. Robert Osborn (1982), III, 60–65 (1797 Manuskript).

11. *The Borderers*, 812 (Anmerkung von 1842).

12. *The Letters of John Keats 1814–21*, hrsg. v. Hyder Edward Rollins, 2 Bde. (1985), II, 115 f (9. Juni 1819).

13. *Letters of John Keats*, II, 312 ([?] August 1820).

14. *The Letters of Charles and Mary Anne Lamb*, hrsg. v. Edwin W. Marrs, Jr., 3 Bde. (1975–78), III, 243 f (12. Mai 1817).

15. «Hamlet», aus *Characters of Shakespear's Plays* (1817), in *The Complete Works of William Hazlitt*, hrsg. v. P. P. Howe, 21 Bde. (1930), IV, 232–37.

16. «Byron and Shelley on the Character of Hamlet», *New Monthly Magazine*, 29 (1830), 328 f, 336. Für die Authentizität dieses Berichts verbürgt sich Earl Wasserman, «Shelleys Last Poetics: A Reconsideration», in *From Sensibility to Romanticism*, hrsg. v. Frederick W. Hilles und Harold Bloom (1965), 505–11; Beweismaterial für Mary Shelleys Autorschaft des nicht gezeichneten Artikels ist aufgeführt bei Charles E. Robinson, *Shelley and Byron: The Snake and Eagle Wreathed in Fight* (1976), 270. Das Gespräch läßt sich nicht durch den Artikel von 1830 datieren, aber das unabhängige Zeugnis von Samuel Rogers deutet darauf hin, daß es im April 1822 in Pisa stattfand.

17. Hermann Ulrici, *Shakspeare's Dramatische Kusnt. Geschichte und Charakteristik des Shakspearschen Dramas*, 3 Bde., 3. Aufl. (1868), II, 177 f.

18. Wordsworths Muse, in dem Manuskript von 1812 von *The Waggoner*, «scents the morning air» (MS 3, V.680; *Benjamin the Waggoner*, hrsg. v. Paul Betz [1981], 305); *Hamlet* I.5.58, der Geist «scent[s] the morning air». Die Parallele erörtert Jonathan Bate, *Shakespeare and the English Romantic Imagination* (1986), 103–05.

19. George Vandenhoff, *Leaves from an actor's note-book* (1860), 22; George Henry Lewes, *On Actors and the Art of Acting* (1875), 5.

20. Siegbert Prawer, *Heine's Shakespeare: An Inaugural Lecture* (1970), 37, übersetzt eine Darstellung von Heine aus dem Jahr 1838; zitiert den *Kaufmann von Venedig*, I.3.126–28.

21. Leigh Hunt, «Theatrical Examiner. No. 163», *The Examiner* (26. Februar 1815), 138f.

22. Coleridge, *Table Talk*, I, 24 (27. April 1823).

23. Anspielung auf *Romeo und Julia*, III.5.10 und *Heinrich IV. Erster Teil*, IV.1.110.

24. Jonathan Bate, «Parodies of Shakespeare», *Journal of Popular Culture*, 19 (1985–86), 75–89.

25. John Poole, *Hamlet Travestie*, 2. Aufl. (1811), 10.

26. A. Jonathan Bate, «Hazlitt's Shakespearean Quotations», *Prose Studies*, 7 (1984), 26.

27. *Letters of John Keats*, II, 139 (14. August 1819).

28. James Beattie, Brief XXI (1. Januar 1768), in Sir William Forbes, *An Account of the Life and Writings of James Beattie, LL.D.*, 2 Bde. (1806), I, 110f.

29. *The Letters of David Garrick*, hrsg. v. David M. Little und George M. Kahrl, 3 Bde. (1963), II, 542 (12. September 1766).

30. *The Correspondence of Edmund Burke*, hrsg. v. Alfred Cobban und Robert A. Smith, 10 Bde. (1958–70), VI, 10 (Brief vom 9. August 1789).

31. Burke, *Reflections*, 11.

32. Burke, *Correspondence*, VI, 126 (29. Juli 1790), zitiert *Hamlet*, I.2.161.

33. Ibid., 86 (19. Februar 1790, aus Philip Francis), 90 (20. Februar 1790).

34. *Hamlet*, II.2.587–91.

35. Burke, *Correspondence*, VI, 182 (ca. 29. November 1790).

36. Edmond Malone (Hrsg.), *The Plays and Poems of William Shakspeare*, 10 Bde. (1790), I. Teil 1, lxviii.

37. Burke, *Correspondence*, VI, 206 (Anmerkung).

38. Ibid., VIII, 456.

39. Jane Austen, *Mansfield Park*, übers. v. Trude Fein (1968), Kap. 14, 116.

40. Coleridge, *Biographia Literaria* (1817), hrsg. v. James Engell und W. Jackson Bate, 2 Bde. (1983), in *Collected Works*, II, 27.

41. Hazlitt, *Lectures on the English Poets* (1818), in *Works*, 5, 161–64.

42. Ibid., 162.

43. Hazlitt, *Characters of Shakespear's Plays*, in *Works*, IV, 216, 214.

44. Thomas Paine, *Rights of Man* (1791), 16, 15, 9.

45. Ibid., 39, 28.

46. William Cobbet, *A Year's Residence, in the United States of America* (1818), §§ 270–71 (278–85).

47. William Hawkins, *Praelectiones poeticae in schola naturalis philosophiae Oxon. habitae* (1758); s. J. W. Binns, «Some Lectures on Shakespeare in Eighteenth-Century Oxford: The *Prelectiones poeticae* of William Hawkins», in *Shakespeare: Text, Language, Criticism: Essays in Honour of Marvin Spevack*, hrsg. v. Bernhard Fabian und Kurt Tetzeli von Rosador (1987), 19–33.

48. *Thraliana: The Diary of Mrs. Hester Lynch Thrale (Later Mrs. Piozzi), 1776–1809*, hrsg. v. Katherine C. Balderston, 2 Bde. (1942; überarbeitet 1951), I, 97 (Juni 1777).

49. Thomas Francklin, *A Dissertation on Antient Tragedy* (1760), 59; «An Essay on the Merits of *Shakespear* and *Corneille*», *The British Magazine*, 1 (1. Juni 1760), 362–65; *The Critical Review*, 10 (September 1760), 247; George Lyttleton, *Dialogues of the Dead* (1760), 118.

50. J. H. Plumb, «The Commercialization of Leisure», in Neil McKendrick, John Brewer und J. H. Plumb, *The Birth of a Consumer Society: The Commercialization of Eighteenth-Century England* (1982), 276.

51. Stone, «The Making of the Repertoire», 201.

52. C. B. Hogan, *The London Stage, 1660–1800. Part 5: 1776–1800*, 3 Bde. (1968), I, clxxi–clxxiii.

53. Burke, *Correspondence*, I, 360–61 (Brief aus den Jahren 1750–60).

54. *The London Chronicle*, 280 (12.–14. Oktober 1758), 367.

55. Jeanne Addison Roberts, «Shakespearean Comedy and Some Eighteenth-Century Actresses», in *Shakespeare, Man of the Theater: Proceedings of the Second Congress of the International Shakespeare Association, 1981*, hrsg. v. Kenneth Muir, Jay L. Halio und D. J. Palmer (1983), 212–30.

56. Eliza Haywood, *The Female Spectator*, II, 93.

57. Samuel Johnson, *Prologue and Epilogue, Spoken at the Opening of the Theatre in Drury-Lane* (1747), 2.

58. Henry Fielding, *Tom Jones. Die Geschichte eines Findlings*, übers. v. Paul Bendisch (1963), Buch IX, Kap. 1, 636.

59. Henry Fielding, *The Jacobite's Journal*, hrsg. v. W. B. Coley (1975), 163 (6. Februar 1748).

60. Fielding, *Amelia*, übers. v. Rudolf Schaller, in *Sämtliche Werke in 5 Bänden*, hrsg., mit Anmerkungen und einer Einführung in die Romankunst Henry Fieldings versehen von Norbert Miller (1965), IV, 35; *The Covent-Garden Journal*, 8. Februar 1752.

61. *Thraliana*, II, 725 (11. Januar 1789).

62. George Winchester Stone, Jr. und George M. Kahrl, *David Garrick: A Critical Biography* (1979), 505.

63. *The Gray's Inn Journal*, 17 (19. Januar 1754).

64. Stone und Kahrl, 656 (er verbindet seine Auftritte als Benedick in *The Jubilee* und in *Viel Lärmen um nichts*).

65. Arthur Murphy, *The Gray's Inn Journal*, 12 (15. Dezember 1753).

66. Joseph Warton, *An Essay on the Writings and Genius of Pope* (1756), 202.

67. *The Critical Review*, 10 (September 1760), 248.

68. Edward Capell (Hrsg.), *MR. WILLIAM SHAKESPEARE his Comedies, Histories, and Tragedies*, 10 Bde. (1768), I, Sign. a3^{v}–a4.

69. David Garrick, *An Ode Upon Dedicating A Building, And Erecting A Statue, To Shakespeare, At Stratford Upon Avon* (1769), «Advertisement».

70. Carlo Goldoni, *Malcontenti* (1754), zitiert in Lacy Collison-Morley, *Shakespeare in Italy* (1916), 35–38.

71. Pope, «The Preface of the Editor to The Works of William Shakespear», *Prose Works*, II, 16; *Shakespeare, traduit de L'Anglois*, übers. v. Pierre Le Tourneur, 20 Bde. (1776–83), I, xciii.

72. Johann Wolfgang von Goethe, *Wilhelm Meisters Lehrjahre* (1981), XIV, 13, 263.

73. Jonathan Bate, «Shakespearean Allusion in English Caricature in the Age of Gillray», *Journal of the Warburg and Courtauld Institutes*, 49 (1986), 196–210.

74. Joseph-Leopold Borgerhoff, *Le Théâtre Anglais à Paris sous la Restauration* (1912), 14.

75. John Boydell, «A Catalogue of the Pictures in the Shakespeare Gallery» (Mai 1789), in *Collection of Prints, from pictures painted for the purpose of illustrating the dramatic works of Shakspeare, by the artists of Great-Britain* (1803); neu aufgelegt als *The Boydell Shakespeare Prints* (1968).

76. Winifred H. Friedman, *Boydell's Shakespeare Gallery* (1976), 5.

77. «Historical Chronicle», *Universal Magazine*, 84 (May 1789), 274.

78. William Hogarth, «Autobiographical Notes» (British Library Add. MS. 27, 991), Fol. 10; abgedruckt in *The Analysis of Beauty*, hrsg. v. Joseph Burke (1955), 209.

79. Laurence Sterne, *Leben und Meinungen von Tristram Shandy Gentleman*, übers. v. Adolf Friedrich Seubert (1982), 35.

80. *Der Sturm*, I.2.359–70.

81. *Johnson on Shakespeare*, hrsg. v. Arthur Sherbo, 2 Bde. (1968), in *The Yale Edition of the Works of Samuel Johnson*, II, 737 (1773 neu hinzugefügt).

82. Edmond Malone *et al.*, *Supplement to the edition of Shakspeare's Plays Published In 1778*, 2 Bde. (1780), I, 152; Isaac Reed (Hrsg.), *The Plays of William Shakspeare*, 10 Bde. (1785), IX, 607 f.

83. George Walton Williams, «The Publishing and Editing of Shakespeare's Plays», in *William Shakespeare: His World, His Works, His Influence*, hrsg. v. John F. Andrews, 3 Bde. (1985), III, 595–98.

84. Gotthold Ephraim Lessing, *Hamburger Dramaturgie. Leben und Leben lassen*, in *Gesammelte Werke*, 10 Bde. (1968), VI, 378; A. W. von Schlegel, *Vorlesungen über dramatische Kunst und Litteratur* (1809–11), II, ii, 181 f.

85. Joseph Addison (?), *A Discourse on Ancient and Modern Learning* (1739), 23, 2.

86. Pope, «Preface», *Prose Works*, II, 23.

87. *The Gentleman's Magazine and Historical Chronicle*, 58 (1788), 778: unsignierter Brief, datiert auf den 11. September 1788.

88. Paine, 5.

89. Dryden, Brief an John Dennis, in *Letters Upon several Occasions*, hrsg. v. Dennis (1696), 55.

90. Addison, *The Spectator*, 592 (10. September 1714).

91. Dryden, «Epistle to the Right Honourable, My Lord Radcliffe», *Examen Poeticum* (1693), Sign. A 6.

92. Rowe, I, xv–xvi, xxxiv–xxxv.

93. *Johnson on Shakespeare*, I, 68, 65 f.

94. Haywood, *The Female Spectator*, II, 74 f.

95. Edward Burnaby Greene, *Critical Essays* (1770), 226.

96. [John Palmer,] *The Trial of Mr. John Palmer* (1787), 18.

97. Justice Aston, Urteilsbegründung in *Millar v. Taylor*, 4 Burr. 2303, 2345; 98 Eng. Rep. 201 (1769), 224.

98. Justice Yates, *Tonson v. Collins*, 1 Black. W. 321, 333; 96 Eng. Rep. 180 (1762), 185.

99. Edward Young, *Conjectures on Original Composition. In a Letter to the Author of Sir Charles Grandison* (1759), 80.

100. Capell (Hrsg.), *Comedies, Histories, and Tragedies*, I, 20.

101. Capell, *Prolusions; or, select Pieces of antient Poetry* (1760), v–vi.

102. Folger MS S. a. 163.

103. Malone, «Advertizement», *Supplement*, I, iii–iv.

104. Joseph Ritson, *Remarks, Critical and Illustrative, on the Text and Notes of the Last Edition of Shakspeare* (1783), 241 (unnumeriertes letztes Blatt). Ein Exemplar der von Ritson vorgeschlagenen Ausgabe – fünf Seiten von der *Komödie der Irrungen* aus einem geplanten «Zweiten Band» – erschien 1787.

105. Bertrand H. Bronson, *Joseph Ritson, Scholar-at-Arms*, 2 Bde. (1938), II, 462–65: Malones handliche Ausgabe enthielt *The Plays of William Shakspeare. Accurately printed from the text of Mr. Malone's edition; with select explanatory notes. In seven volumes.* Malone ist möglicherweise auch für die Unterschlagung von Ritsons unveröffentlichten Anmerkungen zu Shakespeare nach Ritsons Tod verantwortlich (II, 541 f).

106. Bodleian Library, MS. Malone 26, Fol. 2^v–3 (Brief vom 30. 9. 1783).

107. Joseph Ritson, *Cursory Criticisms on the Edition of Shakspeare Published by Edmond Malone* (1792), 29.

108. Ibid., v.

109. Bronson, I. 143.

110. Ritson, *Remarks*, 188.

111. Ritson, in *The Plays of William Shakspeare.* hrsg. v. Georg Steevens, 15 Bde. (1793), VIII, 594–96; Ritson entgegnete auf eine Anmerkung von Malone, in *Plays and Poems*, V, 119–22.

112. Ritson, *Remarks*, 114. (Malone ignoriert Ritsons längere Ausführung zu der heiligen Johanna und verstärkt statt dessen das traditionelle feindselige Bild der Figur: *Plays and Poems*, VI, 26 f, 66).

113. Malone, *An Inquiry into the Authenticity of certain Miscellaneous Papers... attributed to Shakspeare...* (1796), 40.

114. Ritson, *Cursory Criticisms*, 76 f.

115. Ritson, *Remarks*, 215–24; als Antwort auf eine Anmerkung von Steevens in *The Plays of William Shakespeare*, hrsg. v. Samuel Johnson und George Steevens, 10 Bde. (1773), X, 343 f.

116. *König Johann*, IV.2.195–202 (zitiert nach Steevens' Ausgabe von 1793, VIII, 135–73). Ritson trug mit annähernd 300 Anmerkungen zu Steevens' Ausgabe bei (viele davon waren aus seinen vorherigen Veröffentlichungen ausgesondert worden); Steevens hatte sich gegen seinen ehemaligen Freund Malone gewandt und war bereit, Ritson vorübergehend als einen Verbündeten zu benutzen. Aber Steevens behielt sich die Kontrolle darüber vor, welche von Ritsons Kommentaren in den Druck gelangten.

117. *The Letters of Joseph Ritson, Esq.*, 2 Bde. (1833), I, 204.

118. Ritson, *Cursory Criticisms*, 86–87; Malone, *Plays and Poems*, I, Teil 1, lv, lxv.

119. Ritson, *Cursory Criticisms*, 58.

120. *Wie es euch gefällt*, II.1.59.

121. Malone, *Plays and Poems*, III, 145.

122. Ritson, *Cursory Criticisms*, 50 f.

123. Leigh Hunt, *Autobiography*, 2 Bde. (1850), I, 162.

124. Folger MS. M. a. 129.

125. Ian Michael, *The Teaching of English: From the Sixteenth Century to 1870* (1987), 196–98.

126. *Johnson on Shakespeare*, I, 108.

127. Charles Lamb, «THEATRALIA. No. 1 – On Garrick, and Acting; and the Plays of Shakespeare, considered with reference to their fitness for Stage Representation», *The Reflector*, 2 (1811), 309, 312, 308.

128. *Johnson on Shakespeare*, II, 704.

129. George Chalmers, *An Apology for The Believers in the Shakspeare-Papers* (1797), 42–66; A. W. von Schlegel, *Vorlesungen über dramatische Kunst und Litteratur* (1808), in *Kritische Schriften und Briefe*, hrsg. v. E. Lohner, 6 Bde. (1962–67), V–VI; Wordsworth, «Essay, Supplementary to the Preface» (1815), in *The Prose Works of William Wordsworth*, hrsg. v. W. J. B. Owen und Jane Worthington Smyser, 3 Bde. (1974), III, 69; «Scorn not the Sonnet», in *The Poetical Works of William Wordsworth*, 5 Bde. (1827), II, 305.

130. *Letters of John Keats*, I, 188 f (22. November 1817).

131. Malone, *Supplement*, I, 403, 574 f; *Plays and Poems*, X, 72.

132. Hazlitt, *Characters*, in *Works*, IV, 358, 360.

133. Rowe, I, vi.

134. Edmond Malone, «An Attempt to ascertain the Order in which the Plays attributed to Shakspeare were Written», in *The Plays of William Shakespeare*, hrsg. v. George Steevens, 10 Bde. (1778), I, 269–396; Edward

Capell, *Notes and Various Readings to Shakespeare*, 3 Bde. (1783), II, ii. 183–86; Malone, *Plays and Poems*, I, Teil 1, 261–386.

135. Coleridge, *Lectures*, I, 275.
136. *Letters of John Keats*, II, 115f (9. Juni 1819).
137. Hunt, «Theatrical Examiner. No. 412», *The Examiner* (12. November 1820), 734.
138. Keats, *Letters*, I, 242 (13. März 1818); I, 394 (14. Oktober 1818).
139. Ibid., I, 192 (21. Dezember 1817).
140. Hazlitt, *Characters*, in *Works*, IV, 257.
141. Percy Bysshe Shelley, *A Defence of Poetry* (verfaßt 1821), in *Essays, Letters from Abroad, Translations and Fragments*, hrsg. v. Mary Shelley, 2 Bde. (1840), I, 21.
142. Coleridge, *Table Talk*, I, 3 (29. Dezember 1822).
143. *König Lear*, III.6.61–62; zu Wordsworth s. *The Prelude: A Parallel Text*, hrsg. v. J. C. Maxwell (1971), X, 456–66 (1805), 498–510 (1850); zu Burke s. David Bromwich, *Hazlitt: The Mind of a Critic* (1983), 314.
144. Lamb, «On Garrick, and Acting», 308.
145. Coleridge, *Table Talk*, II, 73 (5. April 1833); *Coleridge's Shakespearean Criticism*, hrsg. v. T. M. Raysor, 2 Bde. (1930), I, 59, 65.
146. Hazlitt, *Characters*, in *Works*, IV, 271f.
147. Heinrich Heine, *Werke und Briefe in Zehn Bänden*, hrsg. v. H. Kaufmann (1961–62), IV, 354.
148. Hazlitt, *Characters*, in *Works*, IV, 214.
149. *König Lear*, I.1.139.

Kapitel 4: Viktorianische Werte

1. Georges Cuvier, «Discours Préliminaire», in *Recherches sur les ossemens... les révolutions du globe...*, 4 Bde. (1812), I, 10f, übers. ins Engl. v. Robert Kerr, mit Anmerkungen v. Robert Jameson, als *Essay on the Theory of the Earth* (1817), 15f.
2. Charles Lyell, *Principles of Geology*, 3 Bde. (1830–33), III, 6.
3. Ibid., I, 84.
4. ibid., III, 3.
5. Ibid., 6.
6. Ibid., I, 2.
7. Ibid., III, 3.
8. Was den Zeitpunkt des Entstehens des einführenden Kapitels zu Band III (nicht vor 1833 veröffentlicht) betrifft, in dem Lyell zum erstenmal seine Position ausführlich darstellt, s. Leonard G. Wilson, *Charles Lyell: The Years to 1841: The Revolution in Geology* (1972), 346–52; zu Lyell und den Reformbestrebungen, 320–26.

9. Frederick James Furnivall, «The New Shakspere Society: The Founder's Prospectus Revised», in *The New Shakspere Society's Transactions 1874*, I, Anhang 7.

10. Furnivall, zitiert in «Notices of Meetings», *Transactions 1874*, I, vi.

11. Charles Dickens, *Harte Zeiten*, übers. v. Julius Seybt, durchgesehen v. Anton Ritthaler (1964), 485.

12. F. G. Fleay, «On Metrical Tests as Applied to Dramatic Poetry», *Transactions 1874*, I, 2.

13. «George Sand» (1884), in *The Complete Prose Works of Matthes Arnold*, hrsg. v. R. H. Super, 11 Bde. (1960–78), X, 188.

14. Furnivall, *Transactions 1874*, I, vi.

15. «To B. W. Proctor, Esq.» (Mai 1825), in *The Works of Thomas Lovell Beddoes*, hrsg. v. H. W. Donner (1835), 85; Thomas Carlyle, «The Hero as Poet» (12. Mai 1840), *On Heroes, Hero-Worship, & the Heroic in History* (1841), 180; Arnold, «A French Critic on Milton» (1877), in *Prose Works*, VII, 170.

16. G. W. F. Hegel, *Ästhetik* (1835), hrsg. v. Friedrich Bassenge, 2 Bde. (1985), II, 577; H. Hoben, *Gespräche mit Heine* (1852), (2. Aufl. 1948), 995; F. M. Dostojewski, *Tagebuch eines Schriftstellers, Juli 1877 bis 1881*, 3 Bde., hrsg. u. übers. v. Alexander Eliasberg (1923), IV, 335.

17. Stendhal, *Racine et Shakespeare* (1823–25), hrsg. v. Roger Fayolle (1970), 106. Zu einem umfassenderen Bericht über die Reaktion der Franzosen in diesem Zeitraum s. auch J. J. Jusserand, *Shakespeare in France Under the Ancien Régime* (1899).

18. Arnold, «Address to the Wordsworth Society: May 2nd, 1883», in *Prose Works*, X, 133.

19. Richard Roderick, «Remarks on Shakespear», in Thomas Edwards, *The Canons of Criticism... The Sixth Edition, with Additions* (1758), 212–38.

20. Malone, «An Attempt to Ascertain the Chronology» (1778), I, 280 f.

21. John Payne Collier, *History of English Dramatic Poetry*, 3 Bde. (1831), I, 327 f; Peter Cunningham, *Revels at Court, Being Extracts from the Accounts of the Revels at Court in the Time of Queen Elizabeth and James I* (1842), 203–17; James Halliwell (Hrsg.), *The Works of William Shakespeare*, 16 Bde. (1853–64), XIII, 374. Obwohl das Beweismaterial für die Datierung von *Was ihr wollt* zuerst von Collier in *New Particulars Regarding the Works of Shakespeare* (1836) veröffentlicht wurde, entdeckte tatsächlich 1832 W. H. Black das Manuskript: vgl. J. Dover Wilson und R. W. Hunt, «The Authenticity of Simon Forman's *Bocke of Plaies*», *Review of English Studies*, 23 (1947), 193–200.

22. *Letters of John Keats*, II, 67 (19. Februar 1819).

23. Coleridge, *Lectures 1808–1819*, I, 239.

24. Thomas Campbell, «Remarks on The Life and Writings of William Shakspeare», in *The Dramatic Works of William Shakspeare* (1838), lxiii-lxiv.

25. J[ames] S[pedding], «Who Wrote Shakspere's Henry VIII?», *The Gentle-man's Magazine*, Neue Folge 34 (August 1850), 115–23.

26. Henry Hallam, *Introduction to the Literature of Europe, in the Fifteenth, Six-teenth, and Seventeenth Centuries*, 4 Bde. (1837–39), III, 568–89.

27. *Wie es euch gefällt*, II.7.141–70.

28. Edward Dowden, *Shakspere*, Literature Primers, Gesamthrsg. John Ri-chard Green (1877), 58. Obwohl Dowden die Etiketten, mit denen er jede Periode versieht, durch Kursivschrift hervorhebt, stellt er sie doch nicht an den Beginn eines jeden Absatzes; ich habe das hier der größeren Über-sichtlichkeit halber getan.

29. Dowden, *Shakspere, Sein Entwicklungsgang in seinen Werken*, übers. v. Wilhelm Wagner (1879), 43.

30. Dowden, *Shakespere*, 58f.

31. Ibid., 59; Carlyle, «Hero as Poet», 175.

32. Dowden, *Shakespere*, 60.

33. Dowden, «The Scientific Movement and Literature», in *Studies in Litera-ture 1789–1877* (1878), 97.

34. Dowden, «The Teaching of Literature», in *New Studies in Literature* (1895), 441.

35. Dowden, «Scientific Movement», 117.

36. Ibid., 104.

37. Dowden, «Teaching of Literature», 447.

38. Dowden, «Scientific Movement», 106.

39. Dowden, *Shakespere, Sein Entwicklungsgang in seinen Werken*, 5.

40. Dowden, «Scientific Movement», 86.

41. Arnold, «The Literary Influence of Academies» (1864), in *Prose Works*, III, 238.

42. Dowden, *Shakespere, Sein Entwicklungsgang in seinen Werken*, 24, 17, 28, 7, 34.

43. Dowden, «Teaching of Literature», 445.

44. Dowden, *Shakespere, Sein Entwicklungsgang in seinen Werken*, 7f.

45. Dowden, «Scientific Movement», 114f.

46. Meine Schätzung basiert auf Ausgaben, die in William Jaggard, *Shake-speare Bibliography* (1911) aufgelistet sind.

47. R. D. Altick, *The English Common Reader: A Social History of the Mass Reading Public 1800–1900* (1975), 352.

48. Der Preis wird in einem Brief von Furnivall an James Murray erwähnt, zitiert nach K. M. Elisabeth Murray, *Caught in the Web of Words: James A. H. Murray and the «Oxford English Dictionary»* (1977), 174.

49. W. G. Clark und W. A. Wright (Hrsg.), *The Works of William Shake-speare*, «The Globe Edition» (1864), vi.

50. Clark und Wright, Globe Edition, v.

51. John Glover, W. G. Clark und W. A. Wright (Hrsg.), *The Works of Wil-*

liam Shakespeare, 9 Bde. (1863–66), I, x (im folgenden «Cambridge Shakespeare»).

52. Cambridge Shakespeare, I, xli.

53. George Dawson, Präsident des dortigen Shakespeare Clubs, in einem Brief an *Aris's Birmingham Gazette* (1861): zitiert nach Waveney R. N. Frederick, «Introduction», *A Shakespeare Bibliography: The Catalogue of the Birmingham Shakespeare Library*, 7 Bde. (1971), I, ix.

54. Margaret E. Atkinson, *August Wilhelm Schlegel as a Translator of Shakespeare* (1958), 54.

55. Cambridge Shakespeare, I, ix.

56. «The Number of Lines in Shakspere's Works», *Transactions 1880–85*, II.

57. Francis Darwin und A. C. Seward (Hrsg.), *More Letters of Charles Darwin*, 2 Bde. (1903), II, 229 (9. März 1850).

58. *A New English Dictionary on Historical Principles*, 10 Bde. (1888–1928), I, vi.

59. James Murray, «Lecture on Dictionaries» (1910), zitiert in *Caught in the Web*, 187.

60. Jürgen Schäfer, *Documentation in the O. E. D.: Shakespeare and Nashe as Test Cases* (1980).

61. Thomas Dale, *An Introductory Lecture Delivered in the University of London* (1828), 30.

62. Dickens, *Harte Zeiten*, 486.

63. *The Letters of Charles Dickens*, hrsg. v. Graham Storey *et al.* (1965 ff.), III (1974), 512 (13. Juni 1842).

64. G. W. Dasent, Aussage vom 28. Februar 1866; zitiert in *Report of the Schools Inquiry Commission*, 21 Bde. (1868–70), V, 521.

65. Dowden, «Teaching», 426 f.

66. Dickens, *Harte Zeiten*, 489 f.

69. Eola Willis, *The Charleston Stage in the XVIII Century* (1924), 73 f.

68. Walt Whitman, «The Bowery», Nachdruck in *Walt Whitman and the Civil War: A Collection of Original Articles and Manuscripts*, hrsg. v. Charles I. Glicksberg (1933), 53.

69. Alexis de Tocqueville, *Democracy in America*, übers. v. Henry Reeves, überarbeitet v. Francis Bowen, 2 Bde. (1863), II, 66 (Buch I, Kap. xiii).

70. Horace L. Traubel, *With Walt Whitman in Camden*, 6 Bde. (1906–82), II, 246; Whitman, *Specimen Days* (1882), 14.

71. Tocqueville, *Democracy* II, 65 (Buch I, Kap. xiii).

72. *One Touch of Shakespeare: Letters of Joseph Crosby to Joseph Parker Norris, 1875–1878*, hrsg. v. John W. Velz und Frances N. Teague (1986), 16.

73. John Alden, «America's First Shakespeare Collection», *Papers of the Bibliographical Society of America*, 58 (1964), 169–73. Vgl. auch Justin Winsor, *Bibliography of the Original Quartos and Folios of Shakespeare with Particular Reference to Copies in America* (1875).

74. Robert M. Smith, «The Formation of Shakespeare Libraries in America», *Shakespeare Association Bulletin* 4 (1929), 65–74.

75. R. G. White, *Words and Their Uses, Past and Present* (1870), 3, 5f, xiv.

76. Richard Grant White, *England Without and Within* (1881), 164f.

77. *The Diary of Philip Hone, 1828–1851*, hrsg. v. Allan Nevins, überarbeitete Ausgabe (1936), 752f.

78. Charles Knight (Hrsg.), *The Pictorial Edition of Shakspere*, Teil 36, *Antony and Cleopatra* (1841).

79. Herman Melville, «Hawthorne and his Mosses», *The Literary World* 185 (17.–24. August 1850), 126.

80. Frances Trollope, *Domestic Manners of the Americans*, 2 Bde. (1832), I, 187.

81. Nancy Webb und Jean Francis Webb, *Will Shakespeare and His America* (1964), 84 (Zitat eines nicht identifizierbaren Tagebuchs aus dem 19. Jahrhundert).

82. Tocqueville, *Democracy*, II, 88 (Buch I, Kap. xvii).

83. «Imagination and Fact», *Graham's Magazine of Literature, Art, and Fashion*, 40 (Januar 1852), 42.

84. «Utopia – Sir Thomas More – Jack Cade» (1834), in *A Collection of the Political Writings of William Leggett*, 2 Bde. (1840), I, 131.

85. Leggett, 129.

86. Ibid., 132.

87. *The Complete Writings of Walt Whitman*, hrsg. v. R. M. Bucke, T. B. Harned und H. L. Traubel, 10 Bde. (1902), IX, 115.

88. Whitman, *Writings*, IX, 75.

89. J. O. Halliwell, «A Shakespearian Discovery», *The Athenaeum*, 1905 (30. April 1864), 613.

90. Whitman, *Democratic Vistas* (1871), 32.

91. Charles H. Shattuck, *Shakespeare on the American Stage: From the Hallams to Edwin Booth* (1976), 85.

92. Karl Marx, *Ökonomische und philosophische Manuskripte*, in *Werke, Ergänzungsband I* (1868), 565; Marx bezieht sich hier auf *Timon von Athen*, IV.3.26–45; Lawrence W. Levine, «William Shakespeare and the American People: A Study in Cultural Transformation», *American Historical Review* 89 (1984), 34–66.

93. James Russell Lowell, «Shakespeare Once More» (1868), in *Among My Books* (1870), 156f, 155, 157, 164.

94. Arthur N. Applebee, *Tradition and Reform in the Teaching of English: A History* (1974), 30, 36.

95. Richard Grant White, «On Reading Shakespeare», *Studies in Shakespeare* (1886), 2.

96. Chris Baldick, *The Social Mission of English Criticism 1848–1932* (1983), 69.

97. *Reports Issued by the Schools Inquiry Commission on the Education of Girls*, hrsg. v. D. Beale (1869), 145.

98. Charlotte Lennox, *Shakespear Illustrated*, 3 Bde. (1753–54), III, 158, 99.

99. Elizabeth Montagu, *An Essay on the Writings and Genius of Shakespear* (1769), 123 f.

100. Elizabeth Griffith, *The Morality of Shakespeare's Drama Illustrated* (1775), 526, xii–xiii.

101. Ibid., 139 f, 143 f, 523.

102. Shelley, «Epipsychidion» (1821), Zeile 130; Charles Baudelaire, «L'Invitation au Voyage», *Les Fleurs du Mal* (1857).

103. *Letters of Charles and Mary Anne Lamb*, II, 228 f (30. Mai – 2. Juni 1806).

104. Charles und Mary Lamb, *Tales from Shakespear*, 2 Bde. (1807), vi–vii.

105. [Henrietta Bowdler, Hrsg.,] *The Family Shakespeare*, 4 Bde. (1807), I, vi, vii, xi.

106. Stanley Wells, «Tales from Shakespeare», *1987 British Academy Lecture* (1988).

107. *The Letters of John Fiske*, hrsg. v. Ethel F. Fisk (1940), 278 f (23. November 1873).

108. *The George Eliot Letters*, hrsg. v. Gordon S. Haight, 9 Bde. (1954–78), I, 22 (16. März 1839).

109. George Eliots Tagebuch-Manuskript vom 16. März 1855; zitiert in Gordon S. Haight, *George Eliot: A Bibliography* (1968), 178.

110. Michael, *Teaching of English*, 223–307.

111. Arnold, «The Study of Poetry» (1880), in *Prose Works*, IX, 168 f; «Maurice de Guerin» (1863), ibid., III, 33; «John Keats» (1880), ibid., IX, 215.

112. John Cole, *The Life and Theatrical Times of Charles Kean, F. S. A.*, 2 Bde. (1859), II, 343.

113. «Imagination and Fact», 40.

114. Zu diesen und anderen Darstellungen s. Michael R. Booth, «Pictorial Acting and Ellen Terry», in *Shakespeare and the Victorian Stage*, hrsg. v. Richard Foulkes (1986), 78–86.

115. Edward Ravenscroft, «To the reader», *Titus Andronicus, or the Rape of Lavinia* (1687), Sign. A2; Rowe, I, vii.

116. Pope, I, xx.

117. Charles Knight (Hrsg.), *The Pictorial Edition of Shakspere*, Teil XVII, *Timon of Athens* (1840), «Introductory Notice», 331–43.

118. Clark und Wright (Hrsg.), *Macbeth*, Clarendon Shakespeare (1869), viii–xiii.

119. Edmund Gosse, *Father and Son* (1907), hrsg. v. James Hepburn (1974), 61, diskutiert das Buch seines Vaters (Philip Gosse) *Omphalos* (1857).

120. [Samuel Mosheim Schmucker,] *The Errors of Modern Infidelity Illustrated and Refuted* (1848), neu aufgelegt als *Historic Doubts Respecting Shakspeare; Illustrating Infidel Objections against the Bible* (1853). Ich zitiere den Titel der Neuauflage, der den Inhalt des Buchs besser bezeichnet.

121. Dickens, *Harte Zeiten*, 496.
122. Charles Darwin und Thomas Henry Huxley, *Autobiographies*, hrsg. v. Gavin de Beer (1974), 23, 83 f.
123. Dowden, *Shakespere, Sein Entwicklungsgang in seinen Werken*, 43.
124. Dowden, «The Scientific Movement», 99.
125. Alfred Harbage, *A Kind of Power: The Shakespeare–Dickens Analogy* (1975), 12.
126. Dowden, «Teaching», 436; *Shakespere, Sein Entwicklungsgang in seinen Werken*, 5.
127. Whitman, *Writings*, IX, 72.
128. Samuel Smiles, *Self-Help; with illustrations of Character And Conduct* (1859), 9, 191.
129. Halliwell (Hrsg.), *Works of William Shakespeare*, I, 151.
130. Richard Grant White, *Memoirs of the Life of William Shakespeare* (1865), 111.
131. *Hamlet*, V.1.107–08.
132. Dowden, *Shakespere, Sein Entwicklungsgang in seinen Werken*, 34, 36 f.
133. Christian Deelman, *The Great Shakespeare Jubilee* (1964), 291.
134. Richard Foulkes, *The Shakespeare Tercentenary of 1864* (1984), 36.
135. Arnold, *Culture and Anarchy* (1869), in *Prose Works*, V, 102.
136. «*As You Like It* at Coombe House», *Dramatic Review* (6. Juni 1885), in *Literary Criticism of Oscar Wilde*, hrsg. v. Stanley Weintreub (1968), 127–29.
137. Tiecks Vorschlag wurde in den der Schlegelschen Übersetzung folgenden Anmerkungen gemacht (1830); s. *A Midsommer Nights Dreame*, hrsg. v. H. H. Furness (1895), 259.
138. Walter Bagehot, «Shakespeare – The Individual» (1853; überarbeitet 1858), in *The Collected Works*, hrsg. v. Norman St. John-Stevas, 15 Bde. (1965–86), I, 204.
139. Whitman, *Democratic Vistas*, 52.
140. F. G. Fleay, «Shakespeare and Puritanism», *Anglia*, 7 (1884), 223-31.
141. Richard Simpson, «The Politics of Shakspere's Historical Plays», *Transactions 1874*, II, 395–441.
142. Dowden, «Teaching», 451.
143. Arnold, «The Study of Poetry» (1880), in *Prose Works*, X, 177.
144. Arnold, «Joubert» (1864), in *Prose Works*, III, 209.
145. A. C. Bradley, *Shakespearean Tragedy* (1904), 5.
146. Ibid., vii.
147. Ibid., 48, 71.
148. Die Verse stammen ursprünglich von Guy Boas und erschienen in *Lays of Learning* (1926); s. Katherine Cooke, *A. C. Bradley and His Influence on Twentieth Century Shakespearean Criticism* (1972), 191 f.
149. *König Lear*, IV.6.112–32.

150. Bradley, «Shakespeare the Man», in *Oxford Lectures on Poetry* (1909), 328 f.

151. Karl I. (?), *Eikon Basilike* (1648), 78; *Hamlet*, I.4.76.

152. *Julius Cäsar*, II.1.68–70.

153. *Hamlet*, III.4.86–93.

154. *Venus und Adonis*, 792; *König Johann*, II.2.59.

155. Bradley, «Note to the Second Edition», *Oxford Lectures* (1908), viii.

156. Bradley, *The Study of Poetry: A Lecture* (1884), 6.

157. John Stuart Mill, «Thoughts on Poetry and Its Varieties» (1833), in *Dissertation and Discussions*, 2 Bde. (1859), I, 71.

Kapitel 5: Strich drunter, oder
Abschied von alledem

1. Virginia Woolf, «Mr. Bennett and Mrs. Brown» (ursprünglich am 18. Mai 1924 vor *The Heretics* in Cambridge vorgetragen), in *The Captain's Death Bed and Other Essays* (1950), 96.

2. T. S. Eliot, «The Love Song of J. Alfred Prufrock», in *Werke 4. Die Gedichte*. Zweisprachige Ausg. (1969), 7–15.

3. E. E. Stoll, «Criminals in Shakespeare and in Science», *Modern Philology* 10 (1912–13), 65, 62 f, 71.

4. Maurice Baring, «King Lear's Daughter», *Dead Letters* (1910), 116 f.

5. Eliot, «Four Elizabethan Dramatists. I. A Preface», *Criterion*, II, 6 (Februar 1924), 117; Eliots Präsens wurde von mir ins Imperfekt gesetzt.

6. *Shaw on Shakespeare: An Anthology of Bernard Shaw's Writings on the Plays and Production of Shakespeare*, hrsg. v. Edwin Wilson (1961), 25, 179, 159, 55 f (aus *The Saturday Review*, 9. Oktober 1897; 28. September 1895; 29. Mai 1897; 26. September 1896).

7. Eliot, «The Perfect Critic», *The Sacred Wood: Essays on Poetry and Criticism* (1920), 1–16.

8. Virginia Woolf, *Orlando*, übers. v. Brigitte Walitzek, in *Gesammelte Werke*, hrsg. v. Klaus Reichert (1990), VII, 42 f.

9. *Shaw on Shakespeare*, 25 (aus *The Saturday Review*, 9. Oktober 1897).

10. W. H. Auden, zitiert nach *Shaw on Music*, hrsg. v. Eric Bentley (1955), iv.

11. *Shaw on Shakespeare*, 7 (aus *The Saturday Review*, 2. Februar 1895).

12. *Shaw on Music*, 264 f (23. März 1889).

13. *Shaw on Shakespeare*, 160 (aus *The Saturday Review*, 29. Mai 1897).

14. Eliot, «The Beating of a Drum», *Nation and Athenaeum*, 34 (6. Oktober 1923), 12.

15. Eliot, «Poetry and Propaganda», *The Bookman*, 70 (Februar 1930), 600.

16. T. S. Eliot, «Christopher Marlowe», übers. v. Hans Hennecke, in *Werke 3. Essays II* (1969), 85.

17. Eliot, «Introduction», in G. Wilson Knight, *The Wheel of Fire* (1930), xviii–xix.

18. John Dover Wilson, «The Study of Shakespeare», *University of Edinburgh Journal*, 8 (Summer 1936), 12.

19. L. C. Knights, «How Many Children Had Lady Macbeth? An Essay in the Theory and Practice of Shakespeare Criticism» (1933), in *Explorations* (1947), 20, 24, 31, 41, 33, 16.

20. C. J. Sisson, «The Mythical Sorrows of Shakespeare» (1934), Nachdruck in *Studies in Shakespeare: British Academy Lectures*, hrsg. v. Peter Alexander (1964), 20, 31.

21. Eliot, «Das Wüste Land», in *Werke 4. Die Gedichte*, 115.

22. Chambers, *William Shakespeare*, I, 26.

23. James Joyce, *Finnegans Wake* (1939), 295, 274.

24. Joyce, *Ulysess*, übers. v. Hans Wollschläger (1981), 292.

25. Æ [George William Russell], «Shakespeare and the Blind Alley», *The Irish Statesman*, 9. Februar 1924; George Moore, *Conversations in Ebury Street* (1924), 69; *Pound / Joyce: The Letters of Ezra Pound to James Joyce, with Pound's Essays on Joyce*, hrsg. v. Forrest Read (1967), 207 (zuerst 1922).

26. I. A. Richards, *Principles of Literary Criticism* (1924), 282.

27. Sisson, «Mythical Sorrows», 24.

28. Eliot, «Hamlet», übers. v. H. H. Schaeder, in *Werke 3. Essays II*.

29. Frederick S. Boas, *Shakspere and His Predecessors* (1896), 345.

30. *Shaw on Shakespeare*, 10 (aus *The Saturday Review*, 2. Februar 1895).

31. Eliot, «Preface to the 1928 edition», *Sacred Wood*, überarbeitete Ausg. (1928), viii.

32. Richards, *Principles*, 36.

33. Richards, *Practical Criticism: A Study of Literary Judgement* (1929), 15 f, 235–54.

34. Q. D. Leavis, *Fiction and the Reading Public* (1932), 270.

35. F. R. Leavis, *For Continuity* (1933), 189.

36. W. Trotter, *Instincts of the Herd in Peace and War* (1916; überarbeitete Neuaufl. 1919), 259.

37. Francis A. March, «Recollections of Language Teaching», in «Proceedings of the Tenth Annual Meeting of the Modern Language Association of America, Held at Washington, D. C., December 28, 29, 30, 1892», *PMLA*, 8 (1893), xxi.

38. Robert Bridges, «On the Influence of the Audience», *The Works of William Shakespeare*, 10 Bde. (1904–07), X, 322, 321, 323, 324, 325.

39. Q. D. Leavis, *Reading Public*, 85.

40. Gerald Gould, «A New Reading of Henry V», *The English Review*, 29 (1919), 42–55.

41. *The Letters of Ezra Pound 1907–1941*, hrsg. v. D. D. Paige (1950), 101 f (10. Januar 1917).

42. *The Letters of D. H. Lawrence*, hrsg. v. James T. Boulton *et al.*, 7 Bde. (1979 ff.), I, 546 (574: 2. [?] Mai 1913).

43. *The Letters of Virginia Woolf*, hrsg. v. Nigel Nicholson und Joanne Trautmann, 6 Bde. (1975–80), III, 416 (1805: 2. September 1927).

44. Ibid., IV, 412 (2481: 10. Dezember 1931).

45. Ibid., III, 6 (1348: 19. Januar 1923).

46. Ibid., II, 520 (1237: 13. April 1922),

47. *A Victorian Diarist: Later Extracts from the Journals of Mary, Lady Monkswell 1891–1909*, hrsg. v. E. C. F. Collier (1946), 21 (10. Februar 1897).

48. Chambers, «The Occasion of *A Midsummer Night's Dream*», in *A Book of Homage to Shakespeare*, hrsg. v. Israel Gollancz (1916), 154–60.

49. Peter Alexander, «*Troilus and Cressida, 1609*», *The Library*, IV, 9 (1929), 267–86.

50. John Dover Wilson (Hrsg.), *Twelfth Night*, New Shakespeare Edition (1930), viii.

51. Leslie Hotson, *Shakespeare versus Shallow* (1931).

52. J. W. Draper, *The ‹Twelfth Night› of Shakespeare's Audience* (1950), 258 f. Drapers Vorschlag wurde weiterentwickelt von Leslie Hotson in *The First Night of ‹Twelfth Night›* (1954).

53. G. E. Bentley, «Shakespeare and the Blackfriars Theatre», *Shakespeare Survey*, 1 (1948), 38–50.

54. Richards, *Principles*, 2. Aufl. (1926), 291.

55. Knights, «Shakespeare's Sonnets», in *Scrutiny* (1934); Nachdruck in *Explorations*, 55–81.

56. John Middleton Murry, «The Nature of Poetry» (1922), in *Discoveries* (1924), 25. Zu den begeisterten Kommentaren von Saintsbury (1910), Masefield (1911) und Rylands (1934) vgl. H. E. Rollins (Hrsg.), *Poems*, New Variorum Shakespeare (1938), 554–56; Richards führt dies als ein Beispiel für die Tatsache an, daß «die großartigsten Verse allzuoft nur auf einer hohen Ebene wirken» (*Principles*, 214).

57. T. W. Baldwin, *William Shakspere's Small Latine & Lesse Greeke*, 2 Bde. (1944), II, 663.

58. Wilson, *The Essential Shakespeare: A Biographical Adventure* (1932), 64 f.

59. W. W. Greg, *The Library*, II, 7 (1906), 208.

60. Vgl. z. B. Gregs Besprechung von F. S. Boas Ausgabe der *Works of Thomas Kyd*, in *Modern Language Quarterly*, 4 (1901), 186.

61. Greg, Besprechung von J. Churton Collins' Ausgabe von *The Plays and Poems of Robert Green* in *Modern Language Review*, 1 (1906), 246.

62. Greg, *The Editorial Problem in Shakespeare* (1924), i–li.

63. Greg, *Biographical Notes 1877–1947* (1960), 13.

64. Abgeändertes Zitat von Eliot, «Das Wüste Land», in *Werke 4. Die Gedichte*, 87.

65. Arthur M. Eastman, *A Short History of Shakespearean Criticism* (1968).

66. Wilson, *The Essential Shakespeare*, viii.

67. Woolf, «Mr. Bennett and Mrs. Brown», 118.

68. Caroline Spurgeon, «Shakespeare's Iterative Imagery» (1931), abgedruckt in *Studies in Shakespeare*, 200.

69. T. E. Hulme, «Searchers After Reality: Haldane» (1909), in *Further Speculations*, hrsg. v. Samuel Hynes (1955), 10.

70. Spurgeon, *Shakespeare's Imagery and What It Tells Us* (1935), 4.

71. Ibid., 203–06.

72. Eastman, *Short History*, 257.

73. Richards, *Practical Criticism*, 311.

74. Madeleine Doran, *«Henry VI, Parts II and III»*. *Their Relation to the «Contention» and the «True Tragedy»* (1928); *The Text of «King Lear»* (1931); «Imagery in *Richard II* and *Henry IV*», *Modern Language Review*, 37 (1942), 113–22.

75. Muriel St. Clare Byrne, «Bibliographical Clues in Collaborate Plays», *The Library*, IV, 13 (1932), 21–48.

76. *The Woman's Part: Feminist Criticism of Shakespeare*, hrsg. v. Carolyn Ruth Swift Lenz, Gayle Greene und Carol Thomas Neely (1980), 314–35. (Doran wird zwar erwähnt, jedoch nur im Zusammenhang mit ihren späteren Arbeiten.)

77. Woolf, *Ein Zimmer für sich allein* (1978).

78. Joyce, *Ulysses*, Episode 9.

79. D. H. Lawrence, «Introduction to These Paintings», in *The Paintings of D. H. Lawrence* (1929); Nachdruck in *Selected Literary Criticism*, hrsg. v. Anthony Beal (1966), 53, 57.

80. Eliot, «Hamlet and His Problems», 941.

81. Ernest Jones, «The Oedipus-Complex as an Explanation of Hamlet's Mystery: A Study of Motive», *American Journal of Psychology*, 21 (1910), 73, 102.

82. Eliot, «London Letter: May 1921», *Dial*, 70 (Juni 1921), 687.

83. Wyndham Lewis, *The Lion and the Fox: The Role of the Hero in the Plays of Shakespeare* (1927), 232f.

84. *The Letters of Virginia Woolf*, VI, 11 (2. Februar 1936).

85. Eliot, «Hamlet and His Problems», 941.

86. Spurgeon, «Iterative Imagery», 180.

87. *Julius Cäsar*, III. 1.40–47 (zitiert nach Spurgeon, «Iterative», 181).

88. Edward A. Armstrong, *Shakespeare's Imagination: A Study of the Psychology of Association and Inspiration* (1946), 31.

89. Ibid., 118, 125.

90. Spurgeon, *Leading Motives in the Imagery of Shakespeare's Tragedies* (1930), 3.

91. Woolf, «*Twelfth Night* at the Old Viv» (1933), *The Death of the Moth and Other Essays* (1942), 34.

92. Woolf, «On Being Ill», *The Criterion*, 4 (Januar 1926), 41 f; überarbeitete Neuausg. in *The Moment, and Other Essays* (1947), 19 f.

93. Harley Granville-Barker, «*Twelfth Night* at the Vieux Colombier», The Observer, 1. Januar 1922; Nachdruck in *Twelfth Night: Critical Essays*, hrsg. v. Stanley Wells (1986), 71–78.

94. Eliot, «Das Wüste Land», Vers 128–30.

95. «That Shakespearian Rag», Text von Gene Buck und Herman Ruby, Musik von David Stamper, Copyright von Edward B. Marks Music Corporation (1912). Vgl. B. R. McElderry, Jr., «Eliot's ‹Shakespeherian Rag›», *American Quarterly* (1957), 187 f.

96. *Macbeth*, III, 4.59, V.10.33.

97. Eliot, «Tradition und die individuelle Begabung», 350.

98. Eliot, «London Letter: May 1921», 687.

99. *Victorian Diarist*, 21.

100. «Theatricals in the Middle Temple», *The Times* (11. Februar 1897), 2.

101. Sir Lewis Casson, «William Poel and the Modern Theatre», *The Listener* (10. Januar 1952), 58.

102. William Poel, *Shakespeare in the Theatre* (1913), 60; Korrespondenz mit *Times Literary Supplement* (24. Februar 1921), 127.

103. «‹Hamlet› in Modern Dress», *The Times* (26. August 1925), 8.

104. Eliot, «Ulysess, Order, and Myth», *Dial*, 75 (1923), 483.

105. David Jones, *In Parenthesis* (1973), xiv (Anspielung auf *Heinrich IV. Erster Teil*, IV.1.105); 196 (Anmerkung zu dem Satz «The Disciplines of the Wars», 24); xi (Anspielung auf *Heinrich V.*, Prolog, 12–14).

106. Ivor Brown, «To Breech or not to Breech?», *Saturday Review* (29. August 1925), 233.

107. Hubert Griffith, *The Observer* (30. August 1925).

108. Muriel St. Clare Byrne, «Fifty Years of Shakespearian Production: 1898–1948», *Shakespeare Survey*, 2 (1949), 12.

109. Christine Dymbowski, *Harley Granville-Barker: A Preface to Modern Shakespeare* (1986), 6–67; William Winter, *Shakespeare on the Stage*, 3 Bde. (1916), III, 290, 292.

110. Eliot, «‹The Duchess of Malfi› at the Lyric: and Poetic Drama», *Art and Letters*, 3 (Winter 1919–20), 38 f.

111. Eliot, «Four Elizabethan Dramatists», 119 f.

112. Jack J. Jorgens, «Shakespeare on Film and Television», in *World, Work, Influence*, III, 683.

113. Marianne Moore, «Poetry», *Selected Poems* (1935), 53.

114. *The Times* (30. Oktober 1918).

115. Shaw, *Our Theatres in the Nineties*, 3 Bde. (1932), II, 184 (aus *The Saturday Review*, 11. Juli 1896).

116. Edward Gordon Craig, *On the Art of the Theatre* (1911), 73.

117. Yeats, «At Stratford on Avon» (1901).

118. *The Letters of W. B. Yeats*, hrsg. v. Allan Wade (1954), 579 (16. März 1913).

119. Yeats, «The Theatre of Beauty», *Harper's Weekly*, 55 (11. November 1911), 11.

120. Nigel Playfair, *The Story of the Lyric Theatre Hammersmith* (1925), 96.

121. Eliot, «Four Elizabethan Dramatists», 117, 120.

122. Knight, zitiert nach Jorgens, *Shakespeare on Film* (1977), 43.

123. *The Diary of Virginia Woolf*, III, 104 (31. Juli 1926), 182 (24. April 1928), 300f (13. April 1930).

124. G. Wilson Knight, *The Wheel of Fire*, 205.

125. Ibid., 28.

126. Spurgeon, *Shakespeare's Imagery*, 214f.

127. Ibid., 243, 259, 300, 310, 316, 323.

128. Peter Alexander, ‹Henry VI› and ‹Richard III› (1929); Knights, «Lady Macbeth», 25–44; A. M. Sampley, «Plot Structure in Peele's Plays as a Test of Authorship», *PMLA*, 51 (1936), 689–70; Hereward T. Price, «The Authorship of *Titus Andronicus*», *Journal of English and Germanic Philology*, 42 (1943), 55–81; Una Ellis-Fermor, «*Timon of Athens*: An Unfinished Play», *Review of English Studies*, 18 (1942), 270–83.

129. Spurgeon, «Iterative Imagery», 186–90; G. Wilson Knight, «The Writing of *Pericles*», in *The Crown of Life* (1947), 32–75.

130. Samuel Johnson, *Proposals for Printing, by Subscription, the Dramatick Works of William Shakespeare* (1756), in *Johnson on Shakespeare*, I, 52.

131. Sidney Lee, «Introduction», *Shakespeares Comedies, Histories, & Tragedies, Being a Reproduction in Facsimile of The First Folio Edition 1623* (1902), xii.

132. William Shakespeare, *Comedies, Histories, & Tragedies* (1623), Sign. A3; Nachdruck in *Complete Works* (1986), xliii.

133. Woolf, *Letters*, V, 218 (2783; 22. August 1933).

134. Alfred W. Pollard, *Shakespeare's Fight with the Pirates and the Problems of the Transmission of his Text*, 2. Aufl. (1920), vii.

135. R. W. Chambers, «The Expression of Ideas – Particularly Political Ideas – in the Three Pages and in Shakespeare», in *Shakespeare's Hand in the Play of ‹Sir Thomas More›*, hrsg. v. Alfred W. Pollard (1923), 165.

136. F. P. Wilson, «Ralph Crane, Scrivener to the King's Players», *The Library*, Reihe IV, Bd. 7 (1926), 194–215.

137. Eliot, «Hamlet and His Problems», 96, 95.

138. Alexander, «*Henry VI*» and «*Richard III*» (1929); John S. Smart, *Shakespeare: Truth and Tradition*, hrsg. v. Peter Alexander (1928); E. A. J. Honigmann, «Studies in the Chronology of Shakespeare's Plays», unveröffentlichte B.Litt.-Arbeit (University of Oxford 1950). Honigmann führte seine Ansichten in seiner Ausgabe von *King John* (1954) weiter aus.

139. G. I. Duthie, *The ‹Bad› Quarto of ‹Hamlet›* (1941); Harry R. Hoppe, *The Bad Quarto of ‹Romeo and Juliet›: A Bibliographical and Textual Study* (1948).

140. Verfälschtes Zitat von *Coriolanus* V.3.37–38.

141. Knight, *Wheel of Fire*, 3.

142. Eliot, «Coriolan», *Werke 4. Die Gedichte*, 207–09.

143. Eliot, *Knowledge and Experience in the Philosophy of F. H. Bradley* (1964; Nachdruck seiner unveröffentlichten Dissertation von 1916), 60; «Tradition und individuelle Begabung», 346.

144. Eliot, «John Ford», *Times Literary Supplement* (5. Mai 1932), 317.

145. Eliot, «Die Funktion der Kritik», übers. v. Mechthild und Arnim Frank, in *Werke 2, Essays I*, 346.

146. Cleanth Brooks, «Shakespeare as a Symbolist Poet», *Yale Review*, 34 (1944–45), 642–65; Nachdruck unter dem Titel «The Naked Babe and the Cloak of Manliness», in *The Well Wrought Urn* (1947), 21–46. Falls nicht anders vermerkt, sind die Zitate von Brooks im folgenden der 1947er Auflage seines Essays entnommen.

147. *Richard II.*, II.2.40.

148. L. C. Knight, «Shakespeare and Shakespeareans» (1934), *Explorations*, 96.

149. Knights, «Lady Macbeth», 35.

150. Brooks, «Symbolist Poet», 642.

151. *Macbeth*, I.7.126–28.

152. E. A. Abbott, *A Shakespearian Grammar*, 3. Aufl. (1870), § 529.

153. *Letters of Ford Madox Ford*, hrsg. v. Richard M. Ludwig (1965), 55 (23. Januar 1913); Hulme, «A Lecture on Modern Poetry» (1908?), *Further Speculations*, 69.

154. Pound, «How to Read» (1929), *Literary Essays of Ezra Pound*, hrsg. v. T. S. Eliot (1954), 38, 29; «Lionel Johnson» (1915), *Literary Essays*, 362.

155. Robert von Ranke-Graves, *Strich drunter!*, übers. v. Gottfried Treviranus, durchgesehen und überarbeitet v. Birgit Otte (1990), 7 f, 280.

156. Robert Graves und Laura Riding, «A Study in Original Punctuation and Speeling», in *A Survey of Modernist Poetry* (1927), 63–82; überarbeitete Neuausg. in *The Common Asphodel* (1949), 84–95.

157. «The Golden Thoughts of Granville-Barker», *Play Pictorial*, xxi, 126 (1912), iv.

158. Spurgeon, *Shakespeare's Imagery*, x.

159. Pound, *Make It New*, (1935); Eliot, «Tradition und individuelle Begabung», 55.

160. Pound, «A Retrospect» (1918), in *Literary Essays*, 6.

161. Granville-Barker, «Introduction to *The Players' Shakespeare*» (1923), in *More Prefaces to Shakespeare*, hrsg. v. Edward M. Moore (1974), 46.

162. Granville-Barker, «A Note upon Chapters xx and xxi of *The Elizabethan Stage*», *Review of English Studies*, 1 (1925), 69 f.

163. «‹Hamlet› in Modern Dress», 8.

164. Eliot, «Reflections on Contemporary Poetry» (IV), *The Egoist*, VI, 3 (Juli 1919), 39.

165. Woolf, *Letters*, IV, 4 (8. Januar 1929).

Kapitel 6: Die Gegenwart

1. Robert Weimann, *Shakespeare and the Popular Tradition in the Theater*, hrsg. v. Robert Schwartz (1978), xi.

2. Vgl. J. Philip Brockbank, «Shakespeare Renaissance in China», *Shakespeare Quarterly*, 39 (1988), 195–204; Zha Peide und Tian Jia, «Shakespeare in Traditional Chinese Operas», 204–11.

3. Royal Shakespeare Company, *One Hundred and Eleventh Report of the Council 1986/7* (November 1987).

4. «Shakespeare: Annotated World Bibliography for 1986», hrsg. v. Harrison T. Meserole, *Shakespeare Quarterly*, 38 (1987).

5. Bücher von Christine Dymkowski, *Granville-Barker*; Ann Fridén, *Macbeth*; Gianfranco Bartalotta, *Amleto*; *Shakespeare Around the Globe: A Guide to Notable Postwar Revivals*, hrsg. v. Samuel L. Leiter; Graham Nichols, *Measure for Measure: Text and Performance*, Gesamthrsg. Michael Scott.

6. Terence Hawkes, *That Shakespeherian Rag: Essay on a Critical Process* (1986), 117f.

7. Adrian Noble, «‹Well, This Is the Forest of Arden›: An Informal Address», *Images of Shakespeare: Proceedings of the Third Congress of the International Shakespeare Association, 1986*, hrsg. v. Werner Habicht, D. Palmer und Roger Pringle (1988), 341.

8. Trevor Nunn, zitiert nach Ralph Berry, *On Directing Shakespeare: Interviews with Contemporary Directors* (1977), 56.

9. Jan Kott, *Szkice o Szekspirze* (1961), in engl. Sprache erschienen unter dem Titel *Shakespeare Our Contemporary*, übers. v. Boleslaw Taborski (1964), 52.

10. Weimann, xi.

11. Stanley Wells, «General Introduction», *Complete Works*, xxix, xxxv.

12. Stanley Wells, «A New Oxford Shakespeare» (Typoskript einer Vorlesung, die er im Sheldonian Theatre am 28. Oktober 1986 hielt); eine gekürzte Fassung dieses Essays erschien veröffentlicht im *Oxford Magazine*, 26 (1987). Weitere Zitate von Wells in diesem Abschnitt sind, wenn nicht anders angegeben, obigem Skript entnommen.

13. Alan Dessen, *Elizabethan Stage Conventions and Modern Interpreters* (1984), 12–52.

14. Ann Pasternak Slater, *Shakespeare the Director* (1982).

15. G. H. Hunter, «Flatcaps and Bluecoats: Visual Signals on the Elizabethan Stage», *Essays and Studies*, Neue Folge 33 (1980), 16–47.

16. John Doebler, *Shakespeare's Speaking Pictures: Studies in Iconic Imagery* (1947), 21–38; Huston Diehl, *An Index of Icons in English Emblem Books, 1500–1700* (1986).

17. David Bevington, *Action Is Eloquence: Shakespeare's Language of Gesture* (1984), 92f.

18. «The Language of Gesture in the Renaissance: Selected Proceedings of the Conference Held in Toronto, November 1983», *Renaissance and Reformation*, Neue Folge 10 (1986).

19. Julius Fast, *Body Language* (1970).

20. *Shakespeare Survey*, 39, hrsg. v. Stanley Wells. Der *Shakespeare Survey* wird jährlich veröffentlicht; Bd. 39, für Ende 1986 angekündigt, erschien nicht vor Januar 1987.

21. John Bayley, *The Guardian*, 31. Oktober 1986.

22. Stanley Wells, *Re-Editing Shakespeare for the Modern Reader* (1984), 3.

23. Wells, «Modernizing Shakespeare's Spelling», in Stanley Wells und Gary Taylor, *Modernizing Shakespeare's Spelling, with Three Studies in the Text of ‹Henry V›* (1979), 3.

24. G. Blakemore Evans (Hrsg.), *The Riverside Shakespeare* (1974), 39.

25. Randall McLeod, «Spellbound», in *Play-Texts in Old Spelling: Papers from the Glendon Conference*, hrsg. v. G. B. Shand with Raymond C. Shady (1984), 81–96.

26. Thomas M. Greene, «Anti-Hermeneutics: The Case of Shakespeare's Sonnet 129» (1982), in *The Vulnerable Text* (1986), 164, 162, 174.

27. *Shakespeare Translation*, 10 Bde. (1974–84); hiernach umgetauft zu *Shakespeare Worldwide: Translation and Adaption.*

28. Maik Hamburger, «A Spate of *Twelfth Nights*, Illyria Rediscovered?» in *Images of Shakespeare*, 236–44.

29. Terry Eagleton, *William Shakespeare* (1986), 1f.

30. Ibid, ix–x.

31. Ibid., 2–5.

32. Allan Bloom, *The Closing of the American Mind: How Higher Education Has Failed Democracy and Impoverished the Souls of Today's Students* (1987), 378f, 375. Blooms Vorwort ist datiert «Chicago May 1986».

33. Allan Bloom mit Harry V. Jaffa, *Shakespeare's Politics* (1964), 80.

34. Ibid., 4.

35. Bloom, 353, 374f.

36. Norman Rabkin, «Either/Or: Responding to Henry V», in *Shakespeare and the Problems of Meaning* (1981), 33–62.

37. Stephen Orgel, «Prospero's Wife», in *Rewriting the Renaissance: The Discourses of Sexual Difference in Early Modern Europe*, hrsg. v. Margaret W. Ferguson, Maureen Quilligan und Nancy J. Vickers (1985), 52.

38. Mitchell Patrick bei einer Podiumsveranstaltung anläßlich der University of Maryland Drama Conference am 22. November 1987.

39. Malcolm Bradbury, *Eating People Is Wrong* (1959), neu aufgelegt mit einem Nachwort des Autors (1986), 35, 261, 267–70.

40. David Lodge, *Schnitzeljagd. Ein satirischer Roman*, übers. v. Renate Orth-Gutmann (1990), 241.

41. Bloom, 65.

42. *Shakespeare's Politics*, 57f.

43. Stephan Booth, «Liking *Julius Caesar*» (Typoskript des Autors von einem am 21. August 1987 öffentlich gehaltenen Vortrag anläßlich der 22. Internationalen Shakespeare-Konferenz in Stratford-upon-Avon); Zitate von Booth in diesem Abschnitt sind alle diesem unveröffentlichten Typoskript entnommen.

44. E. A. J. Honigmann, «‹There Is a World Elsewhere›: William Shakespeare, Businessman», in *Images of Shakespeare*, 40–46.

45. Edward Bond, *Bingo* (1974), vii, ix.

46. Leon Rooke, *Shakespeare's Dog* (1981; Ecco Press [Taschenbuchausg.] 1986), 8, 35, 34, 149, 52, 15.

47. S. Schoenbaum, *William Shakespeare: A Compact Documentary Life* (1977), 3.

48. *Northrop Frye on Shakespeare*, hrsg. v. Robert Sandler (1986), 43–47.

49. C. L. Barber und Richard R. Wheeler, *The Whole Journey: Shakespeare's Power of Development* (1986), 77.

50. Norman Holland, *Psychoanalysis and Shakespeare* (1966), 134f, 285f, 338; zusammengefaßt in *The Whole Journey*, 77.

51. Leo Salingar, *Shakespeare and the Traditions of Comedy* (1974), 256; zitiert in *The Whole Journey*, 62.

52. *The Whole Journey*, 91.

53. Random Cloud [Randall McLeod], «The Psychopathology of Everyday Art», in *The Elizabethan Theatre IX*, hrsg. v. G. R. Hibbard (1986), 150, 167, 132.

54. Diese Anekdote verdanke ich Michael Warren vom Barber's College der University of California in Santa Cruz.

55. Zu den Details dieser Studien zur Autorschaft siehe meinen Bericht über «The Canon and Chronology of Shakespeare's Plays», in *Textual Companion*, 69–144.

56. Gary Taylor, «General Introduction», *Textual Companion*, 15, mit Bezug auf ein von Jerome McGann in *A Critic of Modern Textual Criticism* (1983) artikuliertes Konzept.

57. Charlton Hinman, *The Printing and Proof-Reading of the First Folio of Shakespeare*, 2 Bde. (1963), II, 513.

58. M. C. Bradbrook, «Social Nuances in Shakespeare's Early Comedies», in *Essays in Honor of Kristian Smidt*, hrsg. v. Peter Bilton *et al.* (1986), 1–8.

59. Linda Woodbridge, *Women and the English Renaissance: Literature and the Nature of Womankind, 1540–1620* (1984; Illini Books 1986), 99.

60. Germaine Greer, «The Ethos of Love and Marriage in Shakespeare's Early Comedies», Dissertation (University of Cambridge 1967).

61. Germaine Greer, *Shakespeare* (1986), 109.

62. Bloom, 65.

63. Juliet Dusinberre, *Shakespeare and the Nature of Women* (1975), 153.

64. Coppélia Kahn, *Man's Estate: Masculine Identity in Shakespeare* (1981), 20.

65. Madelon Sprengnether, «Annihilating Intimacy in *Coriolanus*», in *Women in the Middle Ages and the Renaissance*, hrsg. v. Mary Beth Rose (1986), 89–111.

66. Lodge, *Schnitzeljagd*, 334 f.

67. *The Whole Journey*, 330.

68. Erica Jong, *Serenissima. Eine Liebe in Venedig*, übers. v. Benjamin Schwarz (1988). Der Roman wurde 1986 fertiggestellt (dem Jahr, in dem seine Umschlagillustration und Kalligraphie Copyright erhielten).

69. Kathleen E. McLuskie, «‹The Emperor of Russia Was My Father›: Gender and Theatrical Power›, in *Images of Shakespeare*, 174–87.

70. Kathleen McLuskie, «The Patriarchal Bard: Feminist Criticism and Shakespeare: *King Lear* and *Measure for Measure*», in *Political Shakespeare: New Essays in Cultural Materialism*, hrsg. v. Jonathan Dollimore und Alan Sinfield (1985), 88–108.

71. Peter Erickson, *Patriarchal Structures in Shakespeare's Drama* (1985), 182.

72. Woodbridge, *Women and the English Renaissance*, 8.

73. Diane Elizabeth Dreher, *Domination and Defiance: Father and Daughters in Shakespeare* (1986).

74. Marilyn L. Williamson, *The Patriarchy of Shakespeare's Comedies* (1986), 18, 20 f.

75. Peter W. M. Blayney, *The Texts of «King Lear», and Their Origins*, I: *Nicholas Okes and the First Quarto* (1982), 425–28.

76. Hinman, I, 227.

77. Paul Werstine, «Line Division in Shakespeare's Dramatic Verse: An Editorial Problem», *Analytical and Enumerative Bibliography*, 8 (1984), 73–125. Obwohl diese Ausgabe auf «1984» datiert ist, wurde sie nicht vor Anfang 1986 veröffentlicht.

78. D. F. McKenzie, *The Cambridge University Press 1696–1712: A Bibliographical Study*, 2 Bde. (1966), und «Printers of the Mind: Some Notes on Bibliographical Theories and Printing-house Practices», *Studies in Bibliography*, 22 (1969), 1–75.

79. D. E. McKenzie, *Bibliography and the Sociology of Texts*, The Panizzi Lectures 1985 (1, 986), 5.

80. Folger Shakespeare Library, *Annual Report of the Director for the Fiscal Year Ending June 30, 1986*, 26.

81. Stephen Greenblatt, «Martial Law in the Land of Cockaigne», in *Shakespearean Negotiations: The Circulation of Social Energy* (1988), 129–63. Alle

Zitate von Greenblatt in diesem Abschnitt sind diesem Kapitel entnommen, das in seiner gedruckten Form sich nicht grundlegend von der Tonbandaufnahme seines Vortrags, die in der Folger Library aufbewahrt wird, unterscheidet.

82. Leonard Tennenhouse, *Power on Display: The Politics of Shakespeare's Genres* (1986).

83. Harold Bloom, *The Anxiety of Influence: A Theory of Poetry* (1973), 11. (In späteren Werken bescheinigt Bloom Shakespeare eine gewisse Ängstlichkeit, die dabei stets marginal bleibe.)

84. James Gleick, *Chaos: Making a New Science* (1987); Gleicks Forschung deckt den Zeitraum Dezember 1986 ab.

85. Malcolm Evans, *Signifying Nothing: Truth's True Contents in Shakespeare's Text* (1986), 38.

86. Evans, 20, 19.

87. Erickson, «Rewriting the Renaissance, Rewriting Ourselves», *Shakespeare Quarterly*, 38 (1987), 337, zitiert Greenblatt.

88. Margot Heinemann, «How Brecht Read Shakespeare», in *Political Shakespeare*, 202 f, zitiert ein Interview mit Nigel Lawson in *The Guardian* (5. September 1983).

89. Alan Sinfield, «*Macbeth*: History, Ideology, and Intellectuals», *Critical Quarterly*, 28 (1986), 63–77. Die Reagan-Parallele, ausgesprochen in Harvard, aber nicht veröffentlicht, wurde mir in einem Brief von Sinfield berichtet (5. Februar 1988).

90. *Political Shakespeare*, viii.

91. Evans, 186.

92. Steven Urkowitz, «Five Women Eleven Ways: Changing Images of Shakespearean Characters in the Earliest Texts», in *Images of Shakespeare*, 292–304.

93. Steven Urkowitz, «Shakespeare as a Revising Artist», unveröffentlichtes Typoskript. Eine wesentlich überarbeitete Fassung dieser Vorlesung erschien als «Good News about Bad Quartos», in *«Bad», Shakespeare*, hrsg. v. Maurice Charney (1988).

94. G. K. Hunter hielt seine Vorlesung frei; meine Darstellung habe ich nach Rücksprache mit mehreren Zeugen und Korrespondenz mit Prof. Hunter zusammengestellt. Das Ergebnis ist daher weniger eine Transkription des genauen Wortlauts von Hunters Vortrag als vielmehr eine generelle Wiedergabe der antikonflationistischen Position Mitte der 80er Jahre.

95. G. K. Hunter, Privatkorrespondenz (1. Mai 1988).

96. Michael J. Warren, «Quarto and Folio *King Lear* and the Interpretation of Albany and Edgar», in *Shakespeare, Pattern of Excelling Nature*, hrsg. v. David Bevington und Jay L. Halio (1978), 95–107.

97. P. W. K. Stone, *The Textual History of ‹King Lear›* (1980); Gary Taylor, «The War in *King Lear*», *Shakespeare Survey*, 33 (1980), 27–34.

98. Randall McLeod, «*Gon*. No More, the text is foolish», in *The Division of the Kingdoms: Shakespeare's Two Versions of ‹King Lear›*, hrsg. v. Gary Taylor und Michael Warren (1983; Taschenbuchausg. 1986), 169, 167.

99. Beth Goldring, «*Cor*.s Rescue of Kent», in *The Division of the Kingdoms*, 143–51; Urkowitz, «Five Women», 292.

100. Hawkes, *Shakespeherian Rag*, 94 f.

101. Joel Fineman, *Shakespeare's Perjured Eye: The Invention of Poetic Subjectivity in the Sonnets* (1986), 317.

102. Alan Sinfield (Privater Brief, 5. Februar 1988).

103. *Shakespeare's Politics*, 75.

104. Fineman, 1 f.

105. William Shakespeare, *The Sonnets and A Lover's Complaint*, hrsg. v. John Kerrigan (1986), 12 f, 21, 157.

106. E. A. J. Honigmann, «Re-enter the Stage Direction: Shakespeare and Some Contemporaries», *Shakespeare Survey*, 29 (1976), 117–25; *Representing Shakespeare*, hrsg. v. Murray Schwartz und Coppélia Kahn (1980); *Shakespeare Reproduced: The Text in History and Ideology*, hrsg. v. Jean Howard und Marion F. O'Connor (1987); *Rewriting the Renaissance*, hrsg. v. Ferguson, Quilligan, Vickers (1986).

107. Jonathan Goldberg, *Voice Terminal Echo: Postmodernism and English Renaissance Texts* (1986), 94.

108. Fineman, 15.

109. Ibid., 16, 27; Kerrigan, 23.

110. Verfälschtes Zitat aus *Macbeth*, III. 2. 56–57.

111. Ron Silliman (Hrsg.), *In the American Tree*, 485.

112. Randall McLeod, «*Imagination*», unveröffentlichtes Typoskript (datiert März 1986), das während des Shakespeare-Weltkongresses zirkulierte.

113. Silliman, 486.

114. J. L. Calderwood, *If It Were Done: ‹Macbeth› and Tragic Action* (1986), ix.

115. Tom Stoppard, «Is It True What They Say About Shakespeare?» (Vortrag, gehalten am 12. April 1980), International Shakespeare Association, occasional paper, 2 (1982), 11.

116. Eugène Ionesco, *Macbett* (1972).

117. Hawkes, *Shakespeherian Rag*, ix. Hawkes erwähnt nicht, daß «Swisser-Swatter» bereits vorher schon einmal in *Shakespeare Today: Directions and Methods of Research*, hrsg. v. Keir Elam (1984), erschien.

118. Als Beispiel für einen Vortrag, der leicht dem Buch hätte beigefügt werden können, s. Terence Hawkes, «Take Me to Your Leda», *Shakespeare Survey*, 40 (1988), 21–32 (auf der Stratford-Konferenz 1986 gehalten).

119. Hawkes, 94.

120. Honigmann, «Businessman», 43 f; Stephan Orgel, «What Is a Text?», *Research Opportunities in Renaissance Drama*, 24 (1981), 3–6; Michael Hattaway, *Elizabethan Popular Theatre* (1982), 10.

Kapitel 7: Einzigartigkeit

1. Alfred Harbage, *Conceptions of Shakespeare* (1966), 54.
2. Kenneth Muir, *The Singularity of Shakespeare and Other Essays* (1977).
3. Schoenbaum, *Compact Documentary Life*, 185.
4. *The Cambridge History of Classical Literature: Latin Literature*, hrsg. v. E. J. Kenney (1982), 808–11.
5. Die skeptischste Abhandlung über Fragen der Biographie zu Sophokles und den anderen zeitgenössischen griechischen Dramatikern vgl. Mary Lefkowitz, *The Lives of the Greek Poets* (1981).
6. G. E. Bentley, *Shakespeare: A Biographical Handbook* (1961), 119–21.
7. Andrew Gurr, «Theatres and the Dramatic Profession», in *World, Work, Influence*, I, 116.
8. Honigmann, «William Shakespeare, Businessman»; Honigmann legt nicht ausdrücklich nahe, daß Shakespeare sich in die Truppe eingekauft hat, seine Analyse von Shakespeares Geschäftsinteressen deutet jedoch auf diese Möglichkeit hin.
9. Rowe, I, ix–x.
10. Thomas Heywood, *The English Traveller* (1633), Sign. A3.
11. John Lough, *Seventeenth-Century French Drama: The Background* (1979), 52.
12. Rowe, I, xxxv.
13. «Preface», in *Johnson on Shakespeare*, I, 59f.
14. Harry Levin, «The Primacy of Shakespeare», gehalten in der Folger Library in Washington am 11. März 1973; veröffentlicht in *Shakespeare Quarterly*, 26 (1975), und in *Shakespeare and the Revolution of the Times: Perspectives and Commentaries* (1976), 235–60.
15. Northrop Frye, *Anatomy of Criticism* (1957), 20.
16. Qi-Xin He, «Chinas Shakespeare», *Shakespeare Quarterly*, 37 (1986), 149–59.
17. A. L. Rowse, «Shakespeare's Universal Appeal», *Deutsche Shakespeare-Gesellschaft West Jahrbuch 1980*, 59.
18. Francis Meres, *Palladis Tamia* (1598), 282.
19. Dryden, *Of Dramatick Poesie*, 55.
20. Bernard Knox, «Euripidean Comedy» (ursprünglich 1970 veröffentlicht), Nachdruck in *World and Action: Essays on the Ancient Theatre* (1979), 250–74.
21. Aristoteles, *Die Poetik*, übers. u. hrsg. v. Manfred Fuhrmann (1982), 41.
22. Pope, *Prose Works*, II, 16.
23. OED «illiterate» a. 1a; Olivia Smith, *The Politics of Language, 1791–1819* (1984), 235.
24. «Preface», *Johnson on Shakespeare*, I, 60.
25. Arthur Sherbo, *The Birth of Shakespeare Studies* (1986), 1 f.

26. «Preface», *Johnson on Shakespeare*, I, 60 f.

27. Eliot, «Marlowe», 119.

28. Walter Savage Landor, *Imaginary Conversations of Literary Men and States-men: Southey and Landor* (1846), in *The Complete Works of Walter Savage Landor*, hrsg. v. T. Earle Welby, 16 Bde. (1927–36), V, 318.

29. Bagehot, *Works*, I, 470.

30. Gerald Langbaine, *An Account of the English Dramatick Poets* (1691), 133, 150.

31. Harry Levin, «Critical Approaches to Shakespeare from 1660 to 1904», *The Cambridge Companion to Shakespeare Studies* (1986), 216.

32. *Shaw on Shakespeare*, 217.

33. William Prynne, *Histrio-Mastrix* (1633), 148.

34. Anthony Munday, *A Second and Third Blast of Retrait from Plaies and Theaters* (1580), 3. Für weitere Hinweise s. Ann Jennalie Cook, «‹Bar-gaines of Incontinencie›: Bawdy Behavior in the Playhouses» und Wal-lace Shugg, «Prostitution in Shakespeare's London», *Shakespeare Stu-dies*, 10 (1977), 271–90, 291–313.

35. *Hamlet*, II.2.580–89, II.2.613–19.

36. Thomas Dekker und Thomas Middleton, *The Roaring Girl* (1611), III.1.90–96, in *The Dramatic Works of T. Dekker*, hrsg. v. Fredson Bow-ers, 4 Bde. (1953–61); zu Middletons Autorschaft bezüglich dieser spe-ziellen Passage vgl. MacDonald P. Jackson, *Studies in Attribution: Midd-leton and Shakespeare* (1979), 95–101.

37. Coleridge, *Table Talk*, I, 73 (23. Juni 1827).

38. *Textual Companion*, 116 f.

39. David Young, «Shakespeare as a Writer of Comedy», in *World, Work, Influence*, II, 489 f.

40. Anthony Burgess, *Shakespeare* (1970), 47–50.

41. Anne Barton, Einleitung zu *The Comedy of Errors*, in *The Riverside Shakespeare* (1974), 89; Plautus, *Amphitruo*, hrsg. v. W. B. Sedgwick (1960), 6.

42. Eliot, «Little Gidding», Verse 253–54, in *Four Quartets* (1944), hrsg. v. Helen Gardner in *The Composition of «Four Quartets»* (1978).

43. William Shakespeare, *The Comedy of Errors*, hrsg. v. Paul Jorgensen, in *The Complete Works*, «The Pelican Text Revised», Gesamthrsg. Alfred Harbage (1969), 56.

44. William Shakespeare, *The Complete Works*, hrsg. v. David Bevington, 3. Aufl. (1980), 96 f.

45. John Lahr, *Prick Up Your Ears: The Biography of Joe Orton* (1978), 88.

46. Ralph Waldo Emerson, «Shakspeare, or the Poet» (1846), in *Represen-tative Men: Seven Lectures* (1850), hrsg. v. Willace E. Williams und Douglas Emory Wilson, in *The Collected Works of Ralph Waldo Emerson* (1987), IV, 125.

47. George Santayana, «The Absence of Religion in Shakespeare», *Interpretations of Poetry and Religion* (1900), 147−65.

48. Ludwig Wittgenstein, *Culture and Value*, zweispr. Ausgabe, übers. von Peter Winch, hrsg. v. G. H. von Wright (1980), 48 f, 83−86, Originaltitel *Vermischte Bemerkungen* (1977); vgl. also George Steiner, «A Reading Against Shakespeare», The W. P. Ker Lecture for 1986 (University of Glasgow 1986).

49. Leo N. Tolstoi, *Shakespeare. Eine kritische Studie*, nebst dem Essay Ernest Crosbys über die Stellung Shakespeares zu den arbeitenden Klassen und einem Brief Bernard Shaws, übers. v. M. Enckhausen, 2. Aufl. (1906), 1 f, 73−79.

50. George Lyttleton, *Dialogues of the Dead. The Fourth Edition, Corrected* (1765), 127.

51. George Orwell, «Lear, Tolstoy and the Fool», in *Shooting an Elephant* (1950), 33−56.

52. Oliver Goldsmith, *An Enquiry into the Present State of Polite Learning in Europe* (1759), in *Collected Works*, hrsg. v. Arthur Friedman, 4 Bde. (1966), I, 326.

53. James Boswell, *Dr. Samuel Johnson. Leben und Meinungen − Mit dem Tagebuch einer Reise nach den Hebriden*, hrsg. u. aus dem Engl. von Fritz Göttinger (1981), 227.

54. Arnold, «A Guide to Englisch Literature» (1877), in *Prose Works*, VIII, 245.

55. J. J. Thompson, *Recollections and Reflections* (1937), 317.

56. *Diary and Letters of Madame d'Arblay*, hrsg. v. Charlotte Barrett, 7 Bde. (1842−46), II, 398 (19. Dezember 1785).

57. *Letters of Ezra Pound: 1907−1941*, 324 (357: 6. August 1939).

58. Barton, 80.

59. Erich Segal, *Roman Laughter: The Comedy of Plautus* (1968); 2. Aufl., 1987), 44, 43, 49 f.

60. *König Lear*, III.2.85.

61. Muir, «Shakespeare's Open Secret», *Shakespeare Survey*, 34 (1981), 9.

62. «Das Motiv der Kästchenwahl» (1913), in Sigmund Freud, *Studienausgabe*, 11 Bde., hrsg. v. Alexander Mitscherlich (1982), X, 190.

63. Lewis Theobald, «Preface of the Editor», in *Double Falshood; or, The Distrest Lovers* (1728), Sign. A5.

64. Brian Gibbons, *Jacobean City Comedy* (1968), 205.

65. Philip Edwards, *Shakespeare and the Confines of Art* (1968), 134.

66. Charles Knight (Hrsg.), *Pictorial Edition*, XVII, 331−43; William Wells, «Timon of Athens», *Notes and Queries*, 112 (1920), 226−29; Dugdale Sykes, *Sidelights on Elizabethan Drama* (1924), 1−48.

67. Zu all diesen Studien vgl. *Textual Companion*, 127 f.

68. Philip Edwards, *Shakespeare: A Writer's Progress* (1986), 130 f. Edwards

war über die Arbeit Holdsworths und meine eigene bereits vor ihrer Veröffentlichung informiert.

69. Rowe, vi-vii.
70. Ludwig Wittgenstein, *Tractatus Logico-Philosophicus*, Satz 4.463, in *Schriften* (1969), I, 42.
71. Emerson, «Shakespeare», 117.
72. *Hamlet*, III.2.63–64.

Register

BIOGRAPHIEN

Barry Miles
WILLIAM S. BURROUGHS

*320 Seiten, geb. mit Schutzumschlag, 15 Abbildungen,
DM 39,00 – ISBN 3-927623-41-5*

Barry Miles folgt den Spuren eines exzentrischen und
bizarren Lebens und beschreibt die Entwicklung eines literarischen Werkes, das die populäre Kultur der letzten 30 Jahre
wie kaum ein zweites beeinflußt hat.

Millicent Dillon
JANE BOWLES -
LAUTER KLEINE SÜNDEN

*608 Seiten, geb. mit Schutzumschlag, 24 Abb.,
DM 78,00 – ISBN 3-927623-28-8*

»Es steht zu hoffen, daß Jane Bowles als das erkannt wird, was
sie ist: eine der besten Prosaschriftstellerinnen der
Moderne, egal in welcher Sprache.«

John Ashbery, New York Times

Anthony Burgess
D. H. LAWRENCE -
EIN LEBEN IN LEIDENSCHAFT

*300 Seiten, geb. mit Schutzumschlag,
DM 34,00 – ISBN 3-927623-08-3*

»Eine hervorragende Einführung in das Werk
des D. H. Lawrence ...«

Der Tagesspiegel, Berlin

KELLNER